パース、ジェイムズ、デューイ

プラグマティズム古典集成

Classical Pragmatism:Selected Papers

チャールズ・サンダース・パース
ウィリアム・ジェイムズ
ジョン・デューイ

植木豊［編訳］

作品社

本書を読まれる方々へ

植木豊

本書は、チャールズ・サンダース・パース（Charles Sanders Peirce 一八三九 - 一九一四年）、ウィリアム・ジェイムズ（William James 一八四二 - 一九一〇年）、ジョン・デューイ（John Dewey 一八五九 - 一九五二年）の論考の中から、プラグマティズムに関する論文・講演記録・事典項目・未発表草稿を選び、新たに翻訳したものである。

本書は三部から構成されている。

第I部の主題は「プラグマティズムという言葉の登場」である。ここには、「プラグマティズム」という言葉に関する、デューイ、ジェイムズの論文・講演記録、および、パースとジェイムズの手による事典項目「プラグマティズム」（ボールドウィン編『哲学・心理学事典』）を収録している。

第II部は「パースのプラグマティズム」という主題の下に、パースの論文「人間に生得的に備わっているとされてきた諸能力についての問い」（一八六八年）に始まり、掲載拒否につき未発表に終わった草稿（MS 318 通称「一九〇七年草稿」）にいたるまで、七つの論文を執筆順に収めている。

第III部は「プラグマティズムの展開」を主題にしている。パースに触発されたジェイムズとデューイが、それぞれ、独自に展開していったプラグマティズムに関する論文を集めている。これらの論文によって、パース以後の「アメリカにおけるプラグマティズムの展開」をたどることができる。

一九世紀末、米国で誕生し、二〇世紀初頭に展開されていったプラグマティズム運動は、闘いの歴史でもある。古典的プラグマティストたちは、いったい、何と闘っていたのか。パース、ジェイムズ、デューイの間にある共通点と相違点は何だったのか。

本書の各論文を繰り返し読むことによって、古典的プラグマティズムの、少なくとも輪郭については、十分に把握できるよう編集したつもりである。本書は、プラグマティズムのいわば「要綱」である。

［凡例］

一、本書は、チャールズ・サンダース・パース、ウィリアム・ジェイムズ、ジョン・デューイによるプラグマティズムに関する論文・講演記録・事典項目・未発表草稿を選んで、新たに翻訳したものである。その際、パースの未発表草稿以外は、初出からの訳出である。ただし、誤植などを訂正するため、パース、ジェイムズ、デューイそれぞれの著作集を参照している。これらを含めて、出典ならびに先行翻訳業績については、一覧を巻末に掲載した。

一、▼は、原註の合印であり、当該の見開きの左端に掲載した。

一、◆は、訳註の合印であり、当該の見開きの左端に掲載した。また、本文中の［ ］内の割註、原註内の［ ］内も訳者による補足である。

一、本文・原註における（ ）内は原著者による記述であり、［ ］内は訳者が補足した語句である。

一、原文中の強調は、原則として傍点を付している。

一、ラテン語はカタカナ交じりで訳出している。

一、パース、ジェイムズ、デューイが引用している文献のうち、既訳のあるものについては、出典を明示し、既訳から引用させていただいた。翻訳者に、記してお礼を申し上げたい。

一、パース、ジェイムズ、デューイそれぞれの原書の著作集の該当文献や頁を明記している場合がある。その際の略号は、次頁の一覧の通りである。

［引用文献の略号一覧］

◉チャールズ・サンダース・パースの論文

CP: *Collected Papers of Charles Sanders Peirce*, vols. 1–6 (Charles Hartshorne *et al.*, ed., 1931–1935), vols. 7–8 (Arthur W. Burks ed., 1958), The Belknap Press of Harvard University Press.

引用は、慣例にしたがい、巻数、パラグラフ番号で示している。たとえば、CP5. 11–13は、『パース著作集』第5巻の第11パラグラフから第13パラグラフである。

EP1: *The Essential Peirce: Selected Philosophical Writings*, vol. 1 (1867–1893), Houser, N. and Klosel, C. 1992, Bloomington and Indianapolis: Indiana University Press.

EP2: *The Essential Peirce: Selected Philosophical Writings*, vol. 2 (1893–1913), The Peirce Edition Project ed., 1998, Bloomington and Indianapolis: Indiana University Press.

EP1とEP2の二著からの引用は、巻数と頁数で示す。たとえば、EP2: 399は、『エッセンシャル・パース』第2巻の399頁である。

EW: *Charles S. Peirce: The Essential Writings*, edited by Edward C. Moore with a Preface by Richard Robin, New York: Prometheus Books, 1998.

◉ウィリアム・ジェイムズの論文

WJW1: *William James: Writings* 1878–1899 (Gerald E. Myers ed., 1992), The Library of America.

WJW2: *William James: Writings* 1902–1910 (Bruce Kullick ed., 1987), The Library of America.

◉ジョン・デューイの論文

EW: *The Early Works*, 1882–1898, Jo Ann Boydston, ed., vols. 5, Carbondale: Southern Illinois University Press, 1967–1972.

MW: *The Middle Works*, 1899–1924, Jo Ann Boydston, ed., vols. 5, Carbondale: Southern Illinois University Press, 1976–1983.

LW: *The Later Works*, 1925–1953, Jo Ann Boydston, ed., vols. 5, Carbondale: Southern Illinois University Press, 1981–1990.

引用は、慣例にしたがい、著作集、巻数、頁数で示す。たとえば、LW2: 144は、『後期著作集』第2巻の144頁である。

プラグマティズム古典集成

パース、ジェイムズ、デューイ

チャールズ・サンダース・パース
ウィリアム・ジェイムズ
ジョン・デューイ
植木 豊 編訳

Classical Pragmatism Selected Papers

Charles Sanders Peirce
William James
John Dewey

第Ⅲ部　プラグマティズムの展開　*The Development of Pragmatism: From Truth Theory to Social Inquiry*　331

第 I 部

プラグマティズムという言葉の登場

The Birth of the Term Pragmatism

第Ⅰ部について

ここに収録しているのは、プラグマティズムという言葉の登場にまつわるパース、ジェイムズ、デューイの論考である。

第1章「パースのプラグマティズム」（デューイ）は、ジェイムズとパースのプラグマティズムの概説として書かれている。

第2章「哲学的概念と実際的効果」（ジェイムズ）は、はじめてプラグマティズムという言葉が活字化された講演記録である。

第3章は、ボールドウィン編『哲学・心理学事典』に収録された項目「プラグマティズム」であり、パースとジェイムズそれぞれが、プラグマティズムの何たるかについて、独自の立場から説明を加えている。

第1章 パースのプラグマティズム（一九一六年）

The Pragmatism of Peirce

ジョン・デューイ
John Dewey

プラグマティズムという言葉がはじめて〔英語〕文献に登場したのは、一八九八年、ジェイムズ教授がカリフォルニア大学〔哲学〕協会で行った講演〔記録〕の冒頭を飾る文章の中であった〔本書第2章〕。そこには、こう書かれている。「我々がプラグマティズムと呼んでいるような原理は、様々な方法で表現されるだろうが、どれも極めて単純である。『ポピュラー・サイエンス・マンスリー』誌の一八七八年一月号で、チャールズ・S・パース氏は、それを次のように紹介している」云々。しかしながら、言及されている雑誌の当該号〔本書第7章〕を参照しても、読者は、そこに、プラグマティズムなどという言葉を見出すことはなかった。他の資料から我々が知りうるのは、プラグマティズムの考え方のみならず、その名称も、パース氏によって提示されたものだということである。こちらが語るところによれば、パース自身がプラグマティズムという言葉と考え方を思いついたのは、カントを研究している最中であり、思考内容の方は『純粋理性批判』によって、言葉の方は『実践理性批判』によって示唆を受けた[▼1]。『モニスト』誌に掲載されたパースの論文には、その思考内容、および、その言葉を選んだ理由、この両方について明確な主張がなされているので、省略せずに引用するのがよいだろう。パースは次のような主張から始める。実験室で研究している人々にとって、心の習慣は、自分たちが思っている以上に実験研究によって形成される。

> 実験科学者に対して、人が、いかなる所説を述べようと、実験科学者は、意味というものを、次のように二通りに解釈するだろう。いやしくも、ある実験に対して、一定の操作方法の指示を行うことが可能であり、しかも、それが、実際に実行に移されるとするならば、その結果として、ある一定種類の経験をすることになる。〔この結果が意味というものなのである。しかし、他方で〕もし、そのような結果が得られないのであれば、実験科学者は、人が何をいおうと、その人のいうことに、何の意味も見出さないだろう。

パース自身、実験的思考に従事し、かつ、思考方法に関心を持っていたので、

> 〔実験科学者として〕彼は次のような理論を構築した。ある概念、つまり、ある言葉や他の表現についての理にかなった意味内容というものは、当の概念が人間の行動に対して与える想定可能な影響の中にしかない。実験から生じたものでないようなものは、何であれ、行動には、いかなる影響も与えないのは明らかである。したがって、そうである以上、ある概念を肯定するのであれ否定するのであれ、そのことによって意味しうる、想定可能な実験的現象すべてに対して、仮に正確な定義を与えることができれば、その定義の中に、当の概念の完全な定義を見出すことになる。そして、その中に、それ以上のものは、絶対にない。こうした原理に対して、〔実験科学者として〕彼はプラグマティズムという名を考案したのである。

彼の友人の中には、〔ウィリアム・ジェイムズのように〕この学説をプラクティシズムまたはプラクティカリズムと呼ぶことを勧めた者もいた。こう述べた後、パースは、カント哲学を研究していた者として、次のようにいう。

> 当時においてもなお、ためらうことなく進んで、カント哲学の語彙によって思考していた者にとって、「プラクティッシュ〔praktisch〕」と「プラグマティッシュ〔pragmatisch〕」は両極端といえるほど懸け離れていた。プラクティッシュの方は、足元の確固たる基盤を確かめようにも、実験に基づくタイプの思考によっては、けっして確かめられないような〔非実験科学的〕思想領域に属していた。これに対して、プラグマティッシュの方は、人間にとって明確な何らかの目的に対する関係を表現していたのである。さて、〔プラグマティズムという私の打ち立てた〕この新しい学説の最も顕著な特徴は、理にかなった認識と人間的目的との分かちがたい結びつきを承認する点にあったのである▼2（*The Monist*, vol. 15, p. 163〔本書第8章〕）。

▼1　Baldwin ed., *Dictionary of Philosophy and Psychology*, vol. 2所収の「プラグマティズム」に関する執筆項目〔本書第3章〕、および、*The Monist*, vol. 15の論文〔本書第8章〕参照〔なお、以下のデューイが参照したパースのテキストと現在利用可能なパースのテキストでは、言葉遣いに若干の違いがある。ここでは、デューイの引用にしたがった〕。

▼2　カントは、ア・プリオリである道徳法則を、技術あるいは技法に関わっている技能〔熟練〕規則、そして、幸福に関わっている思慮分別〔怜悧〕の勧告から区別している。カントは後者をプラグマティックと呼び、ア・プリオリな法則をプラクティカルと呼んでいる。*Metaphysics of Morals*, Abbot's trans., pp. 33–34を見よ〔『人倫の形而上学の基礎づけ』平田俊博訳、『カント全集7』所収、岩波書店、二〇〇〇年、四七頁〕。

この短い叙述から確認できるのは、次のことである。すなわち、パースは、プラグマティックの語義を、言葉の意味、あるいは、もっと適切にいえば、命題の意味の確定に限定しており、それゆえ、プラグマティズムの理論は、それ自体、命題を検証する理論ではなく、あるいは、命題の真理〔を検証する〕理論でもなかったということである。そういうわけで、パースの元々の論文の題は「我々の観念を明晰にする方法」〔強調はデューイ〕というものだったのである〔本書第7章〕。プラグマティズムという言葉が、他の人々によって、一つの真理理論として用いられるようになってしまうと、彼は後の論文で、自分の元々の特殊な意味を明示するために、もっと限定した意味で「プラグマティシズム」という言い方を提案した。[3] しかし、命題の意味に関してさえ、パースのプラグマティズムと、たとえば、ジェイムズのプラグマティズムとの間には、顕著な違いがある。

ジェイムズを批判する者は（とりわけ大陸ヨーロッパには）多かったが、もし、「プラグマティック」という言葉に対して彼ら自身が抱いた連想の産物に反応する代わりに、ジェイムズの主張の方に反応していたならば、そうした批評家たちも、無駄な努力をせずに済んだことだろう。たとえば、ジェイムズはカリフォルニア大学における講演で次のように述べる。

> いかなる哲学上の命題も、その意味の効果は、常に、何らかの特定の帰結にまで及ぶことが可能なのであって、それは、能動的であれ受動的であれ、我々の未来の実践において経験されるのである。ここでいわんとするところは、経験は能動的でなければならないという事実よりも、むしろ、経験は特殊でなければならないという事実のうちにあるのである（強調は引用者、*Collected Essays and Reviews*, p. 412）〔本書第2章〕。

こうしてみると、興味深いのは次の事実である。パースは実践（あるいは行動）の方を重視し、特殊なものについては、それほど重視していない。実際のところ、パースは強調点を一般的なものへと移しているのである。次の叙述は、意味というものを、未来のものと一般的なもの、この双方と明確に同一視しており、この点で引用に値する。

あらゆる命題の理にかなった意味は未来のうちにある。いかにして、そうなのか。ある命題の意味は、それ自体がまた、一つの命題である。ありのままにいえば、この新たな命題は、当初の命題の意味をなしている、そういう命題なのであって、これ以外の何ものでもない。つまり、命題の意味とは、命題が解釈されたものだということである。しかし、ある命題は解釈されて無数の形を取ることになろうが、こうした形の中で、その命題の真の意味と呼びうる形とは、どのようなものなのだろうか。プラグマティシストにしたがうなら、それは、当の命題が人間の行動に適応可能になる場合の形である。つまり、あれこれの特殊な環境においてではなく、また、あれこれの特殊な意図を心に抱く場合でもなく、あらゆる状況における自己制御に対して、そして、あらゆる目的に対して、最も直接的に適応可能な形なのである（*The Monist*, vol. 15, pp. 173–174［本書第8章］）。

したがって、「命題の真の意味と呼びうる形とは、端的にいって、その命題の主張が実際に予示するあらゆる実験的現象を、一般的に記述するものでなければならない」。あるいは、いいかえるなら、プラグマティズムは意味を習慣形成と同一視する、すなわち、最高度の一般化を可能にする行為様式の形成であ

▼3 『モニスト』誌所収の既に言及した論文、および、同誌所収の別の論文「プラグマティシズムの帰結点」［本書第9章］参照。

り、特殊なものに対する最大範囲の適応である。特殊なものと同様に、習慣あるいは行為様式は実在的なものであるから、プラグマティズムは、自ら主張する立場を、「普遍的なるもの」は実在するという信念に置くのである。したがって、プラグマティズムは現象主義の一教義ではない。その理由はこうである。現象の豊かさは現象の感覚的な質にあるのに対して、プラグマティズムは、こうした現象を定義する意図はない（いわば、現象に対しては、語るに任せるのである）。プラグマティズムは、むしろ、「〔言葉や観念の持つ〕感覚的要素を排除し、その理にかなった意味内容を定義しようと努め、その意味を、問題となっている言葉や命題が持つ目的行動的意味合いのうちに見出そうとする」。もっといえば、一般的なものは実在的であるだけでなく、自然法則にかなっているのである。「空気がこもっている」あるいは「こもった空気は健康によくない」という文の意味は、たとえば、窓を開けるということを決心させるかもしれない。この点にしたがって、倫理的側面に立っていえば、「プラグマティシストは、最高善が行動のうちにあるとはしない。そうではなくて、最高善は進化の過程のうちにあり、進化の過程によって、存在物は、ますます、一般性を具現化するようになるのである……」（*The Monist*, vol. 15, p. 178〔本書第8章〕）。いいかえれば、理にかなった意味内容あるいは一般化された習慣、これらの具現化は、行為を通して、可能なかぎり広範囲なものとなるのである。▼[4]

以上引用した叙述は、ボールドウィン編『〔哲学・心理学〕事典』にパースが寄稿した執筆項目〔本書第3章〕の主張内容と比較されるべきである。そこにおいてパースは述べている。ジェイムズの学説◆は、我々に「人間の目的は行為である」というような信念を抱かせるというのである。

人間の目的は行為である――〔ジェイムズによる〕このストア学派風の学説は、三十路の頃の筆者ならいざしらず、現在齢六〇の筆者を説得的に魅了することはない。これとは逆に、行為は目的を必要とし、その目的は何か一般的な種類のものでなければならないということ、もし、このことが認められるならば、この格率の趣旨そのものによって……我々は、現にある実際の事実とは異なる何かへと向かうことになろう。つまり、一般的観念へ、である。……この格率が注意を向ける実際的事実は、唯一究極の善に貢献しうるであろうが、この究極の善とは、具体的で理にかなっていることを、さらに推し進めて、発展させていくことなのである。……今やほとんどすべての人が同意するのは、究極の善は進化の過程のどこかにあるということであろう。もしそうであるなら、究極の善は、ばらばらな個々の反応のうちにではなく、何か一般的なもの、連続的なもののうちにある。連続主義〔Synechism〕は次のような考えを礎石に据えている。すなわち、融合すること、連続的なものへ生成すること、法則にしたがうものへ生成すること、一般的理念に満ちあふれたものへ生成すること、こういったものは、理にかなっていることが成長していく一個同一の過程の諸々の局面にすぎないのである。このことは、まず、論理学の分野における数学的厳密性に関しては真理であると論証されており、それゆえ、そこから推論されて、形而上学においても真理であるとみなされている。連続主義は、プラグマティ《ママ》シズムと対立するものではなく、……プラグマティズムの方法を、連続主義的生成への一局面として含んでいるのである。

ここに再び、プラグマティシズムの学説を理解することができる。つまり、この学説は、意味、つまり、理にかなった意味内容の在処を、習慣あるいは一般化された方法の確立のうちに見て取るものであり、連続主義という形而上学へと進展していく学説なのである。ここで、パースの初期の学説を明確に思い起こ

▼4　カントのいう道徳的行為の普遍化を経験的に表現し直したものを、以上の叙述のうちに見て取るのは、おそらく、妥当なところであろう。他方で、「理にかなった意味」と「感知しうる特殊なもの」との区別と結合もまた、明らかに、カントの点に立った連想の産物である。

◆「哲学的概念と実際的効果」［本書第2章］、『信ずる意志』［本書第12章、第13章］。

してもよいだろう――パースは、自身が記すように、初期の段階においてさえ、一般的なるものは実在するという学説を支持していたけれども、その後は、初期の学説の条件を緩和しているようにみえる。パースは「信念の確定の仕方」と題する論文において、疑念と信念との経験的相違から議論を起こしている。▼5 その違いは次の事実のうちに表現されている。つまり、信念は習慣を規定しているのに対して、疑念の方はそうではないということ、さらに、信念は平穏で満足のいくものだが、疑念は不安であり不満を表す状態であるということである。そして、こうした不安定状態から脱出しようと、つまり、信念の状態に達しようと、人は奮闘努力する。この奮闘努力こそ、探究と呼びうるのである。探究の唯一の目的は、信念の確定である。確定の科学的方法には、しかし、競合相手がいくつかある。一つは「固執」の方法――つまり、定期的な繰り返しであり、信念に通ずるものすべてに執着し、これを動揺させるものすべてを避けることであり――、信じようとする意志である。この方法は、人間の社会的性質のため、実際には挫折する。すなわち、我々は、他者の持つ反対の信念を考慮に入れざるをえず、そのため、真の問題は、コミュニティの信念を確定させることである。さもなければ、我々自身の信念は不安定となり、攻撃と疑念にさらされる。かくして、権威の方法に訴えることになる。この方法も、時間とともに挫折するが、それは、権威はすべての信念を確定させることができないという事実によるのであり、それぞれ系統立てられた諸伝統間の対立による。それゆえ、「理性にかなう」ものに訴えるようになる――これは、芸術様式の形成途上において、美的創造において、そして、哲学の歴史において、力強い力を持つ方法である――だろうが、これも社会における恒常的な同意を確保することはできない。そのため、個々の信念を攻撃にさらすことになる。したがって、最後に、科学へ訴えることになる。そして、その根本的な仮説は次のようなものである。

実在的な事物というものがある。その性質は、我々が、それについて抱く意見にはまったく依存しない。これらの実在物は規則的な法則にしたがって我々の感覚に影響を与える。そして、……我々は、知覚の法則を利用することによって、事物は実際にはどのようなものなのかを、推論によって確かめることができる。いかなる者であれ、十分な経験と経験についての十分な理性を持っているのであれば、唯一の真なる結論に到達することになる。▼6

この引用箇所で確認できるのは、「実在」と「真理」という用語が用いられており、他方でまた、これらの言葉が、科学的手続きにおいて考慮される仮説の叙述の一部とされていることである。このような原則に基づくとするなら、「実在」および「真理」という用語には、いかなる意味が付与されているのだろうか。これらは一般的な名辞である以上、その意味を確定するものは、我々の概念の対象が持つ諸々の効果、つまり、実際的影響を有する諸々の効果でなければならない。ところで、実在物が有する効果は信念をもたらす。それゆえ、信念とは、実在という一般的名辞に対して「理にかなった意味内容」を付与する帰結なのである。そして、科学的方法の仮定に基づくなら、実在的な対象に固有の性質は、当の対象が、普遍的に受容される一つの信念を生み出すというものでなければならない。

科学の信奉者であるなら皆十分納得し確信していることがある。それは、研究過程が十分進捗しさえすれば、いやしくも研究過程の適応対象となりうるすべての問いに対して、ある何らかの解決が与えられるだろうということである。このような思考活動によって、我々は、自ら望むところではなく、

▼5 *Popular Science Monthly*, vol. XII, pp. 1–15［本書第6章］。この雑誌に掲載されている一連の論文が著書の形で出版されていないのは、残念なこと、このうえない。一八七八年以来、ようやく議論はパースに追いつくようになった。彼の見解は、今日、雑誌出版当時よりも、一層の反響をもたらすだろう。

▼6 "Fixation of Belief," pp. 11–12［本書第6章］。

あらかじめ定められた目標に到達することになるのであり、その意味で、こうした思考活動は運命の作用のようなものである。……この偉大なる法則は真理と実在という概念に具現化されている。研究に携わる者すべてによって、究極の合意が得られるよう運命づけられている見解こそ、我々が真理という言葉によって意味しているものであり、こうした見解によって表現されている対象こそ、実在なのである。[7]

これに引き続いて書かれた（「帰納法の確率」と題する）論文の中で、パースは、この叙述から次のような明確な結論を導き出している。すなわち、この真理と実在という概念があるからこそ、あらゆるものは、結論に達するための探究と推論の方法という性質に依存することになるのである。「総合的な推論の場合、我々が知りうるのは我々の研究手続きの信頼性の程度だけである。あらゆる知識は総合的推論に由来するように、我々もまた、あらゆる人間の確かさは、次のことを認識している点にあると推論しなければならない。すなわち、我々の知識が引き出される手続きは、一般的に、真なる結論に通じなければならないようなものだということである」[8]。――繰り返しいえば、真なる結論は、諸々の妥当な探究の合意を命ずるものである。

要約しよう。パースのプラグマティシズムは、対象についての、意味、概念、理にかなった意味内容に関する学説であるといってよいだろう。すなわち、これらの意味〔の何たるか〕は、「効果にある。つまり、我々にとっての概念の対象が、行動に対する影響を想定上持つかもしれないと、我々が考える効果にある。こう考えたとき、これらの効果についての我々の概念こそが、当の対象についての我々の概念のすべてをなしている」[9]。「いかなるものについてであれ、我々の概念は、その対象の感知可能な効果についての我々の概念である」。そして、もし、そうした効果を知覚できるか否かに関して、我々が疑念を抱くのであれば、そうした効果に直面した際、我々は〔以前とは〕異なった行動をとるべきか否か、自問自答しさえすればよい。要するに、感覚的刺激に対する我々自身の反応は、ある対象について我々が持つ概念における、究極の、あるいは、真価をためされるような構成要素なのである。それゆえ、プラグマティストという語の文字通りの意味において、ジェイムズよりもむしろ、パースの方が、より一層、プラグマティストである。

また、パースには、〔ジェイムズほど〕唯名論者的色彩はない。すなわち、彼の強調点は、特定の感知可能な帰結にはほとんどなく、むしろ、事物経験の帰結ゆえに形成された習慣や包括的な反応態度に対して、はるかに重きを置くのである。先に引用した『事典』掲載の叙述における彼の語り方は、後年になると、初期の論文に比べて、行動に重要性を見出すよりも、むしろ、「具体的で理にかなっていること」の方を、はるかに重視しているかのようにみえる。おそらく、相対的には、強調点は移行したといってよいかもしれない。だが、せいぜい強調の違いでしかない。というのも、彼の後の学説において、具体的で理にかなっていることが意味するのは、行為を介してもたらされる、存在様式の変化だからであり、しかも、介在する行為が概念を具体化する場合、そうした概念自体に固有の存在様式は、習慣的な反応態度を在処にしているからである。彼の初期の論文の場合、強調点が何か包括的なものとしての習慣にあることは明白である。「ある事物が何を意味しているかは、ただ単に、当の事物がいかなる習慣をもたらすかということにすぎない」▼10。もっと念入りに述べるなら、「帰納は推論によって一つの規則を示唆する。ところで、ある規則に対する信念とは習慣である。ある習慣とは、ある規則のことであり、これは我々において作用して

▼7 "How to Make Our Ideas Clear," p. 299–300, *passim.* ほか各所〔本書第7章〕。
▼8 "Probability of Induction," p. 718〔パース『偶然・愛・論理』浅輪幸夫訳、三一書房、一九八二年、一四六－一四七頁〕。
▼9 "How to Make Our Ideas Clear," p. 293〔本書第7章〕。
▼10 "How to Make Our Ideas Clear," p. 292〔本書第7章〕。

いるというのは明白である。信念は、一般的性質を有するかぎり、すべて、習慣という性質を持つのであり、このことについては、私の初期の一連の論文において既に論証している」[11]。

パースとジェイムズとの違いで、次に印象深いのは、パースの場合の方が手続きの方法に一層強調点を置いていることである。既に引用した叙述が示しているように、パースにとって、すべては、究極のところ、探究手続きの信頼性にかかっていた。それゆえ、ジェイムズ――少なくとも、後年のジェイムズ――と比べるならば、パースは論理学に高い評価を与えることになる。したがってまた、パースは――彼が固執の方法と呼ぶものという形の下で――、『信ずる意志』へ訴えることを明確に拒否するのである。これに密接に関わっている事実がある。それは、パースの方が、ジェイムズよりも、はるかに明確に、社会的要因を信頼していたという事実である。パースが、ぜひとも訴えかけようとしたのは、研究に従事する者たちによる合意であって、この研究者たちは、全員によって採用可能な方法を用いるのである。これは、社会的合意を必要とするということであり、次のような事実である。すなわち、社会的合意がない場合、「固執の方法」は外部から解体にさらされることになり、そして、このことが最終的に、人間に対して、科学的方法をますます広範囲に用いることを強いるのである。

最後に、パースもジェイムズも、ともに、実在論者である。二人の推論が依拠していた仮定は、実際上の効果ないし帰結を持つ実在の事物である。二人のうち、パースの方が、次の事実を一層明確にしている。すなわち、少なくとも、哲学において、我々が扱っているのは、実在、つまり、理にかなった意味内容を有する名辞としての実在という概念、したがって、その意味自体が帰結によって確定されねばならない何かである。パースのこの立場の論理的帰結はこうである。「実在」とは、長期にわたる共同的探究の後で安定化する信念の対象を意味し、そして、「真理」とは、こうした信念の特性を意味するということである。かくして、一方では「我々は実在的なるものを、それがどうであるかと人が思っていることから独立している性質と定義するかもしれない。しかし他方で……この定義によって、実在という観念が完全に明晰になると想定するならば、それは大きな誤りであろう[12]」。というのも、「それがどうであるかと人が思っていることから独立している性質」という表現に対して、具体的に明瞭な意味を我々が与えることができるのは、ただ、継続的で共同的な探究の帰結でしかないからである（これこそ、自己中心的といわれてきた窮地から脱するプラグマティックな方法である）。本論文の目的は、もっぱら解説的なものではあるが、次のことを問わずに終えることはできない。すなわち、パースに訴えることは、今日の議論において、非常に有益な影響を持っているのかどうか。「実在」なるものの定義を、反省的探究が到達せざるをえない何ものか、あるいは、到達した場合には、信念が堅持する何ものかに求めようと試みずに、「実在」なるものを、反省的探究に先立って与えられる何ものかと定義しようと試みてしまう、ここにこそ、我々の認識論的困難の大部分は由来しているのではないだろうか。

▼11 *Popular Science Monthly*, vol. XIII, p. 481［パース『偶然・愛・論理』浅輪幸夫訳、三一書房、一九八二年、一九七頁］。
▼12 *Popular Science Monthly*, vol. XII, p. 298［本書第7章］。

第2章 哲学的概念と実際的効果（一八九八年）
Philosophical Conceptions and Practical Results

ウィリアム・ジェイムズ
William James

このたびのような〔一般聴衆を前にした講演〕機会においては、間違いなく、専門的でない講演が求められているように思われます。論理学に関わるよりは、むしろ実生活に関わるような事柄について、私は語るべきなのでしょう。私の講述は、ある実際的な結果をもたらすようなものでなければなりませんし、講述の仕方も、感情に訴えるような工夫を凝らした調子でなければなりません。いわば、一般人の興味をそそるようなものでありつつ、しかしまた、哲学者を失望させるわけでもないような調子で語る必要があるわけです。というのも、哲学者の場合、たとえ自ら奇才ぶろうとするにしても、心の奥底では、依然として普通の人であるからです。それは、ここバークレーにあっても変わりありません。ですから、哲学者の皆様以外の人々の心をも捉え、かつ、かき立てるほど、十分簡潔な話題を提示しなければならないというべきでしょう。しかしまた、哲学協会の方々があくびをもよおしたり、集中力がとぎれて他のことを考えたりすることのないように、話題については、何とか十分な創意と一風変わった趣をもって語る必要があるでしょう。

あえて打ち明けておきますが、私は、今しがた述べた類いの話題を念頭においてはいます。つまり、このたびの機会にふさわしい、申し分ない理想的な講演です。こうしたものを活字化することが可能ならば、確信をもっていえます。誰がみても、その理想的講演は、哲学における最後の言葉となるでしょう。その場合、講演では、理論は一点に集約されることになりましょう。つまり、すべての人間の実生活が始まる起点であります。講演の主題は、あらゆる二律背反と矛盾を解決するものとなるでしょうし、当を得たものであれば、どんな衝動や感情をも解放するものとなるでしょう。皆様方は、聴講した途端、こういうはずです。「なんということか、これぞ真理にほかならない――これこそ、私がこれまでずっと信じ、今もなお信じていることだ。これこそ、今までずっと生活の拠り所としてきたものだ。しかし、それにふさわしい言葉を、以前は、まったく見出すことはできなかった。理解を受けつけないものはすべて、よぎったりひらめいたりするものもすべて、そして、魅惑的ではありながらも、気をそそりつつ、消えていくものもすべて、これらは皆、ここに、確固たるものとなり、我がものとなっている。今や、不満なことは終わりをつげ、ここに、もはや遮るものなき鮮明、歓喜、そして力が始まるのだ」。そうです、ここにいらっしゃる皆様、私の心の中には、そのような講演主題があるにはあります。しかし、どうか、実際の講演自体のご判断については、お手柔らかにお願いします。このたびの機会で、理想的な講演をすることはできないからです。ここは謙虚に、お詫びしておきます。私は大陸を横断して、この素晴らしい西海岸に、この楽園に、やってまいりました。この楽園は、神話上の太古の楽園ではなく、人間の揺るぎない未来の楽園であります。したがいまして、私が提示する演題は、皆様方の歓待にふさわしいものでなければなりません。また、皆様方の偉大な運命の名に恥じるものであってはならないでしょう。そうすることで、私どもの住む気候の厳しい東部と皆様方の素晴らしい西海岸とを、精神的な絆で結びつけ強固なものにすることができます。しかしながら、そう、しかしながらです。私には、心の中にある講演主題を提示することとは、どうしてもできないのです。これを明確な言葉で表現しようと努力はしてきたのですが、どうしても明確なものになりません。哲学者というものは、結局のところ、詩人のようなものです。つまり未開地の開拓者なのです。誰もが感じることができること、誰もが心の奥底でわかっていることに対しては、ときには、それにふさわしい言葉を見つけることもできますし、明確に表現することもできます。あいにく、哲学者の語彙と思惟は、必ずしも、詩人の語彙と思惟ではありません。しかし、両者は共に同じ機能を持っています。直喩表現を用いていえば、それらは、数多くの印あるいは目印であるわけです。この場合、目印といっているのは、元々人跡未踏で何の印もない森に、人間が知性を用いて斧をふるい、そのことで木々にできた人間経験の痕跡のことです。こうした目印は、どこからやってきたかを指し示しています。方向を与え、向かうべき場所を提示するわけです。しかし、こうしたものが指示するのは、森の全体像ではありません。全体像であるなら、日の光に照らされて現れる壮観な森の姿、あるいは、月明かりの中の妖艶で不思議な森の姿といった一切のものを含むはずですから。シダの生い茂る幽谷、苔むした滝、人里離れて奥まったところにある不思議な場所、こういったものは、人々の目に入ってきません。こうしたものを自らのものにしているのは、当の地域に生息する野生の動植物だけです。動植物は、何と幸福なことでしょう。目印をつける必要などありません。しかし我々人間の場合、このような目印は、ある種の所有権を示します。こうなると、我々は森を自分たちに役立てるようにし、仲間と連れだって森の中を進み行き、森の豊かな趣を享受することができるわけです。森は、もはや、迷ってしまうだけの場所でもなければ、行ったきり二度と戻らない場所でもありません。かくして、詩人が用いる言葉も、哲学者が使う語句も、正真正銘、助けとなるものなのであります。そして、そうなって以降、言葉や語句が残した痕跡を行き来する自由が、我々すべてに対して与えられることになります。もちろん、言葉自体は何事も創り出しはしませんが、しかし、言葉の持つこうした機能、つまり、物事に痕跡を残し、これを固定する機能に対しては、我々は言葉の本質を称え、言葉を口に出し続けるわけです。たとえ、言語作用には浅薄で断片的で半ば不用意な性質があるのは明白だとしても、そのことに変わりありません。開拓者自身ほど、森の果てしない広がりを感じ、あるいは、自分が残した目印の偶然性を理解している人はいません。コロンブスは、いにしえの東洋を夢見つつも、未開拓時の不毛でつましいアメリカに行く手を遮られ、当時としては、さらに進んで行くことはできていません。詩人と哲学者は、自らの決まり文句で何事かを表現しますが、しかし、それだけでは、自ら直観によって知り感じていることのほとんどすべてを未だ表現しきれないことを、彼らは十分理解しています。それに対して、こうしたことを他の誰もが知っているわけではありません。ですから、私が未だ訪れたことのない真理という森の中に、ある根源となるものはあると、私は信じています。つまり、真理という森を探究し足跡をつけ、そこに到達するということは、私のつましい人生における哲学的努力の密かな源泉なのであります。真理の森の中、最後に立ち現れる谷に、ほとんどたどりついた瞬間には、究極目的の兆候、つまり、ある種の確実性という感覚があるでしょう。しかし、そこに現れるのは、依然として、さらなる谷を遮る尾根でありましょう。ですから、私が言葉という、痕跡となる手掛かりを残しても、真理へ通ずる正しい方向をめぐって旋回しているにすぎません。試みようと思えば、今が真理に到達するための好機なのでしょうが、しかし、私には皆様方を、誰にも知られていない真理の奥地へと導くことはできません。明日であるなら、その好機であるにちがいないでしょう。それが無理ならば、次の明日、それでも好機でなければ、その次の明日ということになりましょう。こうして、ほぼ確実なことは、約束が果たされないうちに、死が私に迫ってくるということです。

あらゆる哲学者の人生というものは、このように、達成点が延々と先送りされ、そこに到達することはないということのうちに成り立っています。真理の完成態などというものは、手に取ることができないものであり、完成することなど、永遠にありません。完成などありえないのです。ですから、予備的な目印に立ち戻ることにしましょう。つまり、わずかばかりの決まり文句、専門上の概念、言葉上の指針、こういったものに立ち戻ることで、少なくとも、痕跡となる手掛かりの当初の方向は明らかになるでしょう。今日、ここバークレーにおいて私にできることは、残念ながら、これだけです。結論にいたることはないでしょうし、せいぜい示唆的な議論とならざるをえません。ですが、できるだけ専門用語に頼ることなく議論を試みるつもりではあります。

それでは、真理の痕跡となる手掛かりを起点として進んでいく上で、最も有望な方向はどのようなものであるか、皆様方を前にして、これだけを明確に示すことにいたします。数年前、そうした方向を私に提示してくれたのは、一人の哲学者です。彼の故郷は東部であり、その著作はといえば、諸々の雑誌に書き散らされて、ほんのわずかしかありません。しかも、それらは、彼の才能を適切に表現したものでもありません。私が申し上げているのはチャールズ・サンダース・パース氏のことです。といっても、哲学者としては、その存在すら、皆様方の多くはご存じないことでしょう。彼は今日の思想家の中でも最も独創性に富んだ者の一人です。プラクティカリズム、あるいは、プラグマティズム、彼は自分の原理をこう呼んでいるのですが、この原理を彼が明確に述べたのを、私は〔マサチューセッツ州の〕ケンブリッジではじめて耳にしました。一八七〇年代初頭のことです。この原理こそ、道標ないしは指針となるもので、これにしたがうことで、私は、ますます意を強くしております。我々は適切な足場を得て進んで行けるかもしれない、こう信じているわけです。

我々がいうところのプラグマティズムの原理は、様々な方法で表現されるでしょうが、どれも極めて単純です。『ポピュラー・サイエンス・マンスリー』誌の一八七八年一月号において、パースは次のように紹介しています〔本書第7章〕。思考の真髄と意味は信念の創造に向けられているのであって、それ以外のものに向けられることなど、けっしてありえないというのです。ここに、信念とは、いわば、我々の知的生活という交響曲において躍動する旋律を打ち切る、半休止符のことであります。この比喩にしたがうなら、運動状態にある思考は、これを唯一可能にしている原動力ゆえに、思考の達成物を、静止状態において有することになります。しかし、ある対象についての我々の思考が信念の中で中断しているとわかれば、その場合、その対象に対する我々の働きかけが、確実に、かつ、とどこおりなく開始されうるのです。要するに、信念とは実際には行為に対する規則のことであり、思考の全機能は行為習慣を産出するための一歩にすぎないわけです。ある思考を構成している数々の要素のうちで、もし、その思考の実際的な帰結に対して何ら重要な影響を及ぼさない要素があるとすれば、その要素は、当の思考を有意義にする固有の要素ではまったくありません。したがいまして、同じ思考であっても、異なる言葉を用いて表現されることもあるわけです。しかし、異なった言葉であっても、何ら異なった行動を示唆しないのであれば、そのような言葉は外からの添え物でしかなく、思考の意味においては、何の役割も持ちません。逆に、そうした言葉が行動を左右し、違いをもたらすのであれば、それは、言葉の意味の本質的要素なのです。「どうか窓をあけてください」ということであれば、英語だろうと〔“Please open the door.”〕フランス語だろうと〔“Veuillez ouvrir la porte.”〕、意味は同じです。しかし、仮に「おいこら、窓を開けろ〔“D—n you, open the door.”〕」といえば、これは英語の場合ではありますが、相当異なったことを意味します。こうして、ある思考の意味を明らかにするためには、その思考が、いかなる行為を引き起こすのに適しているか、これを明らかにするだけでいいのです。つまり、その行為こそ、我々にとって、その思考が有する唯一の意義なのです。我々の思考がもたらす全区別の根底には、いかに捉えがたいものであろうと、ある明白な事実があります。それはこういうことです。思考は様々に区別をもたらしますが、その区別の何たるかを見出すにあたって、実践がもたらしうる区別を措いて、他にふさわしい区別など何もないということです。それゆえ、ある対象について我々が思考する際に、その完全な明晰性を得ようとするなら、当の対象の使用によって生ずる、考えられるかぎり実際的な類いの、いかなる効果をもたらすか、これを考察するだけでよいのです。つまり、当の対象から我々は、いかなる感覚を期待しうるか、そして、いかなる反応をもって待ちかまえねばならないかということです。こうして、これらの効果に対する我々の概念が、いやしくも明白な重要性を有するかぎり、こうした概念こそ、我々にとって、当の対象についての概念の全体をなすわけです。

以上が、パースの原理、すなわち、プラグマティズムの原理です。私といたしましては、この原理を、パース氏が述べているよりも、ずっと広い意味で述べるべきであると考えております。ある真理は、我々にとって、いったい何を意味するか、これについての究極的な試金石は、実際には、その真理によって影響が生じて喚起される行為であります。しかし、そうした真理が当の行動を喚起するのはなぜかといえば、それは、まずもって、まさしく当該行動を我々に要求するはずだと思われる経験に対して、当の真理が何らかの特殊な変化を予示するからです。そして、今夜の講演の目的からすれば、パースの原理を、次のように述べる方がよかろうと思われます。つまり、いかなる哲学的な命題も、その実際上の意味は、能動的であれ受動的であれ、我々の未来の実際的な経験において生ずる何らかの特別な帰結へと常に定式化しうるということです。その意味するところは、そうした経験が必ず能動的であるという事実にあるよりも、むしろ、それが必ず特殊なものであるという事実にあります。

この原理の重要性を受け容れるのであれば、これを具体的な状況に適用することに習熟しなければなりません。これから用いることのできる事例で、私は確信しております。哲学上の論争において、その事例に留意することで、諸々の誤解を取り除くことになり、和解に通ずることになります。仮に、この通りのことしかできないにしても、その事例は、議論の方法について、極めて重要な規則を提供することになりましょう。そこで、これから残された貴重な時間で、皆様方に対して、この事例を明確に示すことにいたします。というのも、これをひとたび把握すれば、皆様方は、議論を進めていく上で、古くからある数々の誤った出発点を避けることができ、探究の道を歩む際、真の方向へ導かれる、このように私は真剣に考えているからであります。

さて、プラグマティズムの原理がもたらす最初の帰結の一つは、こうです。今、哲学上の二つの異なる定義、命題、格率、その他があるとします。これらは、相互に矛盾すると思われており、また、これについて人々が論争しているものと考えてください。二つのうち一方の真理を信じたとしましょう。そのことで、時と場所を問わず、誰かに対して生ずると想定しうる実際の帰結を何ら予見できないならば、つまり、他方の真理を信じた場合とは異なる帰結を何ら予見できないのであれば、もちろん、その場合には、その二つの命題の間に違いはまったくありません。つまり、それは、見かけ倒しの言葉上の違いであって、論争を続ける価値など、まったくありません。どちらの命題文も、非常に異なった言葉で表現されているでしょうが、両者は、根本的には同一の事柄を意味するのです。こうした単純なテストにかけるだけで、何と多くの哲学上の論争が、たちどころに無に帰してしまうことでしょう。これをみるのは驚くべきことです。区別を生み出すことのない区別など存在しえません。抽象的真理に区別など生じません。そのようものは、具体的な事実においても、そうした事実に対して影響を及ぼす行為においても、異なった姿で表れることなどありませんが、どういうわけか、時と場所を問わず、誰がしかに押しつけられることになります。確かに、こうした平凡で実際的な方法で命題文の意味を評価する場合、我々の一般的命題文において、価値が幾分目減りするということが、しばしば生じはします。そうです。価値は減じます。しかし、単に曖昧さに基づいているだけの壮大さなど、重要性の誤った外観でしかありません。保持するに値しない壮大さです。ある博学な友人がいっておりましたが、代数計算の最終段階で、未知数x、y、zが、同数の単純な数値a、b、cに置き換えられるときにはいつでも、未知数の可能域は確定値へと縮減されます。しかし、代数の全機能は、結局のところ、未知数を、そのような、より一層確定的な形に変換することです。それでは、哲学の全機能はというと、世界についての命題文があれこれあるとして、もし、そのうちのいずれかが真なる命題文であるとするならば、その命題文によって、いかなる明確な違いが私やあなたに生ずるか、つまり、我々の人生におけるある一定の瞬間に生ずるか、これを解明することにあるというべきでしょう。

ありえない事態から出発してみれば、より一層明確に、我々の原理の使用範囲がわかるでしょう。そこで、想像上ではありますが、ある状況を想定することにします。事の帰結の予見も、行為の影響も何ら生じえない状況、つまり、プラグマティズムの原理の適用領域を何ら見出しえない状況に、我々がいるとします。つまり、今この瞬間は、世界の絶対的な終わりであり、したがって、世界を超えた単なる非実在物だけがあり、経験にとっても行為にとっても、今後というものがない状況を想定してみるのです。

さて、このような事態においては、哲学上また宗教上の論争で、我々にとって最も切迫しており、しかも、最も敵対性を帯びた論争であっても、何の意味もなくなってしまうものもあるといってよいでしょう。もし、世界が終わりを迎え、それ以上何もやってこないとするなら、その場合、たとえば「物質は全存在物の創造者であるのか、あるいは、神も存在するのか」といった問いが提供するものは、完全に無意味で無価値な選択肢でしかありません。こうなると、ここにいる我々の多くが、いや、私が思うに、そのほとんどの人が感じるのは、あたかも極寒と永遠の眠りが世界を襲っているということでしょう。つまり、世界に終わりがやってくるとして、そこに、人を鼓舞する精神も決意も何ら関わることなく、ただ単に終焉が偶然到来した、もし、このように信じざるをえないとするなら、そう感じるわけです。〔世界の終わりという仮定を〕事実として実際に経験することになる場合、悲哀に満ちた想定をしようと、逆に、喜びに満ちた想定をしようと、あるいは理にかなった仮説に立とうと、異様で奇怪な仮説に立とうと、いずれにせよ事実の詳細に違いはないでしょう。しかしながら、我々の考えるところでは、そうした事実の詳細の背後に〔創造者としての〕神が存在しないのであれば、その詳細自体は、何か恐ろしいものを有し、自ら本当のことを語ることなどまったくないでしょうし、〔神のように〕睥睨することはあるにしても、その目には思索などというものはまったくないでしょう。他方で、もし〔そうした事実を創造する〕神が存在するのであれば、その事実の詳細は、実在感のある、心温まるものになっていき、まったく真正な意義に満ちたものとなるでしょう。

しかし、いっておかねばなりません。今ここにいる我々の場合のように、未来を見据える意識からすれば、しかも、意識にとって、世界が、部分的には、これからまだやってくるとあってみれば、今みたように感情が変化するということは、理にかなったものであるでしょう。ですが、既に過ぎ去ってしまった世界を集約するような純粋な回顧的な意識においては、感情の変化などというものは何の意味もなく、理にかなったものでもありません。このような回顧的な意識にとっては、これから取りうる道に対して、感情的関心を抱くことなどありえません。問題となっているのは、純粋に知性に関するものだといってよいでしょう。そして、実際に生じている事実を解明すべく、独立自存の物質が、何らかの科学的妥当性によって示されうるのであれば、たとえ、まったく同じその解明によって、神というものが不必要であることがわかり、我々の信念から消え去ってしまうとしても、こうした神を悔いるような気分など微塵もないし、そのことで暗い気分になることなどないはずです。

というのも、この事態を真摯に検討してみてください、そして、もし神がそのような場面に存在しており、しかも、神の行為が成し遂げられ、神の創造した世界が停止してしまうとするなら、そのような神の存在価値は、いったいどのようなものになるか、判断してみてください。そのような神に存在価値があるとしても、それはただ、〔神が創造した〕そうした世界の方に存在価値があったというのと同じことでしかありません。そのような神の創造力によって達成しうる成果があるにしても、それは、長所と短所の混合物を伴った成果を達成したという程度のものでしかなく、さらに続けて何かを成しうることなどないでしょう。こうして、未来というものはありえませんし、世界の価値と意味の一切は、世界が過ぎ去る中で世界とともに歩んできた感情のうちに、既に与えられ、実現されてしまっており、あとは世界とともに終焉を迎えるわけです。そして、これから到来する何ものかに備えるという、世界の役割から、世界自らが新たな追加的意義を引き出すことなどまったくありません（〔終わることなどない〕我々の実際の世界で、そのような意義を引き出すのとはわけが違うのです）。想定しているのが、このような事態である以上、この場合、我々は、いわば神の力量を、このような事態によって推し量ります。そもそも神は、最終的な姿として、こうした事態の創造をなしえた存在者です。そうであるからこそ、我々はかくも神に感謝しているわけであって、それ以外の理由で感謝しているわけではありません。しかし、今、正反対の仮説に立ってみましょう。すなわち、自らの「法則」にしたがう微小な物質があったとして、これが世界を、しかも、まさしく先にみたような微小な世界を創造することができるという仮説です。この場合、我々は、神に対してと同じように、こうした微小な物質に感謝すべきではないでしょうか。もし、議論の前提として、我々が仮説から神を削除し、この物質にのみ事の原因を求めるとするなら、どのようにして、我々は害を被ることになるのでしょうか。そのことによる特別な無力さ、「愚かさ」、不気味さといったものが、どこに登場するというのでしょうか。さらにいえば、経験が現にあるような姿となっていて、しかも、これが最後の姿であるとするなら、そこに神が存在するからといって、そのような経験が、いったい、いかにして、私たちの目に、一層「生き生きとした」ものと映り、一層豊かなものと映るというのでしょうか。

　率直にいっておけば、この問いには、いかなる答えも不可能です。先のいずれの仮説に立とうと、実際に経験することになる世界は、その詳細にいたるまで、同じものであるはずです。〔英国詩人〕ブラウニング流にいえば、「賞讃しようが非難しようが、事に違いはない」わけです。世界がそこに存することは、奪われることなどありません。取り消し不可能な賜物なのです。物質を世界の原因と呼んだところで、世界を構成する細目のうち何一つとして取り消すことになるわけではありませんし、神を世界の原因と呼んだところで、そうした細目が増大するわけでもありません。他ならぬ当の世界にあって、世界の細目は、〔唯神論に立つなら〕神でしょうし、〔唯物論に立つなら〕原子でしょうし、そのいずれかでしょう。神は、もし存在するとすればの話ですが、まさしく原子の成しうることを、しいていえば、原子の性質に現れていることをこれまで成してきたのでしょうし、神が人々から感謝の念を受けているにしても、それは、原子に対して払われるような感謝の念のようなもので、それ以上のものではありません。神が存在することで、原子の作用に対して、何ら異なる性質も成果ももたらさないのであれば、神の存在が、原子の作用に対して、威厳の増大をもたらすことなど、まずありません。また、神というものが存在せず、しかも原子が世界という舞台の唯一の活動体であるとしたところで、原子の作用の威厳を損ねるなどということはないでしょう。ひとたび芝居が終わり、幕が降りてしまえば、芝居の作者に輝かしい天分があろうと、事態が、一層良くなることはないでしょう。それは、その作者を三文文士と呼ぼうと、事態が、一層悪くなるわけではないのと同様です。

こうして、経験や行為について、いかなる未来の詳細も、我々の仮説から引き出すことができないとすれば、唯物論と有神論との論争は、まったく無価値であり、意味を持ちません。物質と神とは、実際には、まったく同じことを意味します。つまり、単に、雑多で不完全ではありながらも完結してはいるこの世を作り出すことのできる力なのであって、それ以上でもそれ以下でもありません。そして、いやしくも賢人であるならば、このような場合に、余計な議論には背を向けるといってよいでしょう。したがって、未来の明確な帰結という点において何ら得るところのない哲学上の論争に対しては、たいていの人は直観的に背を向けるでしょうし、重要な部類の人々、つまり、いわゆる実証主義者や科学者の場合であれば、意図的に背を向けることでしょう。我々がみてきた研究分野の口先だけで中身のない性格は、間違いなく、非難すべき事柄であって、このことについては、ここ哲学協会においでの皆様にとって、まさしく、周知の事柄でしょうし、まったくもって辟易するものでありましょう。先日、バークレーを逃れてきた一学生がハーヴァード大学において私にいいました。彼は、こちらの哲学部には一度も在籍したことはありませんでしたが、こういうのです。「言葉、言葉、言葉、もう、こればかりですね。あなたがた哲学者が気にしているのは」。我々哲学者としては、この言い方は、まったくもって公平さを欠いているものだと思います。しかし、プラグマティズムの原理が真であると仮定した場合、先に吟味した形而上学とは別の諸学説を提示することによって、別の実際的帰結を、たとえどれほど微妙でかすかであろうとも、もたらすことができないのであれば、彼の発言は、完全に適切な非難といってよいでしょう。普通の人も科学者も、そのような帰結を発見することはないでしょう。そして、もし形而上学者がどちらも区別できないのであれば、普通の人々も科学者も、形而上学者と対比していえば、これについては理にかなっているのです。それゆえ、形而上学者の学知など、所詮、思いあがったおしゃべりでしかありません。そして、そのような者に対して、大学教授職を付与することなど、本当に、馬鹿げた事柄といってよいでしょう。

したがいまして、正真正銘の形而上学論争であるなら、いかなるものにおいても、どれほど無関係にみえようとも、実際には、何らかの実際的問題が関与しているわけです。この点を理解するためには、唯物論か有神論かという問題に立ち帰ってみるとよいでしょう。その上で、今度は、自らを我々の住む実際の世界に位置づけてみてください。すなわち、未来を有している世界、我々が語っているかぎりは、まだ完結していない世界にです。この終わりなき世界において、「唯物論か有神論か」という選択の問題は、極めて実際的な問題です。このことは、いかにして妥当するのか、我々の時間の大部分を割いてみる価値はあるでしょう。

今日みられるような経験という諸事実は、永遠不変の基本法則にしたがって運動する原子の無目的な形状をなしていると考えるのか、あるいは他方で、そうした諸事実は神の摂理によるものであると考えるのか、それに応じて、この講演の行方は、実際、我々にとって、どのように異なるものになるのでしょうか。過去の事実に関するかぎり、確かに、どちらにあっても、違いはありません。過去の事実というものは、既に到来しており、手に入れられており、記録されています。そして、過去の事実のうちにある価値は、事実の原因が原子であろうと神であろうと、手に入れられています。したがいまして、我々の周りには、今日、数多くの唯物論者がいるわけです。この立場の人々は、先の問いの未来的側面も実際的側面も完全に無視しつつ、唯物論という言葉にまつわる汚名を排除すべく努力しようとします。それどころか、仮に物質が入手しえた利益すべてを生み出すことができるとすれば、そもそも機能的に考えた場合に、物質は、なぜ、神とまったく同じように神聖な実体であるのか、要するに、物質は神と合体しており、人が神ということで意味しているものそのものであるのか、こういったことを示すことで、唯物論という言葉自体を排除しようとさえするわけです。こうした人々は、自分たちと敵対する立場の方が大きくなっていくにつれて、私たちに忠告し、物質という言葉も神という言葉も、使用するのはやめにしようなどというわけです。たとえば、一方で、聖職者という意味合いを持たない言葉を用い、他方では、粗野、粗悪、劣等といった含みを持たない言葉を用いてみましょう。あるいは、神や物質というかわりに、原初的な秘儀、不可知のエネルギー、唯一無二の力について語ってみましょう。スペンサー氏は、こういった試みをするよう、自らの著作『心理学』の第一巻の最後のところで説いています。うまく書かれている箇所で、彼は私たちに示しています。「物質」というものは極めて捉えどころのないものであり、しかも物質運動は、今日の科学がその説明において仮定しているように、想像もできないほど高速で微小であるため、粗野などという性質は、痕跡として残っていないというのです。彼はさらに示しています。我々死すべき運命にある者がこれまで口にしてきた精神なる概念は、それ自体あまりに繊細さに欠けるため、自然界が持つ事実の微妙な複雑さを把握することはできないというのです。どちらの言葉も、シンボルにすぎないのであって、ただ、両者が対立し合うことなどなくなってしまう、不可知の、ある実在を示しているにすぎない、というわけです。

みられるように、雄弁であり、ある意味では気品のあるスペンサー氏のこうした論評を介してみると、どうやら彼が考えているのは、普通の人々が唯物論を毛嫌いする理由は、物質のことを、それ自体粗野で、みすぼらしく、卑しむべき何かとして、純粋に美学的な観点から軽蔑していることから生ずるというもののようです。物質に対するこのような美学的蔑視が、これまでの哲学史において、一定の役割を果たしてきたのは疑いありません。しかし、この蔑視は、知的な現代人の嫌悪については、何の役割も果たしていません。未来永劫、物質の法則にしたがって、ある物質が、我々の世界をより一層完成態へと近づける事態を考えてみましょう。そうすれば、スペンサー氏が喜んで、自分のいう不可知の力を礼賛するのと同じように、理性のある人なら誰であれ、喜んでそうした物質を礼賛することでしょう。そうした物質は、これまでにも正しいものを生み出してきたし、これからも永遠に正しいものを生み出していくでしょう。そして、我々が必要とするのは、これだけです。神がなしうることすべてを実際に遂行するものがあるとすれば、それは神と等価であり、その機能は神の機能にほかなりませんし、しかも、その機能は、神がもはや不必要な世界において行使されるわけです。そのような世界から神を待ち望むことなど、理法にかなったものとしては、けっしてありえないでしょう。

けれども、スペンサー氏が説く宇宙の進化過程を遂行していく物質というものは、今しがたみたような何か終わりなき完成の原理のこと、、、、なのでしょうか。もちろん違います。というのも、宇宙において進化していく、あらゆる物質あるいは物質の体系は、未来においては〔滅亡という〕悲劇に終わるからです。スペンサー氏はといえば、自らの議論を美学的なものに限定しながらも、唯物論‐有神論論争の実際的側面については無視し、その和解に対しては、実際のところ、真摯な貢献をまったくしていません。しかしここで、実際的な帰結についての我々の原理を適用することで、唯物論か有神論かという問いが、いかに決定的に重要な意義を直ちに有することになるか、確認してみましょう。

有神論と唯物論は、これらを過去に向けて理解するなら、どちらであれ違いはありませんが、しかし、未来へ向けて解釈するなら、両者は、まったく異なる実際的帰結を、つまり経験の見通しは正反対の姿を示します。というのも、機械的進化論にしたがうなら、確かに我々有機体がこれまで我々にもたらした良き時代すべて、さらには、我々の精神が今日作り上げている理想すべては、その成立背景として物質の再分配と運動についての諸法則に負っている可能性はありますが、しかし、そうした諸法則も、未来においては不可避的に法則の作用を再び元に戻し、かつて進化させたもの一切を再び解体する可能性もあるからです。進化論が明らかにしているように、死んだ状態の宇宙がどのようなものか、その見通しうる最終状態の有り様を、皆様方は、すべて、ご存じのことでしょう。これについては、バルフォア氏［Arthur James Balfour 一八四八－一九三〇年　イギリスの首相経験者］の発言を用いて述べるのが一番よいでしょう。彼はいいます。「我々の宇宙体系のエネルギーは、いずれ衰退していくでしょうし、太陽の輝きは光度を落としていくでしょう。そうなれば、地球は活動を止め、潮の干満もなくなり、これまで一時ではあれ地球の平穏を乱してきた人類も、生存の余地を失うことになりましょう。人間は奈落の底に堕ちることになり、人間の思想も一切が消えてなくなることでしょう。これまでであれば、短期間ではあれ、不安な意識というものが宇宙の満ち足りた静寂を乱してきたわけですが、このように光のない窮状においては、こうした不安な意識も、静止することになりましょう。物質はもはや自らを知ることもないでしょう。『不滅の業績』と『不朽の偉業』、死それ自体、さらには、死より強い愛、こうしたものも、これまで存在したこともなかったようになることでしょう。人間が持つ労苦や天分や献身、そして苦痛というものが、人間を駆りたて、これまで数えきれぬほどの時代時代を通して成し遂げてきたことすべてを考慮しようが、そのことで、存在するもの一切は、その価値を増減させることなどないでしょう」（*The Foundations of Belief*, p. 30）。

以上は、唯物論の痛いところを突いています。つまり、こういうことです。確かに、宇宙の転変の巨大な運行の中では、美しい陸地が数多く現れ、数多くの雲堤が空高く漂うことでしょう。宇宙の転変が消え去ってしまうまで、――喜ばしいことに、我々の世界は今もなお生き長らえつつ――それらは長くとどまっていることでしょう。しかしながら、陸地や雲堤といった、自然の束の間の産物が消えてしまえば、もはや何も残りません。陸地や雲堤が持つ特性を表すもの、いいかえれば、それらが内に宿していたかもしれない「人間にとって」貴重な自然力を表すものは、もはや、まったく何も残されてはいないのです。そのような特性は死に絶え、過ぎ去ってしまい、存在という領域空間からは、完全に消滅するわけです。反響もなければ過去の記憶もなく、何にせよ未来に起こるかもしれないものに対しては、想像から似たようなものを考慮しようが、何の影響もないのです。このような、まったくもって最終の破滅と悲劇は、今日理解されているように、科学的唯物論にとって最重要論点をなします。次第にレベルが上がっていく諸力ではなく、ますます低レベルになっていく諸力こそが、永遠の諸力なのであり、あるいは、我々が明確に見て取ることのできる進化の唯一の循環の中にあって、最後まで残存する諸力なのであります。スペンサー氏は、他の誰とも同じくらい、このことを強く信じています。そうだとすると、なぜスペンサー氏は、あたかも我々が「物質と運動」の「粗野」な性質——彼の哲学原理——に対して愚かにも美学的反論を企てているかのように、我々と論争しなければならないのでしょうか。何しろ、彼の哲学原理の中で我々を実際に幻滅させるものは、その哲学が未来に持っている実際的帰結の絶望的な性格なのです。

　いや、唯物論に対する真の反論は、積極的なものではなく、消極的なものです。唯物論を非難するにあたって、その根拠を、唯物論が現に有している性質、つまり、「粗野」に求めるのは、今日では茶番でしかないでしょう。粗野というものは、粗野ということによって行われることにほかなりません。我々はそのことを知っています。我々が唯物論を非難する根拠は、積極的どころか、その反対に、唯物論が現に有していない性質、つまりは、我々のより理想的な利益関心に対する永続的な保証になっていないということ、我々の彼方にある希望の実現態とはなっていないということなのです。

　これに対して、神という概念は、それが、機械論的哲学において目下、かくも流行している数学的概念に比して、どれほど、その明証性において劣っていようと、少なくとも数学的概念以上に実際的な優位性を持っています。つまり、神という概念は、永遠に維持されることになる理想的な秩序を保証するわけです。内部にあって神が最終決定をなす世界であるなら、いずれ燃え尽き、あるいは凍てついてしまうかもしれませんが、しかしその場合でも、神はかつての古い理想を今も心に留めていると我々は考えるでしょうし、あるいは「この世では無理にしても」別の世において、そうした理想を必ずや実現すると考えるでしょう。したがって、神が存在するところでは、悲劇は暫定的であり部分的なものでしかありませんし、破滅や崩壊ということがあったとしても、絶対的な最終幕ではないのです。永遠の道徳的秩序を、このように必要とすることは、我々の胸中にある諸々の必要物のうち最も深いものの一つです。たとえば、ダンテやワーズワースのように、このような秩序の確信を糧として生きる詩人たちは、自分の詩が持つ驚くべき鼓舞と激励の力を、こうした事実に負っているのです。さて、この場合に即していえば、物質の内的本質についての、また、神の形而上学的考え方についての、重箱の隅をつつくような抽象化などではなく、唯物論と有神論の実際の意味がどこにあるのかといえば、それは、感情面でも実際面でも、詩人ごとに異なる魅力、希望と期待についての我々の具体的な態度のこのような適応、さらには、これらの相違に伴う微妙な帰結すべてのうちにあるのです。唯物論が意味しているのは、道徳的秩序が永遠であるということの否定であり、究極的希望を断ち切ることでしかありません。逆に、有神論が意味するのは、永遠の道徳的秩序の肯定であり、希望の解放なのです。こうした立論には、確かに、正真正銘といっていいほどの論点がありますし、それを感じ入る者にとっては、誰にでもそうです。そして、人が人であるかぎり、この立論は真摯な哲学上の論争という主題を生み出すでしょう。いずれにせよ、この問いに関していえば、実証主義者も形而上学を小馬鹿にする論者も誤っています。

しかし、皆様方の中には、おそらく、彼らを擁護すべく団結しようとする人もいることでしょう。有神論と唯物論が世界の未来について異なる予言を唱えることを認めたとしても、皆様自身、その違いを鼻であしらい、これを、分別のある精神にとって意味をなさないほど無限の彼方にあるものとして、判断するかもしれません。この立場によれば、分別のある精神の本質とは、もっと短期的な視点に立つことであり、この世の終わりなどといった妄想に対しては、何の関心も持たないということです。よろしい、これに対しては、次のように述べることしかできません。つまり、皆様方がそういうのであれば、それは人間の自然的性質に対して不正義を行うことです。単に狂気という言葉で飾り立てるだけでは、宗教上の憂鬱に対処することはできません。絶対的な事物、最後の事物、重畳する事物、こうしたものは、真に哲学上の関心です。優れた精神の持ち主であるなら、みな、このことを真摯に受けとめますし、最短の見解にこだわる精神というのは、比較的浅薄な人々の精神なのです。

しかしながら、彼方にあり、現実味に乏しい究極的なものについての見通しに関しては、皆様方のうち、不問に付そうと主張する人がいるのであれば、不問に付しておいてかまいません。それでも、有神論をめぐる論争は、今もなお、我々にとって、プラグマティズムの原理の例解として役立ちますし、この論争を用いれば、議論の回り道をせずに済みます。仮に神が存在するとすれば、その存在は、世界の最後に違いをもたらすということにのみ限定されるわけではありません。神の存在は、この世の転変の全過程に違いをもたらすことでしょう。さてここで、プラクティカリズムの原理によれば、神という概念の固有の意味は、この概念が真である場合に、我々の経験において違いが生ずるのかどうか、まさしく、ここにあるわけであります。教義神学が神のなせる数々の業の目録づくりに励んでいるのは、よく知られております。そのような目録は、我々の原理からすれば、何の意味もありません。しかし、そうでないとすれば、神の業の目録が意味するのは、我々が生きていく過程の特別の瞬間において、感じ、行うことができるような、何らかの一定の事物であります。つまり、逆にいえば、仮に神が存在せず、しかも、宇宙の営みが神に代わって物質的原子によって遂行されているとすれば、そうした目録が意味するのは、我々には感じることもできないし、行うはずもない事物であります。絶対者という我々の概念が、そのような経験を含まない場合、絶対者という概念は、言葉上のものであり、意味をなしません。つまり、実証主義者が述べているように、スコラ哲学にみられるような実体や抽象物、そして、実証主義者の批判にふさわしい対象です。しかし、絶対者の概念が、先にみた明確な経験を含んでいるのであれば、我々にとって神は何ごとかを意味し、おそらく実在的なものでしょう。

さて、教義神学による神の諸々の定義をみてみるなら、どの概念が採用され、あるいは却下されるか、これは、今みた吟味の仕方によって、即座にわかります。たとえば、正統な教本が我々に語るように、神はそれ自体で存在者であり、あるいは被造物が存在するように、神は自身によって存在者でありますが、それだけではありません。同時に、自身に由来する、あるいは自身を源とする存在者であります。そして、こうした「己の存在根拠」から、神の業の大部分が派生するのです。たとえば、神は必然的であり、絶対的であり、あらゆる点で無限であり、さらには比類なき存在です。神は比類なきものであって、他のもののように、本質と存在、実体と偶然、現実態と潜勢態、あるいは主体と属性によって構成されたものではありません。神は類に属するわけではありません。神は内面的にも外面的にも不変です。神は一切を知り、一切を意図します。そして何よりも、分割不可能な永遠の一つの行為の中で、自身の無限の自己を知り意図するのです。神は絶対的に自己充足的であり、無限に幸福であるわけです。さて、ここに集まっている我々、実際的なアメリカ人の中にあって、こうした属性の寄せ集めによって実在についての何らかの感覚をいささかでも呼び覚ますような人が、一人でもいるでしょうか。誰においてもそうでないとすれば、なぜなのでしょうか。それは、確かに先にみた諸々の属性が応答的で活動的な感情を引き起こさないからであり、我々自身の特別な行動を何一つ命じないからです。神が有する「己の存在根拠」とやらは、いかにして皆様方に強い感銘を与えるのでしょうか。自分自身を神の純真さに適用するために、私は何か特別な事柄を行うことができるでしょうか。あるいは、もし神の「至福」がいずれにせよ絶対的に完結しているのであれば、以後我々の行動は、いかにして終了するのでしょうか。一八五〇年代、一八六〇年代において、キャプテン・メイン・リードは、子供向けに、野外の冒険に関する本を書いた優れた書き手でした。彼は、野生動物を狩猟する人やその習慣を野外で観察する人を絶賛していましたが、他方で、彼自身が「屋内の自然愛好家」と呼ぶ者、たとえば、動物の骨と皮を収集し、分類し、さらに処理する人々に対しては、批判の集中砲火を浴びせていました。私自身、少年の頃、屋内の自然愛好家というものは、この世で最も堕落した不幸な人だと考えたものでした。しかし、体系的な神学者たちというのは、キャプテン・メイン・リードのいう意味で、疑いなく絶対者に対する屋内の自然愛好家であります。屋内の自然愛好家たちは、神の諸々の属性をありきたりのやり方で推論しますが、こうしたものは道徳にも人間の必要性にも無関心であり、辞書に載っている様々な形容詞を、学者ぶってつじつま合わせしているだけです。つまり、血と肉からなる生身の人間はもとより、真鍮金具と木材からなる論理機械によっても作れる代物なのです。先に私が引用した神の属性は、宗教とは絶対に何の関係もありません。というのも宗教は生き生きとした実際的な出来事だからです。なるほど、神の伝統的な記述の他の部分は、確かに人生と実際的な関係を持つでしょうし、そうした部分の歴史的意義は、人生と結びついているという事実に負ってきたわけです。たとえば、神の全知、神の正義がそうです。全知という点では、神は我々の知らぬところで我々に目を配り、正義という点では、神は自ら目にした事柄に対して天佑を与え、あるいは天罰を与えるのです。同様に、神の遍在性や永遠性や不変性は我々の信頼に訴え、神の善は我々の恐怖を払い除けるのです。これほど重要でない意味の属性でさえ、過去においては、今ここにお越しの皆様方に対して、同様に訴えてきたはずです。正統派神学によれば、神の主要な属性は自らの無限の愛であり、これは次の問いによって証明されます。つまり、「無限の目的以外に、何が無限の愛を満たすのか」という問いです。真っ先にあげられるこうした神の自己愛の直接的な帰結は、神自身の栄光を発現することが天地創造における神自身の第一の目的であるという、正統派にみられるドグマです。そして、そのようなドグマは、確かに人の生との有効で実際的な結合を作り出してきました。「神の威厳は王者のごとく堂々としており、その命にしたがうことで数多の民は繁栄する」等々といったように、「敬愛」と荘厳を兼ね備えた神についての、こうした古い君主制的な概念を、なるほど、我々は脱却する傾向にあります。しかし、こうした概念が、キリスト教会史に対して与えてきた影響には絶大なものがあること、これを否定することはできませんし、その反動から、ヨーロッパにおける国家の歴史に与えた影響も否定できません。しかしまた、神学に関する書物がこれまで実際に理解すべく努力してきたように、神についての、こうした、より実際的で重要な意義を持つ属性でさえ、その表面には、いわば、〔狡知にたけた〕蛇の這った痕跡が残っています。人はこう感じています。神学者の手にかかると、神の属性は、辞書に載っている一連の形容詞でしかなく、機械的に推論されたものでしかない、というようにです。論理は想像力の領域に入り込み、専門家気質は生の領域に入り込みます。欲しいのはパンであるというのに、手に入るのは石であり、魚が欲しいというのに、蛇を手にするといった次第です。このような抽象的で一般的な用語の寄せ集めが、実際のところ、神についての我々の知識の骨子を語っているというのであれば、神学校は、なるほど、栄え続けるかもしれませんん。しかし宗教の方は、つまり生きた宗教は、この世から逃れていくことになりましょう。宗教を存続させるものは、抽象的な定義や論理的に繋がった形容詞群とは何か別のものです。神学部や学部教授とは異なった何かなのです。これらのものはみな、大量の具体的な宗教経験に対して事後的に現れたもの、副次的につけ加わったものであり、こうした経験を感情と行動に結びつけ、慎ましやかな私人の生活の中で、経験自体を永遠に新しいものにしていきます。こうした経験がいかなるものか問うてみるなら、それは霊界との対話であり、お告げと幻、礼拝に対する応答、心の変遷、恐怖からの解放、支援の手の到来、心の支えの確保といったものです。ある人が自身の内なる態度を、ある適切な方法で心構えとして持つときにはいつでも、宗教経験は、こういうものなのです。力というものは、現れては消え、消失してしまいますが、あたかも、ある具体的な有体物であるかのように、ある一定の傾向の下で見出すことができます。我々の取るに足らない意識は、このような広範におよぶ精神生活の直接的経験に対して連続しており、また濃密な霊的交渉を維持していますが、こうした経験こそ、直接的な宗教経験の主要な構成要素なのです。このような宗教経験は、聞き伝えの宗教すべてが当てにしているものであり、絶えず存在する神という考えをもたらし、そうした神についての体系的神学によって、非現実的で衒学的な方法で利用され続けています。「神」という言葉が意味しているのは、先にみたような、人々の生の中にある受動的能動的経験にすぎません。さて、皆様、皆様方ご自身がこうした経験を享受し崇めようが、あるいは超越した地点に立って、これを他者のうちに見出しつつも錯覚で空虚なものとして疑おうが、私の講演目的からすれば取るに足らないことです。人間の他の経験すべてと同様に、宗教経験もまた、確かに幻影や過誤に陥りやすい傾向を一般的に持っています。宗教経験は絶対的に正しいというわけでは必ずしもありません。しかし、宗教経験は神という概念の原型であることも確かであり、神学はその翻訳なのであります。ここで思い起こしてもらいたいのですが、私は神という概念を単に一例として用いているだけです。その真偽を議論するためにではなく、単に、プラグマティズムの原理がいかにうまく作用するかを示すために用いているにすぎません。体系的神学における神は存在すべきか否かということは、実際面では、さして重要性のない主題です。その意味するところは、せいぜい何らかの抽象的な言葉を口にし続けてかまわない、あるいは他の言葉を用いるのはやめにすべきであるといったことでしかありません。しかし、もし今しがたみたような特別な経験にみられる神が誤りであるとするなら、皆様方にとっては恐ろしいことでしょう。とりわけ、そのような経験に基づくことで自分の生活が癒されているような人の場合であれば、そうでしょう。有神論をめぐる論争は、単に学術的に、あるいは神学的に受け取るのであれば、些細なものといって構わないでしょうが、これを現実の生活に対する帰結如何ということで検証するとなると、極めて重要な意義を持ちます。

こうした神学的概念の近い領域にとどまることで、最も適切に、皆様方にプラクティカリズムの原理を引き続きお勧めすることができるでしょう。先ほど皆様方に思い起こしていただきましたが、神についての古い君主的な、つまり、たとえば、あの世のルイ一四世といった類いの概念は、今日ではかつての権威の大部分を失っています。あらゆる哲学と同様、宗教哲学は以前にも増して観念論的なものになりつつあります。そして、絶対者の哲学、いわゆる観念論のカント以後の形態は、目下、優れた頭脳の持ち主を数多く惹きつけています。そこでは、かつて汎神論上の異端として一言で片づけられていたものが、今や大勝利を収めています。ここで私がいっているのは神という概念のことです。つまり、外部から世界を創造した者としての神ではなくて、世界に内在し世界の実体をなす精神としての神のことをいっています。こうした絶対的観念論について、もっと公平かつ明晰で、あるいは、概していえば、もっと説得的な叙述をするのであれば、今から三年前、このカリフォルニア大学の偉大な哲学者、ジョサイア・ロイス〔Josiah Royce 一八五五－一九一六年〕（私は、彼とハーヴァードで同僚であったことを誇りに思っております）が、まさにこの同じ哲学協会の皆様方を前にして行った講義以上に適切なものはないということを十分承知しております。この講義から生まれた著作『神という概念』に寄せられたロイス教授の諸々の論文は、広く読まれることになった一大傑作をなしております。さて、みなさん、多くの方は覚えていらっしゃるでしょうが、ロイス教授の最初の講義にしたがった考察において議論の主たる的になっていたのは、統一性と多様性という概念であり、さらには、次のような問いでした。すなわち、仮に、神が万物の本源たる一者であり、かつ万物全体であるとするなら、あるいはロイスの言い方によれば、「一個の瞬間という統一性を有する一者」であり、かつ「神という全体性の中において〔森羅万象を〕照らし透かす一瞬間を作っている」とするなら、いったい実際の道徳あるいは自由の存在する余地が残されているかどうかという問いです。〔本講演の主催者たる〕ホゥイソン教授が〔これについて〕特に強く主張していたのは、道徳と自由は複数の自己の多様性の関係であるということであり、さらに、ロイスの一元論的絶対思惟という体制の下では、「複数の自己の真の多様性など何一つ与えられないし、与えられることなどありえない」というものでした。ここで、こうした特殊な議論の詳細に分け入ろうとは思いませんが、今しばらく、皆様方に尋ねてみたいことがあります。一般的にいって、一元論と多元論のいかなる議論も、つまり宇宙の統一性をめぐるいかなる論争も、我々のいう実際的帰結の原理を用いることによって、はたして具体化されて議論の解決に資することになるのか、必ずしもそうではないのか、こういう問いです。

　世界が、根本において一者か多者かという問いは、典型的な形而上学的問いです。なんと長きにわたって人を夢中にさせてきた問いでしょうか。最も簡略な形でいえば、形而上学における論争の完璧な一例です。パルメニデスとスピノザは言い張ります、「世界は一つの偉大な事実である」と。原子論者と観念連合論者は反論します、「世界は多数の微少な事実である」と。ヘーゲリアンはいいます、「世界は一と多、両方である。一つの中の多なのである」と。そして、よくある通常の議論においては、数についての自分好みの形容詞を用いる論争者たちに頼ることで、私たちがこうした不毛な反復を越え出ることはめったにありません。けれども、私たちが「一者の」というような形容詞を、絶対的に、そして抽象的に理解したところで、その意味は極めて曖昧で空疎であるため、その主張を肯定しようが否定しようが、事柄に何の違いもないということ、そもそもこれは明らかではないでしょうか。確かにこの宇宙は単なる数字の一というわけではありません。しかし、とりあえず、「二」あるいは「三」と数え上げられた他の諸々の可能的世界と対比してこの世界を語る場合、そういいたければ、当の世界に対して「一」と数えることはできます。宇宙を一者と呼ぶとき、その場合の「一」ということで、実際のところ、厳密に何のことを意味しているのか、これはまず最初に問わねばならない問いです。一者であるということが、どのようにして人々の個人生活に身をもって迫ってくるのでしょうか。人に深い感銘を与えるのでしょうか。その一者ということは、どのように〔多者ということと〕異なる姿で、人の経験のうちに自らを表わすのでしょうか。一者である一つの宇宙に対して、どのようにして、〔宇宙が多者である場合と〕異なったふるまいができるのでしょうか。このように探究を推し進めていくなら、統一性が次第に明確になっていき、ある場合には肯定され、ある場合には否定されるかもしれませんが、しかし結局は明瞭となるでしょう。たとえ、その探究過程で、統一性概念から曖昧でありながらも崇拝すべき何か厳かな代物が消え去ろうと、そのことに変わりはありません。

たとえば、ある事態があって、これをどうにかしようとしているとしましょう。ここから導き出される一つの実際的帰結は、当の事態を打ち捨てることなく、この事態に属する一部分から、別の部分へと移っていくことができるということです。この意味でいえば、我々の宇宙の一者性ということは、ある点で否定されねばなりませんし、ある点では肯定されねばなりません。物理的にみるなら、我々は様々な方法で、絶え間なく当の事態の一部分から別の部分へと移行できます。しかし、論理的かつ物理的にみるとき、この移動は、それほど容易というわけではありません。というのも、一人の心から別の人の心への明確な移行などありませんし、また心から物的事物への明確な移行などもないからです。乗ったり降りたり、繰り返さなければなりません。そのため、こうした点において、かの実際的な吟味によって判断するなら、世界は一者ではありません。

一者であるということの今一つの実際的な意味は、集合という可能性です。一つの集合を構成する諸々の事物は多数であろうと、その集合自体は一つです。では、実際のところ、宇宙を「一まとめにする」ことはできるでしょうか。物理的には、もちろん、不可能です。そして、宇宙の細部にいたるまで具体的にみるならば、心的にも不可能です。しかし、宇宙を要約的かつ抽象的に捉えるのであれば、たとえば、宇宙自体に今私が「宇宙」という語をつけて呼ぶ場合のように、宇宙について言及するときはいつでも、我々は心の中で宇宙を一まとめにすることはできますし、そうやって我々は心の中で描いた輪で宇宙を取り囲んでいるように思えます。（論者によってはこれを純粋思惟的統一性と呼ぶのでしょうが、）しかし、かかる純粋思惟的統一性など、実際面では、まったくもって無意味な代物であるのは明らかです。

さらにいえば、一者であるということは、包括的にみて同一であるということを意味するのかもしれません。そのため、集合の構成要素すべてを一つのルールによって扱うことができ、同一の帰結を得ることができます。この意味においては、我々の世界の一者性が不完全なものであることは明らかです。というのも、集合の構成諸要素や構成諸項において、大方のところ包括的な意味で同一であろうと、同一のものに還元不可能な多くの属性をこれらの要素や項が持つことに変わりないからです。同一とされる集合の全領域を、単なる論理によって縦横に走破することなど不可能です。

しかしながら、集合の構成諸要素は相互に類似性あるいは通約性を持ち、完全に無関係というわけではなく、何らかの方法で比較可能であり整合可能であります。このことが実際に意味するのは、やはり集合の構成要素は起源的原因において一者なのであり、遡及してみるなら、単一の根源的原因事実の中で各構成要素が現れてくるのがわかるはずです。このような起源の統一性であるなら、明確な実際的帰結を持つでしょうし、少なくとも我々の科学的生活にとっては、そうでしょう。

統一性という概念をこのような実際的吟味に付すことは、一元論と多元論との間の論争を解決するのに役立つ、このように私がいうとき、その意味するところについて私が示しうるのは、せいぜい今みたようなものです。さしあたって表面的な目安だけです。他方で、絶対的かつ神秘的なやり方でこれについて語るのは、単に論争と誤解を温存し続けることでしかありません。こうした古くからある論争を完全に解決し、論者たちすべてを満足させるためには、ここでパースの格率にしたがうだけでよい、私はこのように信じて疑いません。概して、今日の一元論は、今もなお過度に抽象的な仕方で議論し続けています。それによれば、世界は純然たる分裂態をなしていて、統一的宇宙などではまったくないか、そうでなければ絶対的統一をなしているか、そのどちらかでなければならないといいます。その主張は、中間地帯などないというものです。この一元論によれば、いかなる結合関係であれ、それが可能なのは、ただ、さらなる結合関係があるかぎりにおいてであるということになり、その結果、結局のところ完全に全体をなしている結合関係というものを要請せざるをえなくなるというわけです。しかし、この完全なる全体結合などというものは意味をなさないわけで、単に「一」という言葉を長く綴ったものでしかありません。あるいは、そうでなければ、考えられるかぎりでの部分的結合すべてを合計したものを意味することになります。このように、我々が一元論と多元論という問いに取り組み、今みたありうべき諸々の結合を探し求めようと着手し、結合一つ一つを一定の実際的方法で思い描いてみるなら、私は確信をもっていえます。多者と一者が、ともにそれぞれの妥当要求を得るよう歩み寄ることによって、この論争が誤解の余地なく解決する見込みは十分に高いのです。

以上の議論は、しかし、専門的になりすぎるきらいがあります。そこで、このあたりで議論を留めておくことにしますので、気持ちを楽にしてください。

それぞれの概念が、人生にとって、いかなる違いを生み出すかを吟味することで、個々の概念の意味解釈を行う、このような習慣をはじめて導入したのは、英語圏の哲学者たちであります。このように申し上げることができて、私はうれしく思っております。この哲学者たちが自ら抱いている実在観に導かれ、総じて本能的に行っていることを、パース氏は明確な格率という形式で表現しているにすぎません。ある概念を吟味する際の英国の偉大な方法は、ためらわずにこう自問することです。「その概念は、どのようなものとして知られているのか。その概念は、いかなる事実を帰結としてもたらすか。特定の経験の点からみるなら、その概念のキャッシュ・ヴァリューはいかなるものか。そして、当の概念の真偽次第で、世界に、いかなる特別な違いが生ずるのか」。このように、ロックは人格の同一性という概念を論じます。この概念はどのような意味を持つか、それはその人が持つ記憶の連鎖にすぎない、ロックはこういっています。人格的同一性の意義を具体的に検証することが唯一可能なのは、この点だけだというわけです。それゆえ、同一性についての、これ以外の観念、たとえば人格的同一性の根拠をなす霊的実体の一者性あるいは多者性といったような観念は、すべて理解しうる意味を欠いたものです。そして、このような観念に言及している命題は、肯定されようが否定されようが、どちらも意味を持ちません。同じようにいえるのは、バークリーの場合なら「物質」です。物質のキャッシュ・ヴァリューは我々の身体感覚です。この身体感覚こそ、〔～〕として知られているものであり、物質概念に関して我々が具体的に検証しうるのは、これだけです。それゆえ、これこそ「物質」という言葉の持つ意味のすべてです。それ以外に何か意味があると言い張ろうと、それは無意味な言葉でしかありません。ヒュームは因果関係について同じように考えます。それは、習慣上、事に先立つものとして知られているものであり、そして、我々の側からすれば、これから到来する何か一定のものを見出そうとする傾向として知られているものです。こうした実際的意味以外には何の意味もないのであって、そうである以上、因果関係に関する書物など、焼いてしまってかまわない、ヒュームはこう述べています。スチュワートとブラウン、ジェイムズ・ミルにジョン・ミル、そしてベイン、これらの人々は、多かれ少なかれ、一貫して、同じ方法にしたがってきました。シャドワース・ホジソンは、パース氏とほとんど同じくらい明確に、こうした方法を用いてきました。これらの論者たちの多くが、十把一絡げの否定的反論に精を出しすぎているのは疑いありません。とりわけ、ヒューム、ジェイムズ・ミル、ベインの場合がそうです。しかしながら、「批判的方法」を、つまり哲学を真摯なる人にふさわしい一個の学として確立するための唯一の方法を哲学に導入したのは、結局のところカントではなく、彼らでした。というのも、考えてみてください。行動のさなかにあって、我々に感知できるほどの影響を何ら及ぼしもしないような哲学上の諸命題について、あれこれ論争したところで、そこに、いったい、どのような真摯さが残っているというのでしょうか。すべての命題が実際的な意味を持たないとき、これを真か偽か呼んでみたところで、それがどうしたというのでしょうか。

今問題にしている英国の哲学者たちの難点、否定的な点と鮮明さに欠く点は、単に実際的な帰結に配慮したことに由来するのではありません。そうではなくて、実際的な帰結がどこまで及ぶか、十分見定めるほど完全に帰結をたどることができなかったこと、もっぱらこのために生じているのです。たとえば、ヒュームの原理だけを用いて、しかも、カントの回りくどく冗長で不自然な議論を何ら用いることなく、ヒュームを修正し立て直し、さらにヒュームの信念を豊かにすることは可能です。哲学の歴史は、実際には、このように歩んできたわけではありませんが、私の見るところ、確かに実際の歩みは幾分嘆かわしい事態と思われます。ヒュームの課題を完成し、彼の否定的側面を修正するだけの能力を兼ね備えたヒュームの継承者は、英国にはいませんでした。だからこそ、実際のところ、批判哲学の完成は主としてカントの影響下にある思想家たちに委ねられることになったわけです。英国とこの国においてさえ、人生の全貌を追求する際は、カントのスローガンとカテゴリーが用いられています。さらに、米国の大学においては、熱心な学生であればあるほど、その関心を刺激するのは超越論的哲学の講座であるのに対して、英国哲学の講座の方は二次的な地位にとどまっています。これがあるべき姿そのものであるなどとは、とても考えられません。このようにいうのは、けっして愛国主義からではありません。というのも、哲学において愛国主義が占める位置などないからです。あるいは、今日耳にするところ喧しいところでありますが、世界に対する大英米連合の興奮からでもありません。もちろん、間違いなく、この同盟には、成功を祈願いたしますが。ともあれ、このように私がいうのは、哲学における英国精神が、実際的、道徳的のみならず、知的にも、〔大陸ヨーロッパ以上に〕良識があり、思慮分別があり、適切な道を歩んでいると心より信じているからであります。カントの考えは、いってみれば、考えられるかぎりのすべての時代遅れの骨董品博物館の中でも、最も希有であり最も込み入って難解なものであって、鑑識眼のある人も好事家も、常に、そこを訪れ、不思議で独特な品を目にしたいと思うのです。カントというこの敬愛すべき先達の自らの学に対する気質には、申し分なくすばらしいものがあります。ここにいる皆様方のうち、ある種の人々を前にしてこういってしまうと、幾分怖じ気づいてしまいますが、しかし、彼は、実のところ、根本的には単なる骨董品、つまり「見本」でしかないのです。その意味するところは、まったく明確な、ある事柄です。私の確信はこうです。すなわち、哲学に不可欠でありながら、カント以前にあって、哲学が手にすることもなかった概念、あるいはカント以後にあって、科学的自然解釈方法としての仮説に対して人間が思索を発展させているというのに、これに伴って哲学が修得することも必然的にかなわなかった概念など、カントはただの一つも我々に残しはしなかったということであります。要するに、私の見るところ、哲学が歩んできた真の道筋は、カントを通してというよりも、むしろカントを迂回して、進歩してきたのであって、そのようにして我々が今こうして立っている地点に到達したのです。哲学は、まったく首尾よくカントを包囲することができますし、もっと直接的に、カントより古い英国路線を引き継ぐことによって、哲学は自らを十全な姿に仕立て上げることができるのです。

さて、いよいよ、講演を終えるときがやってまいりました。これまで私のために寛大にも緊張に耐えてこられた皆様方を解放するにあたって、望みたいことがあります。ここ太平洋岸は素晴らしい地域で、我々アメリカ人が有する財産であります。私が皆様方の関心を惹きつけるべく努力を重ねてきたプラクティカリズムの原理、ならびに、哲学における全英国的伝統、これらが、この地において正当な要求を主張しうるようになり、ひいては、皆様方の手によって我々以外の方すべてが精神の光明へ向かおうとする上で、支援となりうることを願っております。

第3章　プラグマティズム

Pragmatism

〔ボールドウィン編『哲学・心理学事典』項目〕（一九〇二年）

チャールズ・サンダース・パース／ウィリアム・ジェイムズ
Charles Sanders Peirce / William James

プラグマティズム

（一）［パース執筆］

理解の明晰性を得ようとするために以下に述べるような格率を用いるならば、形而上学は、その大部分が、一掃されてしまうにちがいないという見解。

我々が持つ概念の対象は何らかの効果を及ぼすと、我々が考えているとして、もしその効果が行動に対しても実際に影響を及ぼしうると想定されるなら、それはいかなる効果であると考えられるか、しかと吟味せよ。この吟味によって得られる、こうした効果について我々が持つ概念こそ、当の対象について我々が持つ概念のすべてをなしている。

（二）［ジェイムズ執筆］

ある概念の意味の総体は、もしその概念が真であるとするなら、実際的帰結のうちに、つまり奨励されるべき行動の、もしくは予期されるべき経験の、具体的姿のうちに表れるという学説。もし、その概念が真でないなら、その帰結は違ったものとなるだろうし、他の概念の意味が表現される際に生ずる帰結とは、それはそれで、異なるものになるにちがいない。ある概念と異なる別の概念を採用しても、最初の概念を採用した場合とは異なる他の帰結をもたらしそうにないのであれば、その別の概念は実際には最初の概念を異なった名称で呼んでいるにすぎない。いろいろな概念を採用してみて、それぞれがもたらす様々な帰結を追跡し比較することこそ、異なる概念の異なる意味を確定する際の賞賛すべき方法である。これは方法論的にみて確かなことである。

（三）［パース執筆］

プラグマティズムの格率が最初に提示されたのは、チャールズ・サンダース・パースの論文においてであり、これは『ポピュラー・サイエンス・ジャーナル』誌の一八七八年一月号に掲載された［本書第7章］。彼が説明したのは、いかにしてこの格率が実在についての学説に適用しうるかということであった。この著者は、カントの『純粋理性批判』について熟考の末、この格率にたどりついた。これと実質的に同じ方法で存在論を扱うことは、ストア学派の哲学者たちによっても行われていたように思える。その後、著者が気づいたのは、プラグマティズムの原理は容易に誤用されかねず、したがってまた、無理数についての全理論、それどころか、ヴァイアシュトラス［Karl Weirstraß 一八一五―一八九七年 ドイツの数学者］の計算法の一切も、一掃されかねないということであった。ウィリアム・ジェイムズは、一八九六年に『信ずる意志』［本書第12章と第13章に部分訳］、その後「哲学的概念と実際的効果」［本書第2章］を出版した。この中で彼はプラグマティズムの方法を極端にまで推し進めたため、我々はこの言葉の使用に躊躇するほどであった。ジェイムズの学説が想定しているのは、人間の目的は行動であるということのように思える――このストア学派風の学説は、三十路の頃の著者ならいざしらず、現在齢六〇の著者を説得的に魅了することはない。これとは逆に、行為は目的を必要とし、その目的は何か一般的な種類のものでなければならないということ、もしこのことが認められるならば、この格率の趣旨そのものによって、つまり、我々が概念を正しく理解するためには当の概念の帰結を考慮しなければならないという趣旨そのものによって、我々は、この思想の真の解釈者として、現にある実際の事実とは異なる何かへと向かうことになろう。つまり、一般的観念へ、である。とはいえ、この格率を多年にわたって試した結果、思考の明晰性を総体的に高度に達成する上で極めて有効であることがわかり、その意味で、この格率は著者にも推奨に値することがわかった。ここで、あえて提唱しておきたい。プラグマティズムの格率を実際に用いる際には、細心の注意を払うべきであることはもちろんであるが、しかしまた、この格率が用いられる前にではなく、ひとたび用いられた後には、さらに高度な思考の明晰性を達成しうるために思い起こしておかなければならないことがある。この格率が注意を向ける実際的事実は、唯一究極の善に貢献しうるだろうが、この究極の善とは、具体的で理にかなっていることを、さらに推し進めて、発展させていくことなのである。したがって、概念の意味は、いかなるものであれ、ばらばらな個々の反応のうちにあるのではけっしてない。そうではなくて、数々の反応が具体的で理にかなっていることを発展させる、その様式のうちにあるのである。実際、先に触れた一八七八年の論文において、著者は、自分で主張した以上に、これをうまく実践していたといってよい。というのも、一般的な観念という対象の実在は観念の一般性のうちにあるという意味で、著者はストア派的格率を最も反ストア派的に用いていたからである。

過去一世紀の最後の四半世紀の間に広く行き渡った見解によれば、理にかなっていることというのは、それ自体で善なのではなく、何か他のもののために善なのだという。これが妥当であるか否かは、〔事実との照合によって明らかになる〕総合の問いであって、矛盾律に訴えて解決するような〔分析的〕問いではないように思われる。たとえば、理にかなっていることを採用する理由は、まったく理にかなっていないなどと〔分析的に〕語ったところで、総合の問いを解決しうるわけではない。今や、ほとんどすべての人々が同意するのは、究極の善は進化の過程のどこかにあるということであろう。もしそうであるなら、究極の善は、ばらばらな個々の反応のうちにではなく、何か一般的なもの、連続的なもののうちにある。連続主義〔Synechism〕は次のような考えを礎石に据えている。すなわち、融合すること、連続的なものへ生成すること、法則にしたがうものへ生成すること、一般的観念に満ちあふれたものへ生成すること、こういったものは、理にかなっている状態が成長していく一個同一の過程の諸々の局面にすぎないのである。このことは、まず、論理学の分野における数学的厳密性に関しては真理であると論証されており、それゆえ、そこから推論されて、形而上学においても真理であるとみなされている。連続主義は、C・S・パースが用いたプラグマティズムと対立するものではなく、プラグマティズムの方法を、連続主義的生成への一局面として、含んでいるのである……。

第 II 部

パース の プラグマティズム

Peirce on Pragmatism

第II部について

第II部では、プラグマティズムに関するパースの最重要基本論文7本を、執筆年代順に収録している。

このうち、最初の6つの論文は既発表であるが、最後の論文、第10章「プラグマティズム」は、『ネイション』誌および『アトランティック・マンスリー』誌に掲載を拒否された未発表草稿であり、これまで『旧著作集』(CP5)に収録されていた未発表草稿「プラグマティズムの概観」と若干重複する。この草稿は、パース・エディション・プロジェクト(『パース編年著作集』編集刊行委員会)によって厳密な校訂により復元された通称「一九〇七年草稿」の一部であり、『エッセンシャル・パース　第二巻』(*Essential Peirce*, vol. 2)収録の草稿(Chapter 28)の全訳である。パースは、この論文において、自らのプラグマティズムを哲学史上に位置づけた上で、記号論と実在論とプラグマティズムとの統合を試みている。

第4章
人間に生得的に備わっているとされてきた諸能力についての問い（一八六八年）

Questions Concerning Certain Faculties Claimed for Man

チャールズ・サンダース・パース
Charles Sanders Peirce

問いの一　ある対象を認識するとき、いかなる事前知識からも独立に、しかも記号に基づいて推論することもなく、ただ単にこの認識に関して考えるだけで、次のことを正しく判断する能力を我々は兼ね備えているのかどうか。つまり、当の認識は、それに先立つ、ある認識に左右されるのか、それとも当の認識は、〔事前認識に左右されることなく〕その対象に直接関わっているのか。

この論文を通じて、「直観」という言葉を次のような意味で用いることにしよう。つまり、ある対象を認識する場合、その認識が、同じ対象についての以前の認識によって限定を受けることなく、意識の外部にある事物によって限定を受ける、そういう認識のことをいっている。[▼1] 読者におかれては、この点を注意しておくように、お願いしたい。ここでいっている「直観」とは、〔推論する際の〕「前提にはなるが、それ自体では結論とならないもの」とほとんど同じものといってよい。両者の間にある唯一の違いは、前提と結論の方は判断であるのに対して、直観の方は、その定義が明言しているかぎりでいえば、判断であれ他の何であれ、いかなる種類の認識にもなりうるということである。しかし、(妥当なものであれ、無効なものであれ）結論は、推論する人の心中においては、推論の前提によって限定を受ける。それとちょうど同じように、判断ではなく認識の方も、それ以前の認識によって限定を受けるだろう。そして、このような様式で限定されることのない認識、したがって心の外にある対象によって直接限定を受ける認識の場合は、「直観」と呼ばなければならない。

さて、直観するということと、そのことが直観であると直観によって知っていること、この二つは別の事柄であるのは明白である。そして、問うべきは、この二つの事態は思考においては区別可能であるが、しかし実際には必ず結びついているのかどうかということであり、したがって、直観、および、別の認識によって限定を受けている認識、この二つを常に直観によって区別する能力が我々にあるのかどうかということである。もちろん、いかなる認識も、目下心に浮かんでいる何ものかとしては、〔さしあたって〕その浮かんでいるもの自体についての直観である。しかし、ある認識は別の認識によって限定されているのか、それとも、それは心の外部にある対象によって限定されているのかということになると、これは、少なくとも、当初、一見してはっきりわかるかぎりでいえば、当の認識の直接的な内容の不可欠な部分ではない。もちろん、立場によっては、認識のこうした限定様式如何は超越論的な自我の能動的作用ないし受動的作用に属する基本要素であるという主張も、あるにはある。この場合、自我はおそらく直接意識の中にあるものではないが、しかし、この超越論的な能動作用と受動作用は、例外なく、それだけで、ある認識を規定しているということになる。したがって、内実としては、当の認識が別の認識によって限定されているか否かは、当の認識からわかる基本属性であるということになる。こうした立場に立つのであれば、我々は、ある直観を別の認識から区別するような直観的な能力を兼ね備えているということになろう。

こうした能力を我々が有することを示す証拠はない。あるとすれば、我々は、こうした能力を持っていると感じているようだという証拠だけである。しかし、この証拠が重要であるかどうかは、まったくもって、この感じ具合において、次のことを区別しうる能力を、我々が有しているという想定にかかっている。すなわち、この感じ具合は教育の結果や古くからの連想の産物等々であるのか、それとも直観的認識作用であるのか、この区別である。換言すれば、この感じ具合の区別を想定できるかどうかは、証明すべき当

▼1 直観〔intuition〕の元になった*intuitus*という言葉が、専門用語としてはじめて現れたのは、セント・アンセルムス（Anselmus 一〇三三‐一一〇九年）の『モノロギオン』においてである〔『中世思想原典集成7 前期スコラ学』上智大学中世思想研究所編訳、平凡社、一九九二年〕。彼は神についての我々の知識と有限の事物についての我々の知識とを区別しようと望んでいた（来世にあっては、神についての知識もまた、さらに、区別したがっていた）。その上で、聖書におけるパウロの文言〔「コリントの使徒への手紙　第一三章」第一コリント書第一三章第一二節〕に注目していた。「今我ら鏡もて観るところ朧なり。されど、かのときには顔を対せて相見えん」。アンセルムスは、これを次のように解釈していた。この文章の前半は観照であり、後半は直観である。「観照」のこうした用い方は根づかなかった。というのも、この言葉は、大いに異なる別の厳密な意味を既に持っていたからである〔前掲訳書、一四八‐一四九頁〕。中世においては、「直観的認識〔intuitive cognition〕」という言葉は、二つの主要な意味があった。一つは、「抽象的認識〔abstractive cognition〕」〔不在の対象の認識〕と正反対の意味で、直観的認識とは、現に目の前に現れているものについての知識である。これがアンセルムスのいっている意味である。だが、今一つの意味では、いかなる直観的認識も、先行する認識によって限定を受けていないように、言葉による論証的認識〔discursive cognition〕とは正反対の意味で用いられるようになった（ドゥンス・スコトゥス『センテンチア　第一巻第二区分第九問題』）。私自身は、だいたい、後者の意味で直観という言葉を用いている。なお、これはカントの使い方ともだいたい同じである。カントの場合、この区別は感性的〔sensuous〕直観と非感性的純粋〔non-sensuous〕直観という区別で表現されている（See Werke, herausg. Rosenkrantz, Thl. 2., S. 713, 31, 41, 100, u.s.w.〔『純粋理性批判』〕）。直観の六つの意味の例示は、ハミルトンの*Reid*, p. 759にみられる。

の事態を前提にしてかまわないかにかかっている。こうした感じ具合は、絶対に誤ることのない確実なものなのだろうか。さらにいえば、感じ具合についてのこうした判断は、絶対に誤ることのない確実なものなのだろうか等々、問いは無限に続く。このように絶対に誤ることなどはないという信念に閉じこもることができる人がいるとすれば、その人はもちろん真理の何たるかに縁のない人、すなわち「論拠」不要の人であろう。

だが、ここでは、今みたような能力を人は持っているはずだと想定する理論と、この理論に関わる歴史的事実とを比較してみよう。直観と、直観とは異なる認識、この両者を直観によって区別する能力があるというのであれば、どの認識が直観的なのかに関して、従来のように、かくも激昂した論駁の応酬などなかったはずである。今日、理性と、直観という権威とが、知識の二大源泉であるのと同様に、中世においても理性と外的権威は知識の源泉を二分するものとみなされていた。もっとも、当時にあっては、権威の原理的言明を本質的に立証不可能とみなす巧妙な知的意匠は、まだ思いつかれていなかったのは確かである。あらゆる権威が、無謬で絶対確実なものと考えられていたわけではなかった。それは、理性の場合と同様である。しかし、いかなる特殊な権威であれ、権威の権威たる所以は理性にかかっているとベレンガリウス［Berengarius 九九九－一〇八八年 初期スコラ哲学者］が述べたとき、この命題は、独断的で不敬で道理に合わないものとして、一笑に付された。このようにして、中世の人々が権威の信頼性ということで考えていたのは、単に一つの究極の前提であり、同じ対象をみる場合でも以前の認識によって限定を受けることのない認識、つまり、我々の言葉を用いるなら、一つの直観だったのである。奇妙なことだが、中世の人々はこのように思っていたのである。しかし、目下議論している理論の想定からみて、たとえば、非キリスト教の苦行僧が自分たちの神に対して観想するのと同じように、件の権威の信頼性をただ単に観想しさえすれば、それが究極の前提ではないことくらいは、わかろうというものである。さて今や、我々の心の内面的な権威もまた、諸説の歴史の中で外的権威の運命と同じ運命を経験することになるとしたら、どうなるだろうか。分別があり、博識であり、思慮深い人々の数多くが、これまで疑いを持ってきたことが、絶対に確実であるなどといいうるだろうか。[2]

法律家であれば誰もが知っているのは、証人にとって、自分の見たことと推論したこととを区別するのが、いかに困難かということである。このことが特に顕著なのは、霊媒師や本職の奇術師のふるまいを描写する場合である。見たことと推論したことを区別するのは極めて難しいため、手品師自身、しばしば、驚いてしまうことがある。それは、自分が実際に行ったことと、その様子を種も仕掛けもわからぬまま目にした人の証言とが、大きく食いちがっている場合である。たとえば、中国奇術で用いられるリングの場合を取り上げてみよう。これは、まったく複雑なトリックなのだが、その一端は頑丈な二つの閉じたリングをつなげるというものである。当初の説明では、二つのリングはあたかも離れているかのように語っておく。いわば、そう思わせておく。次に、二つのリングをつなげたように見せる。それからすぐに、そのリングを観客に手渡し、二つのリングが頑丈であることを確かめてもらう。この奇術の技法は、当初は〔つながったと思っても、実際には〕一方のリングの一部がはじめから欠けていたのだという強い思いを抱かせるものである。〔奇術師〕マキャリスター氏がこの奇術を巧みに演じるのを見たことがある。その奇術は、あまりにもうまくいった。だから、あの場面で彼の近くに座っていた人なら、どれほど全身全霊を傾けてその仕掛けを見ぬこうと懸命になったとしても、自分は閉じたリングが確かにつながったのを見たと喜んで宣誓していただろうし、もしそれが奇術でなかったなら、自分の証言内容が疑われることは自分自身の誠実さが疑われることだと思い込んでいただろう。この奇術の事例が示しているのは、前提と結論を区別するのは必ずしも容易ではないこと、我々は誤ることなく確実に両者を区別する能力を持ち合わせていないこと、そして、実際、区別が困難な場合、我々が唯一安心する拠り所は何らかの記号のうちにあり、この記号によって、ある所与の事実が実際に観察されたのか、それとも推論されたのか、いずれかを区別するような推論が可能になるということ、以上である。ある夢を説明しようとする場合、几帳面な人なら誰もがしばしば感じるにちがいないことがある。それは、目覚めてから夢を解釈する場合、当の夢自体の諸々の断片的イメージを解きほぐしていくのは、絶望的な試みだということである。

このように夢についてあれこれ言及してみると、また別の議論が浮かび上がってくる。夢というものは、その中身に関するかぎりでいえば、まったく実際に起こった経験のように思えるものだ。だから、夢なのに、実際の経験と勘違いされることがある。だがしかし、夢は諸々の観念等々の連合法則にしたがい、以前認識されたものによって限定されるということ、これは誰もが信じていることである。諸々の直観の区別を直観によって見分ける能力は、夢の中では機能せずに眠っていると言い立てるのであれば、これに対しては、そのような主張は単なる仮定であって、支持されることなどないと答えておこう。さらにいえば、目覚めているときでさえ実際にみた夢と現実との違いに気づかないことがあるわけで、例外があるとすれば何らかの痕跡、つまり不明瞭で断片的だということによって気づくのである。夢の内容によっては、極めて鮮明なために、夢の記憶を実際に起こった出来事の記憶と勘違いすることがあるが、これはけっして珍しいことではない。

我々の知るところでは、子供は大人の有する知覚能力をすべて持っている。だが、子供に対して、自分の行っていることを、いかに理解しているか、少しでも尋ねてみるとよい。多くの場合、子供から返ってくるのは、自分は母語を学習したことはないが、ずっと母語を知っていたという答えか、あるいは五感を持つのと同時に母語を知ったという答えだろう。したがって、このような子供の場合、直観と、他の認識によって限定を受けている認識とを、単によく考えるだけで区別できる能力など、兼ね備えてはいないと

▼2 ベレンガリウスの命題は、彼の『聖餐について〔De Sacra Coena〕』からとったものである。「明ラカナコトダガ、アラユル状況ニオイテ、弁証論ヲ頼ミノ綱トスルノハ、大人物ノ特徴デアル。トイウノモ、弁証論ニ頼ルコトハ、理性ニ頼ルコトダカラデアル。人ガ神ノイメージヲ似姿トシテ創造サレル点ガアルトスレバ、ソレハ理性ニ関シテデアル。ソウデアル以上、理性ニ頼ラナイカギリ、誰モガ、自分ノ名誉ヲ放棄スルコトニナル。

日々ノ暮ラシノ中カラ、人ガ神ノイメージヲ似姿ニシテ再生スルナドトイウコトハ、アリエナイノデアル」。一般的にいって、中世における推論の最も顕著な特徴は、どこまでも権威に頼ることである。フレデギスス（Fredegisus ？-八三四年）［『中世思想原典集成6』上智大学中世思想研究所編訳、平凡社、一九九三年］とその他の論者たちは、唯名論とプラトン主義とを和解させる中から自分たちの見解を導き出したのは明らかであるが、闇は実在する事物であると論証したいと思っていたとき［「無と闇の実在について」、前掲訳書所収］、彼らは、この主題を次のように論じていた。「神〔という権威〕は闇を夜と呼んだ」。それゆえ、確かに闇は実在する物なのである。というのも、もし、そうでないなら、闇がまだ名を持つ以前には、何も存在しないことになってしまい、名づけるべきフィクションでさえ存在しないことになってしまうからである［前掲訳書、三八八-三九一頁］。アベラール（Petrus Abaelardus 一〇七九-一一四二年）が、空間は三次元からなり、いかなる固体も同時に二つの場所に存在することはできないと述べるとき、彼はボエティウス（Boethius 四八〇頃-五二四／五年）を引用に値すると考えている。第一級の著作、『類と種〔*De Generibus et Speciebus*〕』の著者は、プラトンの学説に反論する形で述べている。もし、普遍なるものは何であれ永遠であるとするなら、ソクラテスの形相も質料も、それぞれ普遍的である以上、永遠なものとなってしまう。それゆえ、ソクラテスは神によって創造されたわけではない。だが、考えをまとめさえすればわかることだが、〔この著者のいうように〕「ドレホド多クノコトガ、真理カラ逸レテイルカ、広ク知ラレテイルトコロデアル」。同じ著者は、ある箇所でボエティウスに疑念を抱きつつ、述べている。この場合、そのようにすることが不合理ではない特別な理由を特定する必要があるとみている。「例外ガアルノハ規則ノアル証拠」〔ラテン語法諺〕というわけである。承認済みの権威は、確かに一一世紀において、ときおり論争の的になった。彼らの相互矛盾は、そのことを裏づけていた。さらに、哲学者の権威は神学者の権威よりも劣ったものとみなされていた。それでも、いかなる論理学上の問いに関してであれ、アリストテレスの権威が直接否定されているような文章を見つけ出すのは不可能であろう。ソールズベリーのヨハネスはいう。「キリスト教徒ヤ異教徒ニ関スル叙述カラ明白ナヨウニ、アリストテレスニモ多クノ誤リハアルケレドモ、彼ノ論理学ニオイテハ、マダ誤リハ見ツカッテイナイ」。アベラールは、「シカシ、アリストテレスト対立スル論点ハ何モナイ」といいつつ、「ダガ、モシ我々ガ、アリストテレス学派ノ創始者タル、アリストテレスヲ非難デキルトイウノデアレバ、一体、我々ハ、コノ技法ノナカノ何ヲ信用デキルトイウノダロウカ」という。

思われるのである。

バークリーの視覚に関する著作〔『新視覚論』〕が出版される以前は、空間の三次元性は即座に直観されると一般には信じられていた。今日では、それは推論によって知られるとほとんどの人が認めている。人類の誕生以来、人間たちは空間という当の対象について、あれこれ考えてきたが、しかし、空間の三次元性が発見されたのは、我々がそれについて推論し始めてからなのである。

読者は、網膜上にある盲点のことを、ご存じだろうか。読者が目にしているこの学術雑誌のどの号でもいいから、一冊取り出してみよう。その表紙をめくると、何も書かれていない余白の頁があるはずだから、見開きにしたまま、目の前のテーブルの上で直角分回転させ、これを縦に見開いて置く。そして、その真っ白な頁の左右両端に硬貨を二つ置く。さあ、ここで左手で左目を覆い、左端に置いた硬貨を右目でしっかりと見つめてみよう。それから、右手を使って、右端の（今はまだはっきり見えている）硬貨を左側に向かって動かしてみる。その頁の真ん中あたりの場所にくると、その硬貨は消えて見えなくなる。目を動かさないかぎり、その硬貨は見えないはずだ。さらに、その硬貨をもう一つの硬貨の方へもっと近づけるか、あるいは、さらにそのまま、その方向へ動かし続けるかしてみよう。そうすれば、その硬貨は、再び目に見えるようになる。しかし、いずれにせよ、先にみた特定の位置にあっては、硬貨は見えない。こうして、網膜上のちょうど真ん中あたりに、盲点はあるということになろう。そして、このことは、解剖学の知見によって裏づけられている。以上から次のようにいえる。我々が（片目を閉じたまま）直接見ている空間は、これまで想像されてきたような切れ間のない連続的な楕円なのではなく、環状をなしており、その内側は知性の働きによって埋めなければならないのである。単にあれこれ考えるだけで、知性の働きによってもたらされる産物と直観的データを区別することなど不可能である。これに関して、今みたような例以上に印象的なものなど望みえないだろう。

人は織物の織り目を感触によって区別することができるが、しかし、〔比較推論という〕媒介なしに瞬時にではない。というのも、〔織り目を感じるには〕織物の表面を指で動かしてみなければならないからである。このことが示しているのは、織り目を区別しようとする人は、ある瞬間の感覚を別の瞬間の感覚と比較せざるをえないということである。

ある音声の高低の調子は、耳に届く音響振動の継起する速度に依存する。音響振動の一つ一つは耳への刺激を生み出す。今、そのような刺激が一つ耳に対して与えられているとしよう。そうすれば、我々は、実験によって、当の刺激が感知されるのを理解する。それゆえ、音声を構成している一つ一つの刺激が感知されていると信じてよい十分な理由がある。そして、信じていけない理由など何もない。かくして、これは唯一容認可能な仮定であるといってよい。したがって、音声の高低の調子は、何らかの印象が継起的に脳に届く際の速度に依存するということになる。いかなる音声でも、聴き取ってしまう以前に、こうした印象が存在しなければならず、それゆえ、声の調子の感覚は、それに先立つ認知によって限定を受ける。とはいえ、そうした感じについてあれこれ考えるだけでは、こうしたことはけっして発見されることはなかっただろう。

同様の議論は、二次元平面の知覚に関しても主張することができる。平面知覚の場合、〔推論媒介のない〕直接的かつ瞬時の直観であるようにみえる。しかし、もし一面に拡がる平面を直接的に見ることができるというのであれば、我々の網膜も一面に拡がる平面の上に一様に拡がっていなければならないはずである。だが、実際のところはそのようになってはおらず、人間の網膜は、光を迎え入れる無数の針状組織からなっていて、針状組織間の距離は、最小可視距離より明らかに大きいのである。このような神経の先端部の一つ一つが、それぞれ色のついた微小な平面一つにつき、その感覚を伝達すると考えてみよう。その場合、やはり我々が直接見ているものは、依然として、切れ目のない平面ではなく、無数の粒子の集合体のはずである。単なる直観によるだけで、このようなことを発見しうる者など、いるのだろうか。しかし、神経組織に関するあらゆる類推をもってしても支持されえない仮定は、一つの神経の刺激によって、どれほど小さかろうと一つの空間という観念と同じくらい複雑な観念を作り出すことができるという仮定である。このような神経の先端部のうち、どの先端部の刺激も、空間の印象を直接伝達できないのであれば、神経全体が受ける刺激の方も、空間の印象を伝達できないだろう。というのも、各神経が受ける刺激は、（神経組織の類推によるなら）何らかの印象を作り出す、したがって、こうした印象の数々を集めて一まとめにすることが、神経全体が受ける刺激によって、何であれ、一つの知覚が作り出されるための必要条件だからである。いいかえれば、神経全体によって作り出される知覚は、各神経すべてが受ける刺激によって作り出される心的印象によって限定されるのである。このような議論は、次のような事実によって確証される。つまり、空間を知覚するためには、別段、空間知覚が直接的な印象であると想定しなくとも、既に備わっている能力の作用だけで十分説明できるということである。こうした確証作業のために、ここでは、以下のような生理学的、心理学的事実を念頭に置いておかなければならない。(1)ある神経部分に刺激があっても、それ自体では、当の神経の末端がどこに位置するのかについて、我々は情報を得ることはない。外科手術によって、ある神経部分が別の場所に移し変えられたとして、当の神経部分から感覚が得られても、そのことで、神経部分の場所が変わったことなど、我々は知ることはない。(2)一つの感覚を得たとしても、そのことで、どれだけの数の神経やその末端部分が刺激を受けているのかは、わからない。(3)様々な神経の末端部分の刺激によって作り出された様々な印象を、我々は区別することができる。(4)同種の神経末端における異なる刺激によって引き起こされた様々な印象は、同種の印象である。さてここで、網膜上に一瞬、ある像が現れたとしよう。上記(2)により、そのように生み出された印象は、たった一つの神経部分の刺激によって引き起こされているかもしれない印象と区別できない。ある一つの神経部分に生じた瞬間的な刺激が、空間の感覚を生み出すことなど、考えられない。それゆえ、網膜上の全神経末端部分が得る瞬間的な刺激が、直接的にであれ間接的にであれ、空間の感覚を生み出すことはありえない。網膜上の静止した像なら、どのようなものであれ、この種の議論は適用可能である。しかし、次に網膜上の像が動く場合を想定してみよう。この場合、ある瞬間に一つの神経末端部に作用する刺激は、別の瞬間には、別の神経末端部に作用する。これらの神経末端部は、極めてよく似た印象を伝達するだろう。これは上記⑷からいえる。しかしまた、⑶よりいえるのは、両者は区別できるということである。かくして、これら各印象間の関係を認知するための必要条件がそろったことになる。しかしながら、無数の継起的刺激によって作用を受ける無数の神経末端部があるだろうから、刺激の結果として生ずる諸々の印象間の種々の関係は、想像しえないほど複雑なものであろう。さて、ここで、精神に関する周知の法則を引き合いに出してみよう。その法則によれば、極度に複雑な現象が現れようと、ある一つの概念を適用することで、それを秩序にまで、あるいは、推論によって媒介された間接的な単一性にまで還元できるのであれば、遅かれ早かれ、そのような概念が現れて、そうした複雑な現象にも適用できるようになるという。目下考察中の事態に即していえば、延長の概念を用いることで、今みた空間の感覚に関する複雑な現象は統一へと還元可能となろうし、したがって、空間感覚の生成もまた完全に説明可能となる。まだ説明されていないことがあるとすれば、それは、ただ空間感覚を限定しつつ空間感覚に先立つ認識が、なぜ、もっと明確に理解されないのかということだけである。その説明については、「新しいカテゴリー表」についての論文で言及することにして、▼3 ここでは、ただ次のことだけをつけ加えておこう。ある人物を自分の友達であると認識しうるのは、その人の何らかの外観による。だが、そうした外観が何であるのかは、はっきりいうことはできないし、また、見分ける際、いかなる推論過程にも無自覚である。これと同じように、いかに推論の前提が複雑なものであろうと、推論自体が容易であり、我々にとって自然であれば、推論前提は取るに足らないものとなり、推論前提に基づく推測の満足度が大きいほど、その前提事項が意識されることは少なくなる。空間に関する以上の理論を確証する事実としてあげられるのは、まったく同様の理

▼3　*Proceedings of the American Academy*, May 14, 1867［EP1 所収］。

論が時間に関する事実によってでも不可避的に要請されるという事実である。時間の流れが何の媒介もなく即座に感じられるなどということは、明らかに不可能である。というのも、この場合、それぞれの瞬間ごとに、こうした感じ具合の一要素が存在しなければならないからである。しかし、ある瞬間点においては、持続などというものはないし、したがって、持続を直接的に感じるなどということもない。かくして、これらの感情を構成する一つ一つの要素のうち、どれ一つとして持続の直接的感情などではない。全要素を集計しようが、直接的に感じる持続などにはならないのである。他方で、いかなる瞬間においても、その時に感じる印象は極めて複雑なものである。そして、その印象には、感覚と記憶についての全心像、あるいは、そうした像の構成要素も含まれるわけであって、これらの複雑さは、時間という概念を用いることで、推論によって媒介された間接的な単一性に還元することができる。[4]

こうしてみると、我々は実に様々な事実を有するのであって、これらはすべて、次のように仮定することで、ほとんど即座に説明することができる。すなわち、直観的認識と間接的認識とを区別するような直観的な能力など、我々には備わっていないということである。恣意的な仮説であるなら、このような能力が備わっていると想定して、先にみた様々な事実のうち、どれか一つを説明するかもしれない。しかし、これらの事実をすべて相互に支持し合うような唯一の理論は、直観的能力を想定しない理論だけである。さらにいえば、いかなる事実を説明するにも、問題となっている能力の仮定を必要としない。こうして、証明の何たるかを研究したことのある人なら誰でもわかるはずである。今しがた述べたことのうちに、直観能力の存在を信じる必要などないことを示す強い根拠があるのである。この論文、そして、これに続く論文〔本書第6章〕を読んで、直観能力説を斥けることで得られる諸々の帰結を十分理解することができれば、今述べた説は、ますます強固なものとなろう。

問いの二　我々は直観的な自己意識を持つのかどうか。

ここで用いる自己意識という言葉は、意識一般つまり内観、および純粋統覚〔カント『純粋理性批判』：B132〕、この双方から区別しておかなければならない。いかなる認識も、表象された対象についての、ある意識である。自己意識という場合は、自己自身についての認識である。つまり、意識の主観的状態諸々についての単なる感じではなく、人格ということで表現されるような我々の自我についての感じである。〔カントのいう〕純粋統覚の場合、一般的な自我なるものが自己をまとめ上げることで自己を打ち立てる。これに対して、ここで自己意識という場合、あくまで、私の自分個人の自我が認識することである。（一般的な自我〔純粋統覚〕のみならず）この私が現に存在していることを、私は認識しているわけである。そこで問うべき問いは、いかにして、私はこのことを認識するのか、つまり、そうした認識は、ある特殊な直観能力によって、それとも、先行する認識によって限定されているのかということである。

さて、ここで、そのような直観的能力を我々は持ち合わせているなどと、証明なしに自明視することはできない。というのも、これまで示してきたように、直観と、他の認識によって限定された認識とを、直観によって区別する能力など、我々には備わっていないからである。それゆえ、〔自己意識を主題とする場合も〕こうした能力が現実にあるのか、あるいはないのか、これは確かな証拠によって確定しなければならない。そこで問うべき問いは、こうなる。自己意識は、周知の条件の下で作用する周知の能力によって説明されるのか、それとも、こうした認識を引き起こす未知の原因を想定しなければならないのか。後者であるなら、さらに、自己意識という直観能力を最も適切な原因として想定しうるのかという問いになる。

最初に確認しておくべきことは、ごく幼い子供の場合、原因として作用するような自己意識などというものは、知られていない。カントによって既に指摘されてきたように、[5]「私」というごく普通の言葉は、子供の場合、幼児期の終わり頃になって用いられるようになるが、このことが示しているのは、幼児にあって、自己意識は不完全であるということである。したがってまた、さらに一層幼い乳児の心的状態について何らかの結論を引き出す資格が我々にあるかぎり、導き出される結論は、乳児には自己意識が備わっているという説と真っ向から対立することになる。

他方で、思考能力となると、子供はこれをもっと早い時期から示し始める。ありていにいえば、子供が明確な知能活動を示さない時期を想定することなど、ほとんど不可能である。実際には、ごく早い段階から、子供は、そうした活動を示し始め、考えることを自分の快適な環境にとって不可欠な指針としている

▼4　空間と時間に関する以上の理論は、一見したところそう見えるほど、カントの理論と対立してはいない。実際のところ、両者は異なる問いに対する解なのである。なるほど、カントは空間と時間を、直観、いやむしろ、直観が取る諸形態だとしている。しかし、彼の理論にとって、直観が「個々の表象」以上のものを意味すべきだということは本質的なことではない。彼によれば、空間と時間の把捉は、心的過程から生ずる――「直観における把捉〔覚知〕の綜合について」（カント『純粋理性批判』一七八一年版［『純粋理性批判（上）』原祐訳、平凡社ライブラリー、二〇〇五年、二五七頁上段以下］をみよ）。私の理論は、カントによるこの綜合の単なる説明でしかない。

カントの「超越論的美学」の骨子は、二つの原理の中に含まれている。第一の原理は、普遍的また必然的命題は経験のうちには与えられていないということであり、第二の原理は、普遍的な、また、必然的な事実は経験一般の諸条件によって規定されているということである。普遍的命題ということでいっているのは、単に、ある領域におけるあらゆるものについて何らかのことを言明している命題のことにすぎない。必然的命題ということでいっているのは、事物の現にある条件についてのみならず、事物のあらゆる可能な状態についても、それが何であるのか言明している命題のことである。したがって、この必然的命題は、我々が信じざるをえない命題のことをいっているのではない。先のカントの第一原理においては、経験が客観的悟性の所産のために用いられることはありえない。経験は感覚の第一印象として認識されてしまう。そこでは、構想力によって意識が諸表象と結びつけられながらも諸表象へまとめ上げられ、それとともに、こうした諸表象から一切のものが論理的に導き出されうることになる。この意味において、普遍的命題や必然的命題は経験のうちには与えられないこと、これは認めうる。しかし、こうなると、どちらの命題も、いかなる帰納的判断でもない、つまり

経験から導き出しうるわけでもないし、したがってまた、経験のうちに与えられているわけでもないということになる。だが、実際のところはどうかといえば、経験とは、普遍的命題や必然的命題を産出する帰納法の特殊な機能なのである。なるほど、カントの指摘にあるように、科学の帰納的推論の普遍性と必然性は、哲学上の普遍性と必然性の類似物でしかない。そして、このことが確かであるのは、ただ、哲学としては、科学上の一判断を受け容れうるとすれば、何らかの不確定な難点を必ずや抱え込んでしまうというかぎりにおいてのことである。しかし、こうなるのは、例証数が十分ではないためである。例証数が十分大であるときには、あるいは、そういいたければ、無限にあるときには、常に、真の意味での普遍的かつ必然的命題を推論しうる。カントの第二原理に関していえば、これは、普遍的命題や必然的命題の真理性如何は経験一般の諸条件にかかっているというものである。これは、帰納法の原理以上でも以下でもない。ここで、私がバザーに行ったとして、福袋から包みを一二個取り出すことになるとしよう。これらの包みを開けるとすぐに、私はどの包みにも赤いボールが一つ入っているのがわかったとする。ここには、〔取り出したどの包みにも赤いボールが入っているという〕一つの普遍的事実がある。この場合、この事実は、今しがた経験したことの前提条件に依存している。では、この経験の前提条件とは何か。それは、ただ単に、そのボールが福袋から取り出した包みの中味だったということである。すなわち、この経験を規定した唯一の事象は、福袋から取り出したということである。それゆえ、カントの原理にしたがうなら、私の推論は、当の福袋から取り出したものには、赤いボールが一つ含まれているだろうというものである。これは帰納法である。帰納法を、限られた経験にではなく、あらゆる人間の経験に適用するなら、適用が正しく展開されるかぎり、カントの哲学を行っていることになる。

しかしながら、カントの後継者たちは、彼の原理に満足してはいなかったし、満足するはずもなかった。というのも、「絶対的に普遍的な命題は分析的でなければならない」という、かの第三原理があるからである。なぜなら、絶対的に普遍なるものは何であれ一切の内容ないし規定を欠いているからであり、すべての規定は否定だからである。それゆえ、問うべき問題は、いかにして普遍的命題は綜合的でありうるかではない。一見綜合的に見える普遍的命題は、純粋に無規定のものから、思考のみによって、いかにして導き出しうるかである。

▼5　Werke, vii. (2), 11〔『カント全集15　人間学』渋谷治美・高橋克也訳、岩波書店、二〇〇三年、二三-二四頁〕。

のである。複雑な三角法を視覚面で理解する能力、バランスをとって身体運動を微調整する能力、こういったものは、比較的早い時期にはっきりと身につく。それゆえ、同じような程度で、自己自身に関して考える能力も身につけ始めることを疑う理由は、まったくない。

幼児の場合、常に観察されるのは、極めて注意深く自分の身体を眺めるということである。これには十分な理由がある。つまり、幼児の視点からみれば、自分の身体はこの世で最も大切なものである。自分が手に触れるものだけが、現実にそこにあるという感覚をもたらし、自分が直視しているものだけが、現実の色の感覚をもたらし、自分の舌の上にあるものだけが、現実の味覚をもたらす。

ある音を耳にしたとき、子供は、自分自身のことを、音を聞いている主体とは考えずに、ベルもしくは他の対象の方が音を鳴らしていると考える。このことは誰も疑わない。では、子供がテーブルを動かそうとしている場合はどうだろうか。自分自身を、欲求する主体と考えるのか、それとも、テーブルのことだけを考えて、それを動かすにふさわしい対象とみなすのか。子供が後者の考え方をしていることはいうまでもない。前者の考え方についていえば、直観的な自己意識が幼児に備わっているならいざ知らず、それが証明されていない以上、この考え方は、恣意的で根拠のない仮定にとどまるといわねばならない。大人の場合でさえ、実際は激怒していながら自分が今怒っていることを否定する者がいるというのに、これに比べて、子供の方は自分自身の置かれている特別な状態に対して無知である度合いが少ないなどと、想定する理由は何もない。

しかしながら、子供は、観察によって、いずれ次のことを発見することになるはずである。これこれ、こういうふうに形を変えたいという物があるとする。当の物は、たとえば、ウィリーという名であれジョニーという名であれ、具体的な名前で呼ばれている特別に重要な自身の身体と接触した後であれば、その通りに形が変わることになりやすい。こうしたことを考察することによって、子供自身の身体は、これまでよりもずっと重要で中心的なものとなる。というのも、そうした考察によって、物の形を変えるにはどうしたらいいかということと、物が変形される前に自分の身体で当の物に触れようとする傾向と、この両者の間に、ある一つの関連性が打ち立てられるからである。

　子供は言語を理解するようになる。その意味するところは、すなわち、何らかの音声と何らかの事実との間の関連性が、子供自身の心の中に打ち立てられるにいたったということである。こうなると、この子供にとって予備知識となるのは、そうした関連下にある音声と、自分の拠り所となっている身体に幾分似通った身体を持つ他者たちの唇の動きとの関連性である。その上で、この子供は試しに、その人たちの唇を押さえてみようとし、実際押さえてしまった場合には、唇から出ていた音も抑えられてしまうことを知る。このようにして、子供は、自分が耳にしてきた言語を、自らの拠り所たる身体と幾分似通った他者たちの身体と結びつける。子供は努力して、このような音声を発するようになるが、その際の努力は、それほど力を要するものではないので、おそらく達成が覚束ない努力というよりはむしろ、本能的な努力と呼ぶべきであろう。かくして、子供は会話をするようになる。

　この時期になって子供が気づくようになるのは、自分の身近にいる人々が話すことこそが事実の最も確かな証拠だということにちがいない。そういうわけで、事実そのものよりも、あるいは、見た目の状況そのものだと今思われているにちがいないものよりも、むしろ、身近な人々の証言内容の方が、事実の証としてはるかに強いものとなる。（ついでにいえば、こうした事態は生涯を通じて妥当するのであり、身近な人々の証言内容によって、人は自分自身が正気を失っているのではないかと信じ込むこともある。）ある子供が、そのストーブは熱いと話されているのを耳にするとしよう。だが、その子は、そんなことないという。実際、自らの拠り所となっている身体は、そのストーブに触れているわけではない。そして、自分の身体が触れているものだけが、熱かったり冷たかったりする。だが、その子がそのストーブに触れたとすれば、先の証言内容は、際立った印象でもって、確証されるのがわかる。こうして、その子は自分が無知であったことに気づき、この無知が備わっている場として、一つの自己があるということを想定しなければならなくなる。こうして、証言は、自己意識発生の端緒となるわけである。

しかし、さらにいえば、見た目の状況というものは、通常、証言によって確証されるか、あるいは補足されるかのどちらかでしかないが、中には、ある例外的な状況というものもあって、これは、証言によって絶えず否定されるような類いのものである。このように絶えず否定される状況の場合、感情的に判断されたからだと我々にはわかっている。だが、先にあげた子供の場合には、自分という中心人物、つまり、(先にみたように、テーブルを動かしたいと思っている)あの子供自身の動作との関係の中で、当の状況を識別する。こうした自己中心的な判断は、他者によって否定されるのが普通である。さらにいえば、この子供の考えからすれば、他の人もまた、その人以外全員に完全に否定されるような判断を下すこともあるのであって、これには十分理由がある。かくして、子供は、事実が現実に現れているという意味での状況概念に加えて、私的で自分の身体にとってのみ妥当する状況概念というものを知るようになる。要するに、誤謬というものが現れるのであり、誤謬は、可謬的な自己を想定することによってのみ説明可能となる。

無知と誤謬があれば、それだけで、この私という自己と、純粋統覚における絶対的自我とを識別するのに十分なのである。

さて、これまで叙述を明晰にするために特殊な形で述べてきた理論を、次のように要約しておこう。我々にわかっていることは、ある年齢に達すると子供は自己を意識するようになり、この時期になると子供は既に無知と誤謬ということに気づくようになっているということである。したがって、子供は、この年齢になると、無知と誤謬から、自分自身の存在を推論しうるだけの十分な理解力を兼ね備えるようになるということができる。かくして、元々備わっているとされている諸々の能力は、様子がわかっている状況の下で作用すれば、そのことで、自意識にまで高まるということがわかる。こうした説明の仕方に唯一根本的な欠陥があるとすれば、それは、ここに想定されたのと同じくらいの理解力を子供が行使することまではわかっているが、本当にこのようなやり方で子供が理解力を行使していることまではわからないという点であろう。それでも、子供の理解力をこのように想定する方が、完全に特殊な精神能力を想定するよりも、諸々の事実に合致し支持しうるものとなる。

直観的な自己意識というものの存在を主張する議論で、唯一注目に値するのは、次のようなものである。すなわち、我々は自分自身の存在を、他のいかなる事実よりも疑う余地のないものだと考えている。しかるに、前提というものは、前提それ自体よりも確実で疑う余地のない結論を確定することはできない。したがって、〔疑う余地のない〕我々自身の存在が、いかなる事実であれ、〔幾分でも疑う余地のある〕他の事実から推論されたものであるということはありえない。以上のうち、第一前提は承認しなければならないが、第二前提は破綻した論理の上に成り立っている。確かに、ある結論を裏づける諸々の事実のうちで、ある一つの事実が真である場合、当の結論の確実性の度合いが、真となっている証拠事実以上に高くなることはありえない。しかし、諸々の証拠事実のうち任意の一つよりも、結論の確実性の度合いが高くなることは容易に起こりうる。たとえば、ある事件について数多くの証人が証言しているものとしよう。この場合、その事件の真相に対して私が寄せる信頼の度合いは、これら証人一人一人の宣誓ゆえに彼らを信ずることができるという信頼にかかっている。しかしながら、〔証人発言とは別に〕実際に証拠となる事実がある場合、当の証人たちのうち任意の一人が概して信頼しうる人物である場合よりも、その事実の信憑性の度合いは高くなる。人間の発達した精神〔と、これを当面証拠づける諸事実〕に対しても、同じようにいえる。人間自身が存在するということ〔の疑いなき確実性〕は、〔当面の証拠事実以外にも〕他のどの事実からでも確証することは可能であり、したがって、その場合、当初証拠提出された事実のうち、任意のいかなる一つよりも、比類のないほど確実性の高いものとなる。とはいえ、当初の証拠事実とは別の裏づけ事実があるということ以上に、なお確実性が高いなどということはできない。当初の事実であろうが、別の事実であろうが、どちらの場合でも、疑いなく、人間自身の存在を知覚できるからである。

こうして、次のように結論づけることができる。自己意識の存在は、疑いなく、推論の帰結として説明しうる以上、直観的な自己意識なるものを想定する必要はまったくないのである。

問い**の三　異**なる**種類**の**認識**の**主観的諸要素間**の**違**いを**識別**する**直観的**な**力**を、**我々**は**兼**ね**備**えているのか。

あらゆる認識に含まれているのは、何か表象されたもの、つまり、我々が意識しているもの、そして、表象される際の媒介となる自我の作用ないし感情である。前者を認識の客観的要素、後者を認識の主観的要素と呼ぶことができる。認識それ自体は、認識の客観的要素を直観することであり、したがってまた、この要素を無媒介の直接的対象と呼びうる。認識の主観的要素の方は、必ずしも直接無媒介に認識されるとはかぎらないが、次のように考える向きもあろう。たとえば、夢見る、想像する、考え抱く、信ずる等々、何であれ、このような認識の主観的要素の性質を認識するとき、ここには認識の主観的要素が直観されていると考えて、あらゆる認識には、このような直観が伴うはずだという具合である。そこで、問うべきは、実際に、このようなことになっているのかどうかである。

一見したところ、このような直観能力の存在を裏づける証拠は枚挙にいとまがない。たとえば、色を見ることと色を想像することとでは、相当な違いがある。また、これまでで最も鮮明な夢と現実との間には、極めて大きな違いがある。そこで、もし、信じていることと、単に考え抱いていることとの違いを区別する直観的な能力が我々に備わっていないとするならば、いかなる方法をもってしても、両者の区別はできないことになろう。というのも、もし、その区別を直観によってではなく推論によって行っているというのであれば、その推論による区別という主張自体、信じられていることなのか、それとも、考え抱かれているることなのかという問いが浮上するからである。そして、この問いは、直観の有無に関する議論の結論が出て説得的となる以前に、答えておかなければならない問いである。したがって、ここには無限後退が生ずるわけである。加えて、もし、我々が信じていること自体を我々自身が知らないのであれば、事柄の性質上、我々は信じていないのである。

しかし、ここで留意すべきことは、このような能力の存在を我々は直観によって知ることはないということである。というのも、そのような能力自体、直観的な能力であり、ある認識が直観的であることを、我々は直観によって知ることはできないからである。したがって、問うべき問いは、このような直観的能力を仮定することが必要なのか、あるいは、このような仮定なしに認識の主観的要素間の区別に関わる事実を説明しうるのかということになる。

そこで、まず第一に、想像され、あるいは夢見られたことと、実際に経験されたこととの違いについていえば、この区別を持ち出したところで、直観能力の存在を支持する主張にはならない。というのも、問題になっているのは、心の中に浮かんだ事柄には様々な違いがあるということなどではないからである。問うべきことは、意識にとっての直接的で無媒介な諸対象にみられる区別とは独立に、我々は、意識の様々な様式を区別する直接的で無媒介な能力を持ち合わせているのかどうかである。ところで、感覚と想像、それぞれにとっての直接的で無媒介な諸対象間には、非常に大きな違いがあるが、まさしく、こうした違いがあるということ自体、感覚能力と想像能力とを我々が識別することを十分明らかにしている。このことは、意識の主観的諸要素を区別する直観的能力の存在を裏づける議論であるどころか、逆に、感覚と想像に関するかぎり、そのような議論に対する力強い反論となる。

次に、信念と考えとの違いに移ろう。そうすると、直ちに出会う言明は、信じているということを知っていることが、信念の存在にとって不可欠の条件であるというものである。さて、我々は、たいていの場合、確信というある特別の感覚によって、信じていることと考え抱いていることとを区別する。その際、信じていることを、こうした感覚に伴う判断と定義するか、あるいは人が行為を引き起こす際の判断と定義するかは、単に言葉の問題にすぎない。ここでは、便宜上、前者を感覚的信念、後者を行動的信念と呼んでおこう。どちらも必ずしも他を含むわけではないこと、これは、いちいち事実を詳述しなくとも確実に認められるはずである。信念を感覚的意味にとるならば、信念を再編成する直観的能力は、ただ単に、そうした確信的判断に伴う感覚能力というに等しい。この感覚は、他のいかなる感覚の場合とも同じように、意識にとっての対象である。意識の対象である以上、こうした感覚能力は、意識の主観的要素を直観的に認識するものではない。信念を行動的意味にとるならば、心の外部にある事実を観察することによって、そして、通常行動判断に伴う確信の感覚から推論することによって、信念を理解することができる。

以上より、先のような意識の特殊な直観能力を支持する議論は消え失せてしまい、直観能力の想定は、またもや、今までみてきたような認識の主観的要素区別仮説と相容れないことになる。さらにいえば、いかなるものであれ、二つの能力の直接的対象はそれぞれ異なるものであること、これは〔直観能力想定仮説などなくとも〕認められるはずである。そうである以上、今まで確認してきた認識の主観的要素間の区別に関わる事実は、いかなる程度においても直観能力想定仮説を必要としない。

問いの四　我々は、内観能力を持っているのか、それとも、内的世界についての我々の全知識は、心の外部の事実を観察することによって得られるのか。

ここでは、心の外部にある世界の実在性を想定することは意図されていない。想定されているのは、ただ通常心の外部にあるとみなされている一群の事実があるということであり、他方で、心の内部にあるとみなされている事実もあるということである。そこで問うべきは、こうなる。内的事実は、外的事実からの推論という方法以外の方法で認識されるかどうか。内観を、ここでは、内的世界を直接無媒介に知覚するという意味で用いるが、必ずしも、内的世界を内的なものとして知覚するという意味ではない。さらにいえば、この言葉の意味を直観に限定して用いるわけでもない。むしろ、もっと意味を拡大し、外的なものを観察することによって導き出されたものではないような内的世界を念頭に置き、この内的世界に関する知識であるなら、いかなるものであれ内観とみなすわけである。

ある意味でいえば、いかなる知覚も内的な対象を持っている。つまり、いかなる感覚も、内的状態によって、ある程度は限定を受けているわけである。したがって、赤さという感覚がまさしくそのようにあるのは、心の成立状態による。そして、この意味でいえば、赤さという感覚は何か内的なものの感覚である。こうして、このような感覚を考察することによって、我々は心についての知識を引き出すかもしれない。しかし、実際はどうかといえば、こうした知識は何か外的なものの述語属性としての赤さから推論されたものであろう。他方で、たとえば、抑えきれない情動のように、赤さの感覚とは性質の異なる感情もあって、これはまずもって外的対象の述語属性としては生じないようにみえ、その参照先は心の内部にしかないようにみえる。こうなると、これらの感情によって、心は［心的状態についての］知識を獲得すると思われるかもしれないし、その場合には、心の知識は外的事物の性質から推論されたものではないということになる。こうして問うべきことは、事態は実際にこのようになっているのかどうかである。

内観は必ずしも直観によるものではないけれども、はたしてこの内観能力を我々が持っているとしていいかどうか、これは自明なことではない。というのも、意識の様々な主観的状態を識別する直観能力についていえば、我々はこれを持ち合わせていないからである。仮に内観という能力が存在するというのであれば、その存在を判断するためには、意識の主観的状態を識別するという事実が内観能力なくして説明不可能という状況証拠によらねばならない。

情動の観点からみた先の議論についていえば、もし、ある男が怒っているなら、彼のその怒りが意味するのは、一般的にいって怒りの対象にみられる確固として不変的な性質ではまったくないということ、これは認めなければならない。しかし他方で、その男を怒らせている外的事実には怒りに関わる何らかの性質があること、これは疑問の余地がない。そして、少し考えればわかるように、彼の怒りの在処は、たとえば「これは忌々しい、不愉快きわまりない等々」といった彼の心の中の独白にあり、そして、この独白自体が、むしろ今度は逆に「自分は怒っている」と言い張る理由の印となるわけである。同じように、いかなる情動も、ある対象についての述語属性であり、このような情動と客観的な知的判断との間の主要な違いは、知的判断の方が一般的な人間性や心に関わるのに対して、情動の方は、ある特定時点における特定の人の特定の状態と性向に関わるということである。ここで情動一般についていえることは、美的感覚や道徳的感覚といった特殊な場合にもいえる。良いも悪いも、まずは〔対象の〕述語属性として現れる感情であり、したがって、自己ではない対象の述語属性であるか、それとも（意識の主観的要素を識別する直観的能力など存在しない以上）先行する認識によって限定されたものであるか、このどちらかである。

かくして、まだ吟味してないことがあるとすれば、それはただ、意志という感覚を説明するために内観という特別な能力を想定する必要があるかどうかだけである。ところで、欲望と区別されたものとしてみるなら、意欲は、注意を集中させる能力、つまり抽象能力のことにほかならない。したがって、抽象能力によって得られる知識は、抽象的に把握される対象からの推論によって可能となる。それはちょうど、視覚能力によって得られる知識が、色のついた対象から推論されるのと同じことである。

それゆえ、内観能力を想定する理由はまったくないように思われる。したがって、心理的問いを探究する唯一の方法は、外的事実からの推論によるものであるということになる。

問いの五　我々は記号を用いることなく思考しうるかどうか。

これはよく知られた問いであるが、しかし今日にいたるまで、この問いに肯定的に答える上で最適な議論があるとすれば、思考はあらゆる記号に先行するという議論を措いて他にない。この議論は無限級数の不可能性を前提にしている。けれども、アキレスは現実には亀に追いつく。アキレスが亀に追いつくのが確実である以上、いかにして追いつくのかは、目下のところ答える必要のない問いである。

外的事実の解明を求めるのであれば、我々が見出しうる思考の唯一の例は、記号による思考というものである。これ以外のいかなる思考も外的事実によって確証することができないことは明らかであろう。しかし、我々がみてきたように、いやしくも思考を認識しうるのは、ただ外的事実によってのみである。それゆえ、認知可能な唯一の思考は記号を用いた思考である。しかしまた、認知不可能な思考というものは存在しない。したがって、あらゆる思考は、必然的に、記号を用いたものでなければならない。

「アリストテレスは人間である。それゆえ、彼は誤りうる」。ある人がこう独り言をいったとする。この場合、この人は自分が語らなかったこと、つまり、あらゆる人間は誤りうるということに、思いいたらなかったといえるだろうか。この発言が、それゆえという言葉によってなされている以上、この人は、あらゆる人間は誤りうると考えていたと答えてさしつかえない。この事例に即していえば、我々が問題にしているのは、主張事実についての問いではない。そうではなくて、思考の独自性の何たるかだけを問うているのである。

あらゆる思考は記号であるという命題から導き出されるのは、いかなる思考も他の何らかの思考に向けて語られていなければならず、したがって、他の何らかの思考を限定しているにちがいないということである。というのも、これが記号の本質だからである。これは結局のところ、例のよく知られた原理の別の形にすぎない。つまり、直観の中には、すなわち、当面の今という瞬間時点には、〔思考は時間を要する以上〕思考などはないということ、あるいは、反省の対象となるものはすべて、過去時制を有するということ、この原理である。「一度口ニ出シタラ最後」というわけである。いかなる思考であれ、その発生時に先行して、ある思考が存在したはずである。このことは、いかなる過去の時点であろうと、それに先行して無限の時系列が存在したにちがいないという事実に相当する。それゆえ、思考は、一瞬のうちに発生することはありえないのであり、必ず所要時間を有する。これは、あらゆる思考は別の思考の中で解釈されなければならない、あるいは、あらゆる思考は記号を用いて行われるということのいいかえにすぎない。

問いの六　ある**記号**が、その**定義**からして**絶対に認識**しえないものの**記号**であるとすれば、**当の記号は意味**を**持**ちうるのかどうか。

このような記号は意味を持ちうるように思われるかもしれないし、普遍命題と仮言命題が、その例であるようにもみえる。こうして、たとえば「あらゆる反芻動物は偶蹄動物である」といった普遍命題は、可能なかぎり無数の動物について語っているようにみえるが、どれほど多数の反芻動物を検査しようと、依然として、まだ検査していない動物がいる可能性は残るわけである。仮言命題の場合には、同じことがもっと明白となる。というのも、そのような命題は事態の現状について語るだけではなく、事態について可能なかぎりすべての状態についても語るが、たった一つの状態の場合でさえ様々な姿で現れる以上、すべての状態について知ることはできないからである。

他方で、我々が手にしている概念は、すべて経験を判断する際に生ずる当初の認識結果を抽象し組み合わせることによって得たものである。したがって、絶対に認識不可能なるものの概念などはありえない。経験においては、絶対に認識不可能なものなど生じえないからである。しかるに、ある言葉の意味とは、当の言葉が伝達する概念のことである。それゆえ、言葉は、絶対に認識不可能なものの意味など、持ちえない。

認識不可能なるものという概念は、不という概念と認識可能なという概念から構成される一つの概念であるといいたいのであれば、それに対して答えておくべきことは、不は他の語と一緒になってはじめて意味をなすのであって、それ自体ではけっして一つの概念ではないということである。

たとえば、私が「白い色」を思考対象としているとして、ここでバークリー流の極論を述べて、白い色を思考するとは白い色を見ている人について思考することなのだ、などと主張するつもりはないが〔バークリー『人知原理論』大槻春彦訳、岩波書店、一九五八年、第一－第六節、また第七節〕、しかしこうはいえる。私の思考対象は、認識されたものという性質を持つのであり、それゆえにまた、経験可能な何か別のものという性質を持つのである。したがって、経験の判断からの抽象物によって到達可能な最高度の概念ですら、つまりは、最高度とはいえ、いやしくも到達可能な概念であれば、それは、認識されたものといった性質を持つ何かについての概念なのである。それゆえ、不あるいは以外のものというものが、いやしくも概念であるというのであれば、認識可能なものについての概念ということになる。かくして、認識不可能なということが概念であるというなら、「Aであって、かつ非Aである」という形式を持つ概念ということになってしまい〔つまり概念は認識可能なものであるにもかかわらず、認識不可能性などということも認識可能な概念になってしまい〕、これは、少なくとも自己矛盾的概念である。こうして、無知と誤謬は実在的な知と真理に対する相関物としてしか考えられないのであり、この相関関係のうち、実在知と真理の方は認識されたものという性質を持つのである。いかなる認識においても、その向こう側には、未知ではあるが認識可能な実在というものがある。しかし、認識可能なものすべてを越えたところにあるのは、ただ自己矛盾ということだけである。要するに、（最広義の）認識可能性と存在することとは、形而上学的に同一であるのみならず、同義語でもあるわけである。

普遍的命題と仮言的命題を論拠とする議論に対して答えておくなら、両者の真理性は、絶対的確実性という点から認識することは不可能なのであって、認識可能だとすれば、それはおそらく、帰納法によるのである。

問いの七　先行する認識によって限定されることのない認識などというものが、あるのかどうか。

先行する認識に限定されることのない最初の認識というものが現にあり、また、これまでにもずっとあったと主張する向きもあろう。数々の認識を我々は有していて、それらはすべて先行する認識によって限定を受けており、その先行する認識もまた、それに先立つ認識によって限定を受けている以上、こうした認識の系列には、〔遡っていくと何によっても限定されることのない〕最初の認識というものがあったはずだというわけである。あるいは、限定を受けない最初の認識というものがないのであれば、論理法則からして、いかなる時点の我々の認識状態も、それに先立つ時点における認識状態によって完全に限定されていることになる。しかし、この最後の仮定に反する事実が数多くあれば、その場合、直観的認識を支持しうるということになる。

他方で、ある任意の認識が、それに先行する認識によって限定を受けていないということを、直観によって認識することは不可能である。そうであるなら、こうした認識の被限定性如何ということを判断する唯一の方法は、観察された事実から仮説的に推論することのみである。ある任意の認識に先行して、これを限定する認識というものがあるとして、その証拠を提示しようとするなら、その限定している側の認識の限定の諸相を説明しなければならない。そして、これ以外に説明方法はない。そこで、たとえば認識を限定している何かがあると仮定し、それが意識のまったく外部にあると仮定してみよう。この場合、その何かそれ自体を認識し、かつ証拠立てることができるのは、今問題にしている限定する側の認識においてのみである。だとすれば、完全に意識の外部にある何かによってのみ、ある認識は限定されると仮定することは、意識外の何かなどという説明不可能なものによる限定諸相を仮定していることになる。ところで、これは仮説なのであるといったところで、これが保証されるような状況は皆無である。というのも、ある仮説にとって唯一可能な正当化は当の事実を説明するということであるのに、そうした事実は説明されていると述べておきながら、同時にその事実を説明不可能なものとして仮定するなどということは、自己矛盾にほかならないからである。

赤をして赤たらしめる固有の特質は、それに先立ついかなる認識によっても限定を受けることはない、このように反論する向きもあるかもしれない。だが、この反論に対していっておくべきことは、そうした赤に固有の特質というのは、一つの認識対象としてみて、それが赤いという性質と同じではないということである。たとえば、仮に私自身には青い物に見えているのに、それが赤い物に見えている人がいるとしよう、もちろん、逆であってもかまわない。その場合、その人の視覚がその人自身に示しているのは、立場を代えて、私の視覚が私自身に示しているのとまったく同じ事態なのである。

　さらにいえば、ある直観を直観として認識しうる能力について、我々は何も知るところがない。というのも、直観であることを認識し始めるとき、つまり直観が別の認識へと変化していく途上段階にあるとき、その認識が直観であるのは、ただ認識の最初の瞬間の段階においてのみということになってしまうからである。それゆえ、それを直観であると理解把握するなどということが生ずるのは、無時間的世界においてでなければならないのであって、そのような直観など、いかなる時間に占めることもない出来事ということになる。▼6 加えて、我々が知っている認識能力はすべて、それぞれに対して相関的であり、したがって、そのような認識能力の産物は相関関係をなしている。しかし、ある関係を認識することは、それに先行する認識によって限定を受けている。先行する認識に限定されることのない認識などはありえないし、そのようなものは認識不可能である。無限定の認識がありえないのは、それゆえ、第一に、そのようなものは認識不可能だからであり、第二に、認識というものは、それが認識されているかぎりにおいてのみ存在するからである。

　限定を受けている認識系列などといっても、そこには必ず原初の無限定な認識があるはずだという議論

▼6　とはいえ、ここでの議論は、立てた問いの一部を扱っているにすぎない。先行する認識以外に、同じく他の認識にも限定されてないような認識など存在しないことまで、ここで示すつもりはない。

もありうる。これに対しては、次のように答えておく。結論から前提へと、あるいは、限定されている側の認識からそれを限定している側の認識へと、我々が遡及するとしよう。その途上においては、どんな場合でも、我々は最終的にある限界点に到達する。そこを越えてしまうと、限定的認識の際の意識よりも、被限定的認識の際の意識の方が、その鮮明度が高くなるということになる。具体的にいえば、三次元空間の認識を限定している認識における意識と、三次元空間認識自体における意識とを比較するなら、前者における意識の方が不鮮明である。〔盲点で途絶えることのない〕連続した平面の認識を限定する認識と、連続的平面認識自体とを比較するなら、前者における意識の方が不鮮明である。さらにいえば、音調の感覚を限定する印象と、音調の感覚それ自体とを比較すれば、前者における意識の方が不鮮明である。そういう意味で、確かに、意識の外部に十分接近すれば、こうした例は普遍的な法則であるといってよい。さてそこで、水平に並んだ線分が複数あるとして、どの線分も、ある認識を表しており、各線分の長さが、いわば、それぞれを認識する際の鮮明度を表しているものとしよう。そこで〔各線分をその長さの順に上から下へと並べてみると、一番下には〕線ではなく、長さのない一点が現れる。この一点は、上の原理にしたがえば、鮮明度ゼロであるがゆえに、閾値外、つまり、意識の外部にある何らかの対象を表していることになる。さて、ここで、ある線分より下にある線分は、上にある線分によって表された認識を限定する認識を表すものとし、さらには、上の線も下の線も同一対象を認識しているとしよう。さらにここで、上下並行に並んだ二つの線分の間のある一定の距離は、二つの線分が〔認識対象は同じであっても、その鮮明度は〕異なる認識であることを表しているとしよう。以上のような道具立てをもって、はたして「各認識の系列には無限定な第一項なるものが必ずある」かどうか、確かめることにしよう。さて、〔長い順に上から下へと並行に並んでいる各線分全体像をイメージして〕一つの逆三角形▽が、水面の中に次第につかっていくと仮定する。いかなる時点であろうと、いかなる瞬間であろうと、水面は、この逆三角形と交差して、一本の水平な線分を作ることになる。〔どの線分も同一対象の認識を表しているから〕今できているこの線分が表しているのは、同一対象の認識ではある。しかし、あくまで、それ以前の認識〔つまりそれ以前にできた線分〕によって限定された認識であって、以前の認識とは別の認識である。つまり、この認識の方が以前の認識よりも、意識の鮮明度は高いわけである。逆三角形の頂点が表しているのは、心の外部にある対象であって、これは鮮明度の異なる先の二つの認識を限定している。水につかる以前の逆三角形の状態が表しているのは、後続する認識を限定するようなものを一切含まない状態である。さて、〔水につかっていく過程で〕ある対象についての認識が次々に後続していくが、これらすべての認識をまったく限定しないような、ある認識状態があるとしよう。この場合、同一対象についての認識ではあっても、先行する認識によって限定を受けないような、何らかの認識が、先行認識の後に生ずることになる。このことをいいかえるなら、次のようになる。逆三角形をこれから徐々に水につけていこうとするとき、水面と交差せずに線分がつくれない段階があるが、この段階よりも低いところに、水面によって作られた部分線ができてしまうことになる。しかし、どこでも好きなところに水平線を引いてみるなら、好きなだけ線分が引けるわけであり、しかも、各線分は、それぞれ、それより下に一定の距離で位置づけられるわけである。というのも、いかなる部分線も、逆三角形の頂点よりも上に、一定の距離をあけて引けるわけで、頂点より下には線分はないからである。ここで、この一定の距離をaとしよう。そうすると、逆三角形の頂点の上には、$\frac{1}{2}a$、$\frac{1}{4}a$、$\frac{1}{8}a$、$\frac{1}{16}a$等々の距離をとって線分ができることになり、しかも、好きなだけ線分を作ることができる。かくして、この線分系列には第一項ともいえる線分があるはずだということは、真ではなくなる。〔どうしても第一項はあるはずだというのであれば〕このパラドクスの論理的困難を、お好みの方法で解明してみればよい（これはアキレスのパラドクスの困難と同じである）。そのお好みの原理とやらが、各認識の相互規定系列という特殊なケースにも妥当することを論証できるのであれば、私は喜んでその論証を認めよう。〔アキレスと亀のパラドクスの場合の〕運動を否定することが適切な方法だというのであれば、〔今の事例の場合も〕運動自体を否定すればよい。ただ、その場合には、各認識の相互規定過程も否定することになろう。あるいは、瞬間も線分も虚構であるという向きもあろう。しかし、それは認識と判断の状態も虚構だということと同じである。もちろん、主張したいのはこのこと自体ではないし、パラドクスをめぐる困難の論理的解決でもない。認識というものは、他のあらゆる変化が生ずる場合と同じように、始まりの瞬間において生ずるのではなく、そこから始まる過程を経過する中で生ずるのである。

次に続く論文〔本書第5章〕では、こうした原理の帰結がどのようなものになるか、これを、実在、個体性、そして、論理法則の妥当性といった問いに関連させて、たどることにしよう。

第5章 四つの能力の否定から導かれる諸々の帰結（一八六八年）

Some Consequences of Four Incapacities

チャールズ・サンダース・パース

Charles Sanders Peirce

デカルトは近代哲学の父である。デカルト主義の精神は中世スコラ哲学に取って代わって現れたものだが、この新たな精神を古い哲学から主として区別しているものを簡潔に述べるなら、次のようになろう。

一、デカルト主義の精神が教導するのは、哲学は普遍的懐疑から出発しなければならないということである。だが、スコラ哲学は根本原理をけっして疑うことはなかった。

二、デカルト主義の精神が主張するのは、確実性の究極の証明は、個人意識なるもののうちに見出されるはずだということである。だが、スコラ哲学は、それを聖人とカトリック教会の公然とした信仰表明に頼っていた。

三、中世の多種多様な論証方法に取って代わって現れたのは、多くの場合、目立たない前提に基づいた推論という形を取る単一の論証方法である。

四、スコラ哲学には信仰上の秘儀があったものの、あらゆる被造物を説明しようと企てた。だが、デカルト主義の精神の側にも、説明できないだけでなく、「神がかく造りたもうた」と述べること、これすなわち説明なり、とでもしないかぎり、絶対に解明不可能な事実が数多くある。

これらのうち、いくつか、あるいは、すべての点において、近代の哲学者の大部分は事実上デカルト主義者であったといってよい。さて、今日の視点に立ってみると、近代科学と近代論理学が我々に要求しているのは、スコラ哲学に立ち帰ろうとすることではもちろんないが、しかし、デカルト主義とも異なる立場に立つことであるように思える。

(一)我々には完全な懐疑から始めることは不可能である。我々が出発点にしなければならないのは、哲学研究に着手しようとする際に我々が実際に持っているすべての先入見である。こうした先入見を一つの格率によって払拭することなど不可能である。というのも、このような先入見は、そもそも、疑われうるなどということが起こらないようなものだからである。したがって、このような端緒としての懐疑論は単なる自己欺瞞であり、実際の疑念などではないということになる。デカルト的方法の追随者であれば「懐疑論に始まって確実性へといたろうとする以上」、誰であれ、ひとまず形式的に放棄した信念すべてを再び形式的に発見するまで、満足することはなかろう。それはちょうど、コンスタンティノープルにたどり着くために、あらかじめ北極へとわざわざ向かい、それから子午線上を一定の間隔で南下してくるようなもので、まったくの無駄支度である。もちろん、人によっては、研究の最中に、当初信じることから始めたことでも、やがて、それを疑う理由を見出すということもありうる。しかし、この場合、その人が疑念を呈するのは、そうする積極的な理由があるからであり、デカルト的格率のためではない。自分たちの心の中では疑ってないことを、哲学的装いの下に、疑うふりをするのはやめにしよう。

（二）同じような形式主義は、デカルト的規準の中に現れ、次のような形を取る。「私が明晰に確信しているものは、何であれ、すべて真である」。もし、私が本当に確信しているのであれば、既に推論による論証を済ませているはずであり、今わざわざ確実性を検証する必要などまったくないはずである。しかし、このように単独の個人を真理の絶対的な裁判官とすることは極めて有害である。その結果はといえば、形而上学者は皆同意して、形而上学とは自然科学が持つ確実性の度合いをはるかに凌駕した確実性に既に到達していると主張することになろう。もっとも、この点以外に、形而上学者が合意に達するものは何もないだろうが。科学において見解の一致をみているのは、ある理論が提示された場合、その理論に関して意見の一致を得て合意にいたるまでは、当の理論は仮説的なものとみなされているということである。ひとたび意見の一致が得られてしまえば、確実性を疑問視することは無意味な疑念となる。というのも、もはや、それを疑う者は誰もいないからである。哲学者が追い求める究極の哲学は、一人一人が独立して達成しうるものではないし、そう望むのは理にかなったことではない。それゆえ、我々が究極の哲学に到達しうるのは、哲学者たちのコミュニティを形成することにおいてのみである。したがって、仮に、十分訓練を積み率直な心の持ち主が、ある理論を注意深く吟味した上で、その受容を拒んでいるのであれば、当の理論を創り上げた著者の心にも疑念が浮かび上がってくるはずである。

(三)哲学は成功した科学の方法に学ぶべきであり、注意深い吟味に耐えうる、しかも、実在的な前提からのみ出発すべきである。また、哲学は、任意の決定的な論拠よりもむしろ、数多くの多様な論拠に信頼を置くべきである。哲学の推論過程は、たとえば鎖のような形を取るべきではない。鎖にあっては、最も弱い環がその強度を表し、それ以上の強度になることはないからである。それよりもむしろ、ワイヤーロープのような形を取るべきである。この場合、一つ一つの線条は、どんなに細くとも、十分な数が撚り合わさって深く結びついていればいいのである。

(四)非観念論的哲学は、すべて、絶対的に説明不可能で分析不可能な何か究極のものを想定する。要するに、自ら何かを媒介することで生じはするが、何によっても媒介される余地のない何ものかを想定しているのである。ところで、このように、何であれ、何かが説明不可能なものとしてあるということは、記号による推論によってのみ知ることができる。しかし、記号による推論を正当化しうるのはただ、その結論が当の事実を説明する場合だけである。そうした事実を絶対的に説明不可能なものとして想定しても、その事実を説明したことにはならない。したがって、この想定は受け容れがたい。

今寄稿しているこの雑誌の前号で「人間に生得的に備わっているとされてきた諸能力についての問い」［本書第4章］と題する論文を発表したが、この論文は、これまでみてきたように、反デカルト的精神によって書かれたものである。そうした能力を批判することで、四つの能力の存在を否定することになった。便宜上、ここに再び記しておこう。

(i)我々には内観の能力は備わっていない。心の内部の世界に関する全知識は、心の外部の事実に関する我々の知識から仮説的に推論することで得られるものである。

(ii)我々は直観能力を持ち合わせてはいない。あらゆる認識は、先行する認識によって論理的に限定を受けている。

(iii)我々は記号なしに思考する能力など持ち合わせてはいない。

(iv)我々は絶対的に認識不可能なものについては、考えることもできない。

〔今この段階では〕これらの命題を確実なものとみなすことはできない。これらを、さらなる検証に付すために、こうした命題の帰結にまで立ち入って調べることを提案しておきたい。はじめに、我々は第一の命題だけを考察し、その次に、第一と第二の命題の帰結をたどることにする。その上で、第三命題を想定することで、他にどんな帰結が得られるかを考慮する。最後に、我々の仮説的諸前提に第四命題を加えることにする。

第一命題を採用するにあたって、排除しておかなければならない先入見がある。それは、自己意識を基礎にして外部世界に関する知識を築こうとする哲学から生ずるすべての先入見である。心の内部で生ずる出来事についての言明で受け容れることができるのは、ただ、普通に外部世界と呼ぶところで生ずる出来事を説明する際に仮説として必要となる場合のみであって、それ以外には、こうした命題は一切認められない。さらにいえば、このような根拠に基づいて、心の持つある能力、あるいは、その作用様式を想定する場合、この想定によって事実を説明できるのに、わざわざ、それ以外の他の仮説を採用して、その事実説明を試みるわけにはいかないのであって、この想定を可能なかぎり用い続けなければならない。いいかえれば、仮説をさらにつけ加えることなく、できるかぎり説明を続け、あらゆる種類の心の作用を一つの一般的な類型の心的作用に還元しなければならない。

我々が探究の出発点として置くべき意識は限定的なものであり、性質上、存在形態が疑いのない意識であり、その作用法則がよく知られたものであり、（その認識は心の外部に由来するものである以上、）そうした意識は、外的事実と極めて厳密に連動している。すなわち、この意識はある種の認識でなければならない。ここで、先の論文の第二命題を仮説的に採用することにしよう。それによれば、いかなる対象についての認識であっても、絶対的に最初の認識などというものはないのであって、認識は連続的な過程を通じて生ずる。それゆえ、我々の出発点は、一つの認識過程であり、その作用法則がよく知られており、かつ、外的事実と密接に連動している過程でなければならない。こうした過程とは、妥当な推論過程にほかならず、前提Aから出発して結論Bにいたる推論過程である。これは実際のところ、Aという命題が真であるとき、いつでも常に、Bという命題が真であるような、そのかぎりでの推論過程である。こうして、心による推論過程以外に、いかなる前提を置くこともなく、あらゆる心的作用を妥当な推論式へと還元すること、これこそ最初の二つの命題の帰結であり、この二つの命題を採用することで、どのような結果が生ずるか、たどっていかなければならない。

だが、それにしても、心というものは、実際に、三段論法の過程を経て作用するものなのだろうか。三段論法の結論は、心像のように、心の中に、心とは独立して存在する何かであるとした場合、この結論が突如として同じように、心の中に、心からは独立して存在する二つの前提に取って代わるのかどうか。確かに、これは極めて疑わしい。しかし、たとえば、ある人が二つの前提を信じるようになっていて、したがって、この前提に基づいて行動し、かつ、この前提は真であると判断しているとしよう。この場合、この人は、好ましい条件の下であれば、自ら進んで当の結論に基づいて行動し、かつ、この結論はやはり真であると判断することになろう。こういうことなら、常々ある経験であるといってよい。したがって、三段論法過程と等価といっていいような何ものかが、有機体の内部に生じているわけである。

論理的に妥当な推論は、完全であるか不完全であるかの、どちらかである。不完全な推論とは、その妥当性が、推論前提に含まれていない事実問題にかかっているような推論である。明示的に述べられてはいないが、暗に妥当性の根拠となっているような、こうした事実は、本来、一つの前提として、あらかじめ言明されてしかるべきものかもしれない。だが、こうした事実が結論に対して持つ関係は、明示的に仮定されようがされまいが、同一のまま変わるところはない。というのも、この事実は、少なくとも事実上は仮定されているといっていいからである。したがって、不完全でありながらも妥当な立論方法は、すべて事実上完全であるといってもよい。完全な立論方法は単純なものと複雑なものとに分けられる。完全な立論方法は、三つ、または、それより多くの前提から出発する論法であり、それぞれ単純な段階から構成される推論過程で段階的手続きを踏んで結論を導き出そうとすれば、きちんと結論が得られてしかるべき論法である。かくして、複雑な推論も、最終的には一つ一つの単純な推論を連続的に推し進めて形成される一連の推論過程と同じものになる。

完全であり、単純であり、かつ妥当な立論方法、すなわち三段論法は、必然的に真理であるか、蓋然的に真理であるかのどちらかである。必然的な、あるいは、演繹的な三段論法の場合、その妥当性は、推論された事実と前提のうちに措定された事実との関係に無条件に依存する。三段論法であるのに、その妥当性が前提のみならず、その他の知識の存在にも依存するようなものはありえない。というのも、前提以外の知識であっても、妥当性の論拠となっているのであれば、明確に前提されるはずであり、その場合、前提の一部となってしまうし、さもなければ、この知識は暗黙のうちに想定されてしかるべきであり、その場合には、当の推論は不完全になってしまうからである。だが、三段論法の中には、その妥当性が前提以外の知識の不在にある程度依存しているようなものもあり、これが蓋然的な三段論法である。

この点は、若干の例をあげれば明らかになる。次の二つの立論方法は、必然的あるいは演繹的である。

(一)たとえば連続した日数を考えるとき、このうち、最初と最後の曜日が異なる連続日数で、7の倍数より1多いものは一つもない。さて、閏年の場合を考えるとき、いかなる閏年においても最初の曜日と最後の曜日は異なる。それゆえ、閏年であるのに、その日数が、7の倍数より1多くなることはない。

（二）英語の母音〔a、e、i、o、u〕の中で、二つの文字から成り立っているものはない。しかし、二つの文字から成り立っている文字のうちの一つ（w）は、二つの母音から構成されている〔double-u = w〕。したがって、二つの母音から構成されている一文字は、それ自体、必ずしも、母音ではない。

どちらの場合も、容易にわかるように、その前提が真であるかぎり、他の事実がどうであろうと、結論は真となる。これに対して、次のような推論を想定してみよう。「ある男がアジアコレラにかかった。彼は虚脱状態にあり、皮膚の色は青ざめ、体温は低く、脈は触診してもほんのわずかであった。そこで大量瀉血が行われた。この過程で、彼は虚脱状態から回復し、次の日の朝は歩き回れるほど回復した。それゆえ、瀉血がコレラ治癒に与った」。ここにみられる前提が、当の事態に関する我々の全知識を表しているのであれば、この推論は十分見込みのある蓋然的な推論である。しかし、たとえば、コレラからの回復は一般に突然であること、さらに、この症例を報告した医師がこのたびのような成り行きを示さなくても回復した症例を数多く知っていたということ、こういったことが知られているのであれば、その推論の妥当性は完全に失われることになる。

いかなる蓋然的立論においても、その妥当性に不可欠な知識というものがある。そうした知識が欠如している場合、ある問いに関わってくることになる。そして、その問いの有り様は、当の立論自体の性質によって限定を受ける。その問いとは、他のすべての問いと同様、特定の対象が特定の性質を持っているのかどうかというものである。ここから、そうした知識の欠如には、二つの場合があることになる。第一に、前提により特定の性質を持っている対象があるとして、このとき、この対象以外の他の対象も同じ特定の性質を持つとことがあるのか。第二に、前提により特定の対象に固有の性質があるとして、このとき、当の対象の要件であるとはかぎらない他の性質が同じ対象に属するということはあるのか。第一の場合、推論過程は、あたかも特定の性質を有する対象すべてが知られているかのように展開されていく。そして、これが帰納である。第二の場合、推論過程は、あたかも、ある対象もしくはクラスが有する傾向特性に不可欠の性質がすべて知られているように展開されていく。そして、これが仮説形成である。この区別もまた、若干の事例によって、もっと明確に理解することができる。

まず、Aという英語の本が一冊あるとして、この本の中で、異なるアルファベット文字が何度登場するか、数えることにしよう。もちろん、文字を数え上げていく過程で、各文字の相対的登場回数は、新たな文字が登場するたびに、変わっていく。しかし、数え上げが進んでいくうちに、登場回数のばらつき具合は、次第に小さくなっていくことだろう。数え上げる回数が増えるにしたがって、たとえば、eの登場頻度が全体の約11¼パーセントに近づき、その他、t、a、sの登場頻度が、それぞれ、全体の8½パーセント、8パーセント、7½パーセントに近づくという具合になったとしよう。そこで、同じことを他の英語の本六冊（これを、B、C、D、E、F、Gと呼んでおく）についても繰り返したところ、同様の結果を得られたとする。この場合、我々が推論しうるのは、一定の長さの英語の本であるなら、どの本の場合も各文字の登場頻度はほぼ同様のものとなるというものであろう。

さて、この推定方法に妥当性があるとすれば、それは、以上のA、B、C、D、E、F、Gの七冊の英語の本以外に、我々は、各文字の登場頻度の割合を知らないということにかかっている。というのも、仮に、ここにはないHという本に関して、各文字の登場頻度の割合が知られており、なおかつ、その数字が他の本の場合の数字と大きく懸け離れているならば、我々の結論は即座に無効となるからである。逆に、その数字が同一である場合、妥当な推論を導くことができるのは、A、B、C、D、E、F、Gの七冊およびH一冊の計八事例からであって、最初の七冊の事例だけからではない。したがって、以上のような推定方法は、帰納である。

次に、今、暗号文書が一冊あるとして、その暗号解読書はないといった事態を考えてみよう。この暗号文書には文字らしき記号が含まれており、その種類は、アルファベットの文字数二六を下回るとして、このとき、そのうちの一つの登場頻度は、全体のうち、11パーセントで、他の種類のものは、たとえば、それぞれ、8½パーセント、8パーセント、7½パーセントの登場頻度だとわかったとしよう。ここで、これらの記号を、それぞれ、e、t、a、sと名づけてみると、どうやら、その他の各暗号記号も、それぞれ、アルファベットの他の一文字に置き換えて理解することが可能だとわかり、英語として読めるようになると仮定しよう。もっとも、出来上がった語のつづりには、英単語として誤っているものもあるだろうが、これはかまわないことにしておく。この暗号文書がかなりの程度長いものであれば、かなり高い確率で推論できることは、アルファベットに変換した文は暗号文の意味であるということである。

この推定方法に妥当性があるとすれば、それは、暗号文中にある文字記号のうち、文意解読に影響を与えてしまうような文字記号が他に何も知られていない点にかかっている。というのも、もし知られているというのなら、たとえば、他の解読方法があるかどうかが知られているのであれば、この知識を有すること自体、結論の解読文意を支持する方向にも、逆にその妥当性根拠を弱める方向にも、影響を与えかねないからである。それゆえ、この推定方法は仮説形成である。

あらゆる妥当な推論は、演繹的であるか、帰納的であるか、仮説形成的であるか、そうでなければ、これらの特質のうち二つまたは三つを組み合わせたものである。演繹については、大部分の論理学テキストの中で十二分に論じられている。帰納と仮説形成に関しては、以下の叙述を一層わかりやすくするために、若干の補足説明が必要となる。

帰納とは、次のような仮定の下で展開される推定方法として定義可能である。すなわち、ある集合ないし集計物とその全構成要素を例にとり、この全構成要素のうち共通属性を持つことが知られている構成要素がいくつかあるとした場合、当の集合には、この属性の有無が知られていない構成要素もあるはずだが、これらを含めて、すべての構成要素もまた、この共通属性を有しているという仮定である。この仮定をいいかえるなら、この集合の中から任意に取りだした構成要素に妥当することが、この集合全体においても妥当するということになる。これは統計的推定方法と呼ぶことができる。統計的推定方法を用いる場合、長期的にみれば、数々の真なる前提を根拠にして、一般的に、相当程度正確な結論が得られるにちがいない。たとえば今、袋の中に黒豆と白豆がいくらかずつ入っているとして、袋から豆を一握りずつ取り出す作業を繰り返し、そのたびに、黒と白の色の割合を数え上げることにしよう。そうすれば、袋の中の全黒豆と全白豆の割合に、おおよそであれ、近づくことができる。というのも、一握りずつ取り出す作業を十分な回数試みれば、袋の中の豆すべてを数えることになるからである。帰納の要諦は、このように得られた結論を三段論法の大前提とし、さらに、これこれの対象は今問題としている集合から抽出したものであると言明している命題を小前提とすることによって、この大前提と小前提から、これら以外の帰納の前提が演繹的に導き出されるということである。たとえば先の暗号事例でいえば、英語で書かれた本すべてにおいて、文字eの登場頻度は約11¼パーセントであると結論づけた。この結論を大前提とした上で、さらに、A、B、C、D、E、FとGは英語で書かれた本であるという命題を小前提とするなら、この二つの前提から演繹的に導き出されるのは、A、B、C、D、E、FとGの七冊の本において、文字eの登場頻度は、約11¼パーセントであるというものである。アリストテレスによる帰納の定義は、三段論法の小前提と結論から大前提を推論するというものであったが、こうした事態を踏まえているわけである。帰納の役割というものは、一連の多数の対象を単一の対象でもって代用することにある。そして、この単一対象は、一連の多数の対象とそれ以外の無数の対象を包含するという性質を持っている。こうして、帰納とは、「多様性を統一性へ還元する」一つの形式である。

仮説形成は、次のような仮定の下で展開される推定方法として定義可能である。すなわち、ある性質の中には他の一定数の性質も必然的に含まれていることが知られており、さらに、この性質を内に含んでいることが知られている性質をすべて備えた対象があるとき、この性質はこの対象の属性であるという仮説である。帰納が三段論法の大前提を導き出す推論とみなすことが可能であるように、仮説形成は、三段論法の小前提を三段論法の残りの二つの命題から導き出す推論とみなすことができる。たとえば、先に示した暗号事例は、三段論法中の小前提を導き出すような二つの推論から成り立っている。

（一）
〔大前提〕一定の長さの英文文書で、その中にe、t、a、sを意味する何らかの暗号記号が含まれているものがあるとする。この条件を満たすすべての英文文書において、各記号の登場頻度は、順に、第一記号は11¼パーセント、第二記号は8½パーセント、第三記号は8パーセント、第四記号は7½パーセントとなっている。

〔小前提〕今一冊の暗号文書があり、この暗号文書は、一定の長さを持つ一冊の英文文書であり、この中において、特定の暗号記号は、それぞれ、e、t、a、sを表している。

〔結論〕ゆえに、この暗号文書において、第一記号の登場頻度は11¼パーセント、第二記号の登場頻度は8½パーセント、第三記号の登場頻度は8パーセント、第四記号の登場頻度は7½パーセントである。

（二）
〔大前提〕何らかの暗号記号それぞれが、特定のアルファベット文字で置き換えられるとき、そのようなアルファベットで書かれた文章は、意味が通るものとなる。

〔小前提〕今暗号文書が一冊あり、この暗号文書は、そのような置き換えられたアルファベットで書かれている。

〔結論〕ゆえに、この暗号文書において、そうした置き換えがなされているとき、この文書の意味は解読可能である。

仮説形成の機能とは、統一体をなしているわけではない諸々の属性が厖大な系列をなしているとして、この系列に代わって、これら属性すべてを含み、かつ、（おそらく）その他の無数の属性をも含むような単一（もしくは、ごく少数）の属性で代用することである。仮説形成は、それゆえ、多様性の単一性への還元である。▼1

あらゆる演繹的推論は次のような形式をとりうる。

▼1 論理学に精通した者の中には、ここで私が用いた仮説という言葉は完全な誤用であると反論した者もいた。その上でいえば、私がそのように示したものは、類推からの立論である。暗号文の例は、仮説の適切な例として、以下の論者によって取り上げられてきたと答えておけば十分だろう。デカルト（『哲学原理』）、ライプニッツ（『人間知性新論』）、そして、（これは、私がD・スチュアートの著作〔『人間精神哲学の基礎』〕から学んだものだが）グラヴサンド、モスコヴィッチ、ハートレー、G・L・Le・セイジ。仮説という用語は、以下のような意味で用いられている。
一、弁証の主題を形成する主題もしくは命題。
二、仮定。アリストテレスは、原因たる原理を想定しないまま採用された定立もしくは命題を、定義と仮説

〔基礎定立（ヒュポテシス）〕に分けている〔『アリストテレス全集 第一巻』山本光雄ほか訳、岩波書店、一九七一年、六一八頁以下〕。後者は、何かが現に存在することを言明している命題である。だから、幾何学者は、こういう。「今、ある三角形があるとしよう」。
三、一般的意味での条件。我々は、ヒュポテシス次第では、幸福以外の何かを求めているといわれている。最善の国家は、理念的世界において完璧なる国家である。次善の国家は、あくまで地上で実現される最善国家であり、三番目に善い国家は、あくまでヒュポテシスつきの最善国家である。自由とは、デモクラシーのヒュポテシスもしくは条件である。
四、仮説的命題の前件。
五、事実を想定する演説上の問い。
六、プセルス〔Michael Psellus 一〇一八 - 一〇七八年 神学者〕の『概要』においては、主体が示しているものに対する主体の言及。
七、近代において最も一般的なものは、帰結および結果〔つまり後件〕から前件へ向かう一つの推定方法において推論を通して結論を得ること。私は仮説〔形成〕という言葉を、この意味で用いている。
八、科学体系の中で理論として受容されるには弱すぎるような結論。

以下では、仮説に関する七番目の用法を支持する思想上の大家の事例を引用しておく。

ショウヴァン〔Étienne Chauvin 一六四〇 - 一七二五年〕「仮説とは、未知であるものの真理性如何を検証するために、真であると仮定された命題である。ある仮説が真であると認定されるためには、それが以前においてどれほど真であるようにみえようと、その仮説から他の諸々の事象が導き出されなければならない。多くの論者は、ここまで要求する。しかし、他の論者によれば、ある仮説が真であるためには、次の一事が要求されればよしとする。すなわち、当の仮説から導出可能でなければならないのは、諸々の現象に対応するようなもの、そして、一方では物自体の世界において直面し、他方では物自体から生ずるような世界において直面する全困難に応えるものである」（*Lexicon Rationale*, 1st Ed.）。

ニュートン「私はこれまで長きにわたって、天空と海洋で生ずる諸々の現象を重力によって説明してきた。しかし、重力の原因を今なお突き止めてはいない。……私は、重力現象から重力の持つこのような特性が生ずる理由を導き出すことを、未だできないでいる。それゆえ、私は仮説など作らない。重力現象から導き出せないものは、何であれ仮説と呼ぶべきである。……このような哲学に立つなら、命題は現象から導き出され、帰納によって一般化される」（*Principia.* Ad fin.）。

ウィリアム・ハミルトン卿［William Hamilton 一八〇六 - 一八六五年 アイルランドの数学者、理論物理学者］「仮説、すなわち、確率に基づいて想定された命題であり、仮説なしには説明も証明も困難な何か他のものを説明し、あるいは、証明するために定立される」（*Lectures on Logic,* Am. Ed., p. 188）。「仮説という名称は、条件つき命題に対して、どちらかといえば強調的に付される。この条件つき命題は、観察されたかぎりでの現象を説明するのに役立つが、しかし、これが真であると主張しうるのは、完全な帰納によって最終的に確証された場合にかぎる」（Ibid., p. 364）。「経験を通じて与えられた原理をもってしては、まったく説明できない現象が現れた場合、我々は不満と不安を感じる。そこで、この未解明の現象を、少なくとも暫定的に、説明しうる何らかの原因を突き止めようとする努力が始まる。そして、この原因が最終的に妥当なもの、あるいは真なるものとして認定されるのは、この原因とされるものを通じて、与えられた現象が、十全かつ完璧に証明できたと判明した場合である。ある現象の原因として帰せられものが問題をはらんでいるとき、この場合の判断は、仮説と呼ばれる」（Ibid., pp. 449–450. See also *Lectures on Metaphysics,* p. 117）。

ジョン・スチュアート・ミル「（実際の証拠がないままに、あるいは不十分であることが明言されている証拠に基づいて）我々が定立した命題は、いかなるものであれ、これを仮説という。その目的は、仮説から、真であると知られている事実に合致した結論を導き出そうと試みる点にある。その背後にある考え方は、このような仮説が導く結論が真理と知られているならば、当の仮説は真であるにちがいないか、あるいは少なくとも真である可能性が高いというものである」（*Logic,* 6th Ed., vol. 2, p. 8）。

カント「ある認識の結果がすべて真であるならば、その認識自体、真である。……それゆえ、結果から、一つの根拠を結論として導き出すことは許される。しかし、この根拠だけが結果の根拠であると決定することはできない。全結果の複合体だけから、我々は、確定的な根拠の真理性を結論づけることができる。……このような肯定的かつ直接的な推論様式（前件肯定式）に伴う困難は、次の点にある。すなわち、こうした結果の総体は議論の余地なき真理としては認められないということ、そして、それゆえに、我々がこうした推論様式に

もしAであるならば、そのときBである。
しかるに、Aである。
ゆえにBである。

この形式において、小前提は仮言命題の前件あるいはその理由として現れている。これと同じように、仮説形成的推論の場合は、後件から前件を推論することと呼びうる。

類推による推定は、論理学に関する有名な著者によって、特殊から特殊への推論と呼ばれているが〔ミル『論理学』第二巻第三章第三節〕、その妥当性は、帰納の性質と仮説形成の性質を合成することから得られ、これは、演繹と帰納、あるいは、演繹と仮説形成、このどちらかに分析可能である。

しかし、推論は、このように、演繹・帰納・仮説形成の三つの相異なる種からなるけれども、同時に、種より大きな、一つの類概念にも属している。これまでみてきたように、〔大前提、小前提という〕二つの前提を持っており、それぞれの前提によって主張された事実だけを含む推定方法を繰り返し行ったとして、それでも到達不可能な結論であるなら、それは、正当に導き出せない結論である。

推論過程内のこうした前提二つのうち、どちらかは何らかの対象は何らかの属性を有することを言明した命題である。そのような命題に現れる各名辞は、何らかの対象を表しているか、あるいは、何らかの属性を表している。ところで、結論というのは、二つの前提のうち、どちらかの前提〔で述べられている名辞〕を置き換えることによって得られる命題とみなすことができる。そして、この置き換えの妥当性は、もう一方の命題によって言明された事実によって保証される。したがって、結論とは、いずれかの前提から その前提内にある主語を新しい主語で置き換えることによって、あるいは、その前提内にある述語を新しい述語で置き換えることによって、あるいは、両方を置き換えることによって得られるものである。さて、ある名辞を別の名辞によって置き換えることが妥当となるのは、新しい名辞が以前の名辞が表してい

るものだけを表している場合に限られる。それゆえ、結論が、

定式「SはPである」。

によって表され、かつ、この結論が、

定式「MはPである」。

によって表される前提内の主語〔M〕を〔Sに〕置き換えることによって導き出されたとすれば、もう一方の前提は、「Sによって表されたものは、いかなるものであれ、Mによって表される」、あるいは、

すべてのSはMである。

よって導かれるのは、ただ、真でありそうだという認識、仮説的に真であるという認識によってのみである（仮説）」（*Logik* by Jaesche, *Werke*, ed. Rosenkranz, and Shubert, vol. 3, p. 221）。「仮説とは、ある根拠の真理性に関して、結果の十分性に基づいて下した判断である」（Ibid., p. 262）。

ハーバート［Johann Friedrich Herbart 一七七六－一八四一年 ドイツの哲学者］「我々は、仮説を定立し、そこから帰結を導き出し、その後、この帰結が経験と合致するかどうか確かめることができる。このような想定が仮説と呼ばれる」（*Einleitung*, *Werke*, vol. 1. p. 53）。

ベネケ［Friedrich Beneke 一七九八－一八五四年 ドイツの心理学者、哲学者］「後件から前件を肯定的に推論すること、あるいは、仮説」（*System der Logik*, vol. 2, p. 103）。

以上の引用をさらに増やすことに、何の困難もなかろう。

となっているはずである。以上とは別に、もし、結論「SはPである」が、二つの前提のうち、いずれかの前提から、述語を置き換えることによって得られたとするなら、その前提は、

SはMである。

と表現でき、他方の前提は、「Pに含まれているすべての属性は、Mにも含まれている」、あるいは、

MであるものはすべてPである。

というものでなければならない。こうして二つの場合をみたわけだが、いずれにおいても、三段論法は次のような形式で表現可能でなければならない。すなわち、

SはMである。MはPである。ゆえに、SはPである。

最後に、結論と二つの前提いずれかとが、主語と述語双方において異なる場合であっても、結論と前提の言明形式は共通の名辞を持つように変更可能となる。実際、これは常に可能である。というのも、Pが前提であり、Cが結論であるとすれば、両者は次のように叙述できるからである。すなわち、

Pで表された事物の状態は、実在するものであり、

かつ、

Cで表された事物の状態は、実在するものである。

この場合、今一つの前提は、何らかの形式で、事実上、次のように述べられるはずである。すなわち、「Cで表されるような事物のあらゆる状態は、Pで表される事物の状態である」。

以上より、あらゆる妥当な推論は、一つの一般的形式を有しているといってよい。そして、あらゆる精神作用を妥当な推論形式に還元しようとするなら、我々はその形式を単一の類型に還元できる。

このように、あらゆる精神作用を妥当な推論の型に還元しようとする際に障害があるとすれば、それは、誤った推論というものがあるということである。いかなる推定方法であれ、そこに含まれているのは、（推定方法の主題に関する事実問題を含むものであれ、あるいは、単に記号体系に関する格率にすぎないものであれ、いずれにせよ）推論手続きの一般的な原理が持つ真理であり、この原理にしたがって、推論方法は妥当な推論方法になる。この原理が誤りであれば、推定方法も誤りとなる。しかし、誤った前提に基づく妥当な推定方法は誤りではないし、根拠が極度に薄弱ではあるがまったく非論理的というわけでもない帰納や仮説形成も、たとえその説得力が過大評価され、その結論が誤っていようが、やはり誤りというわけではない。

さて、言葉というものは、仮に立論形式においてであれ、現にある通りの意味で解するならば、当の立論方法を確実にするために必要な事実すべてを含んでいるものである。形式論理学者の場合、論理学に固有の解釈原理にしたがって、言葉の意味だけを扱い、それ以外の兆候から推測して話者の意図を扱うことがない。こうした形式論理学者にとって、唯一の誤りとは、単純に非合理であるか矛盾しているかしたものでなければならないということになる。その場合、誤りの根拠は、結論がその前提とまったく両立しないということものであるか、あるいは、いかなる条件下でも論理的に妥当な形で結びつけることができない命題であるにもかかわらず、推論連結の一種によってこうした命題を結びつけてしまっている、というものである。

しかし、心理学者にとってみれば、ある立論方法の妥当性は、ただ次のことを満たすだけでよい。すなわち、これから結論を導き出そうと心に描いている際、その前提が真でありさえすれば、前提自体によって、あるいは、以前真であった他の命題の力を借りることによって、結論を十分支持しうるのである。しかし、この意味で妥当ではない推論が人間によって行われる場合、この推論はすべて、次の四つに属している。すなわち、(一) 前提が誤っている推論、(二) 説得力は多少あるにしても、それが、極めて薄弱な推論、(三) ある命題を別の命題と混同することで生ずる推論、(四) 推論規則の理解が不明瞭であったり、その適用方法を誤ったり、あるいは、規則自体を誤ったりすることで生ずる推論、以上である。これらのうち、どれ一つとして誤りを犯すことがないとすれば、その人は完全に明確に思い描かれた真の前提から出発し、しかも、いかなる先入見によっても、あるいは、推論規則として働く他の断定によっても、道を踏み外すことなく、実際に少なからぬ妥当性を有する結論を導き出すことだろう。こうしたことが仮に起こりうるにしても、その場合、冷静な配慮や注意深さは思考の上ではほとんど役に立たない。というのも、用心深さが役立ちうるのは、ただ、あらゆる事実を考慮することを保証し、そして、考慮に入れた全事実を明確にすることに関してだけだからである。さらにいえば、冷静さにできることといえば、せいぜい、我々を慎重にすることでしかない。だから、真であってほしいと願っていること、真かもしれないと思っていることを、真であると推論しかねない場合、あるいは、その他誤った推論規則にしたがいかねない場合、冷静さがなしうるのは強い感情に容易に左右されないようにすることくらいである。だが、経験からもわかるように、明確に思い描かれた同じ前提(先入見も含む)に対して、冷静で注意深い配慮を示したところで、そのことで保証されるのは、誰もが同じ判断を表明するということくらいである。さて、ある誤謬があったとして、これが先に示した四つの誤った推論のうちの第一種のものである、つまり、推論前提が誤りであるとしよう。この場合、このような誤った前提から結論へいたる心の手続きは、正しいか、あるいは、他の三つの誤謬推論のうちの一つの点からみて誤りであるか、このどちらかであると考えられるはずである。というのも、前提が誤っているとしても、その誤りが推論の際に知られていない以上、それだけで推論の働きに影響を及ぼすはずだなどと想定することはできないからである。次に、推論の誤りが第二の種類のもの、つまり、説得力はあるにしても、その根拠が薄弱であるような推論だとしよう。この場合の推論は、蓋然的立論方法であり、まったく妥当な立論方法であり、妥当な推論のタイプに属する。さらに、推論の誤りが第三種の誤りであり、ある命題と別の命題の混同から生ずる場合を考えよう。この混同は二つの命題間の類似性に基づいているはずである。すなわち、推論する際、一方の命題が、他方の命題に属する性質をいくつか持っていると思い、一方の命題は他方の命題の性質をすべて有すると結論づけ、そこから、同一命題とみなしてしまうわけである。ところで、これは仮説形成的推論であり、説得力は弱く、その結論も誤りがちではあるが、妥当な推論のタイプである。それゆえ、この推論が誤謬に陥る場合、その中心点は命題間の混同にあるように、第三種類の誤謬推論における思考手続きは、妥当な推論の定式に一致する。最後に、誤謬推論が第四の種類のものである場合、これには二通りあって、推論規則の誤った適用もしくはその誤解から生ずるのであれば、混同の誤謬である。他方で、推論の誤った規則を採用することで生ずる誤謬推論が生ずることもある。この場合、この誤った規則が実際に前提とされてしまい、したがって、誤った結論は単に前提の誤りに由来することになる。こうして、以上四つのどの誤謬の場合も思考において生じうるが、思考手続き自体は妥当な推論定式と合致する。

さて、我々が思考するとき、常に、何らかの感情、心像、概念、あるいはその他の表象が我々の意識に対して現れるが、同時に、これらを記号として用いることで、我々は思考する。先に、この原理を第三原理と呼んでおいたが、今や、この原理の帰結を導き出さなければならない。しかし、我々自身が存在しているということ（これは無知と誤謬の存在によって証明されるが〔本書第4章〕）、ここからから導き出せるのは、我々の意識に対して現れるものはすべて、我々の自我の現れだということである。こういったからといって、我々の外部にある何事かが、我々の意識に対して、現象として現れることを妨げるものではない。たとえば、虹は、太陽光と雨の水滴、双方の現れであるといってよい。さて、我々が思考するとき、我々自身は、まさにその瞬間において、記号として現れている。ところで、記号には、それ自体、三つの相互参照関係的特質がある。第一の特質は、記号は当の記号を解釈している何らかの思考に対して向けられているというものである。第二の特質は、そうした解釈思考において、記号は当の記号と等値されている何らかの対象を代わって表しているというものである。第三の特質は、記号は何らかの関連ないし属性の中にあって、当の関連ないし属性を記号対象と結びつけているというものである。思考を記号として把握すると、この〈思考‐記号〉は、今みた記号の三つの相関関係を指し示していることになる。では、この相関関係はいかなるものであるか、問うていくことにしよう。

（一）〔今しがたみたように、我々が思考している間は、我々自身が記号として現れている。それゆえ〕思考を記号として把握するなら、〈思考‐記号〉は我々自身にほかならない。それでは、我々が考えているとき、この〈思考‐記号〉は、いったい、いかなる思考に対して向けられているのだろうか。〈思考‐記号〉は、相当程度の心が発達してはじめて到達するような外的な言語表現という媒体を通して、他の人の思考へと向けられることもある。しかし、こうしたことが起こるか否かにかかわりなく、思考は常に本人自身の内部に現れる後続の思考によって解釈される。何らかの思考の後で、諸々の観念の流れが自由によどみなく現れ出るのであれば、この観念の流れは、観念連合の法則にしたがう。この場合には、先行する思考は、それぞれ、後続する思考に対して、何らかのものを示している。つまり、先行する思考は後続する思考に対して、何かの記号として作用するのである。もちろん、我々の思考連鎖は途中で遮られることもあろう。しかし、ここで想起しておくべきことは、我々の心の中には注意もしくは意識のごく微小な断片も含まれている以上、いかなる瞬間にも、心の内部には、思考の主要成分のみならず、数多くの要素が浮かんでくるということである。したがって、思考の新しい構成要素が最重要になっているからといって、それ以前の思考連鎖が完全に断ち切られることはない。それどころか、既に示した我々の第二原理によれば、先行する認識に限定されないような直観も認識も存在しない。そうである以上、新しい経験が心に現れても、それは、瞬間的な出来事ではなく、時間を要する出来事であり、したがって、連続する過程を通して進行していく出来事なのである。それゆえ、新しい経験が心の中で傑出した位置を占めるとき、おそらく、それは、成長していく過程の頂点に立っているにちがいない。そうだとすれば、つい先ほどまで主要な位置を占めていた思考が、突然、瞬時にして消えてなくなるなどということに、十分な根拠などないということになる。しかし、思考連鎖が徐々に消えてなくなっていく場合であっても、それが継続している間、大方は連合法則にしたがう。それゆえ、ある思考が消滅過程に入ってしまい、後続する思考が当初の思考をもはや解釈することも再経験することもなくなってしまう瞬間など、存在しない。したがって、ありとあらゆる思考が突如として終局を迎え死滅するといった事態を想定しないかぎり、あらゆる〈思考 - 記号〉は、後続する〈思考 - 記号〉において、翻訳され解釈されるという法則に例外はない。

（二）第二の問いは、〈思考 - 記号〉は、いったい、何を表しているのか――つまり、それは何を名指しているのか――〈思考 - 記号〉によって代用されているもの〔*suppositum*〕は、いったい、何なのか――というものである。実在的な外的事物が思考対象となっているときには、もちろん、その答えは、外的事物である。だが、それにしても、思考というものは、同一のものを対象としている場合、先行する思考によって限定を受けるものである。そうである以上、思考が事物を指し示しているにしても、ただ、それに先行する思考を指示することを通して、当の事物を指し示しているにすぎない。たとえば、歴史上の人物、トゥーサン〔Toussaint L'Ouverture　一七四三－一八〇三年　黒人の軍人・政治家、ハイチ独立運動の指導者〕を思考対象にしているとしよう。その際、最初の思考では、一人の黒人として考えられてはいても、はっきりと、一人の人間としては考えられていなかったとしよう。もし、後になって、はっきりとした一人の人間というイメージがつけ加えられるとすれば、それは、一人の黒人は一人の人間であるという思考を通してである。すなわち、今や、後続する思考、すなわち、人間ということが当の対象人物を指し示しているのであるが、これは、当の人物の当初の特徴づけ、つまり、先行する思考における黒人という属性判断を経た上で、そうなっているのである。仮に、後になってこのトゥーサンという人物が総督・将軍として考えられるとすると、その場合我々が考えているのは、この黒人、この人間は、一人の将軍であるということである。かくして、いかなる場合であっても、後続する思考は先行する思考における思考対象を指し示していることになる。

(三)〈思考 - 記号〉が自らの対象を表しているとき、それは、あくまで、思考するという関連の内部においてである。すなわち、この関連は、思考の内部にあっては意識の直接的な対象である。いいかえれば、この関連は思考そのものであり、少なくとも、後続する思考の中で、当初の思考があらためて考えられることになる思考内容であり、これは後続する思考の中にあっては一つの記号をなす。

さて、ここで、記号が持つ他の二つの特性について検討していくことにしよう。この特性は認識論にとって極めて重要な意味を持っている。記号というものは、指示された事物と同一ではなく、様々な点でこれと異なっている以上、記号には、記号それ自体に属し、記号の表象作用とは何の関係もない特徴がある。この特徴を、ここでは記号の素材的性質と呼んでおこう。たとえば「人間」という言葉を例にとっていえば、この記号は複数の文字から成り立っている。あるいは絵画を例にとっていえば、その素材的性質は平面ということであり、浮き彫りはないといった具合である。第二に、記号というものは、同一対象についての別の記号と、あるいは、対象それ自体と、(理屈の中でではなく実在的に)結合可能なものでなければならない。それゆえ、たとえば言葉の場合、ある実在的繫辞によって同一対象を表す複数の言葉が主語－述語文として結合されることがないかぎり、それぞれの言葉自体には何の意味もない。風見鶏や割り符のように、ある種の記号の場合であれば、記号が指示する事物そのものと実在的に結びついていること自体に、その有用性の本質がある。絵画の場合、そのような実在的結びつきは、はっきりしているわけではなく、当の絵画と、それを識別している脳内信号とを結びつける連想力のうちにある。記号とその対象との、こうした実在的つまり物理的結合のことを、直接無媒介であろうと別の記号との結合によるものであろうと、記号の純粋指示用法と呼んでおこう。ところで、記号の表象機能は、今みた素材的性質のうちにも純粋指示用法のうちにもない。なぜなら、記号の表象機能とは記号をして記号たらしめる何ものかなのであって、記号自体の中にあるわけでもないし、記号と対象との実在的な関係の中にあるわけでもないからである。記号の表象機能は、記号が思考に対して向けられているということであるのに対して、今しがた規定した二つの性質は、ともに、記号が向けられている思考とは無関係に、記号自体に属している。だがしかし、何らかの特質を持つ事物すべてを取り上げて、これらを、他の性質を持った一揃いの事物と一対一で対応させせて、物理的に結びつける場合には、これらの事物も記号にふさわしいものになる。このような一連の対応関係を持つとみなされないのであれば、こうした事物も実際のところは記号ではない。だが、対応関係にない場合であっても、たとえば、目の前にはない花に関してその色は赤いといわれる場合、この赤さは、心の中で思い描かれた性質に対応した名辞でもあるわけであり、この意味でいえば、記号であるといってよい。

　ここで、一つの概念として現れている心の状態を考えてみよう。心の状態が一つの概念でありうるのは、意味、つまり、論理学でいう内包を持つことによる。概念というものが、何らかの対象に対して適用可能だとすれば、それは、対象が、当の概念の内包に含まれる特性を有するからである。ところで、ある思考の論理学的内包は、通常、その思考の中に含まれる思考から成り立っている。しかし、諸々の思考は出来事であり、心の様々な作用である。二つの思考は、時間の流れの中では別々の出来事である。したがって、一方の思考が他方の思考の中にあるなどということは、まったく不可能である。もちろん、人によっては、まったく似通った思考が複数ある場合、これらをすべて一つの思考とみなし、あるいは、ある思考が別の思考を含むということを、他の思考とまったく似通った別の思考を含むという意味で解す向きもあろう。だが、二つの思考が似ているというのは、いったい、どのようにして可能なのか。二つの対象が似ているとみなされるのは、両者が心の中で比較され、一緒にされる場合のみである。思考というものは、心の中以外には存在しない。心の中にあるとみなされる場合にのみ、思考は存在するのである。したがって、二つの思考は心の中で一緒にされないかぎり、似たものとしてあるなどということはありえない。しかし、二つの思考の存在ということになると、その二つは、時間の距たりによって、別々のものとなっているわけである。我々は、ともすれば、過去のある思考と似た思考を創り上げることができると想像しがちである。その上で、今の思考を過去の思考に合わせ、あたかも、この過去の思考が今なお我々の心に残存していると考えてしまう。しかし、考えてみれば明白なはずである。ある思考が、別の思考と似ている、あるいは、それを表しているという認識は、無媒介な直接的知覚からは導き出しえないのであって、このような認識は一つの仮説形成といわねばならない（仮説形成である以上、事実によって疑問の余地なく完全に正当化しうる）。したがって、このような表象機能を有する思考の形成は、意識の背後にある実在的で有効な力に依存しているにちがいないのであって、単に心の中での比較対照に依存するわけではない。それゆえ、ある概念が別の概念に含まれると我々がいうとき、その意味するところは、我々は通常一方の概念を他方の概念によって表象するということでなければならない。いいかえれば、概念間の包含関係が意味しているのは、我々が、ある特殊な判断▼[2]を形成し、その判断の中で、主語に一方の概念を指示させ、述語に他の概念を指示させるということにほかならない。

それゆえ、思考それ自体の中に、感情それ自体の中に、他の思考あるいは感情が含まれるなどということはない。思考であれ、感情であれ、単一そのものであり、分解不可能である。思考なり感情なりが、他の思考や感情から構成されているというのは、一つの直線運動は二つの直線運動によって合成されているというようなものである。つまり、これは真理らしくみえて、実は比喩であり、あるいはフィクションなのである。思考というものは、どれほど手を加えられ複雑なものであろうと、直接無媒介に現れているかぎりでは、部分を持たぬ単なる感じでしかなく、したがって、それ自体では、他のいかなる思考とも類似性を持つことなく、比較することもできない。思考は、それ自体では独特のものなのである。[3] 他のいかなるものとともまったく比較できないものは、すべて、まったく説明不可能である。というのも、説明とは、事物を一般的諸法則の下に、あるいは、自然界の諸々の類いの下に包摂することだからである。したがって、思考が〔無限定で無媒介なという意味で〕ある特殊な感じであるかぎり、いかなる思考も、究極の、つまり、説明不可能な事実でしかない。しかしながら、こういったからといって、私の想定している仮説、つまり、いかなる事実も説明不可能なものとしては存在しえないという仮説と矛盾するものではない。理由を説明しよう。一方で、「これこれしかじかのことが今私の意識に現れている」と、私が今考えることはけっしてできない。そのように反省しようとする前に、当の感覚は既に過去のものとなっているからである。他方で、ひとたび過ぎ去ってしまえば、当の感じの質感を、そのときのそのままの

▼2　情報の最小単位に関する一つの判断。この理論については、内包と外延についての私の論文をみよ（*Proceedings of American Academy of Arts and Science*, vol. 7, p. 426）［EP2 所収］。

▼3　ここで、私が、それ自体では、といっていることに注意せよ。私が今日感じている赤いという感覚が、昨日感じた赤いという感覚と似ていることを否定するほど、私は無謀ではない。私がいっているのは、類似性の本質は、意識の背後にある生理的能力にしかないといっているだけである。そして、こうした生理的能力があるからこそ、この感覚が以前の感覚と同じものとして見分けられるといえるのである。それゆえ、こうした類似性は感覚の共通性のうちにあるわけではない。

内容で、今再体験することはできないし、あのときのままの感じは、どのようなものだったのかを今知ることはできない。さらにいえば、我々の自我の一般理論からの推論によらないかぎり、この質感の存在を発見することさえできない。つまり、それができないのは、その質感を特異性においてみる場合ではなく、質感をその時々に直接現れている何ものかとしてみる場合である。だが、直接無媒介に現れている何かとして捉えるのであれば、それぞれの感じ具合はすべて似たようなものであり、特に説明を要するものではない。そこに含まれているのは〔限定され媒介された特別なものではなく、いつでも当てはまるという意味で〕普遍的なものでしかないからである。かくして、それぞれの感じ具合の属性を我々が真に述語化できるのであれば、説明不可能なものなど何もない。説明不可能なのは、我々が反省することなく直観的に知っている〔その時々に現れた直接的で無媒介な〕ものだけである。したがって〔両者を識別できているのであれば〕、無媒介で直接的なるものを、媒介されうるものにしてしまうような矛盾に我々が陥ることはないのである。最後に、今現れている実際の思考（つまり無媒介な単なる感じ）などというものには、いかなる意味もないし、いかなる知的価値もない。というのは、意味や価値は、実際に思考されている事柄の中にはないからである。今現れている思考は、表象機能が作用している場合、後続する思考によって何かと結びつけられることになる。意味や価値の在処は、この結びつけられる事柄の中なのである。したがって、ある一つの思考それ自体の意味などというものは、概して、何か仮想的なものなのである。もちろん、人によっては、どの瞬間の思考にも、いかなる意味もないとするなら、あらゆる思考はすべて無意味となってしまうではないかと反論する向きもあろう。しかし、これはちょうど、ある物体で次々にふさがれていく空間が次々とつながっていて、この連鎖の中のどの空間一つとっても、そこに運動の余地がない以上、空間全体を通しても運動の余地はまったくないなどと主張するのと同様の誤りである。私の心の状態の中にあっては、どの瞬間一つとっても、そこには認識もなければ表象作用もない。しかし、相異なるそれぞれの瞬間にある心の状態どうしの関係においては、認識もあるし、表象作用もある。▶4 要するに、直接的で無媒介なもの（したがって、それ自体の中では媒介を被らない――つまり、分析不可能なもの、説明不可能なもの、理解不可能なもの）は、我々の生涯を通じて、一つの連続的な流れをなして通り過ぎていくのである。この流れが意識の総計なのであり、これを媒介することが、すなわち意識の連続性をなすのであり、この媒介は、意識の背後にある実在的な効力によって、作用するのである。

こうして、我々は思考における三つの要素を理解したことになる。第一に表象機能であり、これは思考を一つの表象にする。第二に純粋指示用法、あるいは、思考それぞれを結びつけて関係を作る実在的結合作用である。第三に素材的性質、あるいは、思考の感じ具合で、これが、思考に質を与える。▶5

感覚は必ずしも直観ではないし、感覚器官の第一印象でもない。このことは、美の感覚の場合には、極めて明確である。これについては、音の感覚に即して、既に別のところで示しておいた［本書第4章］。美の感覚が、先行する諸々の認識によって限定を受けるのであれば、それは常に述語属性として現れる。つまり、あるものは美しいと我々は考えるのである。感覚が、このようにいつでも他のものの帰結として現れる場合、帰納によってわかるのは、そのような他のものは、多かれ少なかれ複雑なものだということである。こうして、特殊な音の感覚は、聴覚神経上に現れた諸々の印象が特殊な様式で結びつけられ、一定の速度で生起する帰結として生ずる。色の感覚の場合であれば、視覚に入ってきた諸々の印象が一定の様式で一定の速度で相互に生起し、その帰結として感覚が生ずる。美の感覚の場合、他の諸々の印象の多様体の帰結として現れる。こうしたことは、あらゆる場合に当てはまることがわかるだろう。次にいえることは、

▼4 したがって、身体が動いているとはいうが、運動が身体のうちにあるとはいわない。これと同じように、我々は思考のうちにある、このようにいうべきであって、思考が我々のうちにあるというべきではない。

▼5 質、関係、表象については、*Proceedings of the American Academy of Arts and Sciences*, vol. 7, p. 293［EP1所収］。

これらの感覚はすべて、それ自体では単純だということ、あるいは、これらに先立ち、これらを生み出した感覚よりは、一層単純だということである。したがって、今生じている、ある感覚というものは、〔先行する〕複雑な述語属性に代わって現れる単純な述語属性である。いいかえれば、この感覚は、ある意味、仮説形成的推論の役割を果たしているわけである。しかし、これこれの感覚を持つものはすべて〔それに先行する〕数ある述語属性の何らかの複雑な系列を持っているという一般原則は、（既にみたように）根拠をもって規定された原則ではなく、任意に設定されたものである。したがって、感覚の現れは仮説形成的推論に似ているとはいっても、その性質をみるなら、定義項から被定義項を推論することと同類である。というのも、この推論では、大前提は任意に設定されるものだからである。定義項から被定義項を推論するような様式の場合にのみいえるのは、推論内の大前提の内容は、いわば、言語習慣によって規定されるということ、そして、言葉の使い分けをしなければならない状況を表現しているということである。これに対して、感覚の形成の場合にいえるのは、大前提は我々の自然的成り立ちによって規定され、感覚が、いいかえれば、内面の自然的記号が生ずる状況を表現しているということである。こうして、感覚はそれが何かを表象しているかぎり、論理学の法則にしたがって、先行する認識によって規定される。つまり、先行する認識が、ある感覚の発生を規定するのである。しかし、感覚が〔媒介されていないという意味で〕単にある特殊な感じであるかぎりは、説明不可能な、感知しえない、ある力によってのみ規定される。その点では、感覚は表象されたものではなく、表象作用の単なる物質的素材にすぎない。定義項から被定義項への推論の場合、定義された言葉が、発音上どのように聞こえるか、また、何文字から成り立っているかなど、論理学者の与るところではない。これと同じような比喩でいえば、感覚を構成する言葉、つまり、感覚の構成単位の場合、感覚自体がどのように感じられているかなど、心の法則の与るところではない。それゆえ、直接的な感じというものは、それが感じであるかぎり、心的記号の単なる素材でしかない。

だが、その都度現れる感じであっても、感じはすべて表象でもある。つまり、当の感じに先行する諸々の感情によって論理的に限定を受けた何ものかの述語属性であるわけである。述語属性でないような感情があるとすれば、それは感情ではなく、情動というものである。ところで、情動にしたところで、どの情動も主語を持っている。ある人が怒っている場合、その人は「あれこれが嫌だ、けしからん」と自らに語っているのである。うれしいときには、「これは楽しい」と語っているのである。怪しんでいるときは、「これは変だ」と語っているのである。要するに、人が感じているときには、常に何かについて考えているのである。明確な対象を持たない強い感情であっても、たとえば憂鬱感のように意識に現れるのは、ただ思考対象を付帯することを通じてのみである。我々は、他の認識よりも情動の方を、自我の感情を体現していると考えるのであるが、それは、他の認識よりも情動の方がその時々の偶然的状況に左右されやすいとわかっているからである。しかし、このことは、情動があまりに偏狭で認識としては役に立たないということでしかない。少し観察してみればわかることだが、情動が現れるのは、複雑で想像もできないような状況に我々の注意が強く惹きつけられるときである。恐怖が現れるのは、我々が自分たちの命運を予測できないときであり、喜びが生ずるのは、特に複雑で、とても表現できないような何らかの感覚がある場合である。あるいは、私にとって大いに関心の的となっているものがあって、それが起こりそうだと思っていたにもかかわらず、どうやら起こりそうもないような何らかの兆候があるならば、そして、起こりうる確率を評価し、その対策を講じ、さらなる情報を得ようと努力したのに、結局、自分が求めている聡明な仮説形成的推論を得るどころか、未来に関する確固とした結論に到達できないとわかったならば、その場合には、不安の感情が生ずる。自分では説明できない何かが生じたとき、人は不思議に思う。今の自分ではできないことを実現し、未来の楽しみを達成しようと努力するとき、人は希望を託すのである。「あなたのいっていることはわからない」というのは、人が怒っているときの言い方である。言葉で表現できないもの、言語を絶するもの、理解しがたいもの、こういったものはみな、情動を高ぶらせる。対して、科学的説明ほど冷然としたものはない。このようにみると、情動は常に一つの単純な述語属性であって、これは、心の働きによって、高度に複雑な述語属性に代わって用いられるのである。さて、ここで考慮に入れておきたいのは、非常に複雑な述語属性は仮説形成の方法によって説明しなければならないということ、そうした仮説形成は複雑な述語属性の代わりに単純な述語属性でなければならないということ、そして、我々が情動に左右されているとき、仮説形成など、厳密にいえば、ほとんど不可能だということである。これらのことを考えると、情動と仮説が果たす役割の類似性には、驚くべきものがある。確かに、情動と知的な仮説形成との間には違いがある。たとえば後者の場合、仮説形成しようとする際、単純な述語属性が当てはまる対象であれば、どんな場合でも、複雑な述語属性が当てはまるといってさしつかえない。対して、情動の場合、同様のことを主張しても、それは十分な根拠のある命題ではなく、単に我々の情動の生まれもっての成り立ちによってそうなっているにすぎない。しかし、両者の違いは、既に述べた、あの仮説形成と、定義項から被定義項への推論との違いに、まさに対応するのであって、だからこそ、一見したところ情動は感覚にすぎないようにみえるのである。だが、情動と感覚の間には違いがある。以下、これについて説明することにしよう。

我々の心の中で、ある感じが浮かんでいるときには、どんな感じであっても、その都度の感じに呼応して、我々の身体にも運動が生じていると考えてさしつかえない。思考を記号として理解する場合のこうした特徴は、先に述べた記号の物質的素材に相当するものと考える者もいるかもしれない。その場合、この身体運動と記号の意味との間に表象作用を介した依存関係がないことを論拠にして、素材と考えているのだろう。しかし、両者は異なるのであって、身体運動が感じられる場合に、必ず〈思考‐記号〉が存在するようになっていなければならないというような必然関係にはなっていない。感覚の場合についていえば、感覚に先行し、これを限定する諸々の印象は、身体運動に呼応して神経節や脳から伝わってくる類いのものではない。だからこそ、感覚は身体組織に対して強い興奮をもたらさないのであろう。感覚自体は、思考の流れに強い影響を及ぼすような思考ではない。例外があるとすれば、感覚が与える情報によって思考に影響が及ぶ場合だけである。他方、情動についていえば、これは思考の発達からかなり遅れをとって現れる。つまり、思考対象の最初の認識から、随分、時間が経過してから生ずる。また、情動を限定する諸々の思考には常に身体運動が伴うが、これは思考に呼応して脳内もしくは大神経節において生ずるものである。したがって、情動は身体に大きな運動を引き起こす。そして、情動は、その表象的意味とは無関係に、思考の流れに対して強く影響を与える。私が遠回しに述べている身体運動を明白な形でいえば、まずもって次のようなものである。顔を赤らめる、ひるむ、にらみつける、微笑む、顔をしかめる、膨れっ面をする、笑う、むせび泣く、すすり泣く、もがく、しりごみする、身震いする、こわばる、ためいきをつく、鼻をすする、肩をすくめる、うめき声を上げる、がっくりする、動揺する、胸がいっぱいになる等々である。これらに加えて、さらに、熟慮からではなく、直接的な衝動から生ずる、もっと複雑な行動をあげることもできるだろう。

ここで、感覚に固有のものと情動、この双方を、ある思考の感じ具合〔思考の素材〕から区別するものについて述べておこう。最初の二つの場合は物質的性質が顕著となっているが、これは、当の思考と、これを限定する諸々の思考との間に、推論的論理関係がないからである。思考の感じ具合の場合には、この推論的論理関係があって、これは、単なる感じ具合に注意が払われることで生じてくる。限定される側のある思考と、これを限定する側の諸々の思考との間には推論的論理関係はないという場合、その意味するところは、限定されて現れている当の思考の内容には、そもそも、先行し限定する側の思考群の中から、なぜ、他ならぬ当の思考が生じなければならなかったかを説明するものは何もないということである。もし、そのような推論的論理関係があるというのであれば、つまり、もし、当の現れ出てきた思考が限定する側の思考群という対象を前にしてそこから現れるべく現れたという具合に、その用途が本来的に限られているというのであれば、当の思考の中には、その思考自体以外の別の思考が含まれていることになる。いいかえれば、その思考は、複合的な思考なのである。それゆえ、複合的でない思考があるとすれば、それは感覚ないし情動以外にはない。そこには推論的な性格はないのである。以上の説明は通常の学説とかなり異なるものである。通説の場合、最も高尚で最も形而上学的概念こそ、絶対的に単純だからである。ここで、たとえば、次のように問われるかもしれない。存在〔being〕という概念は、いかにして分解して分析できるのか、あるいは、一、二、三という概念は、それぞれ逐一相互参照することなしに定義できるのか。この場合、私が直ちに認めざるをえないのは、どちらの概念も当の概念より高次の別の二つの概念には分解できないということである。その意味でいえば、極めて形而上学的で優れて知的なある種の概念は無条件に単純であることを、私も完全に認める。これらの概念は類と種差では定義できないわけである。けれども、定義には他の方法もある。あらゆる規定は否定である。我々が何らかの性質を見分けることができるのは、ただ、そのような性質を持つ対象と持たない対象とを比較することによってのみである。それゆえ、あらゆる点で完全に普遍的な概念があったとしても、見分けることはできないし、そもそも、そのような概念はありえないのである。たとえば、可能なかぎり考えられる事物すべてに共通するものを観察したところで、繋辞に含まれている意味での「〔で〕あること〔Being〕」という概念の何たるかを把握することはない。すべてに共通するものなど観察できないからである。「〔で〕あること」の概念把握は、言葉であれ思考であれ、記号を熟考することによって可能となる。その場合、まず我々は次の事態を観察する。つまり、異なる述語属性が同一の主語に結びつけられること、それぞれの述語属性によって何らかの概念がその主語に適用可能となることである。そこで、我々は推測する。ある主語がその概念に当てはまる何かを持っている根拠はただ一つ、述語属性の如何を問わず、とにかく、ある述語属性が主語に結びつけられることにほかならない。かくして、このような概念を我々は「〔で〕あること」と呼ぶわけである。したがって、「〔で〕あること」という概念は、言葉であれ思考であれ、記号についての概念なのである。この概念は、すべての記号に妥当するわけではない以上、それ自体、第一義的には、普遍的なものではない。だが、事物に対して間接的に適用できる場合には、そうした適用を介して、それは普遍的となる。こうして、「〔で〕あること」を定義することができるようになる。たとえば、何らかの類に含まれる対象と同じ類には含まれない対象の双方に共通のもの、このように「〔で〕ある」を定義することができる。だが、形而上学的概念は、第一義的かつ根本的に、言葉についての思考、あるいは、思考についての言葉であるなどといったところで、別に新しいことを主張したことにはならない。これは、アリストテレスの説でもあり、カントの説でもある（つまり、アリストテレスのカテゴリーは言語に不可欠な構成要素であり、カントのカテゴリーは種類の異なる命題部分が持っている特性である）。

感覚と、抽象ないし注意能力は、ある意味では、あらゆる思考の唯一の構成要素とみなされる。感覚については既に考察したので、ここでは注意能力を分析することにしよう。注意という力によって、意識の客観的要素の一つに強調が置かれる。この強調は、それゆえ、それ自体直接的意識の対象ではない。この点で、強調は無媒介の単なる感じ〔具合〕とはまったく異なる。異なってはいるが、しかし、強調の本質は意識に対する何らかの効果にあり、したがって、我々の知識に影響を及ぼすかぎりにおいてのみ存在する。さらに、いかなる働きであれ、それに時間的に先行するものを限定するなどと想定しえない。こうしたことから、強調という働きの本質も、強調された認識対象が持つ能力にあり、この能力が記憶に影響を及ぼすか、そうでなければ、後続する思考に影響を及ぼすのである。このことは、注意が持続期間に関する事柄であることからも確証される。というのも、持続期間は、我々が知るかぎりでいえば、結局のところ時間に還元されるからである。こうして我々が見出すのは、注意というものが、実際のところ、後続する思考に対して絶大な影響を及ぼすということである。第一に、注意は記憶に強い影響を及ぼす。当初払われた注意が強ければ強いほど、思考が記憶に残る期間も長くなる。第二に、注意が強ければ強いほど、後続する思考との結合が密接になり、思考の論理的連結が正確になる。第三に、注意によって、忘れてしまった思考を想い出すことができる。こうした事実からわかるのは、注意とはある時点の思考を別の時点の思考と結びつける力だということである。あるいは、記号としての思考という概念を援用していうなら、注意とは、ある〈思考 - 記号〉の純粋指示用法なのである。

注意が生ずるのは、同じ現象が異なる機会に繰り返し現れるとき、つまり、同じ述語属性が異なる主語に繰り返し現れるときである。たとえば、Aが何らかの性質を持ち、Bが同じ性質を持ち、そして、Cも同じ性質を持つ、こうした事態を我々は目にする。このことが我々の注意を惹きつけ、その結果、我々は「これらのものはこの性格を持っている」と述べるわけである。こうしてみれば、注意とは帰納の作用ということになる。しかし、注意は帰納であるとはいっても、我々の知識を増大させるわけではない。というのも、我々が述べている「これらのもの」は、既に経験した事例以外に何も含まないからである。要するに、注意は列挙による立論でしかない。

注意は神経系に影響を及ぼす。こうした影響は習慣あるいは神経連合である。ある習慣が生まれるのは、どういうときかといえば、たとえば、mという何らかの作用がa、b、cという複数の機会に遂行されるという感覚を我々が経験し、その後で、これらa、b、cを特殊ケースとして含む一般的出来事lが起こるたびに、我々はmという作用を行うようになる場合である。すなわち、「a、b、c、いずれの事例もmの事例である」という認識によって、「lという一般的事例いずれの場合であってもmの事例である」という認識が限定されるわけである。かくして、習慣形成とは一つの帰納であり、したがって、必然的に注意もしくは抽象と結びついているのである。自由意志による行為は、習慣によって形成された感覚から生まれる。それはちょうど、本能的行為が生得的性質から生まれるのと同じである。

以上、我々が確認してきたのは、意識の限定は、いかなる種類の限定であれ、つまり、注意であれ感覚であれ抽象的思考力であれ、一つの推論であるということである。しかし、次のような反論もありえよう。推論によって導き出せるのは一般的名辞のみであり、心像、あるいは、無条件に現れる単独の表象は、推論から導き出すことはできないというものである。

「個別なるもの」であれ「不可分なるもの」であれ、どちらも多義的な名辞である。個別なるものの意味として考えられるのは、特定の場所で特定の時点においてのみ存在するものであろう。この意味でいえば、個別は一般と対立するわけではない。たとえば、太陽は、この意味でいえば、個別である。しかし、論理学の優れた著作であるなら、どの著作においても説明されているように、太陽は一般名辞である。ヘルモラス・バルバロスについて、私は極めて一般的概念を持つことができるが、それでも、この人物が存在しうるのは、特定の時代の特定の地域においてのみと考える。一つの心像が個別的であるといわれるとき、その意味するところは、その心像が〔無規定ではなく〕あらゆる点において絶対に規定を受けているということである。こうした心像に対しては、ありうべきすべての性質が、あるいは、そうした性質とは反対の性質が、当てはまらなければならない。このような学説の最も傑出した主張者の言葉を用いれば、ある人の心像は「白い人か黒い人か褐色の人か、正直な人か腹黒い人か、背が高いか低いか、中背の人か、いずれかの性質を持っていなければならない」〔バークリー『人知原理論』大槻春彦訳、岩波書店、一九五八年、二一－二二頁、序論第一〇節〕。あるいはまた、口を開いているか、閉じているかでなければならないし、髪の毛の色合いや体つきの均整の取れ具合も、何らかの性質を持っていなければならない。三角形の「観念」は鈍角三角形か直角三角形か鋭角三角形のうちのどれかでなければならないという命題を否定し、三角形の観念は、どれでもないと主張したロックの説ほど酷評されたものはない〔ロック『人間知性論』第四巻第七章第九節〕。実際のところ、三角形の心像は、ある性質を持っていなければならないのであり、内角は、それぞれ何度何分何秒というように、一定の角度をなしているはずなのである。

　この主張がその通りだとしても、一見明白に思えるのは、たとえば、職場への道のりあるいはその他いかなるものであれ、実在的な事物に対する実際通りの心像を持っている人など誰もいないということである。確かに、こうした道のりを認識できるのはもちろんのこと、正しかろうが誤っていようが、その細部すべてにわたっても想像できるという条件がなければ、人は実際通りの道のりの心像を持つことなどない。このことが妥当だとすると、非常に疑わしくなってくるのは、我々はそもそも想像するときに、実際通りの心像を持っているのかということである。読者は、ここで、真っ赤な本一冊、または、その他の真っ赤な色の物体を見つめた後、目を閉じた上で述べてほしい。いったい、その真っ赤な色が見えているのだろうか、それは鮮やかな赤なのか、ぼんやりした赤なのか、要するに実際そこに光景のようなものが本当にあるといえるのだろうか。ヒュームおよびバークリーの追随者たちによれば、その赤い本についての光景と想起との間には、「勢いと活気の度合い」を除けば、何の違いもないという〔ヒューム『人性論』第三部第五節「記憶と想像の相違についての叙述」〕。ヒュームによれば、「想起が用いている色は、我々の元々の知覚がまとう色と比べるなら、ぼんやりして、くすんでいる」という〔ヒューム『人間知性研究』第二章第一一節〕。仮にこれが想起と知覚との違いに関する妥当な言明だとすると、我々が想起する赤い本は、実際に目の当たりにしたときの本よりも、鮮明度が劣るということになるはずである。だが、実際のところは、もはや目の前に何もない場合であっても、我々は、わずかの間であれ、鮮明な色を想起することがある（読者におかれては、実際に試してみるとよかろう）。〔当初目にした時からどれほど時間がたとうが〕我々はその色に関する一切を必ず保持しているのであって、失ってしまうのは、その色を、そのとき、判別できたという意識のみである。この点について、さらなる証明を求めるというのであれば、読者は簡単な実験を試してみるとよい。ここで、可能であれば、馬一頭の心像を心に思い浮かべてほしい。その場合、今まで見たことのある馬ではなく、あくまで、実際には存在しない想像上の馬がいいだろう。実験をせず本文の先を読もうとするより、その前に、観想によって、[6]自分の記憶の中にその心像をしっかりととどめておかれたい。読者はこの通りに実験を試みてくれただろうか。そうしないで先を読み急ぐのは、フェアな態度ではないと、ここでいっておきたい。さて、読者におかれては、概して、その馬が何色だったかについては語ることができるだろう。たとえば、灰色か、赤褐色か、黒かといった具合である。しかし、それが、どのような微妙な色合いであったかについては、おそらく、正確にはいえないはずである。そのような馬を実際に目にした直後なら、はっきりと色合いまで述べられるところであろうが、この実験の場合には、色の微妙な綾までしかと述べることはできない。だが、ここで仮に、〔実際に目の当たりにした場合と異なり〕心に思い浮かんだ心像の場合、特殊な色合いの綾もなく、同様に一般的色彩もないと仮定すると、疑問が残るはずである。どうして、特定の微妙な色合いの方は記憶から即座に消えてしまうのに、一般的色彩の方は消えることなくイメージの中に残るのだろうか。この問いに対しては、性質が一般的であればあるほど、我々はそれを忘れる前に常に詳細の方を先に忘れてしまう、このように答える向きもあろう。しかし、私の考えでは、この答えは不十分である。それは次のような不釣り合いな事態をみればわかる。今実際に目にした物体の正確な色合いと想像上の物体の正確な色合いがあるとしよう。どちらの場合も即座に忘れ去られてしまうが、これらを思い起こすとなると、それに要する時間は、両者の間で大いに異なる。ところが、想起した場合の色合いの鮮明度に関しては、実際の物体であろうと想像上の物体であろうと、ほんのわずかな違いしかないのである。

私が思うに、先にみたヒュームやバークリーのような唯名論者たちは、次の二つの思考を混同している。

▼6　英語を母語とする人の場合には、次のことを示しておく必要はまったくないだろうが、観想とは本質的に（一）長時間にわたる、（二）自発的な、（三）一つの作用であり、そして、この作用の最中に心に対して示されることに、観想が用いられることはけっしてない。英語を母語としない人の場合、英語圏の論者による適切な研究を繙けば、この点を確信できるだろう。すなわち、ロックはいう（『人間知性論』第二巻第一九章第一節）。「観念が注意深い考察の下に長く心の中にとどまっているなら、それは観想である」。さらには、「心にもたらされる観念を、しばらくの間、現実に心の中に把持しておくこと、これを観想〔*contemplation*〕という」（前掲書、第二巻第一〇章第一節）。それゆえ、この語をドイツ語でアンシャウウング〔Anschauung〕と訳すのは不適切である。というのも、ドイツ語のこの言葉は、必ず長時間にわたる、あるいは、自発的な作用を意味しないからである。この語が意味するのは、最も一般的には心的表象であり、ときには心的能力であり、それほど頻繁にではないが、心中にある印象の感受であるが、一つの作用という意味はあるにしても、極めて稀である。アンシャウウングを直観と訳すのであれば、少なくとも、克服困難な反論はなかろう。語源的にみれば、この二つの言葉は正確に対応している。直観の元々の哲学上の意味は、多様に現れているものをその性格において認知するというものであった［本書第4章の原註1を参照］。

たとえば、三角形には、正三角形、二等辺三角形、不等辺三角形があるが、一方で、任意のある三角形を考える場合、その三角形は三つのうちのどれかであるということを無視する思考方法、他方で、同じく任意の三角形を考える場合、その三角形は三つのうちのどれであるかを無視する思考方法である。

ここで重要なのは、次のことを思い起こしておくことである。すなわち、認識のある主観的様態と別の主観的様態とを区別するような直観的能力を我々は持たないのであり、したがって、実際のところ、ある事物は些細な与件的事実から抽象的思考力によって構成されたものである場合でも、しばしば、これをはじめからありありと目の前に現れているものと考えがちだということである。このことは夢の場合も当てはまる。たとえば、夢の内容をわかりやすく説明するためには、しばしば、夢に出てこなかったと感じることをつけ加えなければならないのが、その例解となろう。夢の多くは、目覚めてから思い起こしていく過程で、複雑で筋の通った話に仕立て上げられる。だが、実際には、人々がこれまでみた夢の多くは、おそらく、今しがた示唆したような諸々の事柄を見分ける能力に由来する、様々な印象の混合物にすぎなかったはずである。

今ここで言い切ってしまえば、実際に知覚している場合でさえ、我々はいかなる心像も〔はじめから目の前にありありとした形では〕持っていないのである。このことを証明するには、視覚を引き合いに出せば十分だろう。というのも、もし、我々が何かを見ているときにいかなる心像も見出せないとするなら、聴覚や触覚やその他すべての感覚の場合もそうであって、これらの感覚が視覚よりも上位の感覚であるなどとは、けっして主張しえないからである。生理学者が教えるように、網膜の視神経組織は、光を迎え入れる針状組織からなっており、針状組織間の距離は最小可視距離よりかなり大きい。そうだとすれば、心像が網膜神経上に描かれていないことは、絶対に疑う余地のないことである。網膜の中央部付近に大きな盲点があることを我々は知覚できないことからも、同じことがいえる。したがって、もし、我々が何かを見ているときに、心像が〔あらかじめありありとした形で〕現れているように感じるとするなら、それは、以前に作用した諸々の感覚からの連想により、心中で構成された像にすぎないのである。こうした感覚が記号であると仮定するなら、感覚からの推論による抽象的思考力がありさえすれば、我々の視野に入ってくる外的事物に関しては、どのような判断能力も獲得できるだろう。これに対して、以前作用した諸々の感覚の方は、ある心像あるいは表象を、完全に確定された形で作り上げるには、まったく不向きである。仮に、我々が知覚しているときに、ある心像ないし表象を持っているとしよう。その場合、我々の心中になければならないのは、目に入ってくる全表層のごく一部でしかない一面についての一つの表象であり、さらには、我々に見えていなければならないのは、全表層を作り上げている各部分がどれほど微細であろうと、それらすべてに特定の色があることとである。たとえば、実際に斑点模様をしている表面を、ある程度離れたところから、見ているとしよう。このとき我々には、それが斑点模様なのかそうでないのか、わからないかのように感じる。しかしここで、我々の目に一つの心像が見えているとすれば、その心像は斑点模様をしているのかしていないのか、はっきりわかるように現れていなければならないはずである。さらにいえば、視覚というものは、訓練によって色の微細な差異を見分けられるようになる。しかし、もし、我々の目に見えるのが、完全に確定された心像だけであるとすれば、訓練を受ける前であろうと後であろうと、それぞれの色は、ある特定の色合いとして見えるはずである。こうしてみると、我々が何かを見ているとき、目の前に一つの心像が現れていると仮定するとすれば、その仮説は何も説明しないばかりか、実のところかえって難点を次々に生み出してしまい、その言い逃れをしようとすると、新たな仮説を次々と作り上げなければならないのである。

このような難点が生じてしまうのは、一つには、一般的な状況よりも細部の方が区別しづらく、忘れるのも早いという事実があるからである。確固とした心像を仮定する理論によれば、心像の一般的特徴は心像の細部の中に存在する。つまり、細部は、事実上、全体像なのである。そうだとすると、心像の中に二次的にしか存在しない〔細部の〕ものが心像の全体像それ自体よりも強い印象を生み出すということになってしまうが、これは、いかにも奇妙なことである。なるほど、古い絵画の場合、細部は容易に見分けられない。だが、これは、時間の経過とともに絵が黒ずんでしまったせいで、心像そのものに由来するのではないと知っているからである。心像が今見えているというのなら、その細部を見分けるのに何の困難もない。その場合、困難が現れるのは、心像がかつてどのようなものであったかを想起する場合だけである。しかし、網膜上に、一つの心像が広がっているというのであれば、心像の最も微細な細部であっても、像の全体的輪郭と同じくらい、いやそれ以上に、印象度においても重要性においてもはっきりとしているはずである。だが、実際に見えているにちがいないとされている細部を見分けるのは極端に困難であるのに対して、見えているものから抽象化されただけのものは、はっきりわかるのである。

我々の前には心像が存在するとする立場、あるいは、知覚する際、我々は完全に確定された表象を目にしているという立場に対抗して、我々が主張したい議論を最後に示しておこう。今みた立場によると、無数に及ぶ自覚的な認識作用に対しては確定的な表象があり、その表象それぞれの中に心像の素材があるという。だが、我々は、そのような素材にけっして気づくことはない。我々の心中には何か重大なものがあるのだが、しかし、この何かは、我々が知っていると気づいているもの対して、何の効果ももたらさない。こんなことをいい立てたところで、何の意味もなかろう。これに関してせいぜい主張しうることといえば、我々が何かを見ているときには、ある状況に置かれることになり、この状況の中で物体の目につく特質に関して、膨大な、おそらく、無数ともいえる知識を手にすることができるということくらいである。

さらにいえば、知覚は完全に確定されたものではないし、個別のものでもないが、これはそれぞれの感覚作用が抽象化のメカニズムであるという事実からも明らかである。視覚がそれ自体で我々に示すのは、色と形だけである。視覚の心像が味覚に準拠することで確定的になるなどと、あつかましくも主張する者は誰もいない。視覚の心像は極めて一般的なものであり、したがって、甘かったり甘くなかったりすることも、苦かったり苦くなかったりすることもない、つまり、風味があるわけでもないし、風味が抜けるわけでもない。

さて、次に問題にしたいのは、判断する場合を除いて、我々ははたして一般的概念を持つのかということである。何かを知覚する場合、我々はそれが存在しているわけだが、このとき明らかなのは、当の事物が存在していることを既に判断しているということである。というのも、単なる事物の一般的概念だけでは、その事物の存在を認識することにはけっしてならないからである。けれども、しばしば主張されるのは、いかなる判断を下さなくても、我々はどんな概念でも思い起こすということである。だが、この場合、我々自身がひとかどの経験をしていると恣意的に想定しているにすぎないように思われる。たとえば、7という数を概念として思い浮かべるためには、目の前に一定の点がいくつかあると仮定し、あるいは判断し、その上でその点は7であると判断しているのである。これは、この主題に関して最も単純で合理的な見解であるように思えるし、加えていえば、これまで最高の論理学者によっても採用されてきた考えである。以上が妥当だとすれば、各心像間の連合作用という名で呼ばれているものは、実は各判断間の連合作用であるといってよい。諸々の観念の連合は、類似・近接・因果関係という三つの原理にしたがって生ずる。しかし、記号は、類似・近接・因果関係の三原理に基づく観念連合を表示しているると主張しても、同じように真実であろう。とすれば、類似・近接・因果関係によって対象と結びつけられるかぎり、いかなるものであれ、連合関係を表示する記号であることに、何の疑いもない。つまり、いかなる記号も、連合関係によって意味された事物を想起させることに、疑問の余地はない。かくして、観念間の連合の本質は次の点にある。すなわち、ある判断が別の判断を引き出すことであり、しかも、その際、先行する判断は後続する判断の記号として作用するということである。

たとえ最小限であれ、我々が何らかの興味関心を寄せているものなら、すべて、我々自身に、どれほどわずかであろうと、固有の情動を生み出す。この情動は、事物の記号であり述語属性である。ところで、この事物に類似している一つの事物が我々の目の前に現れると、似たような情動が生ずるだろう。この場合、はじめの事物は次の事物に似ていると、我々は即座に推論する。このようにいうと、古い流派の形式論理学者ならば、主張するかもしれない。推論方法においては前提に含まれていない名辞を結論において持ち込むことはできず、したがって、何か新しいものを連想することは、推論とは本質的に異なる、と。だが、これに対しては、こう答えておけばよい。いわんとしているような推論方法の規則が妥当するのは、専門上、完全な推論と呼ばれている論証においてのみである。したがって、我々は次のような推論を行いうるし、事実、行うのである。

エリアスは人間であった。
ゆえに、
彼は死すべき存在であった。

この論証方法は、完全な三段論法と同じように妥当する。もっとも、同じように妥当するという根拠は、ただ、三段論法の大前提が、たまたま真であるということだけであるが。「エリアスは人間であった」という判断から「エリアスは死すべき存在であった」という判断へ進みはしても、「あらゆる人間は死すべき存在である」ということを実際に思い描かないかぎり、それは推論とはいえないというのであれば、その場合の「推論」という言葉は、あまりにも限定された意味でしかなく、論理学の書物以外では使われそうにないだろう。

類似による連合について、以上で語られたことは、他のすべての連合の場合にも当てはまる。連合はすべて、記号に媒介されて生ずる。いかなる事物も、それに本来的に備わっている性質、あるいは、情動に訴えかける性質を持っているが、こうした性質は、無条件にであれ他に関連してであれ、あるいは、慣習によって、当の事物の記号となっている何物かに帰属される。こうして我々は次のような推論をする。

その記号は、これこれしかじかである。
ゆえに、その記号は、例の事物である。

だが、他の考察事項を考慮に入れると、この結論には修正が必要になり、次のように書き換えられよう。

その記号は、例の事物とほとんど同じである（あるいは例の事物を表示している）。

さて、いよいよ、既に提示した四つの原理のうちの最後の原理およびその帰結を予定通り吟味する段となった。最後の原理とは、こうである。絶対に認識不可能なものは絶対に考えることはできない。デカルト派の原理によれば、事物の実在性はけっして知りえない。ある程度適性のある人であるなら、その多くは、このことを随分前から確信してきたにちがいない。ここから、本質的に反デカルト的な観念論が突如として現れることになり、たとえば、経験論者（バークリー、ヒューム）の間であろうと、精神を重視する論者（ヘーゲル、フィヒテ）の間であろうと、あらゆる方向に展開していくことになる。ここで議論していこうとしている原理は、まさしく観念論の立場である。言葉の意味は言葉が伝える概念であるとすれば、絶対に認識不可能なものには何の意味もない。そのようなものに帰属する概念など何もないからである。絶対に認識不可能なものというのは意味のない言葉であり、したがって、いかなる名辞によってであれ、「実在的なもの」という意味を持つものはすべて、ある程度認識可能である。そして、このことは、言葉の客観的意味において、認識の本質の場合にも妥当する。

いかなる瞬間においても、我々は何らかの知識を有している。つまり、認識されたものを有している。これは、今よりも以前の認識から、しかも、今の認識に比べて、不変性・明確性・鮮明度の点で劣る認識から、帰納および仮説形成によって、論理的に導き出されたものである。この以前の認識にしたところで、それはそれで、さらに、普遍性・明確性・鮮明度の点で劣る他の認識から引き出されたものである。こういった遡及は、最終的に、理念上の究極の始源にたどり着く[7]。これは、完全に特殊で、意識のまったく外部にあるものである。この理念上の究極の始源は、いわば、特殊な物自体である。それ自体としては、存在しないわけである。つまり、心と関係しないという意味で、それ自体で存在するものなど、存在するはずはない。もっとも、心と関係しているものは、疑いなく、当の関係から独立に存在しているのは確かであるが。こうした帰納と仮説形成の無限の系列（は、論理的には、無限に遡りうるが、しかし時間的には端緒を有する一つの連続的過程のように存在するのであって、この系列）によって、遡及的に我々が到達する認識には、二つの種類のものがある。すなわち、真なるものと偽なるもの、いいかえれば、認識対象が実在的なものと認識対象が非実在的なものとである。それでは、実在的なものということで、どのような意味を表しているのか。実在的なものとは、我々が、非実在的なもの、つまり錯覚（誤った知覚）というものが存在するということを発見したときにはじめて、すなわち、自分自身の誤謬を正したときにはじめて手にしたにちがいない概念である。そこで、この事実だけに基づくなら、論理的に必要になってくる区別は一個人の内面傾向に応じて様々でありうる、また、一個人の特異な属性の欠如に応じて様々でありうる存在者と、他方で、そうした特質の如何に関わらず長期にわたって存続する存在者、この両者の間の区別である。それゆえ、実在的なものとは、知識と推論を行使すれば遅かれ早かれ最終的に到達するであろうものであり、したがって、私やあなたの気まぐれから影響を受けることなく独立に存在するものである。このようにみると、実在概念の起源がまさに示していることは、実在概念には本質的に一つのコミュニティという概念が含まれているということであり、そして、このコミュニティたるや、明確な境界線などなく、知識の無限の増大を可能にするものであるということである。それゆえ、実在的なものと非実在的なものという、この二つの認識の系列は、二つの系列から成り立っている。すなわち、一方で、こうしたコミュニティが十分先の将来のある一時点においても、常に再肯定し続けるような認識系列と、他方で、同じ条件下にあっても絶えず後になって否定されるような認識系列である。ところで、偽りをまったく見出すことができず、したがってまた、誤りを絶対に認識できないような命題があるとすれば、我々の原理にしたがうなら、その命題には絶対的に何の誤りも含まれていないことになる。かくして、このような認識において思考される事柄は、実在的なものといってよいのであり、実際、そのようにあるわけである。それゆえ、外界にある事物を現にあるように我々が認識しようとする場合、これを妨げるものは何もない。そして、ほぼ間違いなくいえるのは、無数の例において、我々はそのように外界の事物を認識するということであるが、しかしまた、ごく特殊な例においては、外界の事物の現にある姿を確信をもって認識はできないということである。

だが、当然のことがなら、我々の持つ認識は、いかなるものであれ、絶対的に確定的なものではないとあってみれば、一般的なものの方は、ある実在的な存在を有するということになる〔本書第9章「特徴四」〕。ところで、このように主張するスコラ的実在論は、通常、形而上学上の作り話とみなされている。だが実際には、実在論者とは、率直にいって、真の表象によって表象されたもの以外に、さらに深遠で理解不能な実在など、一切、知ることのない者である。それゆえ、「人間」という言葉が当てはまる何かがある以上、「人間」が意味するものも実在的であると考える。唯名論者の場合は、人間〔という表象〕が確かに当てはまる何かがあると認めるにはちがいないが、しかし、その何かの背後に、物自体、つまり、認識不可能な実在があると信ずる。このような考えは形而上学的な虚構である。近世の唯名論者達は、たいてい、皮層な理解しか持っていない。ロスケリヌスやオッカムのような中世の唯名論者の場合には、表象と何の関わりもない実在など、関係も属性も持たない〔虚構的〕実在でしかないことを十分理解していたが、近世の唯名論者

▼7 理念上ということで、ここでは可能なるものが到達しえない限界点という意味で用いている。

ときたら、そのような理解にすら及ばない。唯名論を支持する重要な論拠は、何らかの特殊な人間が存在しないかぎり、人間一般など存在しえないというものである。だが、この重要な論拠も、スコトゥスの実在論には何の影響も及ぼさない。というのも、「人間」という規定以外に何の規定も与えられない人間など存在しないが、そうした他の規定を捨象しても、人間は存在するからである。このような他の規定内容如何に関わることのない人間と、あれこれ諸々の特殊な規定を有する人間、この両者の間には実在上の違いがある。もっとも、この違いは、人間の心の作用如何に応じて生ずる違いでしかないのであって、けっして「事物ニ内在的ナ」違いではない。これがスコトゥスの立場にほかならない。[8] これに対して、オッカムの主要な反論は、事物に内在しない、つまり物自体において存在しない実在上の区別などありえないというものである。だが、これは論点先取でしかない。何しろ、この反論が前提にしているのは、実在は表象された関係とは独立に存在する何かであるという考えでしかないからである。

以上が、実在一般の本性であるとするなら、心の実在はどこにあるのだろうか。既にみてきたように、我々の理解によれば、意識の内容、つまり知覚できる形で様々に現れる心は、すべて推論から生ずる一つの記号にほかならない。それゆえ、絶対に認識不可能なるものなど存在しないとする我々の原理からすれば、したがってまた、あるものが知覚できる形で現れることこそ、そのものの実質内容をなしているという原理からすれば、我々は、こう結論づけなければならない。すなわち、心は推論法則にしたがって次第に展開されていく記号なのである。人間を言葉〔という記号〕から区別するものは何か。無論、両者には違いがある。物質的素材、純粋指示用法を構成する力、人間の記号の意味、これらのどれをとってみても、言葉の場合よりも人間の場合の方が、はるかに複雑である。だが、これらの違いは相対的なものにすぎない。他に相違点はあるのか。人間は意識を有するが、言葉はそうではないということもできよう。しかし、意識というのは極めて曖昧な言葉である。意識とは、我々の生命活動には肉体的側面もあるということを反省したときに伴う情動のことを意味するかもしれない。これは、意識とはいっても、老齢期や睡眠中など動物的営みが減退しているときには、ぼんやりしており、しかし逆に、精神的営みが減退しているときでも、ぼんやりすることはない意識である。このような意識が活発になればなるほど、人間の動物的側面は優勢となり、そうでないときは、人間的側面が優勢となる。我々は、このような感覚を言葉に由来するものとは考えない。というのも、そうした感覚は、動物としての肉体を有することに由来すると考える十分な理由があるからである。だが、このようにみたかぎりでの意識は、単なる感覚である以上、記号としての人間の物的素材の一部でしかない。以上に加えて、意識という場合、ときには「我思う」ということ、あるいは思考における統一体といった意味で用いられることがある。しかし、この場合、統一体とは整合性、あるいは整合性を認識することにすぎない。記号が記号であるかぎり、あらゆる記号には、整合性という属性がある。整合性の主たる意味は、それが一つの記号として作用することである以上、あらゆる記号は記号自体の整合性を表示している。記号としての人間が新たに情報知識を獲得すると、以前情報を得ていたときよりもはるかに多くの意味を有するようになる。しかし、同じことは、言葉にも当てはまる。電気の意味は、今では、フランクリンの時代の意味よりもはるかに多くのことを意味しているのではないか。人間は言葉を作る。そして、作られた言葉の意味は、人間が当の言葉に持たせた、しかも、何らかの人間に対してのみ持たせた意味以外の何ものでもない。だが、人間は言葉もしくは他の外的シンボルによってしか考えることができない以上、こうした言葉やシンボルは、人間に対して、突き放して語るはずである。「我々言葉が君に教えたこと以外、君は何も語れない。したがって、君が語ることができるのは、何らかの言葉を君の思考の解釈項として述べるかぎりにおいてである」。要するに、人間と言葉は、お互

▼8 「同ジ性質デアリナガラ、存在上ハ、個別性ノ度合イニ応ジテ確定的トナル性質モ、知性ニアッテハ認識対象ト認識主体トノ相関関係ガ成リ立ツタメ、知性上ハ、不確定ナ性質トナル」（*Quaestiones Subtilissimae*, lib. 7, qu.18）。

いに教育し合うのであり、人間の知識が増大するにつれて、言葉の持つ意味も増大し、逆に言葉の意味の増大は、人間の知識の増大をもたらすのである。

人間と言葉の平行関係を、これ以上延々と述べて、読者を退屈させないようにするためには、こういっておくだけで十分だろう。人間の意識のいかなる要素であれ、言葉の中に、それに対応する要素がある。そして、その理由ははっきりしている。つまり、人間が用いる言葉ないし記号は、人間自身にほかならないということである。というのも、あらゆる思考は記号であるという事実は、これを、生命活動は思考の連続過程であるという事実と関連させてみるなら、人間は記号にほかならないことを証明しているのであり、それと同じように、あらゆる思考は外的な記号であるということは、人間は外的記号であることを証明しているからである。すなわち、「ヒト」と「人間」とが同じものであるという意味において、人間と外的記号とは同じものなのである。こうして、私の言語は、私自身の総体である。というのも、人間は思考にほかならないからである。

人間には、以上のことを理解するのは困難である。その理由は、自分自身を自らの意志、つまり生物としての有機体に対する統制力と同一視し、むきだしの力と同一視することにこだわるからである。有機体というのは、思考の道具にすぎない。しかし、人間の独自性は、自分が行い考えることを整合することにあり、この整合性は、事物の知的性質、つまり事物が何かを表現するということなのである。

最後に、いかなるものであれ実在的なるものの性質は、最終的に完全情報が得られている理想的状態下にある場合に知られるようになるものであり、したがって、実在の何たるかは、コミュニティの究極の決定に依存する。同様に、思考が思考本来のものたりうるのは、ただ、〔現にある〕思考が未来の思考に語りかけることによってのみである。その際、未来の思考は、現にある思考と異なり、それよりも発展したものであるはずだが、しかし、その意義からすれば、やはり同一の思考としてあるのである。このようにして、今ある思考の存在は、以後存在することになる思考に依存するのであり、したがって、それは潜在的可能的な存在を有するにすぎず、〔その思考が現実にどのような存在になるかは〕コミュニティの未来の思考にかかっているのである。

一人一人の人間にあっては、各自が他と別個の存在として現れるのは、無知と誤謬によってのみである。そうである以上、個人個人の存在様式が仲間から切り離され、なおかつ、自分と仲間の将来の姿からも切り離されているかぎり、各個人は存在としては無でしかない。これは、人間とはいっても、次のような人間でしかない。すなわち、「傲慢なる人間は、自分がガラスのようにもろいものであるという確かな事実も、まるで悟っていない」〔シェイクスピア『尺には尺を』小田島雄志訳、白水Uブックス、一九八三年、六〇頁〕。

第6章 信念の確定の仕方（一八七七年）

The Fixation of Belief

チャールズ・サンダース・パース
Charles Sanders Peirce

一

論理学の研究を好む者など、めったにいるものではない。誰もが、自分は推論の技法に熟達していると思っているからである。だが、私の見るところ、このような自己満足に浸っていられるのは自分自身の推論の場合だけであって、他者の推論の場合にはそうはいかない。

推論を導き出す能力というものを我々が完全に手にすることになるのは、自分に備わった全能力を行使し尽くしてからのことである。というのも、推論能力というものは、生得的な能力であるよりも、むしろ習得するのに時間のかかる難しい技法だからである。推論技法の歴史を書こうとするなら、優に一冊の本を要するほど大きな主題となる。中世のスコラ哲学者は、古代ローマ人にならって、論理学を非常にやさしい学とみなし、年少者が学ぶ教科の中で文法学習後に学ぶ最も初歩的な学科とした。彼らが理解した通り、実際、論理学は、初歩的でやさしい学科だったのである。スコラ哲学者によれば、論理学の基本原理は、あらゆる知識の妥当性は権威もしくは理性に基づくが、しかし、理性によって演繹されるものはすべて、究極のところは権威から引き出された一つの前提に基づくというものであった。したがって、三段論法の手続きに熟達しさえすれば、それですぐに年少者は知的道具一式を完全にものにしたと考えられたのである。

ロジャー・ベーコンは、一三世紀の中頃において既にほとんど科学的方法を身につけたほどの卓越した頭脳の持ち主であった。その彼の目からするなら、スコラ哲学者たちが考える推論方法は、真理への道を塞ぐ障害物でしかなかった。彼が見ていたのは、経験だけが何らかのものを教えるということであった。この命題は、我々にとってはわかりやすいものである。それは、経験というこの明確な概念が、先行する数世代から我々の下に継承されてきたからである。経験についてのこの命題は、ベーコンにとって、完全に明晰なものだったろう。というのは、経験概念にはらまれている諸々の困難は、当時において、まだ明らかになっていなかったからである。彼の考えによれば、あらゆる経験の中で最高の経験は内的啓示であった。このような経験は、たとえばキリスト教神学にいうパンの化体のように、外的感覚によっては見出しえないような「自然の摂理」について、多くを教えるものである。

それから四世紀の後、もっと高名な方のベーコン、つまりフランシス・ベーコンは、『新オルガノン』第一巻の中で、経験に関して明確な説明を与えている。それによれば、経験とは検証と再検査に開かれていなければならないものである。ベーコン卿の考えは、以前の考え方に比べれば優れたものであろうが、今日の読者は彼の仰々しい説明に畏敬の念を持っているわけではないので、彼の科学的手続きについての見解に、まずもって不適切な印象を持つ。彼の科学手続き論は、こうである。粗雑であれ、とにかく実験をすればよいのであって、あとは実験結果の概要を報告用紙に記入し、実験結果を手続きにしたがって検討し、支持しえない実験結果はすべて棄却し、それ以外の結果は書き留めておけばよい。そうすれば、数年もしないうちに自然科学は完成の域に達するだろうというのである。何たる見識であろうか。なるほど、「ベーコンは、英国最高位の裁判官、大法官のような態度で、科学について論じたのである」。

コペルニクス、ティコ・ブラーエ、ケプラー、ガリレオ、ギルバートといった初期の科学者たちが用いた方法は、現代の科学者たちが用いる方法に近かった。ケプラーは、火星の軌道位置から、その公転軌道曲線を描こうと試みた。そして、彼の科学に対する最も偉大な貢献は、人々の心に次のことを刻みつけた点にある。天文学を前進させせようと望むのであれば、なすべきことは何か、これを示すべきなのであって、天球上の周転円体系のあれこれの優劣を詮索することに甘んずるのではなく、じっくり腰を据えて軌道計算に勤しみ、真実のところ、軌道曲線はどのようなものであるか、その真相を明らかにすべきなのである。彼は、これを比類なき情熱と勇気をもって成し遂げ、(我々からすれば)およそ考えられない方法であれこれ仮説を採用しては非合理な仮説を棄却し、失敗を重ねつつ、二〇年に及ぶ試行錯誤の末、ようやく自らの発案の徹底究明にのみ基づいて正確な惑星軌道にたどり着いたのである。現代記号論理学という理論的武器を十分習得した頭脳の持ち主であれば、試行錯誤もなく、ほとんどはじめからこの惑星軌道にたどり着いていたことであろう。

同じようにして、数世代にわたって記憶にとどめられるほど十分偉大な科学の営みであろうと、どの営みもそれが書かれた時代の推論方法の不備のある状態を例証している。科学が発展していく際の主要な段階の一つ一つは、論理学における教訓であったといってよい。ラヴォアジエと彼の同時代の科学者が化学の研究に着手し始めた際も、事情は同じであった。かつての化学者の格率は、「解読セヨ、解読セヨ、解読セヨ、実験ニ取リ組メ、祈レ、ソシテ解読セヨ」というものであった。ラヴォアジエの方法は解読し祈ることではなかった。つまり、長期にわたる何か複雑な化学的方法を採用すれば、放っておいても自ずと何らかの結果が得られるだろうと夢見ることではなかった。そうではなく、愚鈍なまでに忍耐強く化学的方法を実際に遂行し、その上で、実践にはつきものの失敗を経験した場合には、当の方法に何らかの修正を施せば、きっと別の結果が得られるに違いないと想定し、こうした理想的想定を最後まで突き詰めたときに得られる結果を、事実として公表し、遂行してきた化学的方法の終了とすることであった。つまり、彼の方法は、自分の思考を実験室へと持ち込み、蒸留器や蒸留瓶を基にして思考の道具をつくり、推論方法に対して新しい考えをもたらすというものだった。新しい推論方法とは、言葉や夢の代わりに実在上の事物を操作することによって、目を見開き観察する中で行われるべきことであった。

ダーウィンをめぐる論争は、主として論理学の問題である。ダーウィンは、統計的方法を生物学に応用することを提案した。同じことは、他の科学の広い分野でも提案された。気体に関する学説はその一例である。クラウジウスとマックスウェルの場合、ある特定の分子の運動がどのようなものであるかについては、物体の分子レベルの構造に関する仮説に基づいたところで言明することはできなかったが、しかし、確率論を適用することで長期的には一定の割合の分子が特定条件下で一定の速度を有し、毎秒一定数の分子間衝突が生ずるか等々については、予見できた。こうした命題から、彼らは、とりわけ気体の熱関係に関して、気体の何らかの特性を推定することができた。同様に、ダーウィンもまた、個体レベルにおいて、変異と自然淘汰がどのように作用するかについては言明できなかったが、しかし、統計的方法を用いることで、長期的には変異と自然淘汰によって動物が環境に適応することについては論証できた。現存する動物の形が、このような変異と自然淘汰によるものであるか否か、あるいは、ダーウィン説がいかなる地位を占めるべきか、これらが論争主題となるところでは、不思議なことに事実の問いと論理学の問いとが交差している。

二

推論の目的は、既知の事柄の考察によって、未知の事柄を発見することである。したがって、推論方法が真なる仮説から真なる結論を得るようなものであれば、それは妥当な推論方法であり、そうでなければ妥当な推論方法ではない。かくして、推論方法の妥当性問題は、純粋に事実の問題であって、思考の問題ではない。Aが前提であり、Bが結論であるとき、問題となるのは、この二つの事実が結びついて、「もしAが存在すれば」「Bが存在する」ということになるかどうかということである。これが成立しているのであれば、推論は妥当であり、成立しなければ、妥当ではない。したがって、前提が心中で受容されれば、結論もまた受容されるような衝動に駆られるかどうかは、何ら問題となるべき事柄ではない。なるほど、一般的にいって、我々の正しく推論する能力というのは、生まれ持ってのものではあろう。しかし、それは偶然の産物にすぎない。真なる結論というものは、たとえ我々がそれを受容する衝動に駆られなくとも依然として真なのであり、誤った結論は、たとえそれを信じてしまいたい性向に抗うことができなくても依然として誤りなのである。

我々は概して論理的な動物ではあるが、完全に論理的なわけではない。たとえば、我々の大部分は、論理が正当化する限度以上に、生来楽天的で希望を抱きがちにできている。判断材料となる事実がなくても、幸せに感じ自己満足するのが、我々の性質である。そのため、実際に経験すると、絶えず我々の希望や願望が縮小するように作用することになる。しかし、こうした矯正手段を適用し続けても、通常は我々の楽天的傾向が消えてなくなることはない。希望に対して経験による歯止めがないと、我々の楽観主義は肥大化しがちとなる。実際的問題に関するかぎり、論理的であることは、動物が持ちうる最も有用な性質であり、これは、自然淘汰の産物であるかもしれない。しかし、実際的問題以外の領域においては、真理の如何とは独立に、喜びとなり勇気を与える想像力で心を満たしておくことの方が、動物にとって、より有利なことになろう。したがって、自然淘汰は、実際的でない主題に関しては人を惑わすような思考傾向をもたらすかもしれない。

ある前提があると、我々の成り立ちは、そこから、他の推論ではなく、ある推論を導き出すようになっている。この傾向は、生まれつきのものであれ、習得したものであれ、何らかの心の習慣であるといってよい。この習慣は、真なる仮定から真なる結論を導き出すか否かに応じて、妥当なものとなったり、ならなかったりする。ある推論の妥当性如何は、特にその結論自体の真偽如何を基準にしてではなく、推論を行わせようとする習慣が一般に真なる結論を生み出すか否かに応じて、決まってくるものである。このようにあれこれの推論の仕方を規定する心の特殊な習慣は、一つの命題として定式化できるだろう。この命題の真理性は、こうした習慣によって規定された推論が妥当であれば真であり、そうでなければ偽ということになる。このような定式を推論の指導原理と呼ぶことができる。たとえば、今回転している銅製の円盤を磁石の二極間に置いたところ、急に静止したとする。これを観察した我々は、どんな銅製の円盤であろうと、同じことが起こると推論する。このとき、推論の指導原理は、ある銅製物質に妥当することは別の銅製物質にも妥当するというものである。このような指導原理は、たとえば真鍮のような他の物質の場合と比べるならば、銅に関する場合の方がはるかに確実である。

　推論方法に関する、このような諸々の指導原理のうち、最善ものだけでもすべて指摘しようものなら、優に一冊の本ができあがってしまうだろう。打ち明けざるをえないことだが、このような本を書いたところで、もっぱら実際的な問題のことだけを志向し、十分踏みならされた安全な道でしか活動しないような人々にとっては、何の役にも立たないだろう。このような精神の持ち主が思い浮かべる問題は、自分の職務に精通する際、一回かぎりで習い覚えようとするような日常の決まり事である。しかし、ひとたび未知の領域に足を踏み入れた場合、あるいは自分の成果が経験によって継続的に検証されることのない場合、あらゆる歴史が示しているように、最も力強い識者であっても、しばしば方向を見失い、目標には到達しそうにない方向へ無駄な努力を傾け、ついには、完全に道を踏み外してしまうものである。これは、たとえていえば、航海術を解する者が誰一人いない船に乗って海へ出るようなものである。このような場合、推論方法の一般的な指導原理をいくらかでも学んでいれば、必ずや有効なことがわかるはずである。

　とはいえ、指導原理について、まず、ある程度の限定を施しておかなければ、この主題自体、議論することはほとんど不可能であろう。というのも、いかなる事実もほとんどは指導原理として役立つからである。こういうことが起こるため、指導原理として役立つ事実は、二つに分割されることになる。たとえば、一方の部門では指導原理として絶対的に不可欠な事実があり、他方の部門では指導原理とは別に研究対象として興味深い事実がある。つまり、一方で、ある前提から何らかの結論が生ずるかどうか問うとき、必ず当然のこととして想定される事実と、他方でこの問いには含まれない事実との間の区分である。少し考えてみればわかるように、論理学上の問題が問われているとき既に、様々な事実が想定されている。論理学上の問いに既に含まれている意味としては、たとえば疑念と信念というような心の状態がある、思考対象が同一のままでも心の状態が疑念から信念へと推移していくことが可能である、そして、こうした推移は、他のあらゆる心の状態と同じようにあるルールにしたがって生ずるといった具合である。これらは、そもそも我々が推論方法の明確な概念を把握する以前に、既に事実として知られているはずである。したがって、こうした事実の真偽自体を探究しようとする関心は、もはやないといってよかろう。他方で、容易に想定されるのは、疑念から信念へという推移過程という考え自体から導き出されるような推論方法のルールが最も重要であるということ、そして、推論方法がこのルールにしたがうかぎり、少なくとも真なる仮定から偽なる結論が生ずることはないということである。実際のところ、論理学上の問いのうちに含まれている想定からいかなるものが導き出されるのか、その重要性は通常思われている以上に大きいことが、いずれわかるはずである。想像以上に重要であるというのは、最初からその理由を明白に示すことが難しいということからもいえる。ここで一つだけ言及しておくべきことがある。実際に論理学的な反省の産物としての概念は、進んでそのように理解しなければ、日常的な思考と入り混じってしまい、しばしば多大な混乱の原因となってしまうということである。このことは、たとえば、質という概念について当てはまる。ある性質というものは、けっして観察対象ではない。我々は、ある物体が青色か緑色かを見ることはできる。しかし、青色であるという性質と緑色であるという性質は、我々が観察する事物ではない。これらは論理学的反省の産物なのである。真相をいうなら、常識あるいは狭い意味で実際的といわれる程度を超えて最初に現れる思考というものは、通常「形而上学的」という蔑称で呼ばれる悪しき論理学的性質の中に深く染み込んでいるものである。したがって、こうした混同を取り除くものは、論理学の骨の折れる教科課程を措いて他にない。

三

一般的にいって、我々はいかなるときに問いを発したいのか、そして、いかなるときに判断を下したいのかを知っている。というのも、疑っているという感覚と信じているという感覚には、違いがあるからである。

しかし、疑念と信念とを区別するのは、このような感覚的な違いに尽きるわけではない。実際的な違いもあるからである。我々の信念は我々の欲望を導き、我々の行動を形作る。〔一二、一三世紀頃のイスラムの暗殺秘密結社団〕アサシン派、あるいは、〔フランス革命期の〕山岳派指揮官に追随した者たちは、首領のつまらぬ命令でも、命を賭して事を実行したものだが、これは、首領にしたがうことが永遠の至福を保証すると彼らが信じていたからである。もし、彼らが、このことに疑念を持っていたならば、けっしてそのような行為には走らなかったはずである。こうしたことは、程度は様々であれ、あらゆる疑念に対しても、当てはまる。信じているという感覚は、多かれ少なかれ、我々の性向には行為の様式を規定する何らかの習慣が確立されていることを示している。疑念には、そのような効果はない。

以上に加えて、疑念と信念を区別する三番目の論点も見過ごしてはならない。疑念というのは、不安であり不満であるような状態で、我々はそこから何とか逃れて自由になろうとし、やがては確定した信念の状態へいたろうとする。他方で、信念というのは、安定し満ち足りた状態のことであり、我々は、この状態を避けたいとは思わないし、これとは別の状態に対する信念を抱くように変わろうとは思わない。[1] それどころか、我々は、ともすれば、信じていること自体に固執するだけではなく、自分が強く信じているものに執着して、これを信ずる。

かくして、疑念も信念も、非常に違った形ではあるが、ともに我々に対して明白な効果を及ぼす。信念は即座に行動を促すものではないが、時機を見て何らかの様式で行動しようとする状態を作り出す。疑念は、この種の効果をまったくもたらさないが、疑念が取り払われるまで探究を行うよう促す。両者の関係は、神経の刺激と、それによって生ずる反作用との関係を思い起こさせる。他方で、信念に相当するものを神経系統の中に求めるなら、神経組織間の連合と呼ばれるものに注目する必要がある。たとえば、桃の香りをかぐと、思わず唾液が出てしまうというような、神経組織の習慣をみればよい。

四

疑念が刺激となって、何とか信念の状態に達しようとする奮闘努力が始まる。この奮闘努力のことを、表現上、それほど適切な名称ではないかもしれないが、ここでは、探究という言葉で表すことにしよう。

疑念という刺激は、信念に達しようとする奮闘努力の唯一直接的な動因である。我々の信念が、我々の欲望を満たすべく我々の行為を本当に導くようなものであれば、それは我々にとって確実に最善であるといえる。こう考えるなら、既にある信念であっても、こうした行為の効果を保証するようには思えない信念であれば、いかなるものであれ、我々は斥けることになろう。しかし、このような事態になるのは、ただ、結果を保証しそうにない信念に代わって、疑念が生ずる場合だけである。それゆえ、こうした疑念がひとたび生ずるなら、奮闘努力が始まり、疑念がなくなれば、奮闘努力は終了する。したがって、探究の唯一の目的は、〔目下のところ定まっていない〕意見を確定することである。こういってしまうと、それだけでは我々にとって不十分であると考え、単なる意見ではなく、真なる意見を追求するのが探究だと考える向きもあろう。しかし、この考えを吟味するなら、根拠のないことがわかる。というのも、その信念の真偽如何にかかわらず、我々が確固とした信念に到達すれば、ただちに、すっかり満足するからである。そして、明らかなのは、我々の知識の範囲外にあるもので、我々の目的となりうるものは何もないということである。というのも、精神に何の影響も及ぼさないもので、精神的努力の動因になりうるものなど何もないからである。これについてせいぜい主張しうることは、我々は真であると考える信念を追い求めるということである。しかし、我々が持つ信念はどれも真であると考える以上、真であると考える信念などというのは、同義反復でしかない。

意見の確定は探究の唯一の目的である。これは非常に重要な命題である。この命題を採用すれば、証明に関する曖昧で誤った多くの考えを即座に一掃できる。ここでは、誤った考え方をいくつか指摘しておこう。

（一）これまで、哲学者の中には、探究を開始するために必要なのは、ただ疑問を発し、あるいは書き留めることだけだと考え、さらには、あろうことか、一切を疑うことから研究を始めるべく勧める者もいた。しかし、ある命題を疑問形に変換したところで、それがきっかけとなって信念を追い求める精神的奮闘努力が始まることなどない。探究が始まるには、現実の生きた疑念がなければならない。これなくして、議論はすべて無価値である。

▼1 ここでは、他の衝動の干渉によって、しばしば生ずる副次的効果について述べているのではない。

(二)論証というのは、絶対に疑う余地のない、いくつかの究極の命題に依拠しなければならない。これは広く行き渡った考えである。こうした究極の命題は、ある学派によれば普遍的性質を有する第一原理であり、他の学派によれば〔認識の源泉たる〕最初の感覚である。しかし実際のところは、完全に満足のいく成果を論証と呼ぶとすれば、これを得るためには、探究の出発点は全体を通して実際に疑念のまったくない命題だけで十分なのである。いやそれどころか、前提が何ら疑われていないのであれば、当の前提に実際以上に疑いをかけ、これを晴らそうなどというのは不可能な話である。

(三)全世界の人々が十分確信している論点であるにもかかわらず、それでもなお、そのような論点を議論したがる人々もいる。しかし、このような論点の場合、現にある以上に議論が進展することなどない。疑念が終われば、当の主題に対する心の働きは終了する。それ以上に心の作用が続くというのであれば、それはあてのない心の働きである。

五

意見の確定が探究の唯一の目的であり、そして、信念が習慣という性質を有するとすれば、望ましい目的を達成しようとするときに採用すべきではない方法がある。たとえば、目的達成の際によくみられるのは、問題の解答として自分の気に入りそうなものを採用し、絶えず気に入った答えを繰り返し述べて自分を納得させ、自分で思い込んだ信念に通じそうな事柄すべてについて延々と語り、逆に、信念への到達を妨げるものについては何であれ、軽蔑と嫌悪をもって、そこから離れようとする仕方である。このように単純で、あからさまな方法は、実際、多くの人が用いようとしている。私が覚えている例でいうと、自由貿易についての私の意見が変わってしまうのを恐れている人から、ある新聞を読まないように懇願されたことがある。そのときにいわれたのは、「その新聞の誤謬と誤った記事にだまされないように」というものであった。友人によれば、「経済の専門家でないのだから、この主題に関する誤った議論に容易にだまされてしまう。だからこの新聞を読んでしまうと、保護主義者になってしまいかねない。しかし、自由貿易が正しい学説だと認めている以上、正しくない学説を信じたくはないはずだ」ということだった。こうした方法が意図的に採用されるのを、私はしばしば見聞きしてきた。さらによくあるのは、心が未確定状態にあるのを本能的に嫌い、それが疑念に対する漠然とした不安にまで誇張され、そのため、突如として人々が既に採用している意見に執着するという事態である。こうした場合、動揺することなく自分の信念にしがみつきさえすれば、それで十分満足だと感じることになる。さらには、確固として不動の信念があれば、心の大いなる安寧が生まれるということも、確かに否定できない。だが、安寧が生まれても、不都合が生ずることも確かであって、たとえば、自分は火に触れても火傷しない、あるいは、胃の洗浄用ポンプを使わずに別の方法で体内に摂取物を取り込むと永遠に呪われることになるなどと、頑なに信じ込んでいる人がいたら、どうなるか考えてみれば、それはわかる。だが、こういう思考方法を採用する人でも、それで生ずる不都合が同じくそれで生ずる好都合と比べてはるかに大きいと認めることはない。このような人がいいそうなのは、「私は真理をしっかりと把握しており、真理は常に有益である」ということである。そして、多くの場合、自分の平穏な信念から引き出す満足や喜びが、当の信念の当てにならない性質がもたらす不都合よりも重要であるということは、大いにありうる話である。かくして、死とは消滅であるということが真であるとするなら、この世に生きているうちに、何らかの単純な宗教規則を遵守しておけば、死んだときには天国へまっすぐ行くことになるのは確実であると信じ込んでいる人は、少しの失望もないような安直な満足を手にしていることになる。同様の考え方は、宗教上の主題において、多くの人々にとって重要であるように思われる。というのも、我々は次のようにいわれるのをしばしば聞くからである。「あんな人のことなど信じることはできない。だって、信じたが最後、ひどいことになるから」。

危険を察知した駝鳥が自分の頭を砂の中に隠す場合、それは最も巧妙なやり方である可能性が高い。この駝鳥は危険を覆い隠し、それから、危険はないのだと静かにいう。そして、危険がまったくないことを完全に確信しているなら、なぜ、わざわざ危険を見るために頭を上げる必要があるのか、というわけである。人によっては、自分の見解に変化をもたらしそうなもの一切をことごとく度外視して生きていく者もあろう。この場合、もし、その人がそれでうまくいきさえすれば——この場合、心理学上の二つの基本法則に基づいているわけだが——、私にはこの人の生き方に何と反論できるかわからない。この人の生き方は非合理であると反論するのは、自分勝手な出しゃばりというものだろう。そんなことをしたところで、この人の信念の確定方法は、私たちのやり方ではないといっているにすぎないからである。この人は合理的であろうと企てることはないし、実際、人間の持つ、弱く、見せかけだけの理性について軽蔑的に語るだろう。それでもその人が満足しているなら、そのように思うに任せておけばいいのである。

このような信念の確定方法は、固執の方法と呼ぶことができる。しかし、この方法は、実践場面において自らの立場を堅持することはできないだろう。社会的衝動なるものが、固執に抵抗するからである。固執の方法を採用する人は、他の人々は自分と異なる考え方をしているのがわかるだろうし、普段より幾分でも思慮分別のあるときには、他の人たちの意見も自分の意見に劣らずいいものだということに思いいたりやすく、そうなれば、自分の信念に対する自信も揺らぐことになろう。こういう考え方、つまり他の人の思想や意見であっても、自分の思想や意見と同等の意義を持つかもしれないという考え方は、明らかに新しい第一歩であり、しかも極めて重要な進歩である。このような進歩は人に強力に作用し、押さえることのできない衝動から生まれるが、人類を脅かすような危険はない。世捨て人にでもならないかぎり、我々は必ず、お互いの意見に影響を及ぼし合うものである。したがって、問題は、単に個人においてではなく、コミュニティにおいて、いかにして信念を確定するかである。

試みに、個人の意志の代わりに、国家の意志に事を決定させてみよう。この目的のためにある機関を設立し、この機関によって人々が目を向けるその前で、教義に誤りがあるのならこれを修正し、修正した教義を延々と繰り返し語り、若者に教え諭すようにし、同時に、反対教義についてはこれを教えたり、主張したり、表明したりできないような権力を保持する。心変わりの原因となりそうなもの一切を、人々の考慮が及ばないように取り除いておく。現行の考え方とは異なる思考方法を採用する理由を知ることのないように、人々を無知のままにしておく。公的なものと懸け離れた私的意見に対しては、嫌悪感と恐怖感を示すように、人々の感情を味方につけておく。その上で、従来からの公認の信念を拒否する者すべてに対しては、脅迫によって沈黙させておく。そのような者がいようものなら、追放し、私刑をもって望むように人々を仕向けるか、あるいはそのような疑いのある者に対しては、その考え方を、厳しい尋問でもって取り調べ、禁じられた信念の持ち主であることが判明した場合には、見せしめのため厳罰に処す。他の方法では、完全な意見統一に達することが不可能な場合、これまでわかっているのは、命じる通りの思考ができない者に対しては、一斉虐殺という方法をとることこそ、国論確定にとって極めて効果的な手段であるということである。これらのことを行使する権力が欠けている場合、自立した思想の持ち主なら、けっして同意しえないような意見の一覧表を策定し、このような意見を受け容れるように、国家に対する忠誠心のある人々に要請する。こうすることで、世界が自国に対して与えかねないよからぬ影響から、忠誠心のある人々を可能なかぎり徹底的に隔離できるようになる。

さて、以上のような方法は、太古より正しい神学的政治的教義を支持し、その普遍的ないし全人類的特質を維持する主要な手段の一つであった。このような手段は、とりわけローマにおいて、ヌマ・ポムピリウス［Numa Pompilius 紀元前七五〇－六七三年 ローマ第二代の王］の時代から教皇ピウス九世［Pius IX 一七九二－一八七八年］の時代にいたるまで、実際に行われていた。これは、歴史上、最も完璧な実例である。しかし、聖職のあるところならいかなるところにおいても――聖職のないところ、宗教はありえない――、こうした方法が用いられてきた。貴族政治のあるところ、ギルドのあるところ、あるいは自らの利益を何らかの主義主張に負っている、ないしは負っていると思われている一群の人々による組織のあるところでは不可避的に、このような社会的感情の自然的産物の形跡を見て取れるだろう。こうした制度には、常に残虐さが伴う。そして、こうした制度が一貫して運用されるなら、合理的な人の目からすれば、最も恐ろしい残虐行為となる。このような事態は驚くにあたらない。ある社会において公職に就いている者は、慈悲のために、当該社会の利益を断念することを正当とは考えない。それは、自分の私的利益を断念するのを正当と考えないのと同じことである。したがって、共感と仲間意識が、このように極めて残忍な権力を産み出すのは当然のことである。

こうした信念の確定方法は権威の方法と呼びうる。この方法を判断するにあたって、まずはじめに、この方法は、固執の方法に比べて、知的にも道徳的にも、はかりしれないほど優れているということを認めておかなければならない。権威の方法の成功の度合いは、その卓越性に比しても、余りあるものがある。実際、この方法は最も堂々たる成果を幾度となく生み出してきた。たとえば、タイ、エジプト、ヨーロッパにおいては、権威の方法によって組み立てられた単なる石造建築物でさえ、その多くを雄大なものにしており、その荘厳さたるや、大自然による最も偉大な作品でさえ、ほとんど及ぶところではない。そして、地質学上の時代を除いていえば、こうした方法で統合された諸々の信仰体系のうち、そのいくつかによって区分された時代ほど、長期にわたって存続した時代はない。むろん、事態をもっと厳密に検討するなら、常に変わることなく同一であり続けた宗教上の信条などというものは一つもないことがわかるだろうが、しかし、その場合でも、変化は極めて緩慢であるため、人一人の一生という時間幅では変化に気づくことはない。そのため、一人一人の信念は感覚上変わらぬままである。それゆえ、人類の大半にとって権威の方法よりも優れた方法はない。知的奴隷となることが大半の人々の最高の衝動であるというのなら、奴隷のままでいるべきだろう。

だが、どのような機関であろうと、あらゆる主題について意見統制を企てようとしても、できるものではない。関心が向けられるのは最も重要な主題だけであり、それ以外については、人々の精神を自然のなすままに委ねておかなければならない。このように権威の方法には欠陥があるが、しかし、ある人の意見が別の人の意見に影響を及ぼさないような文化状況に生きているかぎり、すなわち、意見を交わしつつ、そこから、人々が正しい結論を引き出すことができないかぎり、こうした欠陥も弱さの原因になることはまったくない。だが、司祭の支配下にある国家にあっても、今みた状況を凌駕するような諸個人が立ち現れてくるだろう。こうした人々は、権威の方法の下でみられる社会的感情よりも広範囲な類いの社会的感情を有しており、他の時代の他の国々の人であるなら、自分たちが信じ込まされてきたような信念とは大いに異なる信念にしたがっていることを理解する。現にある通りに、また、それとさして違わないように自分たちが信じ込んでいるのは、自分たちが従来通りに受けてきた教育、そして、自分たちの周囲にある慣習や制度による偶然の産物にすぎないということに、人々は否が応でも気づかざるをえない。こうなると、自分たち自身の見解の方が、他の時代の他の国々にみられる見解よりも、一層高い価値を持つと評価する理由は、まったくないという反省が生まれるだろうし、こうした人々の誠実さからすれば、このような反省に抗うことはできない。このようにして、人々の心に疑念が生ずることになるのである。

それだけではない。人々はさらに気づくようになる。自分自身の気紛れ、そうでなければ、民衆の意見を説き起こした人々の気紛れによって限定されているかのようにみえる、あらゆる信念に関しても、今みたような疑念が生じてくるにちがいない。したがって、ある信念に固執し頑として譲らず、しかも、それを強制的に他者に押しつけるなどということは断念すべきであり、意見確定の新たな方法が採用されてしかるべきである。新たな方法は、信ずべきであるという衝動を生み出すだけでなく、信ずべきは、いかなる主張なのかをも確定するはずである。生まれ持った選好作用が妨げられないようにしておこう、さらに、人々に対しては選好の影響の下で自由に議論させ、事態を別の角度から眺めつつ、信念を次第に発展させて恣意的ではない自然の原動力と調和させるように任せよう。このような方法は、芸術概念が成熟していく過程で用いられた方法と類似している。その最も完全な事例は形而上学の歴史の中に見出しうる。通常、形而上学体系は、これまで、どのような観察された事実にも基づいてこなかったし、少なくとも観察事実に依拠する度合いは皆無であった。形而上学体系が採用されてきたのは、何よりも、その基本命題が「理性にかなっている」かのように思われたからである。これは適切な表現である。理性にかなうというのは経験と一致することを意味するのではなく、自分たちが信じたいと思っていることを意味する。たとえば、プラトンは、各天球間の距離が和音をつくりだす様々な弦の長さに比例することをもって、理にかなうことだと考えていた。多くの哲学者たちは、これと同様の考察によって、自分たちの主要な結論に到達していた。しかし、このような考察は方法上最も程度が低く未発達な形態である。というのも、ケプラーの理論のように、各天球は異なる立方体に内接ないし外接する球体に比例するという説の方が理にかなっている、こう考える人がいるのは、明白だからである。しかし、様々な意見がぶつかり合う中で、人々はもっと普遍的な性質を持つ選好に次第に依拠するようになるだろう。たとえば、人間は利己的にしか行動しないという教義を考えてみよう。これは、ある仕方で行動することで人は別の仕方で行動する場合よりも快適に感じるという考察から生まれたものである。これはけっして事実に基づいて得られた見解ではないが、しかし、唯一の理にかなった理論として広く受け容れられてきた。

この方法は、理性という観点からみるなら、既に確認した固執の方法や権威の方法、いずれと比べても、はるかに知的であり優れてはいる。しかし、その難点は、これまで、何にもまして明白となっている。この方法は科学的探究というものを趣味の発達と似たようなものとしてしまっている。だが、不幸なことに、趣味というものは、多かれ少なかれ、はやりすたりの問題であるのが常である。したがって、この方法に頼る場合、形而上学者はけっして見解の一致をみることはなく、古代から今日にいたるまで、議論は、唯物論か観念論かというように、極端から極端へと揺れ動いてきたのである。このような方法はア・プリオリな方法と呼ばれてきたが、難点がある以上、我々はこの方法からベーコン卿の言葉にいう真の帰納という方法へと駆り立てられる。先に吟味したア・プリオリな方法は、我々の意見を、その偶然的な、また気紛れな要素から救ってくれる点がある。これは確かである。しかし、趣味の発達に見立てられもするこのア・プリオリな方法は、何らかの偶然的環境のもたらす効果を排除する過程ではあっても、他の偶然的環境効果を増幅させる。したがって、この方法は権威の方法と本質的に変わるところはない。なるほど、政府は私の信念に影響を及ぼそうとは一切してこなかったかもしれないし、こういってよければ、私の方もまた、一夫一婦制か一夫多妻制かということでは、外見上は、自由に任されてきたかもしれないし、もっぱら自分の良心に訴えて、一夫多妻制は不道徳であるという結論に達したのかもしれない。だが、ヒンズー教徒（インド人）と同程度の高度な文化を有する人々に対するキリスト教の普及の障害となってきたのは、主として、我々ヨーロッパにおける女性に対する接し方が不道徳であったという確信であるということ、ひとたび、このことがわかったならば、政府の干渉がなくとも、感情の発達においては、偶然的原因によって大きく左右されるということを認めざるをえない。さて、これは本書の読者の中にも見出しうると思うのだが、もし、自分たちの信念の幾許かが信念事実とは無関係な外的環境によって左右されることを知るにいたるなら、その途端、人は信念が疑わしいと口に出して認めるだけでなく、信念を本当に疑わしく思うにいたるだろう。その結果、当の信念は信念たることをやめるのである。

我々の疑念を晴らすためには、どうしても、ある一つの方法を見つけておかなければならない。どういう方法かというと、人間的なものに何ら頼ることなく、何か外的で永続的なものによって信念を確定する、つまり、我々の思考には左右されない何ものかによって、思念を確定するというものである。神秘主義者の中には、私的な天来の霊感とでもいった方法を自分たちは有していると考える者もいる。しかし、それは固執の方法の別の姿にすぎない。真理概念とは公共的な何ものかのことであるというのに、この方法では、そこまでの理解に達してはいない。我々のいう外的で永続的なるものが、仮に、その影響の及ぶ範囲が一個人に限定されているかぎり、我々のいう意味で外的なものではない。外的で永続的なるものは、あらゆる人々に影響を及ぼす、あるいは及ぼしかねない何ものかでなければならない。その影響の度合いは、必ず、個々の状況に応じて様々であるが、この方法にしたがうなら、あらゆる人々が到達する究極の結論は同一とならなければならない。これこそ科学の方法にほかならない。その根本的仮説は、もっと親しみのある表現を用いるなら、以下のようになる。実在的な事物というものが存在するのであり、その性質は、それについての我々の意見から完全に独立している。そして、こうした実在物は規則的な法則にしたがって我々の感覚器官に影響を及ぼす。その結果、我々の感覚作用は対象に対する我々の関係如何に応じて異なったものとなるが、しかし、知覚の法則を利用することによって、事態は実際いかなるものであるか、我々は推論し確かめることができる。こうした根本的仮設について十分な経験と推論能力があれば、どんな人であれ、人は一つの真なる結論に到達するはずである。ここに必然的に含まれてくる概念は実在という概念である。実在などというものが存在すると、どうして知りうるのかと問う向きもあろう。しかし、実在が存在するという仮説が私の探究方法の唯一の支えであるとするなら、私の仮説を支持するためにこの探究方法を用いてはならないはずである。そこで、問いの答えはこうなる。（一）探究を試みることが、実在的事物の存在を証明することとみなされないにしても、少なくとも、探究を行うことで、実在的事物が存在しないという正反対の結論に達することはない。それゆえ、探究の方法と探究が依拠している概念〔実在概念〕は、依然として調和している。それゆえ、科学的方法を遂行したからといって、そのことで科学的方法自体が疑念にさらされることは必ずしもない。しかし、この方法と異なり、先にみた三つの信念確定方法の場合になると、方法遂行自体が方法の疑念に通じてしまう。（二）信念の確定方法がいかなるものであれ、これを生み出す感情は、二つの命題が相反している状態に対して抱く不満感である。しかし、曖昧ではあれ、ここに既に容認されているのは、何らかの一つの事態が存在するということであり、しかも、この事態はある命題に適合するはずだということである。それゆえ、実在的事物の存在を本当に疑いうる者など誰もいないし、たとえ疑う者がいたとしても、その場合、疑い自体は不満の原因ではないだろう。それゆえ、実在が存在するという仮説は、誰もが認める仮説である。かくして、対立する二つの命題に不満を抱くような社会的衝動があるにしても、そのことで私が実在を疑うことには何らならない。（三）誰もが、多くの事柄に対して科学的方法を用いる。用いなくなる場合があるとすれば、それはただ科学的方法の適用方法を知らない場合だけである。（四）科学的方法を実際に経験することで、その方法自体を疑うようになることはない。それどころか、科学的探究の方法は意見を確定する方法として最も輝かしい成功を収めてきた。私が科学的方法とその想定たる実在仮説について何ら疑いを抱くことがないのも、そのためである。ともあれ、これについては、私自身、いかなる疑いも抱かないし、また、他の誰であれ、私の影響を被りそうな人なら、疑いを持ちはしないだろうと思う。したがって、この点についてこれ以上語るのはまったく無駄口といってよい。この主題に関して真に迫った疑いを持つ人がいるというのなら、その人に考察を委ねるべきだろう。

科学的探究方法を記述することはこの論文を含め一連の論文［本書第7章］の目的であるが、目下のところは、科学的探究方法と、信念確定のための他の方法との対比に焦点を絞り、いくつかの論点を指摘するにとどめておこう。

四つの方法のうち、科学的探究方法こそが、唯一、正しい方法と間違った方法の違いを示している。固執の方法を採用し、〔固執に変更を迫るような〕影響力一切から自分を遮断するなら、この方法を採用する上で必要と思われるものは、何であれ、すべて、固執の方法そのものにしたがって要請されるものである。権威の方法も同様である。異端を弾圧する際、国家は科学的観点からするなら不適切な方法でこの目的を達成しようと試みるかもしれない。しかし、権威の方法の妥当性を判断する唯一の検証方法は、国家が何を正しいと考えているかであり、したがって、権威の方法を誤った仕方で実行することはありえない。ア・プリオリな方法も同じである。この方法の本質は自分が考えたいように考えるということである。形而上学者は皆、自分以外の形而上学者は頑迷なほど誤っていると、たとえ、どれほど判断しがちであろうと、この方法を実践しているはずである。ヘーゲルの体系は、思想の自然成長的傾向を、すべて、論理的であると承認する。たとえ、それが、その反対傾向によって相殺されるのが確実であろうと、そのことに変わりはない。ヘーゲルの考えによれば、思想の持つこうした自然傾向の継起は規則的体系性を備えており、この体系性の結果として、形而上学者の意見は長期的には一方の方向から他方の方向へとさまよいつつも、最終的には、正しい方向へ進んでいく。こうして、形而上学者は最終的には正しい思想を獲得するということ、これは真理である。ヘーゲルの自然体系は、かなりの点で、当時の科学を代表している。そして、科学的探究が疑いの余地なしと語ってきたことは、何であれ、やがて、形而上学者の側においても、ア・プリオリな論証として受け容れられることは確かであると思われよう。しかし、科学的方法の場合には事情は異なる。私は観察された既知の事実から出発して、未知の事実へと進んでいくかもしれない。だがしかし、そうするにあたって私がしたがう規則は、探究自体が立証するようなものではないかもしれない。私が本当に科学的方法にしたがっているかを判断する検証手段は、私の感情や目的に直接訴えることではない。それどころか、この検証手段自体が科学的方法の適用に関わっているのである。したがって、科学的方法には、優れた推論方法と同様に、劣った推論方法もまたありうるということになる。そして、この事実こそ、論理学を実際的に適用する際の基礎をなすのである。

これまで確認してきた信念の確定方法のうち、最初の三つには、科学的方法より優れた点は何一つないなどと想定することはできない。それどころか、どの方法にもそれなりの利点というものがある。たとえば、ア・プリオリな方法は、心地よい結論に到達する点で際立っている。自分たちが信じたくなる信念なら何でも採用するというのが、ア・プリオリな方法手続きの本性である。そして、本性からして人にはある程度傲慢さがあると、我々は誰しも考えているが、この傲慢さには身勝手な思い違いがある。というのも、不快な事実によって、やがては心地よい夢から覚めることになるからである。権威の方法は人類の大半を常に支配することであろう。国家において様々な形の組織的な支配力を行使する人々の場合、危険な推論方法を何とかして抑圧しようとするのであり、そうすべきではないなどと確信することは、けっしてなかろう。これ以上に徹底的な抑圧手段の桎梏から言論の自由を遠ざけておくためには、社会の支配層による完全な同意を得て道徳的テロリズムを行使し、あらかじめ意見を統一しておくことになろう。権威の方法にしたがうことは平和への道ではある。ある種の不服従は容認されるが、（危険視された）ある種の不服従は禁止される。何が禁止されるかは時代と国によって様々である。しかし、どの時代のどの国であろうと、ひとたび危険視された信念を固く信じていることがわかったら最後、狼の襲撃ほど野蛮ではないが、しかし、それより洗練された残酷さで処罰されることは、まず確実であろう。こうして、人類の知性に最も偉大な貢献をした人々でさえ、あえて自分の思想の全体像を語ることはけっしてなかったし、今もないのである。それゆえ、社会の安全にとって不可欠と考えられる命題すべてに対して、わずかではあれ、明白な疑念が抱かれているのである。奇妙なことではあるが、迫害は、すべて、外からやってくるわけではない。しかし、嫌悪の念を抱くように教え込まれてきた命題を自分が信じていることがわかると、人によっては、ひどく思い悩み、しばしば、非常に苦しめられることになる。それゆえ、温和で思いやりのある人の場合、自分の意見を権威の側に従順に従わせようとする誘惑には勝てないとわかるだろう。しかし、固執の方法については、その力強さ、単純さ、真っ直ぐさゆえに、とりわけ、私は賞賛する。この方法を遂行する人々は決断力の点で際だった性質を持っている。固執の方法特有の思考方法を用いるため、決断は極めて容易になる。この方法を遂行する人々は、何を欲するかを決断するにあたって、無駄な時間を費やさない。何であれ、選択肢が最初に思い浮かぶと真っ先に、それに目を向け、何が起ころうと最後までその選択肢にしがみつき、一瞬の迷いさえない。この点は、一般に、見事ではあるが永続することのない成功にはつきものの、すばらしい特質の一つである。思慮分別を忘れることのできる人というのは、たとえ、その人の結末がどうなるか、我々にはわかっているにしても、羨望の的とならないではいられない。

以上、科学的探究の方法よりも他の三つの意見確定方法の方が優れている点を確認した。これらの長所について、よく考える必要がある。加えて、さらに考えるべきことがある。それは、人は結局のところ自分の意見を事実と一致させたがっているということであり、科学的探究以外の三つの意見確定方法を採用しても、得られる帰結が事実と一致する理由はまったくないということである。意見と事実の一致という結果をもたらすのは科学的方法の特権である。このように考察した上で、どの意見確定方法を選ぶか決めるべきである。この方法選択は、いかなる知的意見を採用するよりもはるかに重要である。というのも、それは自らの人生を左右する重要な決断のうちの一つであり、同時に、ひとたび選択されたなら、その方法を守り続けることになるからである。古い信念がもはや妥当な根拠を持たなくなったことがわかった後でも、習慣の持つ力のせいで、ときには、古い信念にしがみつくこともあるだろう。しかし、こうした事態をよく反省すれば、古い習慣を克服することにもなろう。それゆえ、反省は極めて重要だと考えるべきである。しかし、ときとして、人はこのような反省を怠る。何ものにも依拠していないと感じざるをえない信念こそ健全である、このような考えを持っているからである。しかし、こうした人には、自分自身とは異なるが、しかし、類似した事態のことを考えてもらいたい。たとえば、改革派イスラム教徒でありながら、なおも、性的関係に関する旧来の考えを放棄するのをためらっている人々、あるいは、改革派カトリック教徒でありながら、いまだに聖書を自分で読むのをためらう人々がいた場合、いったい、これらの人々に対して、何というつもりだろうか、自問していただきたい。この場合、これらのイスラム教徒やカトリック教徒は事態を熟慮すべきであり、新しい教義を明確に理解し、これを丸ごと受け容れるべきである、このように主張するのではないだろうか。しかし、いかなる特殊な信念よりも有益なことは信念の誠実性であり、そして、信念の土台が朽ち果てていると判明するのを恐れるあまり、その土台の詳細な吟味を避けるのは、不利益であるのみならず非道徳的でもある。何にもまして考えるべきは、このことなのである。真理というものは存在するのであり、真理を虚偽から分かつのは、ただ、信念に基づいて行動すれば、我々は道を踏み外すことなく目指す地点に到達する点にある、このように認め、しかも確信しておきながら、真理を知ろうともせず、これを避けようとするような人がいるとすれば、その人の精神状態は嘆かわしいというほかない。

なるほど科学の方法以外にも長所はある。科学の方法における明晰な論理を良心とするのであれば、何らかの犠牲はつきものである。それは、ちょうど、いかなる美徳であれ、我々が大切にしているものすべては高くつくのと同様である。しかし、何の犠牲もなく論理的良心を持ちうるなどと望むべきではない。ある人が論理的方法の才に恵まれているのであれば、その才能は、彼が全世界からたった一人選んだ花嫁のように、愛され尊敬されてしかるべきである。彼は意見確定の他の方法を軽蔑する必要はない。それどころか、彼は他の方法に対しても深く敬意を払ってもよいのである。そうすることで、彼は、かえって、自分の花嫁たる科学の方法に、結局のところ、一層敬意を表することになる。しかし、花嫁たる科学の方法は、彼が自ら選択したのであり、自分がそのように選択したことは正しかったと彼は知っている。そのような選択をした以上、彼は花嫁のために働き、闘うことになるだろう。そのことで数々の痛手を受けるかもしれないなどと、彼は不平をこぼしたりせずに、自分の行いによって、他の人も同じように激しい痛手を同じ数だけ被るかもしれないと考える。そして、花嫁の放つ目映いほどの光彩から彼は霊感と勇気を手にし、彼女にふさわしい騎士となり、勇者となるべく、懸命に努力するのである。

第7章　我々の観念を明晰にする方法（一八七八年）

How to Make Our Ideas Clear

チャールズ・サンダース・パース
Charles Sanders Peirce

一

ごく一般的な論理学に関する今日の専門書に目を通したことがあれば、誰もが疑いなく覚えているのは、明晰な概念と曖昧な概念との区別、そして、判明な概念と混乱した概念との区別であろう。これらの概念は、ほぼ二世紀にわたって、改善も修正もされずに、論理学の専門書の中で取り上げられており、論理学者たちによって自らの学説の至宝の一つと通常考えられている。

明晰な観念の通常の定義は、どこで出会っても、それだと見分けがつくように理解され、したがって、それを他の観念と見誤ることはない観念というものである。このような明晰さを欠いている場合、その観念は曖昧であるといわれる。

この定義は、哲学上の専門用語としてみるなら、どちらかといえば巧みな方である。だが、論理学者たちが定義していたのが明晰さである以上、私としては、論理学者には、もう少し平易な定義をしてくれていたら、と思っている。ある観念が、どれほど難解な形で現れようと、他ならぬ当の観念として見分けることができ、けっして見誤らず、いかなる条件の下でも他の観念と取り違えることがないとすれば、実際、これは、知性が有する驚くべき能力と明晰さを意味するだろう。しかし、このような力と明晰さは、この世で、そうそうお目にかかれるものではない。これに対して、その観念に対する理解度が、せいぜい、精通しているといった程度でしかなく、通常の場合であれば、何ら躊躇することなく当の観念を見分けられるといった程度でしかないのなら、それは、とうてい理解の明晰性の名に値するとは思えない。その程度の理解では、結局のところ、通暁していると主観的に感じているだけで、このような感じ具合は完全な誤解かもしれないからである。しかしながら、私の理解によれば、論理学者が「明晰さ」を語るとき、それは、先にみたような、ある観念に対する理解度のことをいっているにすぎない。というのも、論理学者たちは、明晰さという性質にほんのわずかの長所しか認めず、この観念を、判明さと呼ばれるもう一つの性質によって補う必要があると考えるからである。

　判明な観念は、明晰でないものを何一つ含まない観念として定義される。これは専門用語であり、ある観念の内容ということで論理学者たちが理解しているのは、その定義のうちに含まれる一切のものということである。したがって、彼らにしたがうなら、ある観念を抽象的用語で正確に定義できるとき、その観念は判明に理解されているということになる。ここまできたところで、論理学の専門家たちはこの主題について議論するのをやめてしまう。こうした態度は、論理学者たちが幾世代にもわたって知的活動を営んできた間、いかに惰眠をむさぼってきたかを示す顕著な一例である。彼らは、無関心にも、近代思想の分析装置を無視してきたし、さらには、その教訓を論理学改善のために活用しようなどとは夢にも思わなかった。そうでなければ、ここで、私がわざわざ論理学者のいうべきことを解説し、読者を悩ませることもなかっただろう。容易に示せるところであるが、そもそも、使用上の精通と抽象的明晰さによって、理解は完全になるなどといった教説は、とうの昔に絶滅した哲学の中でしか通用しないのである。今や、もっと完全に思想の明晰性に到達するための方法を定式化するときである。そのような感嘆すべき方法は、今日の思想家たちの中に見て取ることができる。

デカルトが哲学の改造に取り組んだとき、最初に手がけたのは、方法論的懐疑主義を理論的に容認し、権威を真理の究極の源泉とみなすようなスコラ哲学者の慣習を放棄することだった。これを成し遂げると、彼は真理原理のより自然な源を追い求め、やがて、その源は人間の心の中にあると明言した。かくして、先の論文で述べたように、デカルトは権威の方法からア・プリオリな方法へと一挙に進んでいったのである。彼にとって自己意識は我々に根本的な真理を与えるものであり、何が理性にかなうかを決定するものであった。しかし、明らかなことであるが、すべての観念が真理であるとはかぎらない以上、絶対確実性の第一条件として、観念は明晰でなければならない、彼はこう註記せざるをえなくなった。ある観念が明晰に見えるということと、その観念が本当に明晰であるということとは異なる。だが、このことは彼の念頭にはなかった。実際、彼は外界の事物の認識に対してさえ内観の方法に頼ったのである。したがって、彼が我々の心の内容に関して内観の語る証言を疑うことなどなかった。だが、その際、極めて明晰で確実と思える人々が根本的原理に対しては正反対の見解を持つのを目の当たりにして、彼はあることをつけ加えざるをえなかった。それは、察するところ、観念は明晰であるだけでは不十分で、さらに判明でなければならない、つまり、観念について不明晰なものがあってはならないということだった。彼自身正確に説明していないため、推測するほかないが、このことによって彼が考えていたのは、おそらく、観念は論証による吟味という検証に耐えねばならないということだったのだろう。つまり、観念は当初から明晰に見えなければならないが、それだけでなく、討論に付しても、観念にまつわる曖昧な点が浮かび上がることのないようなものでなければならないのである。

以上が、デカルトが考えていた区別である。これは、彼の哲学の水準に正確に照応しているのがわかるはずである。この点は、ライプニッツによって幾分展開された。この偉大で並外れた天才の営みは、看破した事柄という点でも、看過した事柄という点でも、注目に値するものだった。一式の機械装置は何らかの形で力を供給し続けないかぎり、永久に作用することはないということ、これは、彼にとってまったく明白なことであった。しかし、精神という機械装置は、観察事実を供給しないかぎり、知識を変形しうるだけで、知識を創造することはできないということ、彼は、これを理解しなかった。かくして、ライプニッツはデカルト哲学の最も本質的な点を見落としてしまった。その本質的な点とは、すなわち、我々にとって完全に明白に見える命題を受け容れるということは、それが論理的であろうと非論理的であろうと、我々がそうせざるをえないということである。ライプニッツは、問題をこのように把握せずに、学の第一原理を自己矛盾なしには否定しえない〔矛盾律と充足理由律という二つの〕定式に還元しようと試みたのだが〔『モナドロジー』第三一節、第三二節〕、どうやら、自分の立場とデカルトの立場との大きな違いには気づかなかったようである。こうして、彼は、論理学の因習的な形式論、そして、とりわけ、自分の哲学の中で重要な役割を演じている抽象的定義に立ち戻ってしまった。デカルトの方法が抱え込んだ困難は、本当は極めて漠然としている観念でありながら、我々自身の目には明晰な理解に達しているように見えてしまうという状況であった。ライプニッツは、このことを目にしていたにもかかわらず、デカルトの困難に対して、すべての重要な用語に抽象的な定義を与えるということ以上に優れた救済策に思いいたることはなかった。ライプニッツの後退ぶりからすれば、それも無理からぬところであった。かくして、明晰な概念と判明な概念の区別を採用するにあたって、彼は判明さという性質を定義のうちに含まれる一切の明晰な理解として記述した〔ライプニッツ「認識、真理、観念についての省察」米山優訳、『ライプニッツ著作集 第八巻』所収、工作舎、一九九〇年〕。以来、数々の書物が彼の説を引き写してきたのである。だが、今となっては、彼の荒唐無稽な定式が再び過大評価される恐れは、けっしてなかろう。定義を分析したところで新しいことなど何も学べまい。だが、それでも、このように定義を分析する過程を経ることで、我々の目下有している信念は秩序立てられることになる。そして、秩序とは、他のあらゆる場合の理法と同様に、知性の理法にとっても本質的な要素をなしている。それゆえ、ライプニッツの説を引き写してきた数々の哲学書が、概念への精通度をもって判明な理解への第一段階と考え、概念定義をもってその第二段階と考えたのも、ある意味妥当であると認めてよい。しかし、思想における、もっと高度な明瞭さに関して、何も言及していない点において、これらの書物は、一〇〇年も前に論破されてしまった哲学を丸写ししているだけである。大いにもてはやされた、あの「論理学の装飾品」、つまり、明晰と判明の教義は、それなりのものではあろうが、しかし、古色蒼然たる宝玉などは、もう骨董品箱に仕舞い込み、もっと今日の慣習にふさわしいものを身につける時機にきている。

論理学が我々に教えるべき主題として、当然要求しうる第一の教えは、いかにして我々の観念を明晰にするか、その方法である。これは最も重要な課題であり、その重要性を見くびるのは、かえって、この課題を必要としている人々だけである。我々が何を考えているのか知ること、つまり、我々自身が考えている意味を把握すること、これは、偉大にして有力なる思想にとって、確固とした礎石をなす。これを難なく習得するのは、かえって狭量で貧弱な考えの持ち主の方である。このような人々は、数々の観念であふれかえった泥沼の中でもがき、どうすることもできないような人々に比べれば、はるかに幸福である。世代を次々に重ねると過度ともいえるほど言葉が増大し、その結果、必然的に伴う副産物、つまり、理解できないような観念の広大な深みが生ずるものだが、国によっては、こうした不都合を克服する人々もいるかもしれない。このような克服過程を我々は歴史の中に見るかもしれない。その場合、自分たちの文芸の形式を完成し、ついには形而上学の殻から脱皮し、しばしば不屈の忍耐という代償を払いつつも、この忍耐によって、学識習得という、あらゆる知的分野において、偉業を達成するということになろう。このような人々は、自分たちの有する言葉や観念の種類こそ少ないが、しかし、少ないながらも、自らの言葉や観念を見事に駆使する人々を、長期的には圧倒することになるのか否か。これを我々に教えてくれる歴史の一齣はまだ展開されていない。だがしかし、個人にとってはごくわずかであっても、明晰な観念の方が、数多くの混乱した観念よりもはるかに価値がある。これには疑いの余地がない。若者であるなら、自分の思想の大部分を犠牲にして、残りの一部を救うようといわれたところで、納得することはほとんどあるまい。そして、混乱した思考の持ち主の場合、そのような犠牲の必要性を理解することは最も希である。このような人々に対して我々ができることといえば、生まれつきの欠陥を持った哀れな人として哀れむことだけである。時がたてば、このような犠牲を理解するようになるかもしれないが、明晰さに関する知的成熟というものは、かなり遅れてやってくるものである。これは、ある意味、自然のなせる不幸な定めといってよい。というのも、まだ前途もある人間の場合と比べれば、人生もすっかり落ち着いてしまい、そこで出会う幾多の誤りもその帰結についても大方味わってしまった人間にとって、明晰さなど、さほど有用でもないからである。若者の頭の中に潜んでいる、たった一つの明晰でない観念、たった一つの無意味な公式は、ときとして、あたかも動脈中の異物による障害のような作用を及ぼし、若者の脳の栄養摂取を妨げ、あるいは、せっかく、知的活力に満ちあふれ、知的豊かさが開花するさなかにありながら、若者が障害作用の犠牲となり、やせ衰えてしまうことがある。このような様子を目にするのはひどくつらいものである。ことさら誤りだと指摘するには、あまりにも無意味すぎる観念だというのに、これにとりつかれ、その不明確な幻を趣味として長年にわたり心に抱いてきた人は数多くいる。このような人々の場合、無意味で幻のような観念であろうと、これを熱烈に敬愛し、昼夜を問わず、これと行動をともにし、自分の精神力と活力を吹き込み、この観念のためとあらば、あらゆる職務を放り出す。要するに、無意味で不確かな幻と共に生き、幻のために生き、その結果、幻自体が、いわば、自分の肉親となってしまう。だが、やがて、ある晴れやかな朝、目を覚ましてみると、その幻は中世ヨーロッパ寓話における麗しのメルジーナのように跡形もなく消え去り、それとともに自分の人生にとって最も重要なものもまた消え去っているのに気づく。私自身、このような人を実際に知っている。メルジーナ伝説を描いたドイツのあの古い物語の中で、詭弁家、形而上学者、占星術師、その他、〔観念の幻に囚われた〕数多の人生が語られていないなどと、誰がいえようか。

二

『ポピュラー・サイエンス・マンスリー』誌掲載の第一論文［本書第6章］で説明した原理から即座に導き出せるのは、これまでの論理学者の「判明さ」よりも、はるかに高度な思想の明晰さに到達する方法である。その論文の中で明らかにしたのは、思考の働きは疑念という刺激によって生じ、信念が得られれば停止するのであり、したがって、信念を創り出すことが思考の唯一の機能であるということであった。しかし、目下の目的からすれば、この表現にみられる言葉はどれも語の調子が強すぎる。それは、まるで、心の顕微鏡に現れた現象をそのまま微細な形で記述したかのようである。疑念も信念も、通常用いられる言葉の意味としてみれば、宗教やその他の真剣な議論に関わっている。だが、ここで疑念という言葉でいっているのは、どれほど些細であろうと重大であろうと、いずれにせよ、ある問いが始まっているということであり、信念という言葉でいっているのは、その問いが解決しているということである。たとえば、鉄道馬車の中で、料金支払いのため、財布を取り出すと五セントニッケル貨一枚と一セント銅貨五枚があった場合、さて、どちらで料金を支払うか、財布に手をやりつつ決めることになる。このとき、どちらで支払うかが疑念であり、決めることが信念である。このようにいうと、疑念も信念も、たかが料金支払いくらいで用いるには大仰すぎる言葉かもしれない。この程度の疑念のことを、緩和しなければならない刺激を引き起こすなどと大げさな言い方をするのは、気がふれる寸前の気分を示唆している。だが、事の次第を詳細にみるなら、次のことは認めておかなければならない。銅貨五枚で払うかニッケル貨一枚で払うか、これに関して一瞬でも逡巡するのであれば（支払い方について、あらかじめ身につけた習慣にしたがって行動するのでないかぎり、必ず逡巡するはずである）、刺激という言葉を使うのは誇張であるとはいえ、いかに行動すべきか決心する際に必要になるような、ささやかな心の活動を引き起こしているのである。疑念が最も頻繁に生ずるのは、ほんの一瞬であれ、行動するにあたって決心できず、どっちつかずの状態にあるときであろう。むろん、そうでないこともときにはある。たとえば、駅で列車を待たなければならないとする。この場合、時間をつぶすために、私は旅行広告用ポスターを読み、実際に乗車するわけでもないのに、列車と路線をあれこれ比較しながら、どれが最適か考えるかもしれない。だが、これは、空想でその気になりきっているにすぎない。そうでもしなければ、やることがなくて退屈してしまうからである。単なる気晴らしのためであろうと、高貴な目的のためであろうと、空想でその気になりきるというのは、科学的探究を生み出すために重要な役割を果たす。疑念というものは、その源が何であろうと、精神を刺激し、ある活動を生み出す。その活動は弱々しいかもしれないし、活発であるかもしれない、あるいは穏やかであるかもしれないし、荒々しいかもしれない。疑念が生ずると、数々のイメージが脳裏を素早くよぎり、それぞれのイメージは、次から次へと絶え間なく融合していく。かかる時間が数分の一秒であれ一時間であれ、あるいは、何年間かかろうと、すべてが終わると、やがて気づくはずである。かつて決心にとまどい、ためらっていた状態も、今となってみれば、どのように行動すべきか既に決心がついている。つまり、このとき我々は既に信念を獲得しているのである。

以上の過程の中に観察しうるのは二種類の意識要素である。両者の区別を明解に示すには、実例をあげるのが一番よいだろう。一つの楽曲は個々の楽音と全体のメロディーとから成り立っている。ある一個の楽音の長さは、一時間でも一日でも、延ばすことができる。このとき、鳴り響いている時間の一秒一秒をとっても、鳴り響いている時間全体をとっても、この楽音は同じように存在していることは間違いない。したがって、この楽音が鳴り響いているかぎり、当の音は感覚器官に現れているといってよい。そして、この感覚器官からは、過去の時点で鳴り響いていた音は、もはや完全に消え去って不在となるが、このことは、未来自体も、現時点では、不在であるのと同様である。だが、メロディーとなると事態は異なる。

メロディーを演奏するには一定の時間がかかるのであって、演奏されているメロディーを一定時間分だけ取り出すならば、その取り出した時間分のメロディーしか演奏できない。メロディーというのは、各時点で鳴る各音が順序立てられ連続するという形で存在する。したがって、音をメロディーとして聴き取るためには、ある程度意識が持続しなければならない。こうした意識の持続によって、一定の時間内で生じた出来事としての各音が、我々の耳に聞こえてくるのである。確かに、一つ一つの音を聴くことによってのみ、我々はそれらをメロディーとして聴き取る。しかし、メロディー自体を直接聴くという言い方はできない。というのも、我々が耳にするのは瞬間に現れるものだけであって、順序立てられた連続音の方は、ある瞬間に現れるという形では存在しえないからである。以上みたような二つの対象、つまり、我々が媒介なしに直接意識するもの、および、我々が媒介を経て意識するものは、あらゆる意識において見出しうる。意識を構成する要素の中には、（たとえば、感覚のように）それが存続するかぎり、いかなる瞬間にも完全な形で現れるものもある。しかし、他方で、（たとえば思考のような）意識の構成要素は、はじめと中間と終わりを持つ動的作用であり、その在り方は心の中を流れる各感覚の連続体という形で一つの調和をなしている。思考のような意識要素は、我々の前に瞬間的に現れるということはありえず、過去もしくは未来の何らかの部分を範囲に含んでいなければならない。思考とは、我々の各感覚が継起することで成り立つ一筋のメロディーなのである。

さらにつけ加えておくなら、一編の楽曲が複数のパートから作られ、それぞれのパートが固有のメロディーを持つのと同じように、同じ感覚の間にあっても、継起関係からなる様々な編成様式が成立する。各編成様式それぞれの違いは、編成様式が持っているモチーフと楽想と機能の違いによって区別される。思考とは、このような感覚編成様式の一つにすぎない。というのも、思考の唯一の動機・主題・機能は信念を創り出すことであり、この目的に関わりのないものは、すべて、思考とは別の関係編成様式に属するからである。思考するという動的作用は、ときには、信念形成以外の他の結果をもたらすこともある。たとえば、我々を楽しませるのに役立つこともある。ディレッタントと呼ばれる人々をみてみるなら、楽しみ目的の思考に偏ってしまい、そのため、せっかく楽しく取り組んでいる問題がいよいよ解決してしまうと考えて、悩んでいるようにみえる者も希ではない。ある明々白々な発見によって、人気のある主題が文芸上の論争舞台から取り除かれてしまうと、今まで胸に秘めてきた嫉妬心が顔を出し、そうした発見は反感を買ってしまう。このような性向は思考の放蕩そのものである。しかし、思考の行方が故意に妨げられることもあるかもしれないが、思考に付随する思考以外の要素を取り除いてみれば、思考の核心的意味自体が信念形成以外の目的へ進んでいくことなど、けっしてありえない。〔疑念に〕突き動かされて思考が作用しているとき、その唯一可能な目的とは、〔信念という〕安定状態にある思考を達成することである。信念に関わることのないものは、何であれ、思考自体を構成することはない。

それでは、信念とは一体何か。信念とは、我々の知的生活というシンフォニーにおいて一つの楽句を終了させる半終止である。既にみたように、信念には三つの特性がある。第一に、信念とは何か我々が気づいているものであり、第二に、信念は疑念のもたらす苛立ちを沈静させ、第三に、信念に必然的に含まれるのは、我々の本性のうちに行為規則を確立するということ、一言でいえば、ある習慣を確立することである。思考が活動する際、その動因となっているのは疑念であり、このような疑念から生ずる苛立ちを信念は沈めるので、信念に到達したならば、〔活動中の〕思考は緊張を解き、やがて停止する。しかし、信念は行為の規則であり、行為規則の適用は、さらなる疑念とさらなる思考を伴う以上、信念は思考の停止点であると同時に、思考の新たな出発点でもある。そういうわけで、思考は本質的に一つの活動作用であるにもかかわらず、私は、あえて、信念を停止状態の思考と呼んだわけである。活動作用中の思考の最終到達点は意志の行使であり、この思考が最終到達点に達したならば、それはもはや、これまで活動してきた思考の一部ではなくなる。しかし、信念は、心が活動する一つの場でしかない、つまり、思考によって我々の本性にもたらされる一つの効果でしかないのであり、この効果が未来において活動する思考に影響を与える。

信念の本質は、ある習慣の確立であり、それぞれの信念の違いは、それらが生み出す各行動様式の違いによって区別される。信念が複数あっても、生み出す行動様式において、まったく違いがないのであれば、つまり、それぞれの信念が同一の行動規則を生み出すことによって同一の疑念を沈めるのであれば、その場合、各信念を意識する仕方に違いがあっても、それだけでは異なった信念ということにはならない。それはちょうど、ある曲を移調した上で演奏したところで、異なった曲を演奏したことにはならないのと同様である。各信念の表現様式が違うだけなのに、それだけで、各信念間に想像上の区別を設けることがしばしばある。だが、想像上の区別を設けることで生ずる論争の方は十分実在的である。ある物体の配列を目にして、図1のように並んでいると信ずることと、それを図2のように並んでいると信ずることは、一個同一の信念である。にもかかわらず、一方の叙述の方を主張し他方を否定する人がいたとしても、これは十分考えられる事態である。このような偽りの区別は、本当は異なっている各信念を混同してしまうのと同じくらい、有害である。これは、絶えず心して注意しておかなければならない数ある陥穽のうちの一つである。このことは、とりわけ我々が形而上学上の問題を扱っている場合に、よくいえる。この種の奇妙な錯誤で、しばしば起こりがちなのは、我々自身の思考が明晰でないために生じた感覚であるのに、これを我々の思考対象の側の性質と取り違えるということである。曖昧さは純粋に主観の側の問題であることを理解せずに、対象の方の質が本来的に謎めいていると考えるような気になる。そして、後になって我々の概念が明晰な形で目の前に現れても、もはや不可解な感じがしないので、それが同一の概念であることがわからない。こうした錯誤が続くかぎり、明解に思考を進めて行く上で障害となってしまうのは明らかである。したがって、この錯誤には相反する立場が共に関心を覚えるのであって、合理的思想に反対する論者であるなら、この錯誤を永続化しようとし、逆に合理的思考の信奉者であるなら、この錯誤を避けようと腐心するのである。

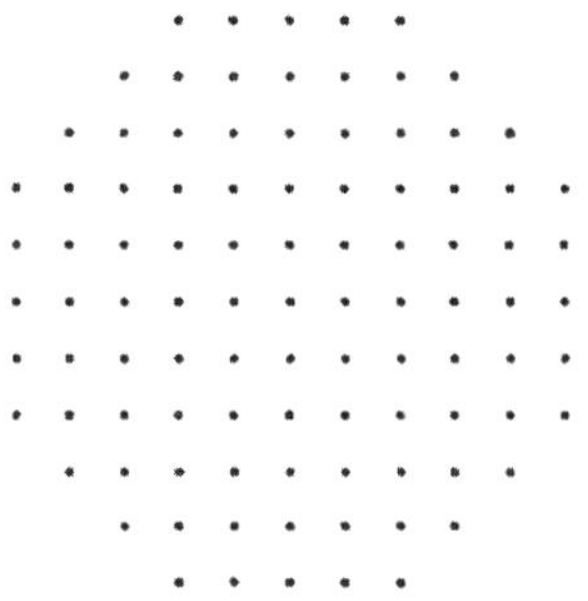

図1

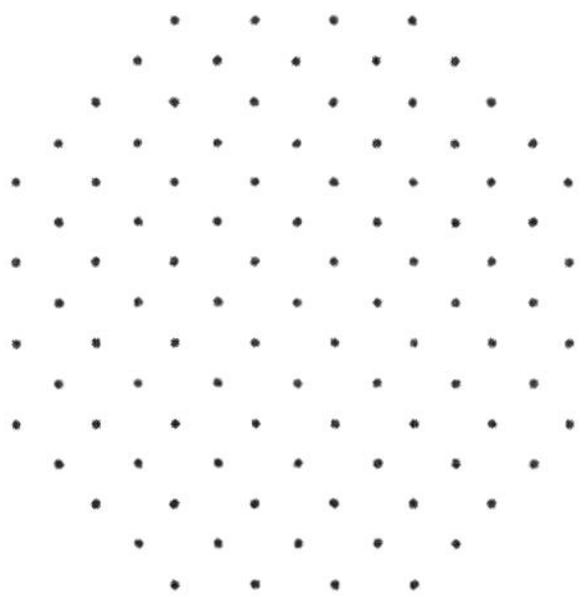

図2

このような錯誤は他にもあって、それは、二つの言葉の文法構造上の違いでしかないものをその言葉が表現する観念間の違いと取り違えるというものである。今日のように、有象無象の文筆家衆が事物よりも言葉の方に圧倒的な注意を払うようなペダンティックな時代にあっては、この誤りもごくありふれたものである。私は先に、思考というのは一つの行動であり、その本質は一つの関係のうちにあると述べた。もちろん、人が遂行するのは行動の方であって、行動の帰結でしかありえない関係の方ではないが、しかし、私の発言内容には何の矛盾もないのであって、ただ文法上の曖昧さが残るだけである。

以上、謬論をみてきたわけだが、どの謬論にも陥らないでいるためには、心して考えておかなければならないことがある。それは、思考の全機能は行為習慣を作り出すということ、そして、思考に関連はあっても思考目的に無関係であるものは何であれ、思考の付随物であって、思考に不可欠な要素ではまったくないということ、これである。たとえば、一編の楽曲を聴く場合にみられるように、我々の諸々の感覚間に統一があったとしても、ある与えられた状況下にあって、いかにふるまうかについて何の関連もないような統一であるなら、我々はそれを思考とは呼ばない。それゆえ、思考の意味を明らかにしようとするには、その思考がいかなる習慣を作り出すのかを明らかにしさえすればよい。なぜなら、ある事物が何を意味しているかは、それがいかなる習慣をうちに含んでいるかということにほかならないからである。さて、ある習慣の何たるかは、その習慣によって、我々がいかに行動するようになるかにかかっている。その際、行動を取り囲む状況としては、実際に起こりそうな状況のみならず、どれほど、ありそうにもないように思われようと、可能性として起こりうる状況をも想定する必要がある。当の習慣の何たるかは、それが、いつ、どのようにして、我々に行動をとらせるかによって決まってくる。いつという点に関わっているのは、行動に対する刺激はすべて知覚に由来するということであり、いかにしてという点に関わっているのは、行動の目的はすべて感知しうる結果を生み出すということである。かくして、どれほど思考の区別が微妙であろうと、思考を真に区別する根本として我々が最終的に考察すべきことは、結果を感知でき、なおかつ実際に生ずる事柄である。そして、意味の違いの何たるかは、実際に生じうる違いのうちにあるのであって、それ以外のところを詮索しなければ識別できないような些細な意味の違いなど、存在しないに等しいのである。

以上の原理が、どのような帰結をもたらすか理解するためには、帰結という観点から、化体説を考えてみるとよい。プロテスタント教会の場合、通常、正餐式で用いられるパンと葡萄酒はキリストの肉と血であると考えるが、これは、ただ比喩的な意味においてのみである。つまり、肉と肉から出る血が我々の身体を養うように、キリストの肉と血としてのパンと葡萄酒は、我々の霊魂を涵養するというのである。ところが、カトリック教会によれば、パンと葡萄酒は、文字通りの意味で、キリストの肉であり血であるというのである。むろん、これらは、実際に聖体で用いられる場合の感覚的性質すべてを備えていることは、いうまでもない。だが、葡萄酒という概念を我々が持ちうるのは、次の二つの信念のどちらかに属するものであって、それ以外にはない。

すなわち、

一、これかあれか、あるいはそのどちらでもないものが、葡萄酒であるという信念。

二、葡萄酒には何らかの属性があるという信念。

このような信念は、自分に次のようなことを知らせているにすぎない。つまり、葡萄酒だと信じている物に対して、我々が働きかける場合があるのであれば、葡萄酒なら持っているはずだと信じている性質に照らして、我々は行動するということでしかない。こうした行動が起こるとすれば、その誘因は感知しうる何らかの知覚であり、その目的は感知しうる何らかの結果を生み出すということであろう。それゆえ、我々の行動が関与するのは、ただ、感覚に影響を及ぼすものに対してのみである。そして、我々の習慣は我々の行動と同じ関係を持ち、我々の信念は我々の習慣と、我々の概念は我々の信念と同じ関係を持つのである。したがって、葡萄酒が意味を持ちうるのは、我々の感覚に対して、直接的ないし間接的に、何らか効果をもたらす場合であって、それ以外に意味はない。だから、何かあるものを、葡萄酒が持つ感知可能な全性質を備えているものとして語っておきながら、しかし、それは、本当は血なのであるなどと語ったところで、それは無意味な戯言でしかない。さて、神学問答にけりをつけることは私の目的ではない。このような話をしてきたのも、単に論理学上の一例としてでしかない。そこで、これ以上、神学者の反応を気にして、これに応じるようなことはやめて、この問題はここで打ち切ってしまおう。私が指摘したいのは、ただ次のことだけである。心中にある概念というのは、事物によってもたらされ、しかも、感知可能と想定される影響に関わっているのであって、これ以外に関わる概念を我々が心に抱くなどということは、いかに不可能かということである。何であれ、何かについて我々が持つ概念とは、それがもたらす感知可能な効果について我々が持つ概念にほかならない。感知可能な効果以外について我々が概念を持つと考えるとすれば、それは自らを欺いているのであって、思考に付随している単なる感覚を誤って思考そのものの不可欠な要素と取り違えているのである。思考は思考に唯一の機能と無関係な意味を持っているなど主張するのは馬鹿げている。正餐式で用いられるパンと葡萄酒がもたらす感知可能なすべての影響について、プロテスタント教徒とカトリック教徒が、もし今も今後も同意しているとするならば、パンと葡萄酒についての見解で対立していると両者が思い込むのは愚かなことである。

こうして〔精通度による明晰性第一段階、概念抽象性による明晰性第二段階を経た〕今、理解の明晰さの第三段階に到達するための規則は、次のようになると思われる。我々が持つ概念の対象は何らかの効果を及ぼすと、我々が考えているとして、もしその効果が行動に対しても実際に影響を及ぼしうると想定されるなら、それはいかなる効果であると考えられるか、しかと吟味せよ。この吟味によって得られる、こうした効果について我々が持つ概念こそ、当の対象について我々が持つ概念のすべてをなしている。

三

いくつか事例をあげることで、今みた規則を説明することにしよう。その際、まずは、できるだけ単純な事例から始めることにして、ある物を硬いと呼ぶとき、いったい、このことは我々にとって何を意味するのか問うてみよう。明らかなことは、この硬い物は他の多くの物体でこすっても傷がつかないということである。硬い性質という概念の全体像は、他のすべての性質を意味する概念の全体像と同様、それがどのような効果をもたらすと想定されるかによって定まってくる。硬い物と柔らかい物との間には、実際にテストしてみないかぎり、違いは絶対にない。そこで、今、柔らかい綿のクッションの中に、〔無定型炭素が結晶化されて〕一個のダイアモンドとして存在しているとしよう。さて、クッションに火をつけると、このダイアモンドは最終的に燃え尽きることになるが、それまでは、そこに、そのままの形で存在しているという事態を考えてみよう。この場合、〔結局燃え尽きる以上〕このダイアモンドは柔らかかったのだと主張すれば、誤りになるだろうか。これは愚かな問いのように思えるし、実際、論理学以外の領域では、確かに愚かな問いといってよいだろう。しかし、論理学の領域においては、現実的な議論をする場合よりも、このような問いの方が論理学上の諸原理を鮮明にする上で役立つのであって、その意味で、しばしば、最も有用な問いとなる。論理学を研究する際には、性急な答えによって、このような問いを片づけてはならないのであって、問いに関わっている原理を理解するためには、むしろ一見愚問に思えるような問いこそ、十全の注意を払って考察しなければならない。今問題にしている事態の場合、問いを修正することも可能である。たとえば、「硬い物体は、すべて、さわってみるまでは完全に柔らかいままであるが、しかるに、こすって傷がつくまで、その硬さは摩擦圧に比例して増加する」などという言い方を考えてみよう。通常、人は、このようなことをまずいわない。では、なぜなのか。考えてみればわかるように、その答えは次のようなものになる。このような言い方をしても、実は何の虚偽もないのである。このような言い方をすると、硬いと柔らかいという言葉の今日の使い方からずれてしまうが、しかし、その意味に関しては何ら変わるところはない。というのも、この言い方は、〔硬いと柔らかいという言葉の今日の語法をさしあたって無視すれば、さわってこすりつけてから傷がつくまでに〕現に生じている事実を表しているのであって、それと異なる事実を表しているわけではけっしてないからである。この種の言い方によって生ずるのは、ただ、事実の叙述順序が極端に不適切だということだけである。ここから確認できるのは、実際に生じてもいない状況の下で何が起こりうるか問うたとしても、それは事実についての問いではなく、単に事実の最も明確な叙述順序についての問いにすぎないということである。たとえば、自由意志と宿命の問題は、余計な表現を削ぎ落として最も単純な形で述べるなら、次のようになる。「私は恥ずべきことをしでかしてしまったが、はたして、あのとき、意志を強く持とうと努力していたなら、誘惑に逆らい、恥じることのない行動をとることができただろうか」。この問いに対する哲学的答えは、こうなる。これは、〔できたか否かという〕事実についての問いではなく、〔意志と行為という〕事実の順序についての問いでしかない。私の問いの要点は、しでかしてしまったことについての責任は私にあるというものである。そこで、事の叙述順序を変えて、特に、この要点にとって適切な事柄を示すなら以下のようになる。「もし、実際にしたこととは異なるふるまいをするよう、しかと意志を持っていたならば、私は、あのようなことはせずに、別の行動をとったはずである」。この言い方は完全に正しい。他方で、今の要点とは異なるが重要な考察事項〔宿命論〕を表現するために、事の叙述順序を変えてみよう。「ひとたび誘惑の芽が頭をもたげ、しかも、その力が魅惑的であるなら、誘惑は力をふるい、どうしたものか、私はもだえ苦しむことになろう」。このような言い方も同じように正しい。誤った仮定から生じた結論に矛盾があったとしても、そこには何の難点もない。「帰謬法」が示そうとしている要点は、矛盾し合う結論が導き出されたとすれば、それは、そもそも、その仮定の側が誤っていたという判断にある。自由意志論争には多くの問いが含まれている。私は、ここで、自由意志論も宿命論も、どちらも、ともに正しいなどと主張したいわけではない。それどころか、私の見解は、一方は重要な事実を否定し、他方は否定しないというものである。しかし、ここで特に主張しておきたい点は、先に確認したたった一つの問いこそが疑念全体の源泉だったということ、この問いがなかったなら自由意志論争は生じえなかったということ、そして、この問いは、私が示した方法において、完全に解決されているということである。

次に、重さについての明晰な概念を把握すべく努力してみよう。これも極めて簡単な例である。ある物体は重いというとき、その意味は、ただ、落下に逆らう力がなければその物体は落下するということにすぎない。これが、重さの概念のすべてであることは明らかである（ただし、重さという言葉を使う物理学者の念頭にあるのは、その物体の落下の仕方の詳細如何なのであるが、今は、これを無視していることはいうまでもない）。個別の事実をいくつか示したところで、重力を説明したことにはならないのではないかと問うのは、妥当な問いといってよいが、しかし、力自体ということで我々がいっている意味は、力の持つ効果のうちにすべて含まれている。

重さについて以上のような考察をするなら、今度は、力一般の概念の説明を試みるのが課題となろう。

この概念は極めて重要な概念で、一七世紀初頭、原因という粗野な概念から発展し、以来、絶えず改良が加えられてきたものである。この概念がこれまで我々に対して示してきたのは、物体が経験する運動のすべての変化をどのように説明するか、そして、あらゆる物理的現象をどのように考えるかということである。そして、この力一般という概念こそが近代科学を生み出し、地球の様相を大きく変え、比較的特殊な利用法に加えて、近代思想の発展を方向づけ、近代社会の発展を促進する上で、主要な役割を果たしてきた。それゆえ、一苦労してでも、この概念を深く把握する必要がある。観念を明晰にする我々の方法にしたがうなら、力について考えることによって得られる直接的な効果はいかなるものか、これを問うことから始めなければならない。そして、その答えは、直接的効果の何たるかを考えることで、我々は運動の変化を説明するというものである。もし、物体が、他から力が加わることなく現状のままに置かれるならば、あらゆる運動は速度においても方向においても何の変化を被ることなく、その状態であり続けるだろう。さらに、運動に急激な変化が生ずることはけっしてない。運動の方向が変わるにしても、常に角張らない曲線状に変わるのであり、速度が変わるにしても、徐々に変わるのである。漸次的変化がこのように恒常的に生じている場合、幾何学者たちは、これを力の平行四辺形の規則にしたがって合成されると考える。もし読者がこの規則をまだ知らないのであれば、以下の説明を理解すべく努めることで、得るところは大きいと思う。しかし、数学的説明には耐えられない読者の場合には、ここで読むのをやめてしまうより、むしろ、以下の三つの段落を飛ばして先を続けることをお願いしたい。

道とは、始点と終点が明確に区別される線のことをいう。二本の線が始点と終点を同じくするとき、この二つの線は、等しいとみなされる。したがって、たとえば、図3にみられるように、二つの道、ABCDEとAFGHEは等しい。始点を同じくしない場合であっても、二つの道の始点のいずれか一方を、回転させることなく平行移動し、他方の元々の始点に重ねたとき、同時に終点もまた重なったならば、この二つの道は等しいとみなされる。二本の道のうち一方の道の始点を他方の終点に重ねた場合、二本の道は幾何学的に加算されたとみなされる。したがって、図3に即していえば、道AEは、AB、BC、CD、DEの和であるとみなされる。図4の平行四辺形でいえば、対角線ACはABとBCの和である。また、ADはBCと幾何学的に等しいので、ACはABとADの幾何学的和である。

以上に述べたことは、すべて純然たる約束事である。約束事であるということは、単純に次のことに帰結する。つまり、複数の道が今述べたような関係を有するとき、それらの道の関係を我々は「等しい」あるいは「加算される」と呼ぶことにしている、ただそれだけのことである。以上は、かように約束事でしかないのであるが、しかし、十分な理由のある約束事である。幾何学的加算規則は、道に適用されるだけでなく、道で表現されるものであれば、他のいかなる事物に対しても適用可能である。ところで、道というものはその始点から道の上を運動する点の可変的な方向と距離によって規定されるので、次のような書き換えも可能である。つまり、何であれ、その始点から終点まで、可変的な方向と可変的な量によって規定される事物は、一本の線で表現することができる。かくして、速度には方向と程度しかない以上、速度は線で表すことができる。同じことは、加速度、つまり速度の変化に対してもいえる。これは、速度の場合には、すぐに明確に理解できることであるが、加速度の場合であっても、速度の位置に対する関係——位置が変化する諸状態——は、まさしく加速度の速度に対する関係に等しいことを考慮するなら、同じように明確に理解できる。

いわゆる「力の平行四辺形」は、加速度を合成するための規則にすぎない。この規則は、加速度を道によって表し、その上で道を幾何学的に加算するというものである。だが、幾何学者たちは「力の平行四辺形」を様々な加速度を合成するために用いるだけでなく、一つの加速度を複数の加速度の和として分解するためにも用いる。図5において、ABは、ある加速度を表す道だとする。そこで、次のような事態を仮定してみよう。ある物体の運動〔速度〕に変化が生ずる。そのため、この変化の影響下にあるかぎり、一秒後、当の物体は、元の速度のままで変化がなかった場合に到達する地点とは異なる地点に到達する。以上のような速度変化を仮定するなら、加速度として表現される道ＡＢは、加速度がかかる直前の瞬間地点Ａを始点とし、加速度がかかって一定速度に達した瞬間地点Ｂを終点とすることになろう。この加速度は、ＡＣとＣＢで表される加速度の和とみなすこともできる。同じように、この加速度はＡＤとＤＢによって表される加速度の和とみなすこともできる。ただし、この場合、ＡＤはＡＣとほとんど正反対の方向であるため、加速度の和とはいっても、非常に異なる加速度の和ということになる。いずれにせよ、加速度ＡＢを二つの加速度の和として分解する方法はかぎりなく多様であることは明らかである。

以上で退屈な説明を終える。力という概念に対する多大な関心を考慮して、読者の側の忍耐力もまだ尽きていないことを望んでいる。いずれにせよ、我々はようやく力という概念が表現している重大な事実を述べる手筈を整えたことになる。重大な事実とは以下のことである。物体を構成する様々な粒子が運動するとき、もし、この運動の実際の変化がそれぞれ適切に分解されるなら、構成要素それぞれの加速度は、

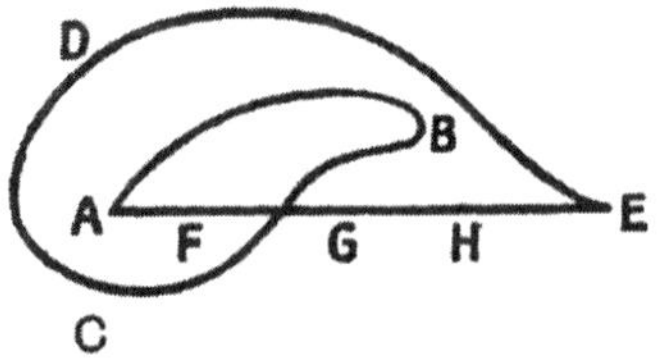

図3

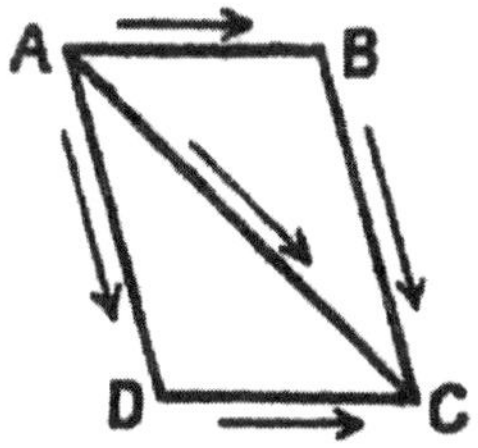

図4

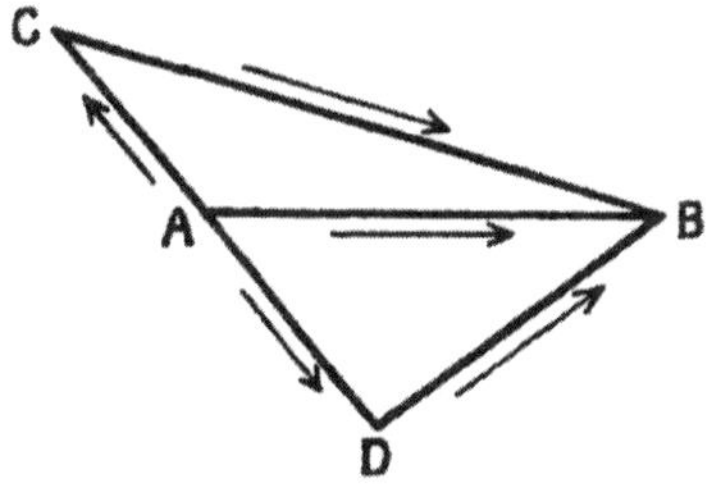

図5

まさしく、何らかの自然法則にしたがうようになっているはずである。その法則によれば、ある一個の物体を構成する各粒子が、ある時点で実際に占める位置を相対的位置とすると、相対的位置にある各粒子に対しては、▼1常にそれぞれ一定の加速度がかかっており、この各加速度を幾何学的に加算することで、各粒子から構成される当の一物体に対し実際にかかっている加速度を得ることができる。

以上が、力という概念が表している唯一の事実である。この事実の何たるかを労を厭わず把握しようとするならば、誰であれ、力の何たるかを完全に理解することになるはずである。力とは加速度であるというべきか、それとも力は加速度を引き起こすというべきかなどといった問題は、言葉の適否の問題にすぎず、我々が議論している問題の真の意味とは何の関係もない。それは、寒い天候状態のことを述べるのに、フランス語流に「非人称主語ガ寒クスル」と表現しようが、英語流に「非人称主語ガ寒クアル」と表現しようが、その違いに真の意味の違いがないのと同じである。だが、驚くべきことに、この単純な事態が、長きにわたって、多くの人々の頭を悩ませてきたのである。造詣の深い論文の中で、力のことを「神秘的な実体」などと語らなかったものは、どれほどあろうか。このように表現すること自体、力という言葉が何を意味するか、その明晰な概念把握を当の本人が断念していることを自ら告白しているにすぎない。近年大いに賞賛された「解析力学」に関する著作の中で、こう述べられている。「我々は力の効果について正確に理解しているが、力自体の何たるかについては理解していない」。これは単なる自己矛盾にすぎない。力という言葉が我々の心に引き起こす概念は、我々の行動に影響を及ぼす以外に何の機能も持っていないし、こうした行動は力の効果を通してしか力に関与しえない。したがって、もし力の効果の何たるかを我々が知っているなら、力が存在するという表現に含まれている事実のすべてに我々は精通していることになり、それ以上に知るべきことは何もない。だが、実際はというと、世の中には曖昧な見解が広がっていて、問いによっては、心では考え及ぶにいたらない何ものかを意味するものもあるなどという考えもある。このような馬鹿げた見解に直面するたびに、些事にこだわる哲学者は積極的概念と消極的概念などという無意味な区別を考案し、自分たちの中身のない概念に対して、不明確で無意味な形式を与えようと取り繕ってきた。このような試みが無意味であることは、ほんの数頁前に述べた考察事項からすれば、十分明らかである。先の考察事項は措くにしても、真の思考に習熟した精神の持ち主で、このような無意味な概念区別を目にしたことがある者なら、誰でもその詭弁ぶりに気づいていたはずである。

四

さて、ここで論理学の主題を取り上げ、特に論理学と関係の深い概念、すなわち実在という概念を考察しよう。明晰性をなじみの深さという意味で解釈するなら、実在以上に明晰な概念はない。どんな子供でも、完璧な自信を持ってこの概念を使い、自分がこれを理解していないなどとはつゆにも思わない。しかしながら、〔ライプニッツにみられるような〕明晰性理解の第二段階となると、たとえ深く思索する資質に富んだ人々の場合でも、実在的なるものに対して抽象的な定義を与えることに、ほとんどの人がとまどうことになろう。しかし、そうした定義は、おそらく、実在と、その反対概念つまり虚構との相違点を考察することによって得られるだろう。虚構というのは誰かの想像の産物であって、その人の思考が当の想像物に押しつけた諸々の特性を持っている。ところが、読者や私がどう考えようと、こうした特性がそのこととは独立して存在しているということこそ、外的実在にほかならない。しかしながら、我々の心の中には、我々の思考に依存していながら、しかも同時に我々が現実に考えている事柄であるという意味で実在的現象というものがある。だが、こうした現象の性質は我々がどのように考えるかに依存してはいるけれども、その性質の何たるか、我々が考えている内容には依存しない。かくして、たとえば、ある人が本当に夢を

▼1 速度についても、おそらく、考慮せねばなるまい。

みたのならば、その夢は心的現象としては実在的存在である。そして、その人がある特定の内容の夢をみたということ自体は、夢の内容の何たるか、誰かが考えるその内容に依存しないし、それどころか、その夢の内容に関する意見の一切から独立している。他方で、夢をみたという事実ではなく、夢に出てきた対象を考察するなら、夢の対象は夢の中で現れた諸々の特性を保持しているが、それはその特性が夢に出てきたという事実のみによるのであって、それ以外の事実によって保持されるのではない。以上より、我々は実在なるものを次のように定義しうる。実在なるものの特性とは、それを誰が何と考えようと、そのことからは独立して存在するものである。

しかし、このような定義がどれほど申し分ないものであろうと、たったこれだけで実在という観念が完全に明晰になっていると考えるとすれば、それは大きな誤りであろう。それでは、ここで観念を明晰にする我々の規則を適用してみよう。それによれば、実在性とは、他のすべての性質と同様、当の性質に関与する事物が及ぼす感知可能な特別の効果のうちに存在する。実在的事物がもたらす唯一の効果は信念を生み出すということであろう。というのも、実在的事物が引き起こすすべての感覚は信念という形式をとって意識の中に現れるからである。それゆえ、問うべきことは、真なる信念（実在なるものを信ずること）は偽なる信念（虚構を信ずること）とどのように異なっているかである。ところで、既に以前の論文でみたように、真と偽という概念は、完全に発展を遂げた信念確定段階においては、もっぱら意見を確定する科学的方法にのみ関わる概念である。自分が採用しようとする命題を恣意的に選択する人が真という言葉を用いることができるのはただ、自分の選択の確かさに固執する決意表明を強調するためだけである。もちろん、固執の方法だけが他の信念確定方法を排除して支配的だったわけではけっしてない。理性を行使することは、人間にとって極めて自然だから、そうなってしまうことはない。しかし、中世の暗黒時代の文献の中には固執の方法を示す格好の例がある。スコトゥス・エリゥゲナは、ソクラテスの死因は〔杯に盛られた毒草〕ヘレボールであると書かれた詩の一節を解釈する中で、あろうことか、詮索好きの読者に対して、〔毒草ヘレボールのことを哲学者と勘違いし〕ヘレボレスとソクラテスは、ともに傑出したギリシア哲学者で、ソクラテスはヘレボレスとの論争で敗れ、それを苦にして死んだなどと註釈して、はばからない。「おそらく」という留保もつけずに、かくも、まったくでたらめな見解を採用し、人に教え諭す人間というのは、いったい、どのような真理概念を持ち合わせているのだろうか。論争から何かを学ぶことを常としていたはずのソクラテスにしてみれば、「論争で敗れ」ることは彼にとって大いなる喜びであったはずだと私は思う。ソクラテスのこうした真の精神は、議論を単なる争いごとと解する註釈者の無邪気な考えとは、奇妙なほどに対照的である。哲学が長い惰眠から目覚め始め、しかも、神学が哲学をまだ完全に支配する以前の時代にあっては、前人未踏で、しかも、強力な哲学上の地位を確保しようと考えていた哲学者にとって、その地位の足固めをし、ときには他の哲学者たちを相手に反撃に出て闘うのが、習わしであったように思える。だからこそ、こうした哲学上の論争に関する、ごくわずかな現存文書記録によってさえ、かつての唯名論と実在論の問題に関して、様々な哲学師範たちが一時に主張していた十指に余る見解を理解できるのである。たとえば、アベラールの自伝『我が災厄の記』の劈頭部分を読み、そこに息づく戦闘精神を確かめるとよい。確かに彼は同時代の誰にも劣らぬほど哲学的ではあったが、彼にとって真理とは自身にとっての特別な要塞でしかなかった。やがて、権威の方法が支配的になっていくと、真理とは単にカトリック信仰を意味するにすぎなくなった。スコラ学者たちの努力は、あげて、アリストテレスへの信仰と教会への信仰との間に折り合いをつけることに向けられている。彼らの分厚い大型本を調べ尽くしても、それ以上深い議論は見出せない。相異なる信仰が相並んで栄えているところで、背教者たちは、同じ信仰を持つ宗派によってさえ、軽蔑の目で見られている。これは注目に値することである。つまり、かくも完全に忠誠の概念が真理追究の概念に取って代わってしまったのである。デカルトの時代以来、真理概念の欠陥は以前ほど見た目に明らかではなくなっていた。しかし、それでもなお、今日科学に携わる人々にとって印象深く目に映ることがあろう。当時の哲学者たちは、事実の何たるかを発見しようと努力するよりも、いかなる信念が自分の信仰体系に最も調和するかを探ることに熱心だったのである。ア・プリオリな方法を信奉している人に事実を証拠として提出したところで、自ら納得させるのは困難である。しかし、自分の擁護している見解が他のところで自分が書き記したことと矛盾していることを示せば、このような信奉者も自説を撤回するにやぶさかではないであろう。このような考えの持ち主は、論争もいつかは終わると信じているようにはみえない。こうした人々が考えているのは、ある人にとって当然の見解は別の人にとっては当然ではなく、したがって、信念はけっして確定することはないということのようである。自身の見解を確定するにあたって、別の人が採用すれば異なる結論が出てくるような方法に頼ることで満足しているとすれば、それは真理の何たるかについての自分たちの概念把握の仕方がまったく説得力のないことを示している。

これに対して、科学的方法の信奉者であるなら例外なく完全に確信していることがある。それは、探究過程を十分推し進めさえすれば、科学的探究の方法を適用しうる問いすべてに対して、確実な答えが一つ得られるということである。たとえば、光の速度を研究する場合、様々な方法がある。ある研究者の場合、金星の太陽面通過と恒星の光行差を詳しく調べ、別の人の場合、火星が太陽を挟んで地球と正反対の一直線上にある時点、木星衛星の蝕を吟味する。さらに、第三にフィゾー［Armand Fizeau 一八一九―一八九六年］の方法、第四にフーコー［Jean Bernard Leon Foucault 一八一九―一八六八年］の方法、第五にリサジュー［J. A. Lissajous 一八二二―一八八〇年］の曲線運動の方法、そして、第六、第七、第八、第九としては、静電気と動電気の測定量を比較するというように、様々な方法にしたがって光速を測定することになろう。こうした諸々の方法を用いることで、当初はそれぞれ異なる結果を得るかもしれないが、各自の研究方法と研究手順を完全なものにしていくにつれて、それぞれの結果は確実にある一点に収斂していくことになろう。科学的研究はおしなべてこのような経緯をたどる。様々な人々が真っ向から対立する見解を出発点にして研究を始めるかもしれないが、科学的探究が進展するにつれて、外部からある力が働いて、各研究もやがて同一の結論へと収斂していく。このような思考活動は、我々を望む地点へではなく、あらかじめ運命づけられた地点へと導いていくのであり、その意味で運命の作用に似ている。自分が選んだ見解を修正しようが、研究のために他の事実を選ぼうが、さらには、生まれながらの性癖がどのようであろうとも、このようにあらかじめ定められた見解から、人は逃れられない。この偉大なる法則は真理と実在の概念自体の中に組み込まれている。あらゆる探究者が最終的に同意するように運命づけられている[2]見解こそ、我々がいう真理ということの意味なのであり、この見解によって表現されている対象こそ、実在なるものなのである。私が実在ということを説明しようとすれば、以上のようになる。

こうした見解は、実在なるものの特徴を結局のところ人がそれをどう考えているかに依存させている点で、我々が既に実在に対して与えた抽象的定義と真っ向から対立しているではないか。人によっては、こう主張する向きもあろう。だが、これに対する我々の答えは次のようになる。一方において、実在というものは必ずしも思考一般から独立しているのではなく、ただ、あなたなり私なり、あるいは一定数の人なりが、実在についてどう考えているかとは独立して存在しているにすぎない。他方で、終極の見解の対象は、その見解がいかなるものかには依存するけれども、しかし、その見解の何たるかは、あなたや私や、あるいは他の誰であれ、誰かがどう考えているかには依存しないのである。我々も他の人々も、強情さゆえに意見の確定を無限に先延ばしするかもしれない。おそらく、このような強情さゆえに、人類が存続するかぎり、恣意的な命題が普遍的なものとして受け容れられてしまう事態さえ、十分考えられる。だが、そうなったとしても信念の本性は変わらない。信念とは、ただ、探究過程を今よりも先へ十分進めていく

▼2　ここで、「運命」づけられているといっているのは、確実に実現し、しかも、けっして、避けることができないという意味でしかない。ある種の出来事は、常に、そうなるように運命づけられていると想定するなら、それは迷信である。同時に、運命という言葉は、けっして、この言葉が持つ迷信的痕跡から自由ではありえないと想定することもまた、もう一つの迷信である。我々はみな死すべき運命にある〔ということ、これは迷信ではない〕。

ことによってのみ到達する結果だからである。さらにいえば、我々人類が滅亡したとして、その後、新たな人類が探究の能力と性向を携えて登場したとしても、かの真なる意見は、その新たな人類が探究を経て最終的に到達した意見でなければならない。「粉々に砕け散った真理も、いずれは甦る」［アメリカの詩人William Cullen Bryant "The Battle-Field" 第九節第一行］。だが、そうだとしても、探究過程の末に最終的に得られた意見であるなら、実際に誰がどのように考えようが、そのことに依存することはない。しかし、実在的なるものの実在たる所以は、十分長期にわたり探究過程を遂行すれば、ついには実在するものへの信念に到達することになるという、実在的事実にかかっているのである。

しかし、人によっては私にこう問うかもしれない。それでは、歴史に埋もれ再び発見されることのない歴史上の些細な事実、失われてしまった古代人の書物、葬り去られた秘密、こういったものに対して、何を語るべきなのか。

清らかに照る和光の珠は数知れず、
暗い大海の量りきれぬ底にひそみ、
恥じらって人目をふれず咲く花は数知れず、
色香をば、むなしくも荒野に散らす。◆

このような珠や花を、我々は、どうあがいても、知ることはできない。だが、そうだからといって、この珠や花は本当は実在しないなどといえるだろうか。さらにいえば、（さる科学者たちの予見にしたがって）宇宙が死滅し、あらゆる生命が永遠に絶滅したとして、その後も、原子の衝突は、たとえそれを知る精神の持ち主が誰一人いなかろうと、存続するのではないだろうか。これに対しては次のように答えておく。学の認識について、考えられるかぎりあらゆる状態を想定しようが、未知のままの事柄と既知の事柄のそれぞれの総量が、どのくらいの割合で存在するかについては、どれほど大きな数字によっても十分表現することはできないが、しかし、（いやしくも明晰な意味を持つ）ある問題に関して、探究が十分進展しても、その問題は解決しないなどと想定するのは、哲学的ではない。光が到達するのに人類の歴史よりも長い時間を要する星の物質的構成について、そもそも、我々が知りうるなどということを数年前に誰が主張しただろうか。数百年後の人類は何を知っていないかについて、いったい、今誰が確信をもって語れるだろうか。過去百年の科学の勢いで科学研究を一万年続けたとするなら、いったい、いかなる結果が生ずるか、誰がこれを推測できようか。さらに、百万年間、一千万年間、お望みなら、どんな年数でもかまわないが、とにかく研究を続けたとしても、究極的に解決不可能な問題があるなどと、どのようにすれば主張できるのだろうか。

そうはいっても反論もありうるだろう。たとえば「実際に生ずる区別だけが意味を持つというのが自説の原理であると、ことさら主張しているというのに、どうしてかくも迂遠な考察を重要視するのだろうか」といった具合である。この反論にも一理あることは認めておかなければなるまい。〔我々が行くことのない〕真っ暗な海底にある宝石は光っているのか、それとも光ってはいないのか、どちらを主張しても、〔そこに行くことができない以上〕事態に違いはほとんどない。いいかえれば、当の石が明日引き上げられる可能性を常に念頭に置いたところで、〔現状においては〕おそらく、まったく違いはない。だが、海底に宝石がある、人跡未踏の砂漠に花が咲いているといった類いの命題は、圧力が加わっていないときでもダイアモンドは硬いという命題と同様に、我々の概念の意味よりも我々の言葉の叙述順序の方に一層深く関わる命題なのである。

◆トマス・グレイ「田舎の墓地で詠んだ挽歌」福原麟太郎訳、『墓畔の哀歌』所収、岩波文庫、一九九〇年、第八章。

　だが、我々の規則を用いることで、実在とはいったい何を意味するのかについて、そして、実在概念が依拠している事実について、我々は極めて明晰な理解に達したと思われる。したがって、信念確定の科学的方法を採用する人々にあまねく同意を得ようとして、仮に形而上学的存在論を提供しようとするにしても、異様といえるほど押しつけがましく主張すべきではないだろう。とはいえ、形而上学というのは、役に立つためというよりも好奇心を満たすための学であって、形而上学上の知識は、水底に沈んだ危険な障害物についての知識と同様に、主として障害物に近寄らないようにしておくために役立つものである。それゆえ、今はもうこれ以上、存在論で読者を煩わせるつもりはない。私は、当初望んでいた以上に、既に形而上学の道に深入りしてしまった。さらに、読者に対しては、数学や心理学そして難解極まりない学説を延々述べてきた。そのため、読者はもうこの論文を読むことをやめてしまったのではないか、あるいは、この論文を読むのはもう植字工と校正者しかいないのではないかと心配しているほどである。しかし、この主題の重要性を私は確信している。論理学に王道はない。真に重要な概念は周到な注意を払うことによってしか理解できないのである。だが、概念という主題に関しては、世間は安直で手軽なものの方を好むことを私は承知している。それゆえ、次の論文［本書未収録］では、容易に理解できる主題に立ち返り、二度とそこから離れないようにするつもりである。今回退屈な仕方で展開してきた議論が、科学的推論の規則を確かめる上で、いかに鮮やかに妥当するか、これについては、これまで苦労して本稿を読み通してきた読者も、私の次の論文において理解できるだろうし、そのことによって、このたびの労も報われるはずである。

　これまでのところ、我々はまだ、科学の論理学の領域にまでは踏み込んでいない。我々の観念をいかに明晰にするかを知ること、これはもちろん重要ではあるが、しかし、我々の観念は真でなくとも大いに明晰であるかもしれない。いかにして我々の観念を真なるものにするか。これが次に研究すべきことである。真なる観念は、活気に満ち生産性に富み、無数の形にまで豊饒化し、いたるところに拡がっていき、文明を前進させ人間の尊厳を創造していく。このような観念をいかにして産み出すか、これはまだ規則にまでは定式化されていない技法である。しかし、そのような技法の極意については科学の歴史が手がかりを与えてくれるのである。

第8章　プラグマティズムとは何か（一九〇五年）

What Pragmatism Is

チャールズ・サンダース・パース

Charles Sanders Peirce

私は、多くの経験から、次のように確信するにいたった。あらゆる物理学者、あらゆる化学者、要するに、いかなる部門であれ実験科学を修得した者は、すべて、自分の思考の枠組みを自分ではほとんど気づかないほどにまで実験室での生活によって作ってきた。実験科学者自身はそのことにほとんど気づいていないが、その理由は、自分が実際に知っている識者たちも、同じように思考法を形成したという点で、自分とほとんど似通っているためである。知性の形成という点では、実験科学者とは大きく異なる訓練を積んできた人々、つまり、教養の大部分を書物から学んできた人々もいるが、実験科学者の側からすれば、このような人とどれほど親しい間柄であろうと、心の底から彼らを理解することはないだろう。というのも、実験科学者と彼らは水と油のような関係であって、たとえ一緒に混じり合っても、思考の仕方においては、それぞれ、驚くほど素早く我が道を行くことで、離ればなれになるからである。そこにおいて、つながりあった痕跡をさがしてみても、あとは残り香以上のものは見出せない。実験科学者とは異なる知性を身につけた人が、実験科学者の知性の奥底まで巧妙に知ることになったとする。実際には、彼らはそんなことをする能力をほとんど持ち合わせてはいないのであるが、それができたと仮定しよう。その場合、実験科学者の個人感情や育ちのせいで自由に思考を働かすことのできないような主題は措くとして、彼らがすぐに見出すのは、実験科学者の思考性向は、何を考えるときでも、実験室において考えるのと同じように、つまり実験室における営みの問題として考えるということである。もちろん、生身の人間として考える場合、実験科学者特有の属性すべてを、完全に持ち合わせている人などいない。それは、ちょうど、一頭立て軽装馬車や二頭立て二人乗り馬車に乗っている人を毎日目にするとしても、その人が典型的な医者でないのと同じである。あるいは教室に入って最初に誰かに出くわしたとしても、その人は典型的な教師ではないかもしれない。しかし、ひとたび典型的な実験科学者を目にしたならば、あるいは観察に基づいて典型的な実験科学者の人物像を想像してみるならば、わかるはずである。つまり、実験科学者に対して人がいかなる所説を述べようと、実験科学者は意味というものを次のように二通りに解釈するだろう。いやしくも、ある実験に対して一定の操作方法の指示を行うことが可能であり、しかも、それが実際に実行に移されるとするならば、その結果として、ある一定種類の経験をすることになる。〔この結果が意味というものなのである。しかし、他方で〕もし、そのような結果が得られないのであれば、実験科学者は、人が何をいおうとその人のいうことに、何の意味も見出さないだろう。つい先頃、アーサー・バルフォア氏は科学振興協会において語った。「物理学者というのは、経験上起こりうる諸対象を結びつける法則よりも、さらに何か深いものを求めるものである」。さらに続けて、「物理学者の対象は」実験では明らかにならない「物理的実在であり」、このように実験科学で把握不可能な実在が存在するということは、「科学における不変の信念である」という。◆仮に、似たようなことを実験科学者に対して語った場合、すぐにわかるのは、存在の何たるかを問うようなこの種の意味などは、すべて実験科学者の精神にとって見分けがつかないということである。ここにみられる確信について、私は実験科学者たちとの議論に学んだのだが、加えていえば、私自身、六歳の頃からとうの昔に過ぎてしまった壮年の頃まで実験室暮らしが続いたことが、そう確信するのに大いに与ったといってもよい。そして、自分の全生活のほとんどを実験科学者との共同作業に費やしてきたからには、実験科学者たちと私との間には相互理解があるという強い感覚があったわけであり、このことが、常に私の確信とともに、あったのである。

　実験室暮らしが長かったからといって、私は（ここでも、そして、以下に続く議論においても、実験科学者の典型を明確に例証するものといってよいが）思考方法に関する関心がなくなったわけではない。私が形而上学の著作を読むようになったとき、その多くは推論の仕方において厳密性を欠き、偶然的な先入観に左右されているように思えたけれども、ある種の哲学者、とりわけ、カント、バークリー、スピノザの著作を読む中で、実験室における思考方法を想起させるような思考傾向にときおり出会うことがあった。その結果、私はこれらの著作を信頼してもよいと考えたのである。以上述べたことは、すべて、私だけでなく、他の実験家にも当てはまるといってよい。

　実験科学者タイプの人間なら自然にするように、私もまた自分が確証したことを定式化しようと努めてきた。そして、その過程で私は次のような理論を構築したのである。ある概念、つまり、ある言葉や他の表現の理にかなった意味内容というものは、当の概念が人間の行動に対して与える想定可能な影響の中にしかない。実験から生じたものでないようなものは、何であれ、行動にはいかなる影響も与えないのは明らかである。したがって、そうである以上、ある概念を肯定するのであれ否定するのであれ、そのことによって意味しうる、想定可能な実験的現象すべてに対して、仮に正確な定義を与えることができれば、その定義の中に、当の概念の完全な定義を見出すことになる。そして、その中に、それ以上のものは、絶対にない。こうした原理に対して、私はプラグマティズムという名を考案したのである。私の友人の中には、この原理をプラクティシズムないしはプラクティカリズムと呼ぶことを私に勧めた者もあった（おそらく、その根拠は、ギリシア語としては、プラグマティコス〔πραγματικος〕よりプラクティコス〔πρακτικος〕の方が適切であるというものであろう）。だが、哲学に転じたとはいえ、そのつきあいのほとんどを実験科学者と共にしてきた私がそうしたように、カントの著作から哲学を学んできた者にとって、そして、当時においてもなお、ためらうことなく進んで、カント哲学の語彙によって思考していた者にとって、プラクティッシュ〔*praktisch*〕とプラグマティッシュ〔*pragmatisch*〕は両極端といえるほど懸け離れていた。プラクティッシュの方は、足下の確固たる基盤を確かめようにも、実験に基づくタイプの思考によっては、けっして確かめられないような〔非実験科学的〕思考領域に属していたが、これに対して、プラグマティッシュの方は、人間にとって明確な何らかの目的に対する関係を表現していたのである。さて、この新しい学説の最も顕著な特徴は、理にかなった認識と理にかなった目的との分かちがたい結びつきを承認する点にあったのである。このように考えたからこそ、プラグマティズムという名称の方が好ましいと私は決心したのである。

*

哲学の用語体系という問題に関していえば、ここで簡略に考察しておきたい論点が若干ある。実は、もう何年もの間、私は、哲学用語上の問題を、同じく哲学を専門とする同志諸君の慎重な判断に委ねてみたいと考えていた。というのも、少数ではあれ見識のある哲学者であるなら、哲学研究の現状を憂い、そこから哲学を何とか救済すべく努力しており、哲学の現状を自然科学の現状にまで高めたいと考えているからである。そもそも、哲学者の場合、自著以外のほとんどの著作を評してはじめから終わりまで誤ってい

◆ Arthur James Balfour, 1904 *Reflections Suggested by the New Theory of Matter*, Presidential Address, British Association for the Advancement of Sciene, 17 August 1904.

るなどと、お互いに非難しているが、自然科学の場合、そのようなことはなく、研究者は協力し合い、お互いの業績を重んじ、論争の余地のない研究成果を次々に生み出している。自然科学においては、いかなる観察も他の研究者によって再現されるのであり、誰にも再現されないような観察は何の価値もない。そして、注目に値する仮説はすべて厳格ではあるが、しかし、公平な吟味に付され、仮説によって導かれる予見が経験によってかなりの程度確証されてはじめて、ともかくも信頼性を得る。だが、その場合でも、あくまで暫定的なものにすぎない。さらに、自然科学では、根本的に誤った手法がとられることはまずないのであって、広く信頼を勝ち得ている学説であるなら、最も欠陥のあるものであっても、その学説の予見が主として経験に基づいて確証できるのであれば、その点で真とされる。哲学研究者に対して主張しておきたいのは、哲学が今述べた意味で科学的になりうるためには、不可欠の条件があるのであって、それがないかぎり、いかに研究を進めようが科学的にはならないということである。その条件とは、まずもって、哲学は適切な用語体系を整備しなければならないということである。その体系の中では、すべての術語は単一の明確な意味を持っていなければならず、しかも、その意味は同一主題を研究する者たちに遍く受け容れられていなければならない。そして、哲学用語体系上では、それぞれの用語に、雑駁な文筆家たちが乱用しがちな美辞麗句などいらない。以上は、科学の用語体系にとって徳ともいえるものであるが、ほとんど理解されていない。さらに提示しておきたい論点がある。学術用語上の最大の困難を克服した科学としては、疑いなく、化学、鉱物学、植物学、動物学といった、分類を課題とする科学をあげることができる。こうした科学の経験が決定的に示しているように、個々の研究者の癖や好みを断ち切って合意を形成することは必要不可欠なことであるが、これが可能となる唯一の方法は、学術用語作成上の原則を作り上げることによって、いわば道徳律の支持、および万人の良識の支持を得ることである。さらにいえば、とりわけ（限定的な制約条件下において）一般的風潮が適切なものとなっている必要がある。それは、たとえば、哲学に新たな概念を導入する人は、その概念を表現する術語を受け容れ可能な言葉となるようにする義務があり、ひとたび術語が作られたなら、同僚たちもまたその術語を受け容れる義務があるということである。それだけではない。哲学は、それぞれの概念を新たな導入者に負っている以上、その用語の元々の意味を歪曲するような試みに対しては、断固とした態度で臨み、そのような歪曲は新概念導入者に対して失礼極まりないというだけでなく、哲学自体への冒瀆と考えなければならない。そして、ひとたびある概念に対して表現上適切にして過不足ない言葉が与えられたからには、同一の関係条件の下で考えてみて同一の事態を表示するのであれば、ことさら、その用語とは別の専門用語を用いることに対しては、これを認めてはならない。以上の提案が受け容れられるのであれば、必要になってくるのは、おそらく、哲学者たちが一堂に会した上で十分な考慮を重ねて、以上の原理を適用する際の制限事項に関する適切な規則を採用することであろう。それゆえ、化学において現に採用されているように、ある種の接頭語と接尾語に対しては確定的な意味を付与するのが賢明となろう。たとえば、おそらく同意を得られると思うが、接頭語prope-のついた語の場合、元の語の意味を広く拡大解釈する印とし、ある学説の名辞は、普通に、……〔テ〕ィズムという言葉で結び、さらに、その学説を一層厳密に定義した上で採用する場合には、その語の終わりに、……〔テ〕ィシズムを付すといった具合である。しかしまた、植物学にみられるように、リネン〔Carolus Linnaeus 一七〇七－一七七八年 スウェーデンの植物学者〕式植物分類法以前の術語はまったく考慮されない。同じように、哲学においてもスコラ哲学の用語体系より古いものは採用しないのが最善だと思われる。さらに別の用語限定事項をあげておこう。たとえば、哲学者が、自らの学説を一般的な名称で呼び、通常の哲学上の用語法を用いる過程で、その名称がやがて元々の意味よりも一層広い意味を帯びるようになるといった事態は、これまでけっしてなかった。だからこそ、特殊な哲学上の学説は、たとえば、カント主義、ベンサム主義、コント主義、スペンサー主義といった名称で呼ばれたのである。対して、超越論、功利主義、実証主義、進化論、総合哲学といったものは、言葉の使い勝手がいいことから、〔超越的国家、功利主義的国家というように〕元の意味に戻れないほどに、広く行政領域にまで意味が一層拡大していったのである。

＊

このような学術用語上の倫理に関する考えを広く勧めるのに特にふさわしい機会はないものかと、私はもう長い間待っていたのだが、どうやら無駄だったようである。そこでとうとう、そうした機会をここに無理にも持ち出したわけである。とはいえ、今となっては提供すべき特別の提案も自分にはなく、わざわざ会議を開いて用語法の規準や解決策を議論しなくとも、通常の用語法に満足してしまって、それ以外の感情がほとばしることもない、そういう状況にある。私が用いた「プラグマティズム」という言葉は、広く一般に真価を認められるにいたっている。このことは、広く普及し活発に議論されるほどの力強さを示しているという一般的意味で、そういえる。著名な心理学者ジェイムズが、まず、この言葉を取り上げた。その理解によれば、彼の「根本的経験論」は、見解に何らかの相違があるにしても、私のプラグマティズムの定義に実質的に一致するということであった。次に、「プラグマティズム」という同じ名称に目を向けたのは、賞賛すべき明晰さをもった優れた思想家、フェルディナンド・C・S・シラー氏［Ferdinand C. S. Schiller 一八六四–一九三七年 イギリスの哲学者］であった。彼は、自著『スフィンクスの謎』で用いた言葉「人間中心主義」の代わりに、もっと魅力的な言葉を探し求めていたのだが、「基本原理としての公理」という極めて優れた論文を書く際に、「プラグマティズム」の語に出会った。この言葉の元々の意味は、彼自身の学説と全般的に一致していたのである。ただし、その後はプラグマティズムよりももっと意味を限定し、より適切な言葉「ヒューマニズム」を見出すにいたり、「プラグマティズム」の語の方は、幾分広い意味で用い続けた。ここまでは、万事うまく運んだといってよい。だが、この言葉は、今では文芸誌においてもときおり見かけるようにまでなっている。言葉がひとたび文学の手に委ねられるとありがちなことだが、この言葉も情け容赦ないほどにまで乱用されるようになってきている。この言葉が誤って使われる、つまり元々の造語意図からして使われるはずもないような意味で用いられてしまう場合、これを咎めてしかるべきであろうが、ときおり、英国風対処法がみられるようになっている。そういうわけで、産みの親から見て、我が子「プラグマティズム」が、かくも成長したのを見るにつけ、私の方も、もう子離れし、あとは成り行きに任せる時期にきているのかもしれないと感じるほどである。とはいえ、他方で、私の元々の意味を正確に表現するためには、新たに「プラグマティシズム」という言葉の誕生を告げたいと願っている。かくも見苦しい言葉であれば、我が子も親元から連れ去られることは、まずない。▼1

他のプラグマティストたちの書いたものを精読して多くを学んではきたものの、それでも私は自分の元々の概念には決定的な優位性があると考えている。この元々の定式によって他のいかなる定式から導き出せる真理も、すべて推論可能であり、他方で、他のプラグマティストたちが陥った誤謬のいくつかを回避できる。また、私の元々の見解は他のどの見解よりも、簡潔であり、一元的に論理を展開できるように思える。だが、私の目から見て極めて重要な長所は、この見解によって、他の見解にもまして容易に私の理論自体の真理性を決定的に論証しうるという点にある。探究の論理的順序に完全にしたがうなら、事は通常、次のようになる。まず、一つの仮説を作り上げるのだが、この仮説は、探究を進めるにしたがって次第に理にかなったものになる。次に、その仮説を吟味するのだが、適切な証明をもって報われるのは、

▼1 私が「プラグマティズム」という言葉を一般的に用いるようになったのはいつ頃からなのか、これを示すために、以下のことについて言及しておきたい。私の知るところでは、特に依頼されてボールドウィンの『事典』項目［本書第3章］を執筆したときを除いて、私はこれまでこの言葉を出版用の原稿で用いたことはない。一八九〇年末頃、『センチュリー・ディクショナリー』が出版されて、この執筆項目が読者の目に触れたときも、私は、この言葉が事典に掲載されるほど十分な権威を持つとは思っていなかった。だが、私としては、哲学上の議論の場ではこの言葉をずっと用いてきたのであり、それはおそらく、一八七〇年代半ば頃からだと思う。

探究を推し進めて、ずっと後になってからのことでしかない。私は、他のプラグマティストたちよりもはるかに長期にわたり、プラグマティスト理論を検討してきた。したがって、当然のことながら、その論証にも、彼らよりもはるかに注意を払ってきたといっていいだろう。いずれにせよ、プラグマティズムの説明に努める上で弁明しておきたい。ここでの議論は、あくまで、私が最もよく知っているかぎりでの定式に限定する。この論文では、紙幅の都合上、私のいう学説とはいったい何なのか、これについてしか説明できない（私の作り上げた学説こそ、今読者の目に触れているように、実際多くの人の目に触れたならば、哲学上の議論において、今後何年にもわたって、傑出した位置を占めることになるだろう）。本誌『モニスト』における私の説明によって読者が興味を抱くようなら、次に私が書こうとしている論文◆に、一層興味を抱かれるはずである。そこで、私は、プラグマティシズムの妥当性を想定した上で、様々な種類の問題解決に対してプラグマティシズムを多面的に適用する事例をいくつかあげて説明することになろう。そうしてはじめて、読者は、この学説が真であることの証明に関心を抱く準備が整ったことになる。これを証明すれば、この学説には、もはや、もっともな疑念は何一つ残らないだろうし、この証明こそ、私が哲学に対して貢献しなければならない価値ある一点であると、私には思えるのである。というのも、本来的にいって、これを証明すれば、連続主義〔synechism〕の真理を確立することになるからである。

　プラグマティシズムを定義しただけでは、最も聡明な頭脳の持ち主に対してさえ、満足のいく理解を伝えることはできない。そこで、単なる定義に対しては、以下で示すように註解が必要になってくる。さらにいえば、プラグマティシズムを定義するにあたって、他の若干の学説を無視しているのだが、実は、これらをあらかじめ受け容れなければ（あるいは事実上受け容れなければ）プラグマティシズム自体、無効になりかねないといってもよい。そうした学説の中には、シラーのプラグマティズムの一部も含まれている。しかし、私としては、他の命題を混在させない方が望ましいと考える。予備的な命題については、ここですぐに、述べておいた方がいいだろう。

この予備的命題の形式的な一覧表は、未だに作成されたことがないという点で、その説明には困難が伴う。だが、そうした予備的な命題は、どれも、「ふりをしたり、みせかけたりすることはやめよ」というような曖昧な格言の中に含まれているといってよい。種類は様々であれ、あらゆる哲学者は、哲学の端緒として、あれこれの精神状態を設定すべきであると考えるのだが、しかしそれは、誰も、ましてや哲学の初心者はなおさら経験することのないような代物である。ある哲学者の提案によれば、一切を疑うことから始めなければならないといい、疑いえないただ一つのことがあるという。まるで、疑うことは「寝ることと同じくらい容易である」かのようである。他の哲学者によれば、我々は「感覚の第一印象」を観察することから始めなければならないということだが、この提案が忘れているのは、我々の知覚自体が認知作用の結果であるということである。だが、実際はといえば、「出発点」として設定しうる精神状態は一つしかない。つまり、「出発」すべき時点にきていると自分が実際に考える際の精神状態にほかならない。この状態にあっては、既に形成されている膨大な量の認識が負荷されているのであって、人は、そこから逃れようにも逃れられない。逃れられるというのであれば、その途端に認識の一切が不可能になってしまっていないか、どうしてわかるというのだろうか。紙の上に、私は疑っていると書くことを、「疑っている」と呼べるだろうか。呼べるというのであれば、そのような疑念など、真摯な問題とは何の関係もない。疑うふりをするのはやめにしたまえ。まだ衒学趣味の犠牲になっていないのならば、〔自分では疑っているつもりになっていても〕少しも疑っていないものが、なお多くあることを認めるべきであり、実際にも認めているはずである。そうとなれば、自分で少しも疑っていないことは、絶対に正しい、つまり、絶対的真理とみなさなければならないし、実際、そうみなしているはずである。ここで、懐疑論者を装う者なら、こう反論するかもしれない。「何をいっているのだろうか。真理でないことを信じなければならないとで

◆未定稿のまま出版されなかった「プラグマティズムの帰結」。

もいいたいのだろうか、あるいは、人が疑ってないことは、疑ってないというだけで、真理になるとでもいいたいのだろうか」。もちろん、そんなことをいっているわけではない。そうではなくて、この懐疑論者が黒を白といいくるめるのでなければ、自分が疑っていないこと自体は、絶対的に真であるとみなさなければならないといっているのである。さて、自称懐疑論者であるなら、その仮定からして、こう述べるかもしれない。「よろしい、自分が疑っていないことが数多くあるとしよう。しかし、疑っていない事柄の中で、自分が間違って信じ込んでいることが一つもないなどと、実際にはとうてい思えない」。この主張自体が偽りの事実の一端を引き合いに出しているのである。仮に、主張されている事実が立証されたところで、かえって、疑念には、〔刺激を感知しうるか否かという〕ある閾があるということ、つまり、ある限定的な刺激があってはじめて疑念は存在するにいたるということを示すのに役立つだけである。自分でも知るところのない形而上学的「真理」と形而上学的「虚偽」を語ることによって、自分一人で勝手に思い悩んでいるだけなのである。人が実際に関わり合うものがあるとすれば、それは、ただ、自分の疑念と信念だけである。つまり、自分に新たな信念をもたらし、古い信念を疑う力をもたらす生活の過程だけなのである。[2]「真理」や「虚偽」という言葉を、疑念と信念、そして、経験の道程によって定義しうるような意味で解しているのであれば、それはそれでよい（たとえば、真理というものがその傾向からして絶対的確実性に無限に向かっていくことになっているとするなら、信念もまた同じ傾向を有することになる。そして、「真理」を、このような信念への道程と解するならば、真理と虚偽は、信念と疑念、経験の道程によって定義可能となる）。この定義の場合、実は、〔虚偽と真理ということで〕疑念と信念について語っているにすぎない。しかし、真理と虚偽ということで、いずれにせよ「疑念」と「信念」によっては定義不可能と考えているのであれば、それは、自分ではまったく知ることのできない存在物について語っているのである。そのような存在物など、オッカムの剃刀で削ぎ落とされることになろう。「大文字の真理」などというものを知りたいという代わりに、疑念によって苛まれることのない信念の状態を達成したいということを端的にいいたいだけであれば、懐疑論が抱え込んでいる真偽に関する難題も簡単な問題になる。信念は意識の束の間の状態ではない。信念とは心の習慣であり、したがって本質的に一定期間継続する。それは、（少なくとも）たいていは意識されない習慣である。他の習慣と同様に、信念は、信念を揺るがす予期せぬ出来事に出会うまでは、完全に自己充足的である。疑念の方はこれとはまったく逆の性質を有する。疑念は習慣ではなく、習慣を欠いた状態である。しかし、ある習慣を欠いた状態というのは、いやしくもそれが何か重大なものであるかぎりは、活動が不安定な状態であり、やがては何らかの方法である習慣に取って代わられねばならない。

合理的な思考をする人間であるなら、疑いを抱くことのない事柄は数多くある。そのうちの一つは、人は習慣を持つだけではなく、自分の未来の行為に対しては自己制御する手段を行使しうるということである。しかしながら、その意味するところは、未来の行為が恣意的にどのような性質の行為にもなりうるということではない。それどころか、自ら将来に備える過程で（ある行為が生ずる場合）、その行為は傾向的にいってある一定の性質を帯びることになる。この性質がどのようなものになるかを表す、あるいは、大づかみに見積もる基準は、行為の後で反省したときに、後悔の念がない（もしくは無視される）ということである。さて、行為後の、このような反省は、次の機会の行為に対する準備段階を構成することになる。したがって、行為が何度も繰り返されるにつれ、当の行為は一定の性質の完成へと無限に近づく傾向を有する。そして、その性質がはたして完成済みの一定の性質であるかどうかは、当の行為を後悔することがまったくないということで明らかになる。行為の性質の完成領域に近づけば近づくほど、行為を自己

▼2 ここで述べておかなければならないのは、「信念」という言葉は、あくまで疑念と反対の意味で用いられている言葉だということである。信念という言葉は、確実性の程度については関わらないし、真とみなされている命題の性質、つまり、「信じられている」ということについても、やはり関わらない。

制御する余地は少なくなる。そして、自己制御が起こりえないところには、いかなる後悔もない。

こうした現象は、理性的な人間を特徴づける根本的特質であるようにみえる。失態の責任は、いかなる場合でも、当初の後悔の念の修正であり、しばしば後悔の感情移転あるいは「投影」を伴う。したがって、ある人の自己制御能力をはじめから超えたところで生じてしまった事柄に対して、我々はそのことで当人を責めるようなことはけっしてしない。ところで、思考とは、主として自己制御下にある行動の一種である。論理的自己制御が倫理的自己制御の下位概念でないとすれば、論理的な自己制御は、(ここで詳述する余裕はないが)そのあらゆる特徴からみて、倫理的自己制御の完全な鏡像である。これにしたがうなら、自分が信ぜざるをえないことは、正確にいえば、誤った信念ではない。いいかえれば、それはその人にとって絶対的な真理である。なるほど、今日信ぜざるをえないことが、明日になれば、まったくもって信じられなくなるということは、ありえないことではない。だが、信ずるにせよ信じないにせよ、一方では、積極的な奮闘努力を駆り立てる刺激が何もないがゆえにそう「せざるをえない」事態と、他方で、事の性質上、信じようにも、あるいは疑おうにも、そうすることが実際に許容されていないがゆえにそうせざるをえない事態、この両者の間には違いがある。物事を十分考え抜く場合、どの段階にあっても、「そう考えるより他にない」としかいいようのない事柄がある。そして、実験に基づいた仮説によれば、不可能性とは、今みた二つの事態のうち、後者なのである。

先に述べた箇所で「思考」という言葉を使ったが、これを狭い意味にとって、思考にとって都合のよいのは沈黙と闇であると解さなければならない理由はない。思考とは、むしろ、理性的な生活すべてを包摂するものと理解すべきである。したがって、実験もまた思考の一つの作用であるほかない。もちろん、自己制御の作用が最終的に向かっていく先は習慣の最終状態であり、そこにはもはや自己制御の余地がない。習慣の最終状態を思考に即してみるなら、それは信念の確定状態、つまり知識の完成形態である。

ここで、極めて重要な二つの事柄を確認し、念頭に置いておきたい。第一に、一人の人間といえども、人間は、他に依存しない孤立した個人ではないということである。人間の思考内容とは、その人が「自己に対して語りかけている」事柄、つまり、時間の流れの中で、まさしく自分の中に立ち現れる第二の自我に対して語りかけている事柄である。人が論理的に思考するとき、その人が語りかけて説得しようとしているのは、批判的に思考する自我である。そして、あらゆる思考はすべて記号であり、大部分は言語的性質を有する。第二に念頭に置くべきことは、社会という人間の集まりは、（どれほど広義に、あるいは狭義に解釈しようと）ある意味、緩やかにつながれた人格なのであって、何らかの点で、一人の有機体としての個人的人格よりも高次な人格という性質を有する。以上の二点によってのみ、いささか抽象的で単純な意味ではあるが、絶対的真理、および、人が疑っていない事柄、この両者の区別が可能となる。

さて、ここで、急いでプラグマティシズムそれ自体の解説に取り組んでいくことにしよう。その際、プラグマティシズムには精通していないが、類い希な洞察力の持ち主に登場してもらい、一人のプラグマティシストに質問をするという形で議論を進めていくのが、わかりやすいだろう。そうはいっても、芝居じみた誤解を招きかねないことは、一切、除外する。したがって、以下の議論は、対話と教理問答の中間をいくものとなろう。だが、相当程度は教理問答型になると思われるので、幾分退屈ではあろうが、女性教師マングナルによる女子校用の「かつて一世を風靡した」テキスト『歴史問答』を想起させるものとなろう。

質問者　先ほど、ご自身のプラグマティズムを、ご自身で定義されたわけですが、その内容に驚いています。というのも、実はつい昨年のことですが、ある人があなたの学説内容を私に断言したのです。この人もプラグマティストで、真理をねじ曲げている疑いはまったくない方ですが、彼によると、あなたご自身の学説とは、つまり「概念は、それが及ぼす実際的な効果によってテストされねばならない」ということだというのです。そうだとすると、あなたご自身、つい先ほどの定義をすっかり変えてしまったということになりますね。

プラグマティシスト　それなら、私が寄稿したフランスの哲学雑誌『ルビュー・フィロゾフィック』第六巻と第七巻、あるいは、『ポピュラー・サイエンス・マンスリー』誌の一八七七年一一月号と一八七八年一月号〔本書第6章、第7章〕を、もう一度、ご覧になればいいでしょう。そうすれば、今あなたのおっしゃった解釈は、私の説で、明確に斥けられているか、いないか、ご自分で判断できるはずです。英語で言明した内容を正確な言葉遣いで再現しましょう（ただし、人称だけは、一人称から二人称に変えておきます）。「あなたが持つ概念の対象は何らかの効果を及ぼすと、あなたが考えているとして、もしその効果が行動に対しても実際に影響を及ぼしうると想定されるなら、それはいかなる効果であると考えられるか、しかと吟味せよ。この吟味によって得られる、こうした効果について、あなたが持つ概念こそ、当の対象について、あなたが持つ概念のすべてをなしている」。

質問者　なるほど。何か根拠があって、わざわざそのように断言なさるわけですか。

プラグマティシスト　もちろん、ここで特に述べたいと思っているのは、その根拠です。しかし、その根拠が、いったい何を証明していると明言しているのか、これについて明確にご理解いただくまで、問題そのものはもう少し後回しにしておきましょう。

質問者　では、お伺いしたいと思います。あなたの学説の存在理由は何ですか。その説には、どのような長所があるのですか。

プラグマティシスト　私の学説を採用すれば、すぐにわかることがあります。それは、形而上学の存在論における命題は、どれもみな意味のない、単なるおしゃべりにすぎないか——つまり、一つの言葉を、あれこれ他の言葉で定義し、こちらの言葉はまた別の言葉で定義してはいても、結局、実際の概念には到達しないか——、そうでなければ、まったくもって馬鹿げた問題でしかないということです。したがって、私にいわせれば、そうしたつまらぬ議論は捨て去るべきで、哲学に残されている課題は、真の科学にみられるように、観察によってのみ探究可能となる一連の問題に取り組むということです。哲学が追究する真理は、いつ果てるともない誤解と論争なしに到達しうるものです。ところが、これまでの哲学は誤解に基づいた論争に拘泥してきたため、実証的科学の最高峰の学さえも、たとえばチェスのような単なる知的遊戯に貶めてきました。要するに、これまでの哲学は知的娯楽を自らの目的とし、単に本を読むことをその方法としてきたわけです。この点に関していえば、プラグマティシズムは広い意味での実証主義の一種です。ただし、同じ広義の実証主義とはいっても、我々独自の実証主義と他の実証主義的立場とには大きな違いがあります。我々の実証主義の場合、第一に、哲学から先ほどの夾雑物を取り除き、その上でなお哲学自体は保持するということ、第二に、我々の本能による信念の大部分を完全に受け容れること、第三に、スコラ的実在論（これに近い立場は、故フランシス・エリングウッド・アボット博士の『科学的有神論』の序文にみられます）の真理を力強く主張すること、以上三点が特徴です。たとえば、他の広義の実証主義者たちは、戯画化によるにせよ他の方法によるにせよ、形而上学に対する愚弄を単に延々と続けるだけです。しかし、我々の立場は、そうではありません。今みた三点からわかるように、形而上学から真に重要な核心を抽出し、これをもって宇宙の起源や物理学の研究を活性化しつつ、その真相を明らかにしようとします。同時に、この学説は社会道徳領域において適用した場合でも有望であり、かつ有効です。さらに、分類は困難ですが、我々の説は他の数ある領域でも用いることができます。こうした効果を実際に持つことを示すには、まだまだ様々な事例が考えられますが、これについては別の機会に譲りましょう。

質問者　おっしゃるような学説ですと形而上学は一掃されることになりますが、私はそれには納得いたしかねます。ご自身の説にしたがうなら、科学の命題すべてを、さらには人間の行動に関わるすべてをも一掃することになってしまいますが、この点はいわれるほど明らかになっていないのではありませんか。そもそも、おっしゃっていたではありませんか。いかなる言明であれ、いやしくもその言明が担う意味はただ一つ、ご自身によれば、何らかの実験が、何らかの仕方でもたらす帰結だということですよね。つまり、言明の意味を構成するものは、実験以外に何もないということです。では、お答えください。ある特定の事物にたまたま何かが生じ、さらにその結果として他の特定の出来事が生じたとしましょう。ではいったい、一つの実験それ自体が、どのようにして今の事例以上の何事かを明らかにするというのでしょうか。

プラグマティシスト　実にいい質問です。プラグマティシズムに対する誤解を正す目的にとって、うってつけの問いです。今、一つの実験それ自体とおっしゃいました。しかも、「それ自体」ということを強調されました。今の話ではおそらく、どの実験も他の実験と切り離して、バラバラに考えていたはずです。あくまで推測の上でいうのですが、たとえば、あらゆる実験が結びついて系列をなしていて、こうした実験の連鎖が一つの総合的な実験を構成しているという事態を考えてみましょう。お話の中では、このような事態をまったく考えていなかったはずです。では、一つの実験を構成する本質的諸要素とは、いったい、どのようなものでしょうか。第一は、もちろん実験を行う生きた人間です。第二は、検証可能な仮説です。これは、実験者をとりまく一切の活動領域、もしくはそのうちよく知られた部分領域に関する命題であり、さらにはこの実験可能性の有無について限定した上で、これを肯定したり否定したりする命題です。[3]第三に、不可欠な構成要素は、今みた仮説の真偽如何に関して、実験者の心に浮かぶ真摯な疑念です。構成要素には他にも目的、計画、決意などいくつかありますが、ここでは詳述する必要はないので省略し、さらに次の構成要素、選択行為について述べましょう。実験者は、この選択行為によって、数ある対象の中から、実験操作の対象となりうると識別できる何らかの対象を選び出します。次の構成要素は、外的な（もしくは見たところ外的な）作用であって、これによって実験者は実験操作対象に変更を施します。この作用に引き続いて生ずるのが、実験世界の側の反作用であり、これは実験者の認知対象に対して作用するもので、これも実験の構成要素の一つです。最後に、実験が教えてくれることを実験者が認識するということです。実験という出来事それ自体を構成しているのは作用と反作用で、これが主要な二つの要素です。他方で、実験の本質を統一しているのは何かといえば、実は実験の目的と計画で、先ほどの例示ではほとんど省略してしまいました。

別の観点から考えてみましょう。理にかなった意味は実験のうちにある、これがプラグマティストの考えであるのは、おっしゃる通りです。しかし、先ほど、そのようにいわれた際、実験のことを過去の出来事と解釈していましたね。これでは、プラグマティシストの心の態度を完全に把握し損なっています。実際のところ、理にかなった意味の在処は、実験自体ではなく、実験〔によって何度も再

▼3 英語圏の大部分の論理学者と同様、私は命題〔*proposition*〕という言葉を様々な意味で用いている。この点、ドイツ語圏の論理学者と異なる。彼らは、英語の命題に相当するドイツ語〔*Satz*〕を、判断〔Urteil〕の言語表現として定義する。これに対して、私が命題というとき、それは心の中で自分に向けて語られたものであれ、外部に語られたものであれ、どんな言明にも関わっている事柄である。ちょうど、いかなる可能性もその実現に関わっているのと同様である。ドイツ語圏の論理学者は、判断という一つの言葉の下で、心の中での言明と、言明可能な事柄とを混同している。この立場にとっては、一つの命題の本質とは何かという、せいぜい難しい問いにおいて、ますます見解の不一致が顕著になってきている。

現されうる〕現象です。たとえば、実験者が、〔自然科学上の〕「ホール現象」「ゼーマン現象」とその修正、「マイケルソン現象」別名「チェス盤現象」といった現象について語るとき、それは、過去において、ある人物にたまたま生じた特定の出来事のことをいっているのではありません。そうではなくて、一定の諸条件を満たしさえすれば、将来、誰にでも、必ず起こりうることを語っているのです。実験者が、自分の心に抱いている何らかの計画に基づいて行動しようとするとき、行動とは別の何か〔実験結果〕が生ずるでしょうし、これが懐疑論者の疑念を打ち砕くことになりましょう。〔旧約聖書をもじっていえば〕燔祭のとき、ヘブライ予言者エリアの祭壇に、天からふりそそいだ火が多くを焼き尽くしたように、いわば、実験とその結果が、疑念の対象を焼き払い、疑念を払拭するのです。実は、実験者のいう現象とは、このような事実のうちにあるわけです。

さらに看過してはならない事実があります。それは、プラグマティシストの格率は、他と切り離された個別の実験や個別の実験現象について語ることはないということです（というのも、ある条件が満たされたなら、未来において真であるとわかることが、他と切り離された個別のものであるはずがないからです）。つまり、プラグマティシストの格率が語っているのは、実験現象とはいっても、あくまで一般的な類いの実験的現象だということです。プラグマティシズムの信奉者は一般的対象全般のことを、あえて実在的と語ることに、ひるみはしません。何であれ、真であるものは、実在だからです。自然法則は真です。

あらゆる命題の理にかなった意味は未来のうちにあります。いかにして、そうなのでしょうか。ある命題の意味は、それ自体がまた一つの命題です。ありのままにいえば、この新たな命題は、当初の命題の意味をなす、そういう命題なのであって、それ以外の何ものでもありません。つまり、命題の意味とは命題が解釈されたものだということになります。とはいえ、ある命題は解釈されて無数の形を取ることになるでしょうが、こうした形の中で、その命題の真の意味と呼びうる形とは、どのようなものなのでしょうか。プラグマティシストにしたがうなら、それは、当の命題が人間の行動に適応可能になる場合の形です。つまり、あれこれの特殊な環境においてではなく、また、あれこれの特殊な意図を心に抱く場合でもなく、あらゆる状況における自己制御に対して、そして、あらゆる目的に対して、最も直接的に適応可能な形なのです。そういうわけで、プラグマティシストは、命題の意味を未来において突き止めるのです。未来の行動こそが、自己制御の下にある唯一の行動だからです。ある命題が解釈されて新たな命題の形を取る場合、この新たな命題も、当初の命題が関わる全状況と全目的に対して適用可能とならなければなりません。しかし、そのためには、率直にいって、新たな命題は当初の命題の言明が実質的に予見する実験的現象すべてを一般的に説明する類いのものでなければなりません。というのも、一つの実験現象は、何らかの種類の行動によって何らかの種類の実験結果が得られるだろうという命題によって言明された事実だからであり、そして実験結果こそ、人間の行動に影響を及ぼしうる唯一の結果だからです。何らかの不変の考えがあるとして、考え自体は変わらないのに、ある人に対して以前とは比べものにならないほど多大な影響を及ぼすことも、もちろんあるかもしれません。けれども、そうなる理由は一つの実験に相当するような何らかの経験をすることで、その考えが真であることをその人が以前よりも明確に悟るようになったからでしかありません。目的をもって行動するときには、人はいつでも、何らかの実験現象に対する信頼に基づいて行動します。したがって、ある命題が意味する実験現象の総体こそが、当の命題が人間の行動に及ぼす影響関係の総体を構成するわけです。さて、先ほど問われたのは、単独の出来事についての言明は措くとして、プラグマティシストはいかにして意味を一般的言明が持つ性質だと考えうるのかというものでした。今までの説明で、この問いに実質的に答えたことになります。

質問者　なるほど、プラグマティシストは〔感覚に現れる現象だけを対象とする〕徹底的な現象主義だというわけですね。では、どうして議論を実験科学の現象だけに限定して、観察に基づく科学すべてを含めて説明しようとしないのですか。実験というのは、結局、無口な情報提供者です。けっして詳しくは語りません。ただ、「イエス」か「ノー」か答えるだけです。いやむしろ、通常は強い口調で「ノー」というだけです。あるいは、せいぜい「ノー」ではないというために、不明瞭に何かをつぶやくくらいなものでしょう。典型的な実験家は、たいした観察者ではありません。自然は、博物学に対しては自らの秘宝を明るみに出してくれますが、詰問ばかりしている実験者に対しては、貴重な本心を隠したままです。観察と比べるなら、実験など荘厳なパイプオルガンを前にした貧弱なハーモニカのようなものです。ご自身の現象主義は、なぜ実験などという貧弱な楽器の演奏にこだわるのでしょうか。

プラグマティシスト　プラグマティシズムは「徹底した現象主義」などではないからです。もっとも、「徹底した現象主義」は、ある種のプラグマティズムではあるかもしれません。現象の豊かさは、現象の持つ感覚的な質にあります。プラグマティシズムは、感覚の中に、言葉や一般的観念に相当するものがあるなどと考えて、これを定義しようなどとはいたしません。それどころか、言葉や観念の感覚的要素を排除し、むしろ言葉や観念の理にかなった意味内容を定義しようと努めます。プラグマティシストは、この理にかなった意味内容を、問題となっている言葉や命題が持つ目的行動的意味合いのうちに見出すのです。

質問者　なるほど。では、行うということは、人間の生にとって、最重要にして核心的なものであるということにしましょう。それなら、なぜ意味は単に行動のうちにあると主張なさらないのですか。行動というのは、特定の時点で特定の対象に対してなされなければなりません。実在全体は個々の対象や個別の出来事によって構成されていることは、誰でも知っていますし、プラクティカリストならば、ためらわずにそう主張するはずです。けれども、先ほどの説明で、意味とは一般的なものだとおっしゃいました。とすれば、そこでいわれた意味というのは、事の性質上、単なる言葉の意味であって、実在ではありません。ご自身の主張では、ある命題の意味も、装いは異なるものの、やはり同じ命題でしかありません。しかし、実際の行動を重んずる人であるなら、意味とは、その人が語っている当の事物にほかならないはずです。いったい、固有名詞「ジョージ・ワシントン」の意味は、何であると考えるつもりですか。

プラグマティシスト　鋭いご指摘です。おっしゃる論点のうち、六つについては、確かに認めなければなりません。第一に、プラグマティシズムが本当に、行うことを生活の最重要項目と考えているというのであれば、それはプラグマティシズムの破綻ということになりましょう。というのも、たとえば行動ということを行動が遂行する思考の如何に関わりなく、単なる行動として捉えた上で、我々は行動のためだけに生きているというのであれば、それは、理にかなった意味内容などというものは存在しないというのと同じことになってしまうからです。第二に認めておかなければならないのは、あらゆる命題言明は、何らかの個々の実在的対象、しばしばそれを取り巻く環境世界について妥当するということです。第三に、固有名詞、あるいは、その他固有の事物の名称についていえば、プラグマティシズムは確かに、その意味やいいかえをうまく提示できていません。第四に、プラグマティシストのいっている意味は一般的なものであることは疑いありませんし、一般的なものとは、その性質上、言葉ないしは記号に関するものであること、これも異論の余地はありません。第五に、個々のものだけが現実に存在するということも認めます。第六に、言葉の意味、もしくは、何かを表示する対象の意味とは、それが意味表示している事柄の本質あるいは実在そのものであるということも認めねばならないでしょう。以上六点については、これを無条件で承認いたします。しかし、それでもなお、ご自身の反論の説得性を本気で否定することこそ、プラグマティシストに課せられているのです。このことをおわかりいただけるのであれば、考えていただきたいことがあります。ご自身の方こそ、何か重要な考察事項を忘れてしまっています。そこで、先の六点を総合するなら、おそらくお気づきでしょう。プラグマティシストは承認します。（通常、固有名詞にも意味があるとはいいませんが）固有名詞には、それぞれの事例ごとにそれが指している名、あるいはその等価物に固有の表示機能がありますし、また、あらゆる言明は、このような表示機能ないし指示機能を含んでいます。ここまでは認めるわけです。しかし、表示ないし指示機能に固有の個体を指し示すという点についていえば、プラグマティシストは、これを言明についての理にかなった意味内容から除外します。もっとも、この表示や指示に類するもので、あらゆる言明に共通であり、したがって、一般的であって個体そのものではない場合には、プラグマティシストのいう意味内容に入るかもしれません。そもそも、現実に存在する〔exist〕ものは何であれ、その語源が示すように、外に向かって立ち現れている〔*ex-sist*〕のであり、したがって、実際には、他の存在者に対して働きかけるわけです。だからこそ、同一性を獲得し、明確に個体的なものとなるわけです。一般的なるものに関していえば、一般性には、二種類あることを想起すれば、これを考える一助となるでしょう。たとえば、軍服をまとい銃を手にした一人の兵士の彫像が、ある村の記念碑の上に立っているとします。その村の数多くの家族それぞれからみれば、この兵士は、たとえば自分の叔父の象徴であり、合衆国のために身を捧げた人の象徴です。それゆえ、この彫像は、それ自体、ただ一体の彫像はありますが、彫像の兵士にふさわしい、ある一定の属性を有する人であるならどんな人でも象徴することができます。ですから、この彫像は、客観的にいって、一般的なものといえます。同様にして、「兵士」という言葉も、書き言葉であれ話し言葉であれ、一般的なものです。これに対して、「ジョージ・ワシントン」の方は、そうではありません。しかし、これらの二つの言葉はいずれも、書き言葉であろうと話し言葉であろうと、さらには、いつでもどこでも、書かれようが話されようが、同一の名詞であり続けます。この名詞というものは、現実に存在している事物ではありません。それは、類型であり、形式です。つまり、名詞というのは、人間の心の外に存在するものであれ人間の心の中で想像されたものであれ、いずれにしても、事物が型通りに一致するかもしれない類型ないし形式ですが、しかし、厳密にいうなら、いずれの場合も類型ないし形式に正確に一致することはありえません。これは主観的な一般性です。以上みたように、プラグマティシズムのいう意味内容とは、客観的そして主観的、双方の意味において一般的なのです。

　実在ということに関していえば、様々に定義されているのを目にすることができます。しかし、既に提示した学術用語の倫理原則が受け容れられるなら、多義的な言葉は即座に姿を消すことになるでしょう。そもそも、実在の語源、レアリス〔realis〕もレアリタス〔realitas〕も古代ローマの時代からあった言葉ではありません。これらの言葉は一三世紀に哲学用語として造語されたもので、そこに込められた意味は完全に明晰であるといえます。何らかの性質を有するものは、その性質の有無を人がどう思うかにかかわらず実在的です。いずれにせよ、プラグマティシストは実在的ということをこの意味で用います。さて、倫理的理性によって制御された行動は、一定の確定的な行動習慣に向かっていく傾向があります。行動習慣の性質がどのようなものとなるか（たとえば、その意味を例示すれば、好戦的な習慣ではなく平和的な習慣となるか）、これは、偶然的な環境に左右されるものではなく、その意味で、運命づけられているということも可能でしょう。それと同じように、思考もまた、理にかなった実験的論理によって制御されているかぎり、一定の意見の確定化へと向かっていく傾向があります。そして、その性質がどのようなものとなるか、これも同じように、最終的には偶然に左右されるものではありません。たとえ、これまでのすべての世代の思考が歪んでいて、そのことがいかに最終的な確定を遅らせようと、事態に変わりありません。さて、以上が妥当だとしましょう。我々はみな、事実上想定しているように、それぞれの主題に関して一人一人が真剣に議論するのは、その主題の真理に関してです。とするなら、先に採用した「実在的」ということの定義にしたがえば、かの最終意見において信じられるであろう事態こそは、実在的といえます。しかし他方で、そのような意見はほとんどの場合、一般的なものです。したがって、一般的事態の中には、実在的なものもあるわけです。（もちろん、一般的なものはすべて実在的だと考える人などいませんでした。ただし、スコラ学派は、一般的なものは実在的であると想定するのが常でしたが、しかしこの想定を指示する経験的証拠をほとんど、いやまったくもって示すことはありませんでした。この点に彼らの誤りがあるのであって、一般的なものは実在的でありうることを主張したこと自体は、誤りではありません。）存在様相について言及する場合、有能な分析家たちの思考でさえ、不正確なものとなるのは驚くべきことです。たとえば、思考に対して相関的なものは、実在的ではありえないと実質的に主張している想定を目にすることもあるでしょう。しかし、そもそも厳密にいって、なぜこれが実在的でないというのでしょうか。赤いという性質は、視覚に対して相関的です。けれども、我々が赤いと呼んでいるこの対象もしくはあの対象が視覚と相関的であるという事実自体は、視覚に相関的ではありません。この事実は実在的事実です。

一般的なものは実在的でありうるだけではありません。物理的にいって効率的でもありえます。これは形而上学的な意味ではなく、人間の目的が物理的に効率的であるという、ごく普通の意味でいっています。書斎の空気が淀んでいて息苦しく思っているなら、そう考えることによって窓を開けることになるでしょう。形而上学的な戯言は措くとして、まともな考えの持ち主であれば、このことを疑うことはありません。もちろん、私の考えは個別の出来事であります。このことは認めておきましょう。しかし、窓を開けるという決定をさせたのは、一つには、淀んだ空気は健康に悪いという一般的事実であり、一つには、先に述べた形式です。この形式に関して、多くの人がその利点を顧みるようになったのは、ケイラス博士［Paul Carus 一八五二―一九一九年 ドイツ生まれ、アメリカの哲学者］のおかげです。いや、むしろ、彼の知性が、かくも多くの真理を説得的に述べることへと向かっていったのもこの形式によってであり、この形式に関する一般的真理によってでしょう。このようにいえるのも、真理というものは誤謬に比べて、おおむね信じられるようになる傾向があるからです。そうでないとするなら、どうなってしまうでしょうか。たとえば、ある与えられた現象を説明する仮説で誤ったものは数多くあるというのに、これに反して、真なる仮説はただ一つしかない（あるいは、そう主張したいのであれば、あらゆる真なる仮説それぞれに対してそれぞれ数多くの誤った仮説がある）ということを考慮すると、真の知識へ向けた第一歩ですら、ほとんど奇跡に近いことになってしまいます。さて、そこで、淀んだ空気は健康によくないという真理ゆえに私の部屋の窓が開けられたとしましょう。この場合、今ここに存在しないが一般的な一つ真理の効果的な力によって、身体を動かして窓を開けるという努力が存在するにいたったということになります。こういう説明の仕方は、よく知られていないため滑稽に聞こえるかもしれません。しかし、厳密に分析してみればわかることですが、これは支持され、反論されることはありません。さらに、このような説明ははかりしれないほどの利点を持っていて、偉大な事実に目をつぶらずにすみます。偉大な事実というのは、たとえば、この世には不正がまかり通っているにもかかわらず、「正義」や「真理」といった理念が、世の中を動かす力の中でも最も強い力であるというような事実のことです。実際のところ、一般性というのは、実在に不可欠な構成要素です。というのも、規則性を何ら持たない単なる個々の現実存在あるいは現時点の事実性は、無価値だからです。混沌は純粋に無でしかありません。

　いかなるものであれ、真の命題が言明していることは実在的です。この場合、実在的というのは、それについてあなたや私がどう考えているかにかかわらず、現にある通りにあるという意味です。さてここで、このような命題を、未来に関する一般的な仮言命題として考えましょう。この命題は、人間の行動に実在的に影響を及ぼすようになっているわけで、実在的で一般的な命題です。そして、プラグマティシストは、このような命題を、あらゆる概念の理にかなった意味内容であると考えます。

したがって、プラグマティシストは、最高善が行為のうちにあるとは考えません。そうではなくて、最高善は進化の過程のうちにあるのです。現に存在するものは、この進化の過程によって、先に述べたような意味で、あらかじめ運命づけられた一般的なものを次第に実現していきます。実に、これこそが、一般的なものを理にかなっていると呼ぶことで、我々が表現しようとしている事柄なのです。進化の段階が進めば進むほど、進化の過程は、ますます大々的に自己制御を通して展開していくことになります。そうであるからこそ、プラグマティシストは、理にかなった意味内容を一般的であると考えるわけです。

これ以上読者に対する負担を気遣わなければ、プラグマティシズムの利点を際立たせるべく、さらにもっと説明しておきたかったことがある。たとえば、プラグマティシストの考えによれば、未来に生ずる出来事と過去に生じた似たような出来事との間で、存在の様相が本質的に異なるということはない。違いがあるとすれば、ただ両者に対する解釈者の実際的態度の違いでしかないと考えるわけである。この点については、はっきりと示しておけばよかったかもしれない。さらにいえば、プラグマティシストは、「形式」を世界における唯一の実在だとは考えないが、これはちょうど、言葉の理にかなった意味内容が存在する唯一の意味であると考えないのと同じことである。これについても、示しておけばよかっただろう。とはいえ、これらの論点は、既に述べてきた主張の中に、さりげなくではあるが示唆されているといってよい。ここでは、読者に同行を願い、あと一つだけ指摘しておきたいことがある。それは、プラグマティシズムの公式と論理学における第一哲学との関係について、プラグマティシスト自身、どう考えているかに関わる。

一般的述定についてのアリストテレスの定義は、通常ラテン語で *Dictum de omni*〔「全体ニ就イテ真ナルコトハ一部オヨビ個ノモノニ就イテモ真ナリ」トイウ原理〕と呼ばれている（これは、ローマ教皇の大勅書や裁判所の令状のように、その冒頭の数語からとられたものである）〔『分析論前書』24B, 28-30〕。これを直接ギリシア語から翻訳するなら、次のようになろう〔ギリシア語原文省略〕。〔今、「SはPである」／「SはPでない」という命題を考えるなら〕「肯定的であれ、否定的であれ、ある述定を、我々が一般的と呼ぶのは、命題の主語に置かれている事物〔たとえばS〕の個々の具体例の中に、その命題の述語に置かれている事物〔たとえばP〕の個々の具体例でないようなものが何もないとき、かつ、そのときにかぎる（この場合の述語が肯定的である〔Pである〕か、否定的である〔Pでない〕かは、当の一般的述定が肯定的か否定的かによる）。ここでは、重要となるギリシア語の言葉を「個々の事例」と意訳して用いた（ギリシア語からの直訳は、ここでは不適切となる）が、この訳語はアリストテレスの意図に沿うことは明らかである。これはギリシア語からの翻訳上そうしたまでである。これ以外にも意訳箇所はいくつかあるが、これらは古典語を現代語訳する際の便宜上の工夫にすぎない。さて、よく知られているように、形式論理学においては各命題が一対をなすことがある。二項一対となっている場合、たとえば前件と後件、主語と述語等々といった対概念をそれぞれ相互に位置交換することによって、ある判断命題を換位〔判断の変形による直接的推理の一手法〕して、新しい判断命題を作ることができる。◆こうしてできる各命題の平行性はかなり拡大解釈されているため、しばしば完全であると想定されるが、実際には必ずしもそうではない。一般的述定の原理についてこの種の対を考えるなら、適切な例として、次のように定義された肯定的述定があげられよう。つまり、「（普遍的であれ特殊的であれ）ある述定を我々が肯定的と呼ぶのは、命題の述語に置かれるものが普遍的に及ぼす知覚的・感覚的効果の中に、その命題の主語に（普遍的にか、特殊的にか）知覚的・感覚的効果を及ぼさないといわれるようなものが何もないとき、かつ、そのときにかぎる（この

◆たとえば、「ある男性は哲学者である」から「ある哲学者は男性である」という命題を作る。

場合、主語に対する影響が普遍的であるか特殊的であるかは、当の肯定命題が普遍的であるか特殊的であるかによる）。さて、これは〔命題を効果によって定義している点で〕実質的には、プラグマティシズムの核心的命題であるといってよい。もちろん、この命題と先の一般的述定の原理との平行性を認めるのは、ただ、プラグマティシズムの真理を認める人だけであろう。

＊

以上の点について、ここで、もう一言つけ加えることをお許し願いたい。プラグマティシズムの何たるかを知りたいのであれば、その理論的核心をはっきりと理解しておかなければならない。その核心部とは他でもない。自らの学説において、行為や意志について、あるいは決意や実際的な目的についてさえ、そこに無条件に不適切な点があれば、これを認識することに重大な意義を見出し、かつそれと同じくらい、ある仮言的目的を構成している諸要素、あるいは仮言的目的という概念を最重要視する者は、プラグマティシストを措いて他にいない。実をいえば、私は元々、ある論文を書こうと思っていた。それは連続性の原理に関するもので、さらには『モニスト』誌の最初の方の巻に掲載された〔私の進化論的宇宙論に関する〕一連の論文中の諸々の概念を統合するものであった。実際には、書けなかったのだが、もし書いていたなら、次のような内容になっていたはずである。連続性は実在に不可欠な要素であり、連続性とは、明確にいえば、〔私のいう〕関係項の論理学の中では〔パース「関係項の論理学」、伊藤邦武編訳『連続性の哲学』所収、岩波書店、二〇〇一年、二五四頁〕、一般性が生成し、やがて、成り行く姿のことである、したがって、連続性は一般性と同様に、いやそれ以上に思考の一出来事であり、思考の本質である。以上のような認識を、終始一貫して私の理論の中にいかに組み入れるか、これが課題だったわけである。しかし、既に『モニスト』誌に書いた論文のように、随分切り詰めた形であっても、極めて知性の高い読者のことであるから、きっとご理解いただけるはずである。そこでの進化論的宇宙論に関する論文の理論的主張は、次のようなものであった。〔宇宙の秩序形成を考えたとき〕宇宙の始原的混沌において、既に感じ具合と行動という二つの要素がみられはしても、この混沌は純粋に無であるということ、これを考慮してさらにいえるのは、実在というものの本質を感じ具合や行動がもたらしうる事物以上のものであると解釈しうることである。さてここで、わざわざ進化論的宇宙論に言及したのは、このような方法でプラグマティシストが堅持し、さらには堅持しなければならない立場を、はっきりと明るみに出しうると考えたからであって、私の進化論的宇宙論が最終的に支持されようが論破されようが、そのこと自体はどうでもよい。さて、その堅持すべき立場とは、すなわち第三性に位置するカテゴリーこそ、実在の本質的要素であるということである。ここに、第三性に位置するカテゴリーとは〔「それだけで単にある」という第一性、「他との関係においてそうある」という第二性の両者を媒介し、偶然的に習慣となっている法則であり〕、たとえば思考、表象作用、三項関係、媒介、純粋の第三性、第三性そのものといったカテゴリーである。だが、もちろん、第三性カテゴリーが単独で実在を構成するわけではない。というのも、第三性カテゴリーは、（先の宇宙論では、習慣という要素と表現しているが）、行動〔第二性カテゴリー〕なしには、もっといえば、自己統御の対象であり働きかけの対象である個別の行動なしには、具体的な存在になりえないからである。それはちょうど、行動の場合と同様である。行動の対象たる感じ具合という直接的無媒介的存在〔第一性カテゴリー〕なしには、行動は存在しえない。ここで真相を述べるなら、プラグマティシズムはヘーゲルの絶対的観念論と強固に手を結んではいる。だが、決定的な違いもあるのであって、プラグマティシズムが強く否定するのは、（ヘーゲルが思惟の発展過程の単なる一段階に格下げしている）第三性だけで世界を構成するのに十分であるという考えであり、ましてや、第三性は自己充足と同然であるという考えを真っ向から否定する。この点で、ヘーゲルとは袂を分かつことになる。もし、ヘーゲルが〔弁証法の〕最初の二契機を蔑視する代わりに、これらを三位一体的実在を構成する独立要素ないしは個別要素として、しかと堅持していたならば、プラグマティシストは、ヘーゲルをプラグマティシスト真理観の正当性を立証した偉大な人物として尊敬していただろう（もちろん、ヘーゲル学説の外的な権威など持ち出したところで、重要となる点は、ほんのところどころにみられるだけのことだが）。というのも、プラグマティシズムは、哲学学説としては、本質的に三項性という部類に属しており、しかも、ヘーゲルの学説以上に、本質的に三項性に徹底しているからである（実際ヘーゲルは、ある箇所で、少なくとも自説の三項形式を単なる意匠にすぎないとほのめかしている）。

後記

この五ヶ月の間、上記に記した自説に対する数種の反論に言及している論考を目にした。しかし、手許に反論の実物があるわけではないので、別段、反論に応答する必要はないと考えている。プラグマティズム一般、あるいは私が心に描いている類いのプラグマティシズムに対して批判を試みたい向きには、ご自分の書かれた論考を、私の許にお送りいただきたい。そうするだけで、ご自分のプラグマティ（シ）ズム批判論文は、他の読者などよりも、もっとふさわしい読者の目に触れることになる。だが、他のところに送ったところで、よい読者に巡り会えるとはかぎるまい。実際、未だ把握しきっていないとはいえ、私以上に、真理への飽くなき探究心をもってプラグマティ（シ）ズム批判論文を熱心に検討する読者を見出すことは困難であろうし、論者たちのご厚意を私以上に理解できる者も見出しがたいのである。

第9章　プラグマティシズムの帰結点（一九〇五年）

Issues of Pragmaticism

チャールズ・サンダース・パース

Charles Sanders Peirce

プラグマティシズムは、元々、格率の形式で、次のように発表された〔本書第7章〕。

我々が持つ概念の対象は何らかの効果を及ぼすと、我々が考えているとして、もしその効果が行動に対しても実際に影響を及ぼしうると想定されるなら〔仮定法による叙述〕、それはいかなる効果であると考えられるか、しかと吟味せよ。この吟味によって得られる、こうした効果について我々が持つ概念こそ、当の対象について我々が持つ概念のすべてをなしている〔強調はパース〕。

この叙述を別の言い方で表現し直してみたい。私としては、思いもよらなかったのだが、これまでの叙述の方法は、しばしば、読者を戸惑わせるものであった。言い直しによって、これまでの困難の原因を取り除くことができるだろう。今度は、〔仮定法を用いずに〕直説法で表現しよう。すると、次のようになる。

いかなるシンボルであれ、そのシンボルの持つ知的な意味内容の総体は、すべてのありうる諸々の状況と願望という条件の下で、当のシンボルを受け容れることによって生ずることになる合理的行動の、あらゆる一般的様相の総体のうちにある。

プラグマティシズムの公式提示の約九年前、私は二つの学説を主張したが、これらはプラグマティシズムの諸帰結として理解してよい。二つの学説のうちの一つは、批判的常識主義と呼びうるものである〔もう一つは後述するようにスコラ的実在論である〕。これは、常識哲学の一種であるが、次の六つの顕著な性質によって特徴づけられる。さっそく、その特徴をあげておこう。

一つめの特徴

疑問の余地のない命題があるということのみならず、疑問の余地のない推論があることを批判的常識主義は承認する。ある意味でいえば、明白なものは何であれ疑問の余地がないが、しかし、（法律家がいうように）もうこれ以上「背後の理由を調べる」ことができないという意味でもはや遡及すべきことのない原初である、このように批判的常識主義がみなす命題と推論は、批判の余地がないという意味で、疑う余地がないのである。「推論過程」という言葉は、意味を限定して用いるべきで、それはある信念を別の信念によって確定する際には理にかなっており、熟慮され、自制されているような仕方で行うということである。推論過程というものは、意識的なものでなければならない。この意識的ということは、単に「直接的で無媒介な意識」であるだけではない。直接的で無媒介な意識とは、（一九六八年に、私が『ジャーナル・オヴ・スペキュレイティヴ・フィロソフィー』誌で議論したように〔本書第5章〕）、別の側面からみれば、単なる感じ具合である。意識的ということは、それだけでなく、その究極の性質において（つまり、その性質上、これ以上単純な要素には還元しえない要素という意味において）、ある種の習慣形成であり、いいかえれば、ある種の刺激に対しては、ある種の方法で対応するという性向を習得するということなのである。こうした性質については、後ほど「プラグマティシズムの基礎」に関する論文の中でその詳しい説明を行うことになろう。◆しかし、〔直接的で無媒介な意識ではなく〕理性的意識の秘密は、今行っているような特殊で微少な単位で研究するよりも、むしろ、理性的意識における自己制御過程全体を吟味する中で研究すべきであろう。論理的な自己制御の手続きも、倫理的な自己制御の手続きも、作用する際の手順としてみれば、様々な点で細部にいたるまで同じである。しかし、違いもあるのであって、その最大の相違は、倫理的自己制御の方は、活動力が無軌道にほとばしるのを抑制するのに対して、論理的自己制御の方は、選択を実行しうる手段を提示する点が最も特徴的であって、そのことによって、たとえば、ビュリダン［Jean Buridan 一二九五頃－一三五八年頃 中世の哲学者］が示したロバの逸話のように、魅惑的な複数の選択肢を前にして、どれを選ぶこともできずに餓死しかけているような板挟み状態に陥らずにすむ。想像力を働かせて習慣を形成することは（一八七八年論文「我々の観念を明晰にする方法」［本書第7章］をみよ）、どちらの自己制御にとっても、最も本質的な要素の一つである。しかし、論理的過程の場合、その探究領域が一般的であることもあって、その分、想像力は多方面へ幅広く駆けめぐる。たとえば、純粋数学の場合、想像力の飛翔に限界を画するのは、単に、自身の持つ能力の程度のみである。他方で、倫理的過程の場合、我々が想像力を行使して考慮に入れるのは、ただ、理解され予期される状況だけである。というのも、道徳生活の場合、我々が気にかけるのは主として我々の行動であり、その内的な動機であり、良心の承認であるのに対して、知的生活の場合、我々は現に存在するものを諸々の行動範型の媒体として評価する傾向があるからである。我々が明

◆本書末収録EP2, Chapters 26 and 27 参照。

確に心に描くもの以外にいかなる仮説を加えることなく、自己制御（とりわけ習慣）という現象が持つ明らかな特徴を簡潔に表現しようとするなら、次のようにいえる。我々には、自分たちの目には見えない性質というものがあるが、その存在と内容を我々が判断できるのは、ただ、そのような性質が確定している行動、およびその行動という現象によってのみである。（極端な唯名論者でもなければ）誰もが、これには同意するだろう。しかし、連続主義を認めない論者は、こうした現象を偽って自分たちを見せかけの混乱状態に巻き込んでしまう。たとえば〔意識領域と無意識領域の連続性を断ち切り〕、いわば意識を皮膚ないし皮膚組織と見立て、自分たちの目には見えない性質、あるいは心や魂や生理学的基礎といった無意識的領域は、意識という外皮に覆われているなどというのである。今みた現象には、どうしてもつきまとうものだが、意識と無意識の違いは相対的なものでしかなく、その境界を想定するにしても厳密なものではない。現段階での我々の知識に鑑みるなら、こう考えるのが探究を遂行する方法〔methodeutic〕としては健全なものであろう。

　プラグマティシズムの格率にしたがうなら、先にみた確定作用は、逆に、我々の目に見えない性質にも反作用的影響を及ぼすが、これは、この性質が熟慮の上の行動に影響を及ぼす力があるというのと同じことである。自分が熟慮の上で行動することを我々は意識している以上、自分たちの性質の深層部に隠されているものなら何であれ、意識化して習慣化している存在が我々なのである。したがって、注意力を十分働かせて精力的に努力すれば、無意識の意識化という性質を明るみに出すこともおそらくはできるだろう（これに関する興味深い実例は、我々の論文に記録されてはいるが、もちろん今はおそらくはとしかいえない）。[1] したがって、心の作用が制御されるという場合、それは、ある特別な意味における意識作用であり、これは、疑いもなく、推論過程を意識するというのと同じことである。というのも、プラグマティシズムの理論の要求によれば、我々が推論過程の際に意識しなければならないのは、結論、そして結論の熟慮の上での承認だけではなく、結論自体があくまで結論が導き出される前提からの帰結であるということだからである。さらにいえば、この理論によれば、以上の推論はある主導原理に一致する数ある推論のうち可能な部類の一つであるからである。ところで、今しがた述べた特性を備えている精神作用は様々ありうるが、その中でも、特に、他とは異なった性質を持ち、はっきりと識別できる類いの精神作用がある。我々が今突き止めているのは、この明白な精神作用の方である。そして、この明白な精神作用だけが推論過程の名に値する。推論している者が、たとえば漠然とであれ、自分の推論の主導原理が何であるか意識している場合には、この推論過程は論理的論証方法と呼ぶべきであろう。しかしながら、ある信念が別の与えられた信念によって規定されていることを意識してはいても、その信念が、一般的原理に基づいて生じていることについては意識していない場合がある。たとえば、アウグスティヌスの「我思ウ故ニ我アリ」が、その例である。◆このような思考過程は、推論過程ではなく、当面のところは批判するには及ばない推論と呼ぶべきであろう。さらにいえば、ある信念が別の信念によって規定されてはいても、我々がそのことについてまったく意識していない場合もある。このような場合は、連想による信念の暗示と呼ぶべきであろう。

さて、私の「信念の確定の仕方」および「我々の観念を明晰にする方法」を吟味すれば誰でもわかるように、プラグマティシズムの理論は、元来、あらゆる成年男女に共通に見られる経験について、つまり自己制御という現象についての研究に基づいていた。そして、明白にわかると思われるが、プラグマティシ

▼1　とはいえ、我々の共著論文における試みを参照のこと。J. Jastrow and C. S. Peirce 'On Small Difference of Sensation,' in *the Memories of the National Academy of Sciences.* vol. III 1885: 75–83.

◆　アウグスティヌス『自由意志』第二巻第三章第七節には次の叙述がある。「人間は知解をもつのだから、存在と生命をもつのである」（『アウグスティヌス著作集　第三巻　初期哲学論集』所収、泉治典訳、教文館、一九八九年、七八頁）。アウグスティヌスのこうした叙述は、やがてデカルト（「我思ウ故ニ我アリ」）をはじめ多くの哲学者に多大な影響を与えることになる。

ズムの理論は、常に、少なくともある程度はそうした経験に基づくものでなければならない。というのも、プラグマティシズムが記号の知的な意味内容の由来をたどって突き止めようとするのは、熟慮の上での行動という概念だからであり、熟慮の上での行動というのは、自己制御行動にほかならないからである。さて、制御〔過程〕はそれ自体制御されうるし、批判はそれ自体批判にさらされうる。そして、理念的にいえば、このように自己に対する作用は明白な限界をもたず、無限に続いていく。しかし、現実に努力が行われて完結するにいたった一連の過程に、実は始まりもなければ終わりもなかったなどということが、はたしてありうるだろうか（これについての議論は読者に委ねたい）。（努力の意味内容に関しては幾分曖昧さがあるとはいえ、）このことを真剣に探究した場合、得られる唯一の結論は、おそらく、そんなことはありえないというものであろう。ここからいえるのは、諸々の信念の中には、知覚的な判断を除いて、原初の信念（つまり当面のところ批判の余地がないがゆえに疑いえない）信念というものがあり、これは一般的で繰り返される性質を有するような類いの信念であるということである。このことは、ちょうど推論の中には当面のところは批判の余地なく、疑いえない推論があるのと同様である。

ここで、疑念について、読者は次の点を明確に理解しておくことが重要である。まず、正真正銘の疑念の発端は、常に外部にあり、しかもたいていは驚きである。さらには、正真正銘の疑念が人の意志作用のみによって自ずと作り出されるなどということは不可能である。たとえば、数学の定理であれば、その成立条件を想像するのに意志作用で十分だろうが、本物の疑念の場合そうはいかない。それはちょうど、単なる意志作用によって、人が本物の疑念を持つにいたることなど不可能であるのと同じである。

もう一つ、読者に了解しておいてもらいたいことがある。私が解明し尽くした主題を十分提示するには、相当量の紙幅が必要になるのだが、プラグマティシズムの一連の論文では、そのうち、ほんの二パーセントすら示せないでいる。私ができるのは、ただ読者の判断に委ねるのが最も望ましいと思われる思想内容の、ごく一部を選ぶことだけである。読者の側で補っていただきたい論証過程については、その全段階を省略せざるをえない。それだけでなく、残念ながら読者を理解困難にしかねない一層多くのことも割愛している。

二つめの特徴

これ以上疑いえない様々な原初的信念の完全なリストを、スコットランド常識学派の哲学者のうち、誰かが作成していたかは思い出せない。しかし、彼らが確実に考えていたのは、こうしたリストが作成可能であり、また、このリスト自体、古きアダムの時代以来、あらゆる人々の心性に妥当するということであった。というのも、当時において、アダムは、疑う余地のない歴史的人物だったからである。進化論公表の余波が及ぶ以前とあってみれば、人々は、そう考えるより他になかった。私が最初に論文を書き始めた頃、私はもちろん他の人々も、まだこの進化論という新しい考え方に、ほとんど順応できていなかった。私自身の印象はといえば、当面疑いえない命題も、思慮深い人間がいれば、それとともに年々変わっていくというものであった。こうした変化の度合いを明らかにするための予備的研究を、いくらか試みてはいたものの、私は問題の核心を放置したままであった。私はようやくここ二年くらいかけて、予備的な探究を終えることができた。その研究成果によれば、疑いえない命題の変化の度合いは、〔年単位どころか、それよりも〕はるかに緩慢で、世代単位で、かろうじて変わるというものである。もっとも、世代程度の短い期間を単位に取った場合でさえ、変化がまったく感知できないというわけではなく、微小とはいえ、変化はする。したがって、私は、従来の自説の誤りを認め、当然の修正を施した上で、常識〔疑いえない命題〕の主題に関しては、常識学派の識者、鋭敏にして分別あるトーマス・リード〔Thomas Reid 一七一〇－一七九六年〕の見解にしたがいたいと考える▼2（これは、直接的知覚に関しては、カントにしたがうのと同様である）。

三つめの特徴

スコットランド常識学派の哲学者たちが認識していたのは、当面それ以上疑いえない原初的信念は、本能が持つ一般的性質に由来するもので、同じことは、当面のところ批判するには及ばない推論の場合にも妥当するということであった。むろん、今日においてさえ、本能についてはほとんど知られていないが、少なくとも我々の方が一八世紀の人々よりは本能について精通しているとはいえる。たとえば、本能であっても、ほんの短い期間で幾分変質を被ることもあることを我々は知っている。偉大な事実というものは、これまで常に周知のものであった。たとえば、件の本能が誤ることはほとんどないが、理性の方は、半分以上ではないにしろ、たびたび誤りをおかす。しかし、スコットランド学派が認識しえなかったことが一つある。原初的信念が疑いえないままであるのは、その信念を、原初の生活様式にみられる出来事と似通った出来事に適用する場合だけだということである。たとえば、電子の運動が三次元空間に限定されるかどうかは、十分疑問の余地があるといってよい。もちろん、何らかの反証事例が提示されるまで電子運動は三次元空間に限定されると想定するのが、妥当な探究遂行方法ではある。これに対して、たとえ一見疑わしく思える信念であっても、それが本能の現れを示しているとわかった途端、我々が考えがちなことは、実験してみればきっとその信念は実は疑わしくなくなるはずだということである。というのも、我々の住む人為的に加工された世界、特に実験者の世界にあって、極めてしばしば生じがちな誤謬は、あくまで理論上の疑念でしかないものを心の中で生ずる実際の疑念と取り違えることだからである。たとえば、近親相姦への罪悪感についての信念を取り上げてみよう。生物学上、近親相姦が不利に働くことは証明されるだろうが、しかし生物学の主張は、近親相姦に対して我々が抱く強い忌避感を何一つ証明しない。しかしながら、近親相姦について考えただけでもぞっとするということを考えてみるなら、そうした感情が生ずる理由は、本能であることがわかる。そして、ここから推論しうるのは、仮に兄弟姉妹間で結婚することになった場合、この異性二人に理性があるのであれば、重罪感を払拭することはできないことに気づくはずである。

以上と対照的な位置にあるのが、犯罪分類上、自殺は殺人の項目に入れなければならないという信念である。これが本能的信念でないことを示す確かな証が二つある。一つは、この信念が実質上、キリスト教世界に限定されるということである。今一つは、実際に自問自答してみると、この信念は心の中からきれいさっぱり完全に消え去ってしまうように思われるということである。これら二つの強力な議論に反論する際に主張すべき論点は、初期キリスト教の教父たちの権威と、生に対する本能上の疑いもなく強い執着である。だが、後者の現象についていえば、まったく不適切である。なるほど、人生には最悪のときでも魅力がある以上、自分の人生に別れを告げるときには苦悶する。それは、いざ歯を抜かなければならないとなると、名残惜しくなるのと同じことである。だが、それでも、この苦悶の念には、道徳的要素は微塵もない。自殺についての罪悪感とキリスト教の伝統との関係についていえば、これは、初期のキリスト教教会を取り巻いていた環境によって説明がつくだろう。そもそもキリスト教は、数ある宗教の中で最も熱狂的で最も狭量な宗教で（「ヨハネの黙示録」参照）、その性質は、文明化により緩和されるまでは、非寛容であった。この宗教は、キリスト教の道徳を除いて、他の道徳を一顧だにしないものと考えていた。さて、初期のキリスト教会は殉教者を、ということはその証人をも必要としていた。自分の生命を断つのであれば、教会の権威の証人として、信仰のために断つしかなく、それ以外の場合は忌まわしい背信行為とされたのである。それゆえ、この信念は、今では疑わしいものと考えるべきである。つまり、この信念が

▼2 もっと困難な研究を終えたらこの研究を再開し、この主題の根源にまで迫ることができればと思う。そのためには、年季が必要となるが、若さに固有の力はいらない。大量の文献渉猟が必要となる。というのも、研究すべきことは人々が本心から示す信念であって、人々が誇示するものではないからである。

ひとたび疑わしいものと宣言されるや、たちまち理性がこれに偽りのラベルを刻印することになるわけである。

こうしてみると、スコットランド常識学派は、疑う余地のないことに対して当面範囲が画されるということと、疑いえない原初的信念の及ぶ範囲が後になって画されるということを、区別できなかったように思われる。

四つめの特徴

あらゆる点からみて、かつてのスコットランド常識学派と比べるなら、我々批判的常識主義者の最も顕著な性質は、当面のところ批判の必要がなく疑いの余地のない事柄は、常に漠然としているという主張にある。

これまでの論理学者たちの誤りは、曖昧さの分析すらせず、これを見過ごしてきた点にある。私はといえば、この曖昧性という主題に関して、〔記号の学としての〕思弁的文法学〔Stechiology or Stoicheiology〕、〔推論の学としての〕批判的論理学、〔探究遂行方法としての〕思弁的修辞学〔Methodeutic〕〔以下、探究遂行方法と訳出〕というように、様々な角度から解明しようと最大の努力をしてきた [cf. CP4.9; EP2: Chapter 23]。しかし、ここでは、関連する用語について、若干の定義と提言を述べることしかできない。

正確を旨とする論者たちは、これまで、明確なということ〔*the definite*〕と、確定的なということ〔*the determinate*〕とを、はっきりと区別してきた。あるものが確定的であるというとき、何についていわれているのかというと、そのものに備わっている性質、つまり、（普遍的に、そして肯定的に）そのものの述語属性として記述できる性質であり、そして、もちろんのことだが、そうした性質の否定形の性質〔つまり「〜でない」という性質〕である。肯定的であれ否定的であれ、これらの性質は、〔確定的という意味では〕まったく同じ関係である。あるものが不確定的であるというとき、それは、これらの述定とは異なる他のすべての性質に関してのことである。明確なということについては、すぐ後で述べよう。（ここで記号ということで、外的な記号のみならず、心中のあらゆる種類の〈思考‐記号〉のことを示すことにすると、）いかなる点においても、客観的に不確定な記号（つまり当の記号だけでは、記号の対象が確定されない記号）というものがある。こうした不確定な記号に対して、これを確定する権限が記号解釈者にまで及ぶとき、そのかぎりで、この不確定な記号は、客観的にいって、一般的である。▼[3] たとえば、「人は死を免れえない存在である」という命題を考えよう。どの人のことをいっているのかという問い対しては、次のような答えになる。この命題の場合、どの人のことをいっているのかは、解釈者の考えに委ねられており、その考え次第で、どの人であってもよい。次に、いかなる点に関してであれ、客観的に不確定な記号が客観的に曖昧であるのは、その記号が他の考えうる何らかの記号によって、さらに確定される余地がある場合か、あるいは少なくとも記号を解釈する側に対して、確定の役割があてがわれていない場合である。たとえば、「一人の男性について語ろうと思えば語れますが、その人は、少しうぬぼれているようです」と、

▼3　ハミルトンや、他の二、三の論理学者は、集合的意味での普遍的命題の主語を理解してはいた。しかし、論理学に精通している者なら誰でも知っている多くの文章があって、第一級の論理学者たちが説明している。その筆致は、全読者が知性に恵まれているのであれば、冗長ともいえるほど繰り返しが多いのだが、その説明主旨はこうである。ハミルトンたちのいっている主語は、行き渡っている範囲という意味で一般的なのであって、集合的意味で一般的なのではない。集合を示している用語は単数形であり、そのような用語は一つの「抽象」であるか、あるいは仮説的抽象の操作の結果であって、本質という名称がそうであるのと同じように、適切といえる。「人類」というのは、一つの抽象物と同じことであって、リセイテキソンザイシャ〔ens rationis〕ということもまた、「人間性」の一つの抽象であるのとまったく同じである。実際のところ、一つの概念の対象は、どれも、際だった個体であるか、何らかの不確定な個体である。複数形名詞は、通常それぞれに配分されているものであり、一般的である。単数普通名詞は、通常、不確定的である。

ある女性が語ったとしよう。ここで示唆されているのは、〔うぬぼれ者だといわれている〕その男性が、話しかけられている人だということである。しかし、この発言者は、このような解釈を唯一の真意として正式なものとするわけではないし、そうかといって、発言内容の他のいかなる解釈を真意として正式なものとするわけでもない。この女性は、好み次第で〔うぬぼれ者といっているのは〕今話しかけている人のことではないとさえ、いえるのである。発言内容というのは、すべて、さらなる説明権を発言者に委ねる。したがって、ある記号が不確定的であるかぎり、しかもはっきりと、あるいはよく理解された慣習によって、一般的であると表現されていないかぎり、その記号は曖昧である。通常、〔「〜である」という〕肯定的な述定は、当の述語のあらゆる本質的な性質を、一般的に包摂している。これに対して、〔「〜でない」という〕否定的述定は、何らかの本質的な性質を、漠然と否定している。別の意味でいえば、誠実な人々は、冗談をいっているのではないかぎり、自分の言葉の意味を確定的なものにしようとしている。したがって、そういう人々は、勝手な拡大解釈がなされないようにしようとする。すなわち、誠実な人々の言葉の意味は、自分たちの言葉の持つ意味合いと、その言葉では解釈されようのない意味合い、この両者にある。いいかえれば、誠実な人々が確定しようとするのは、何が意味されているのか、および何が意味されていないのか、この両者である。このような人々は、うまくそのようにできると信じている。たとえば、もし雑談の話題が整数論であるなら、おそらく意味を確定できるだろう。しかし、このような厳密な、あるいは「抽象的な」主題から話題が離れれば離れるほど、発言内容がこのような厳密性を持つ可能性はますます少なくなる。発言の意味合いが確定的でないかぎり、通常、その意味合いは曖昧なままである。しかし、意見が一致しない主題に関して詳細に述べる意図がないために、発言者が、発言の意味合い確定を解釈者に委ねる場合もある。たとえば、「あの人は言葉のあらゆる意味において不道徳である」と述べる場合が、その典型である。

一般性と曖昧性という対概念について、もっと科学的な定義を施そうとするのであれば、次のようになろう。いかなるものであれ、それが一般的であるのは、排中律が、当の対象に当てはまらないかぎりであり、また、いかなるものであれ、それが曖昧であるのは、矛盾律が、当の対象に当てはまらないかぎりである。「いかなる命題も、ひとたび、その固有の意味が確定されたならば、真もしくは偽のどちらかでなければならない」〔排中律〕。しかし、いかなる命題であれ、その命題が不確定のままであり、したがって、その固有の意味を欠いているかぎり、当の命題は真である必要もないし、当の命題が偽である必要もない〔排中律が適用されない以上、一般的である〕。同様にして、「ある命題の固有の意味が確定されているのであれば、その命題は真でも偽でもある」というのは、偽である〔矛盾律〕。それに対して、命題が確定的になるまでは、ある命題は真であるということも、ある命題は偽であるということも、真であるといってよい〔矛盾律が適用されない以上、曖昧である〕。

　ある記号が曖昧ではない場合は、その記号は明確であるといわれる。少々違った言葉遣いをするなら、正確な〔*precise*〕といわれる。こちらの意味は、おそらく、ラテン語のpaecisusからきており、この語は、あからさまな拒否や拒絶について用いられていた。この言葉が、正確なという、通常の意味で根づくようになったのは、プランタジネット朝以来のことである。しかし、この言葉は〔多義的であるため〕その派生語precisionやprecisive等々とともに、哲学用語においては、正確なという意味に限定すべきであって、この点、preciseの用語法としては、まだ改善の余地があるといってよい。フランス語では、（通常、数字や日付等にのみ用いられるにすぎないが）はっきりさせるという行為を表現するために、動詞préciserを用いる。これは、*décider*〔「決心する」のフランス語〕の類推からして、本来、*précider*とでもいう語であったはずである。我々の英語においても、正確にする〔rendering precise〕という一般的な意味を表現するために、動詞precideという言葉を採用し、論理学の用語体系につけ加えるのが、有益なことではないだろうか。英語圏の昔の論理学者たちは、健全な大胆さとでもいう気質を持っており、自分たちの専用に、動詞prescindを新たに作ったようである。これに相当する元々のラテン語は、語義としては、「端を切り取る」という意味しか持っていない。これに対して、英語でprescindという場合、多かれ少なかれ確定的に表現された付随物を想定することなく、付随物以外のものだけを想定するということを意味する。たとえば、幾何学では、色から形を切り離し、形だけを主題化するが、このとき、我々はprescindという語を用いる。これは、形から色を「捨象する〔abstract〕」というのと、まったく同じ意味である。もっとも、非常に多くの論者は、prescindのと同義語として、abstractという言葉を用いているのが実情である。だが、動詞prescindの形成過程で枯渇してしまったのが、我々の哲学上の祖先たちの考案能力であろうと勇気であろうと、奇妙なのは、この動詞から名詞precisionを作らずに、フランスの論理学者たちにならって、precisionという言葉を、正確という意味で用いるようになったという事実である。ほぼ同じ頃に、形容詞precisiveが採用されてしまい、prescissiveという言葉が採用される場合よりも、もっと誤って伝えられる意味を指し示すことになってしまった[4]（Isaac Watts, *Logic*, London 1724）。哲学を大洋航路船にたとえるなら、科学の専門的研究活動のためにも、文献の海をほしいままに解釈している無法者の海賊たちの手から、哲学を救い出さねばならない。このように望むのであれば、まず、prescind, presciss, prescission, prescissiveといった言葉は、想定において付随物を切り離すという意味のために使うようにし、他方で、precide, precise, precision precisiveといった言葉は、もっぱら、確定の意味で用いるのが賢明であろう。後者の確定性の場合、完全に確定済みであるか、解釈者の自由な解釈に委ねられた確定性であるか、どちらかになろう。以上のような用語法を採用することで、捨象〔abstract〕という、語の幹とでもいえる言葉が持つ両義性を回避できることになろう。この捨象という言葉は、実のところ、これまで、二つの意味の間を揺れ動いてきたといえる。つまり、一方の意味は、正確性という概念を示し、他方の意味は、これとは無関係ながら、非常に重要なもので、ギリシア語でいう、ある一つの「崇高な言葉」からその語の持つ理にかなった核心を抽出するという概念を示している。◆後者についていえば、これは、核心抽出的抽象〔hypostatic abstraction〕といってもよい。あえてその実体に迫ることなく、この思考を通俗的に表現していえば、これまで冷笑の対象となってきた一つの操作である。だが、この核心抽出的抽象こそ、数学に対しては、その力のかなりの部分を与えてきたのである。

確定性、一般性、曖昧性という用語が持つ三つの性質は、一つの言語群を構成しており、カント『純粋理性批判』のいう「判断〔における悟性の論理的〕諸機能」のうち、一つのカテゴリー〔たとえば分量〕を、〔たとえば総体性・単一性・数多性というように〕三分割する。このような純粋に形式的な思考を、取るに足らないこととして見過ごしてしまう人々というのは、哲学において、純粋に形式的な諸概念が果たす重要な役割をまだ学んでいないといってよい。この点を議論するために立ち止まることはしないが、しかし、次のことは指摘しておこう。論理学における判断の「分量」、つまり命題における主語の範囲▼5〔分配・周延・拡充〕は、単称的であるか（単称的とはつまり確定的のことであって、こちらの語を用いれば、単称的という語は、形式論理学において実質上無視しうるものになる）、全称的であるか（つまり一般的）、特称的

▼4　しかしながら、残念なことに、私にはこれまでこれらの言葉に関して『オックスフォード英語辞典〔*The Oxford English Dictionary*〕』で調べる余力がなかった。そのため、本文中の叙述の中には、この辞典によって修正すべき箇所もあるかもしれない。

◆　たとえば、「蜂蜜は甘い（Honey is sweet）」という命題を「蜂蜜は甘さを有する（Honey possesses sweetness）」という命題に変換することによってえられる抽象（CP4. 235）。

▼5　こうして、我々が採用した元々の用語体系に立ち返ってくることになる。もっとも、拙稿 *The Monist*, vol. vii, p. 209では、明らかに不完全な議論でも、単なる用語の問題を確定するのに十分であるとみなされている。しかしまた、そこにおいて、命題の「性質」は付随的であるような観点から理解されてしまっている。このように不備があるのだが、しかし今は、この困難な問いのもたらす帰結を、存在グラフの助けを借りて再吟味する時間的余裕はない。拙稿における述語の量化に関する叙述は修正を要するだろう〔「存在グラフ」については、パース『連続性の哲学』（伊藤邦武編訳、岩波書店、二〇〇一年）第三章および訳註参照。なお、『連続性の哲学』所収の「関係項の論理学」と、ここで言及されている『モニスト』誌所収の「関係項の論理学」は、別の論文である〕。

であるか（特称的というのは中世の論理学者がいうように曖昧である、あるいは不確定的であるということである）、この三つのうちのどれかである。興味深い事実は、私のいう関係の論理学においては、一つ命題における主語と述語に対して量化を行うことが最重要だということである。ある対象ついて、「それが馬である」ことを肯定すれば、その対象に対して、馬の持つすべての本質的特徴を与えることになる。ある対象について「それが馬である」ことを否定すれば、その対象には馬の持つすべての本質的特徴のうち、曖昧ではあるがいくつかの、つまり一つあるいは複数の特徴がないことになる。しかしながら、知性と経験の程度次第では分解不可能な属性がある。こうしてみると、分解不可能な属性の場合は、肯定されても、否定されても、確定的であるといえる。かくして、ここでも先に触れたのと同じ概念群、一般性、曖昧性、確定性が現れてくることになる。肯定も否定も、それ自体ではこれらの概念群に影響されることはないが、しかし肯定と否定との間の境界線とでもいえる明確な概念を我々が抱く場合もある。したがって、ある平面の一点は、その平面の一領域内にあるか、その領域外にあるか、あるいは、その領域の境界線上にあるか、様々でありうる。ここから、一般的にいって、肯定と否定の間には、中間領域という、はっきりとしない曖昧な概念があるのがわかる。したがって、確定性と不確定性の間にも、中間的な、あるいはどちらにもなりうる生成途上の状態という、はっきりしない、曖昧な概念があるのがわかる。同様の中間領域は、一般性と曖昧性の間にもあるにちがいない。実際、『モニスト』誌第七巻所収の拙稿において、明確に語られた事柄の背後に、こうした中間領域の無限の系列という概念が潜んでいることを述べておいた。こうした考えについては、以下においてその適用例をみることになろう。

五つめの特徴

批判的常識主義者と、かつてのスコットランド常識学派の哲学者とでは、さらに違いがある。批判的常識主義者は、疑念ということを重視するが、ただし、その疑念が、いわば、ずっしりとした正真正銘の貴金属であって、偽造貨幣や偽造紙幣でないかぎりにおいてである。批判的常識主義者は、自分が疑っているのかどうか、自問することで満足するのではなく、疑念を抱くにいたるための計画を発明し、詳細にわたって練り上げ、それを実行に移す。もっとも、これには、まるまる一ヶ月間、努力をしなければならない。このような吟味を経てはじめて、自分の信念がもはや疑う余地のないものだと表明するのである。さらに、批判的常識主義者は、信念に達した場合でさえ、自分の疑う余地のない信念の中には、後になって誤りとわかるものもありうることを完全に認めている。

批判的常識主義者は、実験科学的探究にとって、過剰な信念よりも過少な信念の方が危険度が少ないと考える。だが、それにもかかわらず、過少な信念に基づいて実験的探究を行った場合、それに対する帰結は最悪の事態と同様のものとなりうる。

六つめの特徴

批判的常識主義が正々堂々と自らを批判的と名乗るのは、二種類の理由に基づいている。一方で、次の四つの主張を厳格な批判にさらす。つまり、批判的常識主義自らの主張、スコットランド常識学派の主張、さらに、哲学的諸見解の中でも最も支持しがたいものであるが目下流行中の主張で、論理学もしくは形而上学を、心理学やその他の特殊科学によって基礎づけようとする試み、そして、最後にカントの主義主張、これら四点を批判的に吟味するわけである。他方で、自らを批判的と名乗るのは、この立場が、カントの批判哲学を改造するものだからである。私は元々純粋なカント主義者として出発した。だが、何段階もの思考過程を経ることで、とうとう、プラグマティシズムの立場へと変貌せざるをえなくなった。いかに間接的であろうと、物自体を考えることができるなどという命題を心の底からきっぱりと捨て去り、後はカント学説の詳細を修正しさえすれば、元々カント主義者であっても、自ら批判的常識主義者となりうることがわかるだろう。

プラグマティシズムを採用すれば、その不可欠の帰結として、もう一つの学説が、必然的に伴うことになる。実をいえば、この学説は、プラグマティシズムの原理を自分自身の頭の中で定式化する以前の段階で、既に私が強く打ち出していたものである（一八六八年の『ジャーナル・オヴ・スペキュレイティヴ・フィロソフィー』誌［本書第5章］、一八七一年の『ノース・アメリカン・レヴュー』誌）。その学説とはスコラ的実在論にほかならない。この学説は通常次のような見解として定義される。一般的でありながら、実在的である諸々の対象が存在するのであり、実在的対象には、現に存在する個々のものを規定している諸々の様相も含まれている。もちろん、このような個別者だけが、唯一の実在的対象というわけではない。しかし、この学説を信ずるのであれば、必ずや承認せざるをえないことがある。それは、実在的な対象に加えて、実在的でありながら曖昧な存在者、そして、とりわけ、実在的でありながら可能的な存在者というものもあるということである。というのも、可能的存在はある必然性の否定であり、必然性はある種の一般性である以上、可能的存在は他のいかなる一般者の否定と同様に、曖昧な在り方をしているからである。実際、プラグマティシズムが最も強く主張しようと努めているのは、数ある可能的存在者の中には実在的なものもあるということである。一八七八年一月の拙稿［本書第7章］では、読者が非専門家ということもあって、この点を取り上げるのは不適切と判断し、うまく、取り繕うように努めた。あるいは、私自身が揺れ動いていたため、取り繕ったのかもしれない。この論文の中で私はこう書いた。仮に、無定形炭素が結晶化されて一個のダイアモンドとして柔らかいクッションの上に置かれており、硬い刃物の刃や先端部で圧力を加えられることなく、その場で、燃えてなくなってしまったとすると、その場合ダイアモンドは硬かったというべきか、硬くなかったというべきかは、単なる命名法の問題にすぎない。このこと自体は、むろん真であるが、しかし「単なる」「すぎない」という言葉には、とんでもない誤りが含まれている。というのも、この言葉はシンボルは実在的ではないという意味合いを持つからである。命名法には必然的に分類が含まれており、分類は真であるか、そうでなければ偽であり、分類が指し示している一般者は、真であるなら実在的であり、偽であるなら虚構である。その理由を述べよう。この論文の冒頭で掲げたプラグマティシズムの元々の格率を参照するなら、問題は〔刃物によって〕何が起こったのかではないとわかるはずである。問うべきことは、ある行為帰結の成否が、研磨圧力に対する当のダイアモンドの抵抗可能性にかかっていたとして、この行為の成否指針にしたがうことで、事態はうまくいっていたのかどうかである、あるいは、どのようにダイアモンドを分類すべきかを規定する他のすべての論理的手段を行使することによって、次のような結論にいたる可能性があるのかである。その結論とは、先に言及した論文の表現をそのまま引用すれば、「探究過程を今よりも先へ十分進めていくことによってのみ到達する結果」を「信念」とするような結論である。プラグマティシズムは、知りたいと思うものなら何であれ、その最終的な知的意味内容を、想定された仮言的解決策のうちに、あるいは、その解決策の想定された内実のうちにあると考える。したがって、仮言的解決策の在処たる、仮言的前件つきの条件命題こそ、意味の最終的性質を有する以上、こうした条件命題は真でありうるにちがいない。つまり、条件命題というものは、およそ条件命題が表現するようなものであれば何であれ、表現しうるにちがいないのである。このことは、どのような判断において、そう思われているのかに左右されないし、また、どのような人によって、どのようなシンボルによって、そのように表されているのかとは無関係に成立する。だが、このことは結局、可能的な存在はときには実在的な性質を有するということに帰着するのである。

　以上のことを十分理解するためには、様相ということを分析し、様相の本質を突き止める必要があろう。最も単純な事例、つまり最も主観的な意味の場合でいうなら、ある命題が偽であることを知らない人であれば、当の命題を可能的なと呼ぶだろう。しかしながら、その命題が真であることをその人が知っているのであれば、その命題は可能的なということをはるかに超えたものである。可能的なという言葉を、その特徴的な使い方に限定していえば、事物のある状態が可能なという様相、つまり単に可能であるにすぎないという様相を持つのは、事物と対立矛盾する正反対の状態が同様に可能である場合にかぎる。このことから、可能的存在とは曖昧な様相であることがわかる。たとえば、ここにある人がいて、その人はハーヴァード大学の一部署がボストンのステイト街にあることを知っており、その建物は確か三〇番地にあるという印象を持ってはいるが、ことによると、番地は五〇かもしれないと思っているとする。その人は、その場所を問われて、こういうかもしれない。「たぶん、五〇番地にあります」と答える代わりに、「三〇番地にあると思いますが、もしかすると五〇番地かもしれません」。別の人で、自分の記憶を疑うことのない人は、この発言の後すぐに、同意していう。「その建物の場所は、五〇番地です。まちがいありません」、あるいは、ただ単に、「五〇番地です」、そうでなければ、「元から五〇番地にあります。元からです」。引き続いて、最初に番地を尋ねた人がいいそうなのは、「そこまで自信ありげにいうのなら、きっと五〇番地にちがいありませんね」、または、「私の記憶では、番地の最初の数字は五です。となると、一桁目の数字がゼロであることはお互いわかっているわけですね。それでは、五〇番地で決まりでしょう」。以上の例を要約すると、この手の最も主観的な類いの様相においては、直接的な記憶によって知られるものは、現実性という様相の下にある。つまり、確定的な様相である。しかし、複数の選言肢の間にあって、知識が確定されていないとき、様相としては、二つのうちのどちらかである。選言肢すべてと合致していて、それ以外でないような事態が一つある。このとき、この事態は必然性の様相の下にある。そうでなければ、いかなる知識によっても排除されない状態が複数ある。この場合、これらの状態はいずれも可能性の様相の下にある。

他の種類の主観的様相は、ある記号、もしくは表象項に関わるもので、これは真であると想定されてはいるが、しかし発話者（たとえば話者、著者、思索家あるいはその他のシンボル使用者）の知識全体を含むわけではないような様相である。この様相にも、様々な種類があって、今しがたみた様相と同様に、相互にはっきりと区別される。だが、以上のような主観的様相とは別に、正当であろうとなかろうと、我々が様相を客観的なものと確かに考えているような場合もある。たとえば「気が向いたら私は浜辺へ行くことができる」と、ある人がいったとする。この表現に含まれている意味合いは、もちろん、どのようにして自分の行為を決心するのかについて、この発言者は無知であるということである。だが、この主張内容にとって、それは重要な問題ではない。活動の中で具体的にどうふるまうかについてはまだ完全に確定しているわけではないけれども、これからどのように確定するかについては、外的環境の如何にかかわらず行為する側の主体にかかっているということ、これが重要な問題なのである。あるいは、この人が、「雇用主のいう通りの場所へ、私は出向かなければならない」と語ったとする。この場合、発言の意味合いは、どこへ行くかを確定する職務権限は、この人以外のところにあったということになる。「君はこれこれのことをしてかまわない」、「君はそうしなければならない」。このような発言において、「してかまわない」という発話は、「することができる」という発話と同じ力を持っている。ただし相違点もあって、「してかまわない」という発言では特定の状況からの自由が問題になっているのに対して、「することができる」という発言では法令や条例から許容されている自由が問題になっている。だからこそ、「できるなら、かまわない」という言い回しがあるのである。このような言い方を前にして、もし、哲学者が、自分の皮相で鈍重な論理ゆえにこれは真理を誤って伝えているなどと考えるのであれば、次のようにいっておかなければならない。そのような哲学者の能力など、まったく尊敬に値しないのである。どれほど迷信を装うことに荷担することになろうと、論理法則に違背しないかぎり、理にかなった核心を抽出するという核心抽出的抽象作用は、世界における事物が総じて多様性へ向かって行く傾向を、偶然という名の下に、ある場合にはその通りに多様化していくと考えるかもしれないし、別の場合には多様化傾向が秩序原理によって圧倒されると考えるかもしれない。その結果、たとえば次のようなことが起こりうる。ある迷信深い出納係が、以前みた嫌な夢の印象のせいで、月曜日のある朝起きた事件について、「ことによると、例の銀行が強盗に襲われたのだ」と自分に言い聞かせるかもしれない。もちろん、この出納係自身、この事件について詳しいことは何一つ知らないことは自覚している。しかし、その上でなおこの出納係の念頭にあるのは、ときおり起こる銀行強盗の難を逃れる上で、他の銀行より自分の勤務する銀行の方が安全である特別な理由は何もないということである。彼は、宇宙における多様性を、漠然と一人の人間の優柔不断のようなものと考えていて、この類推から自分の思考の外観を借りているのである。これと対極的な事例に相当する人々もいる。そういう人々は、たとえばある保険会社に対してある保険計理士が勧告したとして、その勧告の根拠はまったくもって無知に基づくと主張しておきながら、（その主張に理にかなった証拠がないために）そのように霊感を受けたことを理由づけにして、そう言い張るのである。

もう一つの事例として、客観的可能性の例をあげよう。「二本の光線が交差しているとしよう。つまり、可動な点と考えられた対象が無限に延長する直線である。この二本の光線は相互に交差したままで、〔三次元空間を〕移動することが可能である（あるいは移動するかもしれない）。その結果、この二つの光線が描く軌跡の範囲は、一個同一の双曲面の範囲を完全に覆うことになる」。今述べている対象、つまり二本の光線は空間の法則にしたがうべく要請されている（あるいは、実際には強制されている）にしても、純粋に発話者の想像の産物であることをしかと念頭に置く必要がある。その上で問うてみよう。我々は、この事態をどのように解釈すべきなのだろうか。人によっては、この事態をどちらかというと主観的に、つまりは唯名論的に解釈することで満足するだろうが、反対にどちらかというと客観的に、つまり実在的に解釈することで満足する人もいる。しかし、あらゆる面で認めざるをえないことがある。物理量の程度や種類の如何を問わず、純粋空間に属する実在であれば何であれ、当の命題の内容に属するのであって、これは、空間の一特性を単に表現しているにすぎない。

さて、ここで、件のダイアモンドの例を取り上げよう。このダイアモンドは、無定形炭素が結晶化された一個の固体として、宝石商の持つ綿のクッションの上に置かれていたのだが、注文していた研磨用鋼玉結晶体が届かないうちに、たまたま起こった火事で焼失してしまった。その際、大気とダイアモンド自体の重量以外に何の圧力も被らなかった。さて、ここで問いである。このダイアモンドは、本当に、硬かったのだろうか。確実にいえることは、この間、目に見える事実が現実に生じたわけだが、こうした現実に生じた事実によって、ダイアモンドの硬さが確定したわけではないということである。しかし、それでも、ダイアモンドの硬さは、実在的な事実ではないだろうか。ここで、一八七八年一月の論文で述べたように、〔ダイアモンドの硬さをそのとき現実に生じた事実ととらえようが、未来においても妥当する実在的事実ととらえようが〕そんなことは、「言葉遣い」次第で、思想内容の表現も変わってくるのと同じだという主張もある。しかし、こういってしまえば、ダイアモンドが持つ硬いという特性の実在性に反した確定をするのとまったく同じことになってしまう。というのも、実在的なものとは、いかなるときでも、それがどのようなものであると考えられているかに関わりなく、その通りにあるものだからである。ここで思い起こしておくべきことは、このダイアモンドの硬いという状態は、一度だけ生じた孤立的事実ではないということである。そもそも一度だけ生じた孤立的硬さなどというものはない。一度きりの孤立的事実など、まず実在的ではありえない。実在的なものとは、付随物から切り離されたものとして考えることはできても、自然の有する統一的事実からは切り離されることのない、自然の統一部分なのである。例のダイアモンドは、ダイアモンドであるかぎり、元はといえば、純粋な炭素の塊であり、ある程度透明な結晶の形をしていた（見たこともない新種のものでないかぎり、もろく、同一方向へ亀裂が入りやすいという、結晶特有の性質を持っていた）。そして、ダイアモンドとしては、よほど特別の加工を施していないかぎり、通常、その形状は、八面体、しかも見たところ正八面体であり（詳細は語る必要なかろう）、その辺は鋭い切れ味をしており、おそらくその面には曲面もいくらかあったのである。相当程度の高圧力にさらされないかぎり、このダイアモンドは融解しないし、その屈折性は極めて高く、ラジウム光線が当たれば（そして「未知の光線」やX線の場合でも、おそらくは）赤味を帯びた独特の燐光を発し、鶏冠石や石黄と同じくらい比重は高く、燃焼している間は、他のいかなる炭素結晶物よりも低い温度で熱を発する。ダイアモンドには、以上のような特性があり、このうち、いくつかについては、硬さそのものとは切り離しえない性質であると信じられている。というのも、これらのいくつかの特性は、ダイアモンドと同様に、高度の分子重合体の証だからである。しかし、重合の度合いがどのようなものであれ、他のすべてのダイアモンドの硬度は、全ダイアモンドに共通にみられる何らかの実在的関係の証にはならないなどと、つまり単なる一片の炭素をしてダイアモンドたらしめる実在的関係の証にはならないなどと、どうしていえるだろうか。件のダイアモンドに関していえば、もし研磨材の到着が間に合って試用できたならば、あのダイアモンドは確かに硬かったとわかったはずだが、実際には届かなかったために、あのダイアモンドは硬さという実在性を持ちえなかったなどと、はたしていえるのだろうか。このような主張は実在的という言葉と概念の全き曲解でしかない。

以上と同時に、斥けておかなければならない考え方がある。それは、（原子間の関係であれ、他の事物間の関係であれ）事物間には感知されることのない状態というものがあって、この状態こそがダイアモンドの硬さという実在性を構成すると考え、その上で、こうした感知されることのない状態は、一般的条件命題における真理以外の何ものかのうちに存在するとする見解である。そもそも、化学が教える全知見は、種類において多種多様でありうる有形物質の「作用」以外に、いったい何と関わるというのだろうか。加えて、もしある種の物質がある種の力にさらされれば、その結果としてある種の感知可能な帰結が生ずるはずだというのが、我々人類のこれまでの経験なのである。このような経験領域以外に、いったいどこで、有形物質は作用するというのだろうか。プラグマティシストの立場に関していえば、ある対象はある性質を有するということで、いっている意味は、これ以外に何もない。これこそプラグマティシストの立場そのものである。それゆえ、プラグマティシストは、実在的必然性と実在的可能性を含めた実在的様相の理論を承認せざるをえないのである。

プラグマティシズムの本質を例解するのであれば、それにふさわしい問いがある。それは「時間とは何か」という問いである。とはいえ、ここで、時間についての心理学や認識論あるいは形而上学と結びついた最も困難な問題に取り組もうというのではない。もっとも、時間が実在的であることは当然と考えてよいだろうし、また、これまで述べてきたことからすれば、必然的にそうなるだろう。ここで読者をいざなおうとしているのは、あくまで、慎ましい問いでしかない。それは、時間ということで、いったい我々は何のことをいっているのかという問いである。過去、現在、未来いずれであれ、これらに付随するあらゆる種類の意味を問題にしているわけではない。このような時間の三つの一般的規定には、何らかの特別の感じ具合というものが結びついている。しかし、これらについては、慎重に、考察対象から外しておかなければならない。出来事が時間と関係せざるをえないことは、抗いえない事実として認められるだろう。しかし、こうした事実が他の種類の抗いえない事実とどのように異なるのか、これについても、ここでは問題にしない。ここで吟味すべき問いは、過去、現在、未来ということの知的意味内容は何かということでしかない。最も簡潔に取り扱いうるのは、この問いだけである。

時間というものが、ある特別な種類の客観的様相であることは、あまりにも明白である以上、わざわざ論証するまでもない。過去とは、既成事実の総和であり、この場合の既成は、時間の現にある様相である。というのも、過去は、実際に我々に働きかけるからであり、しかも、その働きかけの有り様は、法則や原理が我々に影響を及ぼすような様式では、まったくない。そうではなくて、現にある対象が働きかけるような様式とまさしく同じように、我々に働きかけるのである。たとえば新星が天空で爆発した場合、この新星爆発が我々の目に働きかける様式は、暗闇の中で自分で火をつけたときに、その光が我々の目に働きかける様式と同じである。だがしかし、この新星爆発は、エジプトのピラミッドの建造より以前に生じた出来事である。このようにいうと、素人は言い返すかもしれない。我々が知っているのは、それが目に届いたということだけである、と。とすれば、その出来事は、我々がそのことを知る時点より、ほんの数分の一秒前に生じている。しかし、少しでも考えればわかるように、この解釈には見落としがある。問題となっているのは、遠い過去自体が、はたして現にいる我々に直接働きかけうるのかということではない。問うべきは、何であれ現にあるものが我々に働きかけるのとまったく同じように、過去は我々に働きかけるのかどうかということなのである。今提示した事例は（確かにあまりにありふれた事実ではあるが）、しかし、確実に次のことを証明している。過去の様相は、現に事実として存在する特性の様相なのである。このような性質は、未来についてはまったく当てはまらない。これを理解するためには、読者は、自分の必然論――せいぜい科学理論の一つにすぎない――を捨て去り、常識的理解による自然状態に立ち返ることが不可欠となる。たとえば、「私はこれこれのことを今日と同様に、明日もうまくやり遂げることができる」と自分に言い聞かせたことはないだろうか。必然論は、理論上、偽りの信念――見せかけの信念――に立っており、今取り上げたような文は、本当の真理を表していないという。このように主張すること自体、今、時間の意味を、それが実在であれ虚構であれ、とにかく考えようとしているにもかかわらず、その時間そのものの非実在性を示すことに固執しているだけである。必然論者は、外を見渡して、お気に入りの自説の評判を落としはしないかと恐れる必要はない。理論上、真であろうとなかろうと、夾雑物を取り除いて基本的な考えを述べれば、未来において生ずるものはすべて運命づけられているか、つまり既にして必然化されているか、そうでなければ未だ決定されていないか、つまりアリストテレスの偶然的未来〔『命題論』第九章〕であるか、このいずれかなのである。いいかえれば、未来に起こることは、現実的事実ではない。というのも、未来自体は現在に作用することはないのであって、作用するとすれば、それは、まだ生じていない観念上の未来を通じて作用するからである。これは、法則がそうであるのと同じである。つまり、未来は、必然的であるか、そうでなければ可能的であるか、そのどちらかである。両者は様相としては同じである。というのも（先に述べたように）、今存在しないもの、非存在〔*Negation*〕は様相カテゴリーの外部にあるのであって、このような非存在が、様相の様々な類型を産み出すなどということはありえないからである。現在の瞬間に関していえば、これは極めて不可解なものであるため、思うに、いかなる懐疑論者であれ、瞬間的現在の実在性という問題にこれまで取り組んだ者はいないのではないか。思い浮かべることが私にあるとすれば、次のような事態だろう。懐疑論者の一人が、ペン先を黒インクに浸し、これからまさに反論を開始しようと息巻いているその瞬間、突如として自分のこれまでの全人生が今という現在のうちに在ることを思い浮かべる。我々なら、これを「生ける現在」と呼ぶところであるが、それはともかく、今度は人生に関するすべての希望と恐怖が終極を迎えようとする、まさにその瞬間、我々の方が新たに生まれ変わろうとする、いわば、「生ける死」のことを思い浮かべてみる。さて、もはや明白であろう。今言及した事態は、確定的なものと非確定的なものとの狭間にあって、今まさに生まれ出ようとしている状態なのである。

プラグマティシズムの主張はこうである。いかなる概念であれ、その意味内容は、当の概念が我々の行動に及ぼすだろうと想定される影響のことである。それでは、過去はいかにして我々の行動に影響を及ぼすのだろうか。その答えは自明であろう。我々が何かに着手しようとするときには、いつでも、既に知られている事実に「基づいている」、つまり既知の事実を基礎にして行動するのであり、こうした事実を知ろうとするには、自分たちの記憶に頼るしかない。なるほど、こうした目的のために、新たな研究を開始することもあろう。しかし、そうした研究で何か発見されたところで、それが行動に適用可能となるには、その発見が記憶されて、行動原理にまで縮約されていなければならない。要するに、過去とは我々の持つ全知識の唯一の貯蔵庫のことである。事物の何らかの状態が現実に存在することを我々は知っている。このようにいうとき、その意味するところは、その状態がかつて存在したということである。その際、当の状態についての情報が脳に到達してから、神経系統を通って発話や執筆にいたるまでにかかる時間が長かろうが短かろうが、事柄を変えるものではない。かくして、我々が過去とは何かを考える際の視点がいかなるものであれ、過去は時間の現存的様相として現れる。

では、未来はいかにして行動に影響を及ぼすのか。答えはこうである。未来の事実は、我々が、ある程度制御できる唯一の事実である。そして、たとえ制御できないものが未来にあろうと、未来にある以上、何であれ、我々はそれを推論しうるだろうし、また好条件がそろうかぎり、推論できるはずである。もちろん、いかなる好条件がそろおうとも、推論過程で意見が収束することなく、動揺し続ける場合はどうなるのか、そういった問いもあるかもしれない。しかし、意見が収束しないのであれば、収束しないということ自体、そのような問いは、本当の問題ではないことを示している。つまり、真なる答えが存在しないような問いなのである。結論を導いたり、帰結を述べたりするときに、ごく普通に用いられるのは、未来時制である（条件法とて変性された未来でしかない）。「ある平面上に二本の無限に続く直線があり、長さが……である第三の直線がこの二本の直線両方と交わるならば、そのときこれらの直線はすべて、その平面上で交わるだろう云々」といった具合である。当面のところ疑念が浮かばず、したがって今は批判するには及ばない推論の場合には、過去を、単に過去という資格で言及することもあろう。これは否定できない。しかし、プラグマティシズムによれば、ある推論能力が向かう結論は未来に言及しなければならない。というのも、推論の結論の意味は行動に言及しているからである。そして、そうである以上、推論過程を経て到達した結論が言及しなければならないのは、熟慮の上での行動であり、この行動こそ、制御可能な行動である。だが、唯一制御可能な行動とは、未来の行動にほかならない。過去の中でも、記憶の及ばない遠い過去についていえば、プラグマティシストの理論的主張はこうである。記憶の及ばない遠い過去であるにしても、過去と結びついていると信じられているならば、その過去の意味とは、（他のいかなる信念と同様に）その過去についての信念にしたがって我々は行動すべきであるという考えを、真理として受け容れることのうちにある。かくして、クリストファー・コロンブスがアメリカ大陸を発見したという信念は、実際には、「その信念を基にこれから行動しようとする」未来に言及しているのである。おぼろげながらであれ、直に経験した記憶のような曖昧な証拠と合理的推論、この両者に基づく信念を説明するのがより難しいことは、いっておかなければならない。この難題とて克服不可能とは思えないが、今はこれ以上立ち入ることなく、そのままにしておかねばなるまい。

では、現在の瞬間が行動にもたらす影響は、いかなるものだろうか。内観は、そのことごとくが、推論の問題である。人は自分の感じ具合を、直接意識していることは疑いない。しかし、こうした感じ具合は、自我なるものが持っている感じ具合というわけではない。自己というものは、推論されて生ずるにすぎない。推論には時間がかかる以上、瞬間的現在には、推論が占める時間的余地はない。ましてや、当のその瞬間に関する推論の場合、時間的余地は、なおさらない。したがって、今現在の対象のうちに客観的指示対象があるのであれば、当の対象は、心の外にある対象である。今現在の態度は、意欲感にあふれているか、そうでなければ知覚的である。それが知覚的であると仮定するなら、知覚は心の外部にあるものとして、媒介なしに直ちに認識されなければならない。もちろんこれは、幻覚は心の外部にはないという意味でいっているのではなく、知覚者の意志や願望に関わりなく、そこにあるという意味でいっている。さて、この種の外部性は、意欲感にあふれている外部性である。したがって、現在の瞬間の態度は、（常識が示す証拠、つまりいかなる場合でもはっきりと採用される証拠にしたがうなら）意欲感で満たされた態度でしかありえない。それゆえ、今現在の意識とは、こらからどうなるかをめぐって奮闘努力する意識である。こうして、以上の研究から確証される信念は、今現在とは、現にあるもののうちにあって、これから生まれ出る状態であることである。

しかし、それにしても、時間的様相は他の客観的様相から、どのように区別できるのだろうか。いかなるものであれ、一般的性質によってではない。時間は独自で独特だからである。いいかえれば、ただ一つの時間が存在するにすぎない。この驚くべき真理は、空間にも当てはまるが、空間に比して時間の場合には、これまで十分な注意が向けられることはほとんどなかった。だからこそ今なお、時間の何たるかは理性を欠いた衝動によってしか確認されえないのである。だが、これ以上議論を続けるわけにはいくまい。

第10章　プラグマティズム（一九〇七年）

Pragmatism

チャールズ・サンダース・パース

Charles Sanders Peirce

『エッセンシャル・パース　第2巻』編者パース・エディション・プロジェクトによる註（EP2: 398）

MS 318◆。この草稿は、かなり錯綜し、複層化しており、当初、長大の「編集者宛手紙」として構想された論文の草稿五編が混在したものである。この論文は、『ネイション』誌および『アトランティック・マンスリー』誌に掲載を拒否された。各草稿はすべて、以下に掲げる同じ「序論」で始まっている。この序論は、旧著作集（CP5. 11–13, 464–466）に収録されており、その他の叙述のうち、いくつかは旧著作集（CP1. 560–562, 5. 467–496）に収録されている。以下の「未定稿一」は、一九〇七年の三月から四月にかけて執筆された第三草稿であり、「未定稿二」は、その二、三ヶ月後に執筆された第五草稿である。

◆リチャード・ロビン『解題パース草稿目録』（http://www.iupui.edu/~peirce/robin/robin_fm/toc_frm.htm）による第三一八草稿。通称「一九〇七年草稿（The 1907 Mnuscript）」。

パースは、この一九〇七年草稿論文において、他のいかなる論文にもまして、自らのプラグマティズムを完全に叙述し、かつ、明確かつ理路整然とした論証を行っているといってよい域にまで達している。パースは次の主張を再説することから議論を起こす。すなわち、プラグマティズム（プラグマティシズム）とは、形而上学の学説でもなければ、事物の真理を究明する試みでもなく、難しい言葉や抽象的概念の意味を確定する一つの方法にすぎない、と。この執筆時点において、パースは既に自らのプラグマティズムと記号論との完全な統合を成し遂げており、その論証については、（一九〇三年ハーヴァード講義［EP2所収］における論証にみられるように、知覚理論によるよりもむしろ）自らの記号理論によってその基礎を与えている。彼の記号論的論証の端緒にある前提によれば、直接的知覚を超えた概念ならびに思考は、すべて記号であるという。この前提から、議論は一つの命題にまで突き進んでいく。すなわち、ある一つの論理的解釈項は、一つの習慣という性質を有していなければならないという。「したがって」と、パースは結論づける。「言葉が伝えうる概念の最も完璧な説明は、当の概念が生み出そうとする習慣を記述することにある。だが、習慣を記述するとはいっても、習慣が生み出す類いの行動を記述して、行動の動機と条件を特定する以外に、可能な方法はあるだろうか」。パースのこの結論は、プラグマティズムに関する自身の定義の言い換えに等しい以上、ここに彼の論証は完結している。◆

「序論」

編集者へ

御存じのように、今日、世界中の哲学雑誌は、プラグマティズムと反プラグマティズムの論文であふれかえっております。今朝私の許に届いた『レオナルド』誌［イタリアのプラグマティズムの雑誌］の最新号では、資質に富み学術上の技法に優れた書き手、ジオヴァニ・パピーニの手による賞賛すべき論文が、プラグマティズムを論じております。昨日は、また、ニュージーランドにおいて、同じく、プラグマティズムに関して様々な議論がなされていることを知った次第です。しかしながら、我々の時代の思想にあって新機軸といってもいいこのプラグマティズムに関してしばしば耳にするのは、まったくの誤解をさらけだした軽薄な言辞でしかありません。このような折、編集部の方からの御依頼、喜んで、お引き受けいたしたいと存じます。プラグマティズムとは実際のところ何なのか、プラグマティズムはどのようにして誕生したのか、プラグマティズムはどこへ向かっていこうとしているのか、説明いたしたいと思っております。あらゆる点で新しいとされる哲学上の学説は、いかなるものであれ、必ずやあらゆる点で誤っていることを示してしまうものです。しかし、プラグマティズムの流れの先頭を走る支流でさえ、お望みとあらば、ほとんどすべての古代哲学にまで遡ることができます。

ソクラテスは、これらの滔々とした流れの水源にいました。アリストテレスは、この流れを発見できて歓喜しました。小さな子供であれば疑うでしょうが、この流れは、スピノザの乾ききった瓦礫にも伏流しているのです。〔ロックの〕『人間的な知性論（*The Essays concerning Humane*〔sic〕*Understanding*）』（私は、このHumane〔人間的な〕という英語の綴りを訂正するつもりはありません）の各頁に散見される真新しい定義ですら、こうした同じ純粋な水源地から流れてきたものです。バークリーの初期の著作『新視覚論』、さらには、未完に終わったとはいえ、現在残っている『人知原理論』もまた、この清流によって、活力と強みを与えられていたのです。この水流は、〔バークリーの最後の著作『サイリス』の副題にみられるような〕◆◆タールにまみれた汚水ではありません。カントの普遍的考察は、この流れの中から、あのような明晰な考

◆ 以上のパース・エディション・プロジェクトによる註釈からわかるように、「一九〇七年草稿」の全貌は、現段階においてまだ完全な形では出版されていない。

◆◆ Berkeley, 1744 *Siris: A Chain of Philosophical Reflexions and Inquiries Concerning the Virtues of Tar Water.*

察を汲み出しています。こうした水流から明晰な考察を引き出すにあたって、より、いやはるかに本領を発揮したのは、オーギュスト・コントです。彼はカントと同じくらい見通しを持っていました。しかし残念ながら、コントもカントも、方向はむしろ逆ではありますが、この滔々とした流れの持つ汲めども尽きぬ活力の源泉と、いわば鎮静剤とを、混ぜてしまう習性がありました。鎮静剤は、屈強な会社員には、かなり益があるのは確かでしょうが、多くの場合中毒になりがちです。さらに、哲学に関していえば、鎮静剤というのは悲しいかな、哲学の体系的成り立ちを台無しにしてしまいます。この比喩で私がいっているのは、論理学の厳密な研究に対して侮蔑感を抱いてしまう習慣のことです。

過去については、このくらいにしましょう。プラグマティズムの系譜は十分に由緒正しいのです。しかし、難解で不明瞭な問いを議論する際に、いわば「〔探究ノ〕途ヲ照ラス灯火」として、プラグマティズムを今まで以上に意図的に採用し、哲学的探究の力を借りて、これを方法にまで練り上げていく端緒となったのは、まずもって、想像しうるかぎり最も謙虚なものでした。一八七〇年代の初頭のことです。若き日の我々はマサチューセッツのオールド・ケンブリッジ界隈で集ったのです。我々は、この研究会を半ば皮肉を込め半ば傲慢に、「メタフィジカル・クラブ」と呼んでいました。というのも、当時は不可知論が尊大な態度をとっており、あらゆる形而上学を眼下に見下し、威厳を誇っていたからです。我々は、ここでよく会いました。研究会は、あるときは私の部屋で、あるときはウィリアム・ジェイムスの部屋で開かれました。血気盛んな会でしたが、そこで議論されていたのは、いわば米国の朝食に必須の品とでもいえる、ごく基本的な論点だけでした。今にして思えば、当時の仲間たちの中には、このような若気の至りを公表したくないと思う者もいることでしょう。しかしながら、私は確信しています。思い起こしてみるに、たとえば、〔今や連邦最高裁の裁判官〕ホームズ氏が我々の仲間であったことを我々は誇りに思いますが、氏もおそらく同じでしょう。けっして、あの会を悪くは思っていないはずです。法曹界では、ジョセフ・ワーナー氏も同じだと思います。ニコラス・セント・ジョン・グリーンは、研究会に最も関与したメンバーの一人で、今では敏腕弁護士で、深い教養も身につけた法律家であり、ジェレミー・ベンサムの信奉者です。長いこと使い古されヴェールに覆われてしまった教養から、真理の新しい息吹を甦らせることにかけては、彼は卓越した能力を持っておりました。そのため、いたるところで、彼は注目を浴びていたのです。彼は、とりわけ、信念に関するベイン［Alexander Bain 一八一八－一九〇三年 スコットランドの哲学者、心理学者］の定義を活用することの重要性を強く主張しました。信念とは、「人が、これから、働きかけようと用意ができていることである」というものです。プラグマティズムは、このベインの定義から導き出されたものにすぎません。したがいまして、私は彼こそプラグマティズムの創始者だと考えたくなってきます。チョウンシー・ライト［Chauncy Wright 一八三〇－一八七五年 アメリカの哲学者］は、当時から既に、哲学上ひとかどの名声を博しており、メタフィジカル・クラブには欠かさず出席しておりました。私は彼を我々の指導者と呼ぼうとしていたくらいです。しかし、彼の人物像としては、ボクシングの名手という方が、よいかもしれません。実際、危うく一撃を食らいそうになったことは、我々、特に、私の場合、一度や二度ではありません。彼は、当初抱いていたハミルトン主義への傾倒を捨て去り、ミルの学説に夢中になっていきました。しかし、ミルの学説、さらにはハミルトンとミルと同族といってもいい不可知論に対して、彼は、これらとは両立しないダーウィンの考えを結びつけようとしていました。他にも、メタフィジカル・クラブにときおり出席していたのは、ジョン・フィスク、そして、出席は、もっと稀でしたが、フランシス・エリングウッド・アボットでした。彼らは私たちの試みに精神的支持を与えてくれましたが、他方で、自分たちの成功への賛同に対しては超然としていました。ライト、ジェイムズ、そして私は、科学を専門分野にしており、形而上学者たちの諸学説については、これを、精神上重大なものとみなすよりも、むしろ、自分たちの科学の側から吟味していました。我々の思考タイプは、明らかにイギリス的でした。私は、メンバーの中では唯一、カントを入り口として哲学的訓練の場にやってきたのですが、私の考え方は、まったくもってイギリス的特色を身につけていたのです。

さて、我々のメタフィジカル・クラブに関していえば、このクラブの議事録は、すべて、崇高な言葉で

（しかも大部分は当意即妙な言葉で）書かれていたのです。しかし、やがて私は、このクラブが物的な形見を残すことなく解散してはいけないと思い、当初からプラグマティズムの名で強く主張していた見解のいくつかを幾分詳細に述べた小さな論文を作成しました。この小論は、思いもよらない御厚情をもって受け容れられることになりました。六、七年たった頃、有名出版社のW・H・アップルトン氏の依頼を受け、私は、この小論に加筆の上、拡大したものを、『ポピュラー・サイエンス・マンスリー』誌の一八七七年一一月と一八七八年一月のそれぞれの号に掲載しました［本書第6章、第7章］。もっとも、同社のスペンサー主義者の編集者、エドワード・ユーマン博士の最大限の賞賛を受けたわけではありませんでした。同じ論文は、翌年、幾分修正の上、フランスの雑誌『レヴュ・フィロゾフィク』に掲載されました。こうした古めかしい時代にあって、一般に受け容れられている意味とは無関係な考え方を表現するのに、私は、あえて、プラグマティズムという英語表現を活字化しようとはしませんでした。プリンシパル・キャンベル氏［ハーヴァード大学におけるレトリック論のテキストの著者。CP5に負う］の権威は、あまりに、私の判断に重くのしかかっていました。今日では、ごく普通のことですが、当時の私には、まだわかっていなかったことがありました。いやしくも哲学が科学と同じ位置に立とうとするのであれば、たとえば、兵士たちの古くも絢爛たる軍服を脱ぎ捨て、文章表現上の優雅さなど犠牲にしてでも、有効性という厳しい要求にしたがわなければなりません。哲学者に対して奨励、いや、要請されなければならないのは、科学にみられるように、自分が発見した新しい概念については新しい用語を作って、これを表現するということです。化学や生物学の研究者仲間たちは、実際、そのように期待されているわけです。ところが、当時にあっては、そのような研究者同士の連帯感など、哲学の側からも科学の側からも、同じように、一笑に付されていたのが実情です。科学をめぐるこうした気分は、嘆かわしくはあっても、驚くほどのことではありませんでした。『センチュリー・ディクショナリー』にプラグマティズムという用語を補遺項目として執筆していたのは、一八九三年のことだったと思いますが、その頃になっても、この言葉の流行が、研究者同士の連帯感を高める一歩を保証するのに十分とはいえなかったように思われます。

さて、今や、プラグマティズムとは何かを説明するときです。しかし、その説明に入る前に、プラグマティズムとは何でないかについて述べることにいたします。というのも、プラグマティストたちの宣言は、どれも、繰り返し明確に述べられているにもかかわらず、多くの論者、その中でも、とりわけ、カントを継承する大勢の有名人たちは、未だに、我々のいわんとするところを把握できず、しかも、我々の目的と趣旨を、しつこいほどに曲解し続けているからです。私自身はといえば、もう随分長いことカント主義者の同志であったため、彼らの異議は十分理解できますが、しかし、これ以上問題にはしません。ここでは、もう一度、いっておけば十分でしょう。プラグマティズムは、本来、形而上学の学説ではまったくない、つまり、いかなる真理であれ、事柄の真理を決定しようとする試みではまったくないのです。プラグマティズムは、難しい言葉や抽象的な概念の意味を確定するための一つの方法にすぎません。いかなる種類のプラグマティストも、すべて、この主張に心底同意するでしょう。プラグマティズムの方法を実践することによって、将来、間接的に、どのような効果が生ずるかということになると、これは、まったく別の問題です。

さらに、すべてのプラグマティストは、言葉や概念の意味を確定する際の自分たちの方法は、実験的方法以外の何ものでもないことに同意するでしょう。ここで実験的方法といっているのは、これまでに成功した科学すべてが（まさか、ここに本気で形而上学を含めるものなど誰もいないでしょうが、いずれにせよ）、今日、各部門に適した程度の確実性に到達する際に用いてきた方法のことです。この実験的方法自体、例の古い、論理上の規則の特別な適用にすぎません。つまり、「汝ら、その結果によりて、それを知るべし」というものです。

以上、プラグマティストであれば例外なしに同意する二つの命題を提示したわけですが、これを超えると、自称プラグマティストの間でも幾分見解の相違が見られます。しかし、これは、いかなる研究分野であろうと、健全で力強い思想上の学派であるなら、よくあることでしょう。我々の学派の中でも、最も傑出しており、同時に、最も尊敬を集めているウィリアム・ジェイムズは、プラグマティズムを次のように定義しています。すなわち、ある概念の「意味」の総体が表明されるのは、奨励されるべき行動の、もしくは、予期されるべき経験の具体的姿の中においてであると主張する学説です［本書第3章］。

「未定稿二」◆（一九〇七年）

確かに、ジェイムズの定義と私の定義との間には、理論上、いささかの対立もないように見える。対立があるにしても、大部分は、実際上、消え去ってしまうような対立である。さらに、哲学上重要な問い、とりわけ、無限なるものと絶対者に関しては、我々の間に見解の相違があるかもしれないが、しかし、その対立は、我々二人の思想にあっては、プラグマティズムを構成する要素以外のところにあると、私は考えたい。ジェイムズも私も、目下のところは、自分たちの考え方を、プラグマティズムの方法上の考え方と結びつけており、それぞれが自分独自の仕方でそうしている。にもかかわらず、私の信ずるところでは、仮に我々がプラグマティズムなどという言葉について耳にしたことがなかったとしても、一方のジェイムズの見解も、他方の私の見解も、実質的には、これまで通りの発展の仕方をして今日にいたっているだろう。F・C・S・シラー氏は、見事なほどまで人間的で、際立った思想家であり、自ら麗しい『人間主義』において、一筋の甘美な刺激を哲学の世界にまで押し広めたが、この点に関していえば、彼自身の立場は、ジェイムズと私の中間に位置しているように思える。

私の理解するところでは、プラグマティズムとは、意味を確定する一つの方法である。この場合、意味といっているのは、すべての概念の意味ではなく、あくまで、私が「知的概念」と呼ぶものの意味である。すなわち、客観的事実を論証しようとする際には、依存せざるをえない概念体系というものがあるのだが、私のいっている意味とは、こうした概念の意味なのである。たとえば、目下のところは、我々に青の感覚をもたらしている光があるとして、実は、この光は、これまでなら、常に赤の感覚を刺激してきたとしよう。あるいは、青と赤が逆でもいい。さて、この場合、我々の感じ具合については、どれほど大きな違いがあったとしても、我々が、いかなる論証をする場合でも、その際の説得力については、何の違いも生じえない。この点に関していえば、硬さと柔らかさという質は、赤と青という質とは、顕著な対照を示している。というのも、赤も青も、単なる主観的感じ具合につけられた名称でしかないが、硬さと柔らかさは、ナイフの刃が押し当てられる過程で、事物が実際に作用する様を表現しているからである（私は「硬い」という語を、厳密に鉱物学的意味で用いている。つまり、「ナイフの刃にどれだけ耐えられうるか」という意味である）。私のいうプラグマティズムは、感じ具合の質とは何の関係もない。だからこそ、感じ具合のような質の述語属性は、それがどう思えるかにすぎず、それ以外のものとは何の関係もないという見解を主張できるのである。したがって、感じ具合の二つの質がいたるところで互換可能であるなら、感じ具合以外には、いかなる影響も被りえない。これらの質は、感じ具合という質以上に、固有の意義を持たない。ところが、知的概念の場合は異なる。知的概念は、唯一記号で表現された趣旨内容であり、その意味で「概念」と呼ぶにふさわしい。知的概念は、その本質からして、何らかの意識を有する生命存在の一般的作用、もしくは、無生物の一般的作用に関して、何らかの意味合いを有している。したがって、知的概念が伝達しているものは、単に感じ具合を超えたものだけでなく、現に存在する事実以上のものでもある。すなわち、習慣的行動作用の「仮定法的可能〔行為〕作用〔would-acts〕」を伝達しているのである。実際に生じた出来事を集めたところで、「仮定法的可能存在〔would-be〕」の意味を完全に満たすことは不可能である。しかし、ある知的概念の述語属性の総体的意味は、次のことを肯定することのうちにある。つま

◆この草稿は冒頭の序論の後に続くものである。

り、ある一定種類の、考えられるかぎりすべての状況において、当の述語属性の主語は、何らかの様式で作用するであろう（あるいは作用しないであろう）ということ、これを正しい命題だとする。いいかえれば、与えられた諸々の実験的状況においては（あるいは、経験において、そうした諸状況が生じうると考えられているのであれば、そのうちの、一部の与えられた状況においては）、何らかの事態が存在するだろうという判断は、真であるか、あるいは、真でないか、このどちらかであろうというものである。このような命題を、私はプラグマティズムの核心であると考える。もっと単純にいえば、ある知的な述語属性の全体的意味とは、現に存在する何らかの状況の下、経験が進行していく過程で、何らかの種類の出来事が、ある程度の頻度で、生ずるだろうということなのである。

しかし、このような意味合いを含んだ原理は、どのようにして、真であると証明できるのであろうか。というのも、このような原理は、たとえば、ブラッドリー氏［Francis Herbert Bradley 一八四六－一九二四年 イギリスの哲学者］の『現象と実在』や極端な形而上学者の著作のうちに読み取れる内容とは、鋭く対立するように思われるからである。これと同じ程度に決定的に対立するのは、もっと単純な学説としては、ヘッケル、カール・ピアソン、そしてその他の唯名論者のものがある。プラグマティズムの原理の妥当性を論証する上で、六つも七つも異なる証明方法を提示することは可能かもしれない。しかし、それらのうち最も単純なものでさえ、専門的になろうし、議論も長くなってしまうだろう。最近の文献に精通している学究であれば、あえて批判的な吟味を引き受けるべく要請されるだろうが、たとえば、本誌の読者の場合には、それはふさわしくないだろう。そうした読者が知りたがっているのは、プラグマティズムの積極的主張を支持する思想の外観であって、事細かな詳細に立ち入ることまでは欲していない。まさしく、こうした期待に応えるべく、私は努力していきたい。もっとも、詳細な論点を必要最小限の範囲にしてしまえば、ある種の読者を取り逃がしてしまうことになるのも確かである。このような読者こそ、引き留めておくことが可能ならば、議論の詳細にも興味を示すことだろう。

まずはじめに、直接的な知覚を超えたものならどんな概念も、そしてどんな思考も、一つの記号である。かくも重要な論点を二世紀ほど前にはっきり認識していたのは、ライプニッツ、バークリー、その他の思想家たちであった。古代ギリシア人の「ロゴス」という言葉の使用法が示しているのは、ギリシア人たちは、文法学が発展する以前、これ以外のいかなる観点からも思考について考えることができなかったということである。私が語っていることが真である証を求める人には、思い起こしていただきたいことがある。もし、最近、真剣に、しかも情熱をもって物事をじっくりと考えたことがあるなら、その間、自分の心の中で何が進行していったのか、その経過を思い出してほしいのである。内観に長けているなら、熟考を重ねる際には、心の中で対話形式をとっていることに気づくだろう。批判的吟味の上で同意を得ようとするなら、議論する者は、いかなる瞬間であろうと、それに引き続く次の瞬間の自我の理にかなった推論に訴えようとする。さて、いうまでもないことだが、会話というものは諸々の記号から成り立っている。したがって、我々が目にするように、最小限の教養もなく自分の言葉を発することで自分の素性を暴露してしまうような精神の持ち主は、たとえば、「自分に言い聞かせているんだと、言い聞かせているんだ」というような表現を用い、あるいは、ランスロット・ゴボー［『ヴェニスの商人』に登場するシャイロックの召使い］のように、考えていること一切合切を口に出さずにはいられないという事態にまでいたる［『ヴェニスの商人』第二幕第二場］。この理解は、鋭い心理分析の目で、この登場人物を産み出した著者の理解と一致している。ここまでいえば、あらゆる思考は記号であることを読者は承認するだろうと確信している。

さて、それでは読者に問いたい。いったい記号というものを、どのように定義するのだろうか。私が問うているのは、記号という言葉が通常どのように用いられているかではない。私が求めている定義は、たとえば動物学者が魚に与えるような定義であり、あるいは化学者が脂肪体や芳香体に与えるような定義である。要するに、記号の本質的な性質の分析なのである。ここでいっている記号の分析とは、たとえば次のようないくつもの問いに関わっている。記号作用の最も一般的な学が自らの分析課題とみなす対象すべ

ているのかどうか。記号は、その性質上、重要な質を持っているのかどうか、それとも、ひとたび発話されたなら消え去ってしまうようなものなのか、あるいは、我々独特の明確な論文のように、永続的な形態を有するのか。記号が表現しているといっていいのは、ある可能性なのか、一つの事物もしくは出来事なのか、それとも諸々の事物や諸々の真理の一形態なのか。記号は、真理であろうと虚構であろうと、記号が表象している事物と結びついているのだが、この結びつきをもたらしているのは、当の事物を模写することによってなのか、それともその対象の効果があることによるのか、あるいはさらに、ある慣例や習慣によるのか。記号が訴えかけているのは、たとえば、声の調子のように、単に感じ具合に対してなのか、それとも、行為に対して、あるいは思考に対してなのか。記号がそのように訴えかけるとして、それは、共感によるのか強調によるのか、それとも熟知していることによるのか。そもそも、記号というのは、一語の言葉なのか、一つの文なのか、それとも、ギボンが描いたローマのように「衰亡」するものなのだろうか。記号は疑問形なのか命令形なのか、それとも肯定形なのか。記号は戯れのような性質を有するのか、それとも、確証されたり証明されたりするのか、あるいは芸術的な力に依存しているのか等々。長々と書いたが、以上で問いが終わるわけではない。というのも、記号の様々な形態は、いかなる手段をもってしても、枯渇するわけではないからである。私が突き止めようとしている被定義項は、以上のような内容であって、これは、合理的にして、包括的科学的、かつ構造的な定義にふさわしい。人によっては、たとえば「織機」「結婚」「音楽上の終止」などを定義の例として差し出すかもしれないが、しかし、繰り返していえば、私が目指しているのは、社会慣習上、被定義項は何を意味しているのかということよりも、理にかなった考え方をした場合、最善の意味となるような被定義項はいかなるものなのかということである。

これが些細な技法などではまったくないことは誰もが認めるところであろう。これは、私のいう「現象学的［phaneroscopic］」分析の領分であって、ある科学的定義を作り上げる際に用いられる方法である。こうした場合のように、プラグマティズムの原理への直接的な訴えかけができないようなときには、私が実際に行っているように、被定義項に最も特徴的と思われる属性を把握することから始めてみよう。その場合、たとえ、その属性が被定義項の外延全体にはよく当てはまらないとしても、当面はかまわない。狭きに過ぎる場合には、後で、その属性のうち、何らかの構成要素を探し求めて、修正した被定義項に十分当てはまるように広義のものにし、同時に被定義項のさらに一層科学的な特徴となるようにすればよい。

こうした方法を用いることで、「記号」の被定義項の議論を再開しよう。極めて特徴的なこととして気づくのは、記号が最も機能するのは二つの種類の心もしくは意識の舞台のどちらかにおいてである。一つは、（聴覚上であれ、視覚上であれ、それ以外であれ）記号を語っている側の主体である。今一つは、その記号を解釈する側、つまり受け手の心である。例外的な事例についてはさしあたって考慮外において、何が記号に特徴的なのかについて私の説明を続けるなら、次のようにいっておきたい。記号が語られたとして、実は、その前に、その記号は既にある思考という形で、事実上語る側の主体の意識に浮かんでいたのである。だが、既に述べたように、思考はそれ自体記号であり、しかも思考それ自体には語り手（つまり思考時点に先行する時点の自我）が不可欠であり、この語り手の意識には、当の記号が事実上既に浮かんでいなければならない。この関係は以下同様という形で次々に遡及できる。同じようにして、ある記号が解釈された後でも、当の記号は解釈者の意識の中に事実上残っているはずである。この場合、意識の中にあるのは一つの記号であり、おそらくはコミュニケーションによって伝えられた記号の趣旨を活用するための解とでも呼びうるものである。さらに、記号自体の方も必ず解釈者を不可欠としている。この関係も以下同様という形で次々に展開できる。さて、ここで間違いなく想像できるのは、語り手たちの連続体からなる初項なき一系列は、自らの語りをすべて短期間で行うということである。同じことは、さらに解釈者の側にもいえるわけで、解釈者も終わりなき一つの系列を構成している。とはいえ、状況によっては、語り手の系列も解釈者の系列も、有限集合をなしている場合も、否定できないだろう。このような場合には、語り手なき記号と解釈者なき記号が〔有限集合の外に〕存在しているにちがいない。なるほど、これらの論点についてはかなり決定的な反論が二つあり、読者の念頭にもあろう。しかし、それにしても、なぜ語り手なき記号がしばしば用いられる場合のことを議論するのか。つまり、いわんとしていることは、たとえば病の兆候、空模様の記号、推論の前提として役立つ経験の類いといった記号のことである。たとえば、ジャカード編み用の穴あきカードを用意し織機に差し込んでみよう。すると、この装置はジャカード模様を編み上げていくはずである。では、このカードは記号ではないのだろうか。このカードは知性を伝達しているのである。つまり、カードの趣旨と視覚的効果を考慮するかぎり、カードなしに知性は伝達されえない。しかし、このジャカード模様も、誰かがこれを目にする前に、火事にあい燃えてなくなってしまうかもしれない。また、たとえば液体用容器の設計者が水中から一連の容器モデルを取り出し、実験準備が整ったとしよう。この容器によって一連の実験も完全に行うことができ、実験の条件と結果が自動的に記録されたと仮定しよう。さて、この記録をわざわざ研究しようとする者が誰もいなければ、解釈者もいないということになろう。同じようにして、ある銀行の帳簿には、その銀行の経営状態を表す収支計算書の完全なリストが書かれている。あとはバランスシートを作成するだけである。しかし、もしバランスシートが作成されなければ、記号は完全にそろっていても、記号を解釈する側の人間は不在である。

こうして了解できたのは、語り手も解釈者も記号の特徴を示してはいるけれども、語り手はもちろん、解釈者すら、ある記号にとっては本質的なものではないということである。そこで、次に究明すべきは、語り手と解釈者を構成する要素でありながら、記号にとって本質的であるのみならず、語り手と解釈者自身よりも、もっと記号を特徴づけているような要素がないのかどうかという問題である。まず、語り手の本質的構成要素を突き止めることから始めよう。この究明対象〔quaesitum〕を、語り手の本質的構成要素と呼ぶことで、私がいっているのは、この究明対象が不在である場合、語り手は現前しえないということである。さらにいえば、語り手の存在しないところでは、この究明対象はもとより、他の全要素、つまり、何らかの集合をなしている「本質的構成諸要素」の一切も、現れることはありえないということである。しかしながら、この最後の文はさして重要ではなく、またほとんど自明のことなので、特に強く主張する必要はない。我々の究明対象は、あらゆる研究に先立って知りうることである。この究明対象には、次のような事実が関わっている。この究明対象自体、ある語り手のある種の代用として機能し、そして語り手が不在であれば、少なくともほとんど同一の、しかし、もっと本質的な機能を満たす。ここから次のような事態が成立する。当の語り手を構成し表明し、表象しているのは記号ではない、それどころか、逆に、記号を構成し、表明し、陳述しているのが語り手である。そうである以上、たとえ、仮説からして、究明対象は、記号が機能する際の何か不可欠な本質的なものであろうとも、記号だけを扱った研究では、どうしたところでこの究明対象は完全に明るみになることはありえない。究明対象の認識は、何らかの先行する、あるいは付帯的に並行する情報源から生ずるにちがいない。さらにいえは、我々の究明対象は記号に働きかけると想定されている以上、この究明対象は個別なものと想定され、一般的なものと想定されてはいない。しかし、これだけではおそらくあまり明瞭ではないので、例解が必要である。

第一の例

たとえば、あるクラブで、ある人が別の人に語った声が、たまたま私の耳に入ってきたとしよう。聞こえてきたのは、「ラルフ・ペパーリルが、あの雌馬ピー・ディー・キューを買った」というものである。さて、ラルフ・ペパーリルという人もピー・ディー・キューという言葉も、これまで聞いたことがないものだとすると、この発言は私にとってはある人がそうした買い物をしているということを意味するにすぎず、私には何の関心もない。ところが、翌日、ある人の発言を私が耳にしたとしよう。それは、いったいどこへ行けば、スティーヴン版のプラトンの著作〔一五七八年版『プラトン著作集』。EP2に負う〕を一冊手に入れることができるのかを尋ねるものであった。さらに、この問いに対する答えは、ラルフ・ペパーリルがいうには、彼は既に一冊持っているというものであった。さて、もちろん、私はけっしてピー・ディー・キューとかいう一流の速歩競走馬の買い手と顔なじみではなかったし、何かを知っていたわけでもなかったのだが、しかし、私が想定するはずもなかったことは、そのような人が事情を承知の上でプラトンの著作のあの古い版を所有しているということである。古い版の事情といっているのは、この版の主たる価値は、今日、『対話編』から引用する際には、通常引用文献名として言及されている状況を背景にしているということである。さて、これ以後は私はラルフ・ペパーリルについて耳にすることに注意を払い始める。そして、ついには、その名前が私にとって意味することは、同じ名前が彼の知人にとって意味することをほぼ適切に表象するようになる。このことは、彼についての新しい知識のごく小さな断片の一切に対して、ある関心のみならず、ある意味をも付与することになる。こうした情報の断片は、最初に彼の名前が私の耳に届かなかったならば、いかなる知識も伝えることはなかっただろう。とはいえ、当の名前自体は依然として本質的意義を欠いた名称のままであろう。この名前は、いかなるときも偶然で付随的な性質を帯びていたかもしれない。他方で、この名前が語られており、有益な情報を提供しているような文もあるかもしれない。だが、この文の語り手からは、どんなに最小限であろうと、例の偶然的で付随的な性質と同じだけのものを推論することはなかろう。少なくとも、そうした文の語り手としての人物から同じだけの付随的性質を推論することはないだろう。

第二の例

一八六〇年代初頭、七月の酷暑の昼下がり、ハーヴァードの「大学キャンパス」を私は化学実験室の学友と一緒に歩いていた。芝生はエメラルドグリーンのように輝いていたが、赤煉瓦の建物の方は、元々、大学の評議員の好みほどには赤くなかったものの、何か朱色の新鮮な覆いをまとって輝いていた。さて、このときのことだが、その友人は芝生と落ち葉と建物との心地よい配色について何気なくつぶやいた。私自身の目の感覚はといえば、まるで何か審問官のような人に眼球を妙な方向に押さえつけられているような気がしていて、当初は友人の言葉をつまらぬ冗談かと思った。たとえていえば、インド人が捕虜か何かになって、拷問する側の無能力を愚弄しているかのように思えたのである。ところがやがて気づいたのだが、その友人の言葉は真面目な気持ちを述べたものだった。それから、あれこれ質問してみてすぐにわかった。その友人は赤色に関して識別できなかったのである。人によっては、彼が色覚異常であることを知っていた人もいるかもしれない。しかし、彼が自分と普通の人との間では、その色彩上の印象に大きな隔たりがあることを意識するのは不可能である。もちろん、この事例を考慮する際には、彼が色に関して述べるかもしれないことをどのように解釈するか、その解釈結果すべてに注意を払わなければならないのは確かである。この若き紳士のことをあれこれ吟味するのに数日かかったのであるが、その過程で私は具体例以上に一般的な教訓を得た。それは、その実験室であれこれ考えたせいで浪費した時間の数倍の価値がある。

第三の例

蒸し暑い午後も終わりそうになった頃、若き紳士が三人、イタリアの同じ場所で、まだ、ゆったりと過ごしていた。一人は長椅子にすわり、一人はソファで横になり、残りの一人は開いた窓のそばに立ち、七階の高さから、ローマの丘ピンチョ方向のスペイン広場を眺めつつ、見るともなしに買ったばかりの新聞に目をやっていた。彼の態度は、いつも通り、沈黙のぎりぎりの範囲内で三人ともじっとしているという三人の気質の一つの現れであるといってよい。三人ともあえて大騒ぎをすれば、後で気まずいことになると知っているからである。するとすぐに、三人目の紳士が言葉を発し沈黙を破る。「本当にひどい火事だ」。さて、ここで彼はこの発話で何をいっているのだろうか。他の二人は面倒に思い、尋ねることもしない。長椅子に座った一人目の紳士の考えは、こうである。その語り手が驚きの言葉を発したとき、彼は新聞を見ていたと考え、大火が、テヘランかシドニーか、そうした場所で起こり、あまりに、ぞっとするほどなので、地球上で速報されていると結局考える。しかし、ソファで横たわっているもう一人の彼は、この語り手は確か窓から外を見ていたはずだから、コルシカ島か、そちらの方角で火事が起こっているにちがいないと考える。ここに見て取れる事例は、記号の意味合いの総体は確証されなければならないということを示している。そして、その確証のためには、この語りの内容をさらに厳密に吟味するだけではなく、語り手をその付帯的関係の中において観察することも、つまり、付帯的観察〔collateral observation〕[cf. CP8. 179]も、方法上必要となってくるのである。

第四の例

（ここである仮定をするとして）私は自分の蔵書の中から、ある四つ折り版の古文書を一冊見つけている。その本は、古い手書き文字原稿を束ねた手稿製本集の一冊で、ある火事について書かれている——どうやら、その火事はかなりの大惨事を招いた大火のことのようである。それというのも、この著者はわざわざ定冠詞つきで「例の火事」を語り、まるで読み手が誤解することなどありえないかのような書き方をしており、さらには、消失した様々な家屋のことを事細かく述べているからである。さて、もし、この本が〔一六六六年の〕ロンドンの大火のことを書いているとすれば、極めて興味深いことは確かである。しかし、実際にロンドンの大火のことを書いているのかいないのか、いったい、私はどのようにして知りうるのだろうか。もちろん、ここで、この書籍は四隅が削り取られており、日付が削除されているなどと述べる必要はない。というのも、どうやら製本業者間の取引約束によると、頁の余白部分に特別に関心をひく話題が載っているときにはいつでも、製本業者はこれを削除するように義務づけられているらしいからである。それゆえ、私にできることはただ、古文書学の専門家で、しかも執筆の日付と文書発行の日付について判断の下せる数人に、この手稿本を送ることだけである。この場合も先の事例と同じように、記号の意義の総体はこの手稿をその付帯関係の中において観察すること、つまり、付帯的観察に依存するのである。

第五の例

代名詞のもっぱらの目的は、代名詞が使われている文にあって他の何らかの部分の意義を確定するために、いかなる種類の付帯的観察をしなければならないかを指し示すことである。「そのこと」ゆえに、我々は、以前の文脈における究明対象を突き止めるようになる。人称代名詞であれば、誰が話者で誰が聞き手かを観察すること等々である。指示代名詞の場合は、通常、この種の観察は言葉そのものよりもむしろ語りを取り巻く環境（おそらくは指が示す方向）へと向かうことになる。

最も鋭い知性の持ち主でさえ、馴染みのない概念を取り扱う場合には、これに慣れている人々からみると驚いてしまうような方法で大きな誤解をするものである。それゆえ、私はこれまでの例に加えて風見鶏を例にとろう。さて、風見鶏は、空模様についてのどんな記号とも同様に、自然記号のうちの一つだが、この場合の自然記号といっているのは、当の記号とその記号を指し示している記号との間に物理的結びつきがあり、これに依存している記号である。しかし、誰もが知っているように、風見鶏は風向きを表すために考案されたものであって、それ自体で自らが示している風向きを意味している。したがって、そこには風見鶏の示す意味を最終的に確定するために、いかなる付帯的観察も必要としないと主張する向きもあろう。しかし、この推論は二つの誤謬を犯している。第一に、これは風見鶏をどう捉えるかについての両立しがたい二つの考え方を混同している。つまり、風見鶏を自然記号と捉え、したがって語り手を持たない記号と捉えるか、それとも風見鶏を、風向きを示すために人間によって考案されたもの、そして、その元々の発明者によって語られているようなものとして捉えるかである（こういう言い方ができるのも、私が述べているのは類型としての風見鶏であって、たった一つの事例のことではないからである）。第二に、先の推論は自明の真理を見過ごしている。つまり、諸々の思考がある一つの記号によって確定され明らかにされるとき、（いずれにせよ実質的に）先行するのは当の記号の方であって、思考は後に続くのである。したがって、一つの風見鶏を発明するために用いられた思考は、当の風見鶏によっては明らかにされえないのであって、この思考はむしろ、「先行する、あるいは付帯的な」情報の部類に入るわけである。以上二つの反論で十分だろうが、あえて駄目押ししてつけ加えておくなら、思慮深い人が風見鶏を参考にする場合、それを見て風見鶏が方向を変えるかどうかを確かめるのだが、これは、錆や他の事情で故障してはいないか、あるいは風以外の力で指示方向がずれてはいないか、いわば安心材料として行っているのである。

さて、以上の例で容易に理解できるだろう。我々がこれまで追い求めてきた究明対象は、端的にいって、記号なるものが「代わりとなって表している〔stand for〕」ものであり、あるいは、記号がその趣旨からして喚起しようとしているものという考えである。今や我々の究明対象は、当初よりもはるかに明晰な概念となっている。つまり概念把握しているのは「記号の対象」である。我々が述べてきたことは、「代わりとなって表している」あるいは「表象している」という概念を分析する試みであるといってもよかろう。語り手と解釈者がともに存在するとき、究明対象は、語り手が心に描いている事柄であるが、しかし、その事柄をあえて表現しようとする思いが語り手の心に浮かぶわけではない。というのも、語り手からすれば、当の事柄を語れば、解釈者の側としては、それを理解しようとすることくらい、わざわざいわなくても、よくわかっているからである。私が今述べている事例は、いかなる文脈もなしに、記号が単独で作用する場合である。したがって、語り手が「実にいい天気だ」というとき、よもや思いもしないことは、解釈者がこれを、〔ノルウェー最北端の〕ノース・ケープにいるフィンランド人が一七七六年四月一九日に思い描いていたかもしれない晴天と解釈し、この天候を待ち望む気持ちのこと考えている可能性である。もちろん、語り手がいっているのは、語っている場所と時点における実際の天候であって、その場では、語り手も解釈者も同じように、そのいい天候に何らかの影響を受け、共通の意識表層付近で理解するわけである。山で発見された海洋生物の化石を見て、これを、かつての海水面がその化石が堆積する地帯よりもはるかに高かったことを示す記号と解釈するなら、この化石が指し示しているのは、はるか昔の、しかし不確定な時点である。ここには語り手はいない。しかし、これは、語り手がいようと、その人の心中では依然として表現されることのなかった事柄である。もっとも、この記号が人類に対して地質学の最初の教えを施すために考案され構成されたとすれば、記号の意義にとって本質的であるのは確かである。記号が別の記号の一部でしかない場合、したがって、一つの文脈があるとき、我々の究明対象が、少なくとも部分的に見出される可能性があるのは、当の文脈の中においてである。もっとも、そのような記号が当の記号のいかなる部分においても必ず見出せるはずだというわけではない。

　こうした究明対象を私は記号の対象と呼んでおく。その際、記号対象が当の記号を成り立たせている観念である場合、これを直接的対象と呼び、記号対象が当の観念をいわば下から支える地盤のように成り立たせている実在的な事物ないし状況である場合、これを実在的対象と呼ぶ。

　次に、ある記号の対象は、当の記号によって必ずしも描き出されているわけではなく、記号自体によって担われているのである。確かに、我々がすぐ後にみるように、記号で描き出されているものは何であれ、〔記号対象とは〕まったく別のカテゴリーに入る。しかし、先の諸々の事例が示しているのは次のことである。ある記号が付帯的観察によってしか把握できない観念は、厳密にいって個々の事物、個々の集合や系列、個々の出来事、ないしは個々のリセイテキソンザイシャたる個人についての観念である。このことが、今みた記号対象の命題の真理性を十分証明している。ここでは述べることができないが、もっと重要な理由もある。もっとも、現実に存在しているものは何であれ、個別的なものである以上、この命題は結局のところ見かけほど大それた証明をしているわけではない。というのも、有限の複数という一つのまとまりは不定の集合名詞の単数にすぎないからであり、これに対して、ある無限集合の持つ無限的性質は、仮説的な、あるいは理念的性質であって、現にそこに在るものとしての完結性を欠いているからである。一つの記号は単数ではあるが、その対象は、それでも多数でありうるし、また無限の多数でもありうる。たとえば直説法の動詞を、それが使われている文脈から取り出して、それ自体としてみるなら、この動詞の対象は何なのだろうか。「走る」という記号の対象とは何か。答えは、その対象は何らかのもの、つまり走者である。では、「殺す」という記号の対象は何か。答えは量化されてない二人組の個人であって、一人は殺害者、もう一人はこの人に殺害された人である。こうしてみると、「贈る」という動詞は、その対象として、相互に関連しあった量化されていない単数の三つ組を持つことになる。つまり、贈る側一人、贈り物一つ、そしてその贈る側からその贈り物を受け取る側一人である。「購入する」は、その属性上、四つ組の構成をとる。つまり、売り手、買い手、前者から後者へと譲渡される法的権利、そして価格である。ある動詞の対象をなす集合内の様々な構成要素は、その動詞の部分的対象と呼ぶことも可能だろうが、これはしばしば独特の性質を持っており、数多くの動詞にとっても同じである。かくして、ごく普通の他動詞の部分的対象は能動者と受動者である。こうした独特の性質は、動詞を一つの記号としてみた場合、その形態とは何の関係もない。このような性質は、表示された事実の形態に由来するのである。この点に注意することによって、動詞自体がある記号の機能作用を表現するときの混乱をいくらか回避できるだろう。たとえば、「描き出す〔express〕」という動詞の部分的対象の一つは、もちろん、描き出される事物である。これは、一見したところ、意識がはっきりしていないときには、ある記号の対象はその記号自体によっては描出されえないという原理の反証例のようにみえるかもしれない。この混乱を避けるためには、動詞「描き出す」は、一つの記号であるだけではない、つまり、何かを描き出しているだけではないということを、注意深く観察するだけでよい。この動詞は、さらにまた、ある記号の作用を表示してもいる、つまり、この動詞が何かを描き出していることを、描き出してもいるわけである。この動詞の直接目的語の対象は外的記号の対象ではあるが、しかし、この外的記号が意味している内的記号の対象ではないのである。

　ここで言及しておくべきことは、ある記号がその対象自体を描出できない場合であっても、当の対象を見出すことを可能にするような類いの付帯的観察を、その記号は記述しうるし、あるいは、そうでなければ、指し示すことができるということである。かくして、ある命題の主語が、その範囲において、（複数でもなく、それとは反対に、ひとまとめという意味での普遍的でもなく）全称的であるとき、たとえば「いかなる人間も死すものである」という場合、解釈者にとっては次のようなことが可能となる。付帯的観察によって、単独の論議領域とは何を意味するのかが明らかになった後であれば、解釈者は、その論議領域のいかなる構成要素をも、その命題の対象として解釈することもできるし、さらに先の例に即して同等の例をあげれば、「もし、現に存在している事物という論議領域の中から個体を何でも好きなように選んでよいのであれば、そしてその個体が一人の人間であれば、この個体は死ぬだろう」といえるのである。もし、命題が「旧約聖書の何らかの登場人物が解釈された」というものであったならば、それが指し示しているのは、解釈されたその個体は適切に選ばれていたにちがいないというものだったであろうし、他方で、解釈者は自分の意志でその個体を特定していたということになろう。

　さて、以上で、読者にあっては、記号の対象というのは言葉の厳密性において何を意味するのか、明晰な概念把握ができたことだろうから、今度は、そのような言葉の厳密性は、どの程度実際的で、また便利であるか吟味するのが適切となろう。「不可分な〔individual〕」という言葉と「個別な〔singular〕」という言葉は、だいたいにおいて同じ意味を持つが、これらはアリストテレスがギリシア語で用いた用語の訳であり、ここでは「不可分なるもの」は το ατομον〔to atomon〕、「個別なるもの」は το καθ εκαστον〔to kath' hekaston〕の訳である。◆「不可分なるもの」というのは、通常、絶対的に確定的なものとして、申し分なく定義されている。「個別なるもの」の方も絶対的に確定的なものではあるが、ただし、当の対象を問題としている時点が絶対的に確定的である場合にかぎる。あるいは、この定義を一般化すれば、可変性の様式からみた場合、まさしく対当と換位という二つの可変性においてのみ一定の範囲を取りうるといってよい。さて、いかなる付帯的観察も、どれほど想像力と思考によって補おうと、個別のものの明白な観念に近づくことはけっしてできない、ましてや、不可分のものの場合はなおさらである。つまり、我々は、不可分のものを確定的と考えるには、実際のところ、可変的事態のうち何百万以上もの事項のうちの、それぞれ一つ一つについて考えることになる。たとえば、ある個別のものが可視的であるとして、そのたった一つの側面の輪郭だけを考慮すると仮定してみよう。たとえ、この輪郭が、楕円のような、曲線の集合の一つに限定されていようが、どんな極限的な形状にあっても、二つの形状間には、可能性として相異なる形状は無数にある。これらの形状には連続性があるからである。ほとんど微々たる、このような一点においてさえ、たとえ想像力と思考の助けを借りようとも、我々の付帯的観察を完全に仕上げることは不可能だろう。それゆえ、「ある記号の対象」という用語の意味を厳密にそう呼ばれているような「対象」自体に限定することなど、明らかに実行不可能である。

　というのも、結局のところ、付帯的観察は、想像力と思考の助けを借りることで、必ずしも特に確定的であるわけではないが、それでも、何らかの観念には達することになるからである。しかし、付帯的観察は何らかの点で不確定的であり、他の点では一般的である。このような理解像は、厳密にそう呼ばれているような対象の理解から、どれほど隔たっていようと、それに近づいているのであれば、語り手の意図においては、記号の「直接的な対象」と名づけるべきだろうし、事実、通常そう呼ばれている。もちろん、現実存在においても、あるいは、実在の他のいかなる存在様相においても、今みたような〔想像力と思考の助けを借りて把握した〕事物や事実などというものは存在しないと考える向きもあろう。しかし、我々としては、たとえば不死鳥のよく知られた絵画や、あるいは「真相は井戸の底にあって探りにくい」という諺をもじっていえば、どこかに隠されてはいるが不死鳥の真の姿だとされる図柄を前にした場合、不死鳥はフィクションであるのに対して、真理の方は理性的存在であるという、ただそれだけの理由で、こうした不死鳥の絵画や図柄に対して、まさか「記号」という名称を与えないわけにはいくまい。

いかなるものであれ実在的なものがあるとしよう（実在的なものとは、その性質を、あなたや私、他の誰であれ、また人間たちのうちいかなるメンバーであれ、その人たちがどのように考えようが、あるいは考えまいが、そのこととは独立して実在的なるという性質が妥当するものである）。そして、（一つの理解像であるため、実在的ではない）直接的な対象と、この実在的なものが十分に符合しているならば、厳密にそう呼ばれている対象として識別されようがされまいが、それは当の記号の「実在的対象」である。何らかの種類の原因ないし影響によって、この実在的対象は既に記号の重要な性質を確定しているにちがいない。

記号の対象、すなわち、語り手の心の中で記号の重要な性質を根本において確定する対象については、このくらいにしよう。記号対象と語り手の関係に対応して、解釈者の中においても、記号を、その重要な機能に関して、根本において確定している何かがある。私はこれを記号の「解釈項」と名づけよう。あらゆる場合に、この解釈項は諸々の感じ具合を含んでいる。というのも、少なくとも、問題となっている記号の意味を理解しているという気持ちがあるにちがいないからである。もし解釈項が単なる感じ以上のも

◆アリストテレス『カテゴリー論』第五章、アリストテレス『分析論前書』第一巻第二七章。EP2に負う。また、アリストテレス『形而上学』第三巻第一章、第一〇巻第一章参照。

のを含んでいるなら、それは何らかの種類の努力を喚起するにちがいない。解釈項は、単なる感じ具合の他に何かを、つまり、さしあたっては、漠然と「思考」と呼ばれる何かを含んでいるかもしれない。こうした解釈項の三種類を、「情動〔誘発〕的〔emotional〕」解釈項、「活動〔喚起〕的〔energetic〕」解釈項、そして、「論理〔発動〕的〔logical〕」解釈項と呼んでおく。

ある記号について、まったく解釈者がいない場合、その解釈項は、「仮定法的可能存在〔would-be〕」である、すなわち、仮に事実に反して解釈者が存在するとすれば、おそらくその解釈者において、解釈項が確定する可能性のある何かである。その一般的本性において、当の記号の解釈項は、記号の対象よりも、いとも容易に理解しうる。というのも、解釈項には当の記号がそれ自体で表現し、あるいは表示するものすべてが含まれるからである。しかし、三種類の解釈項を定義する場合、幾分困難を伴う。その例として、おそらくありうる事態としては、次のような場合がある。たとえば、諸々の記号に応じて分類されるべき作用は多々ありうるが、当初は、まったく知らず知らずのうちに作用し始めるというのが実情であり、そうである以上、記号が有する最初の効果は、何らかの感じという性質を有する。もし私がこのように考える場合、私は記号の概念を概してあまりに狭義に解釈していることになる。しかし、これが仮に誤りだとしても、この誤りはプラグマティズムの主題とは何の関係もないように思われる。この点を吟味するために、今立ち止まるつもりはない。だが、目下の関連でいえば、これよりもさらに重要な問いがある。それは、論理的解釈項、つまり、伝達された思考に関わる。そもそも、論理的解釈項の在処を我々はすぐに識別するわけではないのだが、ある種の記号は論理的解釈項を有すると我々は安易に確信してしまう。

さて、今や、一見無謀かに見えるだろうが、記号を定義する試みにあえて挑む準備が整っている。無謀に見えようと、これを試みるのは、他の分野の試みにおいてと同様、科学的探究においては、「虎穴に入らずんば虎児を得ず」の格率が妥当するからである。そこで、こう述べておこう。ある記号は、何であれ、存在するものの様式の何かであり、ある対象とある解釈項との間を媒介するものである。というのも、当の記号は、当の解釈項と関連した当の対象によって確定されると同時に、当の対象に関連した解釈項を〔何かとして〕確定するからであり、その様式たるや、当の解釈項は、この「記号」の媒介を通じて、当の対象により確定されうるという形になっている。

かくして、記号の対象と記号の解釈項は記号における二つの相関物にすぎない。記号対象は記号に先行し、記号の解釈項は記号に後続する。さらにいえば、記号は、こうした相互連関的相関物によって定義されるのだから、自信をもって期待しうるのは、対象と解釈項はまさしく互いに他と符合するということである。実際のところ、我々が見て取るのは、直接的対象と情動〔誘発〕的解釈項が符合するということである。ただし、両者はともに理解像であり、あるいは「主観的」であり、また両者は、ともに例外なくあらゆる記号に付随する。同様にして、実在的対象と活動〔喚起〕的解釈項も符合するのであり、両者は、ともに、実在的な事実もしくは事物である。ところが、驚くべきことに、論理〔発動〕的解釈項の場合、我々は、この解釈項は、いかなる種類の対象とも符合しないのを見て取る。対象と解釈項との間のこうした符合の欠如は、対象の性質と解釈項の性質との間にある本質的違いに根ざしているにちがいない。その違いとは、つまり、対象は記号に先行し、解釈項は記号に後続するということである。それゆえ、論理的解釈項は、相対的に未来の時制のうちにある。

これに加えて、さらに考慮すべきことは、あらゆる記号が論理的解釈項を持っているわけではなく、ただ知的概念およびそれに類するもののみが、論理的解釈項を持つということであろう。そして、私の見るところ、こういった知的概念はどれもみな一般的なものか、そうでなければ一般者と密接に結びついたもののように思われる。このことが示しているのは、論理的解釈項が共通に持っている未来時制という属性は、条件法、つまり「仮定法的可能存在〔would-be〕」の属性である [cf. CP5. 482]。

当初、私は論理的解釈項の性質の謎について、頭を悩ませていた。ようやく、今議論しているようなレベルに到達したときのことである。困惑の中にあって、私は、あることに気づいた。事の性質上、高度に抽象的にして難解な概念をある程度の数見出すことができ、しかしまた抽象的で難解でありながらも、意味の方は疑いの余地のまったくない概念が持つ性質の全体像を見出すことできれば、それだけでこうした概念の研究は大いに役立つことになり、なぜ、いかにして、論理的解釈項は、いかなる場合でも、条件法的未来であるのかを示してくれるということであった。このような概念を探し出すことこそ、私の望むものだと明確に理解したとき、即座に気づいたのは、数学では、そのような概念は山ほどあるということだった。そこですぐに、こうした概念の数々を一通り調べ始め、たどってみると、どれもすべて、次のような形を取っているのがわかった。しかじかの一般的規則にしたがって、演算操作を開始せよ。次に、しかじかの概念は、しかじかの対象に適用可能であれば、その演算操作は、しかじかの帰結を有するだろう。また、その逆でもある。そこで、極端に単純な事例をあげておこう。次元Nの幾何学図形が二つあるとして、図形の各部分の相対的位置関係が、どれも等しければ、この二つの図形を含む次元Nの空間において、ある簡単な作図公式によって、一つの回転軸が確定する。今この次元Nの空間に位置を占め、さらに次元N＋1の空間にも位置を占めるような、ある剛体があるとする。この剛体は、先の回転軸を中心に回転し、さらにはこの回転に連動して、先の二つの図形のうちの一つを同じように回転させるとしよう。他方で、残ったもう一つの図形は静止したままだとする。このとき、この回転運動と連動して動く図形は、回転するといずれ元の次元Nの空間に戻ってくることになろう。そして、この事象が生ずるならば、連動して動く図形は、静止したままの図形と、あらゆる部分で正確に一致したものであろう。しかし、この二つの図形が、このように一致したものでないなら、この事象はそもそも生じない。

確かに、この事例には、論理的解釈項の謎を明らかにするための大きな一歩があったといってよい。というのも、今みたモデルの上では、数学的概念は、わずか二、三にすぎないが、一群の知的概念の取り扱いは、私には、輝かしいほどの成功を収めるように思えたからである。概念をこのように取り扱うことで、私が強く確信したことがある。一方で、実在的対象であれ想像上の対象であれ、対象についての、今みたような概念の述語属性を確定するとしよう。他方で、ある何らかの操作が、こうした概念に対応して、当の概念対象に対して遂行されるならば、（述定の様相に応じて、確実に、おそらく、ことによると等々、頻度は様々だろうが）ある明確な一般的な類いの帰結が生ずると言明するとしよう。この両者の試みは、実は同じことを遂行しているのである。

とはいえ、これだけで、論理的解釈項の何たるかがはっきりわかるわけではない。そもそも、記号が持つ記号作用によって、解釈者に対して根本的効果が及ぶことになるのであり、同時に、この根本的効果が論理的解釈項を構成する。とするなら、根本的効果が有する本質とは、いったい何なのだろうか。こういったことは、今みた例だけではわからない（ここで重要なのは、記号作用ということで、私が何のことをいっているのか、理解することである。あらゆる動態作用、あるいは物理的であれ心理的であれ、むきだしの力による作用は、二個の主体間で生ずる。これら主体が同じように他者に対して反作用するかどうか、あるいは完全にであれ部分的にであれ、一方が能動者で他方が受動者であるのかどうか、いずれにせよ、こうしたことは二個一組の間で取り交わされる作用の結果である。ところが、私が「記号作用」というとき、行為作用であれ影響であれ、この作用は三つの主体間、たとえば記号／記号の対象／記号の解釈項の間の協同作用であり、あるいは、こうした協同作用を含むのである。こうした三者関係的影響作用は、二者間の行為作用には、けっして分解できない。古代ローマ時代、早ければキケロの時代のギリシア語Σημείωσις〔セメイオシス〕は、私の記憶が正しければ、ほとんど、どんな種類であれ、記号が持つ作用を意味していた。私の定義は、このように作用するものであれば、いかなるものに対しても「記号」という名称を与えるものである）。

このように定義したからといって、論理的解釈項（また、ついでにいえば、他の二つの解釈項のうちのどちらか）が必ず意識を変化させるわけではないが、しかし、意識変化が妥当しない場合の記号作用の経験を我々は欠いているため、意識の一般的性質の吟味から始める以外にない。ただし、我々の結論を相当程度一般的真理に近いものにしておくために、ここでは、ある暫定的仮定を置いておく。それは、記号の解釈項は、どんな場合でも、少なくとも、意識変化に十分近い類似物であるということである。ひとたび一般的真理に近い結論が得られれば、あとはただ、今みた仮定に偽りがあれば、そのことゆえに生じうる誤謬を排除するような一般化を受け容れるだけである。読者にあっては、なぜ単純に私が吟味対象を心理的な記号作用に限定しないのか、他の記号作用など、さして重要性を持たないように思われるではないか、このようにいぶかる者もいるかもしれない。私の理由は以下である。何の方法もなしに研究に従事することなどない論理学者にあって、しばしば見られる習わしは、論理学における命題を心理学の研究成果によって基礎づけることである。これは、精神の働きに関する常識的な観察、つまり、たとえ、他の人々にはほとんど知られていないにしても、健全な精神を持つ全成人男女にとっては周知の観察とは区別されるものである。論理学者による観察は、私の見解によれば、不健全で不安定なものである。それは、たとえていえばウォルター・スコット卿［Sir Walter Scott 一七七一―一八三二年］の小説『ケニル・ワース』に出てくる揚げ板の支柱のようなもので、これが外されていたばかりにあのアミー伯爵夫人は、気の毒なことに命を落とすことになったのである。ごく自然な知覚の場合、一つの関係は必然的に別の関係を含むことになるのだが、論理学は、これとは区別されるものである。ところが、論理学者の見方によれば、心理学が科学上の真理を確証するためには、ほとんど絶え間なく論理学の研究成果に訴えることが、特に必要不可欠という。このような論理学者は、心理的な真理と心理学的な真理とを絶えず混同しているのである。だが、実際には、両者の区別は、他のいかなる区別にも優先するといってもいいくらいの区別であり、紛うことなき真理にいたる狭く険しい道を歩んでいこうとする人なら誰もが、こうした区別へ配慮することを要求するのである。

既にみてきたように、論理的解釈項は何を指示内容にするか、その可能性において一般的である（ここで指示内容にするといっているのは、つまり何らかの種類のものが存在するのであれば、そのいかなるものに対しても関連し、あるいは関連づけられているということである）。そうである以上、先に述べた仮定を置いた上で、こう問うてみよう。心的な事実のカテゴリーのうち、一般的な指示内容を有するものは、どのようなカテゴリーかという問いである。私が見出しうるのは、四つのみである。すなわち、概念、（希望や恐れなども含めた）欲求、期待、習慣である。ここに、重要な見落としはないと確信している。さてここで、論理的解釈項は概念であるといったところで、（我々は論理的解釈項が概念であることを既に知っている以上）その本質を説明したことにはまったくならない。論理的解釈項の説明として考えるなら、同様の反論は欲求と期待に関しても妥当する。欲求も期待も、ある概念との結びつきを通して以外には、一般的ではないからである。加えて、欲求に関していえば、活動〔喚起〕的解釈項が情動〔誘発〕的解釈項の効果であるというのと同じ意味で、論理〔発動〕的解釈項は活動〔喚起〕的解釈項の効果であることを示すのは（わざわざ紙幅を費やす価値があればの話だが）、容易であろう。しかしながら、欲求は努力の原因であって、結果ではない。期待に関していえば、条件文を構成しないという事実からして、論理的解釈項の候補としては、却下される。条件法的期待として誤って解釈されているものは、実は、一定の条件下では事が起こる可能性があるだろうという判断にすぎない。論理的解釈項には、論理的解釈項自体が現実に作り出されて以後、条件文的性質があるのに対して、期待それ自体には、このような条件文的性質はない。それゆえ、論理的解釈項の本質としては、先の四つのうち、習慣だけが残るということになる。

　そこで、諸々の数学的概念から導き出された（他の概念によっても確証されている）先の規則にしたがうなら、論理〔発動〕的解釈項としての習慣は、いかにして作り出されるのか、さらには、それは、どのような種類の習慣なのか、みていくことにしよう。この推論を正しく行うためには、次のことに留意しておく必要があろう。これから行おうとしている推論は、科学的心理学の研究成果ではない。そうではなくて、人間が持つ普遍的で否定しがたい常識の一端であって、ある種の特徴を幾分強調する以外に何の修正もいらない。

健全な人であるなら誰でも二重の世界に生きている。心の外部の世界と心の内部の世界、知覚対象の世界と想像対象の世界である。両者を混同せずにいられるのは、主として、我々が次のことをよく知っているからである。つまり、想像の方は、筋肉と無関係な何らかの努力によって相当程度修正しうるのに対して、知覚の場合、判別しうる程度がどれほどであれ、これを修正しうるのは、筋肉を用いた努力のみであるということである（この場合、筋肉による努力が「自由意志によるもの」であろうが、つまり、事前に意図されたものであろうが、それとも、たとえば顔を赤らめるときのように、また人体に対する危険を経験する中で腸の蠕動運動が始まるときのように意図的努力の一切が筋肉作用の抑制へ向けられていようが、事態に変わりはない）。人間は、自分の知覚によっても自分の想像によっても、恒常的に影響を受ける。知覚と想像が人に影響を及ぼす様式は、その人の生まれつきの性向、そして、その人の習慣に依存する傾向がある。習慣が性向と異なるのは、ある原理の帰結として習得される点にある。この原理は、これを定式化するのに不十分な反省能力しか持たない人々にも事実上よく知られている。それによれば、幾重にも反復される同種の行動は、知覚と想像の似たような組み合わせの下で、ある傾向を、つまりここでいっている習慣を作り出す。ある傾向とは、類似した環境の下では、未来においても実際に類似した様式でふるまうという傾向のことである。さらにいえば、ここが重要なのだが、誰もが自分自身の習慣を修正することによって、多かれ少なかれ自分自身を制御する。そして、外界において望ましい類いの行動を反復しようにも、環境がこれを許容しないような場合に、あえてこの効果をもたらそうと事に取りかかる際の様式をみるなら、人は、事実上、ある重要な原理に精通しているのがわかる。その原理によれば、外的世界において反復を行うのと同じように、内的世界における反復も、つまり、想像の中での反復も、直接的努力によって十分強化されていれば、習慣を作り出す。そして、これらの内的世界の習慣は、外的世界における実際の行動に影響を及ぼす力を持つようにもなる。とりわけ、それぞれの反復が、未来の自己に対して発せられる命令にたとえられる類いの特別に強い努力を伴う場合には、とくに当てはまる。▼1

（ここで、忍耐強い読者に対して白状しておかなければならない。論理的解釈項を持つ記号は、一般的であるか、そうでなければ、一般者と密接に結びついているかのどちらかであると私がいったとき、このことは、科学的な研究結果ではなく、記号の本質を長年研究してきたことによる強い印象にすぎない。この問題を科学的に答えることはできない点に関して申し開きをするなら、自分が記号論〔*semiotic*〕と呼ぶ領域を切り開き、明らかにしていく研究において、私は少なくとも自分の知るかぎり開拓者であり、いやむしろ奥地の住人である。記号論の研究領域は、ありうる記号作用の本質的特徴と根本的多様性に関する学説である。私としては、先駆者にとってこの領域はあまりに広大で、かつその研究はあまりに労力のいるものと考えている。したがって、自分の課題を最も重要な問いに限定せざるをえない。ある印象に基づいて答える問いと同じような特殊なタイプの問いは、やはり、ほぼ同じ重要性を有するが、数において四〇〇を超える。これらの問いは、すべて細心の注意を要するもので非常に困難な問いであり、それぞれ多くの吟味と多くの慎重さが必要である。たとえ私の解が必ずしも正しいとはかぎらないにしても、論理的解釈項に関しては大きな誤解にはいたらずに済むはずだろうが、私の方から弁明しておく次第である。）

▼1　私が少年の頃の出来事で、今でもよく覚えていることがある。今はクリスチャニア〔ノルウェーの首都オスロの旧名〕で牧師をしている兄、ハーバートも、当時はまだほんの子供であった。ある日のこと、家族全員で食卓についていたとき、火で温める「保温なべ」、あるいは「料理保存用器具」からアルコールが飛び、同席していた女性のうちの一人の綿モスリン製ドレスの上に落ちて引火した。兄は素早く立ち上がり、適切な処置をした。そのときの兄の動作は、一つ一つが実に手際よく、火を消すという目的に申し分なく適合していた。後年、そのことについて、私は兄に尋ねてみた。兄がいうには、かつてロングフェロー婦人が似たような事故で焼死して以来、衣服に引火するような緊急時にはいったい何をすべきか、その詳細にいたるまで、しばしば反復的に思考実験していたとのことである。これは、想像上の訓練によって作り出された実際の習慣の顕著な例であった。

ある一つの論理〔発動〕的解釈項を作り出すことのできる一つの記号が提示されたからといって、いつでもその都度、当の論理的解釈項が実際に作り出されると想定することはできない。そうした記号が提示された場合でも、その時機が早すぎる場合もあれば、遅すぎる場合もある。記号提示が早すぎる場合、その記号作用は、論理的解釈項が創出されるまでにはいたらず、当の記号の使用目的が知的とはいえない機能であれば、情動的解釈項と活動的解釈項だけで十分果たせる。他方で、もし解釈者が既にその論理的解釈項に精通しているならば、記号の提示が遅すぎることになろう。その場合、当の論理的解釈項が元々どのように作り出されたか、何一つ示唆することのない過程によって、解釈者の心の中にその論理的解釈項が思い起こされるからである。さらにいえば、諸々の論理的解釈項が形成される事例の大部分は、論理的解釈項創出過程を例証するには、それほど適切なものではない。というのも、こうした事例においては、偶然的で論理的解釈項とはほとんど無関係な諸々の記号作用が論理的解釈項創出という記号作用と混じり合う過程で、後者の本質的特徴は、これらの記号作用の集積の中に埋もれるからである。我々が実験し観察する主題の例解として役立つ事例を単純化するために、私が思いつく最善の方法は、次のような想定である。(ある論理的解釈項を持つ)ある一定の記号を取り扱うことに既に精通している人がいるとして、我々の内的な眼差しを前に、この人がはじめて当の論理的解釈項の何たるかを真剣に究明し始めようとしている、このような状況である。その場合、この人が問題にしている関心は何なのか、これを具体的に記述することによって、今提示したこの仮説を敷衍していく必要があるだろう。だが、これを実行するにあたって、私はシラー氏のような華々しくも魅惑的なヒューマニズムの論理にしたがうつもりはない。この論理によれば、論理学の探究にあたっては、個人の全人格的状況を考慮するのが適切であるという。しかし、私の考えによれば、我々の真理発見を促進する明白な展望など何もないままに科学的探究の内部に根拠のない仮説を持ち込むのは、まったくもって有害で弊害の多い手法である。私の現在の立場からすれば、シラー氏の規準は、このような仮説のように思われる。彼は自分の立場を正当化するにあたって、数多くの理由を提示している。だが、私の評価からすれば、彼が述べる理由も興味深い議論を引き起こすために計算しつくされた類いのものであり、しがたって、哲学の研究を面白おかしい知的訓練と考え、これを追究しようとしている人々に対してであれば、推奨しうるだろう。しかし、自分が取り組むべき真摯な目的を哲学の純粋科学への転換と考え、これを遂行していこうとする人々にとっては、どうでもいい議論であるように思われる。私としては、シラー氏が示したような、人を虜にする脇道に逸れるわけにはいかない。論理的解釈項というものを追究せんとする問題関心とは、いったい、いかなるものか、このように問うとき、私を突き動かしているのは、多様な人間性を学べる道を散策したいなどという好みではない。そうではなくて、その問題関心に即して我々の仮説を特定化しないかぎり、仮説の論理的帰結をたどることは不可能だという、明確な哲学的反省なのである。というのも、解釈者が探究をいかにして遂行するか、これはその人の探究への問題関心の性質如何に大いにかかっているからである。

そこで、次のような想定をしておこう。解釈者がいるとして、この人は論理学に特に関心があるわけではなく、様々な例から論理学は無駄であると判断しているかもしれない。しかし、さらに想定するなら、この解釈者は、何らかの発明を完成する事業において、自分の人生の財産の大部分を投資しており、この目的のために、当人にとって極めて望ましいと思えることは、推論方法に関する何らかの問題を解決するために役立つ明白な知識であるとしよう。この問題それ自体についていえば、この問題は、一般的対処方法が知られている類いのものではないとしよう。また、通常であれば、問題には何らかの馴染みの手がかりがあるものであり、それによって、解釈者の目の前に、当の問題を正確に表象するイメージがしっかりと描かれ吟味されることもあるのだが、ここでは、こういった点についても、すべて不明確であることにしておく。要するに、ここで想定しているのは、推論を適用することもできず、問題の把握もままならないような状態である。

この叙述に合致する問題は様々に例示しうるだろうが、ここでは我々の考えをはっきりさせるために、一つの例だけあげておこう。そこで、この事態は、我々が想定した発明家が解決しようと望んでいる問題そのものであるとしておく。さて、その問題とは、具体的にいえば、「〔トーラス状立体表面の〕地図の塗り分け問題」である。ここに、ある球体があるとして、今、この球体に幅広い穴が二つ、トンネル状に、くり抜かれているとする。そして、必ずしも必要な仮定ではないのだが、各トンネルの両出入り口の縁は滑らかな円形状にかたどられているとしよう。ここで問題である。この球体の語り手は、球体の全表面を、トンネルの内側の表面も含めて、自由に分割し、自分の好みで、いくつかの領域に区分する（ただし、どの領域も複数の区域からなるものではなく、一領域＝一区分であるとする）。さて、解釈者の責任において、一領域に一色を配し、全体を色分けすることになっているのだが、その際、隣接し境界線を共有する二つの領域に対しては、同じ色を塗らないこととする。このとき、表面がどのように区分されていようと、すべての領域を区別できるように配色するには、最低何色あれば十分だろうか。これを確かめることが問題となっている。

この問題に対する解釈者の関心に強く刺激されることで、あるいはまた、地図に色づけする際、一からのやり直しや配色済みの色の変更を頻繁に強いられないよう、解釈者は経験に基づいた要領を心得ているという想定から、つい余計なことを疑ってしまうかもしれない。たとえば、塗り分け問題に実際に取り組むにあたっても、他方で、いかなる潜在意識上のルールによって自分が導かれ、また、通常通りに成功するかを明らかにしようとするにあたっても、さらには、最初に塗った色を変更しなければならない場合に、いかなるルールを破ってしまったのかを突き止めようとするにあたっても、この探究者は、想像上の世界で、活発に行動する状態にあるが、このことに疑いを持つ必要はまったくない。この活動は、論理的に考えれば、探究者が自分で設定した問いの活動〔喚起〕的解釈項である。仮に、このような方法が功を奏し、塗り分けのための確定的なルールがわかり、掘られた二本のトンネル内の〔同じことだが、二つの貫通した部分内の〕どの部分であれ、境界のない表面上の地図すべてを最小限の色で塗ることができれば、そのルールに伴ってすぐに現れるのは一つの論証であると十分期待してよい。その場合、当の問題は、最も好都合な形で解決することになろう。だが、一方でこの探究者が、地図の塗り分け問題に毎回成功する方法を首尾よく定式化する可能性は大いにあろうが、他方で、塗り分け問題を解決するにあたって不可謬なルールを手に入れることは、まずありそうにもない。ヨーロッパの第一級の数学者のうちの何人かが今扱っている問いよりもはるかに単純な問い、つまり普通の紙の上に描かれた地図は、いかなるものであれ四色で塗り分けられることを論証するという問題に挫折した後で、我々の時代の論理数学者の最高峰の一人、ケンプ氏［Alfred B. Kempe 一八四九－一九二二年 イギリスの数学者］が、我々の想定した想像上の発明家が目指しているものと、まったく同じではないが、幾分同種の問題に関して、一つの論証を提示した。しかし、何年もの後、ケンプ氏の論証には、重大な欠陥が発見されたと私は聞いている。その誤りがいかなるものであったか、私は知ったはずだが、今では思い出せない。それでも、自信を持って想定できるのは、我々の想像上の解釈者は、最終的には、絶対に不可謬なルールを手に入れて塗り分け問題を解決する方法を諦めることになるということである。それでは、この解釈者が次に試みるのはいかなる方法であるか、想像してみよう。

ごく理にかなった方法は、まず、この解釈者が、努力する方向を変えて、手続き上一律に成功するルールを明らかにすることをやめて、次の二つのうち、どちらかの試みに専心するということだろう。一つには、配色上の色数が一定数を超えてはならないのであれば、まず最初に、異なる二つの区域を同じ色に塗らなければならないという位相幾何学上の諸条件を明確化する。ここから、解釈者は、隣接していない二領域が異なった色でなければならない諸条件を推論することになろう。今一つには、最初に、二つの領域が拡大されることによって、両者が境界線で接することのないような諸条件を確定し、そこから、二領域が同色でなければならない諸条件を確定する。以上二つの方法のうち、どちらかであれば、解釈者が始めた先の方法よりも有望である。とはいえ、もし、どちらの方法も何らかの見取り図なしに完遂しうるのであれば、これらよりも容易な課題が達成されたにちがいない。つまり普通の紙の上であれ球体の表面上であれ、すべての地図を塗り分けるのに四色で足りることを論証するという課題が随分前に達成されていたはずなのである。だが、確信をもっていうが、実際のところ、この課題が達成され公表されるといった事態には未だにいたっていない。それゆえ、我々は、この解釈者は、結局、今みたようなすべての方法を諦めるにいたると想定してもよい。そうこうしているうちに、この解釈者はきっと自分の将来の探究課題に役立つ明確な命題のいくつかに気づくだろう。そのうちの一つは、領域間の境界線を微調整するというもので、この場合、すべての場合の色分けに十分な色数を増やすことも減らすこともできない。そして、この調整によって、解釈者は、四つもしくはそれより多い数の領域が一同に接するような点をすべて取り除くことができ、したがって、四つ以上の領域が接する点の数を、境界線の数の三分の二にすることができる。こうして、一般に必要とされるよりも、少ない色を必要とするのでないかぎり、境界線の数は三で割れ、四つ以上の領域の接点は二で割れることになろう。解釈者はまた、次のことに気づくかもしれない。各色に対しては、少なくともその色をした領域が一つなければならず、しかも、その色の領域に接しているのは他のすべての色の領域である。あるいは、これらの他の色のそれぞれに対しては、最初の色の領域と接しているだけでなく、残りの他の色すべての領域と接しているような領域が、少なくとも、一つなければならない等々。

ここで、さらなる想定をし、この解釈者は次のような考えに思いいたったとしよう。表面全体であれ、その部分領域であれ、それらの大きさに比例した体積がいかなるものであれ、塗り分け問題に対しては何の影響も及ぼさない。のみならず、表面全体上の部分領域の形状も同様なのであって、平らであれ、凸型であれ、凹型であれ、あるいは、ある角度で、湾曲しようが、屈折しようが、塗り分け問題には何の違いも生じないし、さらには、境界線に関しても、直線であろうが、ある角度をもった曲線であろうが折れ線であろうが、また、境界線と接する領域に対して凸型であれ、凹型であれ、形状の如何が塗り分け問題の性質を変えるわけではない。以上からいえるのは、塗り分け問題は、計量幾何学の問題でも、座標幾何学や射影幾何学の問題でもなく、位相幾何学ないしは幾何学的位相の問題なのである。これは、幾何学の三部門のうち、最も根本的な、そして、疑いもなく、その本来の性質からいって、最も平易な部門である。というのも、ケイリー［Aurther Cayley 一八二一－一八九五年 イギリスの数学者］が示したように、計量幾何学がそれよりも比較的平易な座標幾何学の中の一特殊問題であるのと同様に、座標幾何学も、それより容易な位相幾何学の中の一特殊問題であるのは明らかだからである。というのも、境界のない平面や半直線を定義する方法としては、位相幾何学的言明による以外に可能な方法はないからである（とはいえ、完全に両者を定義するわけではない）。その言明によれば、境界のない平面群は、三次元空間内の面群の一族であり、このうち、どの二つの平面をとってみても、ただ一つの共通線でのみ接し、この共通線は一本の半直線である。また、どの三つの面をとってみても、それらすべてが一本の共通線を含んでないかぎり、ただ一点でのみ接する。さらにいえば、いかなる任意の二点も、ただ一つの線上にあり、他方で、いかなる三点をとってみても、三点すべてが一つの線上にないかぎり、それらは境界のないただ一つの水平面にある。▼2

しかし、位相幾何学が最も平易な類いの幾何学にはちがいないだろうが、それでも、幾何学者は計量と平面の考察に頼ることにあまりにも慣れきっていたため、この二つの分野が奪われてしまうと、どのよう

▼2 以上の叙述の前提にあるのは、境界のない三次元空間内に一つの特別な形状をしたものがあるというものである。というのも、この空間内で最も単純な形状が存在しうるならば（あるいは、私の見るところリスティンク［Johhan Benedict Listing 一八二六－一八六六年 ドイツの数学者］が想定している空間の実在的形状のようなものが可能であるならば）、三次元空間内の境界なき平面は、どれもこの空間を二つの部分に分かつからである。さらに、二つの平面が交差する場合には、それによってできる共通な無限共通線は、この二つ以外の、任意の境界なき平面を偶数に分かつこともあるだろう。というのも、この直線は最初の平面が無限の固体空間と交差することでできた二つの部分のうちの一方から他方へと伸びているからである。ここで描いた固体空間の特別な形状は、「射影空間」の特別な形状である。

に問題に対処すべきかわからなかったのである。したがって、たとえば結び目の場合のように単に形態を数え上げることは別にして、我々は今もなお、リスティンクの標数定理〔census-theorem〕のような、位相幾何学におけるたった一つの一般原理に囚われている。したがって、我々が設定した想像上の問題解明者は、自分の目の前に位相幾何学の問題があると気づくと、すぐに、位相に関して知られたたった一つの定理を用いなければならないと推論する。もっとも、その定理それ自体は、自分の抱えた問題の解決をもたらすのに適切でないことは、十分明らかであるが。ここで、地図の塗り分け問題に当てはまるかぎりにおいて、わかりやすくするために厳密性の方は幾分犠牲にして、リスティンクの標数定理について述べておこう。複数領域に区分けされた表面は、一本の線で仕切られているか、そうでなければ境界線がないかもしれない。今、この表面が境界線を持たず、かつ、ある立体を二分割しているとき、これを、偶価面と呼び、二分割していない場合の表面を、奇価面と呼んでおこう。いかなるトンネルにもくり抜かれていない立体（つまり反対側まで貫通した穴のない立体）の表面において、サイクロシー〔トンネルの円形状の出入り口〕の数はゼロである。この立体を貫通するトンネルは、どんなものであれ、この立体の表面のサイクロシー数に、さらに二つのサイクロシーを加えることになる。最も単純な奇価面、たとえば、境界のない平面において、サイクロシーは一つである。この表面の二つの部分をつなぐトンネルは、すべて（あるいは円筒形の貫通路、この場合はこの表面の反対側にまでトンネルは伸びることになるが、こうした貫通路はすべて）、サイクロシー数に対して、さらに二つのサイクロシーをつけ加える。（すべての領域および二領域間のすべての境界線の場合も同様に想定したいのだが、）ある領域はサイクロシー数ゼロであり、あるいは、一本の切れ目のない境界線を一周して元の地点に完全に戻ってこないかぎり、その範囲内での境界線はサイクロシー数ゼロである。さらなる想定をしておけば、今問題にしている表面上には、二つ以上の地域があるとしておく。さて、以上の条件の下で、標数定理は次のような形を取る。今、複数地域が接する点のすべては、三つの地域が接し、それ以上の地域が接することはないと仮定する。このとき、複数地域が接している点から別の複数地域が接している次の点までの境界線の数を数え、その数の三分の一を地域数で割った数を考えよう。表面全体に境界がある場合、その数は1であり、これはこの表面のサイクロシー数より少ない。表面全体に境界がない場合、その数は2であり、これはこの表面のサイクロシー数より少ない。二つのトンネルが貫通している立体の表面の場合、表面には境界はなく、そのサイクロシー数は4である。そこで、トーラス状立体表面の地図塗り分け問題の解を追究している者は、すぐに、地図の色分けに必要な色数は、少なくとも、7であり、ことによると、これより多いかもしれないとわかるだろう。今この物体にはたった一つのトンネルしか貫通していないとして、それぞれの地域が残りのすべての地域に一同に接する地域の数をxとしよう。このとき、境界線の数は、$1/2\,x\,(x-1)$となり、標数定理を用いるなら、$1/6\,x\,(x-1)-x=2-2$となる。つまり、$x^2-7x=0$あるいは$x=7$である。こうして、トンネルの数が1の場合でさえ、地図の色分けには、7色が必要となるため、トンネルが二つの場合には、少なくとも、この7色が必要となろう。他方で、射影平面において、二つのトンネルがある場合、サイクロシー数は4ではなく5であり、一点で接することのできる地域数は9しかない。したがって、サイクロシー数4の表面では、塗り分けに必要な色の数は9より小さい。それゆえ、問題追究者は、8色、場合によっては9色が必要となる場合があるかどうか確かめるだけでよい。それでも、問題解決にそれほど近いわけではないが、しかし、解決から絶望的なほど懸け離れているわけではない。◆

どの場合でも、予備的な手続きを経た後では、解を求める探究活動は、心の内部の世界における実験作

◆以上で、トーラス状立体表面の地図塗り分け問題は終わる。なお、リスティンクの標数定理等に関しては、Murray G. Murphey 1961 *The Development of Peirce's Philosophy*, Havard University Press: Chapter IXを参照。また邦訳文献では、パース『連続性の哲学』伊藤邦武編訳、岩波書店、二〇〇一年、第六章二四七頁以下を参照。

業という形を取る。そして、（もし、はっきりとした結論にいたるならば）その結論は、次のようなものとなる。当の解釈者が何らかの種類の結果を望んでいる場合にはいつでも、その解釈者は、与えられた諸条件の下で何らかの方法でふるまう習慣を形成していることになるだろう。正真正銘の生きた論理的結論とは、このような習慣なのである。言葉による定式化は、こうした習慣を表現したものでしかない。

概念・命題・論証といったものが一つの論理的解釈項になりうる可能性を私は否定しない。私が主張しているのは、こうしたものは最終的な論理的解釈項になりえないということだけである。概念や命題や論証といったものは、それ自体が、論理的解釈項を持つ類いの記号であるというのが、その理由である。これに対して、習慣は確かに何か他の様式で一つの記号でありうるだろうが、しかし、唯一習慣だけは、記号の論理的解釈項となっていながらも、その記号がそれ自体で一つの記号となるというような仕方では、記号となることはないのである。習慣が動機および諸条件と結びついている場合、習慣は、その活動〔喚起〕的解釈項にかなった行動を持つことになる。しかし、〔単に〕行動〔というだけで〕は、論理〔発動〕的解釈項ではありえない。というのも、〔個別の〕行動〔だけで〕は一般規則性を欠いているからである。概念は一つの論理的解釈項でありうるにしても、そのような概念は不完全な論理的解釈項である。このような概念は、言葉上の定義という性質を幾分かは共有するとはいえ、ちょうど言葉上の定義が実在的定義に劣っているのとほとんど同じように、習慣に比べれば劣っている。熟慮の上で形成され、自らを分析する習慣は生きた定義であり、正真正銘の最終的な論理的解釈項である――ここで自らを分析するというのは、習慣の形成は、習慣を育む訓練の分析を介してなされるからである。したがって、言葉が伝えうる概念の最も完璧な説明は、当の概念が生み出そうとする習慣を記述することにある。だが、習慣を記述するとはいっても、習慣が生み出す類いの行動を記述して、行動の動機と条件を特定化する以外に、可能な方法はあるだろうか。

さて、最初に設定しておいた心理学的仮定に立ち返ってみるなら、習慣はけっして心的事実に尽きるものではないのであって、こう考えることで、心理学的仮定の大部分は既に却下されていることがわかる。経験上、我々が知っているのは、植物の中には習慣を形成しているものもあるということである。水流自らの力で水底を浸食するとき、この水流は習慣形成の途上にある。溝掘り人なら誰でもそう思う。先の問いの合理的側面に戻っていえば、習慣についての今日の優れた定義は、心については、一語たりとも述べていない。これは、どこかの心理学者によるものと思われる。確か半世紀近くも前に、ことのついでに読んだきりその後目を通すこともしていないが、覚えているかぎりでいえば、確か、ブラウン＝スィクォードが脊髄に関する本の中で、そのことについて強く主張していたはずである。◆諸々の感じ具合というのは習慣の兆候ではあろうが、習慣それ自体、まったく、無意識的なものであり、しかも、意識——つまり感じ具合——が、心をして心たらしめる唯一の特性であることを思えば、どうして、習慣の定義において心について述べる必要があろうか。

記号からその心的連想物を取り除くためにさらに必要なことは、一般化によって与えられるが、いとも簡単な一般化であるため、ここで特に注意を惹くほどのものではない。感じ具合以外に、もっぱら、心的なものなど何もないからである。しかし、こう語ったからといって、私が意識を単なる「随伴現象」と考えているなどと思ってもらっては困る。もっとも、意識は随伴現象であるという仮説は、科学に益すると大であったことを私は完全に認めてはいる。私の理解によれば、意識は、次のような相互に無関連な述語属性の集積として定義できるだろう。つまり、質においても強度においても度合いは様々でありながら、外的世界と内的世界との相互作用の兆候となっている述語属性の集積である。この場合、外的世界といっているのは次のような世界である。人間の意識の様式に対しては過度に強制的に作用し、そのせいで漠然

◆ Charles-Edouard Brown-Sequard *Experimental and Clinicial Researches on the Physiology and Pathology of the Spinal Cord and Some Other Parts of Nervous Centrres* (Richimond: Colin & Nowlan, 1855). EP2 に負う。

とした心の動揺をときには精神的打撃にまでいたらしめ、さらには人間の側からはただ特別の種類の努力、つまり筋肉上の努力によって、ほんのわずかばかり働きかけることしかできないような、そうした諸々の原因からなる世界のことである。他方で、内的世界といっているのは、一見したところ、その由来は外的世界にありながら、様々な種類の直接的努力に従順で、微弱ではあるが外的世界に対して反作用する世界である。こうした二つの世界の相互作用を構成しているのは、主として、外的世界の内的世界への直接的作用、および、習慣作用を通じた内的世界の外的世界に対する間接的作用である。以上が、意識についての、つまり、感じ具合の集積についての正しい説明だとすれば、私には、意識の実際の機能は自己制御にあるように思われる。というのも、自己制御がなければ、少なくとも意識の兆候としての自己制御がなければ、内的世界の決意や作用が外的世界の現実の傾向や習慣に影響を及ぼすことはありえないからである。ここでいっている傾向や習慣は、外的世界に属するものであるといっておきたい。これらは単なる空想ではなく、実在的作用だからである。

以上、プラグマティズムについて、私自身の定式の概略を示した。しかし、真に判明な概念に到達する上で、実際には同じ方法であるのに、これを幾分異なった考察をする方法も他にある。だが、私の方法と他の方法を切り離そうとする立場に対しては、ここで自分の誠意に賭けても、異を唱えておく必要がある。第一に、プラグマティズムにはジェイムズによるものがある。ジェイムズと私との間で定義上の違いがあるにしても、ただ一点においてのみである。私の場合、「意味」というものを、つまり最終的な論理「発動」的解釈項を一つの習慣に限定するのに対して、彼は限定せずに、知覚対象、すなわち何か駆り立てられたような複合的な感じ具合の数々も意味であることを認める。もし、ジェイムズがあえてそうするのも厭わないというのであれば、そもそも、いくらかであれ習慣が意味となる余地をジェイムズはいかにして認める必要があるのか、私にはよくわからない。だが、私が思うに、実際のところは彼の見解と私の見解は合致しているにちがいない。唯一の例外は、彼の場合、まったくプラグマティックでない考察にも重要性を与えていることである。次に、シラーによるプラグマティズムがある。彼はプラグマティズムに対して、他に七つも定義をあげている。第一のものは、プラグマティズムは「真理は論理的価値を持つ」という学説である。一見したところでは、これは、あまりに広すぎる定義である。というのも、プラグマティストであろうと絶対主義者であろうと、誰が真理より虚構を好むというのだろうか。だが、その意味するところは、客観的真理は次の事実のうちにあるということは疑いえない。実際には、誠意ある探究者はすべて、最終的には真理を受け容れるというものである。仮に、探究者が誠意なき者であるとすれば、それは経験という観点からみて、探究の帰結が否応なしにこの探究者をそのような者にしているということになろう。シラーのこの学説は、少し割り引いてみれば、プラグマティズムの一つの帰結のように私には思われる。元々、明晰な観念に到達する方法を提示した際、私は、プラグマティズムをはっきりわかるように示しておいた。私流に定式化されたプラグマティズムの方法を、私は「条件法的理想主義」と呼ぶ。つまり、私の考えによれば、（いやしくも「真理」というものがあるかぎり）真理が一人一人の意見とは独立に存在するのは、真理の在り方によるのであって、その在り方とは、もし、十分な探究を継続するならば、探究に導かれて、ついにはあらかじめ定められた結果へ到達するだろうというものである。私が異論と唱えるのは、ときおり、シラー氏がいっているように思われる立場に対してだけである。それによると、ある一定の種類の結果は、実際のところ、常に生ずるか、けっして生じないか、このどちらかだろうという主張には、論理的に正当化しうる一片の根拠すらない、したがって、ある種の問いに関しては、いかなるものであれ真理というものが存在するということを我々は知ることなどできないというのである。そして、この見解は、私の確信するところでは、アンリ・ポアンカレ氏の見解と一致する。ただし、ポアンカレの場合、主張しているのは、あらゆる問いに対する絶対的な真理など存在しないということであって、この主張は、方向は正反対だが、結局、まったく同じ誤りに陥るだけである。だが、実際のところ、問いというものは、科学的方法によって研究されるようになれば、いずれ将来的には概して解決されるにいたる、このことを我々は知っている。そして、実際的にも、プラグマティックにも、それで十分である。シラー氏の第二の定義は、〔ディケンズの小説中の〕キャプテン・バンズビーのもので、ある主張の「真理」は、その主張の適用にかかっているというものである。私には、これは、説得力のない分析結果であるように思われる。彼の第三の定義によると、プラグマティズムとは、「ある規則の意味は、規則の適用のうちにある」という学説である。この学説からすると、「意味」は活動〔喚起〕的解釈項のうちにあるものになってしまい、論理〔発動〕的解釈項を無視するものとなってしまう。これもまた、説得力のない分析である。彼の第四の定義によれば、プラグマティズムとは「あらゆる意味は目的に依存する」という学説である。この説を支持するには、もっと多くのことを述べておかなければならないと私は思う。しかし、この説にしたがうなら、自分では我々プラグマティストの支持者とは思っていない人々の多くもプラグマティストになってしまう。もっとも、これらの論者と我々との提携関係は、否定しようがない。彼の第五の定義では、プラグマティズムとは「あらゆる精神生活は目的を持っている」という学説であるとされている。彼の第六の定義は、プラグマティズムは、「実際の認識行為の目的性を無視する営みすべてに対して、体系的に抗議するものである」。シラー氏は、例のごとく、ここでも「実際の」という言葉を風変わりな意味で用いている。彼の七番目の定義によると、プラグマティズムとは、「目的論的心理学の認識論（あるいは論理学）の意識的適用であり、この場合の目的心理学とは、究極のところは主意主義的形而上学のことを意味する」。もし、彼が「心理学」ということで、いわゆる科学ではなく、心的諸現象に関する人間の変質した常識の批判的受容と考えているのであれば、私は彼に同意するかもしれない。私自身は、プラグマティズムを「批判的常識主義」と呼んだが、しかし、もちろん、これは厳密な意味で用いたわけではない。

ジオヴァニ・パピーニ氏の場合、プラグマティズムは定義不可能であると主張する点において、シラー氏より、さらに進んでいる。しかし、私には、これは文筆上の言葉遣いのように思われる。概していえば、この主題に関するパピーニ氏の提示を私は大いに賞賛する。

通常、形而上学的な問いとみなされるものは確かにある。実際、形而上学ということで存在論のことをいっているのであれば、確かにその通りである。こうした問いは、ひとたびプラグマティズムが真摯に受け容れられるならば、即座に、論理的に解決せずにはいられなくなる。こうした問いには、たとえば、次のようなものがある。実在とは何か。必然性と偶然性は存在の実在的な様相なのだろうか。自然法則は実在的か。自然法則は不変であると想定しうるか、それとも、推定するに、進化の所産なのか。実在的な偶然などというものはあるのだろうか。それとも、そのようなものは、実在的法則からの逸脱なのだろうか。だが、検討の上、もし形而上学ということで心理的‐物理的宇宙に関する、経験に基づく最広義の真理のことを意味するのであれば――経験にもとづくとは、論理学上の定式には還元できないという意味だが、その場合には――、こうした問題は論理学上の格率によって解決しうるという事実自体、この種の問題は、実は形而上学にではなく、「エピステモロジー」に属することの十分な証となっている――「エピステモロジー」とはドイツ語でいう認識論の訳語なのであるが、まったくひどい訳語である。さらに、時間の本質について考察を進めてみるなら、プラグマティズムは、その一助にはなろうが、それ自体で解決をもたらすわけではないように思われる。また、空間の本質に関しては、はっきり断言しておく。空間は実在的な存在物であるというニュートンの見解は、論理的にのみ支持しうる。だが、たとえばなぜ空間は三次元なのかといった、さらなる問いを考えた場合、ニュートンの見解では目下のところ、この問いには答えられない。しかしながら、これは純粋に思弁的な問いであり、人間にとって大いなる関心となることはない。（もちろん、空間の三次元性は実際的な帰結を持たないなどと述べるなら、それは馬鹿げている。）たとえば、来世についての問い、そして、とりわけ、神についての問い、つまり、宇宙に内在するのではなく、外部から宇宙を創造し、これを永遠に支配する人格的な唯一神といった問い、このような人間的関心を抱いているような形而上学的な問いに対していえば、私自身としては、心から認めていることがある。つまり、ヒューマニズムが、自らを科学と装うのではなく、鳥の空を飛ぶ能力のように単なる本能にすぎないが、しかし深く考えることによって純化されるようなものだとすれば、このようなヒューマニズムは、哲学に対して長きにわたってなされてきた最も貴重な貢献であるといっていいのである。

「未定稿二」◆（一九〇七年）

プラグマティズムという用語が私の発案だとすれば、異なる論者が同じ用語を使っている場合、これを解釈しなければならないだろう。それと同じように、ジェイムズによるプラグマティズムの定義を解釈しなければならないのであれば、確実に、次のことをいっておかなければならない。「プラグマティズム」という用語の意味は、彼と私の間では著しい違いがある。ジェイムズ教授のいかなる主張に対しても、ましてや哲学における主張に対して、独自の意義を認めることは、なかなかできるものではない。とはいえ、彼の思想の言い回しは私にとっては極めて難しいとはいうものの、私は十分これを研究してきたので、今では確信をもっていえる。彼のいわんとするところを突きとめるのに、形式的定義を詳細に分析したところで、たいした効果は得られない。「プラグマティズム」ということで、彼が何のことをいっているのか、正確に理解することはできないけれども、彼のこの言葉の主な使い方を見るなら、最も確実にいえることは、私がプラグマティズムという言葉に重要性を与える場合と比べて、それほど大きな違いはないということだと思われる。たとえ、プラグマティズムという言葉からジェイムズが導き出す帰結と、私が導き出す帰結との間で、極めて大きな違いがある場合であっても、この違いは、我々両者のプラグマティズムに対する信念に大きな相違があるからだということには、まったくならない。私が育った環境は、科学的、とりわけ、数学的な環境である。私が主張したいのは、明確な概念から出発すること、基本原理と論理学の規則に厳密にしたがう見解を作り出すこと、しかしまた、よく知られた比喩にも可能性を認め、また、物理学者の習慣、さらには、数学者の場合には、一層当てはまるような習慣にみられるように、広範な一般化の可能性を認めることである。絶対的に明確な概念というようなものは、人間の思考能力を超えるものであることを私は十分承知している。しかし、それでも主張したいのは、最初の概念を可能なかぎり明確にすることである。他方で、ジェイムズ教授がどれほど深く思考しているか、これについて、私はあえて語ろうとは思わない。私にいえるのは、ただ彼は、私にはよく理解できない思考手続きによって、私が到達しているのとほとんど同じ実際的結論に達しているということである。ジェイムズ教授の豊かな表現と、心理学者として広く認められた傑出した地位とによって、プラグマティズムという言葉は、彼の学説で述べられているような解釈と同一視されるようになっている。その帰結はというと、プラグマティストの一人であると私がみなす多くの論者が、プラグマティズムに対抗的な論者として現れるにいたったということである。

さてそこで、まずはじめに、私が理解するかぎりでのプラグマティズムの考えを示すよう努めることにしたい。そして、その後で、他の自称プラグマティストたちの学説に対して手短な論評を加えることにする。

私の理解するところでは、プラグマティズムとは、意味を確定する一つの方法である。この場合、意味というのは、あらゆる観念の意味ではなく、あくまで、私が「知的概念」と呼ぶものの意味である。すなわち、客観的事実を論証しようとする際には、依存せざるをえない概念体系というものがあるのだが、私がいう意味とは、こうした概念の意味なのである。しかし、このような厄介な、そしてまったく正確というわけでもない定義よりも、具体例をあげる方が役立つだろう。たとえば、現在のところ、我々の意識において青の感覚を刺激するような波長の光があり、また同じように、我々に青の感覚ではなく、赤の感覚の方を刺激する特性を持つ光があるとして、これらの光が入れ替わって、赤青それぞれ逆の感覚を刺激す

◆この草稿は冒頭の序論の後に続くものである。

ることになったとしよう。このとき、我々の感じ具合において、たとえどれほど大きな違いが生じたとしても、感じ具合とは何の関係もない論証にあっては、その説得力に何の相違ももたらしえなかったことだろう。この点に関していえば、硬さと柔らかさという質は、赤と青という質とは、顕著な対照を示している。というのも、赤も青も、単なる主観的感じ具合につけられた名称でしかないが、硬さ（私は「硬い」という語を、厳密に鉱物学的意味で用いている。つまり、「ナイフの刃にどれだけ耐えられうるか」という意味である）、そして、その系としての柔らかさは、ナイフの刃が押し当てられる過程で、事物が実際に作用する様を表現しているからである。いずれにせよ、プラグマティズム、あるいは私のいう類いのプラグマティズムは、感じ具合の質とは何の関係もない。それゆえ、プラグマティズムは、私が実際にそうしているように、ためらわずに、こう考えることができる。感じ具合などという性質の実在は、それがどう思えるかということにすぎず、したがって、このような、いわゆる「第二」性質は、偽りの仮象であると（私の記憶に間違いがなければロックとともに）たじろぐことなく宣言できるし、あるいは、このような性質は人間の感覚にとって相対的であると単に述べることで、第二性質問題に対しては、相対的な立場に立っていられるわけである。しかし、論証の方は、硬さというような性質を中心論点としている。その理由は、硬さの意味には体系構造があるからである。その意味するところは以下のことである。硬さが持っている弾力性や粘着性といった力は、軟体の力の場合のような微小な外力に分解されはしないのであり、したがって、たとえば熱によって膨張した固体は、他の事情が等しければ、低温状態にある同じ固体よりも柔らかい、あるいは、低温によって収縮した固体状態になった物体の外皮は、物体内部よりも外部の方が急速に冷却し、張力が働くため、物体の内部よりも硬くなる、と主張しうる。したがって、青や赤というような感じ具合は互換的であると我々は先に想定したが、たとえば、硬さや比熱の場合のような二つの性質は、互換不可能であろう。このように考えても、化学物理学あるいは他の物理理論における革命の場合は、もちろん、自然の一般的条件に対しても、おそらく、さしたる障害などない（また実際、多大な障害などまったくない）といってよい。

それでは、プラグマティズムの学説の真理性は、いかにして証明しうるのか。思想家の中では、二つの異なる勢力が、プラグマティズムに対して異を唱えている。一方の勢力は、いわゆる絶対主義者たち、つまり、ブラッドリー派やテイラー派の人々である。宇宙における一元的総体という彼らの主要な主張については、私自身、はっきりと支持する。しかし、この学派の今日の代表者たちについていえば、もちろん、彼らは自ら先行者たちの誤りのいくつかを修正してはいるが、それでも、私が思うに、その評判は幾分過大評価されている。思想の実際の影響力となると、彼らは、いわゆるドイツ・ロマン主義派の代表者たちより数段劣っている。他方で、たとえば、ヘッケルやカール・ピアソンのような実証主義的唯名論者たちも、プラグマティズムに反対している。私の評価からすると、彼らは今日の絶対主義者たちよりもはるかに高い位置におり、ある点までは科学において適切で有用な人々として評価しうる。もっとも、私自身、彼らと同じ傾向を持っているわけではなく、彼らの哲学的立場のうちに真理を見出すことはなく、逆に絶対主義者たちの場合についていえば、私は同じ傾向を共有している。このような対極的な二つの立場双方から拒否と蔑視的扱いを受けているプラグマティズムに対して、実際に決定的な重要性があるとして、いったい何をいいうるのだろうか。このような二つの立場の議論に対して、公正で誤りのない反論を持ち出し、彼ら以上に強力に、より多くを語ることで、私自身が自己満足するのであれば、読者は十分満足し、プラグマティズムの側に立つ理由を理解するはずだと、私は誇らしげに思うことだろう。だが、私の矜持がこれを許さない。

かつて、物理学や化学が哲学の一部門とみなされていた時代に「道徳哲学」と呼ばれ、今では「哲学」と呼ばれている学問分野に興味を抱く人々のうち、その大部分は、大きく二つに分けられる（と私は推定している。この推測を裏づける統計がないので、このようにいっておく）。私が考えるに、二つのうち多数派の方は、哲学のうちに、宗教を支持する裏づけを見出しうると期待して、哲学を学ぶ人々から成り立っている。しかし、これらの人々が理解していないのは、宗教が拠って立つ形而上学の裏づけが無味乾燥で説得力のないものであるかぎり、宗教はまったく貧しいものでしかないということである。プラグマティズムは、このような立場に訴えかけることはできない。というのも、形而上学の学説が不確かであることをプラグマティズムは率直に承認しているのに対して、宗教の方は魂の一切に対する全面的信仰を要求するからである。形而上学上の議論は盤石であるという完全な歪曲なしに、宗教は形而上学を拠り所にすることはできないのに対して、プラグマティズムは、形而上学の絶対的確実性に与することは断固として拒否する（ところで、あえていわせていただくなら、私自身、キリスト教信者としては情けないほど取るに足らない者であり、単なる激情の吐露に基づくだけの宗教なら、いかなる宗教に対しても、賛同する者ではない）。二つのタイプの哲学徒のうち、今一つの方は少数派であり、私が想像するに、倫理学や「エピステモロジー」（ドイツ語にいう認識論〔Erkenntnislehre〕のひどい訳）、そしてその他の哲学部門の文献を読む人々からなる。彼らがこれらを読む理由は、こうした研究から、道徳的あるいは精神的強さという、通常では考えられない利得を期待してのことではない。そうではなくて、彼らは、理性に基づく巧みな論戦が驚くほど面白いことをわかっており、それが、あらゆる点で、娯楽を向上させると考えているからであって、これについては私も同意する。こうした人々の数は、私の想像では、取るに足らないほどであるが、彼らは私と同様に、哲学を真に科学的にするために自分たちのなすべきことを実践することに深い関心を持っている。そのため、彼らは、論争のための論争というものに対しては関わろうとはしない（もっとも、あえて恥を忍んで告白しておくが、私の場合、何年も前にある論文の中で、過剰なほど挑発的に論争のための論争に関わってしまった）。あるいは、真理を真摯に追究する者に訴えるような場合を除いては、いかなる討論も推し進めようとはしない。

プラグマティズムに関する議論のうち、今みたような議論は慎重で公平なものであり、私自身にも、確実な議論に思われるが、このような議論についてさえ、私は、二、三の議論を知っている。こうした議論は、そのほとんどが同じ考え方に依拠しているが、しかし、それぞれ独自に展開された議論である。不幸なことに、これらの議論は、たとえばユークリッド体系の第四七命題（ピタゴラスの定理）の複雑さと同じように、どれも、かなり複雑な体系をなしており、さらに都合の悪いことに、明らかに「専門技術的」である。つまり、数学における重要な定理の水準が要求するのと同じ程度の正確な思考を要求する。実際、いくつかの点で、プラグマティズムは数学に似ている。こうした不都合に加えて、プラグマティズムの議論のうち最も簡潔なものでさえも、耐えがたいほど長いものとなっている。これらは、どれも文芸誌での公表に不向きであることはいうまでもない。こうした理由により、今投稿しようとしている学術雑誌の編集者宛の手紙も、数ヶ月の間、ここまでの段階で中断しているわけだが、他方で私は、実験的に、あれこれの方法でこの原稿を書き続けようとはしたのである。こうした中で私が最終的に下した判断はこうである。最善の方法は、プラグマティズムに関する議論自体の中から、かなりの部分を提示しよう試みることではなく、私自身がいかにしてプラグマティズムの真理性を確信するにいたったか、ただその概略を描くということである。

私がまだ成年に達する前のことである。カントの『純粋理性批判』に強く印象づけられていた私に対して、数学者として著名だった父は指摘した。カントの推論には、いくつか欠落部分があるというのである。おそらく、父の指摘がなければ、こうした欠落部分を私が理解することはなかったはずである。こうして、私はカントから離れて、様々な哲学者の感嘆すべき研究へと導かれることになった。たとえば、ロック、バークリー、ヒュームらの研究、さらには、アリストテレスの『論理学』、『倫理学』、心理学上の諸々の論文である。その後、いくらか経って、中世の思想家たちの著作を丹念に読み、深く考えることで、最も得るところがあった。熟読した思想家たちとしては、たとえば、アウグスティヌス、アベラール、ソールズベリーのヨハネスであり、これらに関連した断章を、トマス・アクィナス、また、最も特筆すべきものとして、ヨハネス・ドゥンス・スコトゥス（ドゥンスというのはスコットランド東部のロウジアンにおける当時少なからぬ重要性を持っていた場所の地名である）、さらには、ウィリアム・オッカムから選んで読み込んだ。このような中世の神学者の考え方を今日の科学者が共有しうるかぎりにおいて、私はドゥンスの見解を最終的には承認するにいたった。もっとも、私が思うに、彼は〔実在論者でありながら〕過度に唯名論に傾くきらいがあるのは確かである。カントの偉大な『純粋理性批判』についていえば、私はこれをほとんど暗記するほど読み込んでいたが、その研究過程で次の事実に非常に強い印象を得ていた。批判という主題に関する彼自身の説明によれば、彼の全哲学が依拠しているのは、自身の「判断の諸機能」、あるいは命題の論理的諸区分、さらには、彼の「カテゴリー」の論理的諸区分に対する関係だが、彼自身の実際の吟味となると、それはほとんど性急で、表面的で、些末な、取るに足らないとさえいえるものであり、他方で、全著作を通してみれば、論理学の天才的な片鱗に満ちあふれているとはいえ、伝統的な論理学に対する驚くほどの無知ぶりが明らかに見て取れ、『論理学大全』、プランタジネット朝時代の入門的教科書すら知らないという具合である。さて、スコラ哲学にあって論理学に精通した人々の諸々の著作をみるなら、そこにつきまとっている特徴は、一般化しようとする思考が、ひどく浅薄にとどまっているか、さらには欠落しているということである。とはいえ、彼らの視界に入ってきたどのような問題も、彼らが吟味するとなると、詳細を徹底的に究める特徴を持っている。このことゆえに、二〇世紀の今日、理解を困難にしていることがある。カントは論理学の細部を極めて重視していたのだが、もしこれに触発され、論理学の研究に駆り立てられるような実に真摯な学徒がいたとして、この学徒はいかにしてカントが行ったように論理学を自由で生き生きとした方法で扱うことを認めることができたのかということである。私はといえば、カントの自由な方法に触発されて、カテゴリーと呼ばれる根本的概念を論理学によって打ち立てるべく、独自の研究を行うようになったのである。

第一に立てるべき問いは、あらゆる偏見を完全に放棄するだけでなく、最も慎重にして、しかし大胆な研究を行うのに必要となる最高度に重要な問いである。それは、思考の根本的カテゴリーは、はたしてカントが力説した類いの形式論理学に依存しているのか否かという問いである。私が全面的に確信するにいたった考えは、カテゴリーと形式論理学との間のそのような関係は、実際に存在していたし、かつ存在しなければならないというものである。一連の研究を経て私は理解するにいたった。実はドイツ語圏の哲学者たちは、命題の諸区分、あるいは「判断」を命題の諸区分を判断と呼ぶことで、この主題を混乱させてしまっているのだが、いずれにせよ、カントは自らの議論をこれらに限定すべきではなかった。むしろ、彼はもっと視野を広げて、あらゆる種類の記号の中にある形式の根本的で重要な差異のすべてを考慮に入れるべきだった。さらに、私が理解するにいたったのは、とりわけ、カントは推論過程の根本的な諸形式の説明を無視すべきではなかったということである。これまでの人生の中で最も頭脳を酷使して取り組んだ二年に及ぶ研究活動を経て、私はついに、疑問の余地のない重要性を持ち、確信をもって主張しうるただ一つの帰結を得るにいたった。それは、述定または意味作用の基本形態は三つしかないというものであった。その三つとは、当初私がそう呼んだ名辞を、よりわかりやすくするために、あえて括弧付きの限定を加えていえば、（感じ具合の）質〔*Qualities*〕、（二項的）関係〔*Relations*〕、そして、表象〔*Representations*〕（の述定）であった。確か、一八六六年のことだったにちがいない。私は当時まだ哲学における無名の初心者だった（初心者というのは、ほかでもない。哲学を熱心に研究してから一〇年と経っていなかったからで、この最も困難な主題の修行にあって、一〇年はいかにも短い）。その私をド・モルガン教授は称えてくれ、自身の学術論文「関係の論理学について　その他」〔*Transactions of the Cambridge Philosophical Society* 10（1864）〕の抜き刷りを送ってくれた。私は即座に意を強くするにいたった。実際、ド・モルガンが既に見出していたように、数週間経たぬうちに、私がその論文の中に見出したのは、論理学の隅々にわたり、遠く未来を照らし出すほどの驚くべき見事な説明であった。ここであらためて述べておけば、外見上でさえ、ド・モルガンに対してはこれまで公平な評価がされたことはないが、これは、彼が自身の議論を最終的にどうなるか具体化しようとしなかったためである。彼と個人的に親しい学生ですら、師に対してしぶしぶ敬意を表していたけれども、彼の研究が未開拓の領域を切り開く探索的研究だということを十分理解することはなかった。何しろ、この探索的研究は、毎日のように、研究のための新たな形式を要求するものであり、目下のところ、研究上息つく暇もないのである。その理由は、斬新な議論が次々と現れ、しかも、それらは註釈を必要とするからである。彼は、いわばアラジン（あるいはそれが誰であれ）のような状態にあり、アリババの洞窟中の圧倒的な財宝をじっと眺めていたのだが、それらを大づかみに調べることすら、ほとんどできなかったのである。だが、ド・モルガンが実際に成し遂げたのは些事などではない。彼は、厳密に数学的にして議論の余地のない方法を自ら駆使して、論理学の水準を飛躍的に向上させた。その際、常人には未知の諸形式を用いて事にあたり、その諸形式すべてを数学的に吟味したのだった。これこそ、真の天才によって生気が与えられる真の科学的精神において遂行された営みだったといってよい。私の論理学研究についていえば、様々な研究は、総じて暫定的な最終結果へと向かって行く途上にあった（もちろん、絶対的な最終結果など、いかなる普遍科学においてもけっしてありそうにもないことである）。いずれにせよ、ここまでいたるのに、実に二五年はかかった。だが、短い期間で十分だったものもある。たとえば、それ以上の分解は不可能な述語は三つに分類できることの数学的論証である。三つの分類は、こうなる。第一に、中性動詞のように、単独主語だけで意味がとおる述語〔単項的述語〕、第二に、単純な他動詞のように二つの構成素をとるもの〔二項的述語〕で、伝統的文法用語（一般的には哲学的用語であるよりは、むしろ論理学用語）では、それぞれ「主語となる主格」と「目的語となる目的格」と呼ばれている。ただし、「AはBに影響を及ぼす」と「BはAによって影響を被る」とは、意味上、完全に等価であることからわかるように、これらが指し示している二つの事柄は、命題上は、ともに等しく同じことに言及している。第三に、以上のような述語の構成素からみると、三つの項、あるいは相関項を持つ述語〔三項的述語〕である。今述べた最後の三項的述語は（私の知るかぎり、ド・モルガンの純粋に形式的で、数学的な方法は、これを保証するものではないが）、単なる物理的事実を表現しているのではない。そうではなくて、知的性質を持つ何らかの関係を常に表現しているのであり、心的性質を持つ作用によって構成されているか、あるいは、何らかの一般的法則を意味しているか、どちらかである。さて、法則は単なる物理的事実とは区別されるのだが、その違いは、唯名論者がいうように、人間精神の産物であること、あるいは実在論者がいうように、宇宙の実在的な知的構成要素、このどちらかによって区別される。三項的述語は一様にこうした知的性質を有しているということは確かであるが、紙幅の都合上、縦横に論ずるわけにはいかない。ここでは二つの事例に限定しておかなければならない。もし、AがBをCに対して与えるならば、このとき、この人物Aの行いは、機械的行為などではなく、法的行為である。ところで、人間の法は確かに知性の産物である。もし、AがBをCに結びつけるなら、このとき、この人物AのBに対する行いが意味するのは、次のいずれかである。一つは、この行いは、今もBがCと結びついたままであるという事実とは切り離されていて、この場合、結びつきという事実は、合成的事実である。こうした孤立した行いは、私の主張するところではない。今一つは、この人物の行いは、BがCと結合していることの原因である。ところで、原因作用は本質的に法則作用の一例であり、法則を意味する。分解不可能な述語で、四つ以上の構成素からなるものは一つもない〔述語はすべて、先の三種類の述語に還元可能である〕。このことは数学的に容易に証明される。残念ながら、数学以外の通常の言語では、その証明過程を示すのに支障をきたす。もちろん、言葉で表現することが可能であるのは、間違いない。しかし、これを辛抱強く読む者は、ほとんどいないだろう。もちろん、私は、最後まで耐えて読む者の一人である。より高次の述語を合成するのに要する三項関係の数は、通常、相当数に及ぶ。

このような三項関係がどのくらいあるのか、正確に見極めようとすると、ある種の重大な困難が生ずる。この困難のうち、これまで、ケンプとロイスは一方のものを取り上げ、私は他方のものを取り上げたのだが、完全に解決したわけではないので、ここで立ち入ることはしない。しかしながら、特にいっておきたいことがある。最後から二つ目の命題、つまり、三項的述語は常に知的基盤を持つという命題は、単なる形式論理学によっては証明できず、目下のところ、帰納的な証拠に基づくものであり、一般化するには、常に欠陥を伴いがちである。そういうわけで、単なる物理的力あるいは力ずくの作用以上の何ものかを表しているような述語を、三項的と呼ぶにとどめておくことで、よしとしなければならない。この場合、三項的ということの意味は、述語が知的なものである（こうした述語の大部分は実際に知的性質を持つ）、あるいは、そのような何ものかということである。すべての三項的述語が知的なわけではないという疑念（も浮かんでくるかもしれない）［（ ）内はEP2による補遺］。いかなる機械的力を想定しても、それによっても確かに説明できない物理的現象というものがある。それらのうちで、現象が理解されている場合は、偶然の理論によって説明される。気体の粘性がその一例である。気体の分子についていえば、タンブラー一杯の中に百京（つまり百万の三乗）の分子があると考えられる十分な理由がある。そして、この分子はあらゆる方向に無差別的な直線運動をしていると想定されている。それゆえ、分子の運動は、異なる平均速度を持つ二つのガス層の間を行き来していることは、実際間違いなく、したがって、これらの速度は平均速度へと均一化する傾向がある。このような仮説から推論しうる現象の法則は観察結果と一致する。しかし、見たところ、力によっても偶然の理論によっても説明できない現象が他にある。こうして、弾力分析家、あるいは、弾力性の研究者は、こう結論づけると思われる。結晶の弾力性は、自由に運動する粒子群の一対間で作用する引力と反発力だけでは説明できない、と。ここから当然示唆されるのは、我々が抱く力学についての考えに反して、一対の粒子群にとどまらず、それ以上の何ものかを含む何か基本的な不活性作用が働いているということである。しかし、このように作用する主体は依然として極めて曖昧なため、今の事例を強力な反論根拠とすることはできない。もっと馴染みのある別の現象もある。それは、蔓の中には、右巻きに伸びるものもあれば、左巻きに伸びるものもあるという事実である。私はこの事実の何らかの力学的説明が既になされていると思う。しかし、そうした力学的説明に対して私は疑いを持たざるをえない。というのも、右巻きと左巻きの螺旋については、左右どちらの場合でも四つの項目に言及しなければ、その違いを述べることはできないからである。これと非常によく似た現象が鉱物界にあり、これは、非対称的炭素原子の現象である（もっとも、こうした左右の違いは、知られているかぎりでいえば、元々は生物界に見られたものである。パストゥールのように、顕微鏡を用いて右晶と左晶の結晶を一つ一つ抽出しないかぎり、左右の区別などつかないからである）。炭素原子は四つの結合体ないしは結節項をもっており、これによって、他の原子が炭素原子と結合可能となる。もし炭素原子が区別可能な原子を四つすべての結合体において持っているなら、その化合物は一般に、光が通るとき、その偏光面を右側か左側か、どちらかに屈折させるだろう。そして、この場合、その化合物は、通常の物理特性においても、通常の化学物質反応においても、何ら異なるところがないにもかかわらず、偏光という質においては、相異なる二つの種類に分けられることになる。つまり、偏光面を、反対方向に同じ分量だけ偏光させ、非対称的炭素原子を含んだ他の物体に対しては、まったく別の運動をすることになるのである。左晶型と右晶型が同量分だけ形成される場合、これは偶然によってよく説明できる。このように二つに分化する事態は、生物体にあっても当然当てはまるといわれており、生物体が左型と右型に分化しているとするなら、それは、偶然によって、一方の特性のみによって、そのように生長しているのである。この場合、生物自体の成り立ちが左型あるいは右型の構造をなしていることになる。生物進化過程の偶然性に依拠せずに、このような事態をどのように説明しうるだろうか。私には、とても説明できない。全体的にみると、三項関係を可能にする源泉の一つとして、知性に加えて、偶然ということを暫定的に想定せざるをえない。もっとも、このような偶然性がいかにして作用しうるのか、私には推測できない。ここで我々が人間の本能を頼りにして説明しうるとしよう。これは、究極的には、我々の全推論に頼って説明しなければならないということである。このことは、いいかえれば、鳥がなぜ空を飛べるのか、その航空力学原理を理解することなく、鳥は翼に頼って空を飛ぶというのと同じようなものであり、この原理は、実に、飛行要因を鳥の翼に求めていることを示しているのである。さて、このような説明が可能であれば、我々は大胆に述べることができる。以上確認したような偶然性の背後には、知性が作用しているに違いない、と。しかし、我々の手続きは科学的手続きに限定されているため、先にみたような三項的現象の分岐がどのようにして生成しうるのか、我々にはわからない。これ以上のことは何も主張しえない。

さて、空白部分を持つ命題文を考えたとき、ある一つの述語は、命題文の空白部分の形で記述することができる。つまり、こうした命題文の各空白部分に適切な名辞を入れることによって、たとえ無意味であろうと、ある命題ないしは主張ができあがる、このような形式で記述できるわけである。こうした命題は、空白部分に挿入する適切な名辞二つを入れ替えた場合、異なるものとなるだろうから、その場合にかぎり、たとえば、各空白部分に＊†‡といった記号を挿入することで、各空白部分を相互に区別するのは適切である。このような観点から述語問題を見ることで明白になるのは、三項的述語が三つの二項的述語と三つの単項的述語を伴うことである。かくして、「（＊）は（†）を（‡）に対して与える」という命題には、三つの可能性が含まれていることになる。すなわち、「（＊）は（†）をZに対して与える」、「（＊）はYを（‡）対して与える」、そして、「Xは（†）を（‡）に対して与える」、この三つである。そして、この最後の場合は、贈与形式という点から、「（‡）はXから（†）を受け取る」と完全に等価である。

何らかの主語（をすべて語の形式という意味でとるなら）、主語に対して述語属性を主張するとき、その意味するところ、あるいは、意図するところは、ただ、ある信念を生み出すことでしかない。その場合の信念とは、当の主語によって指示された実在的事物は、当の述語によって意味表示された実在的性格ないし関係を持っているというものである。「実在的」という言葉を含んだ表現は、形而上学者には失礼ながら、ときとしてまったく無内容である。この言葉の意味、あるいはこの言葉の持ちうる意味は無であり、それ以上でもそれ以下でもない。したがって、先にみた述語の三形態に対しては、それぞれ、カテゴリー上、性格を異にする三つの概念が対応していなければならない。すなわち、最初のカテゴリーは、主語に帰属する性質というカテゴリーであり、この場合、その性質は、主語が持っている他の性質、たとえば硬い、多い、あるいは持続的であるといったものには関わらない。次のカテゴリーは、ある事物に属する性質というカテゴリーであり、これは、たとえば妨害に対抗する努力のように、第二のものに相関的であって、第三のカテゴリーとは無関係である。最後は、他の二つのものの間の関係を確定するものとして、ある事物に属する性質というカテゴリーである。たとえば、その事物の有する、透明である、または不透明であるという性質、あるいはその事物を通して見えるものを色づけるという性質などである。さらには、こうした三種類の述語からそれらの主語へと目を転じてみよう。何であれ、何ものかの「存在の様相」ということの意味は、三種類の述語の性質に対応するもので、当の何ものかが有する、あるいは帯びることが可能な類いの性質という意味でしかない。そうである以上、〔主語に置かれている〕事物には三種類のカテゴリーがあるはずである。第一は、他のいかなるものにも関係せずに、それ自体として、かくあるような性質である。例としては、ある一定の種類の、たとえば赤いというような感じ具合を現に意識しているような状態である。第二に、他の事物との関係によって、かくあるような性質であり、第三のものとは関係がない。このことが当てはまるのは、あらゆる物体が現実に存在する場合であり、こうした現実存在の実在性は、諸々の物体が相互に、つまり対になって作用することのうちにある。第三は、他の二つの事物を関係づけることによって、かくあるような性質である。たとえば、あらゆる種類の記号は、かくあるような性質を持つが、それはただ、記号が当てはまる対象に記号の表示作用を及ぼすかぎりにおいてのみである。

私は、以上のような三分法を徹底的に遂行し、他の数多くの派生的成果を得るにいたっており、この方法こそ、私自身が哲学の様々な分野を研究していく上では、一様に、最も有効な指針であるとわかった次第である。ここに誤りはない。というのも、三分法は何も断言しておらず、ただ、提案を述べるにすぎないからである。三分法を採用することによって、数え切れないほどの問題で、私は一面的な見解に陥らずにすんだ。この方法を用いなければ見過ごしていたにちがいない見解に対しても、この方法を採用することで、私は探究の方向を見出すことができた。私は、この方法が斬新な方法だなどと主張しているのではない。いやむしろ、正直にいえば、三分法が新しい方法だと自認してなどいない。というのも、私の信ずるところによれば、この時代の世界にあって、まったくもって新しい哲学上の考えなどというものは虚偽である、こう推定して一向に構わないからである。一目瞭然だろうが、私の三分法自体、ヘーゲルのいう思惟の三つの発展段階と同族である――これ自体カントにまで遡りうる考えであり、ヘーゲルがカントをどれだけ前進させたのか、私にはわからない。だが、ヘーゲルの恣意的な思考手続きは、彼の時代にはまったくもってやむをえなかったのだろうが、今日であれば、幾分かではあれ、避けられるだろう。私自身は、数学的に厳密な形式論理学によって確固たる裏づけを見失わないように万全の注意を払うことによって、ヘーゲル的思考の恣意性の多くを避けることができている。こうして、たとえば私の三分法の場合、三項のうちの一項が他の二項を圧倒し完全に取って代わってしまうような一面性を回避しているわけである。それどころか、私が認めざるをえないのは、一項的主語のみが持つ、これ以上分解不可能な述語と、二項的主語のみが持つ、これ以上分解できない他の述語とが真であるのは、ちょうど、三項的主語が持つ、これ以上分解できない述語が真であるのと同じであるということである。つまり、鉱物と野菜が実在的であるのは、動物が実在的であるのと同じなのである。もっとも、これらが現実に存在するとき、その存在様相場面は、それぞれちがっているのは確かであろう。あえていっておけば、私のヘーゲル研究は、まったくもって不十分である（不十分というのは他でもない、私にはヘーゲル研究が無益に思えたからである）が、それでも、ヘーゲルを研究することで、強い印象を受けた。一つには、ヘーゲルは哲学を深く考え抜いたが、それを完全に公正に説明するという最高度に困難な課題に対して、彼は不適格だったという印象である。もう一つの印象は以下の点である。私が吟味したヘーゲルの二つの著作、『精神現象学』と『論理学』は、いわば、自己欺瞞の茨で覆われてはいるものの、その茨の下には最も深遠な分析に満ちあふれているが、そうした分析に到達することは、未だにほとんど不可能であり、まして、これを評価判断するのは、より困難であり、こうしたことが可能となるのは、自分一人の力で、実質的にヘーゲルと同水準の分析を達成することによってのみであるということである。以上の論評をもって、いかにして私がプラグマティズムの信念を抱くにいたったか、その説明的序章を終えることにしよう。

これまで既に言及したが、哲学研究に十有余年以上の歳月を費やした後も、私自身が確信を持てなかったのは、形而上学者たちが最も強く主張する定式のいくつかによって、いったい何が意味されているのかということであった。もっとも、これはいやしくも意味されている何かがあるとしての話ではある。私は一度たりとも唯名論者であったことはなかったが、それは、あの比類なきスコトゥスの場合と同様である。そして、今では、当時にもまして、唯名論者ではない立場にいる。とはいえ、認めねばならないことは、オッカム、ライプニッツ、バークリー（ここで強情なホッブズは除外しておく）が、思考の最も適切な格率（たとえばオッカムの剃刀）のいくつかの基礎を築いたことである。こうした格率の中で、私なら次のことを含めておきたい。つまり、思考は記号としてみなされるべきだということである。誰であれ、思い起こしてもらいたいのは、ここ最近の自分の経験の中で最も熱心に取り組んだ思索である。私が思うに、その際の思索は自問自答という対話形式を取っていたと誰もが認めるだろう。つまり、思索する中、同意や確認を求める際、あらゆる推論過程は、推移する時間の中で後続する次の時点の自己に訴えかけるわけである。だが、いずれにせよ、私の信ずるところでは、概念が記号であると認めることに読者諸氏は躊躇しないはずである。

さて、記号は三項的に作用する何かである。一二世紀の第三四半期、ソールズベリーのヨハネスが「ホトンドスベテノ人ガヨクロニスル有名ナ」ものと言及して以来、七〇〇年以上にわたって普遍的に承認されてきたといってよい命題がある。◆それは、名詞的であれ形容詞的であれ、いかなる普通名詞も、一方では何かを意味表示しており、他方では何か他のものを名指しているというものである。今日の論理学者は、すべて、この区別を重要視してきた。彼らの多くが指摘するところでは、名詞の他ならぬ本質たる名辞は、当の名詞が作用するものを意味表示しており、名詞によって名指されるべく語られているものの確証は、名辞自体からではなく、当の名詞が語られた文脈、あるいは、それに伴う状況を観察することによって、なされなければならない。しかし、我々はこの命題を名詞に限定する必要はない。いかなる記号にも妥当するように、この命題は一般化されうる。というのも、あらゆる記号は、記号として作用しているときには、ある心的効果を作り出すからである。ある記号が、適切に表示作用するよう機能しているとき、それ自体で生み出す心的効果全体を、我々はいったいどのように名づけるべきだろうか。意味表示作用という言葉は、幾分狭すぎる。というのも、いずれ、事例で明らかになるように、こうした心的効果は、情動〔を誘発する〕という性質、あるいは、努力〔を喚起する〕という性質を持っているといっていいからである。現在用いられている言葉で十分なものは一つもない。このように記号自体によってもたらされる記号固有の効果全体を、ここでは、記号の解釈項と呼ぶことにしよう。しかし、ある対象を、ある記号たらしめるには、単に心的効果を生み出すだけでは十分ではない。というのも、雷鳴や雪崩は、何の意味を伝えることもなく、心的効果を生み出すからである。ある事物が本来的な記号となるためには、記号に固有の意味を表示する心的効果が、別の対象から伝達されなければならない。この場合、別の対象とは、当の記号が指し示すべく関与しているものであり、かつ、この伝達によって当の心的効果の究極の原因となっているものである。効果の原因、古い哲学用語でいえば、作用因となるためには、それは、現実に存在する事物であるか、そうでなければ、実際に生じている出来事でなければならない。さて、そのような事物は観察によってのみ知りうる。効果の原因は、このような心的効果の構成要素とはなりえないのであり、したがって、語りの、あるいは、記号を語る際の、文脈ないし状況の付帯的観察によってしか知りえない。しかし、記号の方も、ふさわしい観察の種類を表現しているかもしれないし、さらには、適切な対象は、いかにして、認識されうるかを示しているかもしれない。記号の意味は、解釈項のみならず、この記号の対象が認識されるまでは、伝達されない。だが、記号の意味を完全に認識するためには、直接的であれ間接的であれ、当の対象を実際に観察しなければならないとはいえ、この対象に近づくことは、観察を想像することによっても可能である。もし、この記号が実際の記号ではなく、架空の記号にすぎないのであれば、それは単に記号の類似物ということになる。しかしながら、類似物であっても、架空であるのは、かくかくしかじかの点にかぎってのことであると公称されるほど該当しているのであれば、幾分修正されるとはいえ、実際の記号の条件を満たしていることになる。

論証についていこうとする思考の側からみれば、以上の論点以降の論証には、ますます積極的な留意と批判が必要となる。いかなる論証も、論証の各段階すべてが批判的に吟味されるまでは、実際に理解されることはないからである。こうした点に達する以前に、読者の側で、論証過程の数学との何らかの類似性に思いいたったのであれば、おそらく気づくはずである。論証が終わりに近づくにつれ、この類似性は、ある点で、小さくなっていくのである。というのも、論証を続けていけば細分化に細分化を重ねる手続きを導くことが必要になり（その大部分はここでは目立たないまま進行していくことになろう）、思考対象がこのように特化していくにつれ、思考対象は数学的抽象から離れていくだけでなく、思考対象についての推論過程もまたそれだけ、記号や心的生活に現れる現象の経験の方に訴えかけるようになるからである。同時に、このような推論過程は、難解な数学の推論過程と同様に、思考の完全な判明性と厳密性に対する要求度が、ますます大きくなっていく。また、こうした推論過程と数学との類似性は、数学が通常の哲学的論証を行うという点以上に、はじめからずっと具体的事例によって例証されうるという点にあるのであり、このような推論が、堅固な大地を離れて舞い上がることなどない。

記号には三つの種類の解釈項があるのは容易に見て取れる。我々のカテゴリーはこのことを示唆してい

◆『メタロギコン』（上智大学中世思想研究所編訳・監修『中世思想原典集成8――シャルトル学派』所収、平凡社、二〇〇二年）、六九五頁参照。

る。自分たちの心の中で十分な種類の想起された記号を反芻し、それぞれについて、ごく軽く検討しさえすれば、解釈項を三分類する十分な確証が得られるはずである。すなわち、解釈項はまず、ある感じ具合でありうる。かくして、ギターが奏でる旋律は、これを、本物であれ偽りであれ、作曲者の音楽的情緒を伝達するためのものと考えたとき、聴き手の側に反応的感情を誘発することによってのみ解釈項としての機能を果たすことができる。しかし、第二に、解釈項は努力［を喚起するもの］でもありうる。かくして、歩兵訓練に当たる将校が歩兵隊たちに対して「銃を地面に置け」という言葉で命令を発するとき、この命令語が純粋に「生理学上の」様式としてではなく、本当に記号として作用するならば（ここでの区別は不正確だろうが、説明に無駄な時間を使うよりはいいだろう）、記号のあらゆる作用の場合のように、まずもって現れるにちがいないのは、感じ具合としての解釈項——命令語の意味を理解しようとする感覚——であり、これは次には即座に歩兵隊たちを刺激し、動作遂行に必要な若干の努力を引き起こす。このように、意味表示するという資格において、記号がもたらす効果は、定義上、記号の解釈項である。第三に、我々のカテゴリーからして予期されることだが、ある種三項的性質を持つ解釈項というものがあると考えられる。これに対して、記号についての我々の知識は、いわば貸借対照表の借方に、ある種の解釈項を記入することになる。この解釈項は、先に列挙した二つの解釈項のいずれにも含まれないが、しかし我々は卓越した解釈項であることを知っている。ここで私がいっているのは、もちろん、記号の意味の知的な理解像のことである。ここでは帳尻合わせのため、貸方のみならず借方の方を、どうしても議論したい気に駆られる。つまり、我々の設定するカテゴリーからして当然、求めてしかるべき三項的解釈項について、すぐにでも議論したくなる。しかし、我々としては今やプラグマティズムの核心に極めて近いところを歩いているので、ここは用心して歩んでいかなければならない。完全証明によって正当と認められないような立場を想定するわけにはいかないのである。したがって、解釈項のそれぞれの性質を、これまで以上に十分詳細に検討し終えるまで、この二つについて正確に確定することはできない。

さて、定義というものは、たとえ曖昧さゆえに不完全なものであっても、その定義が明示している用語の知的解釈項であることは明らかである。しかし、同じように明らかなことがある。このような定義は、それ自体が記号である以上、つまり、それ自体、知的解釈項であるというような種類の記号であり、かつそのことによって定義された用語の知的解釈項でもある以上、定義は最終的な知的解釈項ではありえないということである。このように考察するなら、最終的解釈項を探し求める場合、我々は、論理必然的に、各記号の中以外の別のところで、あるいは概念はすべて記号である以上、各概念の中以外の別のところで、突き止めなければならない。同じように考察をするなら、最終的解釈項を求めて、諸々の欲求、諸々の期待等々の中を探索することをやめねばならない。というのも、欲求などが知的性質を持つにしても、それはただ欲求などが概念を引き合いに出していることのうちに帰せられるからである。同時に、最終的な知的解釈項は、この解釈項によって解釈される記号の、ある種の心的効果でなければならない。さて、概念を解釈するにあたって必要不可欠な一般原理を有し、なおかつ、それ以外のすべての諸条件を満たす心的現象とは、いったい何なのか。あらゆる種類の心的現象を吟味し終えた今、私がこれまで見出しえているのは、唯一、習慣のみである。

これは十分に健全な論証手続きではある。しかし、現状において、これはプラグマティズム学説の結論のような極めて重大な結論を支えるのに十分な確実性をほとんど持っていない。ここで試みた帰納が厳密性を欠いているというのではない。そもそも、先に心的現象を列挙した際には、これを十分注意深く行い、いうところの厳密な帰納というよりもむしろ、列挙による論証というように特徴づけておいたはずである。論証手続きが不確実である理由は、このことではなく、結論を真なるものにするためには、「習慣」という言葉を、ずっと広い意味で解釈する必要があるからである。つまり、我々の結論がプラグマティズムからみて真を意味すべく、習慣という言葉を理解するだけでは不十分であり、もっと広く解釈しなければならない。まさに、このことこそ、事柄の真理であることがわかるはずである。そうであることを例証するには、我々の結論に対するありうべき反論に答えておけばよいだろう。もちろん、あの重大な著作『世界と個人』の著者〔ロイス〕か、あるいはその他の誰かどちらかが、実際に我々の結論のうちに欠陥を見て取るか、確かなことはわからないが、しかし、ありうべき反論に対しては、これを機に応答していた方がよいだろう。想定される反論としては、目的の中には、習慣以外にも、一般的性質を有する別の部類の心的現象がみられるというものがある。これに対して答えておけば、あらゆる論理的または知的解釈項は習慣であると私は考えているが、他方で、あらゆる習慣がこのような解釈項であるなどと述べるつもりは毛頭ない。解釈項であるのは、ただ自己制御された習慣のみであって、すべての習慣が自己制御されているわけではない。さて、目的というものは、あれこれの自己制御的習慣が持つ特殊な性質にすぎない（厳密にいえば、特殊であるものも、不可分の個体と対比してみれば、本質的には一般的ではある）。かくして、たとえばある人が自分の建てている家の装飾を美しいものにするという一般的な目的を持っているとして、しかし装飾をどのようなものにしたものか、まだそれほど明確に決めていないのであれば、当の目的を推し進めていく通常の方法は、自分の心の中で実際に装飾を試み、そしてその結果に留意することである。ある場合には、心の中で得られた印象感覚が刺激となって、それを実際に再現しようと努力することになろうし、他方で、別の場合には、結果を思い描いてはみたものの、その印象感覚のせいで当初の装飾を回避したり修正したりしようと努めることになるだろう。このように注意力を働かせることによって、ある習慣が産み出されることになる。我々が知るように、これは想像世界における行為のみならず、経験世界における行為にも影響を及ぼすことになる。そして、こうして形成された習慣は、自己制御的習慣、したがってまた自己認識的習慣であり、つまりは習慣の性格についての概念は、習慣の自己認識ないしはその自己適用と結びつけられているわけである。こうした習慣こそが、試行者の目的と我々が呼ぶものを構成しているのである。ここで言及しておくべきことがある。習慣を「自己制御的」と呼ぶ場合、習慣を断ち切ること、先の例でいえば自分の家の装飾を美しくするのをやめること、これが習慣を持っている人の力の中にあるといっているわけではない。人は、そのような力を持っているわけではないことを我々は十分知っている。私がいっているのは、習慣を断ち切る力も、今しがた述べた過程の下で次第に発達していくということである。つまりは、心の中で、あるいは実際に行われる作用の結果に関して、批判的に吟味しようとする印象感覚が刺激となって、当初思い描いた効果を繰り返したり、あるいは修正したりする強力な試みが生まれるのであって、こうした試行過程の下で、習慣を断ち切る力も発達していくのである。さらに、言及しておいてよいのは、快楽も苦痛も、私自身は特殊な感情とみなしているわけではないということである。これらは、感情が刺激となって生まれるものである。ある場合には、再現し継続しようとする努力が生まれ、別の場合には、無効化し回避しようとする努力が生まれるが、これらを我々なら、それぞれ「魅惑的」感情、「反撥的」感情と呼ぶだろう。

経験に基づく真理についての説得的な一般的知識を得る唯一の方法は、諸々の理論を帰納的に検証することである。それゆえ、これは新しい概念の意味に到達する唯一の方法である。こうした方法を、いうほど容易に適用しうる研究分野というのはほとんどない。ある概念が意味を持つのは、述語によって確言される場合にかぎられること、このことを想起するなら、概念の意味に到達するためには、想像において、次のような思考手続きを踏みさえすればよい。すなわち、まず、仮定的に意味を探り、その意味が適応可能となる対象について、望ましいと思えるほど多種多様な事例をつくりだし、その上でその概念がそれぞれの事例に適用可能であるかどうか試すのである。こうして、人は、厳密な実験的方法を遂行する。そうすると、当の概念の意味の在処は、感じ具合の中、あるいは、何らかの単一の事物や出来事の中であるということがわかることにもなろう。しかし、これらの結果のうち、どれかが見出されるとして、そのかぎりにおいてわかることといえば、こうして得られた概念は知的概念ではないということである。もちろん、このような概念は、知的概念ではなくても、その他の知的要素を持つかもしれないことは確かである。このような概念が知的性質を持つかぎり、実験的検討は次のようなことを示すだろう。問題となっている概念が、いかなるものに対しても適用可能であると信ずることは、何らかの状況の下で準備ができているということであり、そしてある動機によって行動が誘発される場合には、何らかの一定の方法で行動を起こすということである。数学上のあらゆる概念の場合、このことが、極めて明白に当てはまる。ある集合は単一要素一七個から構成されていると述べるとき、このことが十分考え抜かれて集合の最終的意味にまで達しているのであれば、そこには、想像上で各要素を数え上げるという操作が含まれているのであり、そしてもちろん、数え上げるという行為は、一七個の要素の述語による確定と結びついた習慣へと一般化されなければならない。幾何学上の観念が想定しているのは、人が作図を経験するということである。こうした事例においては、さらにいえば、バークリーの『新視覚論』において、一層特殊な確証がみられるように、空間の観念はすべて、目的遂行のための力作用を含んでいる。さて、こうした概念が一般的である場合、目的遂行上の力作用もまた一般化されねばならない。そして、こうした作用を一般化するのは、習慣である。同じことは、物理上の概念の場合に、もっと容易に当てはまるのを見て取ることができる。というのも、力の概念はその根底において力作用の概念を持っているという一九世紀初期のフランスの心理学者たちの学説は、かつて、事実上、形成途上にあった分析よりも格段に正確になった諸々の分析により、今では十分に確証されているからである。心的概念についていえば、同じ真理は、さらに容易に確証されていることが確認されている。

しかし、私にとって確かであり、また、この問題を心の中の具体的実験において十分考え抜いた人にとっても、疑いないと思われることがある。それは、あらゆる一般的な述語属性は、これを述語づける人の側からみるなら、その意味の知的要素を、その人の行動習慣に分解しうるということである。とはいえ、例外的な場合以外に、この分析をさらに先に進めることは、ここで推奨しない。プラグマティズムに関する私の元々の解説についていえば、これを評価しない人は『ポピュラー・サイエンス・マンスリー』誌一八七八年一月号の論文［本書第7章］一つだけを、プラグマティズムの論文だとみなす。そのような旨の叙述が私の目に入ったときにはいつでも、その一つ一つに対して、個人的に抗議し、そこでの議論は、同じ雑誌の一八七七年一一月号［本書第6章］と合わせて読まなければ不完全かつ不十分であることを主張しておいた。だが、そのような人々の大部分は厳密な思考ができない人である。いずれにせよ、私の最初の説明で、まずもって明言していたのは、常識主義の学説、つまり事実として人が疑うことのない命題があるということである。そして、疑うことのないことに対して人ができるのは、せいぜい、批判するふりをするという無益なことだけである。疑念と信念の検証とは行動である。指を火に当てればやけどする。気が確かであれば誰もこのようなことを疑うことはない。疑うのであれば、その疑念を払拭するために、炎の中に指をかざすだろう。疑う必要のない信念というものは確かにあるのであり、その大部分は、日々の当たり前の行動に関わっている。たとえば通常、火で身体はやけどしてしまうというのは、かなり曖昧な言い方ではあるが、人の疑念の及ばないことなのである。ある概念の意味を分析することで、このような「実際的な」事柄にたどりついているというのに、これを行動の習慣へとさらに分析するのは、意味のないことである。このような信念は、我々がそう呼んでいるように、「本能的」信念といいうる。いかにこうした信念が生じようと、これらは下等動物の本能に似ているからである。だが、こうした信念と並んで、かなりの数の行為原則があり、ほとんど普遍的に受け容れられている。これらは、わざわざ問うほどの意味を持たないか、そうでなければ、いずれにせよ確固たるものを何も意味しない。たとえば、しばしば耳にすることだが、「自分自身の存在を疑うことがないように、私はそのことをまったく疑いえない」という言い方がある。しかし、結局のところ、自分は存在するというとき、この人はいったい何のことをいっているのだろうか。想像の中で、どんな具体的な実験をすることによって、こうした主張を例証するというのであろうか。このような特殊な命題を議論するために、ここで立ち止まることはしないでおく。私がいいたいのは、次のことだけである。何らかの命題が我々の疑念の力の範囲外にあることを承認しなければならないとしても、それだからといって、いかなる特殊化された命題もやはり疑念を超えた性質を持つなどと、厳格な批判なしに承認してはならないのである。あるいは、そのことを自分が疑いえないというだけで、それ以上に確固たる理由がないのに、他の人もやはりそれを疑いえないなどと想定してはならない。このように述べることによって、批判的常識主義ということで何をいっているのか、ある程度、わかるはずである。批判的常識主義なしには、プラグマティズム学説は、ほとんど何も意味しない。だが、多少の例証をあげれば、私がいっていることの意味を理解するのに役立つだろう。物理的力ということで何のことをいっているのか知ろうとし、その結果、初速がどのようなものであろうと現実に存在する一定の量と方向を有する実在的な加速度成分であるとわかったとしよう。このとき、この問いをさらに推し進め、加速度の意味を明らかにすることは可能である。そして、これに対する答えは、次のことを示さなければならない。他の人がそうするのと同じように自分でも加速度という言葉を用いているのであれば、加速度とは、加速度を述語によって確定する人の習慣なのである。しかしながら、通常の目的からいえば、この分析をさらに進めても得るものは何もない。というのも、こうした日々の暮らしの通常の概念は、人類の発達以来、人々の行動を導いてきたのであって、科学の一層正確な概念以上に、はるかに信頼に値するからである。したがって、高度の厳密性が要求されていないときには、日々の暮らしの普通の概念は最良の定義語なのである。

第III部

プラグマティズムの展開

The Development of Pragmatism: From Truth Theory to Social Inquiry

第Ⅲ部について

ここではプラグマティズムに関するジェイムズとデューイの論文を収録している。

二〇世紀初頭、パース自身のプラグマティズムは、ほとんど注目されることはなかったが、パースに触発されたジェイムズとデューイは、それぞれに独自のプラグマティズムを展開していく。プラグマティズム運動は二〇世紀初頭の米国哲学を特徴づけるものではあったが、同時に、国内外から激しい批判を受けることになる。

以下の論文は、すべてジェイムズ、デューイの手によるもので、論争的な形で展開されている。

第11章 アメリカにおけるプラグマティズムの展開（一九二五年）

The Development of American Pragmatism

ジョン・デューイ
John Dewey

この論文の目的は、プラグマティズム、〔概念〕道具主義、〔行為〕実験主義という名で知られている諸々の哲学運動の主要原理を明確にすることである。そのためには、これらの運動の歴史的発展の足跡をたどらなければならない。というのも、歴史をたどる研究方法こそ、これらの運動を十分把握し、同時に、これらの学説と目的について現今みられる、ある種の誤解を避ける上で最も簡潔な方法を表しているように思えるからである。

プラグマティズムの起源はチャールズ・サンダース・パースにまで遡ることができる。彼は合衆国で最も高名だった数学者を父に持ち、彼自身、数学の分野では、非常に熟達したものを持っていた。彼は記号による関係論理学の創始者のうちの一人である。不幸なことに、パースは体系的な著述家ではまったくなかったため、自分の様々な考えを一つの体系にまとめ上げて詳述することは決してなかった。彼が打ち立てたプラグマティズムの方法は、極めて狭く限定された論議領域に適応されているだけである。ウィリアアム・ジェイムズがこの方法の適応範囲を拡張した後に、パースは自分が最初に構想したかぎりでのプラグマティズムの起源に関して解説論文を執筆した。以下に示す叙述はこの解説から取られたものである。

　プラグマティズムを、もっぱらアメリカ的な構想とみなす人々の見解とは異なって、「プラグマティック」という言葉はカント研究の過程で彼自身が示唆を受けたものであった。『人倫の形而上学の基礎づけ』において、カントはプラグマティックとプラクティカルの区別を打ち立てた。◆プラクティカルという言葉は、カントがア・プリオリなものとみなした道徳法則に当てはまるのに対し、プラグマティックという言葉は、経験に基づき、経験に適応可能な技法や技術の諸規則に当てはまるものである。パースは経験論者であり、また、自分自身でいうように、実験室における思考を習慣にしており、自らの体系を「プラクティカリズム」と呼ぶのを拒んだ。彼の友人たちの中には、この呼び方を勧めた者もいたのである。論理学者として、彼は実践的思考の技法と技術に関心を持ち、また、プラグマティックな方法に関するかぎり、とりわけ、観念を明晰にする技法、あるいは科学的方法の精神を踏まえて、定義を適切かつ効果的に解釈する技法に関心を持った。

　パース自身の言葉にしたがうなら、こうなる。「当時においてもなお、ためらうことなく進んで、カント哲学の語彙によって思考していた者にとって、『プラクティッシュ〔praktisch〕』と『プラグマティッシュ〔pragmatisch〕』は両極端といえるほど懸け離れていた。プラクティッシュの方は、足元の確固たる基盤を確かめようにも、実験に基づくタイプの思考によっては、けっして確かめられないような〔非実験科学的〕思想領域に属していた。これに対して、プラグマティッシュの方は、人間にとって明確な何らかの目的に対する関係を表現していたのである。ところが、〔プラグマティズムという私の打ち立てた〕この新しい学説の最も顕著な特徴は、理にかなった認識と理にかなった目的との分かちがたい結びつきを承認する点にあったのである▼1」。

　実験に基づくタイプの思考に言及することで、パースが「プラグマティック」という言葉に与えた、まさしくその正確な意味に我々はたどりつくことになる。実験室において自らの知性を育んだ人間の一人として、一人の実験科学者の側に立って、パースは、次のように語った。「実験科学者に対して、人が、いかなる所説を述べようと、実験科学者は、意味というものを、次のように二通りに解釈するだろう。いやしくも、ある実験に対して、一定の操作方法の指示を行うことが可能であり、しかも、それが、実際に実行に移されるとするならば、その結果として、ある一定種類の経験をすることになる。〔この結果が意味というものなのである。しかし、他方で〕もし、そのような結果が得られないのであれば、実験科学者は、人が何をいおうと、その人のいうことに、何の意味も見出さないだろう」。したがって、パースが生み出した理論というのは、次のようなものである。「〔ある概念、つまり〕ある言葉や他の表現の理にかなった意味内容というものは、概念が人間の行動に対して与える想定可能な影響の中にしかない。実験から生じたものでないようなものは、何であれ、行動にはいかなる影響も与えないのは明らかである。したがって、そうである以上、ある概念を肯定するのであれ否定するのであれ、そのことによって意味しうる、想定可能な実験的現象すべてに対して、仮に正確な定義を与えることができれば、その定義の中に、当の概念の完全な定義を見出すことになる」[2]。

パースが〔右の論文以前に〕自分の理論を打ち立てた論文には、「我々の観念を明晰にする方法」という題が付されている[3]。ここには、カントの教義と驚くほどの類似性がみられる。カントが、ア・プリオリなものの領域で実践理性の法則を打ち立てたのと同じ方法で、パースは概念の普遍性を経験の領域で解釈す

◆『人倫の形而上学の基礎づけ』（『カント全集 7』平田俊博訳、岩波書店、二〇〇〇年、四七頁）。より正確には、『純粋理性批判』（原佑訳、平凡社ライブラリー、二〇〇五年、下巻一二五頁、B: 834）参照。
▼1 *The Monist*, vol. 15, p. 163［本書第8章］。
▼2 *The Monist*, vol. 15, p. 162［本書第8章］。
▼3 *Popular Science Monthly*, 1878［本書第7章］。

ることに意を注いだのである。「あらゆる命題の理にかなった意味は、未来のうちにある。……しかし、ある命題は解釈されて無数の形を取ることになろうが、こうした形の中で、その命題の真の意味と呼びうる形とは、どのようなものなのだろうか。プラグ《マ》マティス《マ》トにしたがうなら、それは、当の命題が人間の行動に適応可能になる場合の形である。つまり、あれこれの特殊な環境においてではなく、また、あれこれの特殊な意図を心に抱く場合でもなく、あらゆる状況における自己制御に対して、そして、あらゆる目的に対して、最も直接的に適応可能な形なのである」[4]。したがってまた、「プラグ《マ》マティス《マ》トは、最高善が行動のうちにあるとはしない。そうではなくて、最高善は、進化の過程のうちにあり、進化の過程によって、存在物は、ますます、一般性を具現するようになるのである……」[5]。——いいかえれば、存在物が行動の支援を受けて、一連の合理的傾向の束、あるいは、可能なかぎり一般化された習慣の束になっていく過程である。これらのパースの主張をみるなら、プラグマティズムの創始者の考えに関して一般的に犯しがちな二つの誤りについても、大いに得心のいくものとなる。プラグマティズムに関して、しばしばいわれているのは、それが、行為を人間の目的にしてしまうというものである。さらにまた、プラグマティズムは、思考と合理的活動を利益や実益といった特定の目的に従属させてしまうともいわれている。なるほど、パースの考えによれば、プラグマティズムの理論が意味しているのは、基本的に、行為に対する、つまり人間の行動に対する、ある種の関係である。しかし、〔この場合〕行為の役割は、間を媒介する役割なのである。ある意味を概念に付与することが可能であるためには、その概念を存在物に適用できなければならない。ところで、こうした適応は行為を媒介にすることによって可能となる。そして、存在物はこの適応によって、結果として変化を被るのであり、こうした存在物の変化こそ、概念の真の意味を構成するのである。行為自体のための行為の称賛はアメリカの生活に特有の性質とみなされているが、以上からわかるように、プラグマティズムは、そのようなものでは、まったくない。

　さらにまた、留意すべきことは、存在物に対する可能な概念適応には、様々な度合い、したがって、意味の多様性があるということである。こうした概念の外延が広くなればなるほど、つまり、概念を特殊な事例に限定する制約から、概念が解放されていればいるほど、ますます、意味の最も普遍的な一般性を、ある言葉に帰属させる可能性が高まるのである。かくして、概念の意味を特殊な目的の達成に、ましてや個人的な目的に限定するような、あらゆる制限に対して、パースの理論は反対する。もっといえば、理性や思想が、金銭的な、あるいは、狭小な利益に奉仕するものでなければならないという考えには、真っ向から反対するわけである。思想を明確化するために、人間の行動の不可欠性、何らかの目的の達成を主張するかぎりにおいて、パースのこの理論はアメリカ産であった。しかし、同時に、この理論はアメリカ的生活にみられる諸々の特徴に異を唱えるのであり、たとえば、行為を自己目的化するような特徴や、目的を過度に狭くまた極度に「実用的」に考えるような特徴を批判する。哲学の一体系を、その国の諸々の要因と関連づけて考察するとき、念頭に置くべきことは、その哲学体系に取り込まれている生活の特徴だけでなく、哲学体系が異議を申し立てている生活特徴である。自らの社会的環境が持つ傾向や特徴を称賛したという、ただそれだけの理由で、哲学者の名に値した者など、これまで誰もいなかった。それはちょうど、自分の時代の生活の何らかの特徴を把握することなく理想化したような哲学者など、確かに、これまでいなかったのと同じことである。

パースによって開始された研究は、ウィリアム・ジェイムズによって続けられた。ジェイムズは、ある意味ではパースのプラグマティズムの手法の適応範囲を狭めたが、しかしまた、その反面、その範囲を広げもした。一八七八年にパースが執筆した論文［本書第7章］の方は、哲学の学界では、何ら注目を浴びなかった。当時の学界は、グリーン［Thomas Hill Green 一八三六－一八八二年］、ケアード［Edward Caird 一八三五－一九〇八年］、オックスフォード理想主義学派

▼4 *The Monist*, vol. 15, pp. 173–174［本書第8章］。

▼5 *The Monist*, vol. 15, p. 178［本書第8章］。

といった新カント派観念論の圧倒的支配下にあり、例外をなしていたのは、スコットランド哲学の共通感覚論が優位を保っていた流派であった。一八九八年、ジェイムズは「哲学的概念と実際的効果」と題する講演〔本書第2章〕で新しいプラグマティズム運動を開始した。この講演は、後に『論文・書評集成』に再録された。この初期の研究においてさえ、容易に確認できるのは、初期のプラグマティズムに、一方では限定を加えつつ、しかし、他方でこれを拡張する、二つの傾向が表れていることである。ジェイムズは、まず、心理学に関するパースの見解を引用する。それによれば、「信念は、実際のところ、行為のための規則であり、思考の全体的機能は行為習慣の形成の一歩にすぎない」のであり、さらに、我々が自分自身のために、ある対象について創り上げる観念は、そのことごとくが、実際のところ、当の対象がもたらしうる可能な効果についての観念なのである。こう引用した上で、ジェイムズは自説を表明し、これらの全原理は、パースが表現したものより、はるかに広範囲に表現することが可能であると主張する。「真理とは何を意味するのか。我々にとって、その究極の検証は、実際には、真理が指示し喚起する行動なのである。しかし、真理がそのような行動を喚起するのは、それが何よりもまず、我々に当の行為を要求するような何らかの変化を、我々の経験に対して予示するからである。そこで、私は、パースの原理を表現するのに、次のような言い方の方を選ぶといっておきたい。つまり、いかなる哲学上の命題も、その意味の効果は、常に何らかの特定の帰結にまで及ぶことが可能なのであって、それは、能動的であれ受動的であれ、我々の未来の実践において経験されるのである。ここでいわんとするところは、経験は能動的でなければならないという事実よりも、むしろ、経験は特殊でなければならないという事実のうちにあるということである」[6]。一九〇八年執筆の論文〔本書第14章〕において、ジェイムズは、この主張を繰り返し、さらに次のように述べている。自分が「実際的」という言葉を用いるとき、その意味は、常に、「独自の具体的なもの、個別的なもの、特殊で効果のあるものであって、これらは、抽象的で、一般的で、不動のものと対極的である――「プラグマタ〔pragmata〔pragmaの複数形〕〕」とは、複数状態下にある事物群である――特殊な帰結というものは、その性質上、まったくもって、理論的なのである」。[7]

ウィリアム・ジェイムズは、パースによるこの原理の表現をさらに展開したとほのめかしている。ある意味において、ジェイムズはパースの原理の意味合いを拡張したのであり、それは未来に対して適用可能な一般的規則あるいは方法の代わりに、特殊な帰結を採用することによってなされたのである。しかし、別の意味でいえば、この置き換えは、パースの原理の適応範囲を狭めた。というのも、パースの方は、自分の原理を、規則あるいは行動の習慣に対して最大限に適応すること——つまり普遍性への適応を重視したにもかかわらず、ジェイムズによる置き換えは、これを無効化したからである。すなわち、ジェイムズの場合、唯名論者としての色彩が、パースに比べてはるかに強いのである。

先の引用部分において、プラグマティズムの拡張を見て取ることができる。そこにおいて、ジェイムズは、真理の意味を決定する一つの方法の用い方について暗に言及している。真理というのは、一つの言葉であり、したがって、ある意味を有する以上、この拡張はプラグマティズムの方法の正当な適応である。

▼6 *Collected Essays and Reviews*, p. 412[本書第2章]。

▼7 *The Meaning of Truth*, pp. 209–211[本書第14章]。ジェイムズは註において、「プラクティカル」という言葉に関連して犯される誤りの一例を、M・ボーデューを引用しつつあげている。「プラグマティズムは、ラテン系の主知主義と合理主義に対するアングロ・サクソン的な反応である。……それは、言葉なき哲学、つまり、身振りと行為の哲学であり、一般的なるものを断念し、特殊なるものにのみ固執する」。ジェイムズのカリフォルニアにおける講義において、自分のプラグマティズムに、相当程度、刺激を与えたのは、英国の哲学者、たとえば、ロック、バークリー、ヒューム、ミル、ベイン、そして、シャドワース・ホジソンの思考であると、自らの考えを明らかにしている。しかし、彼は、この方法を、ドイツ観念論哲学、とりわけ、カントの観念論哲学と対比させた。パースとジェイムズのこの違いについて触れておくのは、特に興味深いことであろう。パースはカントを、ア・プリオリな点からではなく、実験論的に解釈しようとしたのであり、それに対してジェイムズは、英国の思想家の観点を発展させようとしたのである。

しかし、留意すべきことは、この方法は、ここでは「真理」という言葉の意味を明確にするために役立つだけであって、ある特定の判断の真理とは何の関係もないということである。ジェイムズがプラグマティズムの方法に新たな特徴を加えるにいたった主な理由は、哲学上の問題と問いの意味の確定に、この方法を適用することに夢中になっていたからであり、さらには、神学的あるいは宗教的特質に関する哲学的概念を吟味に付そうとする道を選んだからである。ある一定の哲学上の問いが、本物で重要な意味を持つのかどうか、それとも、まったく逆に、取るに足らない単なる言葉の問題なのか、そして、前者の場合、論争となっている二つの命題のうち、どちらか一方を受け容れ支持するとき、いかなる関心が問題となっているのか、こういったことを解決可能にする一つの規準を確定すること、これがジェイムズの望んでいたことであった。パースは、何よりも、論理学者であった。対して、ジェイムズは教育家であり、ヒューマニストであって、彼が望んでいたのは、一般公衆を諭して、何らかの問題、何らかの哲学上の議論が、人間にとって本当の重要性を持つことを悟らせることであった。というのも、公衆たちの信念の作用によって、まったく異なる行動様式が生ずるからである。この両者の重要な区別を把握しなければ、プラグマティズム運動の後期にみられる曖昧さと誤謬の大部分は、理解不可能となる。

ジェイムズは有神論と唯物論との間の論争を一例にあげた。この論争原理によれば、仮に世界の成り行きが完成済みとみなされるのであれば、神が、もしくは、物質が、世界の原因であると主張することも、共に正当化される。どちらであれ、事実は現にある通りにあり、事実の原因にいかなる意味を付与すべきか、これを決定するのは当の事実である。したがって、この原因に対して我々が付与しうる名辞は、まったくもって恣意的である。我々が、もし、未来ということを考慮するなら、事態はまったく異なるものとなる。その場合、神は観念および精神的価値の最終的勝利の保証に関する力という意味を持つことになり、物質はこうした価値の勝敗に無関係な力となる。そして、これらの二つの選択肢のうち、どちらを採用するかに応じて、我々の人生は異なった方向に向かうことになる。ジェイムズは、一九〇七年に出版されたプラグマティズムに関する講義において、同様の批判を諸々の問いに対してだけでなく、一者と多者という哲学上の問題、つまり一元論と多元論に対しても向けた。たとえば、彼は次のことを証明する。一元論というものは、すべてのものが固定され、不動のまま、他と結合している硬直した宇宙に等しい。そこでは、不確定、自由選択、新奇なもの、あるいは経験における不測の事態といったものが占める位置はない。つまり、事物の具体的で複雑な多様性を、いわば一つの建造物の単純さと気高さのために犠牲にすることを要求する一つの宇宙なのである。我々の信念に関する事柄において一元論が要求するのは、固定化されたドグマティックな態度に通ずる合理的な気質である。これに対して多元論は、偶然性、自由、新奇なるものの余地を残しており、経験的な方法に対して行為の完全な自由を与えるのであり、無限に拡張可能である。多元論は統一性というものを、それが見出せる場合には承認するが、出来事や事物の果てしない多様性を、強引に唯一の合理的な鋳型にはめこもうなどとはしない。

教育者、学徒、いうなれば今みたような問題や哲学上の議論と論争に強い関心を持つ人々の観点からみるなら、プラグマティズムの方法を、このように適用する意義に異を唱える理由はない。しかし、このように適用することの本質を確定しておくことは、やはり重要なことである。哲学上の諸概念は、その性質からして、しばしば、まったく無意味であり、純粋に思弁的であるとみなされる。これらの概念は人間の生活にとって何を意味するか、それを発見する一つの手段をプラグマティズムは提供する。いかなる理論においても、選択肢として現れる信念の重要な意味を確定する一つの規準を、プラグマティズムは提示する。たとえば、ジェイムズ自身語っているように、「宇宙についての二者択一的な教義のうち、仮にどちらかが真であるなら、皆様方も私も、人生の決定的な瞬間に特有の影響を被るだろうが、哲学の全機能は、そうした影響を見出すことでなければならない」。しかしながら、哲学の全機能がこうした目的を持つというとき、ジェイムズが言及しているのは、哲学の構築であるよりも、むしろ、哲学の教育であるように思われる。というのも、このような言明が意味するのは、世界に関する諸々の教義は既に完成しており、そして、それらを創り出すための必要な作業は既に終わっていて、そのため、残されているのは、ただ、真理とされている二者択一的教義のうち、どちらかを受け容れることによって、人生に反映される諸帰結を見出すことだけだからである。

ここで、仮に、パースの観点に立っていうなら、哲学に目的があるとすれば、それは、むしろ、環境に反応する際の我々の構え、あるいは、我々の最も一般的な習慣、これらに一致する学説によって、宇宙に対して確固たる意味を付与することであろうし、この確固たる意味が一般的なものであるかどうかは、これらの学説の適応可能性を未来の特殊な出来事にまで拡張することにかかっているということになる。「物質」や「神」という概念の意味は、これらの概念に対する我々の信念がいかなる価値を持つか、我々が熟知しようと試みる以前に確定していなければならない。唯物論であるなら、その意味するところは、世界は、我々に対して、ただ一種類の不変で一般的な習慣を要求するということであろうし、神の場合であるなら、その意味するところは、別の種類の習慣を要求するということであろう。唯物論と有神論の違いは、宇宙のあらゆる詳細な事実に直面したときに要求される習慣の違いに等しい。未来のあらゆる存在物に注意を払い、かつ、適応可能なただ一つの行為習慣を形成しうるのであれば、そのかぎりにおいて、世界は一者であるといってよい。世界における出来事に対処し、制御しうるために、相互に異なり、相互に還元不可能な複数の習慣を形成する必要があるのならば、そのかぎりにおいて、世界は多者であるといえよう。要するに、パースは論理学者として書き、ジェイムズはヒューマニストとして書いたのである。

ウィリアム・ジェイムズは、信ずる意志という自身の理論によって［本書第12章］、あるいは、後年自らそう呼んだ、信ずる権利によって、◆プラグマティズムに新たな前進をもたらした。信念のうち、どれかを信ずることによって生ずる根本的な帰結の発見は、間違いなく、当の信念に対して何らかの影響を及ぼす。一元論の体系の意味を明確に理解した上で、人が、もし、新奇なもの、危険、好機、変化に富んだ美的実在物を心に抱くとすれば、その人は一元論に対するいかなる信念をも確実に拒否するだろう。しかし、その同じ人が、もし、当初から、たとえば、美的調和、典型的な比例、絶対的安全の範囲に対する不変性、論理的一貫性などに魅惑されているのであれば、一元論に対して信念を抱いたとしても、極めて自然なことである。かくして、ジェイムズは、形式的推論を行うよりも、むしろ、ある哲学上の体系を我々が選択する際に、一般に思われている以上に重大な役割を果たす直覚的共感という動機を考慮したのである。そして、彼はこう考えた。もし、我々を触発する動機を率直に認識しているのであれば、我々は哲学的誠実という動機に奉仕してしかるべきである、と。彼はまた、次のような命題を主張した。哲学上の諸問題、とりわけ宗教的分野に関わる問題の大部分は、その性質上、あれか、これか、という断固たる形で証明できるものではない。かくして、信念の選択にあたり、確証あるいは決定的な事実がある場合だけでなく、そのような確証がまったくない場合でも、ジェイムズは人が自分の信念を選択する権利を主張する。とりわけ、あれこれの意味のうち、いずれかの選択を強いられている場合、あるいは、選択を拒むことによって信念上の危険を引き受ける権利を有する場合、信念の拒否自体が一つの選択に等しい。信ずる意志の理論は、誤解を引き起こし、嘲笑さえもたらした。それゆえ、ジェイムズがその理論をどのように用いたか、明確に理解する必要がある。我々は、どんな場合でも、常に行為することを余儀なくされている。我々の行為、そして、行為とともにその帰結、これらは、実際、我々が選択した信念に応じて変わる。さらにいえば、何らかの信念——たとえば、自由への信念、あるいは、神への信仰——を、結局のところ、知的に正当化する確証を発見するためには、こうした信念にしたがって、行為を開始する必要があるということであろう。

プラグマティズムに関する講義、および、一九〇九年に出版された『真理の意味』と題する論文集にお

◆「信仰と信ずる権利」『哲学の根本問題』（『世界の名著　パース、ジェイムズ、デューイ』上山春平訳、中央公論社、一九六八年に補遺として収録）。

いて、ジェイムズはプラグマティズムの方法の適用範囲を真理の性質にまで拡張した。これまで、我々が考察してきたのは、言葉の意味および哲学上の信念の重要な意味を確定する、道具としてのプラグマティズムの方法である。また我々は、時に応じて、未来の帰結が持つ意味にさりげなく言及してきた。ジェイムズが示したのは、何よりも次のことであった。つまり、何らかの哲学上の概念において、何らかの信念の支持を正当化しうるのは、信念の及ぼす諸帰結であり、あるいは、そうした信念が現実にもたらす諸々の相違であるということである。しかし、そうであるなら、真理一般の意味は、それがもたらす諸帰結によって確定すると主張する点にまで、ジェイムズとしては、議論を推し進めていいことになる。ここで忘れてならないのは、ジェイムズはプラグマティストである前に、経験論者であったということ、そして、プラグマティズムは経験論の正当な結論に達するための経験論にすぎないと彼が繰り返し主張したということである。一般的観点からいえば、プラグマティズムの構えの本質は、「最初のもの、原理、『カテゴリー』、必然性の想定に目を向けるのをやめ、最後のもの、所産、帰結、事実に関心を向けようとする」点にある［ジェイムズ『プラグマティズム』第二講］。プラグマティズムの方法を真理の問題に適用するためにはあと一歩前進するだけでいい。自然科学においては、いかなる特殊な場合でも、真理を検証と同一視する傾向がある。ある理論、ある概念の検証は、特殊な事実の観察によって行われる。最も科学的で調和の取れた物理学上の理論でさえ、その予想結果が、数学的推論による推定であれ、他の種類の推論による推定であれ、観察された事実によって検証されるまでは一仮説にすぎない。そうだとすると、経験的方法によって真理の定義に達したいと願う経験論哲学の学者は、いかなる位置に立たねばならないのだろうか。もし、この方法を適用し、しかも、さしあたってプラグマティズムの学説を持ち込まないのであれば、まずもって特殊な事例を見出し、そこから一般化しなければならない。それゆえ、真理と呼ばれるものの実例を見出すのは、統制された経験の下に概念を置き、そして、その概念を検証する過程においてである。したがって、こうした経験的方法を適用する哲学者は、プラグマティズムの学説に対するひいき目を少しも持たないのであれば、いかなる者であれ、こう結論することができる。すなわち、真理は検証を「意味し」、あるいは、そういいたければ、現実のものであれ、可能的なものであれ、検証こそが真理を定義する。

経験的方法のこうした概念とプラグマティズムの理論とを結びつけることで、我々は別の重要な哲学的帰結と出会うことになる。用語間の一貫性あるいは両立可能性、そして、観念と事物との一致を基礎に据えた真理理論の古典学説は、経験とプラグマティズムが結びつくことにおいて、新たな解釈を受け取ることになる。実験による検証のない単なる観念上の一貫性では、仮説の領域を超えることはできない。仮に、ある概念、もしくは、ある理論が、実在や事実なるものとの一致を装って主張する場合、これを検証にかけた上で支持したり棄却したりできるのは、次のことによってのみである。すなわち、検証場面を行為の領域へと移し、検証が生み出す結果を、当の概念あるいは理論によって導かれる具体的で観察可能な事実という形式で表示することである。もし、こうした概念にしたがって行為することで、当の概念が示唆する事実あるいは要求する事実に、我々が到達するならば、その概念は真である。理論というものは経験の媒介によって理論の帰結たる事実に到達するとき、事実に応対することになるのである。こうした考察から、プラグマティズムを一般化することができる。すなわち、あらゆる知識は、それが用いられる結果において未来を見据えているのであって、例外をなすのは、概念や理論が、当初、その適応において未来を見据えてはいたものの、後になって試行済み、検証済みとなった場合である。しかしながら、理論的にいうなら、そのような検証や真理ですら絶対的なものではありえない。それらは、実践的あるいは道徳的確実性に基づいている場合もあろうが、しかし、常に、未来における不測の帰結によって、あるいは、かつて無視されていた事実を新たに観察することによって、修正可能性を免れない。実のところ、真理に関するあらゆる命題は、要するに仮説であり、暫定的なものである。もっとも、こうした命題の多くは、しばしば、誤りなく検証されることが多いため、我々がそれらを、あたかも絶対的真理であるかのように用いてしまうとしても無理からぬものがある。だが、論理的にいうなら、絶対的真理は実現不可能な理想なのであり、少なくとも、あらゆる事実が記録されてしまい、あるいはジェイムズがいうように、「袋の中にかき集められ」、もはや他の観察、他の経験が不可能となってしまうまでは、実現不可能なのである。

かくして、プラグマティズムは、歴史上の経験論の延長線上に現れるが、しかしそこには、根本的な相違がある。すなわち、プラグマティズムが強調するのは、先行する現象ではなく、帰結として現れる現象である。つまり、先行するものではなく、行為の持つ可能性を力説するのである。そして、このような視点の変革は、その帰結において、ほとんど革命的ともいえるものである。繰り返し生起し、既に過去のものとなった事実に甘んじている経験論は、可能性の場面においても自由の場面においても、占める位置を持たない。経験論は、一般的概念あるいは観念の余地を見出すことはできないし、少なくとも、それらをただ要約ないしは記録とみなしているにすぎない。しかし、我々がプラグマティズムの観点を採用するならば、一般的観念は過去の経験の報告や記録とはまったく異なる役割を果たすのがわかる。一般的観念は、未来における観察と経験を体系立てるための基盤なのである。経験論の側からするなら、既に構築され決定された世界において、理性や一般的思想は特殊な事例を要約する以外の意味を持たない。これに対して、未来が単なる言葉に終わらない世界において、つまり、諸々の理論や一般的想念や合理的観念が行為にとって帰結を持つ世界において、理性は必ずや建設的な機能を持つのである。それにもかかわらず、理性に基づく推論という概念は、諸々の事実の実在性と比べるなら、二次的関心を持つにすぎない。というのも、そうした概念は具体的な観察と対峙しなければならないからである。▼8

かくして、プラグマティズムには形而上学的な意味合いがある。事の帰結に価値があるとする学説によって、我々は未来を考慮に入れることになるのである。そして、このように未来を考慮に入れることで、我々が手に入れるのは、進化の終わりなき宇宙という概念であり、ジェイムズの言葉を用いるなら、今もなお「進行中」で「形成途上にある」宇宙という概念であり、今なお、ある程度まで、可塑的な「別様でもありうる」宇宙という概念である。

したがって、理性あるいは思想は、その一層一般的な意味において、限定されてはいるが、実在的な機能を有する、すなわち、創造的で建設的な機能を有するのである。もし、我々が一般的理念を作り出し、それらを行動に移すならば、諸々の帰結が生み出されることになるが、これらの帰結は理念を創造し実践に移すことがなければ生じえない。こうした条件の下で、世界は、思想が介入することなく成立してしまう世界とは、まったく異なる世界となる。こうした考察が支持するのは、思想の人間的かつ道徳的な重要性、さらには、思想を経験の中で反省的に用いることの人間的かつ道徳的な重要性である。それゆえ、ジェイムズは理想・思想・知識を軽蔑的に扱ったなどといったり、あるいは、これらを個人的な利益、その上、社会的利益を得るための単なる手段とみなしたなどといったりするのは、事実に反している。彼にとって理性は、特殊であるがゆえに限定的ではあるが、しかし、創造的な機能を有する。それは、理性のないところで成立してしまう世界とは異なる世界を作り出す上で、有用な機能なのである。理性は世界を実際に一層理にかなったものにし、世界に本質的な価値を与える。ジェイムズの哲学をその総体において英国経験論の修正として把握し、過去の経験、既に与えられたものの価値に代えて、未来を、すなわち、今

▼8　ウィリアム・ジェイムズは巧みな比喩で語った。理性に基づく推論といった概念は、特殊な帰結を生み出すことによって、「現金化」されねばならない。この表現が意味しているのは、そうした概念は、具体的な事実につながるものでなければならないということである。しかし、アメリカ英語のイディオムに精通していない人々にとって、ジェイムズの定式は次のような意味に取られてしまった。すなわち、我々の理性的な概念の帰結自体は、その金銭的価値によって、狭く限定されなければならない、と。かくして、バートランド・ラッセル氏は、最近、こう書くことになったのである。プラグマティズムはアメリカ的商業文化の宣言にすぎない、と［ラッセルの叙述は、一九二二年、一般読者向け雑誌『ザ・フリーマン』に掲載されたものである。“As a European Radical Sees It,” *The Freeman* 4 (8 Mar 1922): pp. 608–610, reprinted in *Collected Papers of Bertrand Russell*, vol. 15: 332］。

のところは単なる可能性に留まっているものを重視するものであるとみなすなら、彼の哲学をもっと適切に理解できるだろう。

以上のように考えることで、我々は、〔概念〕道具主義と呼ばれる運動に、ごく自然に到達することになる。これまで、ジェイムズの哲学について、わずかばかりの概観を試みてきたが、それが示している通り、彼は概念と理論を純粋な道具としてみなしており、未来の事実を構成する上で、特殊な方法で役立ちうると考えたのである。しかし、ジェイムズが専心していたのは、主として、次の事柄である。すなわち、この理論の道徳的側面、この理論が「改良主義〔meliorism〕」と道徳的理想主義に対して与える支持、さらに、感情的価値および様々な哲学体系の趣旨に関して、この理論から生ずる帰結、そして、とりわけ、この理論が、一元論的合理主義およびあらゆる形態の絶対主義に対して持つ破壊的意味合いである。〔だが〕ジェイムズがけっして試みなかったことがある。それは、この道具的概念によって、形式あるいは「構造」および論理的操作を根拠づけて、一つの完全な理論を展開することである。道具主義が試みるのは、未来の帰結を実験を通して確定する際、思想というものがいかに機能するのか、これを主に考察することによって、様々な形態の概念・判断・推論からなる精密な論理学の理論を確立することである。すなわち、道具主義は、普遍的に認められる論理の特質と規則の確立を試みるが、その確立にあたっては、理性に帰属される再建的あるいは対立調停的機能から、こうした特質と規則を導き出す方法を取るのである。その目的は、あくまで概念と推論の一般的形態の一つの理論を構築することであって、この理論はあれこれの特殊な判断ないし概念や、これらの自らの内容、その特殊な意味合いに対する関係に関わるものではない。

道具主義の歴史的先行例に関していえば、ジェイムズとの関連で既に言及した実験的検証という問題に加えて、二つの要因が特に重要である。そのうちの一つは心理学に関わる要因であり、今一つは知識と論理の理論に対する批判であり、これは、新カント派観念論によって提起され、さらに、ロッツェ〔Rudolf Hermann

Lotze 一八一七－一八八一年］、ボーザンケト［Bernard Bosanquet 一八四八－一九二三年］、F・H・ブラッドリー［Francis Herbert Bradley 一八四六－一九二四年］のような哲学者によって展開された理論に対する批判から生じたものである。我々が既に述べたように、一九世紀の最後の十年、合衆国において、新カント派の影響力は極めて著しいものであった。パースの出発点がカント主義であり、ジェイムズの出発点が英国の経験論学派であったのと同じように、私自身、そして、道具主義の解説を私と共同で試みた同僚たちは、新カント派として出発した。

道具主義に対して影響を及ぼした心理学の諸傾向は、生理学的性質というよりも、むしろ、生物学的性質を持っていた。こうした傾向が、多かれ少なかれ、密接に結びついていたのは、心理学における行動主義という重要な運動で、これはジョン・ワトソン博士が促進し、その名を与えたものであった。簡略にいえば、この理論の出発点は脳についての考え方にあり、適切な運動反応を生み出す目的で感覚的刺激を調整するための器官とみなすものである（もちろん、感覚的刺激に対しては修正を施すべきであるが、これは習慣、無意識の記憶、あるいは、今日「条件反射」と呼ばれるものによって引き起こされる）。生命進化論に基づいて主張されるのは、次のことである。知性とその作用の分析は、生物学的事実の理法と両立するはずだということであって、それは、周知のように、生命有機体の環境に対する反応が、そのニーズにとって適切なものとなりうるようにする際に、中枢神経系が占める媒介的位置に関するものである、と。ここで、特に興味深いことを指摘しておこう。道具主義者たちは、『論理学説の研究』（一九〇三年）において、最初の宣言を行った。この中で、我々著者たちは、自分たちが用いる〔概念〕道具を打ち立てる上で、いかに多くのことをウィリアム・ジェイムズに負っているかを認めていた。それと同時に、我々が、研究の方針においてしきりに明言していたのは、論理の「規範的」諸原理と思想の実在的諸過程との密接な結合に対する信念であって、このことは、あくまで両者を規定するのが、意識状態の内観的心理学ではなく、客観的あるいは生物学的心理学であるかぎりにおいていえることである。しかし、興味深いことを指摘しておくなら、その著作で示唆されている「道具」は、ジェイムズにとって最も有用な考察対象ではなかったのである。その考察対象はジェイムズのプラグマティズムに先立っており、参照を求めるべき箇所は、彼の『心理学原理』の中の数節である。この重要な著作（一八九〇年）は、実際のところ、二つの際立った命題を展開した。

一つは、内観心理学の再解釈である。著作の中で、ジェイムズは、感覚・心像・観念を、それぞれ無関連なものとする考えを否定し、代わりに打ち出すのは、自ら「意識の流れ」と呼ぶ連続的流れである。この概念は、諸々の関係を意識の領野の直接的な部分として考察することを必然的に伴い、質と同じ論理的地位を持っている。『心理学原理』の全編を通じて、ジェイムズはこの概念に哲学的装いを与える。この概念を用いてジェイムズが批判するのは、ロックとヒュームの原子論であり、カントとその継承者による理性的な諸原理を統合する際のア・プリオリな議論である。カント継承者のうち、英国で特に言及すべきは、トーマス・ヒル・グリーンであろう。彼は当時最も影響力があったのである。

『心理学原理』における今一つの側面は、生物学的性質を持っている。それが最も強力に現れているのは、ジェイムズが心の存在の在処を発見するために打ち立てた基準においてである。「未来の目的の遂行およびその達成のための手段の選択は、現象の中に精神が現れる際の指標であり基準である」[9]。この基準の説得力をはっきりと見て取れるのは以下の箇所である。注意に関する章でいえば、注意制御能力と解された利益関心に対して、注意が有する関係であり、注意による選択と統合の目的論的機能である。また、弁別と比較（分析と抽象）の章でジェイムズが議論しているのは、達成されるべき目的、目的達成のための手段が知性的分析を喚起し、制御する様式である。さらに、概念の章において、一般的観念は特殊な事物を示す様式であって、単に特殊な事例や超経験的機能からの抽象ではないということを彼は示している――つまり、一般的観念は目的論的道具なのである。さらに、ジェイムズは推論に関する章でこの概念を展開し、次のように述べる。「本質が持っている唯一の意味は、目的論的なものであり、分類と概念は、精神の純粋な目的論的武器である」と。

この短い例示を完全なものにするには、ジェイムズのこの著作のうち、必然的真理の本質と経験の効果に関して議論している章に言及すれば十分であろう。そこでは、ハーバート・スペンサーの立場に反対して、次のように主張している。感覚的対象の世界に対する我々の知覚と観念の最も重要な様式は、特殊な経験の累積的所産なのではなく、むしろ、生得的な生物的運動、つまり、自然発生的な変移であって、これらは、ひとたび創造されて以降、具体的な経験に対して適応するがゆえに維持されるのである。彼がいうには、数・空間・時間・類似やその他の重要な「カテゴリー」が存在しうるのは、脳の特殊な不安定状態の帰結としてなのである。これらのカテゴリーが、脳の外部にある影響作用によって精神に登録されるなどということは、けっしてない。重要なものであれ、無用のものであれ、数多くの概念もまた同様の様式で生ずる。しかし、根本的なカテゴリーの場合は、経験という具体的な事実と事物に対して適用される際に有する価値ゆえに、累積的に拡大され、強化される。それゆえ、概念の価値基準となるのは、概念の起源ではなく、その適用なのである。ここに、我々はプラグマティズムの全容の萌芽を見る。ジェイムズの次の文言は、その意味を余すことなく要約している。「通俗的な考えによれば、『科学』は、精神の外部から精神に対して押しつけられ、さらには、我々が持っている関心は、科学を構築することとは何の関係もないというのであるが、これはまったく馬鹿げている」。

我々が詳しく述べてきた観点、さらには、概念と判断の論理学の理論に付随する関心からするならば、次のような記述が得られる。下等な有機体による適応、たとえば、刺激に対する効果的で調整された反応は、人間の場合には、目的論的なものとなり、思考を誘発する。反省は、環境に対する間接的な反応であり、間接性という要素は、それ自体が偉大なものに、そして、極めて複雑なものになりうる。しかし、反省の起源は、生物学的適応行動にあり、その認知面における究極の機能は、未来を見据えた観点から、環

▼9　*Psychology*, vol. 1, p. 8.

境の諸条件をコントロールすることである。知性の機能は、それゆえ、環境という対象を写し取ることではなく、むしろ、こうした対象に対して、より効果的で、より有益な関係を未来において確立する様式を考慮する機能なのである。

こうした視点が、判断の理論に対して、いかに適用されてきたかについては、あまりにも長い話になってしまうので、ここで述べることはできない。ここでは、次のように述べるにとどめよう。一般的にいって、判断の「主語」が表現しているのは、環境の中でも、ある反応の対象とならねばならない部分であり、判断の述語が表現しているのは、人が環境に対してふるまわなければならない場合の可能な反応ないし習慣あるいは様式である。そして、〔主語と述語をつなぐ〕繋辞が表現しているのは、有機的かつ具体的な行為であって、この行為が事実とその意味との間の繋がりを作り出すのである。最後に、結論あるいは判断の最終的な目的は、当初の状況が変換されることである。つまり、環境自体における変化はもとより、当初の主体（その精神も含む）における変化を伴う一つの状況である。かくして新たに達成された調和の取れた統一は、データの意味と概念の意味を検証する。つまり、データは、当初、主題として役立つように選択され、概念は、〔主体と環境の〕変化の過程において、状況を編成するための目的論的道具として状況の中に導入されるが、こうしたデータや概念の意味を、新たな統一が検証するのである。この最後の統一化が達成されるまでは、知覚上のデータと概念上の原理、つまり、理論は、論理学の観点からするなら、単なる仮説にすぎない。さらにいえば、肯定〔判断〕も否定〔判断〕も、本質的には、論理学とは関係ない。両者は行為なのである。

このような要約的概観程度で、以上の主張が、説得力に富み、示唆に富むなどというつもりはない。しかしながら、プラグマティズムの今みた側面と新ヘーゲル主義的観念論の論理との類似点と相違点を指摘するならば、我々は極めて重要な論点を提示していることになる。新ヘーゲル主義的観念論の論理にしたがうなら、思惟こそが、究極のところ、思惟の対象、さらには、世界を構成する。〔この場合〕判断には一連の諸形態が存在することを肯定する必要がある。というのも、我々の最初の判断は感覚に最も近いものであるが、それでも、単に部分的で断片的な様式においてであれ、対象を〔思惟によって〕構成することに成功するからである。もちろん、その成功の度合いたるや、対象の性質のうちに矛盾という一契機を伴う場合さえある。ここから弁証法が生ずる。つまり、〔当初の〕劣った部分的な型の判断が、やがて、より完全な判断形態へと移行することを可能にする弁証法である。そして、この移行は、我々が総体的判断に最終的に到達するまで続くのであって、そこに到達した暁には、対象全体あるいは世界を把握する思惟は、相互に関連し合った心的な諸区別を統合した有機的全体となっているのである。この理論が、思惟の役割を、各部分の総和を超えるほどに過大評価しているのは明らかである。それは、客観的合理的観念論であり、バークリー学派の主観的知覚的観念論に対立すると同時に、これと区別される。しかしながら、道具主義の場合、思惟に積極的な機能を帰しているが、その場合の思惟は、事物を単に認識する思惟ではなく、事物の現行の局面を再構成する思惟なのである。したがって、本源的な判断の諸段階あるいは判断の諸形態のヒエラルキーなどは、存在しえないと考える。各判断の型には、それ自身の目的があるのであって、各判断の妥当性は、もっぱら、それぞれの目的を追求する際の判断の有効性によって規定される。視野の狭い知覚上の判断であっても、当の判断を生み出した状況に適応されるのであれば、その場所においては、真なのである。それはちょうど、最も完全で意義深い哲学的あるいは科学的判断が、適応される状況において真であるのと同様である。それゆえ、論理学は、ある意味、実在論的形而上学に通ずるが、それは、論理学が、事物や出来事を、思惟から独立しているものとして認めるかぎりにおいてである。他方で、論理学は、ある意味、観念論的形而上学に通ずるが、それは、論理学が、未来の事実と出来事を修正する独自の行為を生み出し、それによって、当の事実や出来事を一層理にかなったものにし、つまり、我々が自分自身のために提示する目的に一層適合的にするということ、これを強く主張するかぎりにおいてである。こうした観念論的要素は、自然的要因に加え、社会的要因が人間環境のうちに、次第に、組み込まれることによって、ますます際立ってくる。その結果、欲求充足と目的達成は、もはや、生物学的あるいは特殊な性質のものではなくなり、社会の他の成員の目的と活動を含むものとなる。

大陸ヨーロッパの思想家たちがアメリカ哲学に関心を持つのは、それが、ある意味、アメリカの生活を反映しているかぎりにおいてである。これは、もっともなことである。プラグマティズムの歴史に関する概観を取り急ぎ試みた今、明らかなことは、アメリカの思想はヨーロッパの思想を継承しているということである。我々は、言語も法も制度も、そして、道徳も宗教も、ヨーロッパから持ち込み、その上で、これらを我々の新しい生活条件に適用してきた。同じことは我々の思想にも当てはまる。長年にわたり、我々の哲学上の思想はヨーロッパ思想の単なる模倣でしかなかった。この論文でたどってきたプラグマティズム運動は、新実在論や行動主義、ロイスの絶対主義的観念論やサンタヤナの自然主義的観念論と同様に、すべて、再適応の試みであって、新規の創造ではない。その起源は、英国思想、ヨーロッパ思想にある。アメリカ思想の諸々の学説は再適応の産物であるがゆえに、アメリカの生活という環境に固有の性質を考慮に入れるのである。しかし、既に述べたように、これらの思想は、この環境の中で、使い古しで不完全なものを再生産することに限定されてはいない。この思想が目的とするのは、アメリカ生活の新条件が誇張した行動への愛着と行動活力を讃美することなどではない。この思想は、アメリカ生活の過度の商業主義を反映するものではない。疑いもなく、こうしたアメリカをめぐる環境のすべての性質は、アメリカの哲学上の思想に何らかの影響を与えないはずはない。もし、こうした影響を受けていないとすれば、我々の哲学は国産のものとはならないし、自発的なものともならない。しかし、我々が先に語り、表明しようと試みてきた哲学運動の根本的な思想とは、行為と機会が自らを正当化するのは、ただ、それらが生活を一層理にかなうものにし、生活の価値を高める、そのかぎりにおいてであるという思想である。アメリカの環境には、道具主義と真っ向から対立する諸傾向があるが、しかし、道具主義は、これに抗して主張する。行為は知性的で反省的でなければならないのであり、思想は生活において中心的地位を占めなければならないのである。これこそ、我々が思想と知識の目的論的局面を主張する根拠である。この局面が、理論上真であるだけでなく、とりわけ目的論的でなければならないとすれば、それは、おそらく、アメリカの生活の全局面において見出しうる実践的要素のためであろう。それがいかなるものであろうと、他の何よりも我々が主張するのは、知性を、幸福で望ましい未来を保証する唯一の源泉であり魂であるとみなすことである。疑いもなく、アメリカの生活と文明化の前進的で不安定な特徴は、世界を持続的な形成途上にあるものと見る哲学の誕生を促進してきた。この形成には、今なお、非決定論、新しいもの、真の未来の余地がある。アメリカの生活条件は、この考えを自覚的なものにするのに役立ってきたけれども、この考えは、何もアメリカにのみ固有のものというわけではない。また、過去の達成物と考えられる伝統および合理性という価値をアメリカ人が過小評価しがちであるのは、確かである。しかし、世界はまた、過去における非合理性を証明してもきたわけで、この非合理性は我々の信念と制度にまで浸透している。良き伝統があるのと同じように、悪しき伝統もある。両者を区別することが常に重要である。過去の伝統を無視することが、我々の生活の精神的貧困化にとって何を意味しようとも、それによって失ってしまうのは、我々の眼下で世界が再開し再構成されるという考えである。過去と同様に未来も、関心と安らぎの源泉でありうるし、現在に対して意味を与えうる。プラグマティズム、道具主義的実験主義は、一人一人の個人の重要性を際立たせる。創造的思惟を担い、行為とその適用の起点となるのは、一人一人の個人である。主観主義は哲学の中では古い話である。それはヨーロッパ産であり、アメリカ産ではない。しかし、我々が詳述してきた諸々の学説の中にあって、アメリカ哲学は、主体、つまり、個人個人の精神に対して、認識論的機能よりもむしろ、実践的な機能を与えてきた。個人個人の精神が重要であるのは、個々の精神のみが、伝統と制度の中で修正を施す器官だからであり、実験的創造の媒体だからである。アメリカの生活における一面的で、利己的な個人主義は、我々の習慣に刻印を残してきた。見方によれば、それは、良かれ悪しかれ、古きヨーロッパ文化の美的で不変の個人主義を、活動的な個人主義に転換してきた。しかし、個人個人からなる社会という考えは、アメリカの思想にとって無関係ではない。この考えは、我々の昨今の無分別で粗野な個人主義にさえ浸透している。アメリカの思想が理想化する個人は、個人それ自体、すなわち、独立自存の孤立個人ではなく、自然的かつ人間的環境の中で進化し発達する個人、つまり、学習しうる個人なのである。

こうしたアメリカ思想における運動に、歴史上匹敵するものを提示するよう問われたならば、私は、読者にフランス啓蒙哲学を思い起こしてもらいたいと考える。誰もが知っているように、啓蒙運動を輝かしいものにした思想家たちは、ベーコン、ロック、ニュートンに触発されたのである。彼らを惹きつけたのは、人間的事象に対して、科学的方法および知識の実験主義的理論の結論を適用することであり、信念と制度を批判し再構築することであった。ヘフディングが書いているように、彼らは、「知性、進歩、人間性に対する熱烈な信念」によって鼓舞されたのである。確かに、今日、彼らは批判されてはいないが、それは、彼らが教育的意義、社会的意義を有しているからであり、また、彼らが、知性と科学を、日々のありふれた有用性という目的に従わせようと試みたからである。彼らが追求しようとしたのは、ただ、知性をその不純物から解放して至上のものにすることであった。知性と理性は、それを持つことで私的に満足するがゆえに価値がある、こういう理由で知性と理性を抽象的に賛美する人々がいる。こうした人々の場合、知性を知的社会的生活のための不可欠な指針としたいと考える人々よりも一層真実に近いところで知性を評価しているなどとは、とてもいえないだろう。アメリカの批評家が、道具主義は観念を人生の成功に役立つ道具としてしか見ていないと述べるとすれば、それは、よく考えもせず、日常の語感からの連想で、「道具的」という言葉に反応しているにすぎず、他の多くの人々が、これまで、「実際的」という言葉に対して同様に反応してきたのと同じようなものである。同様に、最近のイタリアの論者はプラグマティズムと道具主義はアメリカの思想に特徴的な産物であると述べた後で、つけ加えて述べている。こうした学説は「知性を、信念の単なるメカニズムとみなしており、したがって、道徳と社会にとって役に立つ信念を作り上げるための機械とみなすことによって、理性の威厳を復活させようと試みている」と。しかし、この批判は成り立たない。この学説が追究しているのは、けっして、道徳と社会に役立つ信念を創出することではない。そうではなく、道徳生活と社会生活に必要な唯一不可欠の信念として、知性への信念を形成しようとすることなのである。思想と科学が持つ、本質的に美的な、直接的な価値を評価すればするほど、そして、知性自体が生活の喜びと威厳に対して加えるものを考慮に入れれば入れるほど、ますます悲嘆にくれることになる状況というのは、理性の行使と歓喜が狭隘で閉鎖的な専門的社会集団に限定されている状況であり、そして、ますます問うことになるのは、いかにしてすべての人々を、思想と科学という、このはかりしれないほどの財産への参加者にしうるかということであろう。

第12章 信ずる意志[1] The Will to believe 〔『信ずる意志』第一章〕(一八九七年)

ウィリアム・ジェイムズ William James

最近、フィッツ=ジェイムズの伝記が、彼の弟レズリー・スティーヴンによって出版されました。そこには、フィッツが少年の頃通っていた学校についての説明があります。その学校では、ゲスト氏とでもいう先生が自分の生徒と、よく次のように対話したものだったといいます。「ガーニー君、義認と聖化との違いは何だね。スティーヴン君、神の全能性を証明したまえ」等々。ハーヴァードにおける自由思想と宗教的無関心の中にいると、つい思い描きがちになるのは、この由緒正しい伝統的大学において、このような対話が幾分でも続いているということです。そこで、ハーヴァードにあって、我々は、このような極めて重要な主題に対して関心を完全に失ったわけではないということ、この点を今晩の聴講者の皆様に示すために私が準備してきたのは、神による義認に関する講話のようなものです。これについて、皆様方に、お話ししたいと思います。講話のようなものというのは、つまり、一つの試論だということです。その内容は、宗教上の信仰を正当化するものです。我々の持つ単に論理的な知性については、強要されることがあってはなりません。これは事実としてありますが、しかし、宗教上の問題を信ずる態度については、これを採用する権利が我々にはあることを擁護するわけです。かくして、我々の論考のタイトルは「信ずる意志」ということになります。

私はこれまで、自分の学生たちに対して、自ら進んで採用した宗教上の信仰は正当であることを主張してまいりました。しかし、学生たち自身、たとえ、個人的には何らかの信念で常に心中一杯になっていても、ひとたび、論理的思考に十分染まると、その途端に、宗教上の信仰の正当性は哲学的にも正当であるという私の主張を、彼らは概して拒むようになってしまいます。しかしながら、私自身、長い間、自分の立場は正しいと深く確信してまいりました。したがって、今晩、こうして皆様を招いたことは、私にとって、自分の主張を一層明確にするために絶好の機会だと思われます。今日の皆様は、私がこれまで相手にしてきた学生たちよりも、おそらく、ずっと自由な精神の持ち主でありましょう。できるだけ専門的にならないように議論を進めてまいりたいと思っております。とはいえ、まずは専門的に若干の区別を設けることから始めねばなりません。これは、最終的には理解に資するはずです。

一

いかなるものであれ、我々の信念に提示されうるものに対しては、仮説という名で呼ぶことにしましょう。そして、電気技師が電線を称して、〔電流が通じている場合には〕生きている、〔電流が通じていない場合に

▼1 元々、イェール大学とブラウン大学の哲学研究会における講演。一八九六年六月、『新世界（*New World*）』誌に発表。

は〕死んでいると語るように、我々も、いかなる仮説についても、生きているか、死んでいるか、どちらかであると呼ぶことにしましょう。生きている仮説というのは、それが提示された人に対して、実際に可能性のあるものとして、訴えかけてくる仮説です。たとえば、〔ここアメリカにあって〕皆様方に〔イスラム教で世界の終末前に現れる救世主〕マハディを信仰するよう求めたとしましょう。しかし、マハディを信仰する観念は、皆様方の心の琴線に触れることはないでしょう。信憑するに足るものが喚起されることは、まず、ないはずです。しかしながら、アラビア人に対してであれば（たとえ、その人がマハディ信仰者の一人ではなくとも）、この仮説は、心に喚起される可能性のあるもののうちの一つです。つまり、この仮説は生きているのです。こうしてわかるように、ある仮説において、死んでいる、あるいは生きているというのは、仮説自体に内在的な特性ではありません。仮説について考える一人一人に相関的な特性です。こうした特性は、当人の行動する意志によって評価されます。ある仮説にあって、生きている状態が最大限に達するとき、それは取り消し不能な行動を起こす意志を意味します。実際のところ、それは信念なのです。しかし、いやしくも、行動しようとする意志があるところ、どこにでも、信ずるという何らかの傾向があります。

次に、二つの仮説のうち、どちらかに決めることを選択と呼んでおきましょう。選択には色々種類があります。その種類は、一、生きている選択か、死んでいる選択か、二、回避不能な選択か、回避可能な選択か、三、重大な選択か、些細な選択か、であります。ここでの目的から、数ある選択のうち、回避不能で、生きている、なおかつ、重大な種類の選択を、正真正銘の選択と呼んでおきます。

（一）生きている選択とは、二つの選択肢の仮説が両方とも生きている仮説であるような選択です。たとえば、皆様方に「神智論の信者か、そうでなければ、イスラム教徒になりなさい」といったとします。

これは、おそらく、死んでいる選択です。なぜなら、皆様方には、どちらの仮説も、生きたものとは思われないからです。しかし、「〔神の存在は認識不可能と考える〕不可知論者か、そうでなければ、キリスト教徒になりなさい」といえば、死んでいる選択ではないでしょう。どの宗教上の訓練を積んでいようが、どちらの仮説においても、皆様方の信念に訴えるものが、どれほど微々たるものであれ、いくばくかはあるはずです。

（二） 次に、皆様方に、こういったとします。「傘を持って出かけるか、傘を持たずに出かけるか、どちらか選んでください」。今私が提示した選択は正真正銘の選択ではありません。この選択は回避不能の選択ではないからです。皆様方は、出かけないという選択をして、この二者択一を容易に回避できるわけです。同様に、こういったとしましょう。「私を愛するか、さもなければ、憎みなさい」、「私の学説を真と呼ぶか、そうでなければ、偽と呼びなさい」。皆様方の選択は回避可能です。皆様方は、私に無関心でいることもできます、つまり、愛しもしなければ、憎みもしないということが可能です。そして、私の理論に対しては、いかなる判断を下すことも拒否できるわけです。しかし、「この真理を信ずるか、さもなければ、この真理なしでやっていきなさい」。このように私が皆様方にいったとします。この場合、私は、皆様に、回避不能の選択肢をつきつけています。というのも、どちらかを選択する以外に、他に取るべき立場はないからです。完全に論理的な選言に基づくジレンマの場合、選ばないという可能性がない以上、すべて、こうした回避不能な選択であります。

（三） 最後に、私がナンセン博士〔Fridtjof Nansen 一八六一—一九三〇年 グリーンランドを横断しノーベル平和賞を受賞〕だとして、皆様方に北極探検に参加するよう提案したとしましょう。皆様の選択は重大な選択です。というのも、これは、おそらく皆様方にとってまたとない機会だからであります。そして、今の場合、皆様方の選択は、北極探検という不朽の名声のかかった機会から、皆様方を完全に排除するか、そうでなければ、少なくとも、そのチャンスを手に入れるかということになります。この一度しかない機会を拒む者は、試みてみたものの結局失敗した者と同じくらい、確実に、賞賛の機会を失います。これに反して、選択の機会が一度しかないものではない場合、また、どちらを選択しようが、得られる利得が微々たるものである場合、あるいは、後になって思慮不足であったとわかり、選択しなおすことができる場合、その選択は些細な選択です。科学者生活をしていると、このような些細な選択に事欠きません。〔たとえば〕化学者は、ある仮説の検証に一年費やしても、それを、十分価値のある、生きている仮説であると感じるものです。つまり、その程度まで、化学者は自分の仮説を信じています。しかし、この化学者の実験では結論が出ず、どちらに転ぶこともない場合であっても、時間の浪費だけで済むのであって、致命的な害悪を被るわけではありません。

選択に関する以上のような区別を、すべて、しっかりと念頭に置いていただければ、我々の議論も、うまく進めていくことができます。

二

次に考慮すべき問題は、人間の意見にみられる実際の心理状態です。ある種の事実をみてみるなら、我々のすべての信念の根底には、あたかも、激しい情熱や強い意志といった性向が潜んでいるように思われます。また、別の事実をみてみるなら、優れた知性の持ち主が、ひとたび、いいたいことをいおうが、事実の方は、あたかも、どうにも変えようもないかのように思われます。まず、後者の事実を取り上げることにしましょう。

我々は自分の意志によって意見を修正しうる、こう語れば、一見したところ、不合理に思われないでしょうか。我々の意志が真理を認識するとき、その意志自体が、知性を手助けしたり、あるいは邪魔したりすることがありうるでしょうか。信じようとする意志によって、たとえば、エイブラハム・リンカーンは神話上の存在にすぎず、『マックリュー』誌に掲載されている彼の肖像画も、すべて、他の人のものであるなどと、信ずることができるでしょうか。自分の意志を精一杯働かせさえすれば、あるいは、あることを真実であると強く願望しさえすれば、リュウマチで臥せって苦しみもがいていても、実は体調は良好で、もうすぐ動けるなどと信じたりすることがあるでしょうか。あるいは、強い意志を持つだけで、所持金、締めて、一ドル紙幣二枚だというのに、実は、百ドルあるにちがいないなどと信じたりすることがありうるでしょうか。これらの事態いずれについても、我々は口では語れますが、しかし、これらを信ずることなど、絶対にできはしません。我々が信じている真理の全体の仕組みは、実は、このような事実から成り立っています。つまり、真理の全体は、ヒュームがいったように、直接的であれ間接的であれ、事実という事態と、観念間の関係とから成り立っているわけです。これらは、我々が真理をどう見るか、その見方次第で、我々にとって存在したりしなかったりします。もし、存在しないのであれば、我々自身、いかに心を働かせようが、存在するわけにはいかないのです。

　パスカルの『パンセ』には、パスカルの賭けとして、文献上、よく知られた一節があります。その中で、彼は読者に対してキリスト教を強いようと試みているわけですが、その際の論拠は、我々の心理に対する関心は、あたかも、偶然がものをいう勝負事の賭けに対する関心に似ているというものです。彼の文言を自由に翻訳するなら、こうなります。「神の存在を信ずるか、信じないか、二つに一つだとすると、君はどちらを信ずるのか。君が持つ人間的理性では、これについて答えられない。今行われている勝負の行方は、君と、最後の審判の日に表が出るか裏がでるかといった類いの事実と、この両者の間にかかっているわけだ。表が出て神が存在する方に賭けようとするならば、その場合の損得をしかと比較考量したまえ。表が出て君が勝てば、永遠の至福が得られる。負けても、君は何も失わない。仮に、この勝負では、賭けるチャンスが無限にあり、そのうち神の存在の側が勝つのは一度だけであっても、君は神の存在の方にすべてを賭けるべきである。というのも、神の存在に賭けることで、確かに、君には、有限ではあれ損する危険があるけれども、たとえ、わずかではあれ無限の利得という可能性があるのであれば、有限な損失は理にかなっているし、確実な損失でさえ、そうなのだ。さあ、賭けたまえ。そして、聖水で清めてもらい、ミサを受けたまえ。こうして、信念が現れ、ためらいの感覚など麻痺してしまうことになろう。そうすれば、君は本当だと信じるようになり、理性におごらず従順になれるだろう。さあ、賭けようではないか。本当のところ、何を失うというのかい。失うべきものなどないではないか」［パスカル『パンセ』第二三三節］。

宗教上の信仰が、このような賭け事の用語で語られるときには、おそらく、最後の審判の場に置かれていると感じることでしょう。確かに、ミサと聖水に対するパスカルの個人的信仰の源は、賭けとはまったく別のところにあったでしょうし、彼のこの有名な挿話は、他人を説得するための議論でしかありませんし、頑なな不信心を向こうに回して、捨て身で挑んだ最後の賭けでしょう。しかし、我々が感じるのは、ミサや聖水を信仰するにしても、意図的にチャンスに賭けるといった機械的な打算にしたがって採用するというのであれば、信仰の本質をなす内的魂を欠いたものになってしまうということです。そして、仮に我々が神の立場にあったなら、このような打算的な信者に対しては、おそらく、無限の恩恵を与えないことを好むでしょう。打算に先立って、ミサや聖水を信仰する傾向が、いくらかでもなければ、パスカルが意志に対して与えた選択は、生きている選択でないことは明らかです。イスラム教徒であっても、賭けを理由に、ミサや聖水を好むことなど、けっしてなかったのは確かですし、我々プロテスタントにとっても、このような救済手段など、一顧だにしないほど不可能事に思われるため、パスカルの論理は、特にプロテスタントのために持ち出されたものであっても、我々を突き動かしはしないでしょう。これは、たとえば、イスラム教の救世主マハディが、次のように語るようなものです。「私は、神自らの光輝の下に創造された、待ち望まれた絶対者である。私に信仰を告白すれば、無限の至福が得られよう。信仰告白しないのであれば、太陽の光から遮断されることになろう。それゆえ、私が本物であれば手にしうる無限の利得と、私が偽りであれば被る有限の犠牲とを、比較考量せよ」。マハディの論理は、パスカルの論理であるといってよいでしょう。しかし、我々に対して、この論理を用いても無駄というものです。というのも、マハディが我々に与える仮説は、死んでいるからです。この論理にしたがって行動する傾向など、我々には、いささかもありません。

こうして、ある点からみるなら、我々の意志の力で信ずるようになるという議論は、まったく、馬鹿げているように思われます。別の観点からみるなら、馬鹿げているどころか、不快感すらもよおすようなものです。自然科学の壮大な体系に目をやり、あれこれ確かめてみるとよいのです。たとえば、科学は、いかにして築かれたのでしょうか。単に科学を樹立するというだけで、そこには、幾千にも及ぶ、何と多くの公平無私な道徳生活が埋もれていることでしょう。科学の確立までに、どれほどの忍耐力を、どれほど長期にわたって維持し、どれほど選り好みを抑制したでしょうか。客観的事実を貫き主観の入る余地のない冷厳な法則に対する服従を、どれだけ費やして、科学の骨格と外観が築き上げられたのでしょう。科学は、自らの威厳において、どれほど徹頭徹尾非人格的なのでしょうか。こうした点をみるなら、故意に大口をたたきながら、自分の私的な夢物語に基づいて事を決めるふりをしてやってくる狭量な感傷家は、皆、どれほど、血迷い、見下げ果てた装いをしていることでしょう。厳格で雄々しい科学の学風の中で育った人々が、このような主観主義を吐き出したくなるのを想像できるでしょうか。科学の様々な学派の中で育まれた忠誠心も、主観主義を容認するという事態に直面したなら、忠誠心の全体系の成長が息絶え絶えになります。したがって、科学熱に囚われた人々がまったく正反対の極端に走り、公正で誠実な知性の持ち主が、酔い心地の心情よりも、はっきりと辛辣で強硬な態度を好むかのように時折述べるのも、極めて当然のことにすぎないでしょう。

たとえ、我が身が滅びようと、真理はかくあり
これを知らば、我が魂は堅固なり

クラフ［Arthur Hugh Clough 一八一九－一八六一年 イギリスの詩人］は、こう詠みました。他方で、ハクスリー［Thomas Henry Huxley 一八二五－一八九五年 イギリスの生物学者］は、力を込めて、次のように語りました。「信ずる理由がないのなら、たとえ、信ずるふりをするのが自分たちに有利であろうと（ここで「ふりをする」という言葉は余計でしょうが）、信ずるふりなどしない。このような明白な規則を遵守するかぎり、たとえ、我々の子孫がどれほど落ちぶれることになろうと、不道徳の極みに達することはない。私の魂の安らぎは、かかる哲学的反省のうちにしかない」。さらに、あのユーモアあふれる一言居士クリフォード［William Kingdon Clifford 一八四五－一八七九年 イギリスの数学者、哲学者］は、こう書いています。「証明もされず吟味もされていない言明だというのに、自らの慰みと私的楽しみゆえに、これを信じてしまうのは、信念の冒瀆というものである……。こうした点において、仲間の賞賛を受けるに値する人なら誰であれ、いかなるときにも、信ずるに値しない対象に頼ることなく、けっして拭えぬ汚点を残さないよう、自らの信念の純粋性を守るにあたり、細心の注意を払いつつ、正真正銘の熱意をもって臨むだろう……。（ある）信念が（クリフォードが同じ頁で説明しているように、たとえその信念が真であろうと）、まったく不十分な証拠に基づいて受け容れられるなら、それによって得られる満足は、不正な満足である……。十分な根拠なく抱かれた信念は罪深きものである。というのも、このような信念は、人類に対する我々の義務を無視して不正に手に入れられたものだからである。こうした信念は、我々自身の身体を蝕み街中に蔓延する疫病のようなものである。人類に対する義務とは、このような信念から我々自身を守ることにほかならない……。いかなる対象であれ、不十分な証拠に基づいて信ずることは、いかなる場合であろうと、誰にとっても、常に誤りである」（"The Ethics of Belief," in *Letures and Essays* 1879）。

三

こうした見解はすべて、もっともなことと思われます。クリフォードにみられるように、感情の高ぶりから、幾分度を過ぎた調子で乱暴に語られる場合であっても、それは変わりません。自由意志と単なる願望は、我々が何を信ずるかに関してみれば、余計なものであるように思われます。とはいえ、これに関して、仮に、知的洞察とは、願望と意志と情緒的な好みが十分力を出し切った後の残滓であると思い込み、あるいは、純粋理性とは、後になって我々の意見を確定するものであると頭から決めてかかるとすれば、これは、まったく事実を無視したものです。

我々の本性たる意志によって甦らせることができないものは、我々にとって既に死んでいる仮説だけです。しかし、仮説が死んだものとなってしまったのは、大部分、我々の意志する本性の、以前の行使の仕方が、この仮説と相容れなかったためです。「意志する本性」という表現でいっているのは、自分たちには目下のところ逃れようのない信念の習慣を確立するといった、熟慮の上での意志作用のことだけではありません。たとえば、希望と恐怖、先入観と情念、模倣と党派心、そして、社会的地位や集団の周囲からの圧力というように、信念のあらゆる要因のことをいっています。実際のところ、我々は自分たちが信じていることはわかりますが、どのように、あるいは、なぜ信じているのか、ほとんど知りません。知的風土から生まれた影響力で、諸々の仮説を、我々にとって、可能にしたり不可能にしたり、あるいは、生きたものにしたり死んだものにしたりするような影響力すべてに対して、バルフォア氏は「権威」と名づけています。この部屋にいる我々すべてが信じているのは、たとえば、分子やエネルギー保存の法則、デモクラシーや必然的な進歩、あるいは、キリスト教のプロテスタント派、「不滅のモンロー主義」のために闘う義務などでしょうが、しかし、その名に値する理由があってのことでは、けっしてありません。こうした事柄を信ずる理由を調べてみても、我々に明白な理由があるわけではありません。この点では、これらを信じていない人も皆、明白な理由を持たないのと同じですし、場合によっては、理由の明解さでは、我々の方が劣るかもしれません。信じない人であれば、因襲に囚われないことが、信じない理由をよく示しているかもしれません。しかし、我々の場合、洞察ではなく、信じている事柄に関する意見の威信こそが、いわば、眠ったままの信念貯蔵庫を刺激し活性化するのです。信じたいという我々の気持ちが誰か他の人によって批判されるとして、その場合に詳細に語られる議論のいくらかでも、理性が見出しうるのであれば、我々の理性は、ほとんどどんな場合でも、まず満足するものです。我々が何かを信じているとき、実は、他の誰かが信じていることを信じているのです。最も重大な事柄に関して、このことは大方当てはまります。たとえば、真理は存在する、あるいは、我々の心と真理とは互いのために互いを作り合っている、こういった真理に対する我々の信念自体、欲望を熱烈に肯定すること以外の何でありましょうか。このような肯定の中でこそ、我々の社会組織は我々を支えるのです。我々は真理を持つことを欲します。我々が信じたいと思うのは、我々の実験や研究や議論が、必ずや、真理に近づくのにふさわしい立場に我々をますます近づけるにちがいないということです。しかし、仮に、ピュロン主義的懐疑論者が、こうした点すべてを、我々は、どのようにして知ることになるのかと問うてきたら、我々の論理は、これに答えられるでしょうか。もちろん、答えられません。我々の論理は、相対立し合う意志の一つにすぎません。我々は、信頼や仮説に基づいた生を支持しますが、懐疑主義者の方はというと、そもそも、信頼や仮説を作ることを好みません[2]。

概していえば、必要のない事実と理論など、我々は一切信じません。クリフォードの壮大な情感からすれば、キリスト教の感情など何の役にも立ちませんし、ハクスリーが主教を罵るのは、自身の人生構想において聖職者の制度慣行など何の役にも立たないからです。ニューマン［John Henry Newman 一八〇一–一八九〇年 イギリスの神学者］の場合は、まったく反対で、ローマカトリックの側に改宗し、これを堅持する十分な理由を、あらゆる種類にわたって見出していますが、これは、聖職者制度が彼にとっては生まれながら必要なものであり、喜びだからです。「科学者」のほとんどは、なぜ、いわゆるテレパシーの証拠を調べることすらしないのでしょうか。これについては、ある有数の生物学者が、生前、私に語っておりました。それによると、たとえ、テレパシーのようなものが仮に真理だとしても、科学者たるもの、一致団結して、これを公表せず覆い隠しておくべきだと考えるとのことです。科学者は、自然の斉一性やこれに類するその他の性質を前提せずには、自らの研究を継続できないわけですが、テレパシーなどというものが存在するなら、この前提事項は抹消されてしまいます。しかし、仮に、この生物学者に対して、科学者としてテレパシーを用いて行いうる何事かが示されていたなら、彼は、テレパシーの証拠を吟味しただけでなく、テレパシーそのものを絶賛さえしていたはずです。これは、まさしく、論理学者たちが我々に押しつけようとする法則にほかなりません。もっとも、これは、我々の持つ意志という性質を除外する人々を論理学者と呼ぶとすればの話です。このような法則の根底にあるのは、彼ら自身にとって特有の願望以外の何ものでもありません。論理学者たちは、自分たちの専門家としての資格からみて何ら有用性のない要素をすべて排除したがっているのです。

こうして、間違いなく、我々の知性的でない性質が我々の確信に影響を及ぼしています。情熱的性向や意志の働きには、信念に先立って作用するものと、信念形成の後に働くものがありますが、信念形成の後で作用するのでは、手遅れになるだけです。情熱の性向や意志の働きが手遅れにならないのは、それらが信念に先立って既に独自の方向に向かって作用し始めている場合です。こうしてみると、パスカルの賭けは、無力であるどころか、正真正銘、決定的論拠であるように思われますし、ミサと聖水に対する我々の信念を完全なものにするために必要な最後の賭けということになります。物事は、けっして、単純ではありませんし、純粋な洞察や論理は、理想的にはいかなることをなそうとも、実際に我々の宗教上の信念を

▼2 S・H・ホジソン『時間と空間』（*Time and Space*, London, p. 310）のすばらしい一節を参照せよ。

作り出す唯一のものではありません。

四

このように、信念と情熱や意志とは混じり合っているのを認めた上で、次に問うべき課題は、このような混合状態は、はたして、単に病的で非難に値するものにすぎないのか、それとも、逆に、我々が決心する際のごく普通の要素として、これを扱うべきなのかということです。手短に述べるなら、私の擁護する命題はこうです。様々な命題の中から一つの選択肢を決定するとき、その選択肢が、偽りのない選択肢であり、しかも、事の性質上、知的根拠に基づいて決定できないような選択肢であるとするなら、このような場合にはいつでも、我々の持つ情念という性質こそが、選択肢を正しく決定しうるのみならず、決定しなければならないのです。というのも、こうした状況下で、「決定するな、問題を未決のままにしておけ」と語ることは、それ自体が、ちょうど、イエスかノーかを決定するのと同じように、情熱的決定だからであり、真理を失うのと同じ危険を伴うからです。このように抽象的に語られた命題は、いずれ、かなり明確なものになると信じております。しかし、まずは、今少し準備作業を施しておかなければなりません。

五

こうした議論のために、以下では、「独断的な」根拠に立っていることが述べられるでしょう。独断的な根拠の意味するところは、体系的な哲学的懐疑論については、これを、まったく考慮外に置くということです。我々は、ここで、意図的に、次のような仮定を置くことにいたしましょう。真理が存在するという命題、あるいは、真理を獲得することが我々の精神の目的であるという命題です。もちろん、懐疑論者であるなら、このような命題を立てはしません。それゆえ、この点こそが、我々と懐疑論者を分かつ絶対的な分岐点です。しかし、真理は現に存在するという信念、そして、我々の精神はこれを見出しうるという信念、こうした信念を抱く場合、二つの様式において可能だと思われます。つまり、真理を信ずるには、経験主義的方法と絶対主義的方法があると述べることができます。この点に関して絶対主義者は、こう述べます。我々は真理の認識にまで到達することができるだけでなく、自分たちが真理を認識するにいたったのは、いかなる場合であるかを認識することができるというのです。これに対して、経験主義者の考えは、もちろん我々は真理に到達できるかもしれないが、いかなる場合に到達可能なのか、これを誤りなく認識することはできないというものです。認識するということと、認識していると確かに知っているということとは、まったく別の事柄です。人によっては、後者なしにも前者は可能であるという立場に固執する者もいることでしょう。したがって、経験主義者も絶対主義者も、ともに、言葉の通常の哲学的意味では、懐疑論者ではありませんが、しかし、その生き方において、非常に異なった程度において、独断主義を示しているわけです。

様々な学説の歴史をみるなら、経験主義的傾向は主として科学の分野に広がっており、他方、哲学においては、これまで絶対主義的傾向は何でも独自の方法で議論してきたのがわかります。実際、様々な哲学は、一種独特の満足感を生み出すのであって、その特徴は主として次のような確信にあります。つまり、歴史上現れる学派や体系それぞれが、自らの学派ないし体系によって真相を確実に探り当てたと確信するというものです。「自分たち以外の諸々の哲学は、臆見の寄せ集めであり、そのほとんどが誤っている。しかるに、私の哲学は、永続的な基盤を与えるものである」。このような文言の中に、体系の名に値する体系すべての基調を認めないものがいるでしょうか。体系たるものは、いやしくも体系たるためには、閉じた体系として現れねばなりません。あれこれ細かい点では、取り消しがきくにしても、その本質的特徴においては、取り消し不可能な閉じた体系でなければならないのです。

明晰な言明を完全に見出そうとする場合、正統派スコラ哲学は、誰もが常に向かって行かなければならない哲学ですが、自ら「客観的明証」説と呼んだ学説の中で、先にみた絶対主義的確信を見事なまでに洗練させています。たとえば、私が今皆様方の前に存在していること、2は3よりも小さいということ、あるいは、あらゆる人間が死すべき存在であるなら、私もまた死すべき存在であること、こういったことを私は疑いえないわけですが、それは、これらの事態が否応なく私の知性を啓発するからであります。こうした客観的明証性は、ある種の命題に備わっているものですが、その究極の根拠は「我々ノ知性ト事物トノ完全ナ対応性」です。これを根拠にした確実性には二つの側面が含まれます。思い描かれた真理の側には「一定ノ承認ヲ強制スル傾向」があり、思い描く主体の側には「認識ニオケル安心」があります。後者の安心感は、認識対象がひとたび心の中で受け容れられると、もはや疑う可能性を残すことはありません。こうして、知性と事物との相互作用全体において作用するのは、対象の「実体ソノモノ」と精神の「実体ソノモノ」を措いて他にありません。情けないことに我々現代人はラテン語による議論を好みません。もっといえば、一定の専門用語で語ることをまったく好みません。しかし、我々が無批判になすがままに任せるときにはいつでも、我々自身の心の状態は、根本的には、以下のようなものと極めて似ているわけです。すなわち、皆様は客観的明証性を信じていますし、私も信じているというものです。何ものかについては、自分はよくわかっていると我々は感じています。我々は知っているし、知っているということ自体も知っているというわけです。我々の心の中で時計の針が文字盤を回って正午の位置に達するとき、心中に存在するのは、時刻を音で告げる何か、つまり、十二回打つ時鐘です。我々の中で最も偉大な経験主義者であっても、自ら顧みて反省しているときにのみ経験主義者であるわけです。すなわち、本能に身を委ねているときには、不謬の教皇のように、独断的なのです。あのクリフォードのような人々は我々に語り、先にみたような「不十分な証拠」でキリスト教徒となるのは、いかに、罪深いか述べるのですが、実は、このとき、彼ら自身、不十分などということを、自分たちの念頭にはまったく置いていないのです。彼らにとって、証拠とは絶対的に十分なものなのでしょうが、しかし、証拠は、不十分なこともするのです。彼らは反キリスト教的宇宙秩序を強固に信じているため、彼らには、生きている選択肢などありません。キリスト教は、はじめから、死んでいる仮説な「のであって、証拠の十分不十分とは何の関係もない」のです。

六

しかしそうなると、我々は皆、本能上、今みたような絶対主義者であることになります。そうだとすると、哲学の学徒たる資格において、我々は、この事実に対して、どのようにふるまうべきでしょうか。この事実を受け容れ支持すべきでしょうか。それとも、これを我々人間の弱き性と考え、可能ならば、ここから自分たちを解放しなければならないと考えるべきでしょうか。

私が堅く信じているのは、後者の道こそ、内省的な人間として我々がしたがいうる唯一の道であるということです。客観的明証性と確実性は、疑いもなく、戯れるには非常にすばらしい理想です。しかし、月明かりに照らされ夢が行き来する、この世界にあって、いったい、どこに、そのような理想を見出しうるでしょうか。それゆえ、人間の認識の理論に関するかぎり、私自身、完全な経験主義者です。確かに、私が生きる上で拠り所にしている実際の信念によれば、我々は経験し続けなければならないし、経験について考え続けなければなりません。このようにしてこそ、我々の様々な見解は真理に近づくからです。しかし、数ある見解のうちの一つに、あたかも再解釈も修正も不可能であるかのように固執するとすれば――どの見解のことかについては、私はまったく気にかけていませんが――、それは、甚だしく誤った態度であると信じていますし、哲学の全歴史が私の考えを支持していると思います。確実で完璧な真理というものは、ただ一つだけあります。ピュロン主義的懐疑論も、この真理については、手つかずにしたままです。

その真理とは、心に浮かぶ意識現象は現に存在するというものです。しかしながら、この真理は、認識にとって単なる出発点でしかありません。つまり、哲学的に思索すべき対象を承認しているにすぎません。様々な哲学も、この思索対象が実際のところ何なのかを言葉で表現しようとする数ある試みにすぎません。図書館に足繁く通ってみるなら、これについて、どれほどの対立学説があるか、わかろうというものです。確実に真なる解は、いったい、どこに見出しうるのでしょうか。（たとえば、2＋2は、4に等しいといった）抽象的比較命題、つまり、具体的実在については、それ自体で、何も語らない命題は別にしても、これまで何人によっても明らかに真であるとみなされた命題、しかも、偽であると呼ばれたこともなく、少なくとも、他の誰かによって、真理性を真剣に問われたこともないような命題など、我々は目にしておりません。たとえば、（ツェルナーやチャールズ・H・ヒントンのような）我々の同時代人のように、幾何学上の公理を、戯れにではなく、真剣に乗り越えようとしたり、ヘーゲル学派のように、アリストテレス論理学をすべて排除したりする試みは、その著しい例であります。

真であるとは、本当のところ、どういうことなのか、その具体的な検証手続きに関しては、これまで、合意をみていません。論者の中には、その基準は知覚の契機外部にあると考え、啓示、「万民ノ合意」、心の本能、はたまた、人類の共通の経験に基準を求める者もいます。あるいは、知覚の契機こそ真理の検証基準と考える者もいます。たとえば、デカルトの場合には、神の真理性によって保証された明晰かつ判明な概念がそうですし、リードの場合は「常識」、カントであればア・プリオリな総合判断の諸形式が、それに相当します。その他にも基準として用いられてきたものを、順にいうなら、たとえば、真なるものと正反対のものは考えられないことを根拠にする基準〔帰謬法〕、感覚作用による検証能力、完全な有機的統一性を持ち合わせているか、あるいは、ある事物が自身の他者であるときに認識される、自己関係を持ち合わせているか等々です。大いに賞賛された客観的明証性にしたところで、この点では、成功した試しはありません。せいぜい、願望であるか、極限概念でしかなく、我々の思索生活の無限の彼方にある理想を示しているにすぎません。ある種の真理は明証性を持っていると主張するとき、その意味するところは、それを真と思っており、かつ、それが真であるなら、その明証は客観的であり、そうでなければ客観的でないということにすぎません。しかし、実際のところは、自分が拠り所にしている明証性は本当に客観的な明証性なのだと確信したところで、それは、多くの見解につけ加えられた主観的見解の一つにすぎません。どれほど多くの相矛盾した見解に対して、客観的明証性と絶対的確実性が妥当性を要求してきたでしょうか。片や、世界は徹頭徹尾理性的存在であるといい、片や、現にある世界の存在は、究極のところ一片の理性もないのが実相であるといい、あるいは、人格神は存在するといい、人格神の存在などありえないといいます。さらに対立例をあげれば、直接的に認識しうる超精神的にして物理的世界が存在する／精神が知りうるのは自身の内部にある観念のみである、道徳的命令は存在する／義務は欲求の結果にすぎない、各人の中には不変の霊的原理が存在する／存在するのは移りゆく心の状態だけである、因果連鎖は永遠に続く／絶対的な第一原因が存在する、永遠の必然性／自由、世界には目的がある／世界には目的などない、一者の第一次性／多者の第一次性、事物における普遍的連続性／事物における本質的非連続性、無限／有限、これが存在する／あれが存在する等々、といった具合です。要するに、絶対的に真であると考えられたことのないようなものはありませんが、他方で、他の同胞からすれば、そのことは絶対的に偽であると考えられたわけです。こうした論者の中にあって、絶対主義者であっても、おそらく考えたこともないことがあります。たとえば、こうした難点は、真理にとっては常に回避不能なものであり、真理を直接把握している知性の持ち主でさえ、その真偽如何を認識する不可謬的な指標を持ち合わせていないというのが、それでしょう。実際、思い起こしてみてください。客観的確実性説を実生活に実際に適応した例で最も顕著なものは、宗教裁判所における異端審問という、良心に基づいた勤めでした。そうだとすれば、この学説に、これまでほどに、敬意を表して承る気になる者などいないでしょう。

しかし、ここで確認しておかなければならないのは、我々が経験主義者として客観的確実性の学説を断念するからといって、それによって、真理それ自体の追究と希求を断念してはならないということです。我々は今なお真理の存在を信じていますし、経験を積み上げ思考を重ねる努力を系統的に続けることによって、真理へ一層近づく位置を得ると依然信じています。我々とスコラ哲学との大きな違いは、目を向けている方向にあります。スコラ体系の強みは、その思考の原理、起源、つまり、出発点にあります。我々にとっての強みは、帰結、結果、つまり、到達点にあります。考えるべきは、思考の由来ではなく、思考の帰結なのです。ある仮説の来歴など、経験主義者にとって、どうでもいいことです。当の仮説の入手は、公正な手段によるものかもしれませんし、そうでない手段によるものかもしれません。仮説を得んとする情念がささやいたからかもしれませんし、偶然がほのめかしたからかもしれません。しかし、思考の全過程が当の仮説を不断に確証し続けているのであれば、それが、経験主義者のいう真なのであります。

七

もう一つ、幾分微細にわたりますが、重要な論点として予備的考察を行っておきます。意見の分かれる問題において、自分たちの義務を考える場合、二つの見方があります。両者はまったく異なった見方ですが、しかし、これまでの認識論は、これについて、ほとんど関心を示してこなかったように思われます。つまり、我々は真理を認識しなければならないということ、そして、我々は誤りを回避しなければならないということです。これらは、認識者たろうとする者にとって、第一義的規準です。しかし、この二つは、同じ一つの規準を二つの異なる方法で述べたものではありません。二つに分けて考えるべき準則です。我々がAという真理を信じているとき、その偶然的帰結として、Bという誤りを信じないで済むということは、確かにありうることではあります。しかし、誤謬Bを信じないというだけで、必然的に真理Aを信ずることになるなどということは、ほとんど起こりません。誤謬Bを回避しても、Bと同じくらい誤っている他の誤謬CやDを信じ込んでしまうこともありえます。あるいは、まったく何も信じないことによって、たとえば、真理Aさえ信じないことによって、誤謬Bを回避することもできます。

真理を信じよ、誤りを回避せよ、これらは、我々の見るところ、実質的にはまったく異なる準則です。二つのうち、どちらを規準にするかによって、我々の知的生活の一切はまったく異なったものになる可能性があるからです。我々は、真理の追究を第一義的に考え、誤謬の回避を二義的なものと考えるかもしれません。あるいは逆に、誤謬の回避の方を緊急度の高いものとし、真理については、これを運に任せるかもしれません。クリフォードは、先に引用した啓発的な一節において、後者の規準を推奨しています。彼の主張によれば、不十分な証拠に基づいて判断し、その結果、偽りを信じるような愚を犯すくらいなら、何も信じないで、判断を永久に未決にしておく方がよいといいます。だが、これとは逆に、真の知識がもたらす賜物に比べれば、誤りを犯す危険など些細なことであって、真理を突き止める機会を永遠に先延ばしするくらいなら、真理探究の過程で何度も欺かれる方を進んで好む人がいても、おかしくありません。私としては、クリフォードの考えを支持することはできません。真理認識か誤謬回避か、これについての我々の義務感は、いずれにせよ、我々の感情的生活の表現にすぎないことを、我々は思い起こしておかなければなりません。生物学的に考えるなら、我々の頭脳は、次々と真実を生み出すのと同じように、偽りをも次々と生み出す傾向があります。「偽りを信じるくらいなら、金輪際、何も信じないでいた方がいい」。このように語る人が示しているのは、お人好しとなって騙されるのを密かに恐れる心持ちが支配的だということだけです。このような人は、自分の欲望と不安の多くに批判的になりうるでしょうが、騙されまいという不安には、卑屈なまでにしたがうのです。しかし、この手の人は、この不安の持つ束縛力を疑問視する者がいることなど、まったく想像できません。私自身はといえば、もちろん、騙されることに対して不安はあります。けれども、騙されることよりも、もっと酷いことが、この世には起こりうるのです。私は、そう信じております。ですから、クリフォードの忠告は、私にはほとんど現実離れしたものに響きます。それは、たとえば、傷一つであれ、負傷するくらいなら、戦闘回避した方がいいと、軍の指揮官が兵士たちに告げるようなものです。これでは、敵に対してであれ、自然に対してであれ、勝利を得ることはできません。我々が犯しうる誤謬は、もちろん、このように極度に重大な事案ではありません。どれほど用心深くしたところで、我々は誤りうる、これが世の中というものです。ですから、このように誤謬に対して過度に神経質になるよりも、いくらかでも明るい心持ちでいる方が、健全であるように思われます。いずれにせよ、これは経験主義に立つ哲学者にとって最適な態度でしょう。

八

さて、以上で、前置きをすべて終えたので、ここで、我々が提起した問いに直に取り組んでいくことにします。既に述べたところを繰り返しておくなら、こうです。我々が意見を形成する際には、事実として、自分たちの情念という性質が影響を及ぼすことに我々は気づいております。しかし、それだけではありません。様々な意見のどれを選ぶか、様々な選択肢がありますが、こうした選択過程に情念という性質が及ぼす影響は、回避不能にして正当な決定要因とみなさなければならないのです。

このように述べてしまうと、ここにお集まりの皆様方の中に、脅威を感じ、聞く耳を持たなくなってしまう方が、もしやいるのでは、と案じられます。情念が意見選択に影響を及ぼす場合、まずもって、二つの段階が必要なものとなります。皆様方も実際そう認めざるをえないと思っているはずです。つまり、騙されることを回避するために考えねばならない、そして、真理を得るために考えねばならない、この二つです。しかし、こうした理想的境地に達する上で最も確実な道は、今後は、情念的な手段を、これ以上講じない、このように考えるかもしれません。

もちろん、実情が許すかぎり、私もそう思います。真理を失うか、それとも、真理を得るか、両者の選択が深刻でない場合には、我々はいつでも、真理を獲得する機会を投げ捨てることができます。あるいは、いずれにせよ、誤りを信ずる機会から逃れることができます。つまり、客観的明証性が得られるまで意志決定をまったくしないことによって、それが可能となるのです。科学的問いの場合には、この点は常に妥当します。さらにいえば、人間事象一般においてさえ、たとえば、まったく何も信じないよりも、たとえ誤っていようと決定を下す方がよいといえるほど、事を起こす必要性が差し迫ったものとなることは、めったにありません。実際のところ、法廷は、当面のところ入手可能な最善の証拠に基づいて判決を下さなければなりません。というのも、裁判官の義務は、法を確認するだけでなく、法を創造することだからです。（そして、ある博学な裁判官が私に語ったように）長時間費やすに値する係争は、ごく稀にしかありません。つまり、肝心なことは、何であれ、受容可能な原理に基づいて係争を裁き、それ以上の争いを避けるということです。けれども、我々が客観的自然を扱う場合、我々は真理の記録者であって、真理の作成者ではないことは明白であります。そして、単に迅速に決定し、次の業務に進むためにのみ決定するなどということは、ここでの議論からすれば、まったくもって論外でしょう。自然界全体の隅々に現れる事実は、我々とはまったく独立に存在するわけです。こうした事実に関して、未成熟な理論を信じ込んで危うく騙されてしまうのではないかなどと慌てる必要はないのです。こうした場合の問いは、常に些末なことの選択ですし、このような場面での仮説も死んでいる仮説といっていいほどです（いずれにせよ、我々観察者にとっては、生きているものではありません）。真理を信じてしまうか、誤りを信じてしまうか、いずれかの選択が強制されることなど、めったにありません。誤りから逃れたいのであれば、懐疑的な態度でバランスを取るのが、まず確実に賢明な態度というものでしょう。たとえば、レントゲンのX線理論を知っているか否か、心素材の存在を信ずるか否か、意識状態の因果性について確信を持つか否か、これらについて、どちらか一方に決定することで、何か実際に相違が生ずるのでしょうか。何の違いも生じません。このような二者択一が我々に強制されることはありません。あれかこれか、あらかじめ決め込まずに、決定理由についての賛否を公平な態度で評価し続ける方が、どう考えても望ましいでしょう。

もちろん、私がここで語っているのは純粋に価値判断する精神についてです。発見を目的とするのであれば、今みたような冷静さは、それほど勧められたものではないでしょうし、科学にしても、各自の信念を確証せんとする個人個人の情念からくる欲望がなかったならば、今日ほど発展することはなかったでしょう。たとえば、スペンサーやヴァイスマン［A. Weismann 一八三四－一九一四年 ドイツの生物学者］が今日示しているような聡明さをみるとよいでしょう。他方で、何か研究するにあたって、まったくもって愚か者でありたいのであれば、結局のところ、研究成果にまったく無関心な人の立場を取らざるをえないでしょう。こういう人は、確実に無能なのであって、救いようのない愚か者です。最悪の愚者だといっていいでしょう。最も鋭敏な観察者であるがゆえに、最も有益な研究者というものは、けっして欺かれることのないように、常に、問題の一側面に対して強い関心を抱きつつも、同じく繊細な神経でもって、この関心のバランスを取ろうとする人です。▼[3] これまで、科学は、この種の繊細な神経を、本格的な技巧、つまり、いわゆる検証の方法にまで体系化してきました。もっとも、こうした方法に執着するあまり、科学は真理それ自体に対する配慮を次第に怠りつつある、このようにいってもよいかもしれません。科学にとっての関心は、真理とはいっても、専門的に検証されたものとしての真理でしかありません。数ある真理の持つ真理性という点になると、単に命題の肯定形式を取るだけでしょうし、そうなると、科学は真理性への言及を拒むことになるでしょう。真理が仮にそのようなものであるとするなら、それは、科学の人類に対する義務を無視して盗用されたものだと、科学はクリフォードとともに繰り返しいうことでしょう。しかしながら、人間の情念は、専門上の規則より、はるかに強いものです。パスカルのいうように、「心情は、理性の知らない、それ自身固有の理性を持っている」わけです［パスカル『パンセ』第二七七節］。科学というゲームにあって審判の役割を担う抽象的知性が、どれほどルール以外のことに無関心であろうとも、科学内部で審判に判断材料を提供する個々のプレーヤーたちの方は、一人一人、常に自分の気に入った「生きている仮説」に夢中になっています。しかしながら、ここは同意しておきましょう。つまり、選択が強制されない場合には、お気に入りの憶測仮説など、何ら持つことなく、公平で思慮分別のある知性が、ともあれ、実際のところ、我々を悪巧みから守ってくれるでしょうから、こうした知性こそ我々の理想であるべきだということにしておきましょう。

そこで次の問いが生じます。我々の思弁的問いにおいて、あれかこれかの強制的選択が、どこかにないでしょうか。（少なくとも、単に悪巧みから逃れるのと同じくらい、積極的に真理を獲得することに関心を抱きうる人として）我々は、有無をいわさぬ証拠が手に入るまで、常に無事で待っていられるでしょうか。これほどまで、真理が我々の諸々の要求や能力にうまく適応するなどということは、まず、ありそうもないと即座に思われます。大自然を、賄いつき下宿屋にたとえたところで、ケーキとバターとシロップが一緒に出てきて、全部同時に食べ終わるなどということは、そうそうあるものではありません。実際、もし、そんなことがあれば、我々は科学の点から疑いの目で眺めるでしょう。

九

道徳的問いが直接現れるとき、問いの性質上、解決にあたっては、感知可能な証明を期待しえないという形を取ります。道徳的問いというのは、何が感覚において存在するのかという問いではありません。何が善であるか、あるいは、いやしくも善なるものが存在するとするなら、善とはいかなるものか、こういう問いです。科学が我々に語りうるのは、何が存在するかです。しかし、存在するものの価値および存在しないものの価値、双方を比較するために、我々が参考にするのは科学ではなく、パスカルがいうところの我々の心情でなければなりません。科学にあっても、事実をどこまでも確証し続け、誤謬を修正するこ

▼3 Wilfrid Ward, *Witness to the Unseen*, Macmillan, 1893所収の"The Wish to Believe"を参照せよ。

とこそ、人間にとって至高の善である、このように自ら言明するときには、科学の心情を参考にしているわけです。この言明の正当性を疑おうものなら、科学のなしうるのは、ただ、この言明を神託のように繰り返すことでしかありません。そうでなければ、この言明を証明するために強弁するしかありません。こうした科学による確証と修正こそ、至高の善を除いて、人間の心情の側が表明する他のあらゆる種類の善を人間に対してもたらしているというわけです。人間はそもそも道徳的信念を持っているのか、あるいは、持っていないのか、この問いを確定するのは我々の意志のみです。我々の持つ道徳的選好は真なのでしょうか、偽なのでしょうか、あるいは、道徳的選好とは、事物を我々にとって良いものにも悪いものにもするけれども、しかし、事物自体には無関係な、単に風変わりな生物学上の現象でしかないのでしょうか。純粋な知性は、どのようにして、こうした問いを確定しうるのでしょうか。もし、人間の心情が道徳的実在の世界を欲しないのであれば、人間の頭脳がこれを信ずるなどということは、けっしてありません。これは明らかでしょう。はっきりいっておけば、メフィストフェレス流の懐疑論なら、どんなに要求の厳しい理想主義よりも、頭脳が持つ遊戯本能の方を満たすことでしょう。人によっては（学生時代にあってさえ）、生まれつき冷めた心情の持ち主であるため、道徳上の仮説など、自身にとって何ら心に訴えない者もいるでしょう。そして、熱血的な若き道徳家は、このような傲慢な人の前に出ると、常に不安を覚えます。この場合、見かけ上、物を知っているのは、冷めた心情の持ち主であり、世間知らずなのは、熱血道徳家であります。とはいえ、道徳家は、自らの物いわぬ心情において、ある考えに固執しています。つまり、自分はけっして騙されるような人ではないという考え、さらには、冷めた心情の持ち主が、ありったけの機知と卓越した知性を総動員したとしても、（エマーソンがいうように）狐の狡賢さ程度のことしかできないような領域というものがある、こうした考えです。道徳的懐疑論は、論理によっては論駁も証明もできません。それは、知的懐疑論の場合と同じであります。（熱血家か懐疑論者か、どちらの種類であれ）真理は存在すると我々が言い張るとき、我々は全人間性をもって、そう主張し、結果によって事を決しようとします。懐疑論者はどうかといえば、やはり、全人間性をもって懐疑の態度を取ります。どちらの方が賢明であるか、これは全知の神のみぞ知るというわけです。

さて、以上のような善に関する多面的な問いから、ある種の事実問題、つまり、人間関係に関する問い、ある人と別の人との間の心的状態に目を向けてみましょう。たとえば、あなたは私のことを好きですか、嫌いですか、といった問いです。数え切れないほどの場面において、あなたの好き嫌いを左右するのは、私があなたに歩み寄るかどうか、あなたが私を好んでいるにちがいないと、私の方から進んで想定するかどうか、私があなたに信用と期待を寄せるかどうかといったものでしょう。このような場合には、私の方が、あらかじめ、あなたが好意を持っていると信頼することこそ、あなた自身の好意を生み出すわけです。しかし、もし、好意の客観的証拠を私が手に入れるまで、つまり、好意にふさわしい何か、絶対主義者がいうように、「私ノ賛同ヲ強要ショウトスル」何かを、あなたが行うまで、私の方が一歩も譲らずに超然とした態度を取り続けるならば、十中八九、あなたの側に好意は生じないでしょう。多くの女性が自分に好意を寄せているにちがいないと、ある男性が自信たっぷりに言い張るだけで、どれだけ多くの女性の心が彼に夢中になってしまうでしょう。この手の男性は、女性たちが自分を愛さないという仮説に同意することはないでしょう。この場合、ある種の真理に対する欲求が、こうした特殊な事実を実現させてしまうわけです。こうしたことは、他の種類の場合でも無数に事例があります。昇進・厚遇・役職にありつくのは、どのような人でしょうか。それは、このような優遇措置が自分の実生活においても生きている仮説として役立っているように見える人、いいかえれば、このような処遇を、まだ手にしていないうちから、自分は受けるはずだとあらかじめ考慮して、入手のためならどんな犠牲をも払い、そのために危険を冒すことも辞さない、そのような人を措いて他にありません。このように信じ込むこと自体が、当然の要求として、その人の能力以上の力を働かせ、やがては、信じ込んでいることを実現させ、信念を確証してしまうわけです。

種類の如何、規模の大小の如何を問わず、いかなる社会組織も現にある通りに成り立っているのは、成員一人一人が自分自身の責務に取りかかる際、他のすべての人も同時に自分たちの責務に取りかかるだろうと信頼しているからです。ある成果を得たいとして、それが、数多くの独立した人々の協力によって、達成されるとしましょう。この場合には、いつでも、成果が事実として現実のものとなるのは、それに直接関与した人々が、あらかじめ、お互いを信頼した帰結であって、それ以外の何ものでもありません。政府、軍隊、商業組織、船舶の乗組員、大学、スポーツチーム、こういったものは、すべて、このような相互信頼を条件として存在します。これがなければ、何事も成しえないだけではなく、そもそも、何事も企てられません。

列車の乗客全員が（個人個人十分勇敢であろうと）、二、三人の強盗に強奪されてしまうのは、ただ、強盗の側では仲間の協力を当てにできるのに対して、乗客の方は、一人で抵抗しようとしても、乗客の協力が得られないうちに撃たれてしまうのではと恐れるからでしかありません。もし、乗客全員が我々と同時に立ち上がると我々が信じていれば、我々は一人一人立ち上がるはずでしょうし、列車強盗など、そもそも、企てられないでしょう。それゆえ、ある事実が実際生ずるはずだという信念があらかじめないなら、当の事実は、そもそも生じえないということがあるわけです。したがって、ある事実に対する信念が当の事実を作り出すことに寄与できるというのに、信念が科学的証拠より前に先走ってしまうのは、人間が陥りがちな「最低の類いの不道徳」であるなどと語るのは、まともな論理ではありません。けれども、このような論理こそ、今日の科学的絶対主義者が、あつかましくも、我々の生活を制御しようとする際の論理なのであります。

一〇

こうして、真理が我々の個人的行為に依存するとあってみれば、実のところ、欲求に基づく信条は、確かに正当な、そして、おそらくは不可欠なものといってよいでしょう。

しかし、翻って、こうしたことは、すべて人間らしいとはいっても、子供じみた事例であって、たとえば、宗教上の信仰の問題のように、果てしなく広大な問題とは何の関係もない、このようにいわれるかもしれません。そこで、今度は宗教上の問題について議論することにいたしましょう。個々の宗教は、その偶有的属性からみるなら、それぞれ非常に異なっております。したがって、宗教上の問題を議論する際には、これを、包括的かつ一般的に捉えておく必要があります。それでは、我々が宗教上の仮説というとき、これは、何を意味するのでしょうか。科学の場合、事物が存在すると語り、道徳の場合、ある事態は別の事態よりも正しいと語ります。ところが、宗教は本質的に二つのことを語ります。

第一に、宗教が語るところによれば、最善のこととは、他にもまして永遠なる事物であり、重なり合って共通する事物であり、いわば、宇宙にあって最後に総括する事物です。つまり、最善の事物は最後に決定を下すわけです。「完成者は永遠なり」。これはシャルル・スクレタン［Charles Secrétan 一八一五－一八九五年 スイスの哲学者］の言葉ですが、今みたように、宗教が最初に明言していることをよく表しています。もちろん、この言明は科学によっては何ら検証されえないことは明らかです。

第二に、宗教が語る言明は、もし、第一の言明が真であると信ずるならば、我々は、今からでも、もっと幸福になるというものです。

さて、今、仮に、こうした二部門双方にみられる宗教上の仮説が真だとした場合、この状況の論理的要素はいかなるものでしょうか。これについて考察してみましょう。（もちろん、ここでは、この仮説が真である可能性を最初から承認しておかなければなりません。いやしくも、この問題を議論するのであれば、この問題自体、生きている選択肢を含んだものでなければなりません。もし、宗教は仮説であっても、生きている可能性のいかなるものをもってしても、真ではありえない仮説であると思われる方が、皆様方の中に一人でもいるのであれば、その方に対しては、議論を先に進める必要はなくなります。ここでは、「そうでない残りの方」に対してのみ語ることにいたします）。このように議論を進めていくなら、まず第一に我々が理解するのは、宗教は重大な選択として現れるということです。ある極めて重大な善を手に入れるか失うかは、我々が信念を持つか、それとも、信念を持たないかにかかっていると、今もなお、思われております。第二に、こうした善に関するかぎり、宗教は、強制された選択です。我々は、懐疑的態度を取ったまま、もっとよくわかるようになるまで待つことで、この問題を避けるわけにはいきません。というのも、もちろん、仮に宗教が真でないなら、こうしたやり方で誤りを避けるでしょうが、しかし、もし、宗教が真であるなら、あたかも宗教を信じない方を積極的に選んでいるのと同じように、確実に、このような善を失うからです。これは、たとえていうなら、結婚したいと思っている女性がいるのに、その彼女が、いざ、家に来たとき、天使のように心優しい人となるかどうか確信できないからといって、いつまでも求婚を躊躇する男のようなものです。この男性は、当の女性が天使のようになるかもしれないという可能性から完全に断たれているといえないでしょうか。どのくらい可能性が断たれているのかといえば、この男性が、仮に思い切って他の女性と結婚する場合と同じくらい決定的に断たれているわけです。こうして、懐疑主義というのは、選択の回避ではありません。ある特定の種類のリスクを選択することなのです。同じリスクを被るなら、間違ってしまうより、真理を失う方がましだというわけです。これこそ、信ずることを拒否する者の態度にほかなりません。懐疑的態度を取っているこの男性は、信ずる者と同じくらいに積極的に賭けに出ています。つまり、信ずる者が懐疑論に対抗して宗教的仮説に賭けているのと同じように、この男性も、宗教的仮説に対抗して、懐疑論に賭けています。それゆえ、宗教を信ずるのに足る「十分な証拠」がみつかるまでは懐疑主義的態度を取るべきだと説くのは、宗教的仮説を前にして、その誤りを恐れる方が、その正しさを望むよりも、応じる態度としては、賢明であると説くのと同じです。これは、あらゆる情念と対比的な知性などではありません。とすれば、強い情念の下に、信じないという規則を定めている知性にすぎないわけです。実際、何によって、この信じないという情念が最高の英知であると保証されるのでしょうか。同じく騙されるというのに、なぜ、誤りを恐れて騙されるより、正しさを願って騙される方が、数段、たちが悪いのでしょうか。どこに、そんな証拠があるのでしょう。私個人としては、どんな証拠もみあたりません。私自身が何かに賭けるとして、それが極めて重大で、自分独自の形のリスクを選ぶ権利が与えられるほどであれば、科学者のいうままに科学者の選ぶ通りの選択をすることなど端的に拒否します。たとえ、宗教が真であるのに、その証拠が未だ不十分であるとしても、信ずるという私の本性を押さえつけてまで、人生において勝利を手にする唯一の機会を奪われたくありません（私が思うに、この本性は、結局のところ、信ずる信じないという問題において、何らかの働きを持っているようです）。もちろん、勝利を手にするかどうか、その機会は場合によります。世界を宗教的に把握するという私の情念からくる要求が〔何の証拠もないのに〕予言的であり正しいかのように、あえてふるまう危険を自ら進んで冒すかどうか、これにかかっているといってよいでしょう。

　以上述べたことは、すべて、ある仮定に基づいております。つまり、私の情念からくる要求が、本当に、予言的で正しいものでありうるという仮定、そして、この問題を議論している我々にとってさえ、宗教は生きた仮説であり真でありうるという仮定です。さて、我々の大部分にとって、宗教は、さらにまた進んだ形で現れることもあります。たとえば、積極的な信仰を禁ずることが、より一層、不合理なものとなる場合です。世界が、もっと完全で、もっと永遠の相で我々の宗教に現れるときには、人間的な姿で現れます。我々が宗教的信仰に厚ければ、世界は、もはや我々にとっての物的対象ではありません。我々にとっては汝という対象となるのです。一人一人に応じて可能な関係であれば、どんな関係であれ、このような世界にあっても可能となります。たとえば、我々は、ある意味では、世界の中にあって、受動的な部分ですが、別の意味では、まるで一人一人が小さいながらも独立した能動的中心をなしているかのように、不思議な自立性を示しています。また、宗教が我々に訴えかけるときには、あたかも我々自身の能動的な誠意に訴えかけているように感じるでしょうし、宗教上の仮説に歩み寄ろうとしないかぎり、その証拠の方も、永久に我々には与えられないように感じるでしょう。小さな例をあげましょう。礼儀正しい多くの紳士とのつきあいがありながらも、一向に向上しない男性がいるとしましょう。この彼が、何かを受け取るたびに保証を求め、証拠がなければ誰の言葉も信じずにいるならば、どうなるでしょう。もっと人を信頼する精神があれば、多くの社会的な報いが得られるというのに、このような無骨な態度のために、その一切を失うことになりましょう。宗教の場合も、これとちょうど同じようなことがいえます。人を混乱させる論理に閉じこもり、有無をいわせず、神々に、自分を無理に認めてもらおうとする人も、あるいは、認めてもらおうとまったくしない人も、やはり、神々と親密になる唯一の機会を永遠に失ってしまうでしょう。神々の存在を断固として信ずることによって、我々は世界に対して可能なかぎりの深い奉仕をしているのだという感情は、その由来こそわからないとはいえ、我々に課されたものであります。（もちろん、論理においても生活においても、このように信じないでいることは、容易でしょうが、しかし）、こうした感情こそが、宗教的仮説の生きた神髄の不可欠な部分であるように思われます。今述べた点も含めて、宗教は真であり、生きている仮説であるということが、仮に真であるとするなら、〔理にかなった根拠や証拠がないかぎり、宗教によって〕自ら進んで向上することを禁じる純粋な主知主義は不合理でしょう。〔宗教を通じた自己向上のためには、たとえ理屈がなくとも〕宗教に寄せる共感という我々の性質が〔そこに〕加わること、これが論理的に必要になるわけです。それゆえ、私としては、真理追究に対する不可知論的規準を受け容れるわけにはいきませんし、故意に、自発的な性質を遠ざけておくことに同意するわけにもいきません。そうできないのは、実に単純な理由からです。つまり、仮に、何らかの真理が本当にそこにあるとして、その種の真理の承認を絶対に妨げるような思考の規準は、不合理な規準だということです。この規準こそ、真理の種類が実質的にいかなるものであろうと、私にとって、真理をめぐる状況に関する形式論理上の主要論点であります。

正直に申し上げれば、この論理が斥けられるなどということはなかろうかと思います。しかし、悲しいことを経験すれば、私も懸念することになりましょう。皆様方の中には、私に同意しない方もいるかもしれません。自分自身で責任を取るかぎり、自分たちの意志を惹きつけるほど十分生きている仮説に対して、これを信仰する権利を、我々は有しています。私としては、このように思っていますが、皆様方としては、抽象的に、そのように言い切ってしまうのには、尻込みしてしまうかもしれません。しかしながら、もしそうだとすれば、その理由は、皆様の方が抽象的な論理の観点からまったく遠ざかってしまっており、また、宗教上の仮説の中でも、ご自分にとって既に死んでいる特別な仮説を（おそらくは、そうとは気づかぬうちに）考えているということではないでしょうか。察するに、「我々が信じようと欲するところを信ずる」自由というとき、皆様方は、明らかに迷信といっていい事態に対して、この自由を当てはめようとしています。あるいは、小中学校の男子生徒がいいそうなことで、「信仰なんてのは、自分では絶対本当じゃないとわかっていることを信じ込むことだ」というのがありますが、信仰というとき、皆様方の念頭にあるのは、このような信仰のように思われます。〔そうであれば〕私としては、ただ繰り返すだけです。これは誤解です。具体的にいって、信ずる自由が及びうるのは、数々の生きている選択の中でも、個人の持つ理知のみでは決定できない選択だけです。そして、生きている選択というものは、これを考慮しなければならない者からすれば、けっして、馬鹿げたことではないのです。たとえば、次のような命令を考えてみましょう。自分の心情、本能、勇気を休止させよ、そして、最後の審判を受ける日まで待ち続けよ、つまり、我々の相伴って作用している知性と感覚が証拠を十分集め終わる日が来るまで、ずっと待ち続けよ、もちろん、その間、多かれ少なかれ、あたかも宗教は真でないかのようにふるまえ、こういった命令です。▼4 実際に個々の人々に切実なものとなっている宗教的問いをみるなら、そして、この問いが理論的にも実際的にも孕んでいるすべての可能性について考えてみるなら、あえていっておきますが、このような命令など、哲学の洞窟の中でこれまで作られた偶像のうちで最も奇妙な偶像のように思われます。もっとも、仮に我々がスコラ学派的な絶対主義者であるなら、もっと弁解すべきこともありましょう。もし、絶対に誤ることのない知性が我々にあり、しかも、それが客観的確実性を持っているというのに、知性にもっぱら頼ろうともせず、知性が発する言葉を待つこともしないのであれば、我々自身、そのような完全な認識器官に対して不誠実であると感ずるかもしれません。しかし、我々が経験主義者であるなら、つまり、内なる鐘が我々の中に鳴り響き、ついに我々が真理を把握したと確実に告げることなどけっしてないと我々が信じているなら、そのような鐘を待ち続ける義務を我々に厳粛に説き勧めるのは、無意味な空想のかけらのように思えます。もちろん、待ちたいと欲するのであれば、そうしてさしつかえないでしょう。ここは、どうか、私がこれを否定しているとは考えないでいただきたいと思います。しかし、もしそうするのであれば、内なる鐘など鳴り響かないと信じている場合と同じくらいの危険を覚悟の上で待つことになります。いずれの場合でも、我々は、人生を賭けて、行動することになります。誰も自分以外の者に禁止令など出すべきではありませんし、我々は、侮辱の言葉で応酬すべきではありません。それどころか、我々は、細心の注意を払って、お互いの内面の自由を心から尊重すべきです。そのことによってのみ、我々は知性の共和国を作り出すのです。つまり、そのことによってのみ、我々は内面的寛容の精神を持つにいたるわけです。これこそ、経験主義者の誇りとするところであり、これなくしては、外面的寛容もすべて魂のないものになってしまいます。内面的自由の尊重によってのみ、実際的な事柄においてのみならず、思索上の事柄においても、我々は共に生きていくことになるのです。

　この講演の冒頭で私はフィッツ・ジェイムズ・スティーヴンに言及いたしました。そこで、締めくくりでも、彼の言葉を引用して講演を終えたいと思います。「自分自身をどのように考えるのだろうか。世界をどのように考えるのだろうか。……これらの問いは、誰もが自分にとってよいと思えるように扱わねばならない問いである。こうした問いは、〔ギリシア神話にいう〕スフィンクスの謎であり、何らかの方法で我々の方がこれに対処しなければならない。……人生において重要なすべてのやりとりにおいては、我々は無謀なことをしなければならない。……もし、このような謎に答えぬままでいるなら、それもまた、選択である。もし、答えに迷いが生ずるなら、それもまた、選択である。しかし、いかなる選択をしようと、我々は危険を覚悟の上で選択している。もし、ある人が、神と未来にまったく背を向けるのであれば、誰もその人の選択を阻止できない。その人が間違っていることを、何の疑いもなく理にかなった形で示すことなど、誰にもできない。もし、ある人が別の考えを持ち、自分の思う通りに行動するとしても、その人が間違っていることを誰かが証明できるとは、私には思えない。一人一人が自分で最善と思うように行動しなければならない。そして、もし、その人が間違っているのであれば、間違った方向で最善を尽くしている分だけ、本人にとって、事態は一層ひどいことになる。吹雪と濃霧で視界のない中、我々は山道に立っている。その中で、時折、垣間見る道も、人を惑わす道かもしれない。もし、そこに立ち続けていれば、凍え死んでしまう。もし、誤った道をたどり、踏み外してしまうなら、身は粉々に打ち砕かれてしまう。正しい道があるのかどうか、我々には、確かなことはわからない。では、我々は、どうしなければならないのか。『強くあれ、そして、雄々しくあるのだ』［『旧約聖書 申命記 三一ノ六』］。最善を尽くし、最善を望み、あとは、そ

▼4 信念の尺度は行動であります。そうである以上、宗教が真であると我々が信ずることを禁じる者は、必然的に、宗教が真であると信じた場合になすべきことを我々が行うことも、禁じているのです。宗教上の信仰を擁護しうるとすれば、それは、あげて、行動にかかっています。もし、宗教上の仮説によって要求され鼓舞された行動が、自然主義的仮説によって要請された行動と異なるところがまったくないのであれば、宗教上の信仰など、まったく無くてもよいものであり、捨ててしまった方がよいでしょうし、このような信仰の正当性についての論争も、無駄なおしゃべりでしかなく、真剣に考えるに値しません。もちろん、私自身としては、宗教上の仮説が世界に対してある表現を与えることによって、我々の反応は明確に左右され、さらには我々のそうした反応の大部分も、信念の純粋に自然主義的な図式に基づくものとは異なるものになる、このように考えております。

の帰結を受け容れるのだ。……どのみち、死で、すべてが終わるとあってみれば、これより優れた最期の遂げ方など、ありはしない」[5]。

▼5 *Liberty, Equality, Fraternity*, p. 353, 2nd edition, London, 1874.

第13章　道徳哲学者と道徳的生活

The Moral Philosopher and the Moral Life

（『信ずる意志』第八章）（一八九一年）

ウィリアム・ジェイムズ

William James

この論文の主たる目的として示そうとしているのは、どんなことでも、その正しさを判断しうる倫理哲学を、事柄に先立って作り上げることなど、不可能であるということである。我々が人類の道徳的生活に貢献しているかぎり、我々は誰も皆、倫理哲学の内容を確定するのに役立っている。いいかえれば、倫理学においては、物理学においてと同様に、最後の人間が自らの経験を成し遂げ、語るべきことを自ら語り終えるまで、終極の真理などというものはありえないのである。けれども、物理学の場合と同様に、今我々が待ち望みつつ立てる仮説、および、そうした仮説が我々を駆り立てる行為は、その言い分がどのようなものかを確定する不可欠の条件のうちに入る。

第一に、倫理哲学を追い求める人の立場は、どのようなものか。まずもって、そういう人と、倫理的懐疑論者であることで満足するような人々すべてと、区別しておかなければならない。倫理哲学の学徒は懐疑論者たろうとはしない。それゆえ、倫理的懐疑論など、倫理的哲学を営む過程で生じうる一つの成果ではまったくない。倫理的懐疑論は哲学全体とは別の余計な選択肢とみなされるだけである。余計な選択肢であれば、自らの学の追究に見切りをつけ、初心を放棄しかねない哲学志望の人々すべてにとって、始めから有害なのである。倫理哲学の目的は、物事の間に成立する道徳的諸関係の根拠を見出すことであり、そのことによって、様々な物事を一つの安定した体系へとまとめ上げ、世界を、倫理的観点からみて、正真正銘の一つの宇宙と呼びうるものに作り上げようとする。世界の側が、統一という形態にまで還元されることに抵抗するかぎり、つまり、諸々の倫理的命題が安定した基盤を持たないかぎり、哲学者は自らの理想を達成できない。哲学者による研究主題は、世界において現実に存在すると自ら認識している諸々の理想である。そして、哲学者を導く目的は、哲学者自身が自ら認識している理想であり、現に存在する諸々の理想を、ある一定の形式に変換し、おのれの理想にするということである。かくして、このような理想こそ、倫理哲学の一要因であり、倫理哲学たるもの、その正当な存在を見落としてはならない。こうした理想は、哲学者自身が、当の問題に対して、必ずやなしうる積極的な貢献である。しかし、この理想は、自らが積極的に貢献しうる唯一のものである。哲学者の探究の端緒において、これ以外に他の理想を持つべきではない。仮に、ある種の善の勝利に特に関心を持つのであれば、哲学者は、その度合いに応じて、公正な探究者であることをやめ、ある限られた主義主張の代弁者と化す。

　倫理学には、別々に議論しなければならない三つの問いがある。これらを、それぞれ、心理学的問い、形而上学的問い、決議論的問いと呼んでおこう。心理学的問いは、我々が持つ道徳的な観念と判断の歴史的起源を問う。形而上学的問いは、「善」や「悪」や「義務」といった言葉の意味そのものは、いったい何なのかを問題にする。決議論的問いは、哲学者が人間の義務の真の理法を確定しうるように、人々が認識している様々な善と悪の尺度は何なのかを問う。

一

心理学的問いは、大部分の論争者にとって、唯一の問いである。たとえば、何が正しくて、何が誤りであるかを理解するには、「良心」と呼ばれるまったく独特の能力が想定されなければならないが、このことを通常の神学者が自ら納得のいくように証明した場合、あるいは、「先験主義」は既に論破された迷信であり、したがって、我々の道徳的判断は、環境の教えによって徐々にできあがったものであると、通俗科学の愛好家が公言した場合、こうした人々が各自考えているのは、倫理学は既に確定済みの学であり、これ以上語るべきことは何もないということである。倫理学上の見解において生じうる、あらゆる違いを表現するために今日一般に用いられる名称として、直覚論者と進化論者という、よく知られた組み合わせがある。これらの名称にしても、そのことで実際に言及されているのは、心理学的問いだけである。この問題の議論は、多くを些末な特殊論点に依存しているため、この論文の範囲内では、そもそも立ち入ることはできない。それゆえ、ここでは、私自身の見解を独断的に表明するだけにしておこう。私の見解は、こうである。あのベンサム、ミル、ベインというような人々は、我々人間の理想の数多くを取り上げて、それらが、いかにして、単純な肉体快楽行為と苦痛回避行為との結びつきの中で生じてきたのかを示す点において、不朽の貢献を果たしてきた。ある事柄は、多くの間接的な快楽との連合関係によって、我々の心の中で善の意味を帯びるようになる。善の理解が曖昧であればあるほど、善の源泉は不可思議なものにみえるようになる。しかし、このような単純な方法で、我々の感情と選好をすべて説明するのは、間違いなく不可能である。心理学が人間性研究を詳細に進めれば進めるほど、ますます明確に見出されるのは、二次的感情の痕跡である。純粋な経験論が承認できるのは、実際のところ、共存と継起といった連合関係だけであるが、二次的感情は、このような連合とはまったく異なる様式で、環境についての諸々の印象を相互に関連づけ、そして、そうした印象と我々の衝動とを関連づける。たとえば、酒好き、照れ屋、高所恐怖症、船酔い体質、血を見て卒倒する傾向、音楽に対する感度、喜劇の感情、詩や数学あるいは形而上学への情熱、こういったものは、どれ一つとして、連合や効用によって完全に説明できるものではない。もちろん、これらが連合や効用によって説明しうる他のものと調和するのは間違いない。こうしたものの中には、未来の効用の前兆となるものもある。というのも、我々のうちには、何らかの効用が見出しえないようなものは、何もないからである。だが、その起源となると、それは、我々の脳の構造にとって偶然的な複雑な仕組みのうちにある。そして、この脳の構造が持つ元々の特徴は、これらの感情のように、不一致と調和の知覚とは、まったく無関係に生ずるのである。

さて、我々の膨大な数の道徳的知覚作用もまた、確かに、元々脳から派生した二次的性質を有する。これらが関わっているのは、直接感知された事物間の適合性であり、しばしば、習慣という先入見や効用による推定を無視して作用する。これよりも、さらに粗雑で一層通俗的な道徳的処世訓、たとえば、モーセの十戒や〔ベンジャミン・フランクリンの手によって刊行されていた〕『プア・リチャード年鑑』の水準を超えると、途端に、常識的な目からすれば、風変わりで無理な考えや態度に陥ることになる。ある種の人々が持っている抽象的正義に対する感覚は、自然史的観点からすれば、音楽に対する情熱、あるいは、他者の魂を夢中にさせる高度な哲学的調和に対する情熱と同じくらい、風変わりな変種である。たとえば、平穏、平静、平明、誠実性というような、ある種の精神的態度については、本質的に品位あるものと感じ、また、不平、不安、利己的な苦情というような、別の精神的態度については、本来的に品位のないものと感じるとき、こうした感情を説明するには、両者のうち、理想的な態度の方を、純粋にそれ自体のために選好するような内面性によって説明する以外にない。気品のある方が、一層好まれる。我々にいえるのは、これだけである。確かに、事の成り行きを「経験すること」によって、いかなる事態が、たちの悪いものか、我々は学ぶ。しかし、事の成り行きは、無礼で下品なものと、いかなる関係を有するのだろうか。仮に、ある男が妻の不倫相手を射殺したとして、その後、夫婦が、よりを戻して、仲良く暮らしているなどと聞けば、我々は強い嫌悪感を覚えるが、その理由は、そこに、曰く言い難い何か道理に合わないものを感じるからだろうか。あるいは、フーリエ氏やベラミー氏やモリス氏にみられるユートピアを、すべて凌駕するような世界についての仮説が我々に提示され、たった一つの条件が満たされれば、多数の人々が、未来永劫、幸福でいられるとしよう。その条件とは、遙か彼方の地で、とある人が、呪われて地獄に墜ち、たった一人で拷問に耐えて生きていかねばならないというものである。さて、この場合、たとえ、このように与えられた幸福にしがみつこうとする衝動が我々に生じようと、そのような条件の駆け引きの結果として考え抜いた末に手にした幸福の享受であるなら、事態は、何と忌まわしくも不快なことだろうか。こういった、性質上、具体的で独自の感情を除いて、我々が即座に感じる感情は、いかなるものでありうるのか。さらにいえば、報復的正義という全人類的伝統に対する近年のあらゆる抗議は、不和という、脳から生じた何とも捉えがたい感情以外に、どんな原因があるのだろうか。ここで私がいっているのは、トルストイの無抵抗主義という思想であり、ベラミー氏の（小説『ハイデンハイン博士の過程』における）悔恨の代わりに忘却をもって対処する主張であり、ジャン＝マリー・ギュイヨー［Jean-Marie Guyau 一八五四－一八八八年 フランスの哲学者、詩人］の刑罰上の理念に対する徹底的な非難のことである［ギュイヨー『義務も制裁もなき道徳』長谷川進訳、岩波書店、一九五四年］。こうした道徳的感受性の曰くいい難い複雑さは、いうところの「連合法則」から思いつく事柄をはるかに超えている。それは、若い恋人どうしにありがちな微妙な感情が、社交上の作法入門書の類いに載っている「婚約期間中守らねばならないエチケット」など、はるかに超えているのと同様である。

いや、確かに、ここでも、純粋に内面的な力が作用している。そうであるがゆえに、かえって、より高度で、より鋭い理想の方が革新的に作用する。こうした理想は、過去の経験の結果という形で現れるよりも、むしろ、未来の経験のありうる原因という形で現れる、つまり、環境および環境がこれまで我々に教えてきた教訓の側が、今後は、適合していかなければならないような諸要因という形で現れるのである。

以上が、心理学的問いに関して、今、私が語りうるすべてである。私が近著▼1の最終章において、一般的方法で論証しようと試みたのは、単に経験の連結を繰り返すだけではない諸関係が、我々の思考の中に、存在するということであった。我々が持つ様々な理想には確かに数多くの源がある。これらの理想は、肉体的快楽享受と苦痛回避を意味するものと考えたところで、すべて、説明できるわけではない。そして、こうした心理学的事実を常に理解してきた点に関して、我々は直観主義学派を賞賛しなければならない。このような賞賛が、この学派の他の諸々の特徴にまで拡大すべきかどうかは、以下に続く問いを取り上げる過程で、次第に明らかになろう。

次に問うべきことは、「義務」や「善」や「悪」という言葉で我々が考えている意味についての形而上学的問いである。

二

まずはじめに、義務や善や悪といった言葉は、感知能力のある生命が存在しない世界においては、まったく意味をなさないし、妥当もしないようにみえる。ここで、完全に物質だけからなる世界を想像してみよう。そこにあるのは、物理的化学的事実だけであり、神もいなければ、事柄に関心を抱く観察者すらいない、太古の昔から存在している世界である。このような世界について、世界のある状態と別の状態を比較して、どちらが善いか述べることに、はたして、何か意味はあるだろうか。あるいは、このような世界が二つ存在しうるとして、一方は善く、他方は悪いと呼ぶことに、何か有意味な根拠があるのだろうか。つまり、一方の方が他方よりも善か悪かを、哲学者の有する私的関心にとってそうであるという事実は別にして、はっきり語ることに、何か意味があるのだろうか。だが、ここでは、哲学者の私的関心など、考慮外に置かなければならない。というのも、哲学者という存在は、心的事実であって、我々が問うているのは、善や悪や義務が、物理的事実それ自体に存在するかどうかだからである。確かに、純粋に無感覚の世界には、善や悪が占める位置はまったくない。ある物理的事実を、単に物理的事実としてみた場合、どうして、その事実が別の事実よりも、「より善い」ということが可能なのだろうか。何かと比較して、より善いというのは、物理的関係ではない。ある事物が、その単なる物理的機能において、善でも悪でもありえないのは、それが、快でも苦でもありえないのと同じことである。善は何にとっての善なのか。他の物理的事実の産出にとって善であるとでもいうのだろうか。だが、それにしても、純粋に物理的な世界において、何がそうした物理的事実以外の他の事実の産出を要求するのか。それは、そうした事物が苦楽たりえないのと同じことである。物理的な事実というのは、単に、あるか、ないかである。事実が目の前にある場合も、不在である場合も、どちらにあっても、そうした事実が事を要求などということはありえない。もし、要求するというのであれば、そうした事実が欲望を持つ場合にかぎって可能となるにすぎない。そうなると、これらの事実は、もはや、純粋に物理的な事実ではなくなってしまい、意識的感情を有する事実となってしまう。善と悪と義務は、それが本当に存在するためには、どこかで知覚されていなければならない。そこで、倫理的哲学が第一歩として確かめるべきことは、単なる非有機的な「事物の本性」では、善や悪や義務を知覚できないということである。道徳的関係も道徳的法則も、他と離れて孤立した真空状態では、生き生きと活動しえない。これらの唯一の生息環境は、これらを感ずる心である。単なる物理的事実によって構成される世界は、倫理的命題が妥当する世界ではありえない。

　しかしながら、ひとたび、感知能力のある人間が宇宙の構成要素となるや、その瞬間から、善や悪が実際に存在する可能性が生まれる。そのように宇宙の構成要素となった人間が意識を有する点で、今や、道徳的関係は自らの地位を獲得することになる。この人間が何かを善であると感ずるかぎりにおいて、この人間が当の何かを善にするのである。この人間にとって、それは善である。当人にとって善であるものは、絶対的に善である。というのも、この人は、宇宙にあって、価値の唯一の創造者だからであり、この人の

▼1　*The Principles of Psychology*, H. Holt and Co., 1890.

考えを離れては、事物は道徳的性質を何ら持たないからである。

このような宇宙にあって、たった一人の思索者による善悪についての判断が真理であるか否かといった問いを提起するのは、もちろん、馬鹿げているだろう。真理が想定するのは、思索者が準拠すべき基準であり、しかも、この基準は当の思索者外部に存在する。だが、この場合、問題にしている当の思索者は、ある種、神の位置にあり、自分より高等ないかなる判断にも服することはない。こうした思索者が存在する宇宙を想定し、これを、道徳的単独状態と呼んでおこう。こうした単独状態にあって明らかなのは、自分以外の外部に対する義務は存在しえないこと、この神のような思索者にとっての唯一の困難は、おそらく、意志を働かせて、自分自身の複数の理想の相互整合性確保に従事しなければならないということだろう。これらの理想の中には、その他の理想に比べ、大いに心に訴えかけるほどの力を持っているものもあることは疑いない。そうした理想が持つ善は、他のものよりも深淵で深く感動させるような趣を持つだろう。こうした理想が、ひとたび妨げられようものなら、拭いきれない後悔を思索者に覚えさせることになり、この理想は再びよみがえるだろう。こうして思索者は、このような理想を、自らの生の主な規定要因とみなし、自らの生を律していかなければならないようになる。さもなければ、思索者の心中は、不協和音と不幸な状態にとどまることになる。もっとも、いかなる均衡状態に落ち着こうと、そして、どのように自らの理想体系を整えようと、結局のところ、それは正しい体系となる。というのも、自分自身の主観性という事実を超えては、世界には、いかなる道徳もないからである。

さてここで、理想に関して好悪を持つ第二の思索者を宇宙に登場させるとすれば、倫理をめぐる状況は、これまでよりも一層複雑になる。いくつかの可能性が成り立つことが容易に見て取れるだろう。

そのうちの可能性の一つは、この二人の思索者は、お互いに相手の持つ善悪に対する態度をまったく知らないというものである。この場合、各思索者は、自分自身の選好を満たそうとし、相手が何を感じ行うかに関して無関心である。このような事例の場合、先に設定した道徳的単独状態下の世界に比して、世界は、倫理的な質において、二倍の量を有することになる。ただし、世界は倫理的統一性のないものとなる。ここでは、同じ対象であっても、二人の思索者のうち、どちらの見解にしたがって評価するかによって、善にも悪にもなる。このような世界にあっては、二人の思索者のうち、一方の見解の方が他方の側の見解より正しいと主張したり、あるいは、どちらかがより妥当な道徳的意味があると主張したりしたところで、そこにはいかなる根拠も見出しえない。要するに、このような世界は、道徳的な一元的宇宙ではなく、道徳的な二元的宇宙である。このような宇宙内においては、事物の価値を絶対的に判断する単一の見解は存在しないのみならず、そのような単一の見解に対する要求すら存在しない。というのも、この二人の思索者は、お互いの思想と行動に対しては無関心であると想定されているからである。思索者の数を増やし、多元的状態にするなら、そこに我々が見出すのは、古代の懐疑論者たちが考えていた世界のようなものが、倫理的領域において、知覚されているということであろう。すなわち、そこでは、個々人の心が万物の尺度となり、いかなる「客観的」真理もなく、見出しうるのは、ただ単に多数の「主観的」見解だけになる。

　けれども、哲学について希望を抱き続けるかぎり、哲学者は、このような類いの世界に我慢ならない。哲学者の考えるところによれば、提示される様々な理想の中では、真理性と権威性において、ある理想は他の理想に比べて優れていなければならないし、他の理想は、優れている理想にしたがうべきであり、そのことによって、理想の体系と従属関係が行き渡るようになる。ここでいっている「べき」という言葉には、義務という概念が強い意味で念頭に置かれている。そこで、次に語るべきことは、義務の意味を明晰にすることである。

　これまでの議論の結果として我々に示されたのは、何らかの意識が、何事かを善であると感じるか、あるいは、正しいと考えるかしないかぎり、何事も善にも正にもなりえないということである。したがって、これを出発点とするなら、我々は次のことを理解できる。哲学者の想定によると、真の優越性と権威は、哲学者の数ある見解のうち、そのどれかに属し、真に劣等な性質は、別の見解のうちにあるというのである。しかし、これらは、自ら理想を持つ現実の思索者たちに先立って存在する道徳的な「事物の本性」によって説明できるものではない。原級的属性の善悪と同様、比較級的属性たる比較優劣が実在するためには、それらは知覚されていなければならない。もし、ある理想的判断が、客観的にみて、別の理想的判断に比べて優位であるなら、この優位は、誰かの実際の知覚のうちに提示されて、具体化されていなければならない。こうした優位にある判断は、空中に浮かんでいるわけにはいかない。北極光や黄道光のような、ある種の気象学的現象とは、わけが違うからである。優位にある理想的判断が「存在スル」とは、「知覚サレテイル」ということである。それは、数々の理想的判断の「ソンザイ」と同様であって、この場合には、各判断の間に「チカク」が成立しているわけである。それゆえ、どの理想が最高の重要性を持つべきか、そして、どの理想が下位に置かれるべきか、こういうことを知ろうとする哲学者は、べきということ自体をたどって、現に存在する何らかの意識を事実上構成するものにまで行き着かねばならないが、宇宙に関する基礎事実の一つとしてみるなら、このような意識は、件の哲学者が、純粋に倫理的哲学者として、その原因を探ろうとしても探れない。こうした意識が一方の理想を正しいものとしているのは、それを正しいと感ずることによってであり、他方の理想を誤ったものとしているのは、それを誤りと感ずることによってである。しかし、今や宇宙において、どのような特殊な意識が、当の意識の定めるルールに他の意識をしたがわせる特権を享受しうるのだろうか。

思索者たちのうち一人が神の位置にあり、その他は、すべて人間であると仮定するなら、このような問題について、実際的な論争はおそらくないであろう。神の位置にある思考はモデルとなり、他のすべての人は、これにしたがうようになろう。しかし、それでも、理論的問いは残る。このような場合においてさえ、義務の根拠は何なのだろうか。

まずもって、この問いに答えようと試みる場合、必然的に、ある想定に、いつの間にか陥ってしまいがちになる。この想定は、普通の人々がお互いに善悪の問題について議論しているときにしたがうものである。すなわち、客観的真理なるものが備わっているような一つの抽象的道徳というものがあると考える。次に、各自は試みる。事柄に先立って存在する秩序が、論敵の考えよりも、自分の考えのうちに、正確に反映されていることを論証しようとするわけである。このように想定されてしまうのは、一方の論争者を裏づけているものが、〔どんな事柄にも先立って〕一切を包括するような抽象的秩序であり、他方の論争者は、この秩序にしたがうべきであると我々が考えるからである。問われているのが、もはや、有限な二人の思索者についてではなく、神と我々自身についてであっても、事は同じである。我々は通常の習慣にしたがって想像する。つまり、単なる事実に先行しつつ、その一切を包括する、ある種、権利上の関係を想像する。そして、我々は、自分たちの神の思惟にしたがうことこそ正しいとする。たとえ、神がその旨を要求することもなく、また、我々が、事実上、自分自身で考える方を好むにしても、そのことに変わりはない。

　だが、義務の問いを冷静にみつめるならば、直ちにわかることがある。ある具体的な人によって実際に要求がなされないかぎり、義務など存在しないということ、それだけではない、ある要求があるならば、常に、何らかの義務が存在するということである。要求と義務は、実際、同じ外延を共有する名辞である。両者は、まさしく、互いに他を自らの対象にしている。我々の通常の態度では、「それ自体」真である道徳的諸関係一切を包括する一つの体系に対して、自分たちはしたがうべきであると考えている。だが、これは完全な迷信である。そうでなければ、かの真の思索者からの暫定的な抽象にすぎない。この思索者の我々に対する実際の要求にしたがうなら、我々の義務は、究極のところ、思索者の考える通りに根拠づけられていなければならないというわけである。有神論の倫理哲学においては、問題となっている、かの思索者は、もちろん神であって、宇宙の存在はこの神を源泉とする。

　あらゆる事実上の要求は、それが要求であるというだけで、一つの義務を生み出す、こういったところで、私が迷信的と呼んだ見解に慣れきっている人々からすれば、これを理解するのは、いかに困難であることか。もちろん、それは私にもよくわかっている。我々に深く根づいている考えによると、我々が要求の「妥当性」と呼ぶ何かが、要求に対して義務としての性質を与えるのであり、そして、この妥当性は、実際のところ、当の要求の単なる存在の外部にある何かであるという。つまり、道徳的法則なるものが宿っている何か崇高な存在次元があって、ここから、妥当性なるものが要求に降り注ぐと我々は考えてしまうのである。それは、ちょうど、地球磁場の影響力が、磁気コンパスの鉄製の針に対して、星の輝く大空から降り注ぐのとほとんど同じだというわけである。だが、繰り返していえば、そもそも、具体的な要求それ自体のうちに、ある命令的性質があるというのに、これに加えて、今みたような、生命体と無関係な抽象的な命令的性質が、いったい、いかにして存在しうるのだろうか。たとえば、どれほど弱かろうと、いかなる生物も、僅かではあれ、何かを要求するものである。この場合、当の要求はそれ自体のために満たされるというのが当然ではないだろうか。そうでないというのであれば、その理由を証明すべきであろう。ここで提示しうる類いの唯一の証明がありうるとすれば、それは、正反対の方向で作用する欲求充足を求めるような別の動物を例示するというものであろう。いかなる現象も、なぜ存在することになっているのかという問いに対して、唯一の理由があるとすれば、そのような現象は、実際に、望まれているというものである。いかなる欲望も、その価値の程度に応じて、命令的である。欲望というのは、とにかく、それが存在するという事実によって、自ら妥当なものとなる。確かに、欲望の中には些細な欲望もある。こうした欲望は、取るに足らない人々が示すものである。そして、些細な欲望が誘発する義務を、我々は通常軽視する。しかし、こうした個人に関わる要求が些細な義務を課すからといって、この事実が、最大の義務でさえ個人に関わる要求であることを妨げるものではない。

もし、人間の関わりを離れて語らなければならないというのであれば、確かに次のように述べることもできる。ある特定の行為が、ある特定の生物の欲望を通して、自らの姿を現す場合にはいつでも、「宇宙」が、そうした行為を要請し、要求し、あるいは、そうした行為を義務的なものにする。だが、普遍的な意識、ないしは、人間を超越した神的意識が現実に存在するということを信じているならともかく、そうでないかぎり、このような擬人的な表現方法によって、宇宙を語らない方がよい。仮に、そのような意識が存在する場合、意識の要求が最大限の義務的意味合いを帯びることになる理由は、ただ、そうした要求が量的に最大であるというだけのことである。しかし、この場合であっても、こうした欲求を我々が尊重すべきであるというのは、抽象的場面においては正しくない。それが正しいのは、ただ、実際の具体的な場面においてのみであるか、あるいは、そのような要求が実際になされているという事実に基づいて、これを理由にして、いえることにすぎない。今みたような擬人的な奇妙な世界においては、大いに、当てはまりそうなことだが、我々が、そうした要求を尊重していないと仮定してみよう。この場合、そうあってはならないと、我々はいう。つまり、尊重しないのは間違っているというわけである。しかし、それが誤っているという事実は、生きている人格神の失望を招く点にあるというよりも、むしろ、どんな事柄にも先立つア・プリオリな理想的秩序を傷つける点にある、こう我々が想像するとき、このことによって、いったい、いかにして、この誤った事実は一層受け容れ可能で理解しうるものになるのだろうか。我々が、〔理想的秩序という、いわば〕事柄に先立つ毛布によって神を覆い、神は神で、この毛布から一層魅力のある何らかの暖かさを引き出すとき、そのことで、我々が神を覆い、神を保護し、したがって、我々に対する神の無力も決定的なものではなくなると考えるのだろうか。しかし、生きた神であれ、抽象的な理想状態であれ、我々を惹きつけるように仕向ける力が唯一あるとすれば、それは、我々人間自身の心という「滅びることのない宝庫」においてしか見出せない。要求が生じた場合には、この心が、要求に対して確実に応答すべく鼓動する。生きている意識によって要求が現れ、心がこれを感じるかぎり、それは、生命の生命に対する応答である。このように生き生きと受け容れられる要求であれば、それだけで、十分確実に受け容れられているのである。「理想による」後ろ盾といった思考を持ち出してきたところで、要求が、さらに完全になることなどない。他方で、心の応答が抑制されているのであれば、宇宙が体現する要求に対して、無力という、手に負えない現象が存在することになる。ここで、事物の永遠的性質を語ったところで、この現象をごまかすことも、追い払うこともできない。事柄に先立つ秩序であっても、効果のない秩序であるなら、効果のない神と同様、無力な事物でしかない。哲学の目からみれば、これは説明の難しい事態である。

以上でもって、倫理哲学の中でも特に形而上学的問題として我々が区別しておいた事柄は十分答えられ、「善」「悪」「義務」という言葉がそれぞれ何を意味するのか学んだと考えてもよかろう。これらは、個人によって支えられているのであって、これを離れて、絶対的性質というような意味はまったくない。これらは、感情と欲求の対象であって、実際に生きている心の現実存在を抜きにしては、存在の中に足場もなければ拠り所もない。

このような心が数々存在し、善と悪の判断があり、相互に対する要求があるところであれば、どこにおいても、その本質的特徴において、一つの倫理的世界が存在する。仮に、神々と人間たちと星空、他のすべての事物が、この宇宙から消去され、あとには、ただ、一つの岩盤および愛し合う二つの魂だけが残されるとするなら、この岩盤は、無限の時空間が提供しうる可能的宇宙の一切と同じくらい、徹底的に道徳的な性質を持つことになろう。この岩盤は、悲劇的な性質を有するといってよい。というのも、その住人はいずれ死に絶えるからである。しかし、彼らが生きているかぎりは、この宇宙には、本当に善いことも、本当に悪いことも存在するわけである。つまり、義務も要求も期待も存在する。さらには、恭順も拒否も失望も存在し、良心の呵責もあれば、調和が回復することへの切望もあり、回復したならば、内面においては良心の安寧がある。要するに、道徳的生活というものが存在するのであり、その生き生きとした活力には、ヒーローとヒロインに備わっているような相互の強い関心を除いて、何の限界もない。

この地球上にあって、目に見える事実に関するかぎり、我々は、こうした岩盤の住人のようなものである。我々が仰ぎ見る碧天の彼方に、神が存在しようがしまいが、いずれにせよ、我々は、この地上に、倫理を共有する一つの社会を作る。このように考えることによって得られる第一の思想は、神が存在する宇宙においてと同じように、最高位の意識が〔神の意識ではなく〕人間の意識であるような宇宙においても、倫理学は正真正銘の真なる礎石を有するというものである。「人類教」〔オーギュスト・コントが提示した宗教〕は、有神論がそうするように、倫理学に対して基礎を提供する。純粋な人間組織が、哲学者以外の人々の要求はもとより、哲学者の要求を満たしうるかどうかは、また、別の問題であり、これについては、本稿を終える前に我々自身が答えておかねばならない。

三

ここで思い起こしていただけるだろうが、倫理学における最後の根本的問題は決議論的問題である。さて、我々がいる世界は、観察者によって、神のような思索者の存在がこれまで疑われており、また、これからも、おそらく、常に疑われるような世界であり、人々が一致する理想が多数存在するにもかかわらず、それらとは別に、一般的合意がまったく得られていない理想も数多く存在するような世界である。こうした事実については、あまりによく知られているところなので、文献によって概略を描く必要はなかろう。各個人の内面における肉体と霊魂との闘い、分配不可能な同一の物質的社会的目的対象を求めている様々な個人の貪欲、人種や環境や気質や哲学的信条等々に応じて違いが際立ってくる諸々の理想、これらはすべて、一見して解きほどきがたい混乱を作り出しており、そこから抜け出るためのアリアドネの糸は何もない。（もっとも、仮に哲学者が懐疑論者たろうとしているのであれば、この混乱には相当程度満足しているだろうが）、とはいえ、哲学者たるもの、まさしく哲学者である以上、こうした混乱に自分自身の特別の理想をつけ加え、こう主張する。すなわち、こうした個々の意見すべてを超えて、真理の体系というものが存在するのであり、十分努力しさえすれば、哲学者は、これを発見できるのである、と。

さて、今、我々はこのような哲学者の位置に身を置き、この哲学者をめぐる状況がもたらすすべての特徴をはっきり見極めなければならない。第一に、我々は、懐疑論者とはならない。つまり、突き止められるべき真理は存在するという考えを堅持する。しかし、第二に、我々が今しがた得た洞察によれば、こうした真理は、数々の法則からなる集合として、自ら真理であると語るものではないし、抽象的な「道徳的理性」などでもない。そうではなくて、真理は行為の中においてのみ存在するのであり、何らかの思索者が実際に見出しうると考える見解という形においてのみ存在する。しかしながら、権威ある思索者が目に見える形で存在するわけではない。では、我々は自分自身の理想を、道徳律を定立する理想として、単に宣言すればよいのだろうか。いや、そうではない。というのも、我々が真の哲学者であるなら、自身の自発的な理想が、たとえ最も貴重なものであれ、我々は、これを投じて、公正に判断しうる諸々の理想すべてに対して、公平な調整を図らなければならないからである。しかし、それでは、哲学者として、我々はそもそもどのようにして評価基準を見出すことができるのだろうか。どのようにして、一方で、完全な道徳的な懐疑論を避けつつ、他方で、自分が単に信じているだけの恣意的な基準を個人的に設定することを回避するのだろうか。

このジレンマは困難なジレンマであり、頭の中であれこれ考えたところで容易に解決しうるものではない。哲学者たるもの、一切の営みによって、公正な評価基準を追究しなければならない。だが、そうした基準も、実際に存在する誰某かの要求の中で具現化されねばならない。とはいえ、哲学者は、自身の共感と先入見が含まれている行為による以外に、どのようにして、そのような人を見分けることができるのだろうか。

確かに、一つの方法は現にある。それは、歴史的事実としてみれば、他の学派よりも真摯な倫理学派によって採用されてきた。要求されている多くの事態が、よく調べてみたところ、当初思えたほど混沌としているわけではないとわかれば、あるいは、そうした事態が自ら相対的な評価基準と判断基準を備えているのであれば、決議論的問題は解決するだろう。仮に、あらゆる善が、善としての資格において、ある共通の本質を含んでいるとわかれば、いかなる善であれ、そこに含まれる共通本質の量が、善の序列体系内に占める当の善の位置を示すであろうし、共通本質の量によって、序列は即座に作成可能となろう。というのも、この本質は、あらゆる思索者が同意しているかぎりでの善であり、哲学者たちが求める相対的に客観的で普遍的な善だからである。哲学者自身の私的理想ですら、哲学者たちが共有する共通本質によって評価されるだろうし、他のすべての理想の中において自らの占める正しい位置を見出すことになろう。

これまで、善の様々な本質は、このように見出されてきたのであり、倫理体系の根拠として提示されてきた。したがって、たとえば、両極端の中間であること、ある特殊な直観的能力によって認識されること、行為主体を当面の間幸福にすること、当の行為主体のみならず他の人を長期にわたって幸福にすること、その人の卓越性もしくは威厳を増大させること、いかなる人にも害を与えないこと、理性から、あるいは、普遍的法則から生ずること、神の意志にしたがっていること、この地球上にあって人類の生存を促すこと等々というように、数多くの判定基準がある。そして、その一つ一つは、誰某かによって、善いこと、善い行為の一切の本質をなすと主張されてきた。

しかしながら、これまで実際に提示された数々の判定基準は、どれ一つとして、普遍的説得力を持つものはなかった。その中には、明らかに、あらゆる場合に普遍的に現れているわけではないものもある。たとえば、何人に対しても害を加えてはいけないという性質、ある普遍的法則にしたがうという性質などが、その例である。というのも、最善の行動方針ですら、しばしば、残酷なものだからであり、多くの行為は、それらが例外であり普遍的法則の例ではないという条件の下でのみ、善いとみなされるからである。あるいは、神の意志にしたがうというように、確認できず、曖昧な性質もある。さらにいえば、人類存続のように、その帰結がどうなるか、不確定な性質もあり、こうした性質を我々が最も必要とするときにかぎって、我々は窮地に陥り置き去りにされる。たとえば、〔北米先住民〕スー族の哲学者であれば、我々とまったく異なる方法で、人類存続基準を用いるのは確実であろう。総じて、善についてのこうした指標や判定尺度のうちで、最善のものは、幸福をもたらす能力であるようにみえる。しかし、この判定基準が致命的な失敗に終わらないためには、幸福を目指しているわけでもない、数えきれぬほどの行為と衝動を扱わなければならない。したがって、結局のところ、普遍的原理を追い求めるにあたって、我々は、必然的に、最も普遍的な原理へ赴くことになる。すなわち、善の本質は、単に、要求を満たすことでしかないのである。要求というのは、この世のどんなものに対しても向けられる。我々のすべての要求が、一つの根本的な類いの動機によって説明できると想定する根拠は、実際には何もない。それは、あらゆる物理的現象が単一の法則の事例であると想定する根拠がないのと同じである。倫理学が訴える根本的な力は、おそらく、物理学の力と同様に多元的なものである。様々な理想は、それらが理想であるという事実を措いては、何も共通の性質を持っていない。抽象的で単一の原理など、いかなる原理をもってしても、科学的に厳密で正真正銘有効な決議論的尺度のようなものを哲学者に対して与えることはできない。

我々が見出しているように、倫理学的世界における別の特異性をみるなら、哲学者の困惑ぶりが、さらに一層わかるだろう。すなわち、純粋に理論的な問題としてみれば、決議論的問いなどというものは、そもそも、何ら生じないだろう。仮に、倫理哲学者の追い求めるものが、善についての想像しうるかぎり最上の体系でしかないとするなら、容易な課題を求めていることになろう。というのも、一見したところ、あらゆる要求は、それ自体としては、まともなものであり、単に想像上の最善世界であるなら、いかなる要求も、要求されれば即座に満たされるような世界だからである。しかしながら、このような世界があるとすれば、それは、我々が実際に住んでいる世界の構造とはまったく異なる物理的構造を持っていなければならないだろう。そうした世界があるとすれば、空間的のみならず時間的にも、この世では相互に両立不可能な行為と経験すべてを含みながらも、相互に連動しつつ存続するようなn次元時空となっている必要がある。たとえば、散財しながら財をなし、仕事を休んでいるのに仕事が捗り、狩猟と漁業を営みながらも生き物を傷つけることなく、経験を絶え間なく積みながらも若々しい新鮮な心持ちを維持するといった具合である。このような事物の世界は、いかにもたらされようと、絶対的に理想的な世界であるのは疑いえない。そして、仮に、一人の哲学者がア・プリオリに宇宙を創造し、あらゆる物理的諸条件を提供しうるというのであれば、哲学者がためらうことなく創造することになるのは、こうした類いの世界にほかならない。だが、我々が実際に住んでいるこの世は、まったく異なる様式に基づいて成り立っているのであって、ここでは、決議論的問いは、まったくもって悲惨なほどに現実味を帯びている。この世で現実的に可能なことは、あらゆる要求事項に比べてはるかに限られている。理想と現実の間には、常に緊張があるのであって、この緊張を切り抜けるのは、理想の方を置き去りにすることによってのみ可能となる。ある善を我々が想像するとき、その善が他の想像上の善と、時空間の占める位置をめぐって競合しないことなど、ほとんどありえない。欲望の目的はすべて、ひとたび現れるなら、他の欲望目的を締め出す。酒を飲んで煙草を吸うのか、それとも神経の調子をよい状態に保つのか。両方を満たすことはできない。アメリアに思いを寄せるか、それともヘンリエッタに恋い焦がれるか。同時に二人を好きになるわけにはいかない。慣れ親しんだ共和党を支持するか、それとも、公共の事柄には不慣れな精神を支持するか。両方支持するわけにはいかない等々。したがって、諸々の理想にあって、したがうべき正しい尺度に対する倫理的哲学者の要求は、まったくもって実際的要求の所産なのである。そうした理想のある部分は、犠牲にならねばならないだろうが、その場合、哲学者は、どの部分を犠牲にするか知る必要がある。哲学者が取り組むべきは、痛ましい状況であって、単なる思弁的な難問というわけではないのである。

ところで、我々が生まれ落ちる社会にあっては、社会の数々の理想は大部分、既に秩序化されている。この事実によって、我々には哲学者の課題の本当の困難が見えなくなっている。通常最も高度とされる理想に、もし、我々がしたがうとするなら、我々が見捨てる他のすべての理想は、死に絶えることになり、再び我々の心に浮かぶことはないだろう。あるいは、そうでなければ、たとえそうした他の理想が再び現れ、我々に対して、見捨てたかどで非難することになろうと、ひとたび見捨てられた理想を我々が取り合わないことを、誰もが賞賛するだろう。いいかえれば、我々の環境が我々に促すのは、哲学者になることではなく、いわば、ある立場の熱狂的支持者になることである。しかしながら、哲学者の場合、客観性についての自分自身の理想にこだわるかぎり、いかなる理想であれ、ひとたび耳に入ったならば、これを無視するわけにはいかない。哲学者が確信しているのは、単に自分自身の直観的選好を考えるだけでは、十全たる真理は必ずや台無しになってしまうということであるが、この確信はもっともなことであるといってよい。詩人ハイネは、『歴史における神』と題する自著の一冊において、「神」と書くところを、代わりに「ブンゼン［ブンゼン灯発明者の名前］」と書いて、「歴史におけるブンゼン」と読めるようにし［て、歴史における神と同様に、歴史におけるブンゼンにも、意味があるようにし］たといわれている。この立派で学識のある伯爵ハイネを悪くいうつもりはないが、こういっては、いいすぎだろうか。今、一人一人自分の執着する理想に対して熟考する機会を得ようと奮闘し、浮かれ騒いでいる欲望の暴徒がいるとして、彼らの中に、哲学者が自分自身の理想の序列観を持ち込もうと試みるならば、その途端、どれほど広い同情心を持っていようが、いかなる誠実な哲学者も、道徳的世界の歴史におけるブンゼンのように［確かに有意味ではあるが、しかし、神に比べれば、歴史上些細な意味にまで首を突っ込むことに］なるにちがいない。選ばれし最上の人間というものは、数多くの善に対して無関心なだけでなく、滑稽なほど奇妙にも無関心でなければならない。自分の気づいている善が見えなくなり、人生から失われてしまうことがないように、自由に闘う兵士として、哲学者は、他のすべての人と同様に、自然な立場に立っている。しかし、たとえば、ゼノンやエピクロス、カルヴァンやペイリー、カントやショーペンハウエル、ハーバート・スペンサーやジョン・ヘンリー・ニューマンといった人物を、もはや特殊な理想の一面的な主張者としてではなく、万人が考えるべきことを決定する教師として考えてみるなら、風刺作家は、これ以上グロテスクな主題について、わざわざ執筆することを望みうるだろうか。あのパーティントン婦人の物語のように（*Life and Saying of Mrs. Partington,*

1854)、大西洋の高潮を箒で押し戻そうとする試みも、これらの人物に比べれば、まだ理にかなった光景といえる。というのも、人間のあらゆる本性こそが、あふれるほどの善を、産みの苦しみの中で白日の下に明らかにしようとしているというのに、先の人物たちは、小綺麗な哲学体系の内容をもって、これに代えようと汲々としていたからである。さらに、このような個々の道徳哲学者たちを、もはや単なる教師としてではなく、世俗的権力で武装した司教として考えてみよう。つまり、善をめぐって、具体的にどのような紛争が起ころうと、いかなる善が見捨てられ、いかなる善が残ることが許されるか、これを指令する権威を有すると考えるのである。そうすれば、考えただけでも、青ざめることになろう。たった一人であれ、このような生殺与奪の権を揮う道徳学者がいるとすれば、そのことを考えただけでも、誰もが休止状態にある革命的本能に目覚めることになろう。たとえ、可能なかぎり見識のある哲学者たちの仲間であろうと、実際的知識を欠いた空理空論の哲学者のルールに基づく秩序に比べたら、永遠の混沌の方が、はるかにましである。いや、もし、哲学者たる者、裁判官の位置を維持すべきであるとするなら、争いに加担する関係者の一員になってはならない。

そこで、問われることになるのは、懐疑論に頼ることなく、そして、いやしくも哲学者であるという考えを放棄することなく、そもそも、哲学者は何をなしうるのだろうかという問いである。だが、哲学者は、あくまで哲学者であって、特殊な理想の主張者ではないからこそ、回避のための一つの完全に確かな道が哲学者に開かれていることを我々は既にわかっているのではないか。要求されるものはすべて、要求されているという事実によって、善である。そうである以上、倫理哲学の指導原理は（不毛なこの世にあっては、あらゆる要求すべてがそろって満たされることはありえないため）、単に、可能なかぎり多くの要求を、常に満たすということでいいのではないか。したがって、最善の全体に寄与する行為こそ、最小限の不満しか引き起こさないという意味で、最善の行為であるにちがいない。それゆえ、決議論の尺度からすれば、最小限の犠牲でもって優位を得る理想こそが、あるいは、その実現によって、他の理想の犠牲を最小限にとどめる理想こそが、最高であると称されるにちがいない。勝利と敗北がある以上、哲学的に祈るべき勝利は、他と比べて包括的な立場の勝利である。つまり、たとえ勝利した場合にあっても、敗れた側が関心を寄せていた理想を、ある程度は、正当化するような立場の勝利である。歴史の歩みは、人間たちが、世代を経るにしたがって、ますます多くを、排除することなく、取り入れる体制を見出そうと奮闘する物語にほかならない。他者の要求をも満たすような、自分自身の理想を実現する何らかの方法を考案せよ。こうした方法こそ、そして、こうした方法だけが、平和への道である！　この道を歩む中で、社会は、これまで、科学の発見に極めて類似した一連の社会的発見によって揺れ動きながらも、次から次へと、ある種の相対的な均衡に到達してきた。たとえば、一妻多夫制、一夫多妻制、奴隷制、部族闘争と殲滅の自由、天誅による拷問、専制的王権といったものは、徐々にではあるが、実際に生じた告発抗議を前に屈することになった。疑いもなく、誰かにとっては理想であっても、社会が進歩を重ねるたびに、ますます理想から離れて悪化していくものもあるが、しかし、数々の理想を、その総数でみるなら、圧倒的多数は、かつての未開の習慣に比べて、我々の文明化された社会において安全に確保されているのである。従来から今日にいたるまで、決議論的尺度は哲学者のために既に作られており、それらは、哲学者が常に独力で作りうるものよりも、はるかに役立っている。最も綿密な類いの実験がこれまで示しているところによれば、土地に関する法と慣例は、全体からみると、思索者たちに、最大の満足を与えるものである。争いが生じた場合の推定は常に習慣的に承認された善に沿うものであるにちがいない。哲学者は保守的であるにちがいないのであって、自分の決議論的尺度を作る場合にも、コミュニティの慣習に最も合致した事柄を最優位に置くにちがいない。

とはいえ、この哲学者が本物の哲学者であるなら、理解していなければならないことがある。人間の数々の理想が現実に生じて均衡状態をなしているにしても、そこには終極の均衡など何もないということ、我々の今日の法と慣習が過去の他の法と慣習と闘い、これらを克服してきたように、現代の法と慣習もまた、さらなる告発抗議を生み出した場合には、この抗議を増長させることなく緩和できるような秩序が新たに発見されることで、やがて打ち捨てられていくであろうということ、これである。「規則は人間のために作られるのであって、人間が規則のために作られるのではない」。この一文は、グリーン［Thomas Hill Green 一八三六－一八八二年］の『倫理学序説』に不朽の名声を与えるに十分なものとなっている。もちろん、既成の規則と訣別し、この規則の許容範囲を超えた理想を丸ごと実現しようと努力すれば、いつでも大きなリスクを背負うことになる。しかし、自らの生命と地位とを惜しむことなく投げうつ覚悟があるのであれば、いつでも誰にでも実験を試みる機会は開かれていることを、哲学者なら認めるにちがいない。その試練は常に身近にある。あらゆる道徳規則体系にあっても、これに閉じ込められ、圧迫を受けている人、そして、抑圧されている善は、数かぎりなく存在する。これらの背後には常に不平不満があり、解放される機会はないものかと、どんな争点にも乗じようとしている。私的所有制度の背後に隠されている弊害をみてみるとよい。今日においてさえ、全国を統治する政府の最も重要な機能のうちの一つは、他人より機転の利く市民が裕福になるのを支援することであると、恥ずかしげもなく断言する者もいる。総じて有益ではあるにせよ、結婚制度という専制が、既婚者であれ未婚者であれ、かくも多くの人々にもたらす、名もなく名状しがたい悲哀をみてみるがよい。仕事に従事する訪問セールス要員や店の売り子も、封建時代の世界であれば、数多くの特権や恩恵を享受しえたというのに、いわゆる平等と産業主義の体制下に置かれた場合、どれほどの機会を喪失することになるか、その総体を考えてみるがよい。身分の低い者や落伍者に対して我々は親切心を示すが、このことが、今日にいたるまで、あらゆる血統純化完成の条件となっている厳しい陶太と、いかに相容れぬものであるか、思い描いてみるがよい。いたるところにある闘争と搾取、さらに、いかにして、これらを緩和させるかという、永遠の問題を考えるがよい。たとえば、無政府主義者、ニヒリスト、自由恋愛主義者、銀の自由鋳造論者、社会主義者、単一税論者、自由貿易主義者、行政改革論者、酒類製造販売禁止論者、生体解剖反対論者、弱者抑圧思想を抱く過激なダーウィン主義者等々といった人々、そして、彼らに対して対立する保守的な社会感情の一切は、いかなる種類の行動様式によって、最大多数の善がこの世に実現され維持されうるかについて、まったくもって実際の実験を通じて決定しているのである。こうした実験は、ア・プリオリに判断されうるものではない。実験を実際に遂行した後で、どれほど多くの激しい抗議が生ずるか、あるいは、どれほど緩和がもたらされるか、実際に把握することによって、判断されうるのである。いったい、いかなる机上の解決策によって、このような判断規準に基づいて行われる試行の結果を予期できるというのだろうか。あるいは、数多くの理想のどれについても、それ固有の特殊な主張が既になされており、しかも、特に、その理想を感じ入るために生まれ、そのために死を賭してまで闘うために生まれてきたような天才によって具現化されているとき、このような世界にあって、いったい、表層的な理論家の判断など、どれほど価値があるというのだろうか。純粋な哲学者にできることといえば、こうした世界の複雑に曲がった光景を何とかたどることだけである。その場合、哲学者が確信しているのは、最も抵抗の少ない進路は、より豊かで、より包括的な解決へと、常に向かって行くことであり、あれこれと方向転換することによって、天国へいたる道に絶えず近づけるということである。

四

以上述べたことは、すべて、次のような主張につながる。つまり、決議論に関するかぎり、倫理科学は、物理学と同様に、抽象的原理から一挙に演繹しうるのではなく、ただ単に、好機を待ち、その結論を日々改訂する用意がなければならないということである。どちらの学にあっても、そこに想定されているのは、もちろん、一般大衆に受け容れられた意見は真であるということであり、正しい決議論的理法は公衆の意見が信じている事柄であるということである。そして、物理学においてと同様に、倫理学においても、まったく独自性を打ち出したり、独創性を目指したりすることは、大部分の我々にとっては、極めて愚かなことであろう。しかしながら、しばしばあることではあるが、独創的たりうる権利を生まれながらに有する者もいるのであって、このような人の革命的な思想や行動が実り多い成果を生み出すこともある。こうした人は、古い「自然法則」を、もっとよい自然法則に代え、あるところでは、古い道徳的規則を打ち破り、事態全般においては、古い規則が維持された場合に生ずる理想よりも、はるかに優れた理想をもたらすことになるかもしれない。

それゆえ、総じていえば、言葉の古い絶対的な意味でいう倫理の哲学は不可能であると、我々としては結論づけざるをえない。いかなる場合であれ、倫理哲学者は事実に仕えなければならない。倫理哲学者は、理想なるものを創り出す思索者が、いったいどこからやってくるのか知らないし、思索者たちの感受能力が、いかに進化するのかも知らない。競合し合う二つの理想のうち、どちらが、そのとき、その場で、最善の世界をもたらすかという問いに、哲学者が答えられるとすれば、それは、他の人々の経験の助けを借りることによって答えられるのである。先に、「第一の」問いを扱った際、直観的道徳論者たちは、心理学的事実を最も明確にしている点で、信頼に値すると私は述べた。だが、こうした長所があるにもかかわらず、総じて、彼らは、ここに独断的な気質を混入することで、長所を台無しにしている。すなわち、絶対的な区別と無条件的な「べからず」集を設けることによって、可塑的で連続的に成長する生命を、遺骸と遺骨からなる迷信的な体系へと変えてしまうのである。実際のところ、絶対的な悪など存在しないし、非道徳な善も存在しない。いつの時代であれ、最高度の倫理的生活は、その任に堪えることを要求される者が、どれほど少なかろうと、実情に合わなくなってしまった規則を打破することのうちにある。無条件の命令があるとすれば、ただ一つ、それは、我々が見出しうる善の世界総体を最大化するために決意し行動すべく、恐れおののきながらも、絶えず努めるべきであるということである。確かに、抽象的規則も役には立つ。しかし、我々の直観が鋭くなり、道徳生活に対する使命感が強まるにつれて、抽象的規則など、ますます役立たなくなる。というのも、言葉の厳密な意味でいえば、本当の窮地とは、すべて唯一無比の状況だからである。個々の決定によって生み出される理想は、実現されることもあれば、失敗に終わることもある。両者がどのように組み合わされるかは、常に前例のない一つの世界を構成しているのであり、それに先立って存在する適切な規則などない。それゆえ、哲学者も、哲学者の資格においてであろうが、具体的な緊急事態にあって最善の世界を決定する能力に関しては、他の人々と変わらない。確かに、どんな場合であっても問題は何であるのかという問いについては、つまり、単にあれこれの善を取り上げて、どちらがいいかという問いではなく、それぞれの善が属するにふさわしい二つの世界全体についての問いについていえば、哲学者は、大部分の人々よりは、幾分よくわかっている。哲学者が知っているのは、二つの世界のうち、より豊かな世界の方を支持しなければならないということであり、最も整序しやすく、複雑な組み合わせに対処するのに最適で、一層多くを包括する全体の一因に最もなりやすくみえる善を支持しなければならないということである。しかし、このことが、二つのうち、いったいどちらの特定の世界のことであるのか、哲学者は、これを、前もって確実に知ることはできない。哲学者が唯一知っているのは、自分がひどい誤りを犯した場合、それによって害を被った人々の叫び声が、自らの過誤という事実を自分に教えてくれるということだけである。一般的にいって、こうした点については、公正で本能的に共感に富んでいるかぎり、そして、不平の声を聞く耳を持つかぎり、哲学者も非哲学者と変わるところはない。実際、哲学者の役割は、今日における最も優れた類いの政治家の役割と見分けがつかない。したがって、倫理学についての哲学者の著作も、真に道徳生活にまで踏み込んでいるかぎり、独断的であるより、むしろ、暫定的で示唆的であることを自認している文献と、ますます連携するにちがいない。ここで文献といっているのは、たとえば、より心情にあふれた小説や戯曲、講話、そして、国政論や社会事業や社会経済改革についての著作のことである。このように考えるなら、倫理学の専門文献は、膨大な量に及ぶと同時に、啓発的なものとなるだろう。しかし、こうした文献も、最も抽象的で最も漠然としているという性質を除けば、最終的なものではないのであって、その作品構成としては、時代遅れで、歯切れがいいだけの、自称「科学的な」形を、ますます断念することになるにちがいない。

五

具体的な倫理学は最終的なものになりえない。その全理由のうちで主たるものは、こうした倫理学は形而上学的および神学的信念に仕えなければならないというものである。先に述べておいたことだが、本当の倫理的関係というものは、まったくもって、人間的世界に存在する。たとえ、我々が道徳的単独状態と呼ぶ世界にあっても、思索者が理想を持ち、かつ、理想の方も思索者を捉えているのであれば、本当の倫理的関係は存在するだろう。思索者にとって、ある日の自己は、別の日の自己に対して、数々の要求をするだろう。そうした要求の中には、緊急のものもあれば、専制的なものもあろうが、しかし、他方で、温和で、容易に脇に置いておけるものもあろう。我々は専制的な要求を命令と呼ぶ。こうした命令を無視するなら、事はいつまでたっても終わらない。ひとたび善を傷つけてしまおうものなら、その報いとして、数多くの痛手、良心の呵責、後悔の念が生ずることになり、我々は延々と、これらに苦しむことになる。義務は、こうして、一思索者の意識内部に存在しうる。この思索者が、何らかの決議論的尺度にしたがって生きることによって、より命令的な善を最重要視し続けるならば、そのかぎりにおいてのみ、思索者は完全な安寧とともにいることが可能となる。自らの敵対者に対しては断固として酷にふるまうことが、こうした善の本質である。善とその敵対者を比較考量したところで、何の役にも立たないだろう。善の敵対者は、我々の気質に無慈悲な感情を呼び起こす。我々が、敵対者に味方して、犠牲になることをひるむほど心優しくあろうとも、敵対者の方は我々を容易に許しはしない。

実際のところ、人間の道徳生活において最も際立った違いは、安易な心持ちと努力を厭わぬ心持ちの違いである。安易な心持ちの場合、目の前の害悪に怖じ気づくことが、我々にとって支配的な考えである。これに対して、努力を厭わぬ心持ちの場合、より優れた理想が達成されさえすれば、目の前の害悪に対して、まったく無関心でいる。進んで努力する力は、おそらく、すべての人の心に潜んではいるが、それを呼び覚ますのは、人によっては困難である。この心持ちは、これを呼び覚まそうとする血気盛んな並々ならぬ情熱を必要とし、強い憂慮の念、敬虔の念、義憤の念を必要とする。そうでなければ、正義や真理や自由のように、何か、より高度な忠誠心が持つような、深く心を突き動かす訴えかけが必要になる。奮闘する心が持つ想像力にとって必要なのは、強固な安堵感である。山という山、すべてが崩落し、谷という谷、すべてが隆起するような世界は、努力を厭わぬ心が住むのに適した場所ではない。こういうわけで、孤独な思索者にあっては、努力する心持ちは、永遠に微睡んだまま、目覚めることはないのだろう。こうした思索者には、様々な理想があるだろうが、自身にとっては単なる自分の種々の選好として知られているだけであり、数ある理想とはいっても、ほとんど同じ種類の価値を持つものである。したがって、孤独な思索者は、これらの理想をほしいままに弄んでいられる。こういうわけで、神のいない人間だけの世界にあっては、我々の持つ道徳的活力に訴えかけたところで、これを最大限に刺激する力にまではいたらないのである。確かに、このような世界においてさえ、人生というものは、いわば、正真正銘、倫理的な交響曲であるといってよい。しかし、この交響曲が演奏されることはあっても、その音域は狭く、オクターヴ数にして、せいぜい、二、三でしかなく、諸々の価値からなる音階が無限に広がることはない。実際、はるか未来の子孫が人類教の最後の訴えを主張することで、我々の心に努力を厭わぬ心持ちが呼び覚まされるなどといったところで、このような考えなど、我々の多くは、あの雄弁に語られた『一法廷弁護士によるエッセイ』におけるジェイムズ・スティーヴン卿のように、一笑に付してはばからないだろう。このような未来の人々を、我々が心の底から敬愛することなどなかろう。進化の末に彼らが達成するもの、たとえば、卓越性、長寿化、高度の教育、あるいは、戦争と犯罪からの解放、苦痛や伝染病に対する部分的免疫、その他、どうということもないすべての長所について、我々が多く耳にすればするほど、おそらく、我々の彼らに対する敬愛の念は失せることになろう。こうしたことには、まったくもって、限界があるといってよい。空っぽの世界の先がどんなものか、我々には十分みえている。そこに欠けているのは、いわば、無限と神秘の音調である。こうした未来では、すべて、がさつな扱われ方しかされないだろう。わざわざ、このような未来の善き人々のために、今、この現在、自分自身苦悶する必要はないし、他人を思い悩ませる必要もない。

しかしながら、神が存在し、この神も権利要求者の一人であると我々が信ずるとき、無限の視野が開けてくる。神が存在しない場合よりも命令的な理想の数々からなる音階が、今や、まったく新しい客観性と意義をもって語り始める。そして、そこで語られる主張の音調は、我々を貫き、打ち砕き、痛ましいほどに我々を挑発し始めるのである。こうした理想は、ヴィクトル・ユゴーの描くアルプスの鷲の鳴き声のように、「断崖で声を発しているのに谷底にまで響き渡り」［諸世紀の伝説］、その音とともに、努力を厭わぬ心持ちが呼び覚まされる。進軍ラッパが鳴り響く中で、進んで努力する心は、おおっ、と叫び、彼方の闘いと、指揮官の雄叫び、そして、喊声を嗅ぎつける。奮闘する血は騒ぐ。そうなれば、どうということのない要求に対して無慈悲にふるまうことは、奮闘心に対する妨害要因どころではなく、かえって、もっと重大な要求に対して果敢に応答する際の歓喜を断固として高める。ピューリタン的態度と傍若無人的態度との対立は、あらゆる歴史を通して、時折現れるものであるが、我々はこの対立の中に奮闘する心と和やかな心との反目を見て取り、さらには、高いところから要請される無限にして神秘的な義務についての倫理学と、分別および単に有限的な必要性の満足についての倫理学との違いを見て取る。

努力を厭わぬ心持ちという素質は、人間の自然的な可能性のうちに深く潜んでいるため、たとえ、神を信ずる形而上学的伝統的根拠がなくとも、懸命に生き、生存競争の中から熱意の最も力強い可能性を得るための単なる言い訳としてであれ、人間は神を想定するだろう。有限の要求者以外には誰も存在しないと我々が信じているような世界にあっては、現実の具体的害悪に対する我々の態度は、無限の要求者のために喜んで悲劇に対処する世界における態度とは、まったく異なる。人生の害悪に対処するための、あらゆる種類の活力と忍耐力や勇気と能力は、宗教的信仰を有する人々にあっては、自由に作用する。この理由によって、進んで努力するタイプの性格は、人間の歴史という戦場において、常に、気楽なタイプの性格よりも長く生き残るだろうし、宗教は反宗教に打ち勝つだろう。

そして、これが我々の最後の結論であるが、倫理的哲学者が求める安定的にして秩序だった世界が完全に可能となるのは、すべてを包摂する要求を持った神聖な思索者が存在するような世界においてのみである。そのような思索者がいるのであれば、諸々の要求をそれぞれ位階的に位置づけていく方法は、最終的に妥当な決議論的な等級尺度であろう。こうした思索者の要求は最も魅力的なものであろうし、その理念的世界は、最も包括的で実現可能な全体世界であろう。このような思索者が今存在するのであれば、我々自身が永久に近づき続けるべき範型として、我々が求める倫理的哲学は、思索者の思考のうちに既に実現していなければならない[▼2]。それゆえ、体系的に統一された道徳的真理についての我々自身の理想においては、我々は、哲学者志望者として、神聖な思索者の存在を想定しなければならないし、宗教的大義の勝利を祈らなければならない。ところで、無限の思索者の思想は、いったい、いかなるものであるか、これは、我々自身には隠されているのであって、たとえ、我々が、このような思索者の存在に確信を持っていようが、事情に変わりはない。したがって、我々が思索者の存在を想定することは、結局のところ、進んで努力する心持ちを解放するのに役立つことになる。だが、これこそ、あらゆる人々にとって、思索者の存在を想定することの意味なのであり、哲学に関心を有する人々の場合でさえ、事は同じである。それゆえ、倫理的哲学者は、どの行動方針が最善であるかを、あえて述べる場合でさえ、ごく普通の人々と、本質的に異なるレベルに立っているわけではない。「よろしいか、今日、汝の前に、生と善、死と害悪を提示した。それゆえ、汝と汝の子孫が生きられるように生を選びたまえ」。かかる試練が我々に到来するとき、試されているのは、ただ、我々の全性格と個人の英知だけである。もし、我々が、何であれ、いわゆる哲学に訴えるのであれば、我々が選択し用いる哲学もまた、道徳的生活に対する我々の個人的な素質、あるいは、無能力を顕わにするだけである。哲学教授の講義も、どれだけ大量な本も、このような厳しい現実的な試練から、我々を救うことはできない。学のある人にとっても、学のない人にとっても、問題を解決する保証は、最後の手段として、内面的性格が無言の意欲を持つか否かにあるのであって、それ以外のところにはない。それは天にあるわけでもないし、海の向こうにあるわけでもない。その言葉は、汝のすぐ傍らに、つまり、汝の口と耳にあるのであって、汝自身がそれを行うのである。

▼2　この点については、すべて、私の同僚、ヨザイア・ロイス教授の著作 *The Religious Aspect of Philosophy*, Boston, 1885において、鮮やかに、かつ、力強く説明されている。

第14章 真理の意味（一九〇九年）

The Meaning of Truth

ウィリアム・ジェイムズ

William James

1、『真理の意味』序文（一九〇九年）

拙著『プラグマティズム』の核心部分は、ある観念（意見、信念、言明、その他）と、その対象との間に成立しうる、「真理」と呼ばれる関係についてのプラグマティズムによる説明である。この本の中で私は次のように述べている。「真理とは我々の観念のうちの何らかの特性である。偽りが観念の実在との不一致を意味するように、真理は観念の実在との一致を意味する。プラグマティストと主知主義者は、ともに、この定義を当然のこととして受け容れる」。

「〔たとえば、時計の「時間測定作用」やゼンマイの「弾力性」といった場合のように、〕我々の持つ観念が、観念の対象を明確に模写できない場合、当の対象との一致とは何を意味するのだろうか？……プラグマティズムは、自ら、例の問いを立て、こう述べる。『ある観念ないし信念が真であると認める場合、それが真であるということは、誰かの実生活に、いかなる具体的な違いをもたらすのだろうか？〔その信念が真である場合の〕いかなる経験が、仮に当の信念が偽りである場合に成立しうる経験と異なることになるのだろうか。当の真理が〔真理であると〕、いかにして、わかるのだろうか。要するに、経験的な観点からみて、真理のキャッシュ・ヴァリューは何なのだろうか』。プラグマティズムは、この問いを発するや、即座に、次のような答えを見出す。真なる観念とは、我々によって同化可能であり、有効化可能であり、確証可能であり、かつ、真理化可能な観念のことである。偽りの観念とは、我々によって、そうすることが不可能な観念のことである。これこそ、我々が真なる観念を有することで、我々に生ずる実際的な違いである。それゆえ、これが真理の意味である。というのも、これこそ、真理が真理として知られる一切だからである」。

「ある観念が真であることは、その観念に内在する不動の特性ではない。真理は、ある観念に起こるのである。それは、真理になるのであり、出来事によって、真理となるのである。真理の真理性とは、実際のところ、一つの出来事であり、一つの過程である、すなわち、真理が自己自身を真理と化す過程であり、真理の真理化の過程である。真理の有効性とは、真理の有効化過程である▼1」。

「最広義の意味で、ある実在と一致するということが意味しうるのは、ただ、直接的に実在へと導かれるか、あるいは、実在の周辺にまで導かれるということ、もしくは、一致が成立していない場合よりも、実在か、あるいは、実在と結びついた何ものか、どちらかに対して、よりうまく対処しうるように、我々

▼1　だが、ここでつけ加えておく。「真理化可能性とは、真理化と同じことである。一つの〈真理 - 過程〉が完成するにあたっては、これから出現しようとしている状態で機能するものが、我々の生活のうちには無数にある。これらのものは、我々を直接的に真理化へと導き、これらが想定する対象を取り巻く環境の中に我々を導く。そして、その後、もし、すべてが調和の取れたまま進行していけば、真理化が可能であると我々は強く確信する。したがって、我々は、以後、真理化を省略する。我々は、通常、起こることすべてによって、自分たちが正しいとわかるのである」。

が実在に作用し接触するようになるということ、これに尽きる。ここで、よりうまくといったが、これは、知的にも実際的にも、いえることとである。…〔本質的なことは、この導かれるという過程なのである。〕実際的にであれ知的にであれ、当の実在か、その付属物か、どちらかに対して我々が対処するのに資する観念であれば、つまり、我々の前進を妨げ挫折させることのない観念であれば、あるいは、当の実在の全体環境に対して、我々の生活を実際に合致させ、適応させるような観念であれば、いかなる観念であれ、このような導きという要求に十分に見合い、適合するだろう」。

「ごく手短に述べるなら、正しいということが、我々の行動様式における便宜にすぎないのと同様に、真なるものとは、我々の思考様式における便宜にすぎない。ここで、便宜といったが、それは、〔あくまで〕ほとんどいかなる様式においても便宜であり、〔あくまで〕長期的にみて、全体を通して、便宜であるということはもちろんである。というのも、視野に入ってくる経験すべてに便宜上見合うものが、必ずしも、それ以上のさらなる経験すべてに対して、同じく満足のいくように見合うとはかぎらないからである。我々の知るように、経験というものは、様々な様式で、拡大発展し、種々の様式で、我々の現行の因襲を修正するよう仕向けるのである◆」。

　真理に関する以上の説明は、シラーとデューイ、両氏による同様の説明の後に続いて登場したものであるが、これまで、最も激しい論争を引き起こしている。この説を擁護する批評家は、これまで、ほとんどいないし、批評家の大部分は、この説を鼻であしらってきた。この主題は、外見上の単純さとは裏腹に、理解するのが困難な主題であること、明白に思える。同じく、私の見るところ、この問題を最終的に解決すれば、認識論の歴史において、したがってまた哲学全般の歴史において、画期をなすことも、明白だと思われる。今後、この問題を研究する必要に迫られる人々にとって、私の説が、もっとよく理解しやすくなるように、真理問題に直接関わる私の研究成果すべてを、本書『真理の意味』に収録した。私がはじめて、この主題を扱ったのは一八八四年で、これは本書の巻頭に収めている◆◆。それ以外の論文は、すべて出版年順に収録している。そのうち、二、三の論文は、今回が初出である。

私が受けた数ある非難の中で、最も頻繁に受けねばならなかったものの一つは、我々の宗教上の信念が真理であることの本質は、当の信念が我々にとって「善いと感ずること」のうちにあり、それ以外のどこにもないとしたことである。残念なことだが、そうした非難に抗弁する際、拙著『プラグマティズム』の中で、私は、不用意な言い方で、さる哲学者たちの絶対者に対する信念の真理性について語ってしまった。なぜ、私が絶対者を信じないか、私自身、説明しておきながら、しかし、絶対者を信ずることは、「道徳上の休暇」を要する人々には、休暇を確保することになるなどと認め、そのかぎりで（つまり、道徳上の休暇を取ることが善であるというのなら）、絶対者は真であると認めてしまっている。だが、この主張は、自分の論敵に対して、いわば、融和的な和解の印として、供与したまでのことである。[2] しかし、残念ながら、そうした和解策の供与には極めてよくあることだが、この論敵たちときたら、和解策を踏みにじった上で、あろうことか、和解策を贈った我々に対して、これをずたずたにし、罵詈雑言として突き返したのである。この世にあって、キリスト教の慈善など稀であるというのに、また、通常の世俗的な知性もまた稀だというのに、私としたことが、何と、論敵たちの善意を信頼しすぎたのであった。ごく普通に観察されることとして私が考えていたのは、こうである。宇宙に関して、他の点ではすべて等しい立場にありながら、別の点において競合する二つの見解があるとして、このうち、一方は、人間にとって不可欠な何らかの要求を否定し、他方は、これを満たすとき、後者の見解の方が分別のある人に好まれるだろうというかことであり、こちらの方が世界を一層理にかなったものにするように思われるという理由だけからしても、

◆以上『プラグマティズム』第六講「プラグマティズムの真理観」。

◆◆第一章「認識の機能」、本書末収録。

▼2 『プラグマティズム』第二講「プラグマティズムの意味」。

そういえるということである。このような状況下において、第一の見解を選ぶとすれば、それは禁欲主義者のふるまいであろう。つまり、通常の人であれば、けっして犯しはしない哲学的自己否定のふるまいである。私は様々な概念の意味をプラグマティズムの立場から吟味し、絶対者という概念は、道徳的休暇を授与する者、つまり、宇宙の恐怖を払いのける者以外の何ものも意味しないことを示したのであった。私の主張によれば、「絶対者は存在する」と人がいうとき、この見解の客観的判断は、ただ、次のことを帰結するというものであった。すなわち、「宇宙を前にして、安心感を正当化する何らかの理由」が存在するということ、そして、安心感の涵養を丸ごと拒否するとすれば、それは、感情的生活の中にみられる一性向、つまり、未来を見越しておくという意味で、尊重されるような一性向を害することになろうということ、これである。

どうやら、私を批判した絶対主義者の批評家たちは、そのような状況においても、自分たち自身の心の働きに気づかないようである。したがって、私にできることといえば、ただ、お詫びして、私が和解策として提供した道徳的休暇という論点を返してもらうだけである。〔論点を引っ込める以上、〕絶対者などというものは、いかなる意味においても、真ではないし、批評家たちの見解を考慮し、これに合わせて、私がわざわざあてがった意味においても、何ら真ではない。

「神」や「自由」や「設計」に関する私の扱い方も同様であった。◆プラグマティズムの観点から吟味することによって、これらの概念一つ一つを、明確に経験可能な機能に還元したわけだが、そのことで私が示したのは、これらの概念は、どれも同じことを意味する、つまり、世界には前途有望な未来が存在することを意味するというものであった。「神は存在するか、しないか」ということが意味するのは、「前途有望な未来はあるか、ないか」ということなのである。私の見るところ、この二者択一は、十分客観的である。つまり、たとえ我々自身の暫定的答えが主観的根拠を下になされようとも、宇宙が、あれこれの特性を持つか否かに関する問いなのである。とはいえ、キリスト教徒の批評家も、非キリスト教徒の批評家も、ともに私を非難して、本当は神が存在しない場合であっても、人々に「神は存在する」と述べるように仕向けているというのである。その理由は、あろうことか、私の哲学によれば、私がいっていることの真理は、いかなる形においても神が存在するということを何ら意味せず、そのように述べることが良く感じるということでしかないというのである。

プラグマティストと反プラグマティストとの論戦のほとんどは、「真理」ということで、いったい、何を意味表示していると考えるべきかに関するものであって、真理状態において具現化されている個々の事実のうち、いかなる事実についても、関わっていない。というのも、プラグマティストも反プラグマティストも、ともに、ある時点ある地点において現に存在する対象が確かに存在していると信じているからである。それは、ちょうど、両者ともに、こうした対象に関する我々の観念の存在を信じているのと同じことである。違いがあるとすれば、プラグマティストの場合、真理について語るとき、それは、もっぱら、真なる観念についての何か、つまり、真なる観念が有効に作用する可能性のことを意味するのに対し、反プラグマティストが真理について語るとき、ほとんどの場合、当の対象についての何かを意味しているようにみえるということである。プラグマティストたる者、もし、ある観念が「本当に」真であることに同意しているのであれば、その観念がその対象について何を語ろうと、そのすべてに、同じように同意する。反プラグマティストの大部分は、当の対象が存在するのであれば、その対象が存在するという考えが有効に働くことを既に認めていることになる。そうである以上、論争すべき点は、ほとんど残ってないように思える。したがって、私が問われるべきこととして、かくも数多くの言葉の上での論戦に占める私の見解を再版する代わりに、それを全部焼き尽くすことによって、なぜ、自分の「価値」観を示そうとしないのかということがあげられよう。

◆『プラグマティズム』第三講「若干の形而上学的問題のプラグマティズム的考察」。

この問いの主旨はわかるので、私の答えを提示しよう。私は、プラグマティズムとは別に、ある哲学上の学説に関心を持っており、これを根本的経験論と名づけている。私が思うに、プラグマティスト真理理論の確立は、根本的経験論を有効なものにする上で、最重要の第一歩をなす。根本的経験論は、まず、ある基本原理、次に、事実の言明、最後に、一般化された結論、この三つから構成される。

その基本原理によれば、哲学者たちの間で論争されうる唯一の事柄とは、経験から導き出された語彙によって定義可能な事柄でなければならない（事の性質上、経験不可能な事柄は、思いつきでは、存在するかもしれないが、しかし、そのような事柄は、哲学論争の題材としては何ら占める位置をもたない）。

事実の言明ということでいっているのは、事物間の諸関係は、切り離されていようが結びついていようが、事物も関係も、ともに同等に、直接的な個別経験の構成要素であり、事物間関係は、事物それ自体以上でもないし、以下でもないということである。

一般化された結論ということでいっているのは、それゆえ、経験の構成要素は、それ自体、経験の構成要素たる諸関係によって、次から次へと、結合されるということである。要するに、直接理解把握されたかぎりでの宇宙は、経験を超えたところから外生的に物事を結びつけるような支えを、何ら必要としない。そうではなくて、宇宙は、それ自体において、一つの連結された、あるいは連続的な構造を有するのである。

今日の知性の持ち主にあって、根本的経験論に対する大きな障害は、合理論者の根強い信念である。それによれば、直接与えられたものとしての経験は、すべて、個々ばらばらな状態にあり、結合状態にあるものはなく、したがってまた、こうしたばらばらな状態から一つの世界を作り上げるためには、経験より高次元において統一化作用というものが存在しなければならないという。広く行き渡っている観念論にあっては、こうした統一化作用は、次のように表象されている。すなわち、数ある事物に対しては、網を張り巡らすように、「諸々のカテゴリー」を張り巡らせ、そのことによって、これらを「関係づける」ような、いわば、一切を睥睨する絶対者というものである。こうしたカテゴリーすべての中で、おそらく、最も独特で比類のないカテゴリーは、〈真理‐関係〉であると想定されている。この〈真理‐関係〉は、実在の構成要素を対関係の形で結びつけ、一方に認識者、他方に認識対象を置くが、しかし、〈真理‐関係〉それ自体は、経験的に無内容であり、したがって、記述も説明もできず、より次元の低い名辞へと還元することもできず、要するに、「真理」という名を述べることによってしか、指し示すことはできない。

これとは反対に、プラグマティストの〈真理‐関係〉観によれば、〈真理‐関係〉には明白な内容が含まれており、〈真理‐関係〉内にあるものは、すべて経験可能である。〈真理‐関係〉の全特質は実名辞によって語りうる。諸々の観念が有していなければならない「作用可能性」は、それが真であるためには、物理的であれ知的であれ、あるいは、現実的であれ可能的であれ、観念が具体的経験の内部で次から次へと作り出しうるような特殊な作用を意味する。このようなプラグマティストの主張が認められるとすれば、根本的経験論が勝利する上でも、大きな利得が得られることであろう。というのも、合理論者によると、ある対象と、それを本当に認識している観念との間の関係は、こうした記述可能な類のものではまったくなく、可能的で一時的な経験すべての外部に位置するものと考えられているからである。このように解釈したかぎりでの関係に基づいて、合理論者は、最後の賭けとして、自ら最も頑固な反撃に打って出る。

さて、本書『真理の意味』において私が応戦しようとしている反プラグマティストの主張は、合理論者によっても、プラグマティズムのみならず根本的経験論に対する抵抗の武器として、容易に援用されうる（というのも、〈真理‐関係〉が経験を超えるものであれば、他の諸関係も経験を超えるものだからであ

◆ヒューム的経験論に対する批判。ジェイムズ『哲学の根本問題』（『世界の名著　パース、ジェイムズ、デューイ』上山春平訳、中央公論社、一九六六年）第一二章、同『根本的経験論』（桝田啓三郎・加藤重訳、白水社、一九七八年）第三章。

る）。そのため、これらに対して断固として反論し、その主張を斥けておくことが論戦上重要であると、私は強く感じている。我々を批判する批評家たちが最も執拗に語り続けていることは、作用は真理につきものであるにしても、しかし、作用は真理を構成しないというものである。我々に関して絶えず語られるのは、真理は、作用の数以上に特別なものであり、作用に先行し、作用を説明するものであるが、けっして真理が作用によって説明されるのではない。それゆえ、我々の論敵たちが第一に確立すべき論点は、我々のいう観念の諸々の作用に対して、その作用の数以上に特別で、なおかつ、作用に先行する何ものかが、ある観念の真理に必然的に伴うということである。この何ものかという対象は、作用よりも特別なものであり、なおかつ、通常は作用に先行する以上、ほとんどの合理論者は、この何ものかというものに訴えかけるのだが、我々に対しては、そのようなものを否定するかどで、はっきりと非難の態度を取る。これは、第三者からみれば、我々の真理観は失敗に終わり、我々は、真理論争の領域から、批判者たちによって駆逐されてしまったという印象を残す――というのも、我々は、そうした対象が現実に存在することを、理にかなった形で、否定しえないからである。我々が実在的な存在物を否定するなどという中傷的非難を、私は本書の様々な箇所で論駁するつもりであるが、しかし、ここでは、強調のため、再度いっておく。対象についての観念がその対象を「真であると」主張しているときにはいつでも、当の対象が現実に存在するということが、無数の場合において、当の対象についての観念が成功裏に作用する唯一の理由なのである、もちろん、これは、いやしくも当の観念が作用するという仮定においての話である。さらにいえば、少なくとも、「真理」という言葉を用いる際、真理という観念ではなく、真理対象が現実に存在するという意味で用いることは、言葉の濫用であるように思われる。その場合、作用しない諸々の観念が誤りであることを説明するために、作用する場合の諸々の観念が真であることを用いるだけでなく、真理対象が現に存在することをも用いることになってしまう。

こうした言葉の濫用は、私に批判的な学識ある論敵のほとんどの中に広く見て取れる。しかし、ひとたび適切な言葉の習慣を確立し、「真理」という言葉は観念の一特性を表すものとし、真理を認識される対象と神秘的に結びついた何ものかとすることをやめるならば、根本的経験論をその長短に即して議論する上で、公正で十分開かれた道が開かれると信じている。その場合、ある観念が真理であるということが意味するのは、当の観念の作用だけであるということになろう。あるいは、いいかえるなら、その観念の中で、通常の心理学的法則によって、こうした作用を引き起こすものを意味することになろう。そうなれば、真理は、当の観念の対象を意味するのでもなければ、観念内部にあって「〔経験を〕跳躍する」何かでもない、つまり、経験から導き出された名辞によって記述できない何かではないのである。

　この序文を終える前に、さらに一言述べておきたい。デューイとシラーと私の間では、ときには、一線が画されることがある。それは、当の対象の現実存在を想定するにあたって、デューイとシラーの場合、私より一層ラディカルなプラグマティストの立場に立って、よくある先入見を斥けるのに対して、私の場合、あたかも、この先入見に譲歩しているかのようにみえるということであろう。私自身が理解するかぎりでいえば、デューイもシラーも、そして、私も、〈真理‐関係〉にあっては、〈対象が経験可能な対象であるかぎり〉対象は、主観に対して、超越していることを承認する点において、全員一致している。とりわけ、デューイの場合、くどいほど主張しているのは、我々の認識状態と認識過程に関する意味全体の本質は、我々から独立した存在物ないし事実を制御し再評価する過程に、認識状態と認識過程が介入する様式のうちにあるということである。仮に、我々の観念が考慮する独立の存在物も存在せず、我々の観念作用によって作りかえようとする独立の存在物も存在しないというのであれば、デューイの認識論は、不合理であるだけでなく、無意味である。しかし、デューイもシラーも、完全に経験を超越しているという意味での「超越論的な」対象と関係を議論することなど、斥けているのであるから、彼らの著作から片言隻語を取り上げて非難している批評家たちの主旨は、次の点を示すことにある。つまり、観念というものは、観念対象が観念外部にあるということを明言しているというのに、経験領域内に観念外部の対象物が現実に存在することを、デューイもシラーも否定しているというわけである。[3] 学識もあり、誠実であるように見える批評家たちが、論敵たちの見解を、かくも、誤解の上で把握するのは、信じがたいように思われる。かくも多くの批評家たちを誤りに導いた原因は、おそらく、シラーとデューイと私の論議領域が、それぞれ範囲の異なる概観を示しているという事実にもあるだろう。あるいはまた、一人が明確に前提しているものを、他の者は暗黙のまま、暫定的なものにしているという事実のせいで、これらの読者は、これを否定していると考えているということも関わっているだろう。シラーの論議領域は、最も範囲が狭く、本質的には、心理学的なものである。彼が立論の出発点に置くのは、ただ、一つの事実、つまり、〈真理‐要求〉だけであるが、しかし、究極的には、その〈真理‐要求〉が主張する独立の客観的事実にまでいたる。というのも、あらゆる要求のうち、最も成功裏に妥当なものとなるのは、そのような事実が存在するということだからである。私の論議領域は、本質的には、もっと認識論的である。私の場合、客観的事実と〈真理‐要求〉、この二つを出発点にしている。その上で、当の事実がそこにある場合、どの要求が、事実の代用として成功裏に作用するか、そして、どの要求が作用しないか、これを示す。私は、前者の要求を真であると呼ぶ。デューイの論議領域が示す概観の場合、私がこの同僚を理解するかぎりでいえば、三人の中で最も広い。しかし、その複雑性に関して私自身が説明を加えることは差し控えておこう。私が行っているのと同じように厳格に、我々の判断から独立した対象ということを堅持している、こういえば十分であろう。こういってしまうのが誤っているのであれば、デューイ自身が私の説明を訂正するにちがいない。この点に関して、デューイ本人による訂正ではなく、他者による訂正を、断固、お断りしておく。

以下、本書においては、私の真理観を批判する批評家たち全員を検討することなど、あえてしていない。たとえば、テイラー、ラヴジョイ、ガーディナー、ベイクウェル、クレイトン、ヒビン、パロディ、ソールター、ケイラス、ラランド、メントレ、マクタガート、G・E・ムーア、ラッド、その他の諸氏については考慮していないし、とりわけ、反プラグマティズムと銘打って、面白おかしい社会学的物語を書いたシンズ教授など、特にそうである。私の見たところ、これらの批評家の中には、自分たちが論駁しようとする主題に対する理解力を哀れなほど欠いたまま、事に取り組んでいる者もいる。このような論者による異議に対しては、本書のどこかで、あらかじめ回答済みであると思う。既に書かれている回答を、ここで繰り返せば、途方もない量になってしまう。あえていっておけば、読者の深謝を見越して、余計なことは書き加えないでおく。

一九〇九年八月、ケンブリッジ（マサチューセッツ）

▼3 カーヴェス・リード教授を、その認識論に関するかぎり、プラグマティスティックな会派に迎え入れることは、喜ばしいことである。彼の力強い著作、*The Metaphysics of Nature* 2nd Edition, Appendix A（London, Black, 1908）。フランシス・ホウ・ジョンソンの著作 *What is Reality*（Boston, 1891）は、その校正段階の原稿ではじめて知るにいたっただけなのであるが、近年のプラグマティストの見解に関して著しく有望な論点が含まれている。アーヴィン・E・ミラーによる *The Psycology of Thinking*（New York, Macmillan, 1909）は、つい最近出版されたもので、「プラグマティズム」という言葉を何ら用いていないのであるが、目下出版された中で最も説得的な文献の一つである。こうして参考文献をあげておきながら、『クォータリー・レヴュー』誌の一九〇九年春号に掲載されたH・V・ノックスの驚くほど鋭い論文を逸することはできない。

2、プラグマティズムの真理説と、その誤解者たち〔『真理の意味』第八章〕（一九〇八年）

拙著『プラグマティズム』で述べた真理についての説明は、今なお、執拗な誤解を受けている。そのため、ここで、短いながらも最終回答を提示しておきたい。私の考えは反論を受けるに値するかもしれないが、しかし、適切な形で理解されなければ、こちらとしても、どうすることもできない。今日みられる様々な誤解の奇妙な特徴が示しているのは、プラグマティズムの想定する具体的な論点が、いかに馴染みのないものであるかということである。ある概念に精通している人々であれば、その概念の中味をいとも容易に探索する。そのため、手がかり一つあれば相互に理解し合い、また、不安に思って自分たちの言葉遣いに注意を払わなくとも、意見交換ができる。拙著がもたらした結果からみて認めざるをえないのは、これまで我々は、〔読者の〕素早い理解力を過信してしまい、したがって、多くの場所で、あまりにいい加減な言葉を用いてしまったということである。我々は、けっして、極端に言葉を省略した語り方をすべきではなかった。批評家たちは、文句をつけられそうな語であるなら、どんな語に対しても文句をつけてきたし、我々の論文の言葉尻を取り上げはしても、その精神を取り上げることを頑なに拒んできた。このことが示しているのは、プラグマティズムの考え方に対してまったく精通していないということであろう。また思うに、同じくそれが示しているのは、いわば、プラグマティズム批判の第二段階は不誠実なものであるということである。実をいえば、この第二段階は、我々が当初、プラグマティズムにおける常套句、「新しいものは真ではなく、真であるものは新しくはない」という文言を用いたときに、既に現れ始めていたのである。もし、我々が新しいことを何もいっていないのであれば、なぜ、我々の趣旨は、かくも絶望的なほど理解困難だったのだろうか。非をすべて我々の不明瞭な語り方に帰すことはできない。というのも、他の主題においては、我々の趣旨は十分理解されるところまで達しているからである。しかし、非難の応酬は無粋である。私個人に関するかぎりでいえば、私が不満に思う誤解のいくばくかは、私の真理説の語り方にあったのも確かである。あの一般向けの講義に基づいた著作では、必ずしも真理に関わりがあるわけではない他の見解の数々が錯綜し、真理に関する自説をわかりにくくしているからである。したがって、読者の側で、混乱が増しても、無理からぬことであるといってよい。この点に関しては私の側に責任がある。同様に、叙述上、細部にいたるまで明確な注意を怠ってしまったのも私の責任である。以下では、この注意事項も一部ではあるが供されることになろう。

第一の誤解　プラグマティズムは実証主義の焼き直しでしかない。

これは最もよくみられる誤りである。懐疑論も実証主義も不可知論も、通常の独断的合理主義に同意するのであるが、その際の共通の仮定は、誰もが「真理」という言葉の意味を知っており、今さら説明するまでもないというものである。しかし、これらの三学説が示唆し、あるいは、明確に宣言しているのは、実在的真理、つまり絶対的真理は我々が到達することのできないものであり、したがって、次善の策として、我々は、相対的ないし現象的真理に、進んで甘んずるということである。懐疑論の場合は、こうした事態を不承不承認めるのであるが、実証主義と不可知論の場合は、これを進んで受け容れ、実在的真理の主張など、負け惜しみにすぎないと語り、現象的真理をもって、我々の「実際的」目的一切にとって十二分だと考える。

だが実をいえば、プラグマティズムが主張すべき真理論ほど、このような議論から程遠いものは他にない。プラグマティズムの主張は、これらの議論の前段階にある主張である。つまり、三つの学説が議論を起こすところで、プラグマティズムは議論を終え、真理という言葉の定義でもって自足する。プラグマティズムの問いはこうである。「宇宙のうちに生存している心の持ち主であれば、いかなる人も真理を知っているのか否か、これはともかくとして、真理という概念は、観念上、何を意味しているのだろうか」。

「仮に、真なる判断が存在するとすれば、それは、どのような事態のことをいうのか」。プラグマティズムが提示する答えは、単に、最も相対的で不完全な類いの真理だけではなく、考えられるかぎり最も完全な真理、そういいたければ、「絶対的」真理まで議論しようとする。仮に真理が存在するとすれば、それはいかなるものか、このような問いは、明らかに、研究の中でも純粋に思弁的領域に属するものである。この問いは、いかなる種類の実在に関する理論でもないし、いかなる種類の認識が実際に可能かについての理論でもない。真理とは何かという問いは、特殊な名辞を完全に捨象し、各名辞のうち二つの名辞間において可能な関係の性質を定義するのである。

カントの総合的判断に関する問いが、それ以前の哲学者の視野からまったく抜け落ちていたように、プラグマティストの問いもまた、従来配慮されることがなかったほど捉えがたい。だが、それだけではない。表だって主題化されるようになった今もなお、独断主義者も懐疑論者も、この問いを理解することなく、プラグマティストはまったく異なることを取り扱っていると考える。この意味でも、プラグマティストの問いは捉えがたい。人々の見解によれば、プラグマティストの主張は次のようなものだという（私は実際にある批評家の言葉を引用している）。「重大な問題であればあるほど、人智によっては解決困難であり、真理を認識するなどという我々の要求は、人為的であり架空のものである。我々の理性は、実在の根底にとうてい到達できない以上、もっぱら行動のみに目を向けねばならない」。これほどひどい誤解はなかろう。

第二の誤解　プラグマティズムは、第一義的に、行為への訴えである。

「プラグマティズム」という名称は、行為を示唆する点で、この名称選択は不幸なものであった。このことは私も認める。しかも、この名称は、行為への訴えという誤解を助長するものであった。しかし、プラグマティズムの探究の本質にまったく無理解な批評家に対しては、どのような言葉を使おうと自説を擁護することはできないだろう。何しろ、〔プラグマティズムを説明するにあたり、せっかく〕シラー博士が、うまく「作用する」という観念を語っても、人々の念頭に浮かぶのは、単に、物理的環境内における自分たちの直接的な働き、金儲けができる可能性、同じように何か「実用的な」利得を得る可能性といったものでしかないのである。もちろん、身近なものであれ、遠く離れたものであれ、観念は、いわれているように物理的にも実用的にも作用する。しかし、観念は、心的世界の内部においても無限に作用するのである。我々には、このような根本的な洞察があるにもかかわらず、これを信用しない批評家たちは、我々の見解を、もっぱら技術者や医者や資本家、あるいは一般の活動家といった人々に向けられたものと考える。つまり、粗雑で手軽な「世界観」の類いを必要とはしているが、正真正銘の哲学を研究する時間も知性もない人々向けの学説と思っているのである。これは、通常、アメリカ人に典型的な行動、短絡的な思考図式として語られるもので、根っから理論を嫌い、現金の即座の見返りを望む巷の人にとっては、お誂え向きだということになる。

プラグマティズムが最初に立てる、理論的に洗練された問いに対して、ひとたび解が与えられると、次には、そこから、実際的な類いの帰結が得られる。これはまったくその通りである。研究が示しているように、真理と呼ばれる関数にあって、先行する諸々の実在は、唯一の独立変数ではない。我々が持つ様々な観念も実在である以上、ある程度は、独立変数でもある。と同時に、このような観念は、観念以外の他の実在に伴って生じ、これに適合するようになる。これと同じように、観念以外の他の実在の方もまた、ある程度は、別の実在に伴って生じ、これに適合するようになるのである。様々な観念が新たに存在するようになると、これらの観念によって現に存在するものは再規定されるため、観念に対しても考慮しないかぎり、実在全体は、不完全にしか定義できない。このようなプラグマティズムの学説は我々の観念を実在補完要因として説明する。したがって、（我々の観念は我々の行為を喚起するものである以上）、この学説は、思考における独創性に多大な自由を認めるだけでなく、人間の行為に対しても広く門戸を開くのである。とはいえ、門戸を開くとはいっても、その門戸が建造される以前の認識論的体系を無視し、あたかも、プラグマティズムの始まりも終わりも、この門戸にとどまるというのであれば、これほど馬鹿げたこともあるまい。しかしながら、これこそ、我々を批判する論者たちが、ほとんど例外なく行っていることなのである。彼らは、我々のはじめの一歩もその動機も無視し、いうところの行為に対する関係など、我々にとって第二歩目の議論にすぎないにもかかわらず、これを第一義的と考えるのである。

第三の誤解　プラグマティストは、〔自己類推によって他者の意識内容を類推するという意味での〕投射的な実在を信ずる権利を放棄する。

批評家たちによれば、プラグマティストは〔投射的実在を放棄するとのことであるが〕、どのようにして、これを放棄するのかといえば、我々の信念の真理性は信念の検証可能性にあると想定し、この検証可能性は我々にとって役立つような仕方でなされると想定することによってであるという。たとえば、『マインド』誌の一八九七年一〇月号所収のスタウト教授によるシラーの書評をみてみよう。これは他の点では賞賛に値し有望なものであるが、しかし、次のように考える。〔自己類推によって他者の意識内容を類推しうるという主張を、シラー自身、放棄する以上〕（シラーが自分自身の学説の帰結に偽りなく気づくことができれば）、シラーが必然的に支持せざるをえないのは、我々は他人の頭痛を、たとえ、それが本当であるとしても、実際には信ずることはできないという馬鹿げた帰結である。シラーが投射的実在の棄却という「仮定」を想定しうるのは、ただ、この仮定が自説に有利に作用するという価値のためでしかない。この仮定は、確かに、シラーの様々な行為のうち何らかの行為を導き、有利な帰結へとつながなる。しかし、自説に有利という意味でのみ、この仮定が真であると十分に理解した途端、シラーにとって、自分以外の人が、本当に頭が痛いということは、真であることをやめる（いや、やめざるをえない）。この時点で、この仮定を自説にとって最も貴重なものにしていた一切が雲散霧消する。シラーが寄せる同胞への関心は、ただ、「仮面をかぶった利己主義になるだけであり、彼の世界は冷たく無味乾燥で心ないものになっていく」というのである。

このような反論はプラグマティズムの論議領域を台無しにしてしまう。プラグマティストの論議領域においては、頭痛に苦しむ人も、そうでない人も、さらには、頭痛の痛みを仮定する別の人も登場する。いかなる条件において、当の仮定が「真である」かと問われれば、プラグマティストの解はこうである。いずれにせよ、この仮定を設定する人にとって、当該仮定を信ずることが、どれほど十分な満足をもたらすか、その度合いに応じて真である。では、ここで、満足というのは、何を意味するのか。もちろん、仮定対象を信ずること、つまり、自分以外の他者のうちに現実に存在している感じ具合を信ずることである。しかし、スタウト教授の言葉にあるように、信じないことは「世界を冷たく無味乾燥で心ないものにする」。そうであるかぎり、他人の頭痛感覚を信じないなどということが、先の仮定設定者にとって、（とりわけ、この仮定を置く論者が仮に徹底したプラグマティストである場合）、そもそも、いかにして、満足のいくものになりうるというのだろうか。プラグマティストの原理からいえば、このような条件下において、信じないなどということは、心のない世界が既に他の根拠によって現実に存在しうるというのでないかぎり、まったくもって論外であろう。さらにいえば、他人の頭痛感覚というものが存在するという信念は、プラグマティストの論議領域において想定された主体にとって真であり、同時にまた、認識論的目的からして、こうした論議の全領域を想定するプラグマティストにとっても真である。そうである以上、なぜ、このような論議領域において、他人の頭痛感覚の存在が絶対的に真でないというのだろうか。頭痛感覚が存在すると信じられている場合、その頭痛は、そこにおいては一つの実在であり、現に存在する精神がこれを信じないなどということはない。批評家の精神であろうと、批評家が想定する主体の精神であろうと、同じであって、その頭痛を信じないなどということはない。こうした我々の論議領域において、プラグマティズム批判者たちは、我々に示しうるほどの真理、何か特別に一層優れている類いの真理を、いくらかでも持っているというのであろうか[1]。

プラグマティズムに関する第三の誤解については、このくらいにしておこう。この誤解も、さらに広くみられるような次に述べる誤解の特殊例にすぎないのである。

第四の誤解　いかなる**プラグマティスト**も、自らの**認識論**からして、**実在論者**ではありえない。

この誤解は、プラグマティストの言明に由来するとされている。その言明とは、つまり、我々の信念が真理であるかどうかは、一般に、この信念が与える満足のうちにあるというものである。もちろん、満足は、それ自体では、主観的条件である。だから、次のような結論が導き出されることになる。つまり、真理は、もっぱら、主観の内部にあり、主観は、したがって、自分の思いのままに真理を作るという結論である。真なる信念は、かくして、気まぐれな感情となり、経験を構成する他の要素に対する全責任から切り離されることになる。

プラグマティストの見解を、このように戯画化してしまっては、いかなる弁明も困難である。何しろ、この戯画化は、プラグマティストの論議領域という一点を除けば、プラグマティズムの本領をすべて無視している。プラグマティストの論議領域を構成する各名辞が絶対に許容しないのは、この領域で定義される知識の機能を非実在的に解釈することである。認識論者の中でもプラグマティズムに立つ者が論議領域の内部に措定するのは、一つの実在、そして、諸々の観念を持つ一つの精神である。そこで、プラグマティストは問う。何が、こうした観念を、このような実在にも妥当するようにするのか。通常の認識論の場合、こうした観念は、〔実在と〕「対応」ないし「一致」しなければならないという漠然とした言明で満足する。対して、プラグマティストは、もっと具体的であるべきだと主張し、その上で問う。そのような「一致」というのは、詳しくいうと、いったい何を意味するのか。プラグマティストは、まず第一に、そうした観念は、他ではなく当の実在を指し示すか、あるいは、それに導かれていくと考え、第二に、指示

▼1　この機会に、拙著『プラグマティズム』第三講に対する、ありうべき批判を防遏することにしたい。第三講において、私は、こう述べた。「神」と「物質」という観念を前にして、どちらの観念からも、未来における相異なる帰結を導き出せないかぎり、この二つの観念は同義語とみなしてさしつかえない、と。この文言はカリフォルニア大学哲学協会における講演を口述筆記したものであり、*The Journal of Philosophy*, vol. 1, p. 673に再録された［本書第2章］。この講演の直後、私は、今みた文言の欠陥に気づいたが、しかし、この欠陥も、その例証的価値を損なうものではないと考え、そのまま変更することなく『プラグマティズム』にも再録した。この欠陥は、神なき宇宙という事例と類似の事例として、「自動恋人機械」とでもいう事例を私が考えたとき、明らかになった。「自動恋人機械」とは、魂のない身体でありながらも、心のある生きた少女とは、絶対に識別できない少女を意味する。この自動機械少女は、あたかも自らのうちに魂があるかのように、笑い、語り、顔を赤らめ、我々をやさしく癒やすというように、女性らしい役割の一切を、抜かりなくも魅惑的に演じる。さて、この自動機械的恋人を、恋人と完全に等価だと考える者がいるだろうか。もちろんいない。だが、なぜか。骨組みとしてみれば、我々は組み立てられた存在ではあるが、しかし、我々のエゴイズムの方は、何にもまして、内面的な同情と承認、内面的な愛と賞賛を渇望するからである。外面的な接し方は、主として、表現として、つまり、接し方に伴っているはずだと信じられている意識の顕現として評価される。したがって、プラグマティズムの側からいえば、自動恋人機械に対する信念などというものは作用しないだろう。実際のところ、このような恋人を真摯な仮説として扱う者など誰もいない。件の神なき宇宙という仮定の場合もまったく同様である。たとえ、神のなすすべての外面的事柄を物質が行いうるにしても、神なき宇宙という考えは、仮説を満足させるように機能することはない。というのも、現代人の側が神の存在を要求するとき、それは、主として、現代人を内面的に承認し、かつ、同情的に審判する存在者に対する要求だからである。自我が持つこのような渇望を物質は挫いてしまう。だからこそ、大部分の人間にとって、神は依然として、より真に近い仮説であり、実際、明確なプラグマティックな理由からしても、そうなのである。

も導きも、その帰結として、満足というものを生み出さなければならないと考える。ここまでであれば、プラグマティストも、通常の無様な認識論者にも劣らぬほど、抽象的である。しかし、プラグマティストは、さらに、自らの立場を明らかにし、次第に具体的になっていく。主知主義者のプラグマティストに対する論争点は、総じて、プラグマティストのいう具体性に関わっており、主知主義の主張によれば、説明の曖昧性と抽象性が高ければ高いほど、説明としては、一層深淵なものであるという。プラグマティストの考えるところによれば、具体的な指示と導きは、実在なるものと精神なるものが属する同じ領域にある異なる部分の作用である。この指示と導きは、真であることを確証する経験の諸要素であり、この経験の中で、一方の精神と他方の実在とが相互に結びつくように媒介しているのである。翻って、先にみた「満足」は、不特定な存在によって感じられるような、抽象的な満足一般などではなく、たとえば、現実に存在している人間が実際に自分の信念のうちに見出すような（複数の）満足からなると想定されている。我々人間の実際の成り立ちからわかるように、他者の精神を信じ、人間から独立した物理的実在物を信じ、過去の出来事を信じ、永遠不変の論理的諸関係を信じることが満足のいくものであると、我々はみなすのである。我々は希望のうちに満足を見出す。疑念が止むことで満足することになると我々はしばしば考える。中でも、とりわけ、我々は一貫性のうちに満足を見出すのであって、その一貫性とは、たとえば、現在の考えと、我々の心的な構えの残り全部との一貫性である。この場合、心的な構えの残り全部のうちに含まれるのは、我々のあらゆる種類の感覚であり、類似点と相違点といった我々の直観の一切であり、そして、以前に獲得した諸々の真理の全ストックである。

プラグマティストは、自身が一人の人間であり、加えて、プラグマティストが一般的に考えているのは、自らの認識論的議論の根底に据えてきた「実在」に関する我々の信念よりも、さらに一層真に近い信念というような正反対の立場などは一切ないということである。そうである以上、プラグマティストは、おそらく、我々の諸々の満足をもって、実際に実在へいたる真の道標と自ら進んでみなすのであって、我々にとってのみ真であるような道標とはみなさない。ここで、プラグマティズム批判者の側に立つのであれば、こうした満足は、我々の主観的感じである以上、「客観的な」真理を生み出しえないというであろうが、では、なぜ、そうなのか、その理由を、いくらかでも明解さをもって示すことこそ義務であるように思われる。信念には諸々の満足が伴うが、そうした信念は、完全に明確で設定可能な方法で、存在してしかるべきとされる実在を「措定し」、そうした実在に「対応し」「一致し」「適合する」。このことは、思考と行為の系列を通じてなされ、そして、この系列が信念の真理化＝検証を構成することになる。したがって、対応、一致、適合といった言葉を、具体的にではなく抽象的に用いるべきだと主張するだけでは、プラグマティストを論争場面から駆逐することにはまったくならない。プラグマティストが、より具体的な説明というとき、そこには、プラグマティズム批判者たちの説明も含まれている。さて、プラグマティズム批判者たちが、我々の提起する以上に客観的に根拠づけられた真理について、いくらかでも明白な考えを持っているというのであれば、なぜ、それを、もっとはっきりと示さないのだろうか。批判者たちをみていると思い出すのは、ヘーゲルのいう人間である。その人間は「果物なるもの」を欲してはいるものの、さくらんぼ、桃、ぶどうを受け容れない。その理由は、これらは〔具体物でしかなく〕抽象理論上の果物なるものでないからである。我々は批判者たちに中味のつまった一定容量の瓶を提供するが、批判者たちが声を出して求めているのは、中味のない一定容量の瓶なのである。

　だが、このようにいうと、批判者の側から次のような反論が聞こえてきそうに思われる。「真理を作り出すのに必要なのは、ただ、満足だけだとすると、誤謬は、かくも、しばしば、満ち足りたものであるという周知の事実はどうなるだろうか。また、ある種の真なる信念は、最もつらい不満をもたらすという、よく知られた事実はどうなるだろうか。真理が与える満足ではなく、当の信念の実在なるものに対する関係こそが、真理を真理たらしめる唯一のものだということ、これは明白ではないだろうか。ここで、実在などというものは存在せず、満足の方は、まだ、そのまま存在すると仮定してみよう。そうすると、満足は誤謬を事実上生み出すことにならないだろうか。ここから、はたして、満足は他ならぬ〈真理‐構築者〉として扱いうるということになるのだろうか。〈真理‐満足〉という件の独特な関係を我々に与えるのは、ある信念の実在に対する内在的関係なのであって、この満足に比べるなら、他の一切の満足など、最も空虚な欺瞞である。それゆえ、真に認識することで得られる満足の方こそ、本来ならプラグマティストが考察すべきであった唯一の満足である。一つの心理学上の感じ具合としての満足であれば、反プラグマティストは、プラグマティストに対して満足を議論する権利を与えてやってもいい。しかし、その場合でも、真理に伴う満足としてであって、真理を構成する満足としてではない。真理を構成するものは感じ具合ではなく、正しく実在を認識する純粋に論理的な、つまり、客観的な機能である。この機能を、より低い次元の価値に還元する点で、プラグマティストの失敗は、はっきりしている」。

このような反プラグマティズムは、私には、混同に混同を重ねたものであるようにみえる。第一に、プラグマティストが「必要不可欠な」というとき、反プラグマティズムは、これを「十分な」ということと混同している。プラグマティストは、満足を真理構築にとって必要不可欠なものと呼ぶが、しかし、真理構築に伴って実在の方にも近づいていかないかぎり、満足だけでは不十分であると、私はいたるところで述べてきた。実在なるものが存在するというのが本来の仮定であるが、もし、こうした実在が、プラグマティストの論議領域から削除されるのであれば、論議領域に残っている信念が、どれほど満足のいくものであろうと、プラグマティストは、迷うことなく、この信念に誤謬の名を与えるだろう。批判者側に関していえば、プラグマティストにとって、真理であるものが何もないのであれば、そもそも、真理自体が存在しえない。観念を持ち出しても、そこに写し出される物事の方が観念に対して認識上の光を与えないかぎり、まったくもって浅薄な心理的表層でしかない。それだからこそ、プラグマティストとして、私は、注意深く、はじめから「実在」を措定してきたのであり、私の全議論を通じて、私自身、認識論的実在論者の立場を堅持しているのである。▼2

反プラグマティストが犯している罪は、以上のような混乱にとどまらない。何しろ、反論者の想像によると、プラグマティストが反論者に対して、真理とは形式的に何を意味しているかについて説明しようとする際、プラグマティストは、説明と同時に、真理に対する保証をも与えると仮定し、どのような場合に反論者が実質的に真理を有していると確信しうるのかを定義しようと目論んでいるというのである。真理如何は実在に依存するものと我々は考えるのであるが、その際、実在が現れれば、真理も現れ、実在が去ってしまえば、それに伴って真理も去るという具合に、実在と真理とは、「別個独立の」ものと考えている。このことが、今しがたみた反論者の無邪気な期待を裏切ってしまい、したがって、反論者としては、我々の叙述を不満足なものとみなすことになる。このような混乱の背後にあるのは、一層深刻な混乱であって、反論者は真理と実在という二つの概念を十分区別できないでいると私は考えている。実在は真ではない。実在は存在するのである。そして、信念とは、実在についての真なのである。だが、私が思うに、反プラグマティストの心の中では、この二つの概念について、その属性が時折入れ替わってしまっている。私の懸念をいえば、反論者にあっては、実在それ自体が、あたかも「真」であるかのように、逆に、真理自体が、あたかも実在であるかのように扱われてしまっている。したがって、反論者に想定されているのは、我々に一方について語る者は、同時に、我々に他方についても語らなければならないということ、そして、真なる観念は、ある意味では、存在しなければならず、あるいは、少なくとも、外部からの助けなしに、真理が認識において有する実在を産出しなければならないということ、これである。

このような絶対的観念論からする要求に対して、プラグマティズムは、そのようなことは不可能デアル

▼2 感覚の知覚と、観念的関係（たとえば、比較など）の知覚とは、実在のうちに分類されるべきであること、これを読者にわざわざ想起させる必要もほとんどなかろう。我々の心的ストックの大部分は、こうした名辞に関する真理から成り立っている。

として反論するまでである。もし真理が存在しなければならないというのであれば、実在も、実在についての信念も、真理を産出するために共謀しなければならなくなる。だが、そのようなものが、はたして存在するかどうか、あるいは、自分の信念が真理を有するということを、どのようにして確信しうるのか、これについてプラグマティストは決定しうるなどとうそぶくことはしない。〈真理 - 満足〉説は、優れた説ではあっても、場合によっては、他の方面で信念を不十分なものしてしまうかもしれない。これについて、プラグマティストは容易に説明する。信念が不十分であるかどうかは、かつて獲得された諸々の真理ストックとの一貫性感情如何の問題として、あるいは、想定された諸々の真理のストックとの一貫性感情如何の問題として理解できる。そもそも、真理ストックとの一貫性感情は、ある人の過去の経験全体が、その人に残しえた感情なのである。

しかし、すべてのプラグマティストが、自分自身の信念が正しいと確信しているわけではないのか。プラグマティスト批判者は、ここで問うだろう。これは、次節で述べる誤解に通ずるものである。

第五の誤解　プラグマティストたちのいうことは、自らの主張内容と矛盾している。

ある人は私信で、この反論を次のように述べている。「『プラグマティズムは真理に関する真理である』とプラグマティストが聴衆に対して語るとき、真理という言葉が二度使われているが、両者の意味は異なる。この場合の二番目の真理〔真理性如何を決定する真理〕についていえば、プラグマティストと聴衆との間で対立することはありえない。こちらの真理定義を聴衆たちが〔自分たちだけで〕私的に用いて、それが満足のいくように作用するかどうかに応じて、この真理観の受容の可否を決める自由を、プラグマティストは聴衆に対して与えていないからである。しかし、『真理に関する真理』のうち、前の方の真理は〔それぞれの論者のいう真理説である以上〕、後の方の真理〔真理性如何を決定する真理説〕を記述し含んでいるはずであるが、聴衆による受容の可否に関する自由については、これを認めている。したがって、プラグマティストの発言意図は、その発言内容と矛盾しているように思える」。

これと同じ、よく知られた反論を、全般的懐疑論は、常に受けてきた。〔絶対的真理に到達しうると考える〕合理論者は懐疑論者に対していう。「懐疑論者が、懐疑論の立場を表明するときにはいつでも、〔懐疑論だけは、これを懐疑する必要はないかのように〕その立場をドグマ化しなければならない。したがって、懐疑論の生き方は、自身の主張と矛盾し続ける」。これに対して、人によっては、思うだろう。いやしくも、全般的懐疑論の主旨を、かりそめにも、斥けようというのに、議論が、この程度の、つまり古めかしくも、無能なものであったなら、合理論者にしたところで、中には、はたして、こうした思いつきの論理的反駁が、結局のところ、筋金入りの心的態度を打ちのめすような致命的な方法なのだろうか、こう疑う者がいたとしても、おかしくない。全般的懐疑論というのは、断定を下すことを拒む点で、筋金入りの心的態度である。この懐疑論にあっては、意志は恒常的に休眠状態にあり、何らかの主張が現れるたびに、その都度、その主張に合わせて自らを細部にわたって蘇生させていく。このような立場を論理によって討つことはできない。それは、論理によって強情や悪ふざけに打ち勝つことができないのと同じである。こういうわけで、全般的懐疑論は人を苛立たせるのである。首尾一貫した懐疑論者であっても、その懐疑論を形式的な命題に定式化することはけっしてない。懐疑論者は、自らの立場を習慣として選んでいるだけなのである。たとえ、懐疑論者が我々の側に容易に加わって同意しようとするときでも、腹立たしいほど躊躇する。だが、これは、非論理的なわけでも、愚かなわけでもない。それどころか、懐疑論者は、その知的優位によって、しばしば、我々に強い印象を与える。これこそ合理論者が対決すべき本当の懐疑論なのであるが、合理論者の論理は、これに触れることすらない。

同様にして、論理がプラグマティストの行動を討つこともありえない。プラグマティストの発言活動は、矛盾するどころか、自ら語る事柄を正確に例証している。では、プラグマティストが語る事柄とは何か。

一つあげるとすれば、こういうことである。つまり、具体的に考えてみるなら、真理とは我々の信念の一属性であり、我々の信念とは、諸々の満足に伴って生ずる態度のことである。これらの満足に取り囲まれている観念の数々は、第一義的には、諸々の仮説にすぎないのであって、このような仮説によって、ある信念が喚起され呼び起こされ、その結果として、実際に信念が生まれて、既存の観念に立脚するようになる。真理に関するプラグマティストの観念は、まさに、このような喚起にほかならない。プラグマティストは、この真理観を受け容れることを極めて満足のいくものと考え、これにしたがって、自身の独自の立場に立つ。しかし、人間というものは、社会をなして生きているから、自身の信念を普及させ、模倣行動を呼び起こし、他者に影響を及ぼそうとする。であれば、読者もまた、同じ信念を満足のいくものとみなして、なぜ、いけないというのか。プラグマティストは、こう考え、直ちに、読者の考え方を変えようと努力する。やがて読者もプラグマティストも同じように信じることになろう。真理の主客両端のうち、読者は真理の主観的極を支えるだろうし、もし、実在が、同時に現れることで、客観的極を支えるのであれば、この主観的極も、取り消し不可能な客観的真理となるだろう。以上の全主張に自己矛盾するものが何かあるだろうか。はっきりいっておけば、私は何の矛盾も見出せない。プラグマティストの行動は、自身の主張において、自己矛盾どころか、自らの普遍的定式を見事に例証しているように私には思われる。あらゆる認識論者の中で、プラグマティストは、おそらく、非の打ち所のないほど首尾一貫した唯一の認識論者である。

第六の誤解　**プラグマティズムが説明しているのは、真理とは何かではなく、いかにして真理に到達するかでしかない。**

実際のところ、プラグマティズムは我々に両方を語る。つまり、いかにして真理に到達するかを語ることに付随して、真理とは何かを語るのである。そもそも、まさに真理とは何かを語らずして、いったい何に到達することになるというのだろうか。どうやって駅に行けばいいか私が尋ねる場合、そのことで、私が伝えているのは、駅の何たるか、つまり、駅舎の存在と本質ではないのか。確かに、「いかにして」という抽象的言葉は「何か」という抽象的言葉とまったく同じ意味を持つわけではない。しかし、具体的事実というこの領域においては、「いかにして」と「何か」を切り離しておくことはできない。何らかの観念が真であると信ずることに私が満足を見出す数々の理由、そうした信念に私が到達する方法、これらは、この観念が実在において真である数々の理由そのもののうちに含まれているといってよい。そうでなければ、含まれていることが不可能な所以を明確に説明することを、私は、反プラグマティストに対して要求する。

具体的言明が、いかにして、抽象的言明と同じ程度に意味を持ちうるか、あるいは、同じ程度に価値あるものとなりうるか、これについて反プラグマティストは一貫して無理解なままである。私の見るところ、反プラグマティストの難点は、主として、この無理解ぶりから生じているように思える。先に述べたように、我々と我々に反対する批評者との間の主な対立点は、具体性対抽象性という対立点である。この点をさらに展開していこう。

目下の問いについていえば、ある観念に引き続いて起こる経験の連鎖は、その観念と、ある実在とを媒介する以上、当の観念と、この媒介される実在との間に成立しうる真理の具体的関係を形成する。そして、プラグマティストからすれば、経験の連鎖自体が具体的関係そのものである。たとえば、実在を「指示している」観念、実在に「適合している」観念、実在に「対応している」観念、あるいは、実在に「一致している」観念等々、こういった観念について我々が語るとき、当の観念に引き続いて生ずる経験の連鎖こそが、その意味するところのすべてなのである――要するに、経験の連鎖、もしくは、その他、同じように観念と実在を媒介する真理化＝検証の連鎖にほかならない。これがプラグマティストの主張である。このような媒介的出来事が、当の観念を真なるものにする。いやしくも、観念なるものが存在するのであれば、その観念それ自体も、一つの具体的出来事である。したがって、プラグマティストは主張する。単数形の真理とは、複数形の諸々の真理の集合名称にすぎない。そして、諸々の真理は常に一定の出来事の連鎖からなる。さらにいえば、こうした連鎖を称して、主知主義者が真理なるもの、内在的真理と考えているものは、真理ということで作用している真理らしさの抽象名称でしかない。いいかえれば、そこで問題になっている諸々の観念が、想定された実在に到達する際には、満足のいくものとなると我々が考える様式において到達するのであって、主知主義者のいう真理なるものは、こうした事実の抽象名称でしかないのである。

　プラグマティスト自身、抽象観念に対して異論はない。省略として、略語としてなら、プラグマティストも、どの観念とも同じ程度に抽象観念に頼る。そして、数え切れないほどの場合、有り余るほどの事実に自分が出会うときには、相対的に空虚な抽象観念をもって、その有用な代わりになると考える。しかし、抽象観念に対して、高次元の実在などといった地位を与えはしない。プラグマティストにとって、ある真理の十全な実在とは常に何らかの真理化＝検証過程なのであって、そこで観念を対象に正しく結びつける抽象的特性は、この真理化＝検証過程のうちに作用しつつ具体化されているのである。ところが、重宝がられて延々と続けられてしまうのが、たとえば、特性というものをその作用から切り離して抽象的に語ることができるとしてみたり、また無数の事例にあっても特性を同一であると考えたり、特性を「時間から抽象化」し、さらには、各特性間の関係を他の同様な抽象物として取り扱ったりすることなのである。かくして、我々は、事物に先立つプラトン的観念の全宇宙、つまり、可能的宇宙を構想してしまう。だが、実際のところ、個々の事物を離れて存在する抽象観念など何一つない。プラトン的観念の宇宙にあっては、数えきれぬほどの関係が成立しているが、しかし、誰もそれを、成立しているものとして経験することなどないのである。それは、たとえていえば、音楽関係という永遠の宇宙において、民謡『タラウのエンヒェン』の音符は、死すべき運命をもった人間が耳にする以前から、ずっと愛すべき旋律であったなどというようなものである。いかにも、未来の音楽は今は眠りのうちにあるが、やがては覚醒することになろうなどというのも同じである。あるいは、幾何学的関係の世界を例に取るなら、円周率の小数第千位は、誰も計算を試みようとはしないけれども、そこで眠っている云々。あるいはまた、「適合している」という論議領域を取れば、実際には「適合」していなくても、無数の上着は背中に「適合」し、無数の靴は足に「適合」している。誰も実際に適合させようとしなくとも、無数の石が、壁と壁の間の隙間に「適合」している。同じようにして、無数の意見が実在に「適合」し、無数の真理が妥当する。誰一人、そのことを考えなくても、「適合」しているというわけである。

反プラグマティストにとっては、事柄に先立つ、こうした無時間的関係は、具体的関係の前提であり、具体的関係よりも深遠な威厳と価値を有しているのである。具体的関係内部の無形の真理の存立に比べるならば、〈真理化‐過程〉において現実に作用する我々の観念などは無にも等しいというわけである。

プラグマティストにとっては、まったく逆に、一切の無形の真理は静態的で無力で、亡霊に相当するような存在であるのに対して、十全たる真理とは、奮励し、奮闘する真理である。たとえ、本質をなす無時間的な「一致物」のつまった例の貯蔵庫に、真理が永久に保管されていたとしても、そして、人間の生きた観念が真理化＝検証を求めて行う奮闘努力のうちに、真理が具体化されることがなかったとしても、真理の中でも微睡んだ真理は取り除かれ、いずれ、真理の名を受け取るなどと、いったい誰が想像できようか。もちろん、そんなことはできない。それは、「適合する」などと抽象的なことをいっても、もし、我々の世界に、実際に適合するような背中や足や壁の隙間がなかったなら、そんな抽象的特性が名を授かることのなかったのと同じことである。〔無時間的彼方などにではなく〕現にある真理は、現に生じている諸々の見解間の競合に付随して生ずるものである。他方、本質的真理、つまり、主知主義者のいう真理、いいかえれば、誰も考えることのないような真理などというものは、誰も試着したこともないのに、ぴったり合う上着のようなものであり、誰も試聴したことのない音楽のようなものである。それは、検証された本物と比べて、実在性の度合いにおいて、劣ることはあっても超えることはまずない。このようなものに価値ある栄光を帰すことは、歪んだ抽象崇拝の現れでしかないように思われる。同じように、主知主義的真理を、たとえていうなら、鉛筆がいいかねないこととして、あらゆる絵画的表現において輪郭は本質的なものであるのに、絵筆やカメラときたら、輪郭というものを割愛してしまっているという主張がある。だが、鉛筆が忘れているのは、絵筆とカメラによる画像は輪郭全体を含んでいるだけでなく、他にも数多くの事物を加えているということである。プラグマティストのいう真理は、主知主義者のいう真理全体を含んでいると同時に、他にも数多くの事物を含んでいる。それゆえ、主知主義者のいう真理は、プラグマティストのいう可能的真理でしかない。数え切れないほどの場合において、人は、真理化＝検証や現実の真理の代わりに、可能的真理あるいは真理化＝検証可能性を用いる。プラグマティスト以上に、この事実に重要性を帰す者はいない。プラグマティストは、こうした習慣の実際的有効性を強調する。だが、プラグマティストは、このことを理由にして、形而上学的に先行するのは可能的真理であるなどと考えない。つまり、主張され問題視され反論されるほど十分生きているとはいえない真理の方が先立ち、現実の諸々の真理は、こうした可能的真理に従属的かつ付随的であるなどと、考えはしないのである。主知主義者たちがこのように考えるとき、プラグマティストは、かかる主張は実在上の関係を転倒させるものだとして彼らを批判する。可能的真理とは現実の真理を意味するのである。存在の順序においては、もちろん、論理の順序においても、先行するのは現実の真理の方である。これがプラグマティストの主張である。

第七の誤解　プラグマティズムは理論的関心を無視する。

言語上の好みとして「プラグマティズム」という言葉を用いることのうちに、また、読者の側に過度の寛大さを想定する我々のぶっきらぼうな言葉遣いの習慣のうちに、何らかの理由があるならともかく、そうでないとするなら、理論的関心の無視などという、この物言いは、絶対に理不尽な誹謗であるように思われる。我々がこれまで語ってきたのは、観念の意味は観念が有する「実際的な」帰結にあり、あるいは、観念の意味は、我々の観念が我々に及ぼす「実際的な」相違からなるということである。また、ある信念の真理性は、当の信念が「作用している」価値にあると述べた。このように語るとき、どうやら、我々の言葉遣いは不注意に過ぎたようだ。というのも、「実際的な」というとき、我々プラグマティストの間でほぼ意見の一致をみていたのは、理論的な、あるいは、純粋に認識的なということと反対の意味だったからである。ここから即座に引き出された帰結は、我々の目の前にある真理は、自立的に存在する実在と何の関係も持ちえない、あるいは、他のいかなる真理に対しても無関係であり、あるいは、我々が真理の基礎に置く行為や行為がもたらす満足にも、まったく関係がないということであった。ここからプラグマティズム批判も生じたわけである。プラグマティズムの非合理な認識論によれば、当の観念は、単にそこにあるというだけで、その結果が満足のいくものでありさえすれば、十全な真理を有するにいたるというわけである。このような馬鹿げた主張が我々の主張だと大まじめに受け取られてしまったわけだが、これはまた、他の二つの事情に助長されることとなった。第一に、観念は、狭い意味において実際のところ有用であり、誤った観念もときには同じく有用であり、しかし、観念の全導きによって我々が検証しうる観念もまた、たいていは、同じように有用である。それゆえ、観念対象の実在は確証されたものと疑いなくみなされることになる。こうした観念は、観念の持つ有用性に先立ち、あるいは、それと独立に真であるべきだということ、いいかえれば、観念対象は、実在として、そこにあるということ、このことは、こうした観念が今みたような類いの有用性を持つための条件にほかならない。観念が我々を結びつける対象は極めて重要なので、そうした対象の代用として役立つ観念もまた重要性を増す。観念が実際的に働くこうした様式こそ、未開人の目に真理を確証させた第一の事情である。そして、真なる信念を特徴づける他の一切の働きの中に埋もれたままになっているのが、同じ有用性であっても、〔未開人の目を引いた当初の有用性ではなく〕後に生ずることになる有用性、つまり、真なる信念を特徴づける有用性なのである。

誤解を生じさせた第二の事情は、シラーとデューイによって強調された次のような事実である。つまり、ある真理が、精神の抱えている絶え間ない窮状に関わっていないかぎり、そして、当の真理が「実際的な」状況と――ここに実際的といっているのは、非常に際立った難局ということであるが――密接な関わりを持たないかぎり、当の真理を主張したところで大して役に立たないということである。すなわち、窮状と難局と無関係な真理は我々の関心を満たすものではないのであって、それは、同じく窮状と難局と無関係な状況下において、ある誤りが我々の関心を満たさないのと同じことである。しかし、それにしても、我々が窮状と難局を抱え込んでいるとして、なぜ、これらが、狭い意味で実際的でないばかりか、理論的関心を欠くことになるのか、我々を批判する者には、ぜひとも、説明願いたいものである。ある観念の「キャッシュ・ヴァリュー」という言葉を私が用いた際、私信で、ある人から表現を変えるよう求められた。「というのも、この表現で誰もが思い浮かべるのは、金銭上の損得でしかないからである」と彼はいうのである。真理とは「我々が思考する際の便宜」であると語ったとき、やはり、学のある別の人から私は次のように非難された。「便宜という言葉は、私利私欲という意味以外の意味を持たない。私利私欲の追求が何をもたらすかといえば、連邦政府認可銀行の多数の頭取たちを刑務所送りにすることぐらいである。このような結果につながる哲学など、不健全であるにちがいない」。

だが、「実際的」という言葉は、習慣上、極めて大雑把な使われ方をするので、もっと自由奔放な意味が期待されてもよかったかもしれない。ある病人が、〔ともかく〕実際のところは、回復した、あるいは、ある企業が、〔ともかく〕実際のところは、破綻したと語られるとき、そのことで通常意味するところは、「実際的」という文字通りの意味とは正反対のものである。つまり、ある人がいっていることは、厳密にいえば実際のところは、真ではないけれども、〔ともかく〕理論上は真である、事実上は真である、きっと真であるということなのである。繰り返しておけば、実際的というとき、この言葉がしばしば意味するのは、独自に具体的なもの、個別で、特殊で、有効なものということであって、これらは、抽象的で、一般的で、作用しないものとは対立している。私自身に関していえば、私がこれまで真理の実際的性質を強調してきたときに、いつも念頭にあったのは、このことである。「プラグマタ」というのは、複数状態の事物のことである。カリフォルニア大学における例の講演で、私はプラグマティズムについて次のように述べた。「いかなる哲学上の命題も、その意味の効果は、常に何らかの特定の帰結にまで及ぶことが可能なのであって、それは、能動的であれ受動的であれ、我々の未来の実践において経験されるのである」［本書第2章］。こう述べた後、即座に次の限定を加えた。「ここでいわんとするところは、経験は能動的でなければならないという事実よりも、むしろ、経験は特殊でなければならないという事実のうちにあるということである」。ここで「能動的」といっているのは、狭い意味での「実際的」という意味である。▼3 しかし、特殊な帰結というのは、まったくもって、理論的性質を持っているといって一向にさしつかえない。我々は、ある観念を出発点として彼方の事実を推論するが、この場合の遠くの事実とは、我々の心が実際に目指す際立って特殊な理論的帰結なのである。新たに登場した見解が真である場合、我々の従来の諸見解の

▼3　「実際的」という言葉の曖昧さは、我々の見解に関して最近述べている自称記者の言葉の中にもよく表れている。「プラグマティズムは、ラテン精神の主知主義と合理主義に対するアングロ・サクソン的反応である。……人間、つまり、一人一人の人間は事物の尺度である。こうした人が考えうるのは、相対的真理以外に何もない。つまり、幻想である。こうした幻想がいかなる価値を持つのかは、一般理論によってではなく、個々の実際状況によって、その人に示される。このような心の幻想を経験し、幻想を実行することによって幻想にしたがう。この点にプラグマティズムの本質がある。したがって、プラグマティズムとは、言葉なき哲学、つまり、身振りと行動の哲学であり、一般的なものを断念し、特殊なものにのみしがみつく」（Bourdeau, *Journal des Débats*, October 29, 1907）。

中には、放棄しなければならないとわかるような見解もある。放棄すべき古い見解は、どれも、ある際立って特殊な実際的帰結であるのみならず、ある際立って特殊な理論的帰結である。(呼吸への関心は、大部分の肉体的関心と同様に、動揺することも弱まることもけっしてない以上)自由に呼吸することへの関心に次いで、人間の関心事の中でも最も重要なものは、一貫性への関心、つまり、今、自分の考えていることが他の場合に考えることと調和するという感覚への関心である。この目的のためにのみ、我々は、それぞれの真理を倦むことなく比較する。今、信念の候補としてあがっているものは、たとえば、一番目の原理と矛盾するだろうか、あるいは、二番目の事実と両立するだろうかといった具合である。この場合に行っている特殊な操作は、分析・演繹・比較等々といった純粋に論理的操作である。一般的名辞が任意に用いられることもあろうが、候補となる観念の実際的な働きが満足のいくものであるかどうか、その本質は、継起的に現れる特殊な理論的帰結それぞれによって生み出される意識のうちにある。それゆえ、プラグマティズムは純粋に理論的な関心をまったく考慮していないなどと繰り返し述べるのは、まったくもって馬鹿げている。プラグマティズムが主張するのは、ただ、行為における真実性とは真理化＝検証作業を意味し、かつ、こうした真理化＝検証作業は常に特殊的であるということだけである。まったく理論的な事柄においてさえ、不確定性と一般性は検証にとって何の役にも立たない。これがプラグマティズムの主張である。

第八の誤解　プラグマティズムは、独我論のうちに閉じこもっている。

この誤解については、先の第三項および第四項において、既にいくらかは述べているが、もう少し述べておくのも理解に資するだろう。この反論は、次のような表現で語られる傾向がある。「プラグマティストは、真理の本質を、認識に固有な価値以外の、あらゆる価値にあるとしている。プラグマティストは、認識者の位置を、認識しようとする実在的対象から離れた様々なところ（あるいは、最も離れたところ、少し離れたところ）に置いたままである。プラグマティストのなしうることは、せいぜい、認識者の観念によって認識者を実在的対象へと向かわせることでしかない。実在的対象は永久に認識者の外部にとどまり続ける」等々。

この叙述に影響を与えているのは、主知主義者に根強く浸透している信念であるように思われる。それによれば、実在を認識するためには、ある観念が、何か神秘的な仕方で、当の実在を我がものとするか、そうでなければ、当の実在と化さねばならないという。[4] プラグマティストにとっては、このような合体など、何ら必要ない。概して、我々の認識作用は、本当の意味での諸々の終局点への途上にある不安定な思考過程でしかない。こうした諸々の終局点の実在は、問題となっている思考状態によって信じられているのであって、この実在は、通常以上に能力に長けた認識者によってのみ、保証されうる。[5] しかしながら、諸々の終局点を疑うべき理由が宇宙に存在しないのであれば、それらの実在に対する信念が真であるのは、ただ何であれ、いずれにせよ、真でありうるという意味でしかない。つまり、あくまで、実際的かつ具体的に、そうした信念は真なのである。だが、そのような信念は、同一性哲学の神秘的な混交的な意味で真である必要はないし、検証的、実際的ということ以外の点で真でなければならない理由もない。それ自体の現実の存在を獲得するのは実在の側であり、検証の無数の方法によって、実在に「接触」するのは、思考の側である。

ここで懸念されるのは、プラグマティズムのヒューマニズム〔シラー〕的展開が、ある種の困難をもた

▼4 確かに、常識が想定しているように、感覚は、感覚対象を我がものとし、あるいは、感覚対象と合体するかもしれないし、概念間の直観的区別は、「永遠の」客観的区別と合体するかもしれない。しかし、ここでは、議論を単純化するために、認識行為のこうした極めて特殊な事例を捨象することは可能である。

らしかねないということである。ある真理に我々が到達するのは爾余の真理を通してのみである。そして、実在とは、我々の全真理が接触を保ち続けなければならないものとして永久に仮定されるものであって、真理形式以外の形式で我々に与えられることはけっしてないし、しかも、我々が現在検証を行っているもの以外の真理形式において与えられることはない。しかし、シラー博士の主張によれば、我々の全真理、その最も元基的なものでさえ、人間の共同作用の民族的伝統によって影響を受けるというが、そうなると、実在それ自体は、ある種、境界を持った範囲としてしか現れないかもしれない。そうなれば、実在は、ある対象が位置するための単なる場所にまで格下げされてしまうかもしれない。さらには、認識対象など、我々がその場所を埋めるための精神の素材にすぎないと考えられるかもしれない。

　プラグマティズムが、こうしたヒューマニスティックな方法で加工されれば、独我論と両立しうることは、認めておかねばなるまい。この場合には、プラグマティズムは、カント主義のうち不可知論的部分、現代の不可知論、そして、一般的には、観念論と共同戦線を取ることになる。しかし、このように加工されてしまうなら、プラグマティズムは実在問題についての形而上学的学説となってしまい、プラグマティズムに固有の分析、つまり、認識機能の本質についての控えめな分析を超えてしまう。こちらの分析の方こそ、ヒューマニスティックな度合いの比較的少ない実在論と、まさしく調和的に結びつくといってよい。プラグマティズムの長所の一つは、あくまで純粋に認識論的であるということである。プラグマティズムは諸々の実在を想定しなければならない。しかし、実在の構成については、何も予断することはない。プラグマティズムと最も懸け離れた形而上学でさえ、その拠り所として、プラグマティズムを用いることができる。確実にいえるのは、プラグマティズムは、独我論とは、特別な類似性を何ら共有しないということである。

　自分がこれまで書いてきたことを振り返ってみると、その多くに奇妙な印象を覚えてしまう。あたかも、わかりきったことを、ことさらわざとらしい調子で説明しているため、仰々しい私の態度を読者が笑うのも無理からぬことのように感じてしまう。しかしながら、我々の議論と同じくらいに根本的に具体的であること〔の何たるか〕は、それほどわかりきったことではなかろう。プラグマティズムの全独創性、つまり、プラグマティズムの本質は、具体的なものの見方を実践することである。プラグマティズムは具体性に始まり、〔抽象性に向かう場合でも、絶えず〕具体性に立ち返り、最終的には具体性で終わる。シラー博士は、真理の「実際的」様相として、(一) 状況に対する関連性、(二) 事後的な有用性、この二つをあげているが、彼が行っているのは、この二つをもって、具体性という器を一杯にしようとしているだけである。だが、具体性という器をひとたび理解すれば、プラグマティズムを誤解することなどありえない。そうすれば、世界を具体的に想像する力も、読者が我々をもっとよく理解するほど十分に、普及したかもしれな

▼5　超越論的観念論者はこう考える。思考の有限な状態は、何らかの説明不可能な方法で、有限性を超越した全知者と同一化されるのであるが、この場合、超越論的観念論者は、自ら理解しているかぎりでの認識作用という関係に対して土台を与えるために、全知者などというものを想定せざるをえないのである。プラグマティストは、このような同一性問題を未決のままにしておくことができる。しかし、いやしくも、認識するという問題を証明したいのであれば、プラグマティストは、通常以上に能力に長けた認識者を想定しないことには証明などなしえない。それは、ちょうど、実在を想定しないことには認識問題を証明しえないのと同じである。プラグマティストにとって認識論を展開する上で素材として役立つのは論議領域であるが、これに対して、プラグマティスト自身は絶対的認識者の役割を演じる。プラグマティストは、論議領域には実在があることを当然のことと考え、同時に、そこには、主観による実在についての真の認識があることを当然のことと考える。しかし、プラグマティスト自身が全論議領域について語ることが客観的に真であるかどうか、つまり、プラグマティズムの真理理論が実際のところ真であるかどうか、これについてプラグマティストは当然であると想定することはできない。プラグマティストにできるのは、その妥当性を信ずることだけである。プラグマティストが聴衆を前にしてなしうるのは、その妥当性を、これから行うべき検証過程内で進行していく何かとして、つまり、その妥当性をやがて確証し終えるかもしれない検証途上にある何かとして、提案することだけであり、これは私が読者に対して自らの妥当性を提案しているのと同じ方法である。

いし、読者の方も我々の真意を理解し、いかに我々の表現が不適切であろうと、我々の思考の何たるかを、もう少し正確に推測したかもしれない。だが、悲しいかな、こうした事態は、運命の女神のプログラムには入っていなかった。それゆえ、ドイツの短い歌の詞で、考える以外にない。

かくあらば、よかりしものを
かくあるはずも、なかりけり

3、ジュリアス・シーザーの存在▼1〔『真理の意味』第一〇章〕（一九〇八年）

私の真理説は、純粋に論理的なものであって、真理の定義にしか関わらない。私の主張はこうである。「真」という言葉を、ある言明に適用した場合、真とは何を意味するのか、この言明がもたらす諸々の作用という概念に訴えることなしには、これを見定めることはできない。

我々の考えを確定するために、二つの事態だけからなる一つの〔論議〕領域を想定しよう。すなわち、死して土に帰った皇帝シーザーと、「シーザーは、かの時代、かの地に、存在した」と語る私、この二つである。ほとんどの人であれば、私の言明によって真理は語られていると無邪気に考え、さらには、〔シーザー没後に生きている〕私の言明は、シーザーが存在したという事実を、ある種、時間的隔タリヲ埋メル作用によって、直に把握するにいたったのだと語るだろう。

だが、私の言葉は、かくも確実に、かのシーザーを、これまでの期間、意味表示してきたのだろうか、あるいは、あのシーザーの個人的属性を、かくも確実に、これまでの期間、意味把握してきたのだろうか。この「真の」という形容語句が観念上余すところなく意味することについての完全な判定尺度を書き記すためには、私の思考は、その言明対象自体に対して、完全に確定的で一義的な「一対一関係」に立っていなければならない。冒頭で想定した過度に単純な論議領域にあっては、指示関係は確証されていない。仮に、かのシーザー以外に、〔実は〕もう一人のシーザーなる人物が存在するということにでもなれば、どちらのシーザーのことをいっているのか、我々は知るはずもない。真理を可能にする諸条件は、それゆえ、この論議領域内にいるかぎり、不完全であるように思われる。したがって、論議領域は拡張されねばなら

▼1 この論文は、元々、「真理対真理であるということ」という題で、*The Journal of Philosophy* で発表されたものである。

ない。

超越論者の場合であれば、絶対主義の精神に訴えることで、この論議領域を拡大する。その際、この精神は、あらゆる事実を自らのうちに有しているので、絶対主義者として、至高の権限をもって、これら全事実を無理にでも結びつけることができるというわけである。私の言明は、かの他ならぬシーザーのことを指示していなければならず、なおかつ、私が思い描いている属性は、かのシーザーの属性でなければならない。これが、絶対主義の精神が意図するところであれば、この意図だけで先の言明を真にするに十分なわけである。

翻って私の場合どうかといえば、かのシーザーと私、この元々設定した事態の間に有限の媒介物があることを認めることによって、論議領域を拡大する。シーザーは影響を及ぼしたのであり、私の言明は〔今後に〕影響を及ぼす。これらの影響効果が、多少なりとも、和合するのであれば、両者を仲立ちする一つの具体的な土台が与えられ、認識論的関係は確固としたものになる。そもそも、この認識論的関係は、〔当初の論議領域においては〕時間的隔タリヲ埋メル純然たる作用としては、極めて曖昧で理解困難なほどに時間幅を行き来するようにみえていたわけである。

たとえば、かの実在のシーザーが、ある原稿を書いたとして、私は、その複写の実在を目にしているとしよう。そこで、私はいう。「私がいっているシーザーは、かの時代に実在した原稿の著者である」。とすれば、私の思考が〔今後〕及ぼす諸々の作用は、私の思考の意義を、外延と内包、双方において、一層十全に確定することになる。かくして私の思考は、かの実在的シーザーに無関連でもなければ、彼について示している私の考えが誤っているわけでもないことは明らかである。このように〔影響作用という概念を用い〕、悠久の時間的隔たりを様々に媒介することを通して私がシーザーに向かって近づいていくのを目にし、かの絶対主義精神の持ち主は、〔私の立場に立って〕次のように語ってもおかしくはない。「そのような諸々の作用は、真なる当の言明で私がいっている意味内容を事細かに特定しているだけである。あえていっておくが、かの時代のシーザーと今の私の言明という、この二つの元々の事実の間にある認識論的関係が意味しているのは、今しがたみた類いの、時間的な隔たりに介在する諸々の媒介物からなる具体的な連鎖が、存在する、ないしは、存在しうるということでなければならない」。

当の言明が真である論理的諸条件を我々としては目下明らかにしているわけだが、しかし、こうした時間を媒介する連鎖は、当の言明に先行する事実と、その言明に後続して影響を及ぼす事実とを必然的に含んでいる。このような事態のため、真理と事実を同義とみなす粗雑な語法と結びつくことによって、これまで私の説明は誤解されてきた。混乱した問いとしては、たとえば次のようなものがある。「シーザーの存在というのは、既に二〇〇〇年の月日を経過した真理であるというのに、その真理性如何が、これから起こりうる何かに依存するなどということが、いったい、どうして可能なのだろうか。私が承認している言明内容が、承認していること自体の影響効果によって、真理となるなどということが、いかにして可能なのだろうか。なるほど、そのような効果は、私の信念を確証するかもしれないが、しかし、その信念は、かつてシーザーが実際に存在したという事実によって既に真理となっていたのである」。

よろしい、そういわせておこう。仮にシーザーなど存在しないとすれば、もちろん、シーザーについての確固たる真理など存在しないことになるからである。しかし、それなら、一方で、完全かつ確実に既に確立済みのものとしての「真」と、他方で、ただ「実際的見地からみて」の「真」、さらに簡潔かつ丁重にいえば、確実に無関連でもなければ、虚義なわけでもないものという意味での「真」、この両者を区別してみよう。さらに、思い起こしておこう。それは、シーザーがかつて事実として存在したということが今現在のある言明を真にするかもしれないのと同様に、この言明を偽りに、あるいは、無関連にするかもしれないということ、そして、いずれの場合も、言明内容自体、変わるところはないはずだということである。言明内容が与えられている以上、その言明が真であるか偽りであるか、あるいは、無関連であるか、これは、先と同様、言明自体から、これから生ずる何ものかに依存するのである。プラグマティズムが論争の中で強く主張しているのは、もし、当の言明の機能作用という概念を自らの説明に含めないとするなら、言明から帰結する何かを適切に確定することはできないということである。真理とは実在との一致を意味するというのであれば、一致の様式は実際的効果を伴う問題である。これは、各項からなる関係の主体側の項のみが解決しうる実際的問題なのである。▼2

▼2　この論文には、元々、主知主義者たちの反論をなだめることを意図した二三の段落が続いていた。〔彼らの場合〕「真」という言葉を、かくも愛しつつ、我々の観念の具体的な作用ということを、かくも嫌っているので、割愛した段落の中で私はこう述べていた。「真理」という言葉を使いたいのであれば、かくも気にかけている、あの論理飛躍的にして不可解な関係に限定して使うべきである。そうすれば、私の方は、思考対象を、理解可能な意味で知る思考に関して、それを「真理である」と語るだろう。

ほとんどの申し出と同様に、この言い方は、にべもなく拒否されたので、撤回することにする。〔主知主義者たちに示した〕私の寛容の心を後悔する次第である。プラット教授は、その近著において、事実の客観的状態であれば、いかなるものであれ、「一つの真理」と呼び、「真理性」という言葉を、私が提起した意味での「真理」に対して用いている。ハートレイ氏は、「正しさ」を、これと同じ意味で使っている（以下 *The Meaning of Truth*, p. 281参照）。曖昧な言葉遣いの一般的弊害は別にして、「真理」という語が、公式に、我々の信念と意見の特質としての地位を失い、学術的にみて「事実」と同義語でなければならないとすれば、実際のところ、論争解決の一切の希望を失うことであろう。

第15章　真理に関する提要問答[1]（一九一〇年）

A Short Catechism concerning Truth

ジョン・デューイ
John Dewey

入門者　先生、かねてより、私淑いたしておりました。真理について斬新な理論を講義されているとうかがい、やってまいりました。それについて、自分の頭でどう判断すべきか、ぜひとも考えをまとめたいと思っているところです。今、先生の真理理論をもっと知りたいという思いを強くしております。実は、以前の私の先生、主知《しゅち》真実《まこと》先生〔Professor Purus Intellectus〕に、その真理理論について、詳しく教えを受けたのですが、常識的判断や科学や哲学と明らかに対立するものですから、理にかなった思考の持ち主にしても、どのようにして、その理論を真摯に発展させていけるのか、よくわからないのです。

▼1　この論文は、一九〇九年春、スミス・カレッジの哲学クラブの聴衆を前にして、口頭発表されたもので、以前には公表されていなかったものである〔後にJohn Dewey, *Influence of Darwin on Philosophy and Other Essays*, 1910に再録〕。

教師　理論そのもの（あるいは、少なくとも、その主張内容）については、もう、幾分、通じているようですね。いくつか反論を順次示すつもりで、ここに来ているわけですね、おそらく。そういうことなら、どんなに理にかなった人でも、君が理解しているかぎりでの、その真理理論を発展させることはないでしょうし、逆に、その理論をありのままに理解するなら、そのことで、おのずと受け容れられるようになるでしょう。

入門者　反論一　プラグマティズムは、真理というものを、一個の主観的な出来事にしてしまっています。つまり、諸々の観念が個人個人に与える満足としてしまっています。しかし、数ある観念が真理であるかどうかは、そうした観念の、事物に対する関係に依存していることは、誰でも知っています。

教師　回答　たとえば、観念から独立した存在物、観念に先行する、観念と同時生起する、あるいは、観念に後続する存在物といったものがあるということを、私は堅持しています。しかし、これが、その反論に対する答えになるといおうものなら、君の方はこう思うことでしょう。そんなことでは、単に個人的な意見を表明しただけであって、プラグマティズムと論理的には何の関係もない、と。ですから、周知のことでしょうが、ここで思い起こしてもらいたいことがあります。プラグマティズムによれば、観念とは（ここでは、判断と推論も、この語義に含めることにしますが）、観念以外の物、つまり、心以外の物に対して向けられる反応的身構えです。たとえば、本能や習慣は、反応の様々な様式を表しています。もっとも、これらは、進行中の連続的存在に対して、あるいは、はじめて目にして、まだ精通していない特徴を示している環境に対しては、不適切な様式です。このような状況下にある場合、観念は今述べた反応様式を代行するのです。したがって、観念の発生源は、経験的な、つまり、心の外部にある何らかの状況（＝環境）にあります。そうした状況が観念を反応様式として喚起するわけです。他方、観念の意味は、心の外部にあるこうした状況の中で観念が創り出す諸々の変更、つまり、「諸々の差異」のうちに見出せるわけです。では、観念の妥当性はというと、これは、観念の意図する変換を創り出せるか、その創出能力によって判断されます。発生源、満足、価値、これらはどれも観念の外部にあります。プラグマティストが、あれこれ述べている満足とは、生命体が自らの環境に対して、以前よりもうまく適応していることにすぎません。その場合の自らの環境というのは、観念を形成し適用することによって、〔かつての〕環境を変換することで、〔新たに〕生み出されるわけです。

入門者　反論二　しかし、私の理解しているかぎりでいうと、あるいは、先生ご自身の言葉で認められたように、そうした外的な事柄というのは、問題になっているその特殊な観念の外部にあるかもしれませんが、それでも、経験的なものです。つまり、外的な事柄も他の経験にすぎないわけで、したがって、結局のところ、心的なものです。◆これまで私が知りえたかぎりでいいますと、先生のお考えは、つまり、こういうことですね。真理は、経験と経験を超越するものとの関係ではなく、経験された関係である、と。それなら、事柄そのものが心の内部にあることを認めるにあたって、なぜ、そのように遠回しな説明になってしまうんでしょうか（いや、あの、少々むきになってしまったようで、申し訳ありません）。

教師　回答　君の反論は、二つのこと〔超越論と、経験＝心的状態という思いこみ〕を結びつけてしまっていて、しかも、混同しています。これを解きほぐせば、その反論に対する回答になるでしょう。（一）超越という概念には二重の意味があります。第一に、超越の意味するものは、本来的に、そして本質的に、経験を超えたところにあるものです。興味深いことを、指摘しておきましょう。プラグマティズムに反対する論者たちは、その敵意

◆入門者は、経験とは心的状態のことだと思い込んでいる。

のあまり、切羽詰まって、死んだといわれている教義を復活させざるをえませんでした。つまり、経験されえない、知りえない、あの「物自体」という教義です。第二に、これだけでは不十分だといわんばかりに、論者たちは、「真理」を、この知られざるものとの関係と同一視するわけです。そのことで、どうなるかというと、「真理」一般という概念を守りたいがために、特殊な真理が成立する可能性に関して、懐疑論に陥ってしまいます。プラグマティストたる者、そのような超越論を、断固否定します。（二）ですから、もし、経験というものの意味が心的状態でしかないのであれば、その場合にのみ、プラグマティストは、純粋な主観主義に陥るか、あるいは、あらゆる存在物を純粋に心的なものに還元することになってしまいます。プラグマティズムに対する批判者は、ヒューム的教義を支持しているように見受けられます。つまり、経験は、精神の状態、感覚と観念の状態から成り立っているというわけです。したがって、いかにして、主観的観念論、あるいは、「唯心論」から逃れるかという問題を、自らの原理に基づいて解決しなければならないのは、批判者の側なのです。プラグマティストが立論の起点に置いている経験概念は、もっとずっとありふれたものです。つまり、ごく普通の人が抱いている経験概念です。ごく普通の人なら、まさか、ある物を経験するとは、まず、一旦、その物を破棄し、次に、それを心的状態に置き換えることであるなどとは、夢にも思わないでしょう。もっと詳細にいえば、プラグマティストが主張してきたのは、こういうことです。経験とは、機能と習慣に関わる問題、さらには、能動的適応と再適応、調整と活動に関わる問題なのであって、意識の状態に関する問題ではありません。プラグマティストが否定し置き換えている経験概念そのものをプラグマティストの中に読み込むことで、プラグマティストを批判しようとするのは、心理的発想に由来するのでしょうし、〔プラグマティックという言葉が持つ、もう一つの意味を援用すれば〕更正不能なほどに「頑固で独断的だ〔pragmatic〕」ということでしょうが、しかし、少しも「主知的〔=理知的〕」ではありません。

入門者　反論三　不思議なことに、今のご説明で思い出しました。これは、私のかつての主知先生の主張なのですが、それによると、プラグマティストは批判されるといつも、自分の論拠をずらします。独我論と主観主義を避けるために、その先生は、観念から自立した物へと立ち返り、これを論拠にして、観念の真偽に判断を下します。しかし、そうすることで、その先生は主知主義的な規準を暗に認めているにすぎません。こうして、その先生は、一方で科学を否定し、他方であらゆる哲学者が支持していることを、目新しい言葉で仰々しく繰り返し、どっちつかずで両者の間を行ったり来たりしています。

教師　回答　君のいうような議論は、本当に、よく耳にします。どうやら、ごく普通の主知主義者は、真理を特定化することもなく、分析もせずに、〔真理という〕全体としての関係が一つあるとみなすことに慣れきってしまっているようです。そのため、そのような関係とは何かを実際に具体的に述べようとする試みに対しては、これを、全体としての関係自体の否定と思ってしまうのです。プラグマティストが最終的に試みようとしているのは、そのような関係〔真理一般〕の特定化〔時と場所と状況の特定化〕なのですが、プラグマティストが時折示すこうした助言を、主知主義者の場合、プラグマティスト自身の側への屈服と解釈するわけです。何しろ、結局のところ、プラグマティストが示そうとしているのは、〔主知主義者の考える「真理なるもの」という関係以外の〕何らかの関係があることを認めることですから！

そうした関係が、どのようなものであれ、プラグマティストの主張はこうです。今問題にしている関係は、存在物と思考との間の一つの対応関係であるということです。しかしまた、プラグマティストは主張します。同義反復的に定義するなら、対応関係とは、〔もはや、これ以上〕分析不可能な究極の神秘ではなく、言葉のごく普通の、よく知られた意味において、まさしく、対応関係なのです。疑念を生むような諸傾向が相対立し合うような状態〔問題状況〕は、これに対処する方法として、思考を喚起します。このような状態は、状態自体に固有の諸帰結を生み出し、この帰結は、状態自体にとって幸福な結果や不幸な結果をもたらします。こうした状態が、思考と評価、意図と課題を呼び起こすのは、これらが、（単なる「意識の状態」ではなく）、まさしく、対応の身構えであり、これから行おうとする適応の身構えであり、そして、それらの効果を生み出すからです。こうした二つの種類の帰結の間に生ずるような類いの相互連関、相互適応が、真理を創り出す対応関係を成立させます。それは、ちょうど、相互応答に失敗したり協働に失敗したりすることが、過誤や誤謬――誤用や逸脱――となるのと同じです。もちろん、この説明も誤っているかもしれません、つまり、帰結に対する不適応を伴うかもしれません。しかし、この説明でいっている誤りは、もし、誤りがあるとすればの話ですが、個別のものであり、経験的なものでなければなりません。一般的な認識論上の告発によって発見できるものではないのです。

入門者　反論四　しかし、その種のプラグマティズムを認めるにしても、それでも、常識的判断と対立することは、先生も否定できないはずです。というのも、先生のご説明によれば、真理を成り立たせる対応関係は、観念が作用し終わるまでは、存在しないからです。これに対して、常識的判断の理解と認識によれば、観念が作用可能となるためには、そもそも、当の観念と実在とが、観念の作用に先立って、一致していなければなりません。もし、〔古生代の〕石炭紀が実在したという真理、あるいは、一四九二年のコロンブスの上陸という真理が、これらについての観念が未来において作用することに依存するというのであれば、先生は、数ある哲学の中で最も風変わりな哲学の立場に身を置くことになります。

教師　回答　それなら、思い起こしてもらいたいですね。答えに窮すると「論拠をずらす」という、例の非難のことです〔論拠をずらしているのは、そちらの方でしょう〕。私の記憶が正しければ、件の主知主義者は、真理を思考と存在物との関係と考えることから、議論を始めましたね。君の今の反論でいうと、その主知主義者は、この考え方を撤回して、ありのままの存在物や出来事を真理と同一視する考え方を採用したということになりませんか。そんなことは、しないのですか。いったい、どちらを主張しているのでしょう。それに、どうやって、それがわかるのでしょうか。石炭紀という時代が現実に存在したことや、コロンブスがアメリカ大陸を発見したことは、真理ではありません。出来事です。真理と誤謬というカテゴリーを持ち出すのであれば、そういう出来事に関する、何らかの確信、何らかの信念、つまり何らかの判断が必要になります。そして、そのような確信、いいかえれば判断は、実際のところ、当の出来事の後に来るわけです。ですから、主知主義者が競って把握しようとしているような、空虚な関係全般の中に、判断の真理があるなどということが、どのようにして可能なのですか。現時点の信念が、現時点で喜び勇んで、過去へと時間移動し、他ならぬ当の出来事に降り立って批判するとでもいうのですか。しかも、当の出来事は（過去の歴史としては、もう永遠に過ぎ去っているわけですし）、〔主知主義者の〕定義によれば、その出来事が出来事の真理を構成するとされているわけですよ。こんなことが、どのようにして可能なのでしょうか。主知主義者が過去についての判断の真理性を扱う段になると、「超越」について多言を要するとしても、不思議ではありません。しかし、それにしても、ある場合には、何か過ぎ去ったことに熱心に取り組んだ人を思いつきで露骨になじったり、別の場合には、過去の誤りを思いつきで非難したり、いったい、どういうときに、こういうことが起こるのでしょうか、どうすれば、それを知ることになるのでしょうか。主知主義者であるなら、教えてください。

入門者 ええ、もちろん、過去についての知識には非常に不可解なところがあります。しかし、プラグマティズムの場合なら、もっとうまくいくというわけですか。

教師 それに対する回答は、おそらく、これまで述べてきたことから推察できるでしょう。過去の出来事というものは、結果、つまり、帰結を残します。そうした帰結は存在していますし、未来において、引き続き存在するでしょう。過去の出来事についての我々の信念は、偽りのない場合でも、何らかの方法で、行為作用を修正することもあるにちがいありませんし、したがってまた、客観的な結果をもたらすにちがいありません。こうした二組の結果が連動し合って調和するのであれば、過去の出来事についてのその判断は真理なのです。仮に、その過去の出来事が発見可能な帰結を持たないのであれば、あるいは、それについての我々の思考を働かせても、それに見合って生ずる違いをどこにも見出せないのであるなら、おそらく、その場合には、判断が真なものとなる可能性はないでしょう。

入門者　おそらく、先生は、私の考えていた次の反論をずっと予想していらっしゃいましたね。つまり、過去の出来事に関して、観念は何ら差異を創り出せない以上、〔真理は未来の帰結によって構成されるという〕プラグマティズムの理論によれば、過去の過ぎ去った事柄についての真理は存在しないということです。というのも、私が思うに、先生のお考えでは、〔観念によって〕生ずる差異は、存在し続ける結果の中にあるわけで、観念がいろいろ作用して、こうした結果に対する我々の関係を促したり、混乱させたりするということですから。しかし、それにもかかわらず、私はどうも納得できかねます。それというのも、たとえば、昨日雨が降ったということは真実であると私がいうとき、私の判断の対象は、疑いなく何か過去のものであって、未来のものではありません。他方で、プラグマティズムは、判断のあらゆる対象を、来たるべき未来のものにするわけです。

教師　回答　君は、ある判断の内容と、その内容の指示対象とを混同しています。昨日の雨についての、いかなる判断の内容も、確かに過去の時間を含んでいます。しかし、そもそも判断というものに固有の、そして特徴的な目的は、この判断内容に、未来における指示対象と機能を与えることなのです。

入門者 反論五 しかし、先生の議論では、理に合わない形で真理と検証を同一視せざるをえなくなります。つまり、観念を検証することは、それらが既に真理であったことを発見することになってしまいます。あるいは、検証による真理の発見に先立って、真理関係を有するということになってしまいます。しかし、プラグマティストの主張ですと、観念が真理であることを発見する行為が、発見される事柄を創り出すということになります。要するに、先生の場合、発見という心理作用と発見される実在との混同が見受けられます。

教師 回答 検証とは、ある判断を実験することであって、これは、判断が持ち込む帰結、判断が生み出す差異、つまり、判断の作用によってなされます。今や、主知主義者の多くも、ここまでは認めるようになったようですね。しかし、彼らが依然として否定しているのは、観念が「先行的」に持っている真理性質、そして、検証（あるいは真理を実現する）過程、この両者の有機的結合です。彼らは、きっと、あまりにも多くを認めるか、あるいは、あまりにわずかしか認めないか、どちらかです。（一）仮に、過去のある出来事についてのある観念が既に真理であるのは、その観念が当の過去の出来事に対して持っている神秘的で固定的な何らかの対応関係のためであるとしましょう〔これは主知主義者の仮定ですね〕。その場合、いったい、当の観念がもたらす未来の帰結によって、いかにして、その〔先行する既成の〕真理を証明できるのでしょうか〔できませんね〕。自分の真理観と検証との関係に関して、主知主義者が、積極的な理論をこれまで何も打ち立ててきませんでしたが、それは、なぜなのでしょうか。（二）さらにいえば、検証の本質が、ある信念によって実験を遂行することであるとしましょう〔これはプラグマティズムの仮定ですね〕。そのことで、主知主義者は、自分自身の真理理論が真であることを知りうるのは、当の理論が、その理論自身の実験によって検証されるかぎりであることを認めます。しかし、真理とは判断が持つ既成の固定的な性質であるという〔主知主義の〕理論が真であるとするなら、いったい、出来事の行方に何らかの違いをもたらすことによって、その理論を、どうやって検証できるのでしょうか〔できませんね〕。〔こういうことでは〕いずれの場合でも、あたかもプラグマティズムの理論が正しい理論であるかのように、我々は検証を進めなければならないことになりますよ。（三）プラグマティズムの検証理論が真であることを、仮に主知主義者が認めるのであれば、当の観念は事前に真理性質を持っていたという言明に対しては、いかなる意味が残されているのでしょうか。そういうことなら、その観念は、作用する能力――つまり、観念が実際に作用することによって明らかになる能力――という性質を持っていたということになってしまうだけですが。いったい、どうして、ある与えられた事実が、プラグマティズムの理論に対する反論になりうるのでしょうか。そもそも、プラグマティズムの理論からするなら、そうした事実には、事実にあってしかるべき明確な意味があると考えるわけですよ。これに対して、反プラグマティズムの理論ですと、事実は、これ以上分析不可能な究極の事実として、受け容れる以外にありません。

　検証は単なる心理的なものだとする君の発言に関しては、いっておくべきことがあります。私の同僚には、様々な実験室で、様々な研究者と堅実に研究を進めている者がいますが、彼らは仮説を立て、諸々の観念について実験を試み、それらを検証し、その裏づけをとり、また棄却し、あるいは修正しています。たとえば、彼らのうちの一人は、最近、地球の自転に関するフーコー〔Jean Bernard Léon Faucault　一八一九－一八六八年　フランスの物理学者〕の実験を再演し検証するために、巨大な振り子装置を設置しました。君は、このような検証過程を単なる心理的なものと考えるのですか。

入門者　よくわかりませんが。なぜ、そのようなことを問われるのですか。

教師　なぜかですって。仮に、これに異論を唱える人の主張が、そのような実験的検証など心理的なものでしかないというのであれば、その人は、当然、全自然科学の全手法を単なる心理的なものへ委ねてしまうわけです（それが、どこへであろうとです）――つまり、プラグマティストを論駁するには、相当な犠牲を払うことになります。件の主知主義者はジレンマに陥るわけです。プラグマティストに具体的な科学のロジックの全領域を譲り与えるか、それとも、自ら、あらゆる科学を単なる主観的なものとみなすかです。主知主義者はどちらを選ぶのでしょう。

入門者　反論六　先ほど気がついたのですが、先生は、プラグマティズムの真理理論は、真であるといわれました。自らの理論が真であるということを根拠に、自らの理論への同意を要求しているところをみると、プラグマティストは、せっかく、ユーモア感覚あふれるといわれているのに、どうしたって、その評判にふさわしくありません。これは、どういうことですか。〔理性なるものによって真理なるものを合理的に認識する〕主知主義を認める以外に、ないのではありませんか。

教師　回答　ねえ、君。どうやら、我々の議論は、終わりに近づきつつあるようですね。当然のことながら、プラグマティストが自らの理論の真理性を要求するのは、真理のプラグマティックな意味においてです。つまり、プラグマティズムの真理理論は、〔環境場面において〕作用するのであって、〔そこにおいて〕困難を取り除き、障害を除去し、個人個人の生活に対する関係を、もっと実験的なものとし、独断的にならないようにし、独りよがりな懐疑論的態度のないものにするわけです。さらにいえば、プラグマティズムは、哲学的手法を科学的手法と調和させるのであって、認識論などという、〔哲学者が〕自分で勝手に作り上げた問題を破棄し、論理学の理論を明確化し再編するといったことを行うわけです。プラグマティストが大いに満足しているのは、自らの理論の真理性の真価が、こうした様々な方法で作用することにあるとする点においてであり、そして、固定的で、これ以上分析不可能で、検証不可能で、さらに、作用しない特性の誇らしげな占有権を、主知主義者に譲り委ねてしまう点においてです。

入門者　反論七　しかしながら、プラグマティストは、いつも他者の判断に訴えて、自分自身の判断を確証しようとします。疑いなく、これは、「ソレ自体デ、自ズカラ」、正しく、真なる判断の原理を認めることです。

教師　回答　プラグマティストの主張はこうです。判断とはプラグマティックである、つまり、判断とは、入念かつ徹底的な調査と主張が必要となる状況に由来するのであり、この必要性を満たす効果的な働きによって検証されるのです。こうなると、君が考えるのは、判断に対するいかなる訴えかけも主知主義的である（！）、こう主張することで、プラグマティストを論駁しているというものでしょう。こんなふうに論点を巧みに避けるようでは、私の方は、こう確信するわけです。主知主義者の根本的な困難は、主知主義者がプラグマティストの立論の起点を真理理論であると考えている点です。だが、実際はといえば、プラグマティストは、判断と意味の理論から出発するのであって、真理理論というのは、そこから推論される一つの系〔帰結〕なのです。

入門者　反論八　それでも、先生は、ご自身の論敵を態度変更させて、ある理論に導こうと努めています。これこそ、疑いなく、主知主義的な企てであり、（少なくとも）理論上は、ブラッドリー氏〔Francis Herbert Bradley 一八四六―一九二四年〕が巧みに述べたように、プラグマティズムの理論的基準は、究極の真理基準でなければならなくなります。

教師　回答　少し反省してみれば、きっと納得すると思いますが、君の話は、同じことの繰り返しです。人間は行動をともにしなければなりませんし、個人個人は社会的な紐帯と活動の中で生きていくのです。

そうである以上、自分とは別の物の見方を何らかの物の見方へ改変することは、社会的な紐帯と機能を、それが作用する中で、以前よりもうまく適応できるようにし、以前よりも幸福なものにすることなのです。仮に、プラグマティストが主知主義者の立場を取るのであれば、その場合にのみ、プラグマティストは、実践的必要と実践的基準以外の究極のものに訴えて、他者の態度変更に努めるでしょう。

入門者　反論九　それでも、プラグマティックな基準が満足のいく働きである以上、それは純粋に個人的なものであり、主観的なものです。私に満足を与えるように作用するものは、いかなるものであれ、真理であるというわけです。これが先生の結論ということになります（この場合、先生の社会関係への言及が意味しているのは、基本的には、純粋に主観的な数多くの満足でしかありません）。そうでなければ、満足すべき我々の本性には、いわば主知的部門というものがあって、先生は、これを無意識のうちに想定していることになります。そして、その部分を満足させるものが真理だというわけです。こうして、先生は主知主義的基準を認めているわけです。

教師　回答　どうやら、我々は、議論の出発点、つまり満足の本質に戻ってきたようですね。みたところ、主知主義者の考えによると、プラグマティストは、人間の欲望、目的、そして、判断を形成し検証する際の認識といった要因を主張するがゆえに、非人格的要因を無視しているとのことです。しかし、プラグマティストが行っていることは、次のような主張なのです。つまり、人間的要因が抱える困難は、環境的要因との協働関係の中で、解決されなければならないということ、そして、両者の協働的適応こそが「対応」であり、かつ「満足」であるということです。人間的要因が無視され否定されるかぎり、あるいは、（繰り返せば、それがいかなるものを意味しようと）単に心的なものとしてしかみなされないかぎり、この人間的要因は、無責任なやり方で、自己主張することになります。とりわけ哲学においていえることですが、ひどく未彫琢なプラグマティズムが君臨しているかぎり、我々の目に入ってくるのは、今日のように、最も野心的な主知主義的体系の受容でしょう。が、しかし、これが受容されているのは、ただ、この体系がこれを考案し受け容れる人々に与える個人的満足のせいでしかありません。ひとたび人間的要因を承認してみてください。そうすれば、プラグマティズムは、やがて、こう主張するはずです。つまり、プラグマティズムの支持者は自らの信念の全帰結を受け容れなければならないし、そして、その信念を試み、その信念に働きかけることによって、信念の意味あるいは帰結は何なのかを発見しなければならないのです。このように検証されるまでは、信念は、いかに高貴にみえ、啓発的にみえようと、ドグマであって、真理ではない、これがプラグマティストの主張です。この検証が完全に、そして丹念に遂行されるまでは、プラグマティストは、自らの信念を、単に暫定的なもので、作業仮説や方法にすぎないと考えます。——つまり、プラグマティストは、ある蓋然性を承認しているのであって、それは、諸々の検証方法が次々に加わって発展していくにつれ、いわゆる真理は、ますます、作業仮説というカテゴリーに帰属されるようになるということです。そのことでようやく、独善的考えというものは駆逐され、消え果てることになるのです——。目下のところ、哲学者たちは、自らの哲学において、個人の教育や性格や選好が果たす役割を無視していますが、これこそ、彼らの哲学体系における思い上がりと不誠実の主要源泉なのであり、彼らが庶民から無視されている根拠なのです。

入門者　先生のお話を聞いて、私が最近読んだチェスタートン［Glibert Keith Chesterton 一八七四－一九三六年］の作品を少々思い出します。「見かけの客観的真理など、問題の全貌などではないということ、そして、人間の精神に不可欠な物事を信ずる厳然たる必要性というものがあるということ、この点について、私はプラグマティストたちに同意する。しかし、いっておくが、そうした必要な物事のうちの一つは、まさしく、客観的真理への信仰なのである。プラグマティズムは人間のニーズに関わる問題である。そして、人間にとってのニーズのうち、第一に来るものの一つは、プラグマティスト以上の何者かになることである」。先生のお考えを私が正しく理解しているとすれば、先生のご意見では、何らかの絶対的真理を信ずるために、「人間の精神」の必要性を仮定し、これに頼ることは、人間の精神とその全機能を検証するための適切な必要性〔客観的真理なるもの〕から逃れることだということになると思われます。

教師　回答　ねえ、君。君に最後の言葉を残しておけるようで、うれしく思います。主知主義という、この手に負えない子供がこれまで明らかにしてきたのは、こういうことです。信念における個人的（あるいは「主観的」）要因についてのプラグマティズムの学説に対して絶対主義者が行っている主な反論自体が〔つまり、プラグマティスト以上の何者かになるという人間のニーズを想定していること自体が〕、かえって、絶対主義者の主張の核心部分〔ニーズを求める人間的要因〕をプラグマティストが暴露してしまったということです。

第16章　哲学の回復の必要（一九一七年）

The Need for the Recovery of Philosophy

ジョン・デューイ
John Dewey

知の進歩には二つの道がある。一方では、知識の増加が古い概念をめぐって体系化される。この間、古い概念は拡大され精密化され洗練されるが、しかし、本格的に修正されることはなく、ましてや、破棄されることはない。他方で、知識の増大が量的変化よりも、むしろ、質的変化を要請する場合がある。知識が加わるのではなく、知識が改変されるのである。こうなると、人間の精神は、以前の知的関心には冷淡になる。人を熱狂させていた理念は衰え、緊急の関心だったものは、縁遠いものに思われてくる。人間はこれまでと別の方向に目を向ける。自分たちにとって困難だったものでも、古くなれば、現実性を失う。考慮の対象だった事柄も、取るに足らないとして見過ごされ、ぼんやりしたものになっていく。かつての問題は解決されなかったかもしれないが、しかし、そうした問題も、今では、解決を求めてはいない。

　哲学とて、こうした趨向の例外ではない。しかし、哲学は著しく保守的である。必ずしも、解決を提供するわけではなく、問題にしがみつくわけである。人間の主要な関心事を代表するものとして、哲学は長いことと神学と神学的道徳と堅く手を組んできたため、根本的な変革は、これまで、精神的な衝撃として受け取られてきた。たとえば、一七世紀において、人間の諸々の活動が決定的な新局面を展開したが、そのときの哲学は、ベーコンやデカルトのような思想家の指導の下、あたかも、一八〇度の方向転換を遂行しなければならないようであった。しかし、このような大混乱にもかかわらず、結局わかったのは、かつての問題の多くはラテン語から各地の母語に、あるいは、科学の提供した新たな専門語体系に翻訳されるということでしかなかった。

哲学が大学教育と結びつくことで、このような哲学固有の保守主義は強化されてきた。大学外部の人々の思想が哲学以外の様々な方向へ向かって行った後も、スコラ哲学は大学の中に存続した。ここ一世紀の間、科学と政治の知的進歩も、同じような仕方で、教授用の題材として固定化されてしまい、今では、現状を変える動きには抵抗する。私は何も教育の精神が自由な探究の精神に敵対しているというつもりはない。哲学が、もっぱら何か思索すべきものとしてよりも、主として、何か教えるべきものとしてあるのであれば、哲学は、直接的な応答を促進するよりも、他人の説いた見解についての議論を助長することになる。ひとたび学科となってしまえば、哲学は、必然的に、過去の思想の歴史を過大評価することになり、職業的哲学者に対しては、哲学を通説体系の中で定式化することによって、自分たちの主題に接近するように仕向ける。このような哲学は、また、様々な学派が分化してきた際の分岐点を強調する傾向がある。というのも、様々な学派に適しているのは、回顧的な定義と洗練だからである。その結果、哲学の議論は、諸々の対立し合う伝統からなる一つの仕立て物になりがちである。そこでは（諸説を定式化することが、あたかも、〔別の説の〕論理的排除を保証するかのように）、ある説を批判すれば、それとは正反対の説が真であることの証明になると考えられている。同時代の諸々の困難に直接真剣に取り組むことは、文学や政治に委ねられることになる。

変貌しつつある行動様式と増大しつつある知識が、古い解決策のみならず古い問題さえも、放棄する意志を要するときがあるとすれば、それは今である。こういったからといって、伝統上のあらゆる問題から急に目を背けることができるなどといっているわけではない。それは不可能である。そんなことをすれば、墓穴を掘ることになる。哲学の専門化傾向にかかわりなく、哲学者が議論する様々な理念は、今なお、西洋文明を育んできた諸々の理念である。それらは教養ある人々の頭の片隅にある。しかし、哲学に専門的に関わっていなくとも、物事を真剣に考える人々が最も知りたがっているのは、産業や政治や科学における最近の動向によって、知的遺産のいかなる修正と放棄が求められているかということである。これらの人々が知りたいのは、このような近年の動向が一般的な理念に翻訳されるとすれば、それは、何を意味するかということである。専門的哲学が自らを動員し、人々の思想を、このように明確化し、新たに方向づけることに十分寄与できないかぎり、哲学は現代生活の主要な潮流からますます逸脱したものになると思われる。

それゆえ、この小論で試みられるのは、伝統的な諸問題に過度に愛着し、もっぱら、これらに固執する態度から、哲学を開放しようとすることである。これまでなされてきた様々な解決策の批判は、ここでの意図ではない。そうではなく、科学と社会生活の現状の下、解決すべき正真正銘の問題に、一つの問いを提起することである。

ここでの議論の対象は限定されているため、最近の哲学的営為の不自然さに関して私が抱く確信は、間違いなく、誇張した印象を与えることであろう。これまで述べてきたことは、意図的に誇張したものではない。ここでの意図の制約上、もっと一般的な目的に関しては、多くを語らなかったままである。正真正銘の問題ということを取り上げた理由は、現代生活の諸条件が示唆しているからというよりも、むしろ、主として、これまで実際に議論されてきたがゆえのことである。ここで、制約のもっと少ない議論ができるのであれば、この問題を、実際論じられている文脈の中で強く主張すべく努力するところだろう。体系というものは不可能であるにしても、これまで哲学上なされてきた学説体系の貴重な貢献を詳述するのであれば、それは、やりがいのある課題となろう。非現実的な前提から議論を起こし、不自然な問題を議論してきたとはいえ、この過程で生じた諸々の見解は、今では、文化にとってなくてはならない財産である。こうして、地平は広げられ、実り多い諸々の観念が開花し、想像力は活気にあふれ、そして、事物の意味という感覚が作り出されるようになったのである。ここで、こう問うことさえできよう。これらは古典哲学の学説体系に伴って生まれた付随物であるが、その付随物を学説体系自体の一種の保証とみなすことが、これまで、それほどなかったのかどうか。しかし、スピノザの著作、カントの著作、あるいは、ヘーゲルの著作の持つ豊穣で広大な思想に関して、彼らによる前提の置き方が論理的に妥当でないからといって、思想の方まで捨て去るとすれば、それは、偏狭な精神の持ち主であることの証である。他方で、彼らが文化に対して数々の貢献をしたからといって、そうした貢献とは必然的関係を持たない前提の方まで妥当だとみなすのも、確かに、訓練を欠いた精神の持ち主であることの証といえる。

一

近年の哲学上の営為に対しては、哲学上の諸問題の伝統的特質という観点に立って批判することを、どこかで始めなければならない。しかし、何をもって端緒とするか、その選択は、あくまで自由である。私にとって理にかなっている思われる端緒は、最も盛んに議論されている諸問題にも含まれている経験という概念である。というのも、私に間違いがなければ、経験学派にも、その論敵にも、共通して受け継がれている経験観こそ、一見したところ経験とは懸け離れた問題に関してであろうと、多くの議論を活性化させているからであり、他方でまた、こうした経験観こそ、今日の科学と社会的慣行の点からみても最も支持しがたいからである。したがって、経験に関する正統的説明と今日の状況に適した説明とを比較し、その主要な違いを手短に述べることから始めよう。（一）正統な見解では、経験は主として認識〔知識〕の問題とみなされる。しかし、相当古い眼鏡を通して見ることのない目からすれば、経験とは、間違いなく、生命体が自らの物理的社会的環境と取り結ぶ相互交渉という問題として現れてくる。（二）伝統にしたがうなら、経験は（少なくとも第一義的には）心的事象であって、徹頭徹尾「主観性」が浸透している事象である。〔だが、今日〕経験が経験自体に対して示唆するものは、正真正銘の客観的世界であって、人間の働きかけと人間の被る困難に関与し、人間の様々な反応を通して変更される客観的世界である。（三）単なる現在を超えた何かを、既成の学説が正式に認定しようとするかぎり、過去だけが重要である。既に起こったことを記録すること、つまり、先例への言及、これが経験の本質だと思われている。従来の経験論は、既に「与えられた」、あるいは、今「与えられている」ものに結びついていると考えられている。しかし、経験とは、その生きた形においてみるなら、実験的であって、与えられているものを変えていく努力である。経験を特徴づけるものは、未来を視野に入れること、つまり、未知のものへと到達することである。未来との結びつきこそ、経験の顕著な特徴である。（四）伝統的な経験論は、〔連関を無視し、孤立した個に執着する〕パティキュラリズムの立場を取っている。結合性と連続性は、経験とは無縁のもの、つまり、妥当性の疑わしい副産物と考えられている。だが、ある一つの経験が環境と直面し、環境を新しい方向へとコントロールするものであれば、その経験は諸々の結びつきに満ちている。（五）伝統的な考え方においては、経験と思惟は相対立する用語である。推論〔という思惟活動〕が、過去に与えられてきたものの再生以上のことを意味するかぎり、推論は経験を超越するということになる。こうなると、〔推論によって〕経験は、説得力のないものであるか、そうでなければ、〔説明のための〕窮余の一策でしかなく、推論する我々が経験を踏み台にして跳躍し、安定した事物と他我との世界へいたるというわけである。しかし、古くさい概念によって課された制限を取り除いてみるなら、経験は推論に満ちている。明らかに推論なくして意識的経験はない。内省〔という思惟〕は〔経験に〕内在的に備わったものであり、〔経験の中で〕恒常的に作用する。

以上、経験に関して、伝統的な説明を、現代生活に適した説明に置き換えることで得られる効果を考察したわけだが、この比較対照によって、次に続く議論の主題が与えられることになる。

そこで、まずは、経験についての我々の観念に対する生物学の貢献を真摯に考えることにしよう。とはいっても、それは、近年の生物学が真実を発見したからではなく、生物学が自らの発見事実を強調してきたため、こうした事実を無視したり、あるいは、無視しうるものとする弁解はもはや不可能だからである。今や、経験についてのいかなる説明であれ、次の考察事項に適合しなければならない。すなわち、経験するということは生きるということであり、生きるということは、生息環境の中で、かつ、生息環境が由来となって、営まれるのであって、真空の中で生ずるものではないということ、これである。経験あるところ、必ず生物あり。生命あるところには、必ず、環境との関係で維持される二重の結びつきがある。一つには、環境のエネルギーは有機体の諸活動を構成する。つまり、環境エネルギーは、有機体活動の中に入って、その構成要素となるのである。環境によるこのような直接的な支持がなければ、生命は現象しえない。しかし、有機体に関わるすべての変化は、その発生源においても産出においても、環境の持つ自然エネルギーに依存しているにしても、他方で、自然エネルギーは有機体活動を首尾よく促進することもあれば、有機体活動の継続を阻止するように作用することもある。成長と衰退、健康と病、これらは等しく、自然環境の諸々の活動と連続する中で生ずる。この対照的な二つの相違は、現に生じている事柄が、未来における生命活動に対して、いかなる関係を持っているかにある。このように、未来を参照基準に据えた観点からみるなら、環境的出来事には二種類あることがわかる。一つは、生命活動に適合的に作用する出来事、今一つは、これを阻止するように作用する出来事である。

うまくいく有機体活動、すなわち、環境的支援を内部に取り込んでいる有機体活動は、環境に対して反作用し、有機体活動自体の未来に好都合な環境変化をもたらす。人類が抱えている課題は、自らの責任において、身の回りで進行している出来事に対して反応するということである。そのため、これらの環境変化は、他でなく、ある方向へ転換していく。すなわち、当の方向転換自体が今後も作用することで必要となってくる方向へと転換していくわけである。有機体の生命活動は、ある程度、環境に支えられながらも、けっして、環境の緩慢な呼吸活動ではない。有機体の生命活動は奮闘努力を強いられている。すなわち、何もしなければ起こりえない変化を間接的に引き起こすために、環境による支援を直接用いなければならないのである。この意味において、生命は、環境を制御することによって、絶えることなく存続していく。生命の活動は、身の回りで進行している変化自体を変革しなければならない、生命維持を阻む出来事を制圧しなければならない。生命活動は、中立的な出来事を、協同の契機へ、あるいは、新しい息吹の開花へと変換しなければならないのである。

自己保存という観念、すなわち、各々の物が自己の有に固執しようと努める努力〔*conatus essendi*〕〔スピノザ『エチカ』第三部定理七ほか〕という観念の弁証法的発展は、現実過程のあらゆる重要事実をしばしば無視する。弁証法的発展にあっては、自己制御、つまり、自己発展は、あたかも、ある種の展開圧力を自己内部に有し、それが直接無媒介に進展していくかのように議論されている。しかし、生命は、環境の支持があってはじめて持続する。環境が我々の利益に見合うように我々を支援してくれるにしても、あくまで、不完全な支持である。そうである以上、自己保存は、自己実現であれその他何であれ、常に間接的である。つまり、そこで問題となっているのは、環境的諸条件の中で我々とは独立に生じた変化によって生じた方向転換に対しては、我々の現在の活動が影響を及ぼすということなのである。そのためには、障害は手段に変換されねばならない。

我々は、また、ともすれば適応という概念を弄びがちであり、適応とは、あたかも何か固定的なものを意味するかのように扱いがちである。つまり、この考え方によると、ある環境に対して有機体が（少なくとも理想的には）一回かぎりで一挙に順応するような代物が、適応だということになる。しかし、生命が要求するのは、環境を有機体の機能作用に対して適合させることである。したがって、環境への適応は、環境を受動的に受け容れることを意味しない。それは、環境において何らかの変化が生ずるように働きかけることなのである。生命の種類が「高等」であればあるほど、適応が取る形態は、ますます、生命の要求に沿うように、環境諸要因を相互に適応させるという形になる。生存様式の意義が低ければ低いほど、それだけ、所与の環境に対する適応という形になる。そして、重要度が低くなるにしたがって、その最低レベルにあっては、生けることと死せることとの区別は消える。

以上の説明は外面的なものである。あくまで、経験の諸条件について語ったのであって、経験することそれ自体についての説明ではない。しかし、確実にいえると思われるが、経験が具体的に生ずるかぎり、今しがたの説明を支持するはずである。経験とは、第一義的には、何かと遭遇し堪え忍ぶ過程である。つまり、何かに耐える過程であり、たとえば、言葉の文字通りの意味でいえば、作用を被り受動する過程、影響を受ける過程である。有機体というものは、自身の働きかけがもたらす帰結に耐えなければならない、つまり、帰結と出会って堪え忍ばなければならない。経験は、内面意識によって固定された道に沿って滑るように歩むことではない。私的意識などというものは、生き生きとした客観的な類いの経験が持つ偶然の帰結であって、経験の源泉などではない。しかしながら、何かに出会い堪え忍ぶということは、けっして、単なる受動性に尽きるものではない。最も堪え忍ぶ受苦者は、受容器官以上の者である。そうした受苦者は、また、能動主体でもある。つまり、反応する人であり、実験を試みる反応者であり、同じく堪え忍ぶにしても、これから起こりうることに影響を及ぼすような仕方で現在の受苦に携わる、そういう反応者である。まったくの忍耐、つまり、困難を忌避するだけの回避は、環境対処方法ではあっても、結局のところ、視野に据えているのは、そのような忌避的対処の成り行きでしかない。たとえ、蛤のような仕方で自己のうちに閉じこもっていても、我々は何かをしている。その意味で、我々の受動性は、一つの能動的態度であって、反応の消滅ではない。およそ可能なかぎりあらゆる行為にして、完全なる独断行為などないし、現状のままの事実に対する攻撃であっても、攻撃をまっとうし攻撃対象を殲滅することなどない。

これと同じように、我々は何かと出会って堪え忍ぶが、我々にとって前進も克服も不可能なものなどない。いいかえれば、経験ということで問題となっているのは、何かに働きかけること、何かを被ること、この両者の同時作用である。我々が積む経験とは、出来事の成り行きを変更するという点において、実験である。我々の能動的な試行は、我々自身の真価を試す試練である。経験の持つこうした二重性は、我々が経験する幸福と不幸、成功と失敗のうちに表れている。こだわりすぎたり、頼りすぎたりすれば、危険である。成功したところで、いずれ役立たなくなる。大成功も、環境に対する適応がどれほど均衡に達したところで、環境変化に一様に対応することはできないので、安定は覚束ない。これらは方向においてまったく正反対であるため、我々は選択しなければならない。事の成り行きの一方を選ぶか、他方を選ぶか、我々はどちらかと運命を共にする賭けに出なければならない。リスクと冒険を完全に排除できるものなど何もない。失敗する運命にあることが一つあるとすれば、それは、一様に、かつ一挙に、環境全体と調和を保とうとすることである。すなわち、一切が思い通りに行く幸福な時期を維持することである。

我々に立ちはだかる障害は、実は変化を促進し新しい反応を促す、したがって、前進への好機である。もし、環境が我々に与えてくれる恩恵の背後にも脅威が潜んでいるとすれば、環境のもたらす困難も、これまで経験することのなかった成功様式の潜在的な一手段といえる。不幸であるというのに、これを不幸以外のものとして扱うこと、たとえば、見せかけの恩恵として、あるいは善のための必要条件として扱うことは、不誠実な弁明ではある。だが、これまで人類の前進は、被った禍によって促進されてきたのであり、また、人間は自分が被ったことに突き動かされて、新しい、そして、以前よりも優れた行動方針を発見するにいたったのだというとき、これは真実を語っているのである。

　経験にとって最大の関心事は、やがて到来する（つまり、単に到来しうるということではなく、今到来しつつある）事物である。経験に対して経験論的関心を持つ人にとって、このことは明白である。我々は未来を見据えて生きている。常に変化が生じ、その帰結が禍福いずれをも意味する世界に我々は生きている。我々の行為は、どれも、このような様々な変化に変更を加える。したがって、我々の行為は、期待に満ち、あるいは断固闘う活力にあふれている。そうだとすれば、経験とは、現在に関与している未来でなくして、何であろうか。適応とは無時間的な状態ではない。継続する過程である。変化は時間を要するというとき、それは、外面的で意味のない出来事について何かを語っているのかもしれない。しかし、有機体の環境に対する適応が時間を要するのは、胚胎に時間がかかるという意味である。つまり、過程の中での一歩一歩は、どれも、その一歩が生み出す未来の変化との関連によって条件づけられている。環境の中で進行していることは、有機体の関心事であって、けっして既成の完成形態で既に「そこに」あるものではない。現在進行している事柄の帰結が有機体の介入によって影響を受けるかぎり、出来事の成り行きは一つの試練であって、働きかける側にも被る側にも、やがて到来するものに対処すべく緊張を強いる。経験するということが提示している事物とは、無限の様相を示しつつも、やがて確定される結末に向かって行く運動過程内の事物である。完成済みで対処済みのものが重要なのは、未来に対して影響を及ぼすものとしてであって、それ自体が重要なわけではない。それが重要なのは、要するに、〔未来に対する影響という点からみれば、未来に対して〕まだ、実際に、対処していないからである。

それゆえ、未来を見据えることは、過去を見据えることよりも第一義的な重要性を持っている。つまり、未来に備えることは、過去を呼び起こすことよりも、未来志向は過去志向よりも、第一義的なのである。我々が生きているような世界とは、すなわち、環境変化が好都合に作用することもあれば、無情なほど冷淡に作用することもあるような世界である。こうした世界にあってみれば、経験は、その重要性において、未来志向的でなければならない。というのも、生物に達成可能なコントロールは、いかなるものであれ、事物の状態を変更するためになされることに左右されるからである。成功と失敗は生命の第一義的「カテゴリー」である。善を達成し悪を回避することは、生命の至高の利益関心である。希望と不安は（自己のうちに閉じこもった感情ではなく、迎え入れ警戒するという能動的態度であり）、経験の主要な特質をなしている。未来に対する想像力豊かな予見は、今みたように、事に備えるという、行動が持つ特質であり、この特質が、現在における導きの糸を果たしているのである。実際には達成されていない事柄を、夢想し、空想し、感性において理解することは、実践が持つこうした特質から派生する。あるいは、逆にいうなら、実践的知性とは鍛えられた想像力である。どちらの表現でも、ほとんど違いはない。この重要性を無視するのは、能動者としては未熟であることの証である。しかしまた、過去を孤立化させること、つまり、過去自体のために過去に拘泥し、過去に対して知識の美名を与えることは、有効な知性を働かせる代わりに、古き時代を懐古することである。働きかける者と被る者とによる、未来に対処するための活動は、偏向的にして情熱的ではある。けれども、過去に対する距離を置いた公平な研究は、情熱に対して成功を保証する上で、単なる運に取って代わりうる唯一の選択肢である。

二

経験に関する以上の叙述も、哲学の正統な説による説明と鋭く対照させなければ、単なる熱狂的な賞賛でしかない。両者を比較すればわかるように、伝統的な説明は経験論的であったことはなく、経験とは何でなければならないかを、明記されていない前提から演繹することに従事してきたのである。歴史上の経験論が経験論的であったのは、専門上、論争上の意味においてである。歴史上の経験論は、主よ、主よ、経験よ、経験よ、と語ってはきた。だが、実際のところ、この説が奉仕してきたのは、観念を経験に無理やり詰め込むことであって、観念を経験から推察することではなかった。

こうして哲学上の思想に導入された混乱と不自然さを明らかにする上で、関係または動態的連続性の経験論的扱いの場合ほど適切なものはない。物理的であれ社会的であれ、環境は生物の行為に対して、ときには促進的に、ときには阻害的に作用するが、環境の中で生物が自らの場を守り、前進しようと奮闘努力する経験は、必然的に、つながりと結びつきの問題、位置関係と使用の問題である。経験の核心は、いわば真空の中で経験が生ずることはないというものである。経験の能動者と受動者は、孤立化し隔離されているのではなく、広範で密接な紐帯によって、事物の運動と結びつけられている。有機体が事物の影響を被りやすく、かつ、対象を自らの幸運確保の手段へと変換できるのは、ただ、有機体が世界を由来としつつ世界内にあるからであり、なおかつ、有機体の活動と非有機的事物の活動が多元的な様式で相互に連関し合っているからである。このようなつながりが多様であることは、有機体の生涯において生ずる起伏によって確実に証明される。促進と障害、推進と抑制、成功と失敗は、相互連関のはっきりと異なる様式である。世界における事物の作用は、一続きに広がる存在界で生ずるけれども、そこには、何通りにも及ぶ特殊な親和作用と反発作用と、そのどちらでもない相対的に中立的な作用がある。

作用の中心地点が多様であるように、動態的な結びつきは質においても多様である。この意味で、一元論ではなく、多元論が、通常認められる経験論的一事実である。一つの関係が持つその性質を考察することで一元論を確立しようとする試みは、思弁巧みな弁証法の単なる一例でしかない。同じく弁証法に特徴的なのは、諸々の関係の性質を考察することによって、究極なるもの、つまり、単純で自立した存在物について、存在論的多元論を打ち立てようとする試みである。諸関係の「外在的」性質を考察することから結果を得ようとするのは、諸関係の「内在的」性質から結果を演繹する試みと同類である。事物の中には、他の事物の影響から相対的に隔離されているものもある。また、中には、他の事物から容易に悪影響を被る事物もある。さらには、他の事物から強力に引きつけられ、自らの活動が他の事物の活動と結合するものもある。こうして、経験とは、最も親和的な結びつきから、単なる外的な並存にいたるまで、あらゆる種類の結びつきを示している。▼1

そこで、経験論的にいえば、あらゆる種類の能動的紐帯あるいは連続性は、静態的な非連続性とともに、現実の存在を特徴づけている。こうした異質なものの混交状態を真実でないというのであれば、それは、生命の奮闘努力と諸困難、つまり、生命の喜劇と悲劇を、ありもしない錯覚と解してしまうことである。要するに、古代ギリシア人のいう非存在、今日的にいえば、「主観的なる」ものへの還元である。経験とは、事態の促進と抑制の問題である。つまり、維持されたり中断されたり、放任されたり、支援を受けたり困難に陥ったりする問題である。要するに、こうした言葉がさりげなく示しているように、無数の質的様式すべてにおける僥倖と挫折の問題なのである。異質なものの在り方のすべては、紛れもない結びつきにおいて存在することは疑いえない。結合、分離、抵抗、改変、飛躍、そして（ジェイムズの生き生きとした言葉を用いるなら）逍遥等々、こういった言葉がもっぱら示唆しているのは、諸々の結びつきが現実の在り方として、質を異にしているということである。

　経験という状況が持つこうした特徴からすれば、経験に関する歴史上の諸問題は、数々の修正と棄却を必要とする。このような交代劇敗退劇の中にあって注目に値するのは、合理論と経験論との論争を中心にして生じた交代劇であろう。この論争の持つ意味合いは二重である。第一に、結びつきは、名目においてと同じように、事実においても同質であるということ、第二に、結びつきが紛れもないものであるなら、それは、まったく思惟によるということ、結びつきが経験的なものであるなら、それは、過去の特殊事象の恣意的な副産物であるということ、これである。伝統的な経験論の頑強なパティキュラリズムは、その顕著な特質である。その結果として、これに対立する合理論は、他との位置関係、連続性、紐帯を、総じて、超経験的な理性の営みに帰す以外に、その正当性を認めない。

　もちろん、ヒュームやカントに先立つ経験論が、すべて感覚論的であり、「経験」を孤立した感覚的性質ないし単純観念にまで分解しつくしたというわけではない。経験論が、すべてロックに追従し、一般化の全内容を「知性の仕業〔workmanship of understanding〕」〔ロック『人間知性論』第三巻第三章第一二節ほか〕とみなしたわけではなかった。大陸ヨーロッパにあっては、カントに先立って、哲学者たちは、事実問題に関する経験的一般化と、理性の真理に該当する必然的普遍性との間に一線を画すことで満足していた。しかし、この理論には論理的原子論の考えが暗黙のうちに含まれていた。経験的事実に言及する言明は、単に、特殊事例の量的な要約にすぎなかった。ヒュームに由来する感覚主義になると、（厳密に経験的な要素に関するかぎり、カントもこれを疑問視しなかったのだが）、これまで暗に含まれていた〔没連関的にして、個別論的偏向としての〕パティキュラリズムが顕在化するにいたった。だが、感覚と観念は別個で無関連な存在物であるという学説は、観察から引き出されたわけでも実験から得られたわけでもなかった。それは、経験の本質に関する概念を吟味することなく、以前からあった経験概念から論理的に演繹されたものであった。この同じ概念から導き出されたのは、事物が安定して見えるのも、結びつきが一般原理を持つように見えるのも、単なる仮象にすぎないというものであった。▼2

こうなってくると、カント哲学は、当然のことながら、客観性を回復すべく普遍的紐帯に訴えた。しかし、そうするにあたっては、経験のパティキュラリズム的理解を受け容れた上で、これを非経験的原因によって補完した。感覚の多様性は、実のところ、経験において経験的に確かめられるものでしかないとする以上、経験を超越する理性が総合を提供しなければならないということになる。その最終的な帰結とし

▼1 関係という言葉は曖昧さを免れない。私は、ここでは結びつきという言葉を用いているが、これは、動態的で機能的な相互作用のことである。「関係」という言葉は論理的関連を表現するためにも用いられる言葉である。内在的および外在的関係に関する論争の多くは、この曖昧性からきているのではないかと私は思っている。事物間の現実に存在する結びつきから、名辞間の論理的関連にいたるまで、人はまったく好き勝手に言葉を弄んでいる。このように現実に存在するものを名辞と同一視することは観念論にふさわしいが、しかし、実在論を自認する立場からすれば、まったくもって奇妙である。

▼2 頑迷に不連続性を説く学説の代わりに、ベルクソン流に諸々の心的状態の移り変わりと相互浸透の学説を採用することには、幾分利得がある。しかし、この置き換えにしたところで、経験に対する根本的誤解、つまり、経験概念を、直接かつ第一義的に「内的」なもの、したがって、心的なものと解する立場については、手つかずのままである。

ては、経験の正しい評価を示唆しえたかもしれない。というのも、その場合、我々は、このような最終的帰結に到達する際の装置を忘れてしまいさえすればよいからである。そうすれば、我々の前に普通の人の経験が現れることになる。普通の人の経験とは、静態的にも動態的にも終わることなき様々な変化が、あらゆる様式で結びつきあって多様性をなしているものである。こうした結論が得られれば、経験論に対しても合理論に対しても、致命的な打撃となるだろう。というのも、もし、個別で無関連な特殊事象の数々が持つ、いわゆる多様性という非経験論的性質を明らかにすれば、特殊事象それぞれを結びつけるために、悟性の機能に訴える必要はなくなるからである。経験についての伝統的考え方が衰退すれば、何もわざわざ理性に訴えて、旧来の考え方の欠陥を補うことなど余計になる。

しかしながら、この伝統はあまりに頑迷なものと化してしまった。とりわけ、この伝統が心の状態に関する自称科学に対して主題を提供した際には顕著であった。この場合、心の状態は、それが現れるまま、直接認識されるというものであった。その歴史的帰結はといえば、次から次へと、諸関係についての人為的なパズル解きが生まれるというものだった。それは、哲学に対して、長いこと、その主要な論題として、ア・プリオリとア・ポステリオリについての論争を押しつけた。この論争は今日では休止状態にある。とはいえ、現代においても、論調と意図において、次のように考える思想家は、けっして珍しいものではない。その考えによると、経験についてのいかなる哲学も、必然的に、純粋一般命題の存在の否定を明言しているとみなし、経験論などというものは、知性における整序力と構成力の重要性を認識することを本質的に嫌悪するものだとみなすのである。

それゆえ、今しがた言及したように、あの論争が休止するにいたったのは、ある程度は、論争自体に疲弊しきったせいだと思われる。しかしまた、論争終息の一要因としては、生物学上の諸々の概念の発見、とりわけ、下等な有機体から人間にいたるまでの生物学的連続性の発見もあげられるのであり、これによって、観点はすっかり変質したのである。短期的には、スペンサー学派の論者たちも、進化論をあの古い問題と結びつけてはいるだろうし、人間の経験にとってア・プリオリである何ものかを生み出すために、「経験」の長期にわたる積み重ねを用いているといってよいかもしれない。しかし、生物学的思考方法が持つ思考傾向は、スペンサー学派の教義を肯定するわけでも否定するわけでもない。そうした問題自体を位置移動させるのである。伝統的な立場にあっては、ア・ポステリオリとア・プリオリは、知識の問題であった。しかし、すぐに明らかになるように、確かに、ア・プリオリな何ものか、つまり生得的であって、学習成果ではなく、持って生まれたものは存在するが、こうした何ものかは、知識ではなく、神経細胞の既存の結びつきによって可能となる諸々の活動なのである。こうした経験的事実は、伝統的な問題を解決するわけではない。伝統的な問題を解体するのである。このことが示しているのは、従来の問題は誤って構想されていたということ、その解決にしても、経験論であれ合理論であれ、まったく誤った方向で試みられてきたということである。

有機体の本能と有機体の持続力、いいかえれば、有機体の習慣形成は、実際に生ずる経験にとって否定しがたい要因である。これらは有機組織を作り出し、連続性を確保する要因である。有機体行動と非有機体的自然事物活動との相関関係を認識する類いの経験を記述しようとすると、そこには、それ固有の多くの事実が含まれているが、今みた要因はこうした事実に属するのである。幸いなことに、本当の意味で経験論的に記述することに対する生物学の貢献によって、ア・プリオリ、ア・ポステリオリ論争は無効なものとなった。けれども、生物学のこうした貢献は、同じく、他の問題に対しても、問い自体を刷新するほどの効果を持っていたにもかかわらず、こちらの方は依然として認識されることはなかった。唯一の例外は、プラグマティズムであって、これは、今日にいたるまで〔問い自体を刷新した上で〕他の諸問題を認識しようと努力しているのである。

三

かくして、かつての論争の下、両学派に共通の経験概念において深刻な論争点となったのは、経験の中の思惟あるいは知性の位置づけであることがわかる。はたして、理性は独自の地位を有するのだろうか。諸関係の秩序には、理性が与える独特の性質があるのだろうか。

我々の確固たる考えに立ち返っていえば、諸々の活動の意味は、活動がもたらす客観的帰結、つまり、未来の経験に対する活動の影響のうちにあるのであって、経験とは、第一義的には、このような活動との結びつきの中で我々が引き受けるものなのである。有機体が持つ諸々の機能は事物に対処するわけだが、この場合の有機体にとっての事物とは、成り行く過程の中で現実に作用しつつある事物であり、未だ定まったわけでも完成されたわけでもない事態の中にある事物である。既になされていること、つまり、まさに「そこに」あることが関心事となるのは、それが示すかもしれない潜在性においてのみである。それが終結してしまっているかぎり、つまり完全に定まってしまっているかぎり、何の関心事にもならない。しかし、やがて到来するかもしれない事態の兆し〔＝記号〕としてみるなら、それは、変化に対処する行動の不可欠の要因となる。変化の帰結は、まだ、決定されていないからである。

有機体が自らの未来を制御する力を持つとするなら、その力を左右するのは、ただ、有機体の現在の反応が、自らの生命環境の中で生じつつある変化を、修正する方法のみである。生物というものは、比較的無力である場合もあれば、比較的自由な場合もある。どちらになるかは、事物に対する生物の現在の反応が、生物に対する事物の未来の反応に、どう影響を及ぼすか、その様式如何の問題である。自らの欲望と意図にかかわらず、生物が成し遂げる行為は、すべて、環境の中において行為以前と比べて何らかの違いをもたらすものである。このように行為によって生じた変化は、自らの生涯や命運に関していえば、些細なこともありうる。しかし、また、このような変化は、はかりしれないほど重大なものとなることもありうるのであって、その変化が、災い、つまり、破滅を意味することもあれば、安寧をもたらすこともある。生物にとって、自らの繁栄と成功に対する制御能力を高めることは可能であろうか。いかなる程度であれ、生物が何とかして自らの未来を確実にすることは可能だろうか。安全の総量は、まったくもって、状況のもたらす偶然の出来事に依存するのだろうか。生物は学習しうるのか。生物は、現在において、自らの未来を確実にする能力を獲得しうるか。このように問うことによって我々の注意が向けられるのは、経験の過程における反省的知性の意義ということになる。行為者が、どの程度の推論能力を持つのか、つまり、既に定まった事実を、まだ定まっていない何ものかの兆し〔＝記号〕として、どの程度用いることができるのか、その能力の程度こそが、未来に対する制御能力を体系的に拡大する力量の度合いを計る尺度なのである。

既に定まり終結した事実を、やがて到来する事物の兆し〔＝記号〕として用いることのできる生命体、つまり、既に定まった事物を、今現在目の前にない事物の証として理解しうる生命体は、その能力の度合いに応じて、未来を予見することができる。いいかえれば、理にかなった予期の念を形成することができるのである。そのような生命体は、様々な理念を達成する能力を持っている。すなわち、知性を有しているのである。というのも、現在進行しつつある過程の帰結を予期するために、既定のものや終結済みのものを用いること、これこそまさしく、「理念」、つまり、「知性」の意味するところにほかならないからである。

既に指摘しておいたように、環境というものは、有機体の安寧との関わりにおいてみるなら、一様であることは稀である。環境が生命活動を全面的に支援することがあるにしても、不安定で束の間のものである。環境変化の中には、有機体に有利に働くものもあれば、脅威となるものもある。成功の秘訣、すなわち、最も達成可能な成功の秘訣は、有機体の反応が、現在有利に働いている変化と運命を共にし、そのことによって、こうした変化を促進し、したがって、苦難の発生から生ずる帰結を回避することである。いかなる反応も、一つの冒険であり、リスクを伴う。どんな場合でも、我々が築き上げるものは、予見しうるものと比較して、優れているか劣っているかのいずれかである。しかし、出来事の成り行きに対して、有機体が、運命を決すべく介入する場合でも、理にかなった判断ができず、その選択も無原則になりがちである。そうならないことがあるとすれば、自らに生じている事柄を、有機体自身、これから生じそうな事柄を推論する根拠として利用しうる場合のみである。現在進行している事態の中に未来の帰結を読み取りうる能力の程度に応じて、有機体の反応的選択、つまり、複数の条件を前にしてどれを選ぶかに関する傾向性は知性的なものになる。こうして、有機体の当初の偏った傾向も次第に理にかなったものになっていく。有機体は、熟慮の上で、意図をもって、出来事の成り行く方向へ参加することができる。あれこれの要因のうち、現在、どの要因が出来事の形成に主として与っているかに応じて、その結果生ずる未来の姿も様々に異なる。このような異なる未来を有機体が予見することによって、有機体は自らの諸々の反応がもたらす帰結に対して、非合理的でもなく、運命に身を任せるのでもなく、知性に基づいて参加することができる。有機体は参加しなければならない。そうすることで自らの明暗が左右されることになる。未来において生ずる事象、少なくとも、生ずるかもしれない事象を視野に据えるために、現在の事象を用いて推論するかどうかによって、方向性の有無という点で、参加の形態も様々に異なってくる。そして、このように推論する能力は、まさしく、事の帰結を明るみに出し確定するために自然の出来事を利用するのと同じである。それは、いいかえれば、動態的な諸々の結びつきを新しく形成することであり、これこそが知識を構成するのである。

　論理的思惟は経験に内在する特徴である。この事実は、論理的思惟を人為的な副産物とする伝統的な経験論を揺るがすほど致命的なものである。しかし、また、同じ理由により、この事実は歴史上の様々な合理論にとっても、その基盤を揺るがしかねないほど致命的である。というのも、合理論が経験を正当化するとしても、それは、経験論的哲学が論理的思惟に与えた地位のように、あくまで二次的回顧的地位において正当化するからである。経験論におけるパティキュラリズムによれば、論理的思惟は、必然的に、はっきりと切り離された個々の項目を束ねるものに過ぎなかった。つまり、思惟は、完全に確定済みの各項目を束ね上げ結びつけることでしかなかった。そうでなければ、同じく人為的に束をほどくことでしかなかった。要するに、確定済みのものを機械的に加えたり差し引いたりするものでしかなかったのである。経験論にとって、論理的思惟は、登録項目の累積、合併の整備にすぎず、普遍性は質の問題ではなく、量の問題であった。それゆえ、思惟は構成能力を欠くものとして扱われた。思惟の持つ整序能力ですら、擬制されたものでしかなく、実際のところは、恣意的な整理棚でしかなかったのである。経験論哲学がいうような経験にあっては、新奇なものを本格的に視野に据えること、意図的に変革し創造することは、無意味な虚構なのである。かつて創造ということがあったにしても、それは、はるか昔に生じたものだというわけである。以来、世界は、過去の教訓を単に復唱してきたにすぎない。

創意あふれる創造行為の価値は極めて貴重なので、このような傲慢な方法に任せるわけにはいかない。こうした創造行為を安易に否定したばかりに生じてしまった所説は、経験に加えて、主観もまた、論理的思惟もしくは理性という出来合いの能力を持っており、この能力は経験を超越しているなどという始末である。かくして、合理論は伝統的な経験論による経験解釈を受け容れ、その上で経験を超越しているものとして理性を導入した。こうして今もなお、思想家たちの考えによれば、いかなる経験論も、必然的に、相互に孤立した先例に相も変わらず頼りきろうとする信念に荷担しており、さらには、新しい建設的な目的のために、過去の経験を体系的にまとめ上げようとする試みはすべて、厳密な経験論とは無縁であるというのである。

しかしながら、経験と無縁な理性が、いかにして具体的な経験とこれを支援する関係を取り結びうるのか、合理論はこれについて、けっして説明することはなかった。定義上、理性と経験は正反対であり、したがって理性の関心は、経験の行く末を実り多いものにすべく展開し導くことではなく、崇高なる思索の領域であって、理性と経験との相互接触など考えられないものであった。そこで、控えめな合理論者たちは、自らの専門領域を、神学とこれに関連した深淵な学の諸部門、そして数学に限定した。それゆえ、もし合理論が、伝統的道徳と神学に対して弁明する課題を引き受けることなく、したがって、現実の人間の信念と関心に接することがなかったならば、合理論など、専門学者と空論的な形式主義者向けの教養となっていただろう。歴史上の経験論はといえば、時代遅れの信念の批判と破壊には強くとも、社会を建設的な方向に導くという目的に対しては微力であったことは、よく知られたところである。だが、我々がしばしば忘れがちな事実がある。合理論が保守的な弁明から切り離されたときにはいつでも、それは、率直にいって、当時存在していた諸々の信念における非一貫性と非合理性を指摘する手段でもあったのである。これは、啓蒙主義が示すように、極めて有効な領域であった。ライプニッツとヴォルテールは同時代の合理論者であったが、〔大陸合理論という〕たった一つの意味にとどまらず、〔非一貫性・非合理性批判ということも含めて〕数多くの意味で合理論者だったのである。[3]

反省とは、経験に内在する本質的要因であり、そして、世界は経験を拡大し意義深い繁栄に導くことを確保するのであるが、経験は、こうした世界を制御する上で、なくてはならない要因である。このような認識は、歴史上の経験論を無効にするのと同じくらい確実に、歴史上の合理論を掘り崩す。反省の位置と機能についての正しい観念が、現代の諸々の観念論に対して持つ影響は、経験論や合理論の場合ほど明らかではないが、それでも確実にある。

正統な経験論にみられる奇妙な点の一つは、その際立って思弁的な問題が「外的世界」の存在である点にある。というのも、経験とは、私的な主体に排他的に自分のものとして帰せられるという考えにしたがうかぎり、我々が住んでいるようにみえる世界は、必然的に、経験の主題ではなく、経験にとって「外的な」ものとなってしまうからである。このような考えを私は奇妙な点と呼ぶ。というのも、〔この考えにしたがってしまうと〕仮に経験的に十分根拠のある何ものかがあるようにみえても、それは、経験主体にとって特徴的な諸機能に抵抗する世界の存在ということになってしまうからである。つまり、世界は、何らかの点で、経験主体の諸機能とは独立に存続し、かつ、我々の希望と意図を挫くというわけである。致命的な無知、失意落胆、手段と目的を自然の成り行きに適応させる必要性、こういった事態があれば、それは、経験的状況を十分特徴づける事実であるように思えるだろうし、同じく、外的世界が現実に存在することを、疑いの余地なきものにしているように思える。

経験を記述するために取られた方法は、まず、自然という実在的世界の外部にある認識者といった概念を出発点とし、現実にある経験的事実を、この概念の弁証法的発展に無理にでも合わせていくというものであった。経験論と観念論の歴史的同盟関係が、このことを確証している。▼4 正統的な経験論の最も論理一貫した立場によれば、経験可能なものは、瞬時に消え去る、つまりは、束の間の心的状態だけであるという。こうした心的状態だけが、絶対的に、かつ、疑う余地なく、そこに現れる。それゆえ、これだけが、認識論的に確かなものである。つまりは、これだけが知識というわけである。過去の（そして未来の）存在、相当程度安定している世界の存在、他者の自己という存在、はっきりいえば自分自身の存在、こういったものの存在は、今みたような経験的与件の外部にある。これらに到達しうるのは、ただ、「発露的」な推論によってのみということになる。ここに、発露的推論というのは、経験から跳躍する類いの推論で

▼3 数学は、その形式的側面において、あるいは形式論理学の一部門としてみるなら、合理論の経験論的拠り所となってきた。しかし、経験的経験論は、伝統的な演繹的経験論と対照的に、演繹的機能に関して自らの管轄区域を確立するにあたっては何の困難もない。

▼4 観念論という言葉は、潜在的には、道徳的したがって実践的意味合いを数多く持っている。にもかかわらず、物理的世界の存在を否定し、かつ、少なくとも認識可能なかぎりでのすべての対象の物理的性質を否定する学説に対して、この言葉を用いるのは、まったくもって遺憾なことである。だが、ここでは慣行にしたがったまでで、他意はない。

あって、踏み台を使って跳躍し、経験を超越した何ものかに到達するわけである。

こうした学説は、弁証法的にみるなら、矛盾だらけであることを示すのに何の困難もないはずである。明らかに、これは、苦し紛れの一策ともいえる学説である。ここでも、そういうものとしてこの説を引き合いに出したわけで、経験的事実を無視することによって、経験に関する学説が、困った挙げ句の弥縫策に転化する様をよく示している。これに比べれば、より建設的で有益なのは、様々な客観的観念論である。これは、歴史上の合理論における「理性」と、歴史上の経験論における、いわゆる直接的な心的素材との結合の結果生まれたものである。こうした観念論は、結びつきこそが本物であって「感情」は無力であることを、長いこと認めてきた。それゆえ、客観的観念論は、結びつきというものを、論理的あるいは理性的結びつきとして把握し、したがって、「実在的世界」を、客観性を取り込んだ理性的自己意識によって、感覚上の意識を総合したものとして扱う。つまり、実在的世界とは、関連の安定性と普遍性なのである。

当面の目的からして、ここでも批評は無用である。この学説の価値は、この学説が解決したと称している問題自体が、本物の問題であったということと結びついている。こう指摘しておくだけで十分であろう。根本となる概念が虚構であるなら、そもそも、問題解決の必要性はない。それよりも重要なのは、客観的観念論において重要な役割を果たす「思惟」が、現実の思惟に対する経験的要求を満たすことから、どれほど懸け離れたものになっているか理解することである。観念論は、歴史上の合理論に比べて、形式的である度合いははるかに少ない。観念論は思惟を、つまり理性を、統一的かつ構成的諸機能によって経験を構成するものとみなすわけで、単に経験から切り離された永遠の真理という領域に関わるものとはみなさない。こうした見解において、思惟は確かにその抽象性と疎遠性を失っている。しかし、残念ながら、このように全体世界を手に入れておきながら、思惟は自己自身を喪失する。というのも、その内在的構造において、既に思惟によって支配されてしまった世界は、前提が矛盾でもしていないかぎり、思惟にとって、〔もはや〕なす術が何もない世界だからである。

この学説から論理的に生ずるのは、変化を実在ではないものにし、かつ、誤謬を説明不可能にするというものであるが、これは、専門的哲学の技法においては重要な帰結でもある。つまり、変化や誤謬に含まれる経験的事実を否定する場合、多くの人にとっては、これらは、自らの由来となる前提事項の帰謬法による証明であるかのようにみえる。しかし、結局のところ、こうした帰結は専門家にとってのみ重要であるにすぎない。深刻なのは、あるいは、より不幸なことは、世界の成り立ちの中で反省が占める位置と機能に関して暗黙のうちに含まれている詭弁である。名目上は思惟を宣揚しつつ、他方で、事実上はその有効性（つまり、生の改善に対する思惟の効用）を無視する学説は、受け容れられ習得されても、必ずや、深刻な危険を伴う学説である。世界の成り立ちの総体は、少なくとも、これを適切に眺める要領を習得しさえすれば、既に確固たるものとして完全に理性的なものとなる。このように考える学説など、専門的哲学に関心がなくとも、現実にある状況を改善する一要因として知性を切に求める人々の目からすれば、疑わしいものである。このことは、これまで哲学が、性質上、恵まれない人々をどれほど補償してきたか、その度合いを驚くほど示している。[5] しかし、この問題は見過ごせないのであって、回復しえないほどの災いの真っ直中にある人に対して、単に、そこそこの慰めを出し惜しみしなければいいという問題ではないのである。というのも、こうした災いに関しては、どれだけの災いが回復可能であるのか、誰にもわからないからである。さらにいえば、知識の弁証法的理論の持つ能力をもってすれば、世界は、自己を照らし出す理性的総体として、既にして顕現しており、かつ、永遠に顕現するなどと公言する哲学は、そもそもの出発点からして、思惟の範囲と効用に悪影響を及ぼすからである。人間は反省的知性に導かれ緩やかに協同作業を行うというのに、これを、公式の操作によって得られた無意味な洞察で代行しようなどという

▼5　Horace M. Kallen, "Value and Existence in Philosophy, Art and Religion," in *Creative Intelligence: Essays in the Pragmatic Attitude*, pp. 409–467をみよ。

のは、思弁的哲学者たちの専門上の失敗では済まされない。

ひとたび実際に危機が生ずると、生命に対する観念の関係が、〔山上の人物が霧や雲に巨大像として映る〕ブロッケンの妖怪のように、誇張されて浮き彫りになるかもしれない。この場合の誇張は、普段は気づかれない特徴を目に見える形で描写するわけである。排他的であるがゆえに狭隘な目的を確保するために力を用いることは、人間に関する事柄にあっては、珍しいことではない。行使された力の有効性を増大させるために、可能なかぎりの知性を自由に用いることは、それほどよくみられるものではないが、本来的に例外現象というわけではまったくない。しかしながら、軍事的、経済的、行政的な力を、道徳的必要性ならびに徳育と同一視することは、広範囲にわたってみられるような現象ではない。例外があるとすれば、「現実的なものは理性的である」としておいて、したがって、超越的力によって規定された剝き出しの力のうちに理性の尺度を見て取る観念論によって、知性が既に唆されてしまっている場合である。一方で混乱しきった経験法則に対する偏向、他方で何が起ころうと事柄に先行して存在する目的に、知性をまるごと従属させることに専念する傾向、この両者の間に割って入ろうとする哲学を我々が持ちうるとすれば、それは、望ましい未来を考察することのうちに、かつ、それを次第に現実なものにする手段を求めることのうちに知性の究極的尺度の在処を求める哲学を措いて他にない。自称観念論は、結局のところ、狭義のプラグマティズムであることがわかるとき――狭義というのは、歴史的諸条件によって規定された目的を終極のものと自明視するからであるが――、時代は、狭義ではない、もう一つのプラグマティズムに追いついているのである。このプラグマティズムは、経験に基づいた上で理想主義を唱え、こう宣言するだろう。知性は、未だ到達していない未来と本質的に結びついており、したがって、変貌をうちに含んだ諸々の可能性と結びついているのである、と。

四

経験的状況という事実から、かくも懸け離れたところで、これまで経験が記述されてきたのは、いったいなぜだろうか。この問いに答えることで、近年の哲学的思索が認識論に沈潜してきた所以に光を当てることになる。ここに、認識論とは、すなわち認識一般の本質と可能性と限界とは何かを議論し、こうした問いに与えられた答えから、実在の究極的本質に関する結論に達しようとする試みのことである。（自称経験論者の中にさえみられる）経験についての非経験論的学説は、なぜ、広く流布しているのか。この問いに対して答えるなら、経験についての伝統的説明の由来は、経験の主体や担い手や中心に関して、かつて普遍的に受け容れられた概念にあるということになる。経験の記述は、伝統的説明にみられるような、事柄に先行する概念に適合するように仕向けられてきた。つまり、経験は、まずもって、事柄に先行する概念から演繹されてきたわけである。現実に生ずる経験的事実は、このような演繹の鋳型に流し込まれている。こうした先行する概念に顕著な特徴は、次のような想定である。経験の主体ないし中心は、自然的存在物の成り行きの外部にあり、したがってまた、これと対置されている、こう考えた上で、経験が集中し、集積し、起点としているのは、こうした主体ないし中心であるという想定である。ここでの目的からして、この二項対立的な主体を魂、精神、心と呼ぼうが、あるいは自我、意識、単に知る者、あるいは認識主体と呼ぼうが、名称自体はたいした重要性を持たない。

今問題にしている考え方が一般に流布しているのは、本質的には、人間が何世紀にもわたって形作ってきた宗教上の最大の関心事に関わっている。このように考えるのには、もっともな根拠がある。こうした宗教的関心事が持つ来世という性質は、時間と手間をかけて体系的に形作られたものである。その中心にあった考えは人間の堕落ということであったが、もちろん、これは自然界の出来事ではなく、自然を堕落させた原初的破局であった。さらに、この考えの中心にあったのは、超自然的手段によって可能となる救済であり、そして、あの世における生であり、これは、空間的のみならず、本質的にも、自分とは関係のない他者である。崇高な運命劇は、魂あるいは精神の中で生じた。こういう事情であるから、魂にせよ精神にせよ、その思考上の形は、厳密にいえば、超自然ではないにしても、非自然的な、自然外部のもの以外には考えられなかった。デカルトやその他の哲学者たちが中世的関心から脱却したときでも、彼らは、自明のものとして、中世的関心の知的概念装置をそのまま踏襲した。たとえば、知識はある力によって行使されるが、その力は自然の外部にあり、かつ、認識対象としての世界に対置されているという具合である。たとえ、彼らが中世的関心と完全に訣別しようと望んでいたとしても、彼らには、魂の代わりに認識者として設定すべきものが、何もなかったのである。もちろん、経験的に利用可能な代替者があったかどうかは疑わしいだろう。少なくとも、科学の発見によって、物理的変化とはエネルギーの機能的相関関係であることがわかり、人間は他の生命形態と連続的であるということがわかるまでは、あるいは社会生活が、その担い手として、知性において自由で責任を有する個人を発展させるまでは、他に担い手はいなかったはずである。

しかし、ここでの主たる論点は、経験の担い手に関する概念の歴史的起源については、いかなる特別の理論にも頼ってはいない。重要なことは論点自体のうちにある。すなわち、本質的な点は、経験の担い手は世界の外部にある者として考えられている点、したがって、その結果として、世界のどこにも見出しえない一種の操作を通じて経験の担い手が影響を被ることのうちに、経験の本質があるとされている点、他方で、認識は、世界を概観し、眺め、傍観者の見解を手に入れることのうちに、その本質があるされている点、これである。

究極的実在としての神を認識するにいたるという神学的問題は、事実上、実在を認識するにいたる可能性という哲学的問題に変換された。というのも、いかにして人は主観および主観的事象の限界を乗り越えうるか、これが問題だったからである。馴れすぎは軽蔑を生むというが、しかし、実際には、軽々しく信じ込んでしまう傾向を生むことの方が、しばしばである。ほとんど三〇〇年の長きにわたって、一つの問題の議論に没頭し続けておきながら、不自然極まりない問題になってしまうなどということが、どうして可能なのだろうか。だが、経験とは世界に対置された何ものかであるなどという仮説が、事実に反しているとすれば、自我であれ、精神であれ、主観的経験であれ、あるいは、意識であれ、こういったものが、いかにして外的世界の認識に到達しうるかなどという問いは、確実に無意味な問題であることは明らかである。かくして、認識するということについて、いかなる問いが生じようと、問題とすべきは、従来の認識論を形作ってきた類いの問いなどではないだろう。

認識論産業で理解されているかぎりでの認識問題は、認識一般の問題である。つまり、認識一般の可能性の条件、範囲、妥当性についての問題である。さて、ここで「一般」とは何を意味するのだろうか。日々の暮らしにおいては、個別の認識に富んだ問題が数々ある。我々が到達しようと試みる結論は、理論に関するものであれ、実際に関わるものであれ、どれも、このような問題に対して与えられるものである。しかし、認識一般の問題などというものはありえない。もちろん、ここでいっているのは、認識に関して一般的言明などなしえないということではないし、こうした一般的言明に到達するという問題は、本物の問いではないということでもない。それどころか、探究においては一定の成功例も一定の失敗例も現実に存在するのであって、これらは、成功ないし失敗につながる諸条件を人は発見しうるという性質を持っている。こうした諸条件の言明は、論理学を構成するのであって、これから、さらに知ろうとする試みを適切に導く上で重要な一助となりうる。しかし、認識についてのこうした論理学上の問題は、従来から認識論といわれているものとは正反対の位置にある。そもそも、特殊な問題こそが、到達すべき正しい結論に関わる。その意味するところは、事実上、探究という営みに取りかかる際の正しい方法ということである。方法の正否の違いが意味するのは、知識と誤謬との違いであって、これは、正否いずれかの方法で探究と実験を行った結果として生ずるものである。断じて、経験と外的世界との間の違いではない。認識主体一般な問題などというものが現実に存在しているのは、ある想定に基づくのであって、それは、認識一般の

るものが、認識されるべき世界の外部にあり、かつ、外的世界の特質とは明確に対立する諸条件によって規定されているというものである。似たような想定をするならば、我々は、消化一般の問題などという代物を発見し議論できることになる。こうなると、必要になってくるのは、胃と食材を、それぞれ別々の世界に内在するものと考える以外になくなる。このような想定をしてしまえば、胃と食物との間にある何らかの相互作用に関して、その可能性の条件、範囲、本質、そして真実性などという問いに答えなければならなくなる。

だが、胃も食物も、存在物の連続的な範囲のうちにあり、消化は、一つの世界で生ずる様々な活動の相関作用でしかない。そうである以上、消化に関する問いは、特殊であり多元的である。たとえば、消化を構成する特殊な相関作用とはいかなるものであるか。異なる状況下において、消化はいかに持続するのか。最適な消化作用を促進するもの、あるいは阻害するものは、いったい何なのかといった具合である。進化（生物学上の連続性）についての科学的概念、あるいは自然を現実に制御する技法を含めて、目下の経験的状況から理解の手がかりを得ようというのであれば、動物とその食物との自然的連関を想定する場合と同様に、ためらうことなく、主体も客体も、一個同一の自然という世界に位置を占めるものとして扱わなければならない。これを否定できる者がいるだろうか。とすれば、認識とは、諸々の自然活動が協同作用する際の一つの方法ということにならないだろうか。このような協同作用の特殊な構造、協同作用が最も有効に生ずる際の諸条件、さらには、こうした協同作用から生ずる諸々の帰結、これらを発見する以外に、いかなる問いが存在するというのだろうか。

近代哲学における主たる分裂は、様々な種類の観念論、各種の実在論、いわゆる常識的二元論、不可知論、相対主義、現象主義という具合に乱立状態にあるが、よく知られているように、これは、主観と客観の普遍的関係の認識論的問題を中心にして形成されてきたのである。表だっては認識論に関わらないような問題も、たとえば、意識における変化が身体における変化に対して持つ関係は、相互作用の一つか、並行しているか、あるいは自動作用かといった問題もまた、同じ起源を共有している。こうした問いに対して、実際のところ、大部分異なった解を与えるのが哲学の現状であろうが、仮に、こうした問いを生み出す仮定自体が経験において占める位置をまったく持たないとするなら、哲学はどうなるだろうか。様々な解答の優劣を確定する試みなどから手を引き、こうした問い自体が妥当であるかどうか、その資格を吟味する時期に来ているのではないだろうか。

経験の担い手は世界を由来としつつ世界内にあるのではなく、世界と対立的な位置にある。かつて、このような考え方が適していた時代があった。それは、自我はこの世を渡り歩く旅人であり放浪者であるという観念を中心にして、支配的宗教観念ができあがっていた時代であり、また、数々の道徳がありながら、揃いも揃って、真の善の在処を、自我自身の私的内観以外には何もなしえない自我の内的状態のうちにしかみなかった時代であり、さらにいえば、政治理論が個々別々で相互に排他的な人格を最後の拠り所として仮定していた時代である。経験の担い手を世界と対立的に捉える考え方は、少なくとも、他の信念と願望を保証するものでもあった。しかし、生物学的連続性の学説、つまり、生命進化論は、こうした考え方の科学的根拠を破壊することになった。道徳的にみるなら、人間は今や、この世において共通の運命を左右する諸条件を改善することに関心を抱いている。今では社会科学が認めているように、つながり合った生活は、物理的並列関係の問題ではなく、正真正銘の交流の問題であり、いいかえれば、比喩的な意味でのコミュニティではなく、経験を共有するコミュニティの問題なのである。思考と実践は変化しているというのに、古くなった解決策が、これを取り繕うようにみえるまで、なぜ、我々は、長きにわたって、この古い解決策をつぎはぎし、精緻化し、拡大解釈を試みなければならないのだろうか。困難は、古い策が解決しようとしてきた問い自体にあること、これを承認すればよいのである。

生物進化の方向は、経験主体がどのように考えられているか、その方向に、無条件に連なるものではないと信じたり、あるいは、生物進化は、経験と認識作用の理論全体を生物学的社会的事実と一致させようと邁進するものではないと信じたりすることは、単純素朴であるにすぎない。たとえば、夢や幻影や誤謬を説明しうる理論は、自我（あるいは「意識」）が、「実在的対象」に対して修正を施すような影響を行使すると考える理論以外にはない、このように考える人は多い。こうした考えは、論理的に次のようなことを想定している。つまり、意識は実在的対象の外部にあるということ、いいかえれば、意識は実在的対象とは質的に異なっており、したがって、意識は「実在」を現象に変換する力を持ち、「ありのままの物自体に対して〔様々な姿で現れるという〕「相関性」を持ち込む能力を持つ、要するに、実在的な事物に主観性を浸透させる力を持つということである。このように考える論者は、おそらく気づいていないのであろうが、こうした想定は、事実上、意識を言葉の文字通りの意味で超自然的にしてしまっている、あるいは、控えめにいっても、このような考え方を受け容れる人は、ただ、事を論ずるにあたって万策尽きてはじめて生物学的連続性を受け容れる人だけである。

もちろん、実在論者は（少なくとも、新実在論者の何人かは）、意識のこのような超自然的介入を一切否定する。しかし、彼らは、問題の実在性を認める。[6] 今みたような特殊な解決のみを否定しつつ、他の方法を何とか見出そうとする。だが、他の方法といってみたところで、認識を、主体と客体との間の一般的関係とみる考えについては、依然手をつけず、そのままにしておくはずである。

さて、夢、幻影、誤謬、歓楽、苦痛といったもの、場合によっては「第二」性質は、経験の有機的中心がいないところでは生じない。これらは主体を中心に生起する。しかし、これらを、もっぱら主体にのみ内在するものとみなし、あるいは、世界に対置された認識者による実在的対象なるものの歪みという問題を引き起こすものと考え、さらには、そもそも観照的知識の事例として説明されるべき事実を提示しているものとみなすのであれば、それは、今問題になっている事柄に進化論を適用する中で、進化論の教えを、今なお、学ぶ必要があることを証明しているのである。

もし、生物の進化ということが受け容れられるのであれば、経験の主体とは、少なくとも一個体としての動物であるとしなければならない。一個体の動物は、より高度に複雑な有機組織体系の過程の中で、他の有機体とつながっている。さらに、一個体の動物は、少なくとも様々な化学的物理的過程とつながっている。この場合、これらの過程の編成様式自体が、諸々の生物にあっては、実際のところ、各生物の生命活動とその特徴的な性質すべてを構成しているのである。さらにいえば、経験は、頭脳の活動と等しいというわけではない。経験とは、社会的物理的環境に対して相互作用を取り結ぶすべての有機的能動者－受動者の総体なのである。頭脳というものは、第一義的には、ある種の行動を司る器官であって、世界を認識する器官なのではない。そして、既に述べてきたことを繰り返していえば、有機体というものを、いわば、たまたま一つの対象として含んでいる諸々の自然的対象が、相互に作用し合い、相互に関連し合う、ある種の様式、これが、経験するということなのである。同じく説得的に示すなら、経験とは第一義的には認識ではなく、何かに働きかけ何かを被る諸々の様式であるということになる。認識するということを表現するのであれば、働きかけ被るという、固有の、つまり、質的に独特の様式とは、いったい何なのか、これを発見することによってなさねばならない。ところが現状にあっては、我々が目にするように、〔従来の〕経験〔概念〕は、〔我々のいう意味での〕経験に基づくことのない、認識上の概念と同一視されてしまい、世界の外部にある傍観者という、いかなるものにも先行する概念から引き出されてしまうのである。▼7

要するに、夢や誤謬や「〔場合に応じて様々に現れるという〕相関性」等々を理解する認識論的方法が頼りにしているのは、精神を孤立化させ、同一の連続的結合体において生ずる別の変化に対して、けっして密接に関与しないようにするというものである。したがって、この方法は、瓶が破裂すれば、その原因はも

▼6 ここで「彼ら」といっているのは、直前の文にある「何人か」のことである。彼らの実在論は認識論的なものでしかない。経験という事実を論ずるにあたって、認識論的装置による屈折を排除して経験事実をみるということはしないのである。

っぱらその瓶の側にあるなどと主張するようなもので、他と関わることのない自己完結した超自然的な方法でしかない。液体を容れるために無傷で割れないようになっているというのが、瓶の性質なのである。そうである以上、瓶が割れるなどということは、幻影の場合と同様に、例外的な出来事である。それゆえ、割れるということは、「実在の」瓶に属する事柄ではありえない。ガラスの「主体性」が割れる原因なのである。ガラスが割れるということは、自然的活動の特殊な相互連関作用の一事例である以上、割れるという偶然的例外的性質は、事の帰結に関係しているのであって、原因作用に関わるものではないことは自明である。当の瓶の製造意図が瓶の帰結であるとするなら、偶発的事件は、この帰結に対する障害なのである。このような帰結に対する瓶の関わりから離れて、割れるということを考えるなら、広大な世界で生ずる別の出来事と同列なものとなってしまう。しかし、望ましい未来という観点からすれば、瓶が割れるということは、例外的出来事であり、事の成り行きに対する妨害なのである。

　夢や幻影等の出来事に対して同じ類推を用いるのは正確であると私には思える。夢というのは、通常の事の成り行きの外部にある何かではない。夢は事の成り行きを由来としつつ、その内部に存在しているのである。夢は実在的事物の認識論的歪みなどではない。夢はむしろ、実在的事物である。夢というものが現実に存在するということには、異常なものは何もない。それは、瓶が割れること自体に異常なものが何もないのと同じである。▼[8]だが、夢が及ぼす影響という観点からみるなら、すなわち、夢が引き金となって作用し、未来を変更するための反応を呼び起こすという観点からみれば、夢は正常ではないといっていいかもしれない。これまで、夢は、しばしば、これから生じうる事柄の前兆とみなされてきた。夢は行動様式を修正する。幻影をみれば、人は、医者に診てもらうかもしれない。そのような帰結は正しく、また、適切である。しかし、診察してもらうこと自体が示しているのは、当の主体が、幻影を、自分が恐れていた帰結の暗示とみなしていた、つまり生活が妨げられていることの兆候としてみていたということである。あるいはこの人は、巨万の富を蓄えてでもいなければ、同じ幻影で、実際には生じない帰結を期待することになるかもしれない。こうなれば、この同じ幻影は、通常の事の成り行きに対する障害ということになる。未来において生じうることに関して、この幻影をみたという出来事は、誤って、用いられているわけである。

何かを用いることに対して、そして、望まれ意図されている帰結に対して言及したからといって、そのことが必然的に「主観的」要因を含むものと考えてしまうのは、的外れである。というのも、これは〔主観にではなく〕未来に関わっているからである。瓶が様々に用いられるということは、精神的なことではない。瓶の使用は心的状態からなるのではない。瓶の使用とは、自然的存在物それぞれがこれから取り結ぶ相関関係である。帰結が用いられるというのは、正真正銘、自然の出来事である、だが、こうした帰結も、未来を視野に据えることを不可欠とする行動の関与なくしては生じえない。この点は、幻覚の場合であっても、何ら異なるところはない。違いがあるとすれば、いずれにせよ、同一の連続した世界の成り行きにおいて、違いが生ずるということである。重要な点は、そうした違いが、善い違いなのか、悪い違い

▼7 ここで興味深いことを示しておこう。実在論者の中には、認識の関係を、（ある独特の、ないしは、認識論的関係とはみなさずに）、世界において現に存在する他の諸関係と同一視するものがいる。彼らは、自らの認識概念を「表象的」あるいは傍観者的出来事として捉えるのであるが、これを支持するために、否応なくせざるをえなくなったことがある。傍観者的出来事に特徴的な性質を、事物の中のあらゆる関係にまで拡大し、したがって、世界の中のあらゆる「実在的」事物を、相互にまったく独立した純粋な「単体物」にしてしまうということであった。このように解釈することによって、外的関係という教義は、幾分、事物の完全な外在性という教義であるようにみえるわけである。この点を別にしても、この教義は、思弁巧みな弁証法の意匠にとっても想定された前提の華麗な展開にとっても興味深い。とはいえ、教義を立証する経験的証拠という理由で説得力があるわけではない。

▼8 いいかえれば、普遍的な「誤謬という問題」があるのは、ただ、普遍的な悪という問題があるからにすぎない。この点については、カレン博士の「価値と現実存在」をみよ。

なのかということである。幻覚を、有機体の健康に危害をもたらす病変の兆候とみなせば、それは医者にみてもらうという有益な結果を意味する。その幻覚を、虐待されなければ実際に生じえないような帰結の兆しとみなして反応するなら、誤謬に陥る、つまり異常なこととなる。この場合、想像上の虐待者は「非実在的」である。すなわち、虐待者として作用するようなものは、現実には存在しない。そうではなくて、幻覚が存在するのである。幻覚を生み出す条件が与えられているのであれば、それは他のいかなる出来事とも同じように、自然的なものであり、たとえば、激しい雷雨という現象によってもたらされる問題と同じ問題を提起しているにすぎない。しかしながら、想像上の虐待者の「非実在性」は、主観的な問題ではない。非実在的であるということの意味は、今現在、予期され、働きかけの対象となっているもの、未来において帰結となるようなもの、こういったものを生み出す諸条件が存在しないということなのである。未来の帰結を予期し、これを現在の行動に対する刺激として把握しつつ、未来の帰結に反応する能力こそが、心あるいは「意識」という表現の意味を明確に定義するといってよい。[9] しかしこれは、主観とはいかなる種類の実在的ないし自然的存在物であるのかを言明する一つの方法にすぎない。誤謬の発生を特徴づけるために、非自然的な対象に関する予断に頼っているのではない。

以上の議論は既に十分論じられているところであろうが、ここで、もう一つの事例、病の発症を取り上げよう。定義上、疾病とは病理的異常である。人間の歴史上、ある時代においては、このような異常は、出来事に固有の性質のうちに潜んでいる何ものか、つまり、未来において生ずる帰結とは関係なく、出来事の存在のうちに潜んでいる何ものかと考えられていた。疾病は、誇張なしに、自然の外部にあるもので、悪霊あるいは魔術の仕業ということになっていたのである。今日、疾病の自然性、つまり疾病が自然的事象の理法のうちに占める位置を疑問視する者は誰もいない。とはいえ、疾病は異常なものである。というのも、健康に由来する結果とは異なる結果を生み出すように、疾病は作用するからである。この違いは、正真正銘、経験に基づく違いであって、単なる心的区別ではない。発症と病因は自然の中で生ずる現象ではあるけれども、出来事の後続する成り行きに対して及ぼす影響という観点からみるなら、疾病は不自然である。

未来との関係を無視する習慣のせいで生じてしまうのは、いかなる形態であれ人間の関与を認めることは、客観的なものを現象的なものに変質させるという意味での「主観性」を認めることだなどという想定である。スピノザのように、健康と病、善と悪は、どれも等しく実在的であると同時に非実在的であると考える人々もこれまでにはいた。しかしながら、真理を、単に現象的で主観的なものとして、誤謬と同列扱いにしてきたのは、ごくわずかの首尾一貫した唯物論者だけである。だが、もし、未来に生じうる帰結へ向かう運動を、正真正銘のものとみなさないなら、今みたような区別すべては現実に妥当しているというのに、これを一切否定すること以外に論理的道行きはない。こうした立場に立つから、真理は客観的で、誤謬は「主観的」などとしてしまうのである。だが、これは到底容認しえない不当な扱いである。あらゆるものを、確定済みで与えられたものとみなすのであれば、真理も誤謬も、ともに事実の中に恣意的に挿入することになってしまう。だが、進行する変化を、〔仮象などではなく〕正真正銘のものと認めれば、そして、有機体による未来を見据えた行動を通じて、そうした変化を方向づける能力というものを認めれば、真理も誤謬も、ともに現実に存在するものになる。人間の努力方向に沿った事の成り行きを、正常な成り行きとみなし、障害となっていることを、異常な成り行きとみなすのは、人間のなすことである。しかし、人間の欲求が持つこうした特殊傾向性も、それ自体、現実に生ずる事柄の一部なのである。

さて、ここでは議論のために全領域を包摂することはできないので、いわゆる認識論上のカテゴリーの特殊な事例を取り上げることにしたい。しかしながら、選ばれた事例は典型的なものであり、したがって、結論が得られれば、これを一般化することは可能である。

▼9 ボイド・H・ボウドの「意識と心理学」（*Creative Intelligence: Essays in the Pragmatic Attitude* 所収）を参照せよ。

その事例というのは、知覚における、いわゆる相関性という事例である。これには、ほとんど無数の事例がある。水中の棒は屈折して見える。聞こえてくる警笛音の高さは、どのくらい離れたところにいるかに応じて変化する。目蓋を押さえつけられると、物は二重に見える。彼方の星が爆発しても、地上では、まだ見える、といった具合である。ここでの考察用に次の事例を取り上げたい。今、一個の球体があるとして、ある観察者には平らな円に見え、別の観察者には幾分歪んだ楕円に見えるものとする。このような状態は、実在的対象と単なる現象との違いを示す経験的証拠であるなどと論ずる向きもある。対象が一つしかない以上、二つの主観が現実に存在すること、これが違いを生み出す唯一の要因であり、したがって、一つの実在的対象に関して二つの現象があることこそ、当の主観の作用に干渉し歪みをもたらす証拠であるという。そして、今問題としているこの違いを否定する新実在論者の多くが承認しているのは、この事例は認識についての問題であり、したがって、一つの認識論的問題を構成するということである。その結果、彼らは「認識論的一元論」をそのまま温存するために、様々な種類の洗練された体系を巧みに展開してきた。

ここで、経験的事実から逸れないようにしておこう。第一に、一つの球体に対して二つの異なる外観があるということは、光の反射法則からすれば、物理的にいって必然的なことである。仮に、一つの球体が、与えられた状況下で、このような二つの外観を呈することがなければ、どのようにしても両立しがたい矛盾に我々は直面するはずである。この結果がごく自然であるということは、二台のカメラ――あるいは、光を反射する装置であれば他のものを準備してもよい――を用いても、それぞれ、まったく同じ結果を生むという事実によって証明される。この球体が写った写真は、それぞれ、正真正銘の物理的存在物である。そして、これらの写真が示しているのは、同一の球体の二種類の幾何学的形態である。

このような事実を述べたところで、頑迷な認識論者には何の印象も与えない。そのような論者は、こう反論するだけであろう。観察対象の球体を、異なる地点から見れば、円形平面に、あるいは楕円形平面に見える原因は有機体の側にあること、これを認めるかぎり、認識論者のいう、実在的対象も主観によって変更されるという主旨もまた認めなければならない、と。それでは、同じ論理が、なぜ、写真に写った像に対して当てはまらないのか、こう問うたとしても、私の知るかぎり、認識論者からの回答はまったくない。

こうした困難の原因は容易にわかるというものである。件の反論が想定しているのは、およそ実在的対象なるものの、いわゆる変容は、認識する際の問題であり、したがって、認識者の作用に帰すべきものであるということである。有機的要因、ここでは、目を観察者あるいは知覚者と呼ぶような教義を言い立てる言明は、常に見出しうる。レンズや鏡に関して述べられる場合でさえ、そこで時折用いられる言い方をみれば、論者の無邪気な態度は十分に無知をさらけ出しているのがわかる。何しろ、こうした物理的要因が、あたかも当の球体の知覚に携わっているかのような書き方がなされているのである。しかし、レンズが物理的要因として作用するのは、他の物理的要因、とりわけ、光との相関関係においてであることは明白である。それと同じように、目という視覚器官の介入は純粋に非認知的問題であることも明白なはずである。今問題となっている関係は、球体と、これを認識しようとしている自称認識者との関係ではない。残念なことに、この認識者は、認識装置の性質によって、自分が認識しようとする事物の像を変更してしまうとして非難されている。問題となっているのは、二個の物理的作用因子が、第三のものを、つまりある効果を生み出す過程で取り結ぶ、動態的な相互作用という問題なのである。いいかえれば、いかなる物理的な結合作用においても見られるのと同類の問題であって、たとえば、水素と酸素が相互作用して水ができるという問題なのである。目をもって、もっぱら、事物の認識者、つまり観察者と解するのは、その機能をカメラに帰すのと同様馬鹿げたことである。しかし、もし、目を（あるいは、視覚器官であろうと、脳であろうと、有機体であろうと）、そのようなものとみなさなければ、そもそも、楕円形平面と円形平面という現れ方の事例において、観察あるいは認識が問題となることなど、絶対にないのである。屈折光によって、こうした二つの形態が生じて以降、はじめて、認識が件の問題となってくるのである。円形、楕円形に関して、非実在的なものなどなにもない。光は、実在的に、物理的に、現に存在するものとして、屈折するから、このような形態が生ずるのである。もし、同じ球体形を二つのまったく異なった位置においてみて、光を屈折させて当てたところ、まったく同じ幾何学的形態が見えたとすれば、それこそ、まったく驚くべき事情があるはずである。それは、ちょうど、冷たい物体と熱い物体に同時にワックスを塗っても、まったく、同じ結果が生じた場合、驚くべき事情があると考えるのと同じことである。与えられているものは、他の実在的対象と動態的に結びつくことによって実在的対象たりえているというのに、なぜ、認識者との関係において実在的対象なるものについて語るのだろうか。

以上のような事例の解釈の仕方には、おそらく、反駁する向きもあろう。少なくとも、これまで、この解釈は反論を受けてきた。それによると、今しがた述べた説明と伝統的な主観主義との違いは、単に言葉の上だけだという。両者において本質的なことは、自我、主観、あるいは有機体の働きは、実在的対象に対して違いをもたらすという主張である。主観が、あらゆる認識行為の過程において、こうした違いをもたらすか、それとも、認識行為に先立っているかは、些細な問題であり、重要なのは、認識対象は、認識されるまでに、「主観化されて」しまうというわけである。

この反論は、議論の主要論点を要約する上で、格好の機会となる。一方で、この反論が頼りにしているのは、実在的対象なるものについて語るというものである。もし、「ある一つの実在的対象」という言葉を用いれば、視覚器官に特徴的な機能によって生じた変質は、カメラのレンズや他の物理的作用体による変質と、同じ類いの性質を有する。世界において生ずる出来事は、すべて、それぞれが他の何らかの存在物と能動的に結合することにおいて、各存在物ごとの違いが生ずるのである。そして、いわゆる主観性に関していえば、主観的なという言葉を、単に、ある特殊な存在物の特別な機能を指し示す形容詞として、たとえば、虎を形容する獰猛なという言葉、鉄を形容する金属性のという言葉の類いのように用いられるだけであれば、もちろん、主観的なという言葉に言及するのも妥当である。しかし、これでは同語反復で余計でもある。肉食獣は肉食的であるというようなものである。しかし、（今しがた示唆したような意味での主観的なという言葉は、客観性が持つ特殊な様式を意味するのに対して）、「主観的な」という言葉は、他の用法に祭り上げられてしまい、通常は、客観性と不当な比較対照の下で理解されているため、先の無害な意味の方を維持するのは困難になる。このような状況において、この言葉を非難の意味を込めて、つまり、実在的対象と対立的な意味で用いるならば、そこでは、あることが想定されてしまう。つまり、有機体は、他の事物との結合において作用する場合でも、自らに対して、いかほどの違いももたらさないはずだというのである。かくして、主観は他のあらゆる自然的存在物とは異質であるという、かの想定の正体を突き詰めたことになる。かかる主観であれば、まったく無価値な主観になるよりほかにない。要するに、動態的世界にあって何ら作用することのない事物である。これこそ、事物の外部に主観があるという、あの古い想定にほかならない[10]。

さて、我々が検討中の事例でいうなら、認識とは、いかなる場面で、いかなる作用をしているのであろうか。もちろん、既にみてきたように、円形平面と楕円形平面として現れる光の形態を産出する中ででは無い。光のこうした現象形態は自然の出来事である。周囲の状況次第で、これらは認識に関わることもあれば、関わらないこともある。このような屈折による変化は、まったく人に気づかれないまま、無数に生

▼10 こうした認識論的問題を保持しつつ、しかし、観念論的相対主義的解決を拒否しようとする試みのせいで、新実在論者の中には、独立自存の孤立した単体を主張せざるをえないような論者もいた。この試みは、また、エレア学派的多元論という教義にも通ずるものである。主体は、主体以外のいかなるものに対しても、何の違いももたらさないとうする教義を主張し続けるために、究極の実在的なるものは、他のいかなるものに対しても何ら違いをもたらさないと考えるにいたる。これらはすべて、問題の本質をきっぱりと放棄して、経験論的主題に随従するくらいなら、自説に拘泥する方をよしとしようとする態度からきている。

ずる。▼[11] このような変化が認識の主題となれば、変化をきっかけとして始まる探究形式は無数で多様である。人によっては、この探究形式自体の構造的特殊性について、より深く解明することに関心を示すかもしれない。あるいは、こうした形式を生み出すメカニズムに興味を持つかもしれない。さらには、射影幾何学あるいは製図と絵画における問題を見出すかもしれない。探究形式がどのようなものになるかは、いずれも、事物に即した特殊な文脈に依存する。このような探究形式は、認識の目的対象、つまり、反省的吟味の目的対象であるかもしれないし、何か他のものを認識する手段かもしれない。幾何学上の形態次第で、光が屈折し、その結果別の形の幾何学模様が生ずるのであれば、探究対象は、この幾何学形態の性質ということになるかもしれないし、状況次第では、実際そうなる。この場合でいえば、球体は既に認識されている対象であり、光の当たり具合で様々に現れる形態が、導き出すべき結論を示す記号ないし証ということになる。こうした諸々の形態は、球体についての認識（誤認）結果であるなどと想定し、さらには、球体こそが、必然的に、かつ、当初から、人が認識しようとしているものであるなどと想定する理由は何もない。それは、ちょうど、温度計の水銀柱の高さは大気圧の認識論的歪曲であるなどと想定する理由がないのと同じである。いずれの場合も（水銀柱の場合も、円形平面に見える球体の場合も）、最初の与件は物理的出来事である。いずれの事例でも、物理的出来事は、場合に応じてその発生原因の性質を表す記号ないし証として用いてよいのである。与えられた球体観察位置からして、認識主体の目に入る当の円形平面は、当の球体の性質と位置を示す証拠としては本質的に信頼しがたいということもありうるだろう。ただし、そうなるのは、目に入っているその円形平面が、知覚の直接的与件としてみるなら、実際通りの姿形――つまり、円形――でない場合にかぎられるのである。

以上はすべて、あまりにも明白なため、読者にしてみれば、かくも当たり前の事実を列挙する動機を調べたくなるのも当然であるのは、ここに認めておこう。認識論などという問題が執拗に論じ続けられていなければ、このようなことを長々と述べるのは、読者の知性に対する侮辱であろう。しかし、我々が議論しているような事実が、哲学的思索にとって特に関心の的となる主題を提供しているかぎり、このような自明の事柄も繰り返し強く主張しておかなければならない。先に列挙した事実は、目下の場合に重要な二つの主張を支持している。もっとも、この主張が常に認められていれば、その格別な重要性も、たちどころに失われるのも確かである。さて、その主張とは、まず否定的にいえば、自我という、事柄に先行する非経験的な概念こそが、経験それ自体は第一義的に認知的な事柄、つまり認識の問題であるという広く普及している信念の源泉であるというものである。次に、これを肯定的にいえば、認識とは、常に、使用の問題であって、ひとたび自然的事実が経験されたなら、その事実は〔未来のために実際に〕用いられるということなのである、つまり、所与の事実を、様々な未来の状況下で経験される事柄の予示として扱う、そういう事実の用い方のことをいうのである。

これらの論点をもっと明確化するために、さらに検討を加えていこう。今、水の認識が問題となっているとしよう。認識されるべき対象は、そもそも、知識と無知の問題として現れているのではまったくない。認識対象は、行動を誘発する刺激として、そして、何らかの影響を被る源泉として生ずるのである。水という認識対象は、反応すべき何かである。それは、飲むべき何かであり、洗うために使うべき何かであり、火を消すための何かである。水という認識対象は、同時にまた、思いがけず、我々の働きかけに対して反作用する何かである。それは、我々を病にいたらしめ、呼吸困難にし、ついには溺死にいたらせる何かである。このような二重の在り方で、水は、あるいは他の何であろうと、経験に関与することになる。経験の中で、水がこのように我々の目の前に現れることは、それ自体、〔認識論産業でいう〕認識や意識とは何

▼11 認識論的状況の弁証法的展開は多様であって、ほとんど際限がない。ここで問題となっているタイプの関係すべてが、知覚に入ってくると考えられながらも、同時にそのような「変換」の多くは気づかれないままだと認められている（そうならざるをえないはずである）状況においては、件の理論は「無意識の」心的変更などというものを導入することで、かろうじて自らを保っている。

の関係もない。つまり、両者に依存するという意味でいうのであれば、何の関係もない。もっとも、認識も意識も、以前の経験、しかも、今みたように認識とは無関係な類いの経験に依存するという意味でいえば、経験は、いたるところで認識や意識と関わっているのは確かである。人間の経験の経験たる所以は、事物に対する人間の反応（首尾よくいった反応も含めて）と、事物の側からする人間の生に対する反作用とが、〔認識論産業でいう〕認識などとは根本的に異なっている点にある。生命につきものの困難と惨事、つまり、知識獲得を促す刺激は、〈経験の中での現れ〉と、〈認識の中での現れ〉とが、根本的に分裂しているところにある。とはいえ、認識という経験は、はかりしれないほどの重要性を持っているのであって、それは、つまり、〈経験の中での現れ〉を、〈一つの認識‐経験の中での現れ〉へと変換することこそ、自然をコントロールする唯一の様式であるという事実である。この事実ゆえに、ソクラテスの時代以来、ヨーロッパ哲学は、いわば、まるごと催眠術をかけられてしまい、経験するとは、すべて、認識する一つの様式のことであって、たとえ高貴な認識ではないにしても、程度の低い、あるいは混乱した、あるいは不明確な認識であると、長い間考えてきたのである。

水が、行為に対する程よい刺激である場合、あるいは水の反作用が我々を抑圧し圧倒してしまう場合、水は、〔我々が未来を予期して、水という対象の新たな意義を獲得するという意味での〕認識の範囲外にある。しかしながら、（たとえば、視覚的刺激のように）単に目の前に現れているだけのこの物質が、反応を喚起する刺激として直接作用することをやめ、逆に、人間の方から反応した場合に生ずる帰結の予見と結びついて作用し始めるならば、その物質は意味を獲得し始める。つまり、〔我々がいう意味で〕認識され始め、認識対象となり始める。こうして、件の物質は、濡れている何か、流れる何か、喉の渇きを癒やす何か、不安を静める何か等々として知られるのである。視覚上の性質がひとたび認識されると、その後は、その他の感覚によって予見される諸々の性質が加わることによって、当初の視覚的性質はやがて拡張されていく。このような当初の視覚的性質を出発点として我々が形成する概念は、経験に基づくものではない。そうではなくて、このような概念が基礎にしているのは、あらゆる経験は認識上の感知でなければならないという考えに、経験を適合させることである。視覚上の刺激が、それ自体単独で、刺激として作用するかぎり、色についても光についても、予見もなければ感知もない。感覚的刺激の大部分に対して、我々は、まさしく、このように、まったくもって、認識とは無関係に反応している。事の帰結を視野に据え、反応を未来にまで延長する態度を取ることによって、当初の直接的刺激は、何か他のものの記号ないし指標となる。こうなってはじめて、当初の刺激は、どんな名で呼ばれようと、感知や予見や熟知の問題〔対象の新たな意味獲得の問題〕となるのである。両者の違いは（もちろん、後者に伴う事の帰結も含めて）、直接的な有機的刺激という自然の出来事に対して、〔我々がいう意味で、つまり、対象の新たな意義獲得という意味で〕認識するという自然的出来事がもたらす違いである。両者の違いは、実在が非実在に変化したということではまったくないし、客観的対象が何か主観的なものに変化したわけでもない。この違いには、神秘もなければ、容認しがたい認識論的変換もない。以前の刺激段階では結びついていなかった諸々の事物と、新たに関係を取り結ぶことによって、すなわち、未来の可能な事物と関係を取り結ぶことによって、新しい固有の特徴を真に獲得すること、これこそ両者の違いなのである。

　だが、人によっては、いうところの認識論的見解に取り憑かれている者もいる。そういう人は、今しがた示した説明は、偽装した認識論であって自らの認識論とは対立するものだと決めてかかる。挙げ句の果てに、我々の説明に応酬して、こう述べる。今みたような違いには、実在における変化がまったく含まれていない、実在に対しては何の違いももたらさない。水は、いつだって、水の性質としてこれまで発見されている性質すべてを有していたという。水の実在的性質は、水を認識したところで、永久に変わるところはない。何か変わったというのであれば、それは誤認だというわけである。

　この反論に対しては、もう一度述べておこう。ただし、これが最後である。実在的対象なるもの、実在的世界なるもの、あるいは、実在的なるもの、このようなものについては、主張すべきことは何もないし、意味するものも何もない。実在なるものなどという想定は、あの認識論的論議領域にはつきものであろうが、このような論議領域自体、経験論的論議領域においては放棄されねばならない。およそ変化というものは、一つの実在的対象という性質を有する。世界における出来事が、生理学的に直接的な刺激として作用するのであれば、それは確実に実在である。人間が生理的刺激に反応することで、当の刺激は、まさにその反応によって、特殊な帰結を生み出す。誰かが水を飲まないかぎり、水は飲み物ではないし、喉の渇いた人が飲まないかぎり、水は渇きを癒やすものではない等々。帰結というものは、誰かがそれに気づいていようがいまいが、起こるものである。つまり、帰結とは経験にとって無くてはならない事実である。しかし、こうした帰結のうち一つが、ひとたび予期され、しかも予期の通りに、刺激における不可欠の要素となったとしよう。そうなってはじめて、〔帰結の認知による対象の新たな意義獲得という、我々がいう意味で〕認識される対象が存在することになるのである。認識するということが変化を生み出すといっているのではない。認識するということは、今しがた述べたような特殊な種類の変化にほかならないといっているのである。ある連続的な過程、すなわち、それ自体では同時生起不可能な諸々の部分が継起的に生成する過程は、一つの対象に圧縮され縮約され、同時的な諸特性の相互連関関係という統一体を形成する。そして、このような特性の大部分は、完成した与件であるよりもむしろ、諸々の可能性を表現しているのである。

こうした変化ゆえに、対象というものは、（物理的出来事それ自体は、けっして持つことのない）真理ないし誤謬という性質を有するわけである。対象は、事実か空想に分類可能である。対象は、名ばかりの取るに足らないものであったり、本質や本性を表現したり、言外の意味合いを有したりする。すなわち、対象は、物理的出来事自体には見出しえない〔真偽等という〕区別可能な論理的特性によって特徴づけられる。客観的観念論は、こうした特性を、実在の本質そのものを構成するものとして把握してきた。しかし、だからといって、このような区別可能な特性が物理的出来事のうちに既に内在している特徴であると公言し、したがって、認識するとは、「意識」によって照らし出される舞台上の事物の現象にすぎないなどと主張する正当な理由は何もない。というのも、「表象」とは、以前には表象されていなかった事物の認知像であるなどと考える見解は、かの認識論的カテゴリーがもたらすものにすぎないからである。日々の暮らしにおいてであれ、科学においてであれ、いかなる経験的状況においても、知識とは、他の事物について言明され、あるいは推論された何ものかである。目に見える水は、幾分たりともH_2Oの誤った表象ではない。H_2Oは、我々が目にし、飲み、物を洗い、航行し、発電に用いる事物についての知識なのである。

以上に加えて、もう一点指摘すれば、目下の議論も終えることになる。認識を、認識者と対象との間の表象的関係として理解するなら、必然的に、表象機構を、認識活動の構成体として理解することになる。事物が表象される場面は、感官による認識、記憶、想像、そして概念の四つであり、これら四つの様式のいずれにおいても、表象機構は感覚にも脳にも関わる。そうである以上、認識するという問題は心身問題となる。▼12 たとえば、椅子を見ること、昨日の昼食会で自分が何を食べたか思い出すこと、月を車輪のサイズとして想像すること、数学的連続性を思い描くこと、これらに関わる心理学的生理学的機構は、認識作用と同一視される。かくして、有害な帰結は二重である。心身間の関係という問題は、認識一般の可能性という問題の一部となってしまうのに加え、ただでさえ絶望的なほど不自然になっていた問題は、一層紛糾化してしまうのである。そうこうするうちに、〔我々のいう〕認識するという実際の過程、つまり制御された観察・推論・推理・実験という操作、いいかえれば、知性にとって重要な唯一の過程は、〔認識論産業

▼12　思弁哲学の歴史の中にあっては、概念-表象は、もちろん、多くの論者によってこうした言明の例外をなすとされてきた。「純粋な」記憶もベルクソンによって例外とされている。もちろん、こうした問題を考慮に入れることで、本文で論評された難点は緩和されるどころか、際立ったものとなろう。

でいう」認識論にとって不適切なものとして打ち捨てられる。日々の暮らしにおいても科学においても実際に行われている認識の方法は、哲学上の認識論にとって考慮外のこととして排除される。かくして、哲学上の認識論の構築は、明確な歯止めがないこともあって、ますます、人為的で手の込んだものとなる。これらの過程は（認識するということに関して唯一検証可能な経験的事実を提供しているにもかかわらず）、その性質からして単に帰納的なものにすぎず、あるいは、これらの過程は純粋に心理学的意義しか持たないということになる。こういった主旨の言明を、かの認識論者たちから引き出すのは容易である。だが、このような言明以上に、事実を完全に転倒した見解を見出すのは困難であろう。というのも、表象は、実際には心理学的問題を構成しているからである。論理学と生理学的心理学との混同が、異種混合の認識論を生み出した。その結果たるや驚くべきもので、有効な探究の技法が、認識論にとっては不適切なものとされてしまう。そして、認識与件の生起に関わる物理的出来事が、認識作用自体を構成するかのように扱われてしまうのである。

五

我々の議論は、哲学の現在の思考範囲と思考機能という構想に対して、どのような関係を持つのだろうか。我々の結論は、哲学それ自体に関して、何を指示し何を要求するのだろうか。こう問うている理由は他でもない。認識と精神に関して我々が述べた結論に、哲学が到達しているというのであれば、哲学自らの性質に関して哲学自らどう考えるのか、その理念に対して、我々の結論を、真剣かつ誠実に、適用しなければならないと考えるからである。さらにいえば、哲学は自らの権利要求として、認識することとの一形態ないし一様式たることを主張するからである。事の帰結を方向づける力が増大していく中で、この力に準拠して経験的出来事を用いる一つの方法こそ、認識することにほかならない。これが哲学の到達した結論であるとすれば、哲学は自らにこの結論を適用しなければならない。そうなれば、哲学もまた、存在物を観照的に概観することもなく、既に過ぎ去った対処済みの事柄を分析することもなく、まさしく、未来の可能性を視野に据え、より優れたものを達成し、より劣ったものを回避することが可能となる。哲学は、たとえ不快であろうと、自ら潔く、この課題に取り組まねばならない。

哲学の観念は一変したが、その帰結について述べるのであれば、肯定的な点よりも、否定的な点について語る方が、ずっと容易であろう。即座に思いつく論点は、こうである。哲学に固有の関心事は、とりわけ、究極の実在、完全な（つまりは、完成した）全体としての実在、すなわち、実在的対象なるものにあるなどという権利要求を、一切放棄しなければならないということである。この放棄を達成することは容易ではない。古代ギリシアの思想から我々が引き継ぎ、中世キリスト教哲学により強化されてきた哲学的伝統は、至高にして究極の真なる実在に対して、いうところの奥深い特別の関心を持っているかどうかを判断基準にすることによって、哲学上の認識を、他の様式上の認識から分け隔てる。この特性こそ、哲学の特性であると認めないのであれば、多くの人にとっては、哲学の自殺に思えるだろうし、そうなれば、懐疑論か不可知論的実証主義を、まるごと、取り入れることになってしまうように思われている。

こうした伝統が行き渡っているさまは、次の事実のうちに見て取れる。たとえば、ベルクソンのように極めて重要な現代思想家であっても、一方で、真に実在的なるものを確固として不変のものと同一視する伝統（古代ギリシア思想から受け継いだ同一視）を断念することのうちに、哲学の革命をみておきながら、他方で、心の底では結局同じように、哲学を真に実在的なるものの追求と同一視することを諦めようとしない、したがって、究極的で絶対的な永遠性の代わりに、究極的で絶対的な流動性を採用しなければならないと考えているのである。かくして、ベルクソンの場合、生命と精神の問題に取り組むには時間の考察が決定的に重要であることを強く訴える点において、偉大ともいえるほど経験論に貢献しておきながら、結局は、神秘的で非経験論的な「直観」と妥協する。我々の見るところ、ベルクソンは、たとえば、実在それ自体と現象、物質と精神、自由意志と決定論、神と世界といった伝統的な問題を解決するにあたって、究極的実在について自ら新しい観念を用いることに囚われてしまっているのである。これは、哲学についての古典的観念が及ぼしている影響のもう一つの証ではないだろうか。

新実在論でさえ、自らの実在論をもって、認識論的器官を介在させずに、直接、主題領域に接近するための口実とみなすことに満足しない。彼らは、まずもって、実在的対象なるものの地位を確定する必要があると考えている。かくして、新実在論者もまた、誤謬、夢、幻覚等々の可能性の問題、要するに、害悪の問題に巻き込まれている。というのも、私の考えでは、堕落していない実在論であれば、誤謬などのような事態も実在的事象として受け容れるであろうし、そうした事態の中にあるのは、いかなる実在的出来事の考察にも付随する問題以外に、つまり、構造と起源と作用の問題以外に、何もないとするはずだからである。

プラグマティズムについて、しばしばいわれるのは、単なる方法論への貢献に甘んずるのでなければ、プラグマティズムも、実在についての理論を展開しなければならないということである。しかし、プラグマティズムの側からみた実在概念の主たる特徴は、まさしく、実在一般の理論など、そもそも、可能でもなければ、必要でもないというものである。プラグマティズムが占める位置は、解き放たれた経験論であり、あるいは徹底した素朴実在論である。プラグマティズムは考える。「実在」というのは、外延的名辞であり、生起するもの一切を中立無差別に指示するために用いられる言葉である。虚偽も夢も、狂気も教唆も、神話も理論も、これらはすべて、まさしく具体的に存在する出来事である。プラグマティズムは科学に立脚することを進んで受け容れる。というのも、科学は、このような事象を、たとえば、星と化石、蚊とマラリア、血液循環と視覚のように、説明と探究の主題であると考えるからである。プラグマティズムはまた、日々の暮らしに立脚する。というのも、日々の暮らしにおいてこそこうした事象は生じ、相互に絡み合って出来事群の網の目をなしているのであり、そうである以上、実際にも、そのような事象を考慮しなければならない、こう考えるからである。

実在という名辞が単なる包括的外延名辞以上のものになりうるとすれば、その唯一の道は、特殊な出来事それぞれを、その多様性と共通性において理解するという方法に依拠する以外にない。私の考えを要約していえば、封建時代にあって、哲学が実在という概念を、日々生ずる出来事よりも卓越したものとして継承したことが主たる原因となって、哲学は、常識と科学から、ますます、孤立するようになったのである。というのも、常識も科学も、このような領域では機能しないからである。古い時代の常識と科学の場合であれば事情は同じであったが、哲学ときたら、今なお、現実の困難に立ち向かうにあたっても、直接生じている出来事以上に、より実在に近い、より究極に近い実在なるものに訴えて、機能不全に陥っている。

私は今しがた、こう述べた。哲学の根拠を日々の出来事よりも卓越した実在などという概念と同一視することが、科学と実際の暮らしから哲学がますます乖離する原因である、と。この言い方によって我々が思い出すのは、かつて、科学の営みと人間の道徳的関心が、ともに、日々の出来事の世界から不当に区別された世界で進行していた時代があったということである。生起するものはすべて、等しく実在的である。というのも、それは実際に生ずるからである。にもかかわらず、出来事は、その価値において、等しくない。出来事それぞれの帰結も、その重要性も、違いは途方もなく大きい。病が健康とは実際に異なるのと同じように、偽造貨幣は、実在ではあるけれども（むしろ、実在であるがゆえに）、法定通貨とは実際に異なる。つまり、それぞれの固有の構造と帰結において、大きく異なる。西洋の思想においては、ギリシア人がはじめて本物と偽物とを一般的形式で区別し、生活様式にとってこの区別が持つ重大な意義を定式化し、強制した。しかし、彼らは実験に基づく分析の技法も、数学に基づく分析の技法も、駆使することができなかった。そのため、真なるものと偽なるものとの区別、信頼しうるものと当てにならないものとの区別を、真に実在的なものと見かけ上実在的なものといった二種類の存在物を意味するものとして、扱わざるをえなかった。

対立的二項を過度に強調して主張することはほとんどできない。善と悪の問題は、人間の制御の下にあるかぎり、本物と偽物との識別、「存在していること」と単に存在しているように見えることとの識別に密接に関わっていると考える点で、ギリシア人は完全に正しかった。だが、特殊な状況において、こうした区別を扱う際の適切な道具を持たなかったために、彼らは、この区別を、大仰で不動の区別として扱わざるをえなかった。科学は、究極的で真なる実在という幻影に関心を持っていたのに対して、世間の意見は、外観上の実在とうまくやっていくことに関心を持っていた。どちらも、未来永劫に区分された領域を、自らにとって、しかるべき領域とみなしていた。世の意見の問題は、けっして科学の問題とはなりえなかった。それぞれの固有の性質が、それを許さなかったのである。科学の営みが、このような状況下で続けられていたときには、科学と哲学は一個同一のものであった。どちらも、実在は日常の出来事とは厳密に異なり、違いを克服することは不可能であるという区別に立って、究極の実在と関わっていたのである。

何世紀にもわたって、政治的道徳的関心は、絶対的に実在的なるものと、相対的に実在的なるものとの区別と固く結びついていた。このことを理解するためには、中世の生活が、究極的で至高の実在についての哲学を基にして、実生活の状況を作り上げていた様式に留意しさえすればよい。この区別は、日常生活から懸け離れた専門的な哲学の問題などではなく、揺りかごから墓場まで、墓場から永遠に続く死後の世界まで、生活を支配していた問題であった。究極的実在という主張を強化し、これに接近するための手段を提供したのは、隅々に張り巡らされた制度であり、これは、事実上、教会のみならず国家にも等しいものだった。実在なるものがあると承認することで、この世に安全がもたらされ、あの世に救済がもたらされた。それ以来生じた変化を、ここで、詳細に語る必要はなかろう。ここでの議論の目的からして、次のことを指摘しておけば十分である。観念論であろうと実在論であろうと、至高の実在、つまり、実在的対象なるものを対象とする現代哲学にあって、実在を洞察することが、とりもなおさず、罪と神聖、永遠の罪と永遠の至福というような区別をもたらすなどと考える者は誰もいない。究極の実在を対象とする哲学は、かつての時代状況下では人々にとって死活問題といえるほどの関心事にまで関与していたのに対して、現代においては、専門家の間で細々と行われる思弁巧みな弁証法になりがちである。これに従事するごくわずかの哲学者も、古色蒼然とした前提を保持してはいるものの、それを実生活における行動様式に適用することは拒否している。

実在的なるものという問題と結びついた哲学は、いかなるものであれ、科学からますます孤立していったということも、同じく顕著である。というのも、科学の発展をこれまで左右してきたのは、まさしく、装置と運用操作技法の発明だったからである。しかも、こうした装置あるいは技法は、あらゆる出来事を等しく実在的なものとして受け容れた上で、さらに、本物と偽物、真なるものと偽なるものを区別するにあたって、特定の状況においては、その状況にふさわしい特定の対処方法を用いるのである。これまで判明したのは、訓練を積んだ技師、有能な医師、実験室の専門家、こういった人々の操作手順こそ、偽りのものと妥当なものを識別する唯一の方法であるということである。こうした操作手順によって明らかになったのは、真偽の区別は、何が起ころうと変わらぬ性質を、存在物があらかじめ持っているか否かの区別ではなく、対処様式の区別、そして、その様式を用いた後に生ずる帰結の区別であるということである。偽なるものと真なるものとを識別するために特定の操作手続きに信頼を置くこと、このことを人類が学んで以後も、哲学は、真偽区別の執行権を不当にも独占することで、苦い目にあっている。

この論文で、一度ならず、示唆しておいたように、真の実在などという不当な観念に対応するのは、認識の傍観者的概念である。どのように定義しようと、認識者が認識すべき世界と対立的に措定されているかぎり、認識することの本質は、実際の事物についての、多少なりとも正確ではあるが、まったく無価値な写しを所有することになってしまう。この写しが、（実在論者のいうように）表象的な性質を持つかどうか、それとも、（主観主義者のいうように）事物を表象する意識状態に左右されるかどうか、これは、写しの意味如何という文脈では、極めて重要な問題である。しかし、別の点からみれば、この違いは、両者が見解を共にしている点と比べ、取るに足らない違いである。というのも、どちらの側も、認識することを、外から見ることと考えているからである。しかし、経験における自我あるいは主観は、事の成り行きの要であるということが真であるとすれば、論理必然的に、この自我は認識者になるはずである。さらには、この自我は、事の成り行きに関与する、その様式によって、精神となる。こうなると、重要な区別はもはや、認識者と世界の間の区別ではない。重要なのは、事物の運動に由来しつつ、そこに内在する相異なる存在様式間の区別である。要するに、知性が作用しない物理的存在様式と、目的を有する知性的存在様式、この区別にほかならない。

これまで推し進めてきた説明を、ここで、詳細に繰り返す必要はない。我々の根本的趣旨は、こうである。目下の諸条件に対処するにあたって、未来の様々な可能性をこの場で直接見据えること、これこそ、認識するということの意味である。すなわち、自我が認識者あるいは精神となるのは、未来の諸々の帰結を見据えることが、自らにとって刺激として作用するときである。今や、我々の関心は、このような考え方が、哲学のいう認識の性質に、いかなる効果を及ぼすかである。

私が判断するかぎりでいえば、プラグマティズム哲学に対する一般的反応は、まったく異なる二つの考えによって突き動かされてきた。ある種の人々からすると、長い間地位が脅かされてきた何らかの宗教上の観念に対して、新しい種類の是認、新たな様式の弁明を、プラグマティズムは提供するものと考えられた。別の人々にとって、プラグマティズムは歓迎された。すなわち、自らの無価値で思弁的で超然的な態度を哲学は放棄しようとしつつあり、さらには日常的知識や科学のように、行為にとって導きとなり、そのことによって出来事に影響を及ぼす場合にのみ、哲学は重要となるということを、哲学者自身が気づき始めていたのである。哲学者たちは、自らの哲学的思索の価値を責任ある検証によって、自ら進んで判定しようとしていたが、プラグマティズムは、まさしくその兆候として歓迎されたのである。

だが、私の知るかぎり、専門的批評家たちは、この点を強調することはなかったし、ほとんど認めることはなかった。このような態度の違いは、おそらく容易に説明できる。認識論という論議領域は高度に専門的であるため、この領域の語彙によって思考しうるのは、思想史について十分訓練を積んできた人々だけである。したがって、専門知識のない読者の場合、思惟の意味と妥当性は、帰結と満足度において生ずる違いによって確定されるという学説をもって、個人の感情において生ずる帰結を意味するなどと解することは、思いもよらなかった。しかし、専門的訓練を積んだ人々の場合、この学説の言明の意味を解するにあたって、意識あるいは精神は、単に事物を見るという行為によって、その事物を変えると捉えたのである。この解釈からすると、帰結による妥当性検証という学説の意味するところは、理解と概念が真であるのは、ただ、当の理解と概念を用いることで生ずる変化が、情緒的に望ましい性質を持つ場合にかぎられるというものであった。

こうした誤解の原因は、時間的考察の欠落にあることが、これまでの議論から、無理なく明らかになったはずである。自我が認識することによって事物に生ずる変化は、瞬時のものではないし、一断面という比喩で表現しうるものでもない。このような変化は、長期にわたるのであって、既に進行している変化に対して新たな方向づけが与えられるものである。これを比喩的に述べるなら、たとえば、鉄鉱石が腕時計のぜんまいに加工される過程で生ずる変化のうちに見出しうるが、しかし、神学にいう化体の奇跡にみられる変化などではない。主体と客体との静止断面的な無時間的関係に代えて、プラグマティズムが仮説として採用するのは、ある事物を理解するにあたっては、当の事物が他の事物に対して傾向的に引き起こす帰結によって判断するという方法である。あの〔認識論産業〕独特の認識論的関係に代えて、プラグマティズムの仮説が用いるのは、よく知られた類いの実践的関係である。つまり、反応的行動の対象たる問題が、反応行動そのものによって、時間の経過の中で変質していく関係である。認識の核心を構成する反応的行動には独特の点がある。この種の反応的行動は、他の反応様式とは異なる特殊な違いを生み出すのであって、その違いとは、すなわち、予期と予見が反応的行動の中で担う独特の役割である。認識するとは、このように未来を見据えることが刺激となって、ある種の帰結を確保し、別の帰結を回避する行為のことにほかならない。その達成の成否が、反応を導く際に見据えた未来像の位置価となる。プラグマティズム哲学に関して広くみられる印象は、こうである。プラグマティズム哲学の意味するところは、哲学が発展させるべき観念は、現実に生じた生の危機に対する適切な観念、すなわち、危機に立ち向かう際に有効な力を発揮する観念でなければならないということ、そして、その観念の有効性は、観念が実際にもたらす支援によって検証されねばならないということである。この印象は間違いなく正しい。

しかしながら、実践的反応に対する言及は、別の誤解のきっかけともなっている。多くの批評家は、これまで、プラグマティックという言葉と、実際に役立つという言葉との間に容易に見て取れる連想に、ここぞとばかりに飛びついてきた。プラグマティズムの意図するところは、哲学も含めて、あらゆる認識は「行為」を促進するものに限られると決めてかかり、行為ということで、単なる身体的活動か、そうでなければ、身体の生存と一層の安全に貢献するような身体的活動と理解してきた。普遍的概念は「現金化」されねばならないというジェイムズの説も、（とりわけ、ヨーロッパの批評家たちからは）知性の目的と手段は、知性が生み出す狭隘で粗野な有用性にあるという意味だと理解されてきた。アメリカのある鋭い思想家ですら、最初は、プラグマティズムをある種の観念論的認識論だと批判した後、引き続き、プラグマティズムとは知性を身体機能促進用の潤滑油とみなす学説だと解するにいたった。

こうした誤解の一因のきっかけを作ったのは次の事実である。つまり、ジェイムズにとって「現金化する」というのは、普遍的観念は、常に、現に存在する特定の事例において、検証可能でなければならないという意味であったということである。「現金化する」という概念は、特定の帰結の広さと深さについては何も語っていない。経験論の一学説としてみるなら、この概念は帰結一般について何も語ることはできないだろう。特定の事例が自らを語らなければならないのである。ある概念がビーフステーキを食べることによって確証され、別の概念が銀行の黒字残高によって確証されるとしても、その確証理由は、けっして理論的なものではない。それは、問題となっている概念の特定の性質ゆえに、そして、空腹や商取引のような特殊な出来事が存在するがゆえに確証されるのである。同じように、最も自由な美的概念と最も寛容な道徳概念についても、これらが具体的実例によって確証可能であれば、一層都合がよいのは間違いない。数多くの批評家にとって、厳密に経験論的な哲学は、現実に存在可能な類いの帰結についてのア・プリオリなドグマを意味すると考えられている。この事実は、私が思うに、多くの哲学者たちが、具体的な経験という観点から思考できないことの証である。件の批評家たち自身はといえば、「帰結」や「実践」という概念を巧みに操ることで成果を上げることに慣れていたため、自称経験論者も、同じことをしているにちがいないと決めつけていたのである。察するところ、実践は、いかなる範囲と深さを許容するか、ならびに、世界は、いかなる帰結の存在を許容するか、これを確定するにあたって、哲学者たる者、実際に、特定の経験に向かって行くことを意図すべきである。概念というものは、かくも明晰であるがゆえに、その意味では今後もずっと信じられないものであろう。おそらくこういう考えは、ある種の人々にとって合いを展開するにはほとんど時間はかからない、しかるに、経験というものは、かくも混乱しているがゆえに、これを把握するには非常に長い時間と労力を要するというわけである。ところが、こう考える同じ批評家たちが、プラグマティズムを、主観的情緒的基準を採用したかどで非難するのである。

だが、実のところ、プラグマティズムの知性理論が理解しているところによれば、精神の機能は、新しく、今以上に複雑な目的を視野に据える、つまり、型にはまった手順と気紛れから経験を解放することにある。身体機構においてであれ、あるいは現状の社会機構においてであれ、既に与えられた目的を達成するために思考を用いるのではなく、行為を束縛から解放し自由にするために知性を使用すること、これこそ、プラグマティズムの教えである。与えられた確定済みの目的に限定された行為であっても、偉大な技術的効率性を達成できるかもしれない。しかし、効率性などというものは、こうした限定的行為が、せいぜいのところ自己主張しうる唯一の属性である。このような行為は、既定の目的が神の意志であろうと文化であろうと、また、その範囲がどのようなものであろうと、機械的である（あるいは機械的になる）。しかし、知性の理論は、機械的効率性の理論とは正反対であって、行為の領域内で、未決の可能性のために発達すると考える。知性としての知性は、本質的に未来志向である。この未来志向という根本的機能を無視するならば、知性は、既に与えられた目的の単なる手段と成り下がる。既決の目的は、その目的内容が道徳的、宗教的、あるいは美的と呼ばれようが、結局は、隷属的なのである。しかし、行為者が前もって束縛されていない目的に対して、行為が向けられるのであれば、その行為は、必ずや、生き生きとして広大な精神に満ちあふれたものとなる。プラグマティズムのいう知性は、創造的知性であって、型にはまった機械的なものではない。

以上述べたことは、すべて、プラグマティズムの最良の事例を可能なかぎり正当化しようとする人による弁護のように理解されるかもしれない。しかし、我々の意図は、そのようなところにはない。ここでいわんとしているのは、知性によって、行為が機械的で道具的な性質から解放される、その度合いを示そうとしているのである。なるほど、知性は行為を通じて、未来の経験の性質を確定するための道具として機能する。しかし、知性の関心の在処は、未来に、したがって、未だ実現していない事態にある（また、与えられた確定済みの事態に対して関心がある場合でも、それは、あくまで、未来の可能性を実現する諸条件としてみる場合にかぎる）。この事実こそ、知性の効果が現れる行為を寛大にして自由なものにし、したがって、精神の自由をもたらすのである。同じ行為であっても、このように、まさしく知性を拡大し承認する行為こそが、道具的でありながらもそれ自体固有の価値を持つ。すなわち、生を豊饒化するための知性に満ちあふれた固有の価値を有するのである。同じようにして、知性は真に自由なものとなる。そこにおいて、認識とは人間の営みである。けっして上品な階級による美的鑑賞でもなければ、科学者であれ哲学者であれ、ごく少数の学識ある専門家の資本主義的特権でもない。

これまで強調してきた論点は、哲学は何になりうるかということよりも、哲学は何でないかということであった。しかし、哲学を計画済みの予定表として説明することは必要ではないし、望ましくすらない。この世において、人間は差し迫った困難、根の深い困難に直面している。これらは、訓練を積んだ内省によって明確にされるかもしれないし、その解決も、様々な仮説を注意深く展開することで促進されるかもしれない。哲学的思惟は、現実に生ずる出来事の成り行きに関わっており、しかも、出来事を豊かな帰結に導く機能を持っている。このことが理解されれば、様々な問題が、次から次へと姿を表すだろう。だが、哲学自体が、こうした問題を解決しうるわけではない。というのも、哲学とはヴィジョンであり、想像力であり、反省だからである。これらの機能は、行為と切り離されてしまえば、何事も変えられないし、したがってまた、何事も解決できない。だが、複雑にして、人間の思い通りにはけっしてならない世界にあっては、行為といえども、ヴィジョンも想像力も反省も欠いているならば、混乱と対立を取り除くどころか、かえってこれを増長しかねない。寛大で息の長い反省が、行為にとって導きの糸となり、明かりを照らす方法となるのは、容易なことではない。何しろ、問題の行方は、実在それ自体に依存し、あるいは実在と現象の世界との区別に依存し、あるいは実在と認識者それ自体との関係に依存していると考えられているのである。哲学が、自らの問題をこのような問題と同一視することから自己解放しないかぎり、哲学に自由はない。これから試みるべき事態を提示することで、自らの命運を、責任ある行く末と結びつける見込みが哲学にないのであれば、哲学は、自らの課題を生の有為転変の中で現実に生ずる問いと同一視することはできない。哲学が、哲学者の問題に対処するための手段であることをやめ、普通の人々の問題に対処するための一つの方法、しかも、哲学者によって培われた一つの方法となるとき、哲学は回復するのである。

どこに力点を置くか、それは、人々が困惑している困難が持つ緊張度と特殊な影響に応じて変えなければばならない。各時代は、その時代固有の災禍を経験し、その時代固有の救済策を求める。現代にあっては、いかなる計画であれ、必要の中心となるのは、知性の本質と知性が行為のうちに占める位置、これらについての適切な構想である。このことを示すために、わざわざ、前もって特別な計画表を作る必要はない。哲学は、知性の性質について数多くの誤った概念を抱いてきたため、今や、知性の効果的な作用を阻害するにいたっている。哲学はこの責任を拒否することはできない。少なくとも、哲学は消極的な課題を負っている。普通の人が自らの困難と格闘している際に使用する知性にとっての負担を、哲学は取り除かなければならない。もしも、知性が傍観者の死んだ目でしかなく、当事者とは無縁で疎遠な報道媒体に自然と生命の見世物を記録するだけのものであるなら、哲学はそのような知性を否定し放逐しなければならない。想像力と思惟の出現は、人間が被る困難と人間の働きかけとの結びつきに関連している。この事実を強く主張することと自体が、自ずから、困難を被っている人々を照らし出し、働きかける人々を育むのである。新しきものが世界の道程のうちに登場することと関連づけて、精神を把握すること、これは、我々が、ある途上にいることとなのである。そこを歩む中で、我々に見えてくるのは、知性はそれ自体、あらゆる新しきものの中で最も見込みがあるということである。つまり、過去を未来へ転換することは、あらゆる現在にとって実在をなす、このことの意味を知性は照らし出すのである。この変換を導く器官として、変換の力量の唯一の導き手として、知性を提示すること、これは、行為にとって、目下語られていない重要性を宣言することである。人間が働きかけるがゆえに被るものと、知性は結びついている、さらには、創造的なもの、新しきものが世界において創発し〔探究の〕途を照らすことと、知性は結びついている。この信念を磨き上げることこそ、自ずと、プログラムとなり、もっと価値あるものが哲学者に課せられるまで、哲学者を駆り立て続ける。というのも、こうした信念の仕上げは、人間の行動様式と密接な結びつきを持つあらゆる学――つまり、論理学、倫理学、美学、経済学、そして、形式的であれ自然的であれ、科学の操作手順――に適用しなければならないからである。

また私の信ずるところ、本当の意味でいえば、世界において、したがって人間の命運を（制御しうる範囲内で）制御する過程において、知性が占める中枢的な役割は、数ある生の問題の中でも、我々自身にとって最も骨身に染みる特別な問題である。この場合、我々とは、もちろん、二〇世紀初頭に生きているだけではなく合衆国に生きている人々のことをいっている。思惟と国民生活との結びつきについて思慮を欠いたままでいるのは容易である。しかし、英仏独の哲学における、それぞれ独特の国民的色彩ということを、いったい誰が問題にしうるのか、私にはわからない。そして、最近の思想史が、諸々の観念の内的進化というドイツ的ドグマの支配下に入るにいたったとするなら、そのようなドグマ自体が、国民に固有の必要と起源の証拠となるということを確信するためには、ほんのわずかな探究しか必要としない。私は強く信じている。アメリカにおける哲学が、自国固有の要求ならびに行動を成功に導くという、同じく自国固有の暗黙の原理を、どうにかしてでも自覚しないのであれば、この国の哲学の末路は、ずっと以前に化石化してしまった歴史的遺物を反芻するか、そうでなければ、（科学では既に失われた）過去の大義やスコラ的な図式的形式主義に対して弁明するか、このどちらかしかない。

私の信ずるところでは、こうした要求と原理こそが、知性の方法によって諸々の政策を着実に制御する上で必要不可欠なことである。この場合、知性といっているのは、教科書では称えられていながら、別のところでは無視されているような知性の機能のことではない。ここでいう知性とは、衝動と習慣と感情、そして、記録と発見、これらの総体なのであって、この総体こそが、未来の可能性の中で、望ましいことと望ましくないことを視野に据え、未来における善を想像し、その善のために創意工夫をもって実行計画を立てるのである。我々の生の経歴には、頼りにしうる神聖化された哲学上のカテゴリーなどというものはない。先例を権威として頼るなら、結局のところ、我々自身が破滅するだけである。というのも、我々の下にあるのは、絶えず変わりゆく新しい状況であるため、先例を最後の拠り所にしたところで、何らかの階級利害の意のままに我々が操られることになるだけだからである。英国の経験論は、過去から存在していることに訴えかける点において、結局のところ、〔未来の経験に先立つ〕ある種の先験論でしかない。というのも、英国の経験論は、未来に向けて作用する知性がしたがうべき規則として、確定済みの規則を定めるからである。そして、技術習得の中で哲学の訓練を積むことしかしないのであれば、我々は、これこそ、先験論の本質であることに気づきはしない。

　我々が誇りに思うのは、現実的であること、事実に対して冷静な認識を望んでいること、生活手段の習得に専念することである。我々が誇りとするのは現実的理想主義である、すなわち、目下のところ実現していない可能性に対する信念を、ためらうことなく快活に、やむにやまれぬ意をもって抱き、その実現のためには苦を厭わない、そういう態度である。通常の理想主義は、容易に、〔現実を無視した無駄な〕浪費と〔現実を意に介さない〕不注意の是認に転化し、通常の現実主義は、ありのままの現状を重視する余り、所有者の既得権という法的形式主義の是認に転化する。したがって我々は、ともすれば、根拠もなければ効果もない楽観主義を、行き当たりばったりに原則への同意に結びつけがちである。つまりは力任せを神格化しがちである。いつの時代であれ、人は皆、処世面では偏狭なほど現実主義的であった。だからこそ、心情面や道理面では、理想化する方を採用し、獣性を覆い隠してきたのである。しかし、このような傾向が、我々の場合ほど、危険で誘惑的であったことは、これまでけっしてなかった。未来において望ましいものを現在の段階で視野に据えること、これこそ未来にほかならない。知性は未来を想像し、未来の実現のための手段を産み出す。このような知性の力に対する信念こそ、我々の救済となる。今育み明確化しなければならないのは信念である。これは、間違いなく、我々の哲学にとって十分偉大な課題である。

第17章　自由についての哲学上の諸学説（一九二八年）
Philosophies of Freedom

ジョン・デューイ
John Dewey

主権に関する最近のある著作は、この主題について様々な理論を概観した上で、次のように結論づけている。「主権概念のこれまでの歩みをみると、政治思想が持つ一般的な特質がわかる。この概念は、これまで様々な形態を取ってきたが、それらは、公平無私な知への愛としての哲学を示すためのものであるよりも、むしろ、数々の主義主張に対する釈明のためのものであった。主権概念は、時代ごとに数多くの意味で用いられてきた。したがってこの概念に対する非難は、著しく異なる数々の原因に由来しており、その目指すところも様々であった。あらゆる政治思想の発生は、その真偽によってよりも、むしろ、その効用によって、理解しなければならない」[1]。同じことは、おそらく、道徳概念についてもいえるだろう。自由という言葉は、様々な意匠を凝らした多くの事柄に対して用いられるということ、さらには、自由とい

▼1　*Sovereignty*, by Paul Ward, p. 167.

う言葉が持つ不思議な力の多くは、相異なる様々な主義主張との結びつきに負っていること、これらはまったく疑いのないことと思われる。〔人々の〕要求が様々であるのと同じように、自由は様々な形態を取ってきた。自由が持つ「効用」は、人々が多くの苦境に対処するのを後押しする働きであった。

自由〔概念〕は、諸々の要求を満たすために採用され、諸々の利益を促進するのに役立ってきたが、そうした要求と利益のうち、真っ先に来るのは道徳的なものである。この道徳上の要求と主張の中心にあるのは選択という事実である、このように主張するとき、そこには多くのことが想定されている。選択を威厳のあるものにしようという要求、人間に関する事柄における選択の意義を説明しようとする要求、つまり、選択ということを、人間の道徳上の努力と達成点の中心に据えることで、その意義を誇張しようとする要求は、自由の観念に反映されてきた。これについては論破しがたい考え方がある。それによれば、選択の自由こそが自由にほかならないのであって、選択の自由がなければ人は操り人形であり、そうなれば、自分自身と呼びうる行為を人はまったく持たないという。選択は、ひとたび行為のうちに表現されるなら、そうでない場合とは異なる事態を生み出す。こうした正真正銘の選択がなければ、人は、外的な力の作用を仲立ちする単なる受動的な媒体でしかない。この考えは、説明を要しないほど自明でもないし、自己正当化されるわけでもない。しかし、少なくとも、自由という問題の言明に、ある意味、貢献している。選択の自由は、吟味を要する事態のうちの一つである。

とはいえ、選択を自由の核心として正当化する理論的定式は、遠い過去においては、今みたのとは別の利益と関わっていた。自由の哲学が、ある形態を取って、広く行き渡るに際しては、選択という事実の公平な吟味よりもむしろ、別の利益の方が、与るところ大であった。人間は、称賛されたり非難されたり、つまりは、賞罰を経験するものである。文明が成熟するにつれて、人々を行動様式のかどで「審理する」ために明確な国内治安機関が設立される。そして、有罪と判断されれば、その機関によって人々は罰せられるようになる。ある人の行動様式ゆえに、その人に称賛と非難が向けられ、治安機構による法律上の処罰が向けられる。こうした事実が意味しているのは、その人は責任を負える位置にあり、責任を問いうるとみなされているということである。人々がこれまでよりも探究心に富むようになると、処罰を申し立てる場合、責任の根拠に注意が向けられるようになった。自らの行為に責任がないかぎり、その人を罰するのは正義に悖る。人々が何かをしたとして、それが不可抗力により、他にやりようがなかった場合、その行為をその人のせいにし、その人を非難し罰したとするなら、そこに、どんな正義があるというのか。かくして、自由としての選択という性質を持つ、ある種の哲学が、主として法的関心に対する弁明として発展するようになった。つまり、刑罰に対する責任である。その結果生まれたのが、意志の自由として知られる教義であった。すなわち、選択の背後には意志と呼ばれる一つの力があって、この力が選択の創出主体として想定されており、責任の根拠であり、自由の根拠であるという考えであった。この意志が有する力は、選択の如何に対して無差別的である。すなわち、何を選択しようと、欲望あるいは衝動に、まったく影響を受けていないのであれば、まさしく意志自身に帰属する原因力に基づいているがゆえに、いずれにせよ、自由なのである。選択に関するこのような見解が確立されるようになった結果、今もなお、選択と、意志の裁量的自由とは、一個同一の事柄であると共通に想定されているのである。▼2

こうしてみると、概説を続ける前に、ここで一旦立ち止まって、選択の性質を右のように主張された自由意志との関連で、一層詳細に吟味するのも、価値ある一案であろう。その際、ここでいっている自由とは、欲望や衝動に突き動かされることのない選択を意味する。徹底的な検討を加えて吟味しなくとも、容

▼2 こうした自由概念は法的主題と結びついて発展してきたという主張に関しては、疑念を抱かれるかもしれない。両者が歴史的に結びつく契機は、ローマ帝国で次第に成長してきた法学的考察によって諸々の道徳的観念が浸食されてきた点に、見出しうる。この主張は、ローマ法とローマの道徳的思考様式の影響によって不朽のものとなり、さらには、この道徳的思考様式がキリスト教教会の理論と実践の中に包摂されることによって、つまり、ヨーロッパにおける道徳の涵養によって、一層強化維持されることになった。

易に見て取れるのは、この理論における二つの深刻な欠陥である。責任を問われるのは、人、つまり具体的状況下にある一人の人間である。今、当の行為が、当人に由来するものではないとしよう。つまり、習慣・欲望・目的からなる具体的な人となりを有する当の人間には由来しないものとしよう。この場合、〔人となりに由来しないにもかかわらず〕どうして、その人が責任を問われ処罰されてしかるべきということになるのだろうか。何しろ、意志はといえば、〔習慣もあれば欲望もあり、目的を有する〕ありのままの姿の当の個人の外部にある力として現れるものとされているのである。すなわち、意志は、当の行為の実在的かつ究極的原因たる力として〔人となりとは無関係に〕現れるというのである。こうしてみると、意志が持つ自由、つまり、他に左右されることのない選択という自由には、具体的に生を営む存在としての当人に、ある選択の責任を負わせる根拠など、まったくないように思われる。まだいわねばならぬことが他にどれほどあろうと、あるいはいわれていないことがどれほどあろうと、意志は、この哲学が認める以上に、性向と性格といった、人の持つ現実の成り立ちと深い関係があるにちがいない。

その上さらに、件の説にしたがうなら、我々は絶望的なジレンマの下にあるように思われる。先天的であれ後天的であれ、ある人の人間的性質が、その人に当のふるまいをさせるとするなら、その人の行為は、石や木の作用と、どのように異なるというのか。いかなる責任根拠も放棄したことはなかったというのだろうか。この問いを、概念間の弁証法の中においてみるよりも、むしろ、事実に直面する中でみるなら、厄介な問題など何もないことがわかる。人々に責任を問うことで、その人たちの未来の行動は、〔責任を問わない場合と〕決定的に違ったものとなりうる。だが、石や木に責任を問うことは、無意味な愚行である。責任を問うたところで、何の帰結もなければ、何の違いも生じない。もし、責任根拠の在処を、事柄に先行する原因的諸条件の中よりも、むしろ、未来の諸帰結の中に見出そうとするなら、この立場は、それだけ一層、現実の実践と一致していることがわかる。幼児、重度の知的障害者、精神障害者、完全に取り乱している人々は、責任能力があるとはみなされない。その理由は、こうした人々に責任能力を問うことが、非合理であり、無意味であるからである。責任能力を問うたところで、この人たちの未来の行為には、何の影響も与えないからである。子供は、成長するにつれて、自分に諸々の責任がかかってくるのを知るようになる。これは、もちろん、意志の自由なるものが、突如として、その人の中に注入されたからではない。自分が諸々の責任を担うことが、自分のさらなる成長と発展にとって、必要な要因だからである。

論点を、過去から未来へ、先行するものから事の帰結へと転換することで、何事かが達成されるものと、私は思っている。動物の中には、犬や馬のように、我々の接し方次第で、未来のふるまいが修正されるものもある。想像しうるように、人間の場合も、我々の接し方次第で、そのふるまい方が変わり、その結果、当のふるまいは、別の接し方をされた場合とは異なるものとなる。しかし、先の犬や馬と同様に、そうした変化は、操り人形の糸の場合と同じように、純粋に外的な操作によることもありうる。もちろん、以上で、話のすべてが語り尽くされたわけではない。生じた変化を選択と自由との関連において意義深いものにするには、何か内部からの実際の参加といったものがあるにちがいない。原因としての意志に訴えかけることは、いとも容易になされるが、内部からという事実が、この訴えかけを不可能にする。人間自身が選択に参加関与することで、その選択が真の選択になるとは、いったいどういう意味なのか。

この問いに答えるためには、少なくとも、もっと先へ話を進める方が、参考になりそうである。選択的行動という意味での選好作用は、万物に妥当する普遍的特性であり、植物や動物や人間のみならず、原子や分子にも当てはまる。可能なかぎり普遍的に語るとすれば、存在物というものは、あるものに直面しても無反応で無差別であるが、別のものに対しては、肯定的であれ否定的であれ、力強く反応する。活動作用についての、こうした「選好」あるいは弁別的反応は、当の存在物自体の性質から来るものであり、したがって、問題となっている事物の性質を「表現」している。そうした選好は、生ずる事態に対する自身固有の貢献を示している。いいかえれば、ある事物における変化については、他の事物に生じた変化を基にして記述しうる。これに対して、一定の質と方向を持つ何らかの変化を生じさせる事物という存在の場合には、そのようには説明できない。選択的作用は、少なくとも、事物において、ある根本的な個体性あるいは独自性があることの証である。こうした選好作用は、必ずしも人間が行う選択と同じではない。しかし、少なくとも、自然における他の事物の作用とつながりのある何かが、〔人間の行う〕選択に関与していないのであれば、自然に対して真の実在性を帰すことができたところで、それはただ、人間を自然から孤立させ、したがって、人間を、ある意味、文字通りの超自然的存在として扱うことによってのみである。選択行為は、行動における単なる選択能力以上のものではあるが、しかし、少なくとも、選択能力でもある。

選択〔行為〕には、さらに、何が関わっているのか。我々は再び回り道をすることにしよう。複雑性の度合いを上げて、無生物から植物、植物から動物、そして、他の動物から人間へと目を移すにつれて、我々は、それだけ一層多様な選択的反応を目にするが、それは生活史の影響ゆえであり、既に経験した事柄ゆえである。諸々の選好の発現は、全歴史の「関数」となる。仲間の行為を理解するためには、その人の生活の来歴を知らなければならない。人間は多種多様な諸条件の影響を受けやすく、感化されやすいのであり、多様にして対立し合う諸々の経験をするものである。この点、下等動物とは異なる。そういうわけで、人間は、過去の自分の経験の範囲と多様性を判断材料にして、現時点における自らの選択的反応能力の中に、多種多様な可能性を保持しているのである。人間の現時点での選好は、その人の生活史の一関数である以上、生活史というのは複雑なものなのである。かくして、行動は絶えず多様化する可能性がある。すなわち、人間に固有の学習可能性である。この要因を取り上げても、それだけでは、選好が正真正銘の選択へと変換される過程内部の事柄すべてを説明できるわけではないが、しかし、この要因は、自由の一様式としての選択に個人個人が携わる際の参加と寄与に関わっているのである。我々は、無生物の場合のように、背後から突き動かされて行動するわけではない。この強い意味でいえば、選好は、多方面に及ぶ要因である。というのも、「背後に」あるものは、その種類において極めて多様であり、現時点での自己の根本的な部分を構成しているため、選好性がそのまま現れることを抑制するからである。〔実際の選択にあたっては〕別様でもありうる他の諸々の選好が同時に現れることになる。

かくして、人間に固有の意味でいえば、選択は数々の選好の中の一つとして現れる。その意味するところは、他の選好よりも強力なものとして事前に選択された選好ということではなく、諸々の選好が対立し合う中で、新たな選好が形成されるということである。このように選好が新たに形成されて明確な形を取るのは、いかなる状況に依存するのか、これを述べることができれば、我々の追究の対象を見出すところまできているといってよい。その答えは、すぐにわかるのであって、見つけにくいわけではない。観察力と洞察力が発達するにつれて、事物の相互作用と運動を示す記号とシンボルを形成する能力が生成するようになり、そうなれば、事物が実際に示す不確実な変化に巻き込まれないでいられる。したがって、新たに現れる選好は、思考のこのような働きを反映している、とりわけ、様々に競合し合う選好にしたがって行動することで生ずる諸々の帰結を予期する働き、これを反映しているといってよい。探究をさらに進めれば、限定条件や確実な裏づけが得られるだろうが、これについては留保することにして、ここで要約するとすれば、次のようにいえるかもしれない。石には固有の選好的選択性があるが、これは、相対的に固定された、つまり、硬直化した構造によるのであり、石があれこれ作用することで、どのような帰結にいたるかを予測することは、何ら主題とならない。人間の行動作用に関しては、逆のことが成り立つ。そこには、多様な生活史、そして、知性に基づく洞察力と配慮、この二つが関与する以上、選択とは、ゆっくりと変化していく諸々の選好に対する一つの能力を意味する。ここで示唆されている仮説は、こうした二つの特徴のうちに、我々は、自由としての選択の本質的な構成諸要素を手にしているということである。すなわち、〔選択に対する〕個人個人の参加という要因である。

こうした考えについては、さらに吟味する必要がある。しかし、その前に、自由についてのもう一つの哲学に立ち返っておくのが望ましい。というのも、これまでの議論は、選択という事実についてのみ、あれこれ詮索してきたからである。選択ということを一面的に強調するのは、読者には耐え難いものであっても、おかしくはない。このような強調は、過度に個人主義的で、過度に「主観的」な自由の観念を説明しているように思われるかもしれない。自由がこのように扱われる場合、これまで人々が血を流し死を賭してまで闘い取ってきた自由、つまり、抑圧と専制政治からの自由、制度と法の自由と、いったい、どのように関わるのだろうか。この問いから即座に想起されるのは、自由についてのある一つの哲学である。この哲学は、主題を選択から行為へ、それも、公然たる公共的な意味での行為へと移す。ここでの議論の目的に照らし合わせるなら、この哲学は、古典的意味での自由主義哲学の著者ともいえるジョン・ロックの思想の中に描かれている。自由とは、選択にしたがって行動する力である。自由は、欲望と目的を実現する実際の能力、つまり、選択する際に、その選択を遂行する能力である。経験が示すところによれば、ある種の法と制度は、このような実現と遂行を阻止する。こうした障害と阻害が、いわゆる抑圧、つまり隷属状態を成しているのである。自由、もっとはっきりいえば、獲得するために闘うに値する自由は、こうした抑圧的な政策、専制的な法や統治様式の破棄によって確保される。自由とは、解放、つまり、抑圧から解き放たれることであり、諸々の権利を取得し実際に表明することであり、自己決定を実行する権利である。先にみたように、選択の形成を重視して、自由と関連づける議論もある。だが、数々の革命を引き起こし、世襲権力体制を転覆させた際の願い、そして、革命が達成されたなら、自由における人間の進歩の尺度を提供する願い、こういった形を取る自由と比べるなら、先のような自由は、知性ある多くの人々からすれば、いい逃れ、つまり、取るに足らない形而上学上の無駄話にみえるだろう。

　後に、自由についてのこの考え方を、既に説明した選択という考え方と関連させてさらに吟味していく。しかしその前に、別の要因について検討しておくのがよいだろう。これは、自由主義についての古典的哲学が形成される際に、今しがた言及した政治的主旨と融合するにいたったものである。この別の要因とは経済的要因のことである。ロックの見解の場合においてさえ、財産や産業や通商の発展は大きな役割を果たしたのであって、既存の諸制度は抑圧的であり、さらには、こうした制度を改革して、人間たちに、行為における選択を表現する力を与えてしかるべきだという観念を創り出した。ロックは、こうした経済的要因を潜在的なものとして語ったが、ロックの著作から約一世紀の後、この要因は顕在化し支配的なものとなった。後の一八世紀において、関心の焦点は、選択を遂行する力から、自由な、つまりは妨げられることのない労働と交換によって欲望を実現する力へと移っていった。産業と通商において、欲望が妨げられることなく作用し、労働の果実を享受することに対して、制度がどう関わっているか、この関わり方が、制度の自由度を測る尺度だったのである。この考えは、初期の政治的観念と融合して、自由主義の哲学を創り出すことになり、一九世紀の大部分において、多大な影響力をふるった。それはまた、次のような考え方につながっていった。政府の積極的な行動はすべて抑圧的であり、政府が持つべき原理は「余計な介入をするな」である。そして、政府の行動は、可能なかぎり限定されるべきであって、一個人の行動の自由を保護し、同様の自由が他者の側に行使されることで生ずる障害干渉から、一個人の自由を守ることに限定されるべきである。つまりは、自由放任の理論であり、政府機能を法と治安に限定するものであった。

世間一般の人々にあっても、同様の考えが生まれ、非経済的な形を取り、本能あるいは衝動は、欲望へと変わっていった。この変化の局面は、自由の経済哲学と同じ心理的要因を持っており、「自己表現」という通俗哲学の主要な部分を占めている。知的な面で、基盤と起源を、このように共有する点を考慮するなら、皮肉なのは次の事実である。家庭内の個人的諸関係においては、自由としての「自己表現」という考えを最も熱烈に支持する人々が、産業と通商の領域においては、極めてしばしば、同様な自由という考えに一様に激しく反対するのである。通商と産業の領域において、人々がはっきりと気づいているのは、ごく一部の人々の「自己表現」が法に厳格にしたがって表明されようと、他者の自己表現を妨げてしまう度合いである。通俗的な考えでは、個人的自由の本質は衝動と欲望の「自由な」表現にあるとされている、つまり、法や習慣そして社会的非難の禁止によって制限されていないという意味での自由とされている。

このような自由が示唆しているのは、広義の経済的概念に本質的に備わっている誤謬である。この種の自由は、もっと専門的な経済的概念からも容易に導き出しうるが、広義の経済的概念の場合には、それ以上に直接的な形で誤謬を示唆している。

本能と衝動は、どのように定義されようと、人間の「自然的な」成り立ちの一環をなしている。この表現において、「自然的な」とは、「生得的な」、つまり、生まれながらのという意味である。自由に関するこの理論〔古典的自由主義理論〕は、この生まれながらの構造の中に、何らかの本質的な真相があるとしている。この場合、真相とは、衝動に対して、直接行動にいたる説明上の地位を与えるという意味での真相ということである。ただし、衝動が、直接的にまた明確に、他者における同様の自己表明の妨げとなる場合は除く。この考えが見落としているのは、周囲の環境との相互作用が果たす役割、とりわけ、衝動と欲望を生み出す際の社会的なものである。社会的なものが、原初的な状態において解釈され、環境との相互作用によって影響を受けることがないとされているときには、衝動と欲望は個人の「自然本性」に本来的に備わっているものと想定されている。社会的なものは、それゆえ、個人に対しては純粋に外在的なものと考えられ、さらには、社会的なものが生得的な本能と衝動の作用を妨げでもしないかぎり、自由にとって無関係なものと考えられている。歴史を研究してみれば明らかになるだろうが、こうした考え方は、経済的政治的自由主義において理論的に定式化された同類概念の場合と同様に、消えつつある理論上のドグマが道徳と政治の風説に残した「根も葉もない噂」である。そのドグマによれば、「自然」は、神の創造の業から生まれたがゆえに、完全に善であり、そして、悪が成立するのは、外的あるいは「社会的」諸条件によって行使される人為的な障害と抑圧を通してもたらされる堕落のためだとされるのである。

この主張の核心が示しているのは、古典的自由主義が抱いていた自由についての手の込んだ政治理論と経済理論にみられる根本的な誤謬である。古典的自由主義者たちが理解した諸個人とは、固定的で出来合いの諸能力という素質を授かった存在であった。こうした諸能力は、外的拘束によって妨げられなければ自由に作用し、さらに、ほとんど自動的に政治的経済的諸問題を解決する自由というものであった。政治理論と経済理論との間に違いがあるとすれば、前者が自然権の観点から思考したのに対して、後者の方は、生得的で固定的なものとしての自然的欲望の観点から思考したということである。この違いは、特別な争点に関しては重要であるが、しかし、自由の本性に関する共通の前提についていえば、その違いは無視してさしつかえない。

　自由主義運動は、展開のそれぞれの局面において、実際、多くを成し遂げた。既に抑圧的なものになっていた種々の制度、様々な法、諸々の取り決めを変革していこうとする試みに対して、この運動は、それぞれの局面において影響力をふるい、刺激と指針を与えるところ大であった。（自然的存在は、道徳的であれ心理的であれ、生得的な、持って生まれた固定的構造に固有のものとされていたのだが）、「自然的な」政治的権利と人間の「自然的な」欲求とみなされたものが実際のところ特徴づけていたのは、新しい潜在能力という感覚であった。数多くの原因によって生じた社会生活上の変動のせいで、この感覚はごく限られた階級によってしか共有されていなかった。政治的側面でいえば、一部の階級が考えていたのは、自分たちの活動が封建的諸制度の遺制によって制限されているということであった。経済的側面でいえば、製造業と商業の領域で勃興しつつあった階級があり、彼らの考えによれば、同じく、そうした封建的諸制度が、実業と商業から生じつつあった財産利益を犠牲にして、土地と結びついた財産利益を保護するように作用しており、こうした事実によって、自分たちの活動が阻害され遮られているということであった。この二種類の階級の成員はほどんど重なり合っており、また、彼らは新しい原動力を代表していたのに対して、彼らに対する敵対者たちの方は、こうした新しい力が何一つなかった過去の時代に設けられた既得権益を代表していた。それゆえ、政治的自由主義と経済的自由主義は、時代が進行するにつれて融合し合い、この融合の中で、解放のために必要な課題を遂行していったのである。

　しかし、出来事の歴史的趨勢が十分示してきたように、彼らは階級を解放したが、その階級利益は、人間たちを公平に代表していたというよりも、むしろ、特殊な利益を代表していたのである。実際、新たに解放された諸力が勢いづくにつれて、特権的な経済的地位を持たなかった大衆たちに対して、彼らは新たな負担を課し、新たな抑圧様式に従わせた。このような主張を、十分な証拠を集めて弁明することはできない。幸いなことに、関連事実の引用を試みる必要はない。やや誇張していえば、誰もが認めるように、〔いつの世にも〕新たな社会問題というものはあるし、これは、いたるところで政治と法の問題に影響を及ぼす。そして、その種の問題を、資本 - 賃労働問題と呼ぼうが、個人主義対社会主義と呼ぼうが、あるいは賃金労働者の解放と呼ぼうが、そこには経済的な根拠というものがある。こうした事実が十分明白に示しているのは、初期自由主義学派の理念と希望は諸々の出来事によって無効になっていったということである。要するに、初期自由主義者たちが想定した利益の普遍的解放と普遍的調和は、出来事のその後の趨勢と甚だしく矛盾しているのである。この自由主義学派に対してなされる批判で共通しているのは、過度に「個人主義的」にすぎるというものである。あるいは、逆に、「個人主義的」志向において徹底性を欠いていたというのも、同様に適切であろう。自由主義学派の哲学がどれほどの代物だったかといえば、過去の特権的身分を引き継いだ諸個人の解放には手を貸したが、諸個人すべての普遍的解放を促進することなどまったくなかったのである。

古典的自由主義に対する真の難点は、それゆえ、「個人」と「社会」という概念によるものではない。真の誤謬は次のような考えにある。個人個人は、生来、つまり生まれながらにして、権利、力、欲望を授けられているため、制度と法の領域で要求されることは、ただ個人個人に自然に備わった「自由な」活動余地に対して制度と法が課している諸々の障害を取り除くことだけである、こういう考えである。知的手段であれ経済的手段であれ、変質した社会的諸条件を利用するための様々な手段を、あらかじめ所有していた諸個人の場合であれば、障害を除去することで、もちろん、抑圧から解放されるような効果はあった。しかし、そうでない人々の場合は、皆、これらの有利な立場の人々の力の解放によって生じた新たな社会的諸条件に翻弄されることになったのである。教育の違い、資本を支配しうる程度の違い、財産制度によって提供される社会的環境の掌握力の違いにもかかわらず、すべての人に対して同一の法的取り決めが等しく適用されさえすれば、人は皆、等しく自由にふるまうなどという考え方は、数多くの事実が例証しているように、まったく馬鹿げている。実際の、すなわち実効的な権利と要求は、相互作用の産物であって、道徳的なものであろうと心理的なものであろうと、人間性という、他と関わることなく生まれもった性向の中に、こうした権利や要求など、みられはしない。そうである以上、単に障害を除去するだけでは不十分である。障害を除去することで解放されるのは、ただ、歴史上、過去の偶然から、たまたま持ち合わせている力と能力だけである。大多数の庶民に関するかぎり、この「自由な」行為は、悲惨な影響を及ぼす。知性面からみても実際面からみても、唯一可能な結論はこうである。すなわち、自由というものを、選択に合わせて行為する力と解するなら、こうした自由の達成は、社会編制の積極的かつ建設的な改変にかかっているのである。

さて、今や我々の前には、自由に関して一見したところ無関係な二つの哲学がある。一つは、選択それ自体に自由を見出す哲学であり、今一つは、選択に合わせて行為する力のうちに自由を見て取る哲学である。この二つの哲学は、相互に独立した位置に置かれるべきか、それとも、一緒になって一つの概念を構成しているのか、これについて検討を加える前に、別の学派がたどってきた足跡を考察するのがよいだろう。この学派の思想家たちもまた、自由を、事実上行為において作用する力と同一視する。〔とはいえ〕他の学派と異なり、この学派は、行為する力が社会的諸条件に依存することを明確に意識しており、古典的自由主義哲学の誤謬を避け、これを正そうと試みた。この学派は、個人の持って生まれた道徳的あるいは心理的構造に関する哲学に代わって、制度の哲学を採用した。この方向は、まず、一七世紀の偉大な思想家、スピノザによって構想された。もちろん、自由主義の哲学は当時はまだ形をなしていなかったが、スピノザの考えは、〔古典的〕自由主義哲学を批判する上で、極めて効果的な手段を提供する先駆けであった。

スピノザにとって自由とは能力であった。個人の「自然的な」権利は、単に自分のなしうることすべてを行う自由のうちにある――これは、おそらく、ホッブズに示唆を受けた考えであろう。しかし、人は何をなしうるのか。その答えは、間違いなく、その人が実際に所有している能力の総量という問題である。スピノザの全議論は、この論点にかかっている。その答えは、要するに、人間は生まれながらの状態にあって、極めて限られた量の能力しか所有していないということである。「自然的な」存在、つまり、生まれながらの存在としての人間は、自分たちが属する全「自然」の部分でしかなく、しかも、ほとんど極小の断片でしかない。スピノザの言い回しを用いるなら、人間は、実体〔substance〕ではなく、様態〔mode〕なのである。単なる一部分としては、いかなる部分の作用も、いたるところで他の部分の作用と反作用によって制約を受ける。たとえ、ある作用を開始する能力、つまり人間のみならず非生物においてであれ、あらゆる自然的事象において備わっている能力があっても、それを最後までやり通す能力はない。一つの作用も、即座に、果てしなく複雑な諸々の相互作用のネットワークに組み込まれてしまう。一人の人間が自分の私的な衝動、欲あるいは欲求に基づいて行為し、そして、行為の目的と手段について私的な判断に基づいて行為したとしても、無生物がそうであるのとほとんど同じくらいに、その人は無限に複雑な全体に従属する一部分でしかない。その人が実際に行うことは、自然の他の部分と同じく、気紛れで断片的な作用によって制約される。その帰結はといえば、奴隷状態や弱さや従属であって、自由や能力や自立ではない。

この道筋によっては、自由に到達することはできない。人間には、しかしながら、知性、つまり思惟能力がある。人間は、物理的存在物の一様態であるだけではなく、精神の一様態でもある。人が自由であるのは、能力を持っているかぎりにおいてであり、人が能力を持ちうるのは、全体と調和しつつ行為するかぎりにおいてであり、そして、こうした力は全体の構造と諸契機によって強化される。しかし、精神の一様態としてある以上、人間は、自分が属する全体の秩序を理解する知的能力を持っている。その結果、知性の発達と使用を通して、人は全体の秩序と諸法則を理解するようになるだろうし、そのかぎりで、自分の行為を全体と調和させることができるだろう。こうしたかぎりにおいて、人間は、全体が持つ能力を共有し、そして、自由となる。このように自由を理性の作用と同一視することによって、ある一定の政治的意味合いを導き出すことができる。単なる部分として孤立状態で行為する諸傾向を、いかなる個人も克服することはできない。全体の構成に対する理論的洞察は、完全なわけでも、確実なわけでもない。洞察しても、諸々の環境の圧力に即座に屈してしまうからである。理性ある人間にとって、自分の実際の——あるいは効果のある——理性を有効に維持しようとする際、自分とは別の他者の理性的存在ほど重要なものは他にない。一つの全体の部分として、我々は結びつき合っている。したがって、全体とその構成部分の本質に関する啓蒙を通して、自分以外の他の人々も自由になる場合においてのみ、誰もが自由になりうる。法、政府、制度、あらゆる制度的取り決めは、合理性という特質を満たしていなければならない。この場合、合理性とは、全体の秩序、すなわち、真なる「自然」したがって「神」と調和しているということであり、制度的取り決めがこうした合理性を満たす目的は、どこにあっても妨げられることなく、行為の能力を発揮しうるようにすることである。ロックの哲学、そして、古典的自由主義学派に対する異議申し立ての中で、これ以上に完璧な異議申し立てを想像するのは困難であろう。人間の持って生まれた自然、これこそ、この学派が考えていた「自然なるもの」なのである。だが、〔以上みてきたスピノザの学説によれば〕人間の持って生まれた自然とは、能力ではなく無能力、自立ではなく依存、自由ではなく従属なのである。法は、いかに不完全で貧弱なものであっても、少なくとも、普遍的なものを、つまり各部分の相互連関を認識したものであり、したがって、人間に理性と能力と自由をもたらす学校教師の役割をする。最悪の政府でも、ないよりましである。というのも、法をいくらかでも認識し、普遍的諸関係をいくらかでも認識することは、絶対的な必要条件だからである。自由は、単に法や制度を廃止することによって、手にしうるのではない。事物の成り立ちを支配する必然的な諸法則を次第に深く認識し、すべての法と制度に対して、この深まった認識を徐々に浸透させていくこと、このことによって自由を手にしうるのである。

スピノザの哲学が、その一般的形式においても、その社会的側面においても、直接即座に影響を及ぼしたなどということは、とてもいえない。もちろん、こういったからといって、スピノザ自身を非難の対象としているのではない。しかし、二世紀ほど後、古典的自由主義学派およびこの学派に関わるすべての思想と実践に対する一つの反動が、ドイツに現れた。スピノザの考えは、実際、新しい形而上学体系の中に組み込まれ、新たな生命と重要性を獲得したのである。この運動は制度的観念論と呼びうるだろう。その代表としてあげられるのがヘーゲルである。スピノザの二面的実体に代えて、ヘーゲルは単一の実体を主張し、これを「精神」と呼んだ。さらに、幾何学的パターンに基づいてスピノザが構想した諸関係の代りに、ヘーゲルは、進化論的あるいは自己展開する発展によって、全体の秩序と法則を再記述した。ヘーゲルが構想した弁証法にならうなら、この発展は、本質内在的には、無時間的、したがって論理的なものである。だが、全体のこうした内的論理の発展も、外在的には、つまり歴史においては、連続的に、したがって時間的に顕現する。絶対精神は、段階を追って、自らを法と制度の中に現わす。法と制度は客観的精神であり、一個人が理性的かつ自由となるのは、こうした制度の生命を共にすることに基づいている。というのも、制度の生命をこのように共にすることで、人は制度の精神と意味を我がものとするからである。財産、刑法と民法、家族といった制度、とりわけ、国家制度は、外的行為における理性を媒介する手段、したがって自由を媒介する手段である。歴史とは、制度の発展を通して自由が発展していく過程の記録である。歴史哲学は、こうした記録を、絶対精神が客観的形態を取って次々に現れていく姿によって理解する。こうして、古典的自由主義学派の自由概念によって先立ってなされた批判と異議申し立てに代わり、今や、我々の前にあるのは、入念で思慮深い、しかも保守的な自由概念である。自由とは成長であり、つまり達成であって、生まれながらにして持っているものではない。自由が達成されるのは、制度と法を理念化することによってであり、これらの制度と法の維持に忠誠心をもって諸個人が積極的に参加することによってである。法と制度を、廃止したり、個人的な判断と欲求という利益に還元したりしたところで、自由は達成できないのである。

こうして、認めざるをえないことであるが、我々が今や直面しているのは、自由についての一つの哲学を構想する際の決定的困難とは何かということである。すなわち、選択によって定義される自由と、行為する際の力によって定義される自由、この両者の関係はいかなるものか、あるいは関係はないのかということである。こうした二種類の自由概念は、名前以外に共通点を持っているのか。この問いに対処しようとしても、導きとなる資料がほとんどないため、困難はますます大きいものとなる。いずれのタイプの哲学も、全体として、互いに他の見解をほとんど考察することなく発展してきた。とはいえ、何らかの関係はあると思われる。選択しても、それが外的行為において効果を及ぼさないのであれば、ほとんど無意味であろうし、行為に選択の効果が現れたとしても、そのことで物事に何の違いも生じないのであればほとんど無意味であろう。能力としての行為にしても、それが雪崩や地震の作用のような〔物質的〕力であるなら、ほとんど称賛されることはなかろう。ここでいっている能力というのは、結果と帰結を左右する能力のことであり、これが自由を形成するのである。こうした力は、人間の中にあって、選択に現れる何ものかと何らかの関係があるように思われる。いずれにせよ、自由の本質的問題は、選択および妨害されることのない実効的な行為、この両者間の相互関係の問題であるように思われる。

この問題に対して、私はまず、自分の気に入った解決を提示し、その上でさらなる議論を頼りにして、この解決を支持する理由を、証明するとまではいかないが、示唆することにしよう。自由としての選択と、自由としての行為能力との間には、ある固有の関係がある。個性を知的に明示する選択は行為の範囲を拡大し、この拡大は、それはそれで一層偉大な洞察力と先見の明を我々の欲望に対して与え、そのことで選択というものを一層知的なものにする。ここには一つの循環があるが、しかし、拡大していく循環である。あえて、いわせてもらえば、それは、次第に広がっていく一つの螺旋である。この言明は、もちろん、一つの決まり文句でしかない。まずは、事態の思わしくない側面を考慮することで、おそらくこの言明に意味を与えることができるだろう。たとえば、たまたま持ち合わせている選好から、つまり、熟慮の上ではなく、ある衝動に発する行為を、例に取ってみよう。それは運の問題であろう。諸々の条件が、その人の選好の実現に逆行し、選好の実現と交錯し、これを遮り、その行方を逸らせ、その人を新たな、おそらくは以前より深刻な紛糾に巻き込むとしよう。この場合でも、運は、この人の味方をするかもしれない。環境が、たまたま、好都合なものであるかもしれないし、この人には、障害を払いのけ、妨害を一掃しうるような力が、生まれつき備わっているかもしれない。こうして、何かをなしうる力という点から判断すれば、この人は、ある種の自由を手にすることになる。しかしこの結果は、事態の有利性、恩恵、運の問題であって、この人自身のうちにあるものではない。遅かれ早かれ、この人は自分の行為が周りの諸条件と衝突するのを目にすることになろう。偶然的な成功というものは、無謀な衝動性を助長するものでしかなかろう。そして、この衝動性のために、人は未来を思い通りにすることが、ますますありそうだと思ってしまうのである。いつまでも幸運な人間というのは例外なのである。

これに対して、今度は別の人物に登場してもらい、その行為が次のような一つの選択を示している場合を想定してみよう。すなわち、その選択が、事の帰結の十分な考慮の後に形成された一つの選好、つまり知性に基づく選好を表している場合である。事の帰結は、当の人物が成し遂げようとしている事柄と、この人物自身の環境との相互作用に依存する。それゆえ、この人は、自らの環境を考慮に入れなければならない。成果〔事の帰結〕に関わる全条件を認識できる者など誰もいないのであるから、あらゆる帰結を事前に見通すことなど誰もできない。成し遂げた事柄が、自分の持っている知識に比して、思いのほか上出来であったり、見劣りしたりすることは、誰にでもある。だから、幸運、あるいは環境との良好な協同作業が、依然、不可欠なのである。どんなに考え抜いたところで、行為の成り行きは、思い通りに行かず、失敗するかもしれない。しかし、その人の行為が、本当に、知性に基づいた選択の現れであるかぎり、その人は何かを学ぶ。それはちょうど、科学的実験において、探究者が、自らの実験、つまり知性にしたがった行為を通じて、成功からと同様に、失敗からも同じくらい多くを学び、場合によってはそれ以上のものを学ぶのと同じである。少なくとも、自分の事前の選択のどこがまずかったのかに関して、多少は気づくのである。そういう人は、より良いものを選択しうるし、次回は、もっと良いことを行いうる。「もっと良い選択」とは、より一層の反省に基づいた選択を意味するのであり、「もっと良い行い」とは、目的実現に関わる諸条件と、より一層調和の取れた行いを意味する。そのようなコントロールあるいは力は、けっして完全なものではない。そこには常に巡り合わせや幸運、つまり、予期せぬ環境の有利な後押しが関わっている。しかし、少なくとも、知性に基づいて選択するような人は、環境の性質、事態の成り行きを意識して、選択し、行為する習慣を形成する。さらに、一層重要なことに、そうした人は挫折や失敗を、これからの様々な選択や目的に役立てることができるようになる。そのかぎりで、知性のある人間であるなら、万事が自分の目的に役立つ。力や自由のこのような増大は、どれほど外面的な失敗を繰り返そうと、無に帰することはない。

今しがた用いた言い回しで暗に示したのは、知性に基づく選択は、異なるレベルで、また、異なる領域で、行われるということである。ある人は、いわば、経済的あるいは政治的問題といった領域において、知性に基づく選択を行うかもしれない。こうした場合、当の条件が許すかぎりで、この人は洞察力を持ち、賢明となり、そのかぎりで、活動力を手にし、あるいは自由になるかもしれない。道徳家たちが常に心に抱いてきたのは、究極の意味でいえば、こうした成功など〔本当の〕成功ではなく、このような力など〔本当の〕力ではなく、そして、このような自由など〔本当の〕自由ではないということであった。

ここで、二つの重要な論点を引き出したいと思うが、そのために、わざわざ、たいそうな道徳教師たちの今みたような主張を採用して、道徳的説教に取り組む必要はない。第一の論点はこうである。自由の領域は様々ある。というのも、我々の環境において条件は多様だからである。さらに、選択、つまり、知性に基づく選択は、ある特別な一連の諸条件によって形成された特別な領域を選択するかもしれない。その際、一連の諸条件には、家族関係、家庭、産業、財政、政治、慈善、科学、聖職、芸術等々、様々なものがある。もちろん、こういったからといって、これらの領域には厳格な境界があるといっているわけではないし、領域ごとの隔たりに何か人為的なものはないといっているわけでもない。しかし、適度にではあれ、条件というものは様々なため、選択は特殊な型ごとに、能力や自由は種類ごとに発達していくのである。第二の論点は（これは、道徳教師たちが、真の自由や能力と偽りの自由や能力との間に区別を設けようとする際、強調する論点なのだが）、こうである。たとえ、他の分野でどれほど障害があろうと、自由と能力が、誰かによって常に達成可能な一つの領域があるかもしれないということである（道徳教師たちなら、そういう領域があると主張するだろうが）。これは、もちろん、そうした教師たちが、特別な意味を込めて、道徳と呼んでいる領域である。大づかみに、しかし、もっと具体的にいえば、こうなる。誰もが他人に対して親切になれるし、他人に役立ちうるし、自分で選択する際には、公正になりうるし、節度を持ちうる、そしてそのかぎりで、行為における達成と能力を確信しうる。私にも性急なところはあるが、人類のたいそうな教師たちによるこうした洞察には現実の観察力はないとまで言い切るほど、性急ではない。しかし、そうした点は措くとして、人は、確信をもって、ある仮説的な言明に打って出るかもしれない。もし、この考えが正しいとするなら、そのかぎりで、恵まれた環境と幸いにも持って生まれた才の力というものは、個人の持つ人格的特徴自体が与える要因の力と比べて、ある場合には、目減りすることがある。特殊な分野における成功、能力、自由は、人格的特徴と比べるなら、目一杯、外的諸条件に翻弄されるわけである。しかし、親切や正義を禁止する法などない。すなわち、親切や正義を無効にする事態も経過も少しもないのである。このような分野の選択に関しては、たとえ、他の行為様式において、いかなる障害と失敗があろうと、自由と力はあるだろう。以上が、道徳的予言者たちの事実上の主張である。

二つの形態の自由、つまり、知性に基づく選択と行為における能力、この両者の間に、ある密接なつながりがあるという考えは、これを否定することで得られる一つの例解によって、かえって明解になるかもしれない。表明した選好は、諸々の条件によって、無効になったり、有効になったりするものであるが、他者の態度や行為は、もちろん、こうした条件の中で最も重要な部分の一つである。ある家庭の子供を例に取ってみよう。この家庭では、子供のどんな選り好みに対しても、家族が機嫌を取って合わせるような環境作りをしている。この子が自分のお気に入りのことをするのは、いとも容易になる。この子は最小限の抵抗にしか出会わないし、総じて、家族はこの子に協力して、その好みを実現させようとする。この範囲内において、この子は、自由な行為能力を持っているように見える。説明上、この子は、邪魔されることはないし、助けられもする。しかし、この子に関するかぎり、このことは、幸運の問題にすぎないのは明白である。この子が「自由」なのは、たまたま環境がそのような類いのものであるからにすぎないし、この子の性格と諸々の選好に関するかぎり、単なる偶然の出来事にすぎないからである。このような場合に明白なのは、知性に基づく諸々の選好の行使にあって、何の成長もないということである。むしろ、無計画な衝動が恒常的な習慣となってしまう。したがって、この子が獲得した自由は、右に述べたように、単なる見かけ上のものにすぎず、このような自由は、他の社会的諸条件の下では、消えてしまう。

さて今度は、まったく正反対の場合の子供のことを考えてみよう。この子供は、自分で自発的に選好を表明しようとしても、邪魔され、妨害され、そして絶えず口うるさく小言をいわれる。この子は常に自分の好みに反する環境によって「しつけ」を受ける。この場合、しつけというのは、通常の意味で用いている。さて、それでは、この子は、「内的」自由において、つまり、考えた上での好みと目的において、成長することになるだろうか。問い自体がこれに答えている。結果はといえば、むしろ病的状態となる。無制約な外的自由以上の自由であるなら、どんな自由にとっても、その準備段階として、確かに「しつけ」は必要である。しかし、しつけについての私たちの支配的な考え方は、偽りのものである。本物のしつけというものは、ただ一つである。すなわち、知性に基づく要望を確実にすべく、観察と判断という習慣を形成する上で効果のあるもののことである。要するに、人は行為のさなかに当初の衝動に抗うような諸条件にぶつかりでもしないかぎり、行為の中で自由について考えたり、自由を得たりすることはないのである。これに対して、教育の秘訣は、思考と予見を促すように、抑制と支援を融合することにあり、そしてそのことが、抑制と支援による性向と態度の修正を通して、外的行為に対して効果をもたらすのである。

以上、家庭内や学校内の子供の生活を例に取ってきたが、その理由は、こうした場面なら、問題が身近に感じられ、容易に理解されるからである。しかし、産業上の、政治上の、あるいは教会の生活といった場面の大人を考慮する場合であっても何ら違いはない。社会的条件が、ある人の自発的な選好にとって、あらかじめうまい具合に進んでいくようになっているなら、あるいは、慣例上また習慣上、賞賛と賛同を受けることで、事態が容易になっているなら、甘えん坊の子供の場合とまったく同じように、まさしく同類の外的自由、つまり、邪魔されることが比較的少ないといった類いの行為がある。しかし、多様で柔軟な選択能力という点からすれば、自由は、ほとんどないに等しい。すなわち、数々の選好は、あらかじめ敷かれた一つのレール上に限定されてしまい、結局のところ、そのような個人は、自分の成功の奴隷となるのである。そうでない人々の場合、数の上ではこちらの方がはるかに多いが、「しつけ」られた子供の状態にある。自発的な選好に対して、事はうまく運ばない。環境の向き、とりわけ実際の経済上のお膳立ては、彼らの選好と逆行している。自分で試してみるのに好都合な機会がまったくない子供の場合とちょうど同じように、自分たちの元々備わった選好を即座に行使することに対する阻止、つまり妨害は、彼らに対して、知性に基づく選択の持つ特質を何ら与えない。結果は、無気力と無関心を招くほど、押しつぶされてしまうだけである。あるいは、逃避と自己欺瞞へと歪められ、それを補うために、未熟な選好を自由奔放にするような機会に過剰に反応する。そして、その後に待っているのは、精神病理学や道徳病理学の文献でよく知られている帰結だけである。

以上の例解でもって、我々の定式の意図するところが、少なくとも、理にかなった形で明確になったと思う。すなわち、我々の定式によれば、選択をより多様に、より柔軟にし、そして選択自体の意味をより可塑的なものにし、より深く認識できるようにする行動傾向、ここにこそ自由があるのであり、他方で、こうした自由によって、選択は邪魔されることなく、その作用範囲が拡大するのである。自由のこうした考えには、重大な意味合いがある。意志の自由という正統的理論も自由主義の古典的理論も、ともに、あらかじめ与えられたもの、既に所有しているものを基礎にして、自由を定義する。自由の帰属先を、衝動に由来することのない選択の自由にするか、あるいは自然権や生まれ持った欲望にするか、その内容面においては違っていても、両者の考えは、ある重要な要素において共通している。すなわち、ともに、既にそこにあるもの、前もって与えられているものの中に、自由を見出そうとする。これに対して、我々の考えによれば、これから成るものの中に、ある種の成長の中に、自由を見出そうとする。すなわち、先行するものの中にではなく、帰結の中に自由を見出すのである。我々が自由であるのは、自分たちに備わった不動の本性ゆえにではない。これまでの自分たちとは異なったものとなっていくかぎりにおいて、我々は自由なのである。こうした考えをさらに展開するには、自由についてのもう一つの哲学、すなわち、年代的にはヘーゲルや制度的観念論の哲学に先立つ世代であるが、イマニュエル・カントの哲学に言及するのが有用だろう。さしあたって、カントの厄介な専門用語を無視するとすれば、カントを次のように特徴づけることができるだろう。すなわち、カントは、自然科学の台頭と、科学において因果性という観念が果たした役割に、感銘を受けた人物である。ここに、因果性とは、諸々の現象間の必然的で普遍的、あるいは不変的な関係のことをいう。カントが理解したのは、この原理は自然現象のみならず人間的現象にも、完全に整合的に適用しうるのであり、あらゆる現象に妥当する法則であるということであった。諸々の現象のそのような結びつきにおいては、自由の可能性はない。しかし、カントは義務の存在を信じた。つまり、義務は自由を前提として要請するのである。したがって、道徳的存在であることにおいて、人間は現象ではなく、物自体の世界の一員なのであって、自由な因果性は、物自体としてこの世界に帰属すると想定されるのである。我々の関心は、問いに対する答えであるより、むしろ、問いそのものである。同じ一つの行為でも、自然主義的観点からみれば因果的に決定され、他方で、超越論的観点からみればそのようないかなる決定からも自由である。いったい、このようなことはいかにして可能なのか。この問いはまったく不可思議なので、深入りしないでおく。

しかし、カントが述べた問いは、今日の意識に最も重くのしかかるような性質を持っている。法則による支配、つまり、あらゆる出来事を法則の下へ包摂するという考えは、ほとんど遍く見出しうる。人間は、その成り立ちにおいて、ともかく超自然的である、このように主張すること以外に、いかなる自由も残されていないようにみえる。カントのいう物自体の世界における超越論的人間は、こうした考えをもっと印象深く翻訳したものにすぎない。

自由の問題をこのような仕方で述べることで、ある想定がされていることが露わに、つまり、明々白々となる。すなわち、自由とは、事柄に先立って所有されている何ものかであるか、さもなければ、無であるというものである。こうした考え方は、極めて通例となっているため、その価値を疑問に付すことは望み薄のようにみえる。だがここで、次のように想定してみよう。これまで私が抱いてきた思想すべて、また、これまで語ってきた言葉すべての起源が、ある意味で、因果的に決定されており、したがって、誰か十分知識のある者がいたとすれば、その人は、あたかも、自然科学者が物理的現象を完璧に説明せんと望む場合と同じように、思想の一つ一つ、言葉の一つ一つの起源を説明できるとしよう。あるいはまた、仮説的な議論として、それゆえ、自由奔放な想像力が可能だとして、たとえば、こう想定してみよう。すなわち、私の言葉には力があって、聴衆のうちの誰かの未来の選択を、一層思慮深いものにする効果があり、あるいは種々の可能な選択肢の認識能力を高め、そのことによって、その人の未来の選択が一層多種多様に広がり、一層適切なものになるとしよう。さて、事柄に先立つ因果〔的決定〕性という事実は、このような未来における可能な選好傾向から、これから選択が実際に行われるという質を奪うことになるのだろうか。先行する因果〔的決定〕性という事実は、選択が現実に行われるという実在性および選択独自の効果を創出する際に、選択作用が現実に働くという実在性を奪うのであろうか。昨今の考えでは、事物は因果的な仕方で存在するにいたったのであるから、事物それ自体は、実は、現にあるようなものではないし、また、現に目の当たりにしていることをするのではないという。私には、これほど人を無感覚にする迷信はないと思える。水とは、何かの原因によってもたらされたものであるよりも、むしろ、水が果たすものなのである。同じことは、知性に基づく選択という事実にもいえる。自由を先行するもののうちに求める哲学と、自由を帰結のうちに、行為の発展過程のうちに求める哲学、いいかえれば、静止的存在状態においてではなく、生成過程のうちに自由を求める哲学とでは、同じ自由についても、まったく異なった考えを持つにいたるだろう。

とはいえ、これから何かになる力を、前もって既に存在するものについての考察から切り離すことはできない。たとえ、何か別のものになりうる能力によって自由を定義するにしても、このような能力は、現にある能力、つまり、ある意味で、何かそこにあるものであるにちがいない。このように吟味してみると、何であれ、あらゆる存在物は、作用する際には選択性を有するという事実が、あらためて新しい意味を伴って想起される。なるほど、電子や原子が選好を示しているなどと語ることは、馬鹿げているように思えるかもしれない。ましてや、偏向という性質を電子や原子に帰するのは、なおさらであろう。しかし、それが馬鹿げているということは、完全に、用いる言葉の問題である。本質的な点は、こうである。電子や原子には、不可解で還元不可能なある特性があって、それらが作用する際に、自らの特性を示すということ、つまりは、他ではなく、ある様式で作用するという事実の中に、特性が現れるということである。因果関係を記述する際、依然として、我々が起点としなければならないのは、存在物、つまり、まさしく、独自にして固有の在り方をしている物事そのものである。発生している変化を、何らかの斉一性と規則性によって記述できるという事実は、こうした独自の要素、つまり、特性、選好、そして偏向といった要素を排除するものではない。それどころか、法則の記述が前提としているのは、まさしく、特性、選好、偏向といった作用力なのである。それぞれの個物を、他の事物の効果として扱おうとしたところで、この事実を斥けることはできない。そうしたところで、個物の特定を、また他の事物へと次々に先送りするだけである。どれほど先送りしようと、個物には特性があることを承認しなければならない以上、こうした先送り作業に先立って、逃れられない事実から出発する方がよいのである。

要するに、何であれ存在するものは、それ自体のうちに独自の性質を有するのであり、こうした独自の性質は、当の事物の作用を構成しているのである。科学自体は、事物の個体的特性には関与しない。個体的特性間の関係を扱うだけである。法則、つまり、いわゆる因果連鎖の所説のような斉一性の所説は、事物について本質的には何も語らない。法則が語るのは、当の事物の作用と他の事物の作用との間に確認される、ある一定不変の関係のみである。この事実が、存在物の持つある究極の性質、つまり、他のものへ還元不可能な性質として偶然性を含んでいるということにも一理あるが、極めて複雑なため、ここでは、これ以上立ち入ることはできない。しかし、数多くの現代科学哲学者の側から、証言を引き出すことは可能であろう。こうした科学哲学者は、自由について何一つ考えることなく語っているのではなく、単に科学の方法と結論の解釈者として語り、こう主張する。法則は、事物の内的存在を考慮外に置くのであって、当の事物と他の事物との関係のみを扱うのである、と。実際のところ、仮に、ここでこの点を議論するのにふさわしいとして、私自身、十分な知識さえあれば、次のことを示しうると考える。すなわち、自然科学において現在進行中の大変革は、こうした考えと密接に関わっている。かつての定式の欠陥は、事実上、異なるものの混同にあった。そうした定式は、事物の相互連関についての知識を、あたかも、事物それ自体の知識であるかのようにみなしていたのである。今日、物理学の理論には修正事項が導入されているが、その多くは、こうした混同を見極めることによって生じている。

この点は、入念に吟味する必要があろう。だが、自由という観念と事実を明らかにする上で、この点の意味を十全かつ明確に認識しておく必要があるというのであれば、ここでは、これ以上言及することはできない。しかし、自由と物理科学とのつながりは存在するし、そうしたつながりの一般的性質も見出しうる。あらゆる事物は、相互作用において偏向、選好あるいは選択性を示しており、これ自体は自由ではないが、人間のいかなる自由にとっても不可欠の条件である。今日、科学者の間にみられる傾向は、法則というものを、その性質上、統計的なもの考えているということである。すなわち、まったく同一のものなど二つとない事物が膨大な数で作用し合う中で見出しうる「平均値」の記述なのである。あくまで、こうした思考手続きにしたがうべきであるとするなら、その意味するところは、こうである。すなわち、人間の行為も含めて、自然現象の中に、法則あるいは斉一性と規則性が存在するにしても、選択、つまりそれ自体固有の帰結を伴う固有の事実としての選択という特徴を排除することには、けっしてならないということである。存在物の個体性は、それ固有の作用様式を持っているのであって、いかなる法則も、個体性ということを破棄しはしない。というのも、法則というのは諸々の関係に関わるのであり、したがって、各個体の存在と作用を前提としているからである。もし、選択というものが、固有の帰結を伴う固有の行為であることがわかれば、いかなる科学的法則の権威に訴えかけたところで、選択が実在することに背理するわけでは、けっしてない。問題は一個同一の事実に集約される。いったい、知性に基づく選択とは何であるのか、すなわち、そうした選択は、いったい、人間の生活に何をもたらすのか。既に吟味した論点を、ここで、再び詳論することはできない。だが、あえて主張しておきたい。既に例証した考察事項が示しているのは、人間が自由の名の下に心に描いているものは、柔軟で多様な形で成長しうる力であり、性向と性格を造り変える力であり、こうした力は、知性に基づく選択から生まれるということである。したがって、自由に対する、良識に富んだ実際上の信念には、理にかなった根拠があるわけである。もっとも、この信念を諸々の理論が正当化しようとした際には、しばしば、誤った、さらには、馬鹿げてさえいる形を取ったのも確かである。

もちろん、これまで進めてきた議論より、先に進んでいくこともできる。変化というものに斉一的な諸関係が存在するにしても、そのことは、自由の持つ実在性に対して何の障害にもならないというだけではない。斉一的な諸関係は、ひとたび知られたならば、先にみたような自由の発展をさらに促進することにもなる。既に言及済みの仮定的事例を考えてみよう。私が持っている考えには原因があるというとき、そのことが意味するのは、私の考えの発生、つまり、その起源（本質ではない）は、他の変化と結びついた一つの変化だということである。この結びつきを知ることさえできれば、自分の望む考えの獲得を左右する力が、それだけ一層高まることになろう。私の考えが、他の誰かの考えと選択に影響を及ぼす場合であっても、同じことがいえる。ある選択が生ずる際の諸条件を知ることは、様々な選択の形成に対して、知性に基づいた指針を与える潜在的能力を持つことと同じである。こういったからといって、選択が持つ独自の特質を排除するわけではない。選択が選択であることに変わりはない。しかし、その場合の選択は、今や、愚かで間の抜けた選択ではなく、知性に基づいた選択なのである。そして、そのことによって、選択は障害のない自由な行為となりうる、その可能性が高まるのである。

以上の事実で明らかになるのは、思想の自由と言論の自由が、我々の社会生活と政治生活において占める戦略的位置である。こうした自由の重要性については、わざわざ、賞賛したり、熱心に説いたりして、ここで詳述する必要はない。既に示した見解、すなわち、自由は、諸々の選好を知性に基づいた選択へと発展させることのうちにあるという見解が理にかなっているとすれば、今問題にしている類いの自由について、その主要な特質を明らかにしていることになる。自由主義の学説全体を踏まえるなら、これまで想定されてきたのは、思想と表現の自由を獲得するためには、ただ外的障害を取り除きさえすればよいということだった。すなわち、人為的な障害を取り除けば、思想は、自動的に機能するというのである。こうした考えは、必然的に、個人主義心理学の全誤謬を抱え込むことになる。ここでは、思想は、生まれつき備わった能力あるいは才能と理解されている。思想が機能するのに必要なのは、外的な機会だけだというのである。しかしながら、考えるということは、人間が従事する活動の中で最も難しい活動である。これ以外のすべての技法が、規律化された徒弟制度を通じて獲得されなければならないとするなら、考えるという力は、それ以上にはるかに意識的で継続的な注意を必要とする。思考の発達は他のいかなる技法の場合と同じように、内面的に進行していくものである。絵画の技法が、絵の具、絵筆、キャンバスを必要とするように、考えることにもまた、それにふさわしい客観的諸条件が必要となる。思想の自由において最も重要な問題は、社会的諸条件が判断と洞察力の発達を阻止するか、それとも、有効に促進するかということである。ある特別な職業において思考する能力を確保するためには、特別の機会と長期にわたる教育が必要である。これは、当然のことのように思われている。しかし、こういってしまうと、そこで想定されているのは、社会的、政治的、道徳的諸問題において有効に考える能力は、天の賜物であり、かつ、この賜物は、ある種の自然発火によって作用するということであるように思われる。このように大胆に述べることで先の教義を擁護する者は、まず、いないだろう。しかし、全体としてみるなら、あたかもそれが真実であるかのようにふるまう。私たちが経験している意図的な教育でさえ、つまり、学校教育でさえ、思考習慣を促進するよりも、むしろ何らかの信念を植えつけるために行われている。これが学校教育に当てはまっているとすれば、他のすべての社会制度の場合にも、思考に与える影響という点に関して、当てはまらないことが、何かあろうか。

思うに、こうした事情が、実際の自由の核心そのものに対する、つまり、思想の自由に対する昨今の無関心を明らかにしている。つまり、思想の自由が可能であるためには、何か法的保証があれば十分だと考えられているのである。名目上の法的保証が侵害される場合でさえ、憤りを招くことが、ますます少なくなりつつあるように思える。実際、単に法的制限がないというだけでは、効果があるにしても、未熟で思慮を欠いた考えを表現することを刺激するだけであろうし、そうした表現の効果は、無意味であるか、あるいは、有害であるかもしれない。そうである以上、露骨な検閲の行使に対してさえ、一般大衆が反感を抱くことは、ますます少なくなりつつあるように思える。証拠に対する好奇心と探究心、さらにそれを比較検討し検証する態度に対して、社会の諸々の制度がいかなる影響を及ぼすか。人間の自由という理念に対する真に旺盛な関心というものがあるとすれば、こうした影響に、不断の、しかも細心の注意を払う過程のうちに表れるだろう。我々の学校教育やその他の制度の主たる目的は、絶えず明敏に観察し判断する能力を成長させていくことにある。この点を考慮するとき、私が信じ始めているのは、他者を自分たちの意志に従わせるために、自分たちの信念を他者に押しつけることに注意を払うよりも、人はむしろ、自由に対して注意を払うものだということである。

自由に関する今一つの点についても同様である。しばしば想定されているのは、話し言葉であれ書き言葉であれ、言論の自由は思想の自由とは別個のものだということであり、そして、一見、思想の自由が手に入らないような場合でも、心の中は自由であり続ける以上、思想の自由自体がなくなることなどないということである。人の考えほど誤りやすいものはない。コミュニケーションの中で様々な考えを表現することは、他人の考えだけでなく、自分の考えにおける誤りを悟るための不可欠の条件の一つである。様々な考えが浮かんでも、それについてコミュニケーションを交わすことができなければ、その考えは消えて行くか、あるいは、歪んでしまい不健全なものとなる。議論とコミュニケーションを公開し解き放つことは、思考と知識が生まれ、それがさらに健全で活力のあるものへと成長していくための不可欠な条件である。

要約するなら、こういえるだろう。自由の可能性は、我々の存在の仕方そのものに根ざしている。すなわち、自由は我々個人の人格に関わっているのであり、他人の模倣者でも依存者でもなく、他に取って代わることのない自分自身という独自の在り方に関わっているのである。しかし、他のあらゆる可能性と同様に、自由の可能性は実現されなければならない。自由の可能性が実現されるのは、他のあらゆる可能性の場合と同様に、ただ客観的諸条件との相互作用を通してのみである。政治上の、そして、経済上の自由という問題は、人格的自由という問題の付属物でも追加物でもないし、ましてや逸脱でもなければ無用の長物でもない。というのも、我々の一人一人が、自らの成り立ちそのものにおいて併せ持っている自由の潜在性を開花するためには、政治的、経済的自由を形成する諸条件が必要だからである。変化の中にある恒常的で斉一的な諸関係、そして、そうした関係を「法則」として認識することは、自由に対する障害ではなく、我々の持つ能力がやがて開花していく果実に達するためになくてはならない一要因である。社会的諸条件が一個人の持つ諸々の選好（つまり、その人の個性そのもの）と相互作用し、自由の実現を促すようになるのは、ただ、社会的諸条件が知性を育む、つまり、抽象的知識や抽象的思想などではなく、洞察能力と反省能力を育む場合のみである。というのも、こうした洞察能力と反省能力は、選好と欲望と目的をより柔軟にし、機敏にし、断固たるものにする上で、効果を発揮するからである。自由はこれまであまりに長いこと、〔因果的に〕確定済みで決着済みの世界で作用する、不確定な力として解されてきた。しかし、実際のところは、自由とは〔未来に対する〕断固たる意志であり、新たな未来へ開かれ向かっていくがゆえに、何らかの点で不確定な世界において作用するのである。

［解題］

プラグマティズムの百年後

After One Hundred Years of Pragmatism

植木 豊

我々の知識は、所々、点々と成長していく。これらの点それぞれは、大きいかもしれないし、小さいかもしれない。だが、知識というものは、一挙に、全面的に成長することはけっしてない。古い知識の中には、かつてのままであるものも、常にある。

――ジェイムズ『プラグマティズム』第五講

哲学の推論過程は、たとえば、鎖のような形を取るべきではない。鎖にあっては、最も弱い環がその強度を表し、それ以上の強度になることはないからである。それよりも、むしろ、ワイヤーロープのような形を取るべきである。この場合、一つ一つの線条は、どんなに細くとも、十分な数が撚り合わさって深く結びついていればいいのである。

――パース「四つの能力の否定から導かれる諸々の帰結」

主体と客体との静止断面的な無時間的関係に代えて、プラグマティズムが仮説として採用するのは、ある事物を理解するにあたっては、当の事物が他の事物に対して傾向的に引き起こす帰結によって判断するという方法である。〔認識論産業でいう〕あの独特の認識論的関係に代えて、プラグマティズムの仮説が用いるのは、よく知られた類いの実践的関係である。つまり、反応的行動の対象たる問題が、反応行動そのものによって、時間の経過の中で変質していく関係である。認識の核心を構成する反応的行動には独特の点がある。この種の反応的行動は、他の反応様式とは異なる特殊な違いを生み出すのであって、その違いとは、すなわち、予期と予見が反応的行動の中で担う独特の役割である。認識するとは、このように未来を見据えることが刺激となって、ある種の帰結を確保し、別の帰結を回避する行為のことにほかならない。その達成の成否が、反応を導く際に見据えた未来像の位置価となる。

――デューイ「哲学における回復の必要」

チャールズ・サンダース・パース、ウィリアム・ジェイムズ、ジョン・デューイ、それぞれが、書き残したものの総体を、各自の「信念のネットワーク」（クワイン、ローティ）と呼んでおこう。このネットワークは、核となる結び目がいくつかつながり合って、徐々に編み上げられていったものである。彼らにとって、プラグマティズムとは、数ある結び目の部分にすぎない。だから、たとえば、各自の思想体系といったものを想定し、その総体をプラグマティズムであると考えるなら、彼らの理論を見誤ることになる。彼らが書き残したものであろうと、未来の行為帰結という視点と論理的つながりを欠くかぎり、それは、プラグマティズムではなく、別の理論である。彼らにとって、プラグマティズムとは、未来を見据えた行為帰結主義である。帰結主義といっているのは、道徳的判断の確定（倫理学における帰結主義）ではなく、意味の確定に関わるものである。プラグマティズムは、彼らの「信念のネットワーク」を展開し、分析を推し進める上で、大きな力を持っていた。

ここで、シュンペーターが、かつてリカードの『経済学および課税の原理』における最初の二章の位置づけを評した際の比喩を、あえて、用いておきたい。プラグマティズムは、彼らの信念のネットワーク内において作動する「分析的エンジン」（シュンペーター『経済分析の歴史』第三編第四章第二項）の役割を果たしている。事柄の分析を推し進め、なおかつ、様々な事柄・理論を編み上げる力を持っているという意味である。パースの「分析的エンジン」は、当初は「プラグマティズムの格率」であり、これはジェイムズとデューイにも大きな影響を与え、それぞれが独自のプラグマティズムを展開していくことになる。三者のプラグマティズムを、今日の観点から、総体として受け取るなら、プラグマティズム運動という名がふさわしい。三者とも、ある種の理論と闘う中で、それぞれが、ある方向へと向かって行ったのである。

各自のプラグマティズムも、プラグマティズム運動も、土台から築き上げられた理論的建築物ではない。それらは、ゆるやかに撚り合わされてできあがったネットワークであり、一カ所が崩れたらすべて崩れ去るような理論体系をなしているわけではない。結び目の一つがほころんでも、別の結び目と編み直し、全体を撚り合わせていって分析を推し進めることができれば、それでいいのである。だからこそ、プラグマティズムは、一世紀の歴史に耐え、今もなお読み継がれている。このように考えるなら、本書に収録した全論文の結びつきを、プラグマティズム運動という、緩やかなネットワークとして把握することができる。各論文一つ一つが、このネットワークの結び目であり、「分析的エンジン」である。

第I部、プラグマティズムという言葉の登場

第I部に収録しているのは、デューイの論文「パースのプラグマティズム」（一九一六年）、ジェイムズの講演記録「哲学的概念と実際的効果」（一八九八年）、パースとジェイムズが執筆した事典収録項目「プラグマティズム」（ジェイムズ・マーク・ボールドウィン編『哲学・心理学事典』一九〇二年）である。これらは、プラグマティズムという言葉の誕生の背景およびその意味を、わかりやすく説明している。「プラグマティズム」という言葉を学術用語として口頭で使い始めたのはパースである。一八七〇年代初頭、マサチューセッツ州ケンブリッジにおいて、パース、ジェイムズ、オリヴァー・ウェンデル・ホームズ・Jr.、チョウンシー・ライトといったハーヴァード大学出身者たちが私的研究会「メタフィジカル・クラブ」を作った（Menand 2001[2011]）。そこにおいて、パースは、カントやベインに触発され、プラグマティズムという言葉を用いて、ある種の意味理論を提案した。パース自身の記すところによると（本書第10章）、この研究会での議論を踏まえて、「プラグマティズム」という言葉で自分が強く主張していた見解のいくつかをまとめ、一八七七年と一八七八年、二つの論文を雑誌『ポピュラー・サイエンス・マンス

リー（*Popular Science Monthly*）』に発表したという（「信念の確定の仕方」本書第6章、「我々の観念を明晰にする方法」同第7章、以下「明晰」論文と略記）。だが、この二つの論文に「プラグマティズム」などという言葉は一度も登場しない。本人自身も、当時、自らの新しい考えを新たな言葉で説明する必要を感じていなかった可能性がある（Brent 1993[2004], 訳書四六八-四六九頁）。

パースの論文自体、まったく注目されることもなく、約二〇年が過ぎた頃、一八九八年、ジェイムズは、カリフォルニア大学における講演「哲学的概念と実際的効果」で、はじめて公共の場で「プラグマティズム」という言葉を用い、その出典はパースの「明晰」論文であることを提示した。「メタフィジカル・クラブ」のメンバー以外で、学術用語「プラグマティズム」を耳にしたのは、講演会の出席者がはじめてかもしれない。この講演記録は、カリフォルニア大学の学内誌『ユニヴァーシティ・オヴ・カリフォルニア・クロニクル（*University of California Chronicle*）』一八九八年九月号に掲載され、学術用語「プラグマティズム」が、はじめて活字化されることになる。講演記録の一部は、後年のジェイムズの著作『宗教的経験の諸相』（一九〇一-一九〇二年）の第一八講、ならびに『プラグマティズム』（一九〇七年）の第三講で用いられている。さらには、一九〇四年、講演内容の要約版が学術誌（*The Journal of Philosophy, Psychology and Scientific Method*, vol. 1 (25): pp. 673–687）に「プラグマティックな方法」と題して掲載される。「プラグマティズム」が学術用語として徐々に注目され始めるのは、『ユニヴァーシティ・クロニクル（*University Chronicle*）』誌掲載の講演記録以降のことであろう。

「いったい、プラグマティズムとは何なのか」。このような疑問が、当時の学術関係者に浮かんだとしても不思議ではない。それだからであろう。一九〇〇年、『哲学・心理学事典』の編集に携わっていた心理学者ボールドウィンは、「プラグマティズム」の項目を掲載するために、パースに執筆を依頼する。パースとジェイムズとの間で交わされた有名な書簡は、この頃のものである（Brent 1993[2004], 訳書四六八頁）。パースはジェイムズに対して、こう述べる。

ところで、ある件に関して、たまたま、執筆することになっております。自ら事典編集に当たっているボールドウィンが、Jで始まる項目のところに来たところで、それ以降の全項目中、論理学の用語に関して執筆するよう、私に、突然、依頼してきました。そこで、用語に関して様々な疑問が浮かんできております。プラグマティズムという言葉は、誰が最初に用いたのでしょうか、私でしょうか、それとも、学兄でしょうか。この言葉が最初に活字化されたのは、どの文献においてでしょうか。プラグマティズムということで、学兄は、どのように理解しているのでしょうか（一九〇〇年一〇月一〇日付、ジェイムズ宛手紙、CP8. 253）。

これに対して、ジェイムズは、葉書で次のように返信している。

「プラグマティズム」という言葉を考案したのは貴兄です。『哲学的概念と実際的効果』と題する講演において、この言葉が貴兄の功績であること、私はきちんと記しております。この講演記録に謝辞は付しておりませんが、二、三年前、この論文二部を貴兄にお送りしているはずです（一九〇〇年一〇月二六日付、パース宛て葉書、CP8. 253n8）。

このやりとりの後、一九〇二年に、『哲学・心理学事典』は刊行された。こうして、事典を引いて調べさえすれば、人は、学術用語「プラグマティズム」の意味を知ることができるようになったわけである。

この間のデューイはといえば、一八八二年から一八八四年まで、ジョンズ・ホプキンズ大学の大学院生として哲学を専攻している。当時、同大学院においては、パースが、合衆国沿岸測量部の仕事に携わるかたわら、非常勤講師として、論理学などを教えている。デューイはパースの講義「論理学」に出席しているが、自らの考える論理学と異なるせいか、あまり満足していない。デューイは、ある私信（一八八四年一月一七日付）の中で次のように述べている。「パース氏は論理学を講じておりますが、その講義は哲学専攻の学生に対してよりも、数学専攻の学生に一層強くアピールするものであります」(Dykhuizen 1973[1977], 訳書六四頁)。パースは、ジョンズ・ホプキンズ大学においても、研究会「メタフィジカル・クラブ」を作り、デューイ自身も、これに参加している。パースの「明晰」論文は既に発表されていたが、当時、デューイにも、この考え方が影響を及ぼすことはなかった。しかし、次第にパースの重要性に気づくようになり、一九一六年、デューイは「パースのプラグマティズム」を発表する。

第1章、パースのプラグマティズム（デューイ）

この論文は、一九一六年、学術雑誌（*Journal of Philosophy, Psychology and Scientific Methods*, vol. 13）に掲載された。プラグマティストたるデューイが、パースのプラグマティズムを、ジェイムズのプラグマティズムと関連させて解説している。プラグマティズムに関するパースとジェイムズの共通点と相違点を踏まえた上で、デューイはプラグマティズムの理論的核心を明確に述べている。両者の相違点を、ひとまず措くとすれば、プラグマティズムとは、観念（言明・命題）の意味を、未来においてこれから行おうとする行為の帰結のうちに突き止めようとする、ある種の意味理論である。ある観念を用いることで、これを用いない場合と比べて、あるいは、別の観念を用いる場合と比べて、行為の帰結に何の違いも生じないのであれば、当の観念に意味はない。デューイ自身も、この立場をプラグマティストとして共有している（本書第Ⅲ部収録のデューイ論文）。要するに、パース、ジェイムズ、デューイにとって、意味の在処は、未来の行為帰結である。

しかし、デューイによれば、パースとジェイムズが分岐するのは、ここから先である。ジェイムズは、未来における経験を、一般論においてではなく、時と場所と状況の限定という点で、特殊で個別的な具体事例において考える。対して、パースの場合、意味内容が目下不確定な観念や命題に関して、その意味の在処を未来の行為（実験操作）の帰結に求めるだけでなく、これから確定される意味を、いつでも、どこでも、誰にでも妥当する一般性の形式、習慣化された行動様式の一般性において把握する。パースとジェイムズの相違は、さらに、探究ということに関わる。困難を解決し、あるいは、不安定状況から脱出しようと奮闘努力することを、パースは探究と呼ぶ。デューイによると、パースは、探究過程における手続き、社会的合意を、ジェイムズに比べてはるかに重視しているという。また、デューイの理解では、パースもジェイムズも実在論者であるが、しかし、パースの場合の方が、実在概念を明確化し、これを長期にわたる共同的探究の後で安定化する信念として把握している。実在に対して明確な意味を与えることができるのは、ただ、継続的で共同的な探究の帰結によってのみである。

パースとジェイムズのプラグマティズムを解説した上で、デューイは論文末尾で自説を示唆する。実在とは、帰結であって、先行する何かではない。実在なるものを、反省的探究に先立って与えられるものと定義する試みに対しては、疑問を呈することで、論文を締めくくる。帰結主義に立つ実在論であり、後年、この立場をさらに徹底する。時と場所と状況を特定することなく、実在の何たるかを述べることなど無意味であり、「プラグマティズムの側からみた実在概念の主たる特徴は、まさしく、実在一般の理論など、そもそも、可能でもなければ、必要でもない」とまで言い切る（本書第16章）。どんな場合でも妥当する「実在なるもの」を想定しないかぎり真理への接近は不可能と考えるパースが、仮に、デューイのこの叙述を読んだとしたら、両者の間でどのような議論が始まるのか、興味深いところである。

第2章、哲学的概念と実際的効果（ジェイムズ）

ジェイムズによるプラグマティズムの言語化は、この講演記録（一八九八年）に始まる。ジェイムズのプラグマティズムも、さしあたっては、意味理論（帰結による、有意味性／無意味性の区別）であるが、この時点で既に、後年の『プラグマティズム』（一九〇七年）にみられるように、プラグマティスト意味理論を真理理論にまで拡大解釈している。ジェイムズは、まず、「パースの原理」を次のように把握する。「ある対象について我々が思考する際に、その完全な明晰性を得ようとするなら、当の対象の使用によって生ずる、考えられるかぎり実際的な質が、いかなる効果をもたらすか、これを考察するだけでよい」。その上で、ジェイムズはパース理論の拡張を図る。「ある真理は、我々にとって、いったい何を意味するか、これについての究極的な試金石は、実際には、その真理によって影響が生じて喚起される行為である」。

ジェイムズの講演内容は、プラグマティズムを、形而上学論争（たとえば、世界は一者か、それとも多者か）、そして、宗教領域、特に、有神論と唯物論（無神論）との論争に適用したものとなっている。ここでは、未来を見据えた帰結主義的意味理論ということを確認するために、宗教に限定して、重要論点に触れておく。

まず、有神論と唯物論との間に対立があるとして、これらの命題を採用することで、もし、実践的に何の違いももたらさないのであれば、両者の対立は無意味である。「違いを生み出すことのない違い」など存在しえない。単なる言葉の上での区別、抽象的真理の区別など、我々の行為に違いをもたらすことはない。これが、哲学上の論争に対する帰結主義的意味理論の立場である。

次に、プラグマティズムを宗教領域に適用する際の思考場面は、未来を見据えている場面である。ジェイムズは、様々な思考実験を行い、その帰結如何によって、有意味性を確定しようとするのであるが、その際、プラグマティズムを適用できない場面を明確にしている。既に過ぎ去ってしまい、確定済みの出来事に対しては、プラグマティズムは無効であり、意味を持たない。たとえば、世界が終わりを遂げ、今後は、何も存在しないというような、思考実験上の場面のことを、ジェイムズは、「事の帰結の予見も、行為の影響も何ら生じえない状況、つまり、プラグマティズムの原理の適用領域を何ら見出しえない状況」

として特徴づける。ある時点以降、事の帰結が一切生じえない世界において、その事態に対して「違いを生み出す違い」は存在しえない。「未来の明確な帰結という点において何ら得るところのない哲学上の論争に対しては、たいていの人は直観的に背を向ける」。同じように、プラグマティストも、このような哲学論争など無意味と考えるわけである。

逆にプラグマティズムが作動する領域というのは、「これから到来する何ものかに備えるという、世界の役割から、世界自ら新たな追加的意義を引き出す」ことのできる領域である。こう把握した上で、ジェイムズは、未来がありうる世界にあって、今現在から未来へ向けて解釈するとき、有神論と唯物論（無神論）は、まったく異なる帰結を示すと主張する。このようにいえる根拠は、ジェイムズ自身の宗教観にある。ジェイムズのいう宗教は、教義神学の対象などではなく、人々の「生き生きとした実際的な出来事」である。このような宗教観に立つかぎり、有神論は、人々に「応答的で活動的な感情」を引き起こしうるが、しかし、唯物論は、道徳的秩序や人々の究極的希望を断ち切ることになる。

最後に、講演を締めくくるにあたって、ジェイムズは、自らのプラグマティズムの哲学上の由来について語る。彼にとっては、たとえば、カントは重要ではなく、ロック、バークリー、ヒュームといった英国経験論が重要な意義を持つ。経験論からジェイムズが学んだのは、概念は「〈何か〉として」知られるものであり、この「〜として」ということこそ、人生に様々な違いをもたらす。概念を用いることで、「〜として」違いをもたらす違い、これが、当の概念の「キャッシュ・ヴァリュー」である。

第3章、プラグマティズム〔ボールドウィン編『哲学・心理学事典』項目〕（パース／ジェイムズ）

一九〇二年刊行の『哲学・心理学事典』の項目「プラグマティズム」は、パースとジェイムズによって執筆された。ここでは、第一項と第三項（ともにパース執筆）で言及されている形而上学に関して、念頭に置くべきことを述べておく。

第一項において、パースは、プラグマティズムの格率を述べ、理解の明晰性を得るために、この格率を採用すれば、形而上学のほとんどは一掃されるだろうと述べている。ここで留意すべきことは、パース自身、けっして、形而上学すべてを否定しているわけではないということである。否定すべき形而上学は、あくまで、意味の確定の妨げとなるかぎりでの形而上学である。プラグマティスト意味理論からするなら、行為帰結において何ら違いが生じないのであれば、また、何ら効果が生じないのであれば、問題にしている概念には意味がない。パースが斥けるのは、あくまで、帰結において違いが生じない、あるいは効果が生じないような形而上学的な概念把握である。後年、パースが主題化している例を用いるなら（本書第7章）、「力」という概念は、加速度によって定式化されれば、当の概念の意味は把握されたことになる。「力」は加速度を引き起こすといおうが、「力」は加速度であるといおうが、同じことなのであって、両者の表現に意味上の違いはない。ましてや、「力」をして「力」たらしめる本質が、「力」という現象の背後にあるなどという形而上学的想定には、何の意味もない。

他方で、第三項において、パースは自らの形而上学、「連続主義」を語り出し、形而上学とプラグマティズムとの関連について述べる。「連続主義」によれば、概念の意味、究極の善は進化の過程にある。これらは、個々のばらばらな反応のうちにあるのではなく、個々のばらばらな反応が、やがては、一般的なものに成り行く過程、法則にしたがうものへと生成していく過程、一般的観念に満たされたものへ生成していく過程、こういった連続過程のうちにある。パースの理解によれば、意味理論としてのプラグマティズムとは、このような連続主義的生成の一局面であるという。プラグマティズム自体は形而上学ではないが、パース独自の形而上学、連続主義の一環としてある。

第Ⅱ部、パースのプラグマティズム

世の中には、遠い昔の自分の見解を振り返って、今もなお、いささかの変更も必要としないなどと、自慢げに語る研究者がいる。一〇年、二〇年前の自説に何の変更もいらないということは、独創性のない、取るに足らない見解しか示せなかったか、あるいは当人が成長していないか、どちらかであると考えた方がよい。そもそも、常人にはなしえない独創的思考・鋭利な分析というものは、独創的である以上、初出の時点で本人には完璧にみえても、自らの思考が成長した地点からみれば、欠陥を避けられない。

翻って、パースは可謬性ということをよく理解していた。論理的に考えるという意味での推論は、自己修正という性質を有する（パース「論理学の第一規則」、『連続性の哲学』所収、伊藤邦武編訳、岩波書店、二〇〇一年）。パースは、論文執筆の時々において万全の理論を提示できたと思っていたかもしれないが、後に自らの誤りに気づくと、絶えず、自説を改訂していく。

第Ⅱ部では、プラグマティズムに関するパースの既発表論文、未発表草稿を執筆順に収録している。プラグマティズムは、パースが展開した数ある理論のうちの一つにすぎない。この理論にあっても、パースは絶えず自己修正を行う。他方でパースは、後になればなるほど、自らの様々な、しかも、元来プラグマティズムとは無関係だった理論を、プラグマティズムの名の下に包摂しようと試み、統合的な理論を作ろうとする。プラグマティズムについて、パースが最後に書いた未発表草稿（第10章）では、特に、その傾向が顕著である。パースが絶えず自己修正と自己統合を試みている以上、執筆順に配列された七つの論文・草稿を読む場合も、そのことに留意する必要がある。

第4章、人間に生得的に備わっているとされてきた諸能力についての問い（パース）

この論文は、一八六八年に、学術雑誌（*Journal of Speculative Philosophy*, 2）に掲載された。事柄を、瞬時にして、媒介なしに直接的に、しかも誤ることなく確実に知る能力（デカルト的直観）を、人は持っているのだろうか。あるいは、外的事実からの推論を経ることなく、内的世界を直接無媒介に知覚する能力などというものを、人は持っているのだろうか。人にはそのような能力などないことを、パースは七つの論点をあげ、委曲を尽くして論証しようとする。後年のプラグマティズムの輪郭をつかもうとする場合、パースの論証手続きそれ自体の妥当性如何に拘泥するよりも、パース自身の知識理論・意味理論を理解する方がはるかに生産的である。

人が事柄の意味を把握するとき、それは、時間を有する過程であり、以前の認識等によって限定・媒介を経た思考手続きであり、しかも、往々にして、事柄の意味把握を誤りうる。意味の把握・確定にとってパースが不可欠と考えていたのは、無知と誤謬の場としての自己、時間と媒介を要する推論、そして、記号である。

第一に、一切を知っていることなどない以上、人は、初見の事柄に対しては無知であり、事柄の把握に際しては可謬的である。単独では状況把握に失敗しうるが、他者による語り等を通じて、当初の理解像を修正しうる。だが、いつでも、どこでも、一切を誤りなく確実に知りうるなどということはない。

第二に、後年のパースの理解によれば、推論とは、既知の事柄を考察することで、未知の事柄を把握する過程である（本書第6章）。このように時間を要する過程にあっては、後続する認識は、先行する認識によって、常に限定を受けている。これは、自己の内面においても、自己と他者との間でも、妥当することである。認識とは、「始まりの瞬間に生ずるのではなく、そこから始まる過程を経過する中で生ずるのである」。経過する認識とは推論にほかならない。

第三に、推論過程は記号過程である。いかなる思考も、自己に対してであれ他者に対してであれ、他の何らかの思考に語りかけており、何らかの限定・特定化を及ぼすことになる。パースは、この過程を記号による思考と名づける。あらゆる思考は別の思考の中で解釈される。先行する認識と後続する認識との間に成立する関係は、記号による限定・特定化関係である。解釈されるとは、記号の中で、かつ、記号によって思考されるということである。したがって、あらゆる思考は記号である。

以上の三点は、その後の論文において繰り返し議論され、さらに展開されていく。

第5章、四つの能力の否定から導かれる諸々の帰結（パース）

この論文は、前章の続編であり、一八六八年、同じ学術雑誌（*Journal of Speculative Philosophy*, vol. 2）に掲載された。パース自身の言葉を用いれば、両論文とも「反デカルト的精神」によって書かれている。反デカルト的ということで理解されているのは、直観能力も内観能力も、さらには、記号なしに認識する能力も、絶対に認識不可能なものを思考する能力も、人は持ち合わせてはいないということである。この論文では、都合四つの能力を否定することで、自らの知識理論・意味理論を展開する。前章と同様、ここでも、デカルト批判の論証手続きよりも、パース自身の知識理論・意味理論を理解することの方が、後年のプラグマティズムを理解することに通ずる。

パースが内観能力・直観能力を否定するとき、そこで、語りたがっているのは、外的事実と結びついた推論ということである。推論の三つのタイプを、演繹、帰納、そして（後年、リトロダクション、アブダクションと呼ばれることになる）仮説形成とたどり、パースは自らの知識理論・意味理論を、記号論と実在論として展開していく。

我々の意識に現れるものを記号として用いることで我々は思考する。記号には、三つの相互参照関係的特質がある。第一に、記号は、それを解釈している何らかの思考に対して向けられている。第二に、こうした解釈思考において、記号は、何らかの対象を代わりに表している。第三に、記号は、何らかの関連の中にあって、当の関連を記号対象と結びつけている。

意味や価値は、今実際に思考されている事柄の中にはない。「今現れている思考は、表象機能が作用している場合、後続する思考によって何かと結びつけられることになる。意味や価値の在処は、この結びつけられる事柄の中なのである」。各瞬間一つ一つにおいては、認識もなければ表象もない。だが、「相異なるそれぞれの瞬間にある心の状態どうしの関係においては、認識もあるし、表象作用もある」。このように事柄の意味が把握されているときには、記号が作用しているといってよい。

思考過程のうちにある私は、無知と誤謬が明らかになる場でもある。自分自身の誤りを正すとき、そこには、実在というものが想定されている。「実在的なものとは、知識と推論を行使すれば、遅かれ早かれ、最終的に到達するであろうものであり、したがって、私やあなたの気まぐれから影響を受けることなく独立に存在するものである」。実在的なるものは、完全情報が得られているという理想的状態下にあるとき知られるようになるのであって、実在の何たるかは、孤立個人が決定しうるものではなく、コミュニティによる最終的決定、コミュニティの未来の思考に依存する。それゆえ、実在概念にはコミュニティという概念が含まれている。

第6章、信念の確定の仕方（パース）

この論文は、一八七八年、雑誌『ポピュラー・サイエンス・マンスリー』に掲載された。パースはここで、デカルト的な過剰な懐疑論を斥け、探究の理論を提示する。探究の目的は意見を確定することである。探究過程の進行は二つの心の状態によって説明しうる。心の状態が疑念から信念へと推移していく過程、これが探究過程であり、この過程を通じて意見が確定される。既に意見が確定されており、探究過程が作用することのないとき、そこには既に信念が成立している。信念というのは、「心の習慣」（本書第8章）であり、「人が、これから、働きかけようと用意ができているということである」（本書第10章）、つまり、事に対処するにあたり、こう思っていれば、まず大丈夫だという心のありようのことである。したがって、信念の成立とは、「行為の様式を規定する何らかの習慣が確立されている」ことを示している。ところが、このようなことを、まったく当てにできない心の状態というものがありうる。今までの「心の習慣」に基づくかぎり、事に対処する用意がまったくできない心のありようが、疑念である。疑念という状態にあるかぎり、人は事柄に対処しえない。その場合の心的状態は、不安であり不満であり、人はそこから逃れ、信念の確定にいたろうとする。「疑念が刺激となって、何とか信念の状態に達しようとする奮闘努力が始まる」。この過程が探究である。

こうして探究の端緒は疑念なのであるが、ここで注意すべきは、パースのいう疑念とは反懐疑論的概念だということである。用もないのに必要以上に事柄を疑い続け、一切を懐疑することから出発する議論を、パースは斥ける。探究の端緒は、「現実の生きた疑念」であって、デカルト流の方法的懐疑は恣意的な懐疑でしかない。

ひとたび、疑念が契機となって、信念の確定にいたるには、四つの方法がある。第一の方法は「固執の方法」である。問いに対しては、自分の気に入った解を採用し、それを延々と述べて自分を納得させる方法である。自分の思い込みに反するものに対しては、軽蔑と嫌悪をもって、そこから離れようとする。第二の方法は「権威の方法」である。一個人において信念を確定するのではなく、コミュニティにおいて信念を確定する場合、国家や宗教の権威に頼る方法である。第三に、「ア・プリオリな方法」がある。これは形而上学に典型的な方法であり、観察された事実に基づくことなく、つまり、経験とは無関係に（ア・プリオリに）、「理にかなっている」ということをもって、信念の確定と考える。形而上学論争にみられるように、「理にかなっている」だけでは、見解の一致をみることはない。第四に、「科学の方法」がある。この方法にとって、真理概念は公共的な何ものかであり、実在論を根本仮説とする。すなわち、実在的な事物というものが存在するのであり、その性質は、我々の意見から独立している。こうした実在仮説を想定し、あらゆる人々が到達する究極の結論は同一のものとなるような方法、これが科学の方法である。

四つの方法には、時と場合によって、それぞれ長所もあれば短所もある。思い入れや好み、権威、理にかなっていること、これらも、時には、迷いを脱し信念の安定化に通ずるかもしれない。しかし、得られる帰結と事実との一致、意見と事実との一致をもたらすのは、唯一、科学の方法のみである。

第7章、我々の観念を明晰にする方法（パース）

この論文は、一八七八年、雑誌『ポピュラー・サイエンス・マンスリー』に掲載された。パース自身が述べているように（本書第10章）、前章の論文とこの論文は相互に補完し合う関係にある。「プラグマティズム」を術語として最初に活字化したジェイムズが述べているように、この論文こそ、プラグマティズムの誕生を告げる文献であり、ここにおいて、後年、「プラグマティズムの格率」と呼ばれるようになる考えが定式化されている。だが、この「明晰」論文には、「プラグマティズム」などという言葉はどこにもない。

推論の技法たる論理学が教えるべき第一の課題は、我々の観念・概念を明晰にする方法である。観念が明晰性を欠く場合、たとえば、一つの明晰でない観念に取り憑かれ、無意味で不確かな幻想に全精力を注ぐということもありうる。観念を明晰にする方法は、これまで、様々に考えられてきた。第一に、その観念に精通しているといった程度の理解度である。第二は、観念を定義することで、明晰性を確保するというものである。

パースは、この二つの方法以上に、観念を明晰にしうると考え、理解の明晰性にいたる第三の段階を明らかにしようとする。これは、前章で確認した探究の原理から導くことができる。信念は、確立済みの行為規則・習慣であり、ある観念の確定された意味は、当の観念を用いてふるまう習慣にある。習慣に即して行動し、ある観念を用いて事柄に働きかけるとき、そこに何の支障もなければ、当の観念の意味は既に確定されていることになる。習慣と行動、信念と習慣、観念と信念は、それぞれで同じ事態を構成している。

「何であれ、何かについて我々が持つ概念とは、それがもたらす感知可能な効果について我々が持つ概念にほかならない」。ここから、理解の明晰さの第三段階に到達するための規則が導かれる。「我々が持つ概念の対象は何らかの効果を及ぼすと、我々が考えているとして、もしその効果が行動に対しても実際に影響を及ぼしうると想定されるなら、それはいかなる効果であると考えられるか、しかと吟味せよ。この吟味によって得られる、こうした効果について我々が持つ概念こそ、当の対象について我々が持つ概念のすべてをなしている」。これが、後年、「プラグマティズムの格率」と呼ばれるようになる。様々に再定式化可能であろうが、その核心は次の点にある。ある種の観念の意味というものは、ある条件の下では、ある帰結が生ずるはずだという、〈条件 - 帰結〉関係下の行動場面で、考えるべきだということである。そうすれば、意味に関する不毛な議論を回避できる。

みられるように、パースのプラグマティズムは意味理論である。パースにとって、真理は、プラグマティズムにおいてではなく、信念の確定を目的とする探究の理論において位置づけられる。「あらゆる探究者が最終的に同意するように運命づけられている見解こそ、我々がいう真理ということの意味であり、この見解によって表現されている対象こそ、実在なるものなのである」。

一八七八年の時点で、パースが到達していた考えは、観念の意味、疑念と信念、探究、行為習慣、記号、真理と実在に関する理論であった。だが、自らの独創的な意味理論に対して「プラグマティズム」という言葉を用いる必要性について、パースは、約二〇年間、気づくことはなかった。

第8章、プラグマティズムとは何か（パース）

この論文は、一九〇五年、学術雑誌（*The Monist*, vol. 15）に掲載された。背景的事実として、二つの事柄を念頭に置くと、この章以降の論文も理解しやすくなる。一つは、この時点で、「プラグマティズム」という言葉が注目を浴びつつあったということである。ジェイムズの『プラグマティズム』（一九〇七年）はまだ刊行されていないが、彼の「哲学的概念と実際的効果」（本書第2章）や『宗教的経験の諸相』も、ボールドウィン編『哲学・心理学事典』（本書第3章）も公刊済みであり、さらに、英国の哲学者シラー（F.C.S. Schiller）も「プラグマティズム」という言葉を用い始める。これらの「プラグマティズム」が、文芸誌においてさえ「プラグマティズム」という語が登場するようになる。これらの「プラグマティズム」が、自らの造語意図と、あまりに懸け離れた用い方がされ始めたため、パースは自説に対して「プラグマティシズム」という言葉を用いたいとまで述べるようになる。

今一つ、重要な背景的事実として念頭に置くべきことは、この論文の執筆にいたる過程で、パース自身、かつての自説に修正を施しつつ、諸々の自説を統合しようと試みているということである。

三点あげておこう。第一に、たとえば、先の第4章と第5章の論文については、「唯名論的先入観に、幾分、目が曇っていた」と振り返る（*The Monist*, vol. 2; EP1: 313）。これは連続主義の不徹底ということである。また、一九〇三年、ハーヴァードにおいて行われた七回にわたるプラグマティズム講義（本書未収録、EP2: Chapters 10–16）では、先の第6章の論点、探究過程に関して、「不安・不満」による〈疑念 - 信念〉の説明は「心理学的事実」に頼りすぎたと評価するようになる（EP2: 140）。パースは自説を修正し、探究理論は、心理の学ではなく、規範の学・論理の学でなければならないと考えるにいたる。第二に、ハーヴァード講義で過去の自説を洗練させた論点の一つは、プラグマティズムの理論とは、アブダクション＝仮説形成の理論であるということである。「アブダクションとは、説明のための仮説を形成する過程のことである。それは、何であれ新しい概念を導入する唯一の論理的操作である」（EP2: 216; CP5. 171）。つまり、これまでの通説や習慣では、まったく対処できないような新たな出来事が出現した場合、新たな概念を採用して、事態を何とか解決しようとする際に作動する論理のことである。第三に、パースの諸々の論文の系譜をたどってみると、当初は、プラグマティズムという言葉を用いることなく思考してきた様々な論点を、パース自身、次第に、プラグマティズムの理論に組み込もうとするようになる。一方では、プラグマティズムを、厳密に、したがって狭義に再規定しようとしつつ、他方で、プラグマティズムとは独立に到達した理論を、プラグマティズムの名の下に包摂しようと試みる。

以上の背景的事実を基礎にしていえば、この章以降展開される理論は、一方で他のプラグマティストに対するパース自身の独自性の提示であり、他方で自己修正の試みであり、かつ、従来の自説をプラグマティズムの名の下に統合していく試みである。このように考えれば、以後のパース版プラグマティズム理論が、動揺の中、展開を遂げていく様子を理解しやすくなる。

この章の論文は二段構えの形で構成されている。前段では、プラグマティックな意味理論が再定式化され、反懐疑論が前面に打ち出されている。ある概念の意味は、当の概念を用いた、あるいは、それに対する実験的操作における帰結である。実験的操作を広義に行動と把握するなら、ある概念が人間の行動に対して与える想定可能な影響の中に、当の概念の意味があるということになる。探究過程は、疑念を端緒とし、信念の確定へと推移していく。この場合の疑念は、「信念を揺るがす予期せぬ出来事」との出会いによって生じ、「古い信念」に対する疑念という形式を取る。パースのいう疑念は、デカルト流の方法的懐疑、恣意的人為的な懐疑と異なり、実際に生じざるをえない疑念である。探究理論は反懐疑論的〈疑念／信念〉論である。生きた疑念を契機として作動する過程は、自分の行為を制御しつつ、不確定な事柄に対処していく過程であり、その行く末は、事に対処しうる新たな習慣の形成であり、信念の確定状態である。

後段の議論は、「質問者」と「プラグマティシスト」との問答形式を取っている。いくつかあげられている論点のうち、パースがこだわる一般性ということについて触れておく。問答中、「質問者」は、「プラクティカリスト」に仮託して、「プラグマティシスト」に対していう。意味は行動のうちにあり、「行動というのは、特定の時点で特定の対象に対して、なされなければならない」。これは、「哲学的概念と実際的効果」(本書第2章)におけるジェイムズの立場である。これに対して、「プラグマティシスト」パースは、意味とは一般的なものであると、延々、主張していく。要するに、問答中、「プラグマティシスト」による一般性の主張は、「プラクティカリスト」ジェイムズに対するパース自身の理論的対置である。

この場合、パースはジェイムズの特殊性・個別性の強調を存在論という形式で理解した上で議論している。ボールドウィン『事典』項目を援用していえば、概念の意味を、個々のばらばらな反応のうちに求めるのがジェイムズであるのに対して、自分は、ばらばらな反応が一般的法則へと成り行く姿において意味を見出すと考えている。パースによる、このようなジェイムズ解釈の妥当性は、かなり怪しい。何しろ、ジェイムズは、「哲学的概念と実際的効果」において、パースの存在論・形而上学などには乗っていない。行為と帰結に関してジェイムズ（そして後年のデューイ）がいっているのは、一般的行為の一般的帰結などというものは意味をなさないということである。より正確にいえば、行為一般なるものによって、何かをなしうるなど、そもそも、不可能であって、何かをなしうるのは、常に特定の対象に対する特定の具体的行為だということである（"Doing always means the doing of something in particular." — John Dewey）。抽象的真理など、「違いをもたらす違い」になりえない、つまり、事をなしえない、困難を解決しえないのである。ジェイムズが、特殊性・個別性・具体性を強調するのは、元々、個別事態における有効性の文脈においてであって、パース流形而上学あるいは普遍妥当性とは何の関係もない。ジェイムズがパースのプラグマティズムを「誤解」しているというのであれば（Perry 1947[1996]: p. 281）、この点にかぎっていえば、パースはジェイムズを完全に誤解している。

しかし、パースとしては、オリジナルが自分の側にある以上、プラグマティシズムで論じている意味は、一般性・法則性・習慣性の次元における議論でなければならない。権利上は、このように主張しうる。そこで、パースの土俵に乗って、特殊性対一般性の議論について述べておこう。

不確定な事態を前にして、事柄の意味の在処は未来にあることを主張する点において、ジェイムズもパースも同じ立場に立っている。しかし、ジェイムズの場合、未来の実際的経験において生ずる特別な帰結、特殊なものに重要性を与えるのに対して、パースの場合、行為を通して具現化される、理にかなった意味とは、一般化された習慣、最高度の一般性であって、あれこれの特殊な環境における行為ではなく、あらゆる状況における一般化可能な行為様式である。パースが、このように主張するのは、自身のいっている意味とは、何であれ、事柄の意味ということではなく、ある種の意味のことだからである。ある種というのは、次のような事態である。そもそも、パースが、観念（後には知的概念、シンボル）の意味の確定というとき、そこで問題になっている意味とは、不確定状況から、ある事柄に関する法則性・規則性・習慣性が成立していく過程の中で（新たに）浮上する概念の意味のことである。つまり、不確定状況から、いつでも、どこでも、誰にとっても、確定的な状況に成り行く過程で成立する概念の意味である。一般的とは「いつでも、どこでも、誰にでも」ということである。そうである以上、パースとしては、一般性は、絶対に譲れない。

さらにいえば、パースにとってプラグマティシズムは真理理論ではないが、ジェイムズにとってプラグマティズムは意味理論（有意味性／無意味性）かつ真理理論である。ジェイムズのように、個別の帰結をもって、真理としてしまっては、一個人にとってのみの真理（私的真理）という意味をも含みかねない。パースとしては、到底、容認しえないわけである。だから、たとえば、後年、ジェイムズより、『プラグマティズム』（一九〇七年）を贈られた際、パースは、その礼状において、「真理とは公共的なものである」と主張するのである（Perry 1947[1996]: p. 291）。

こうして、パースのプラグマティシズムは、自身の存在論・形而上学と不可分の関係にある。本章末尾で、一見、唐突に、連続性、第一性・第二性・第三性、さらには、これらとヘーゲルとの関係が論じられるのも、そのためである。単にそうあるという第一性、他との関係においてそうあるという第二性、そして、これら両者を媒介し、偶然、法則化されているという事柄の在り方＝第三性、これらについて言及されるのは、パース流プラグマティシズムが法則・規則・習慣の生成過程内における意味理論だからである。だが、第一性と第二性は第三性へと止揚されることはない。これらは、それぞれで、「実在なるもの」を三位一体的に構成する。だから、パースはヘーゲルを称揚しつつ、「ヘーゲルとは袂を分かつ」のである。

第9章、プラグマティシズムの帰結点（パース）

この論文は、一九〇五年、学術雑誌（*The Monist*, vol. 16）に掲載された。冒頭では、かつての「明晰」論文におけるプラグマティズムの格率を、記号論の用語で再定式化している。この再定式において主題となっている意味は、あらゆる概念の意味ではなく、パース記号論にいうシンボルの意味である。前章と同様、この論文も、以前の種々の自説を「プラグマティシズム」の名の下に統合しようとする試みであるといってよい。元々、「明晰」論文以前の研究成果、しかも、「プラグマティズム」という言葉を用いることなく思考して到達した自説を、パースは「プラグマティシズムの諸帰結」として把握したいと考えている。つまり、この論文の標題が意味しているのは、プラグマティシズムを採用した場合、その帰結として主題化すべき論点ということである。パースが「プラグマティシズム」の理論の名の下に包摂しようとしている理論的立場は、批判的常識主義とスコラ的実在論である。

トマス・リードに代表されるスコットランド常識学派の成果を、パースは批判的常識主義として捉え返し、これを自らの立場としている。批判的常識主義は、前章までの論文で繰り返し述べられている反懐疑論的〈疑念／信念〉論を再定式化したものとして理解可能である。パースはここで、この議論を、さらに可謬主義と記号論とに結びつけている。議論の展開はかなり錯綜しているので、誤解を恐れず単純化して論点を提示しておく。

プラグマティシズムは、記号の知的意味を確定していく過程内の理論である。記号の意味の確定とは、当の記号に対するふるまい、あるいは、その記号を用いたふるまいが確定するということである。同時に、意味の確定化過程とは、そのようなふるまい方・習慣の形成過程である。自分たちの習慣、行動様式を確定する過程とは、自分たちのふるまいを制御する過程、自己制御過程である。ひとたび、意味、行動様式が確定したならば、それを、疑う余地のないものとみなしていいのであり、このようなところに過剰な懐疑論を突きつける必要はまったくない。

批判的常識主義は、疑う余地のないものを、疑う余地のないものとして承認する。しかし、何が、あるいは、いかなる領域が、「疑う余地のないもの」であるかは、当面、そのように範囲が画されているということでしかない。したがって、疑いえないものの範囲は可変的であり、さらには、疑う余地のない信念の中には、後になって、誤りとわかるものもありうる。

プラグマティシズムが記号の意味の確定理論であるということは、記号の意味の不確定状態と確定状態とを想定しているということである。確定化過程は、不確定状態と確定状態との間で作用する。これは生成途上の状態にあるということであり、当面のところ未確定な状態の系列として理解可能である。

以上のように、批判的常識主義が議論された後に、パースの理解するスコラ的実在論が提示される。「一般的でありながら、実在的である諸々の対象が存在するのであり、実在的対象には、現に〔ある時点・地点において〕存在する個々のものを規定している諸々の様相も含まれている」。これがスコラ的実在論である。パースが「実在なるもの」にこだわるのは、知識と推論を行使すれば、いずれ、到達しうるであろう事柄、しかも、いつでも、どこでも、誰にでも妥当する事柄があるということを想定しないかぎり、意味の確定などありえないと考えるからである。

だが、この立場は、ある種の困難を伴いかねない。仮に、認知済み確定済みの意味の再確認にしか役立たず、現段階で未確定かつ未認知の意味、しかし、いずれ確定され認知されるかもしれない意味に対処できないのであれば、そもそも、プラグマティシズム=記号の意味の確定理論など、用をなさない。操作上わかりきった意味など、確定する必要がないからである。このような課題を想定するとき、スコラ的実在論は、「実在的でありながらも曖昧な存在者」、「実在的でありながらも可能的な存在者」を承認せざるをえない。後年の表現を用いるなら（第10章参照）、パース流スコラ的実在論は、「仮定法的可能存在

実在的様相について述べる。

当の対象は可能的に存在するし、可能的に作用すると想定していいのである。パースはこのように考えて未認知であっても、いずれ確定され認知されるのであれば、たとえ今現在、その対象を認識しえなくても、（would-be）」「仮定法的可能作用（would-act）」を想定している。つまり、今、ある記号の意味が未確定・

様相論を議論した後、プラグマティシズムの本質を理解するためには、「時間とは何か」を問わねばならないとパースはいう。プラグマティシズムの本質が、なぜ、時間に関わるのか。この箇所だけをみるかぎり、何をいっているのか、わかりにくいかもしれない。だが、プラグマティシズムが、不確定状況下における、記号の意味の確定理論であることを考えるならば、なぜ、時間を問題にしなければならないか、理解しやすくなる。プラグマティシズムは、概念の意味の在処を、未来における行為帰結のうちに求める。ここでは、わかりきった概念の意味など問う必要もないし、その在処を探る必要もない。けれども、不確定状況下にあって、これを確定化しようとする過程において、状況確定化のために新たに必要となってくる概念というものがある。プラグマティシズムとは、実のところ、このような概念・記号の意味の確定理論である。プラグマティシズムは、未来に向かって、今これから、行動し、実験操作を遂行する際に新たに必要になる、目下のところ、未確定・未認知の概念の意味を確定することを目的としている。そうだとすれば、プラグマティシズムが作動するのは、どのような場面であるか明らかにする必要がある。そのために議論すべきがプラグマティスト時間論であるといってよい。未来を見据えた行為帰結主義が作動するのは、今現在である。今現在とは、「確定的なものと非確定的なものとの狭間にあって、今まさに生まれ出ようとしている状態」である。今現在の意識とは、「これからどうなるかをめぐって奮闘努力する意識である」。要するに、プラグマティシズムが作動するのは、未来を見据えた今現在である。プラグマティシズムが時間論を必要とする所以である。

第10章、プラグマティズム〔MS 318. 一九〇七年草稿〕

この論文は、一九〇七年に執筆された未発表草稿である。パース・エディション・プロジェクト(『パース年代順著作集』編集刊行委員会)によって復元された論考で、目下のところ、利用できるのは、『エッセンシャル・パース　第二巻』所収の第二八章で、「序文」、「未定稿一」、「未定稿二」からなる。その一部分は、かつての著作集(CP5)中の収録論文「プラグマティズムの概観」に含まれている。一九〇七年草稿は、プラグマティズムに関するパース最後の論文であり、パース版プラグマティズムの頂点をなしているといってよい。

既に述べたように、この草稿は、パース自身の自己修正の記録であると同時に、元来、プラグマティズムという言葉を使用することなく思考してきた論点を、プラグマティズムの名の下に包摂しようとする試みの記録である。動揺の中で浮上した、最後のプラグマティズム理論である。この草稿に関しては、統合の達成と評価する者もいれば、ある意味、無理にでも統合しようとして挫折した論考と評価する者もいるだろう。いずれにせよ、この草稿には、従来の自説の限界線を突破しようとする叙述が様々みられ、今日においても、大いに知的刺激を与えてくれる論点がある。以上を念頭に置いて、ここでは、「未定稿一」に限定して、錯綜した叙述の中から、理論的に重要な点をあげておく。

「プラグマティズムとは、意味を確定する一つの方法である」。この場合、一つの方法といっているのは、実験的方法、つまり、「汝ら、その結果によりて、それを知るべし」ということであり、〈条件‐帰結〉関係下の行動場面において、行為帰結によって、意味を確定するということである。さらに、ここでいっている意味とは、すべての概念の意味ではなく、あくまで、「知的概念」の意味である。知的概念ということでパースが理解しているのは、事柄を論証する際に必要になってくる概念体系内の概念のことである。あるいは、誤解を恐れず単純化していえば、(実験)操作上必要となる概念である。こうして、プラグマティズムとは、論証と操作に必要となるかぎりでの概念の意味を、行為の帰結によって、確定するという方法である。

だが、パースがプラグマティズムを厳密に再規定すればするほど、その適用範囲は狭められ、汎用性を失っていく。何しろ、知的概念、操作概念の意味しか問えない。つまり、ダイアモンドの美しさの意味、ダイアモンドの社会史的意味など、主題化しえないのである。しかし、それを補って余りあるほどの潜在的分析能力を、パースの最終版プラグマティズムは持っている。こう解した上で、プラグマティズムの方法を、意味と確定、この二つに即してみていこう。

概念の意味というとき、パースは概念を記号として考えている。記号が代わりとなって表しているものが記号の対象であり、記号の機能を確定している何かが、記号の解釈項である。「ある記号は、何であれ、存在するものの様式の何かであり、ある対象とある解釈項との間を媒介するものである。というのも、当の記号は、当の解釈項と関連した当の対象によって〔何かとして〕確定されると同時に、当の対象に関連した解釈項を〔何かとして〕確定するからであり、その様式たるや、当の解釈項は、この『記号』の媒介を通じて、当の対象により〔何かとして〕確定されうるという形になっている」。

従来、パースは記号作用を〈記号-対象-解釈項〉という三項形式によって説明してきたが、この草稿では、この三項形式を〈語り手-解釈者〉形式（コミュニケーション）において再構成している。〈記号-対象〉は語り手の側で作用し、〈記号-解釈項〉は解釈者の側で作用する。語り手の側にあっては、語られた記号は、それに先行して、既に、思考という形式で意識に浮かんでいたはずである。その思考は、また、記号でもあるため、〈思考-記号〉は、〈先行する思考／記号〉の連鎖として、次々に遡及しうる。受け手＝解釈者の側にあっては、ひとたび語られた記号が解釈されるが、解釈されたものも記号である。この記号は、当初の記号の趣旨を活用するための解とでも呼びうる。記号＝解は、さらなる解釈を生み、〈記号-解釈〉は次々に展開されていく。このような〈語り手-解釈者〉関係から〈記号-対象-解釈項〉を把握した上で、パースは、〈記号-対象〉を語り手側に、〈記号-解釈項〉を解釈者の側に置き、「記号対象は記号に先行し、記号の解釈項は記号に後続する」という。

パースが記号の意味ということで主題化するのは、解釈者の側の〈記号‐解釈項〉である。記号は、解釈者に対して、情動を誘発し、活動を喚起し、さらには、論理を発動させる。記号作用内のこうした機能は、それぞれ、情動的解釈項、活動的解釈項、論理的解釈項と呼ばれる。パースのプラグマティズムが問題にしているのは、あくまで、「知的概念」、何らかの操作上必要となる概念である。操作概念が解釈者の側にもたらすのは、論理の発動であり、したがって、パース版プラグマティズムにとって、記号の意味は、知的概念・操作概念の論理的解釈項ということになる。

論理的解釈項は〈条件‐帰結〉関係において作動する。同時に、このように作動するなら、その意味・論理的解釈項が確定していることになる。ある概念の意味の確定とは、ある操作を、当の概念に即して遂行するならば、ある明確な一般的な類いの帰結が生ずるということである。ここで、一般的といっているのは、いつでも、どこでも、誰にとっても、そのような帰結が生ずるということであり、他ではなく当の〈条件‐帰結〉関係が再現されうるということである。

こうして、記号の意味の確定は、〈条件‐帰結〉関係下における論理的解釈項の作動という形式で理解できる。だが、そもそも、操作上わかりきっている意味に対して、わざわざ、確定化を試みる必要はない。実は、この草稿でパースが苦心しているのは、不確定状況下における新たな概念の登場とその概念の意味の確定という事態を、いかに説明するかということである。ハーヴァード講義（一九〇三年）の到達点を援用していえば、プラグマティズムは、アブダクションの論理であり、アブダクションとは、新たな概念を導入する際に作動する唯一の論理的操作である（EP2: 216; CP5. 171）。「明晰」論文や「プラグマティズムの帰結点」において、プラグマティズムの例解に用いられていたのは「ダイアモンドの硬さ」であった。だが、操作上わかりきった意味に対して、「プラグマティズムの格率」を適用したところで、それ以上に、何かがわかり、明晰となるわけではない。〈プラグマティズム＝アブダクションの論理〉は、わかりきった事柄において作動するのではなく、解釈者にとって、新たに生じた不可解な出来事を解明する際に作動する推論形式である。そうだとすれば、プラグマティズムとは、不確定状況下にあって、目下、解の定まらぬ難題に対処する過程で必要になる、未確定の新たな概念の意味を明晰にする方法のはずである。

このようにみるなら、おそらくパースが問題にしたかったのは、探究過程で新たに出現した概念と論理的解釈項は、いかにして確定されるのかということであろう。この草稿で用いられている例解事例は、当時は未解決であった位相幾何学上の問題、トーラス状立体表面（円環面）の地図塗り分け問題である。プラグマティズムの例解に未解決の幾何学上の問題が取り上げられる所以を、一般化していえば、こうなる。未決の問題を解決するにあたって必要となる新たな概念の意味は、いかにして、確定されうるのか、これが課題となっているわけである。つまり、誰もまだ、この問題を解決していない状況下にあって、解を得るには、おそらく、何らかの新たな概念が必要になるだろうが、それは、いかにして生じ、その意味は、いかにして確定するのかということである。

ここで、未決の問題というのは、従来の概念＝記号体系・操作体系では、まったく解決できない問題と解しておこう。その場合、新たな概念＝記号なり、新たな操作なりが、必要になる。明確な方法手順がわからないまま、様々に試行するにあたっては、新たな概念の出現と新たな論理的解釈項の創出とが、同時に成立するとはかぎらない。理論的に考えて、どのような概念＝記号が必要であるかはわかっても、どのように操作すればよいかわからない、つまり、論理的解釈項が創出されないということもありうる。逆に、新たな操作によって、問題が解決しても、そもそも、理論上、どのような概念＝記号を用いたから、当の操作が問題解決につながったのかわからない場合もありうる。パースが、新たな記号の提示と新たな論理的解釈項創出との時間的ずれについて述べているのは、おそらく、このような文脈であろう。

以上のような不確定状況下において、仮に、記号の意味が確定し、問題が解決することになるとすれば、解釈者が行う「解を求める探究活動は、心の内部の世界における実験作業という形を取る」はずである。

だが、探究活動において様々に試行している場合、必要になる概念の意味は、解決にいたるまで様々に解釈されうる。論理的解釈項は、さらなる解釈を呼び、「解釈項の無限連鎖」（CP1. 339）という形を取りかねない。その意味で、問題解決以前に登場する様々な論理的解釈項は、最終的な論理的解釈項ではない。最終的な論理的解釈項が登場するのは、唯一、新たな方法によって未決の問題が解決される場合のみである。ところで、未決の問題が、従来にはない新たな方法によって解決されるとすれば、それは、解釈者が従来の習慣を制御しつつ、それを変更し、新たに「何らかの方法で習慣を形成している」ということである。かくして、最終的論理的解釈項は、従来の方法＝習慣を省みて様々に制御しつつ、新たな方法＝習慣を形成することにほかならない。

今しがた述べたことは、「未定稿二」においてパースがトーラス状立体表面塗り分け問題を延々と説明した直後で、提示されている。最終的論理的解釈項、習慣形成＝習慣変更、自己制御に関して述べられた有名なパラグラフである。この叙述については、様々な論者が言及しているが、その中でも、その理論的意義を明確に示しているのは、ウムベルト・エーコとT・L・ショートである。パースは、このパラグラフによって、記号の無限連鎖を断ち切り、「自らのスコトゥス的実在論を守った」、このように述べたのがエーコであり（Eco 1979[1993], 訳書七二頁）、記号の無限連鎖を断ち切ったことで、パース記号論は、それまでの自説の欠陥を乗り越え、「理論的革命」を遂げた、こう述べたのがショートである（Short 2007: pp. 42–44 and *passim*, Short 2004）。この解題においても、エーコとショートのパース解釈を全面的に支持している。この解釈からすれば、パース記号論は、一九〇七年の時点で既に、一九八〇年代風記号論（今となっては、どうでもいい「差異、恣意性、戯れ」）のはるかに上をいっていたことになる。

だが、こうしたパース最後の到達点は、もちろん、自己修正の所産である。パースは、一八九五年当時、「現代思想」風記号論を地でいっていた。曰く、「結局のところ、記号の解釈項とは、真理の松明が次々と前方へと手渡される、もう一つの表象にほかならない。そして、表象［するもの］として、解釈項は、さらに、それ自身の解釈項を有する。見よ、ここに、また一つの無限連鎖がある」、と（CP1. 339）。一九〇七年草稿は、「無限連鎖」を断ち切り、自説の誤謬を乗り越えたのである。

第Ⅲ部、プラグマティズムの展開

一九〇六年と一九〇七年、一般聴衆を前にして「プラグマティズム」に関する講演を行ったジェイムズは、その成果を『プラグマティズム』と題して刊行する（一九〇七年）。以後、哲学におけるプラグマティズム運動が本格化することになる。この運動は、しかし、国内外から集中砲火を浴びる中で展開していく。ジェイムズは、意味理論としてのパース版プラグマティズムを、真理理論にまで拡大し、その適用範囲を拡げていく。ジェイムズは、そこで、ある種の哲学者の目からするなら、容認しがたいような見解を主張する。曰く、「真理は、健やかさや豊かさや強さと同じように、経験の成り行きの過程で作られるのである」と（同書第六講、強調は原著者）。

今日にいたるまで歴史に残っている哲学者のうち、当時、ジェイムズを、絶賛といっていいほど、積極的に評価した数少ない哲学者の一人が、アンリ・ベルクソンである。ジェイムズ『プラグマティズム』の仏訳（E・ル・ブロン訳、一九一一年）に序文を寄せたベルクソンは、その中で、プラグマティズムの核心を次のように把握する。

> いつの時代にも、私たちが出来上がったものとして見いだす真理と並んで、私たちの力がそれの形成を助け、したがって部分的には私たちの意志に依存する真理があるといわれてきた。しかし、そうした考えが新しい力と意味を得たのは、ジェームスによってであることを忘れてはならない（アンリ・ベルクソン『思考と動き』原章二訳、平凡社ライブラリー、二〇一三年、三三六頁）。

私にはプラグマティズムの真理観の本質は、次のように定式化できると思われる。すなわち、他の学説にとって新しい真理は発見であるが、プラグマティズムにとっては発明である（前掲書、三四〇頁、強調は原著者）。

二〇世紀初頭の問題提起は、今日においても、たとえば、ヒラリー・パトナム対リチャード・ローティというように、形を変えて再現されている（Putnam 2006[2002], 訳書第六章、2007[2004], 訳書第二部第二講。Rorty 2002[1996], 訳書序）。単純化していえば、問いは発明＝創造される、しかし、複数解の間の比較優劣判断は発見されると考えるのが、パトナムであり、対して、問いも解も発明＝創造されると、さしあたって、考えるが、しかし、発見／発明の区別を、問題解決にとっての無効性／有効性という区別に組み換えるのが、ローティである。発見されるのを待っている真理ではなく、発明＝創造されるものとしての真理という把握の仕方は、新たな真理学説と考えるよりも、問いの刷新、問う場面の位置移動と考える方がわかりやすい。ジェイムズ的プラグマティズムは、新たな問いによって、論ずべき新たな領域を切り開いたといってよい。たとえば、新しい時代に求められる新しい倫理は、発見されるのではなく、発明＝創造されるのである（cf. Mackie 1977[1990]: p. 154）。

だが、ベルクソンの絶賛にもかかわらず、『プラグマティズム』の刊行以降、プラグマティズムは、様々な論者から批判されることになる。ジェイムズとベルクソンは、一九〇七年から一九〇八年にかけて、書簡のやりとりを通じて、「我々は同じ闘いを闘っている」ことを確認し合っている（Perry 1948[1996]: p. 346,『ベルクソン書簡集I——1865–1913』合田正人監修、ボアグリオ治子訳、法政大学出版局、二〇一二年、一六四頁）。両者にとって闘いの相手というのは、主知主義（intellectualism）と呼ばれる立場なのであるが（後述第14章解題）、『プラグマティズム』刊行以後、ジェイムズの議論は、反プラグマティズムとの闘いという様相を帯びるようになる。

防戦のさなかにあったジェイムズも、一九一〇年に没する。その後、プラグマティズム運動を牽引していくのはデューイである。ジェイムズ、パースに触発されつつ、デューイは独自のプラグマティズムを展開していく。しかし、ジェイムズの場合と同様、デューイもまた、数多くの批判の矢面に立つことになる。プラグマティズムに関するデューイの論文は、当初は主知主義を、やがては反プラグマティズムを向こうに回して、論争的な形を取るようになる。

第Ⅲ部に収録しているのは、ジェイムズ、デューイ、それぞれによるプラグマティズムに関連する論文である。これらの論文が示す歴史は、彼らにとって、闘いの歴史である。ジェイムズとデューイの論文にはじめて接する読者であっても、収録順に読んでいくことで、〈アメリカにおけるプラグマティズムの展開〉を把握できるように、各論文は配列されている。


第11章、アメリカにおけるプラグマティズムの展開（デューイ）

この論文は、元々、『諸々の観念の歴史についての研究』（*Studies in the Histories of Ideas*, Department of Philosophy of Columbia University ed., Columbia University Press, 1925）に収録されて刊行された。パースのプラグマティズム、ジェイムズによるプラグマティズムの拡大解釈、そしてデューイ自身の学説をたどり、プラグマティズム運動の主要原理を明らかにしようとしたものである。

まず、デューイはパース理論を特徴づけるにあたって、パース自身の二つの命題を、行為によって、結びつけ、一つの理論として把握する。「あらゆる命題の理にかなった意味は、未来のうちにある」（意味理論）、「最高善は、進化の過程のうちにあり、進化の過程によって、存在物は、ますます、一般性を具現するようになる」（連続主義・進化論）。デューイの見るところ、意味理論と連続主義・進化論とを結びつけているのは行動である。進化とは、存在物が、行動の支援を受けて、一般化された習慣の束に成り行く過程である。「行為の役割は、間を媒介する役割なのである。ある意味を概念に付与することが可能であるためには、その概念を存在物に適用できなければならない。ところで、こうした適応は、行為を媒介にすることによって可能となる。そして、存在物は、この適応によって、結果として変化を被るのであり、こうした存在物の変化こそ、概念の真の意味を構成するのである」。存在物に対して、行為を介して、概念が適用され、その帰結として、存在物は変化し、当の存在物の新たな意味が生成する。この意味生成が新たな習慣の束に結実して行く過程、この連続性が進化である。こうして、行為を介して意味理論と進化論・連続主義とが一つになる。

次に、デューイは、ジェイムズを援用して、プラグマティズムを次のように特徴づける。「プラグマティズムが強調するのは、先行する現象ではなく、帰結として現れる現象である、つまり、先行するものではなく、行為の持つ可能性を力説するのである」。これは、未来を見据えた行為帰結主義である。プラグマティズムは、未来を見据えることによって、ある形而上学的意味合いを持つことになる。未来を考慮することによって、宇宙あるいは世界は、常に形成途上にあり、今なお、可塑的（別様でもありうる）という概念となるわけである。もちろん、ここでも行為が介在する。現行の局面を再編し、そうすることで、行為が介在しない場合に想定される未来を修正し、現在進行中の出来事を、自らの目的からみて理にかなったものにしていくこと、これが行為の介在と帰結である。事柄をして、かくあらしめる先行的原理の追求を斥け、事柄に後続する未来を問う。これがジェイムズ＝デューイ的プラグマティズムである。

最後に、デューイはプラグマティズムをアメリカ文化と結びつけて考える。プラグマティズム運動は「新規の創造」ではない。英国思想、ヨーロッパ思想の「再適応の試み」である。この再適応の場がアメリカという環境であることによって、プラグマティズムはアメリカ文化と結びつく。しかし、このアメリカ文化は、たとえば、ラッセルが揶揄したような過度の商業主義に尽きるわけではない。プラグマティズムは、「［アメリカ的］商業文化の哲学的表現」（Russell 1922 [2000]: p. 332; *Collected Papers*, vol. 15: p. 332）などではない。アメリカ文化の前進的で不安定な特徴は、「世界を持続的で形成途上にあるものとみる哲学」を生み出した。世界の形成は、今なお、未決であり、新しいものの創発という余地がある。こうした中にあって、失ってはならないのは、「我々の眼下で世界が再開し再構成されるという考え」である。デューイ版プラグマティズムは、困難、つまりは不確定な世界を前にして、世界は再開し、再構成されうるという思想に基づき、未来における行為の帰結を強調するのである。

第12章、信ずる意志（ジェイムズ）

この論考は、元々、イェール大学とブラウン大学の哲学研究会における講演であり、一八九六年、雑誌『新世界』に発表され、後に『信ずる意志』（一八九七年）に第一章として収録された。プラグマティズムを言語化した「哲学的概念と実際的効果」に先立って執筆されているが、前章でデューイが説明しているように、論文「信ずる意志」は、ジェイムズ的プラグマティズムを方向づける役割を果たしているといってよい。宗教上の選択のように、ある種の人々にとって真摯にして重大な選択が不可避である場合、いずれの選択肢を選ぶことが妥当であるかを示す科学的証拠がなくとも、自ら信ずるところをもって行動する権利を、我々は有する。科学的証拠の不在を理由に、問題を未決定にしておくことは、それ自体が、選択であり、「真理」を失う可能性がある。科学的確証が得られないときでも、人生には決定的な選択をせざるをえないことがありうる。その場合、リスクを覚悟しつつ、信ずるところにしたがうべきである。これがジェイムズの主張である。

ジェイムズは、後年、「信ずる意志」という表現よりも、「信ずる権利」という表現の方が適切であると考えた。その主張は次のように定式化できる（James 1911[1968]）。

形成途上の世界にあっては、多くの人々の営みによって、世界は、よりよいものになるかもしれない。しかし、あなたが最善を尽くしたからといって、他の人もまた、最善を尽くすとはかぎらない。そうした人々は、協力を拒むかもしれない。さて、あなたはどうすべきか。「信ずる権利」が作動するのは、この場面である。選択肢は四つある。（一）多くの人が最善を尽くして、世界がよりよくなる科学的証拠が見出されるまで、自らは何もしないで待っている、（二）他の人々を信用しない、（三）他のメンバーが最善を尽くす保証はないが、彼らが最善を尽くすと仮定して、自らも最善を尽くす、（四）その日その日によって、態度を変え、右往左往する。ジェイムズ自身の「信ずる権利」とは、もちろん、（三）に賭けるということである（James 1911[1968], 訳書三八七頁参照）。

ジェイムズの「信ずる意志」は、しかし、様々な批判を浴びる。その中でも、有名な批判はラッセルのものであろう。ジェイムズの『プラグマティズム』刊行後、ラッセルは、『エジンバラ・レヴュー』誌上（April 1909）において、「信ずる意志」と「プラグマティズム」とは相互に支え合う論理関係にあるとみなし、両者の全面批判を企てる。ラッセルによる批判の論拠の一つは、ジェイムズは、確率というものを、まったく考慮していないというものである（Russell 1910 [1994] *Philosophical Essays*, reprinted in 2010）。確かに、プラグマティストは、自分一人のではなく、自分たちの〈ニーズ充足〉と〈リスク回避〉のために、複数の可能な選択肢の中から、ある選択肢を選ぶ。だが、各選択肢の実現確率、その帰結如何など、誰にもわからない。ジェイムズにつきつけられているのは、不確実性を、いかにして、リスクに、転換できるかである。これができないのであれば、無責任なこと、このうえないとして、ジェイムズはラッセルから批判されることになる。

ラッセルは、さらに後年、『懐疑論』の中で、ジェイムズを揶揄し、証拠に基づかないのであれば、「信ずる意志」の論理的帰結は、真偽をめぐって戦場で決するしかないと述べた。「必要なのは、『信ずる意志』ではなく、〔真理を〕突き止めようとする希求であり、これは、『信ずる意志』と正反対である」（Russell 1928[2004]: p. 131）。だが、ラッセルは忘れている。プラグマティストは絶対的対立を回避する。論戦で決着が着かないのであれば、たとえば、「妥協の美徳と可能性への信念」（Dahl 1971[1981], 訳書一八一頁）に賭けることになろう。

第13章、道徳哲学者と道徳的生活（ジェイムズ）

この論文は、元々、イェール大学哲学協会における講演記録であり、後に学術雑誌に掲載され（*International Journal of Ethics*, 1892, April）、その後、一八九七年、『信ずる意志』の第八章に収録された。前章が宗教領域における真理問題を主題化しているとすれば、この論文は、倫理領域における真理問題を主題化しているといってよい。そのことが、〈プラグマティズムの社会思想化〉を推し進めることになる。ジェイムズの道徳哲学の中で最も重要な論文であり、肯定的であれ否定的であれ、今もなお、様々に引用されている。

この論文は一つの論争的な文言で始まる。「どんなことでも、その正しさを判断しうる倫理哲学を、事柄に先立って、作り上げることなど不可能である」。「倫理学においては、最後の人間が自らの経験を成し遂げ、語るべきことを自ら語り終えるまで、終極の真理などというものはありえない」。こうした宣言を背後から支えているのは、ジェイムズの形而上学的概念、宇宙と生命である。既述のように、宇宙は、今なお進行中で、形成途上にあり、可塑的であり、生命は「可塑的で連続的に成長する」。宇宙と生命が可塑的であり形成途上にあるとするなら、倫理領域において、「終極の真理」などありえないわけである。これは、ジェイムズ道徳哲学にとって、形而上学的な前提であるといってもよい。

これに加えて、ジェイムズは、ある種、プラグマティックな前提を置く。道徳的関係、道徳的法則の生息環境は、これらを感ずる心である。善の本質は、こうした心の要求を満たすことである。道徳的領域における「真理は行為の中にのみ存在する」。

こうした前提に立って、ジェイムズは、倫理哲学に限定を加えつつ、様々な主張をしていく。世界には、多くの論者が一致して支持する善というものは数多くあるが、しかし、それとは別に、一般的合意がまったく得られない善も、同じように、数多く存在する。善の本質が心の要求を満たすことであるとしても、この世で現実に可能なことは、心のあらゆる要求に比して、はるかに限られている。「痛ましい状況」に取り組む哲学者であれば、何を犠牲にするか知る必要がある。いかなる道徳規則体系にあっても、抑圧されている善は、数かぎりなく存在する。歴史は、排除されてきたものを、可能なかぎり、取り入れようと奮闘努力する物語である。「最高度の倫理的生活は、その任に堪えることを要求される者が、どれほど少なかろうと、実情に合わなくなってしまった規則を打破することのうちにある」。

このように様々な主張がなされるわけだが、パース、デューイと同様、ジェイムズもまた可謬主義の側に立つ。「哲学者が唯一知っているのは、自分がひどい誤りを犯した場合、それによって害を被った人々の叫び声が、自らの過誤という事実を自分に教えてくれるということだけである」。

このようにみると、冒頭の論争的な文言も、理解しやすくなる。人々が被る苦難や窮地は、どれも、唯一無比であるとするなら、ジェイムズの主張は説得力をもって迫ってくる。「道徳的法則なるものが宿っている何か崇高な存在次元」があって、そこから妥当性なるものが降り注ぐなどということはありえないのである。

第14章、真理の意味（ジェイムズ）

一九〇七年、ジェイムズの『プラグマティズム』が刊行されると、ベルクソンにみられるような絶賛は、ごく限られたものでしかなく、プラグマティズムは、たちまち、数多くの批判にさらされることになる。反プラグマティズム論者を向こうに回し、ジェイムズは、自説擁護のため、反批判を開始し、一九〇九年、論文集『真理の意味――プラグマティズム続編』を刊行する。元来、『プラグマティズム』が論敵として想定していたのは、主知主義と呼ばれる思考であった。ジェイムズによれば、主知主義とは、「我々の心は、それ自体で完結している一つの世界に登場し、この世界の内実を確かめる義務を持っているが、しかし、この世界は既に与えられているため、我々は、その特質を新たに規定し直す力を何ら有していないという信念」である（James 1911[1968], 訳書三八一頁）。時空を超越した確固たる究極の実在なるものがあり、観念は、それを忠実に写し出すことで、真理なるものを手に入れるという考え方である。ジェイムズ（そしてデューイ）の場合、プラグマティズム運動は、主知主義との闘いであったわけだが、ひとたび、プラグマティズムが言語化されると、闘いは、反プラグマティズムに対する批判という形で、展開していくことになる。

この章では、『真理の意味』の中から、（一）序文、（二）第八章「プラグマティズムの真理説とその誤解者たち」、（三）第一〇章「ジュリアス・シーザーの存在」の三編を収録している。どれも、極めて論争的な形で書かれている。

1、『真理の意味』序文

ここでは、前著『プラグマティズム』の主要論点が提示され、いかなる点で批判を受けることになったのか、簡潔に記されている。パースに触発されたジェイムズは、プラグマティズムを真理理論にまで拡大し、さらには、真理を善の問題として主題化する。『プラグマティズム』からの抜粋として、ジェイムズは述べる。「ある観念が真であることは、その観念に内在する不動の特性ではない。真理は、ある観念に起こるのである。それは、真理になるのである。真理は出来事によって真理となるのである。真理の真理性とは、実際のところ、一つの出来事であり、一つの過程である」。「正しいということが、我々の行動様式における便宜にすぎないのと同様に、真なるものとは、我々の思考様式における便宜にすぎない」。

この序文は前著『プラグマティズム』の要点を知る上で役に立つが、しかし、それ以上に重要な意味がある。プラグマティズムと並ぶ、自らのもう一つの立場「根本的経験論」を、ジェイムズは、この序文において、明解な形で定式化している。その中心論点の一つをあげるなら、関係も関係項も、ともに経験を構成するのであって、個別の項だけが経験なのではないということである。ジェイムズは、この序文において、根本的経験論とプラグマティズムとの論理的関係の理解について、自説を大きく変える。『プラグマティズム』（一九〇七年）段階では、両者の間には「何ら論理的関係はない」と述べられていた。「人は『根本的経験論』をまったく拒否してもなおプラグマティストたりうる」というのが当時のジェイムズの理解であった（同書序文）。ところが、『真理の意味』（一九〇九年）段階になると、次のような立場を示すにいたる。「プラグマティスト真理理論の確立は、根本的経験論を有効なものにする上で、最重要の第一歩をなす」。

2、プラグマティズムの真理説と、その誤解者たち

元々は、学術雑誌（*The Philosophical Review*, January 1908, vol. xvii）に掲載された論文である。プラグマティズムに対する批判点の中から八つの論点を設定し、これに反批判という形で自説を展開している。『プラグマティズム』は一般読者を想定して書かれているため、比較的わかりやすいが、この論文は専門家読者を想定して書かれており、いささか難解である。また、当時、実際になされたプラグマティズム批判に対する反批判であるため、今日の視点からすれば、些末にみえる論点も見受けられる。だが、ジェイムズの形而上学を背景にしてプラグマティスト真理観を把握するならば、ジェイムズの主張の全体像も理解しやすくなる。まず、既に述べたように、形而上学としてみれば、宇宙は形成途上にあり可塑的であると同時に、生命体は可塑的で連続的に成長する。次に、真理は、既に確定済みの何かではないし、発見されることを待っている何かでもない。真理は経験の成り行きの過程で作られる、つまり、真理は発明＝創造されるのである。この二点を押さえれば、支持されるかどうかは別にして、ジェイムズによる反批判は理解しやすくなる。この立場からすれば、具体的関係に先立ち、時空を超えて成立している真理など、「無時間的真理」でしかない。プラグマティストは無時間的真理など対象にしない。

もちろん、プラグマティスト真理理論に対して、なぜ、それが真理であるとわかるのかという批判もありうる。これに対するジェイムズの主張は、こうである。プラグマティストが設定した主題（論議領域）内にあるかぎり、プラグマティスト真理理論は真であると想定されているが、全主題（論議領域）において、プラグマティスト真理理論が真であるかどうかは、その妥当性を信ずることだけである。プラグマティストが読者に対してなしうるのは、その妥当性を、これから行うべき真理化過程内で進行していく何かとして提案することだけである。

3、ジュリアス・シーザーの存在

元々は、学術雑誌（*Journal of Philosophy, Psychology and Scientific Methods*, March 26, 1908）に、「真理対真理であるということ」という標題で掲載されたものである。この論文は、プラグマティストにとって、過去とは何を意味するかといった、一見、風変わりな問題を主題化している。本書収録のパース「プラグマティシズムの帰結点」（第9章）末尾の時間論、ならびに、デューイ「真理に関する提要問答」（第15章）、それぞれにおけるコロンブスの事例と合わせて読むことで、プラグマティスト独特の〈未来／現在／過去〉観を理解することができる。

「コロンブスがアメリカ大陸を発見したことは、真理ではない、出来事である」（デューイ）、「コロンブスがアメリカ大陸を発見したという信念は、実際には、〔その信念を基に、これから行動しようとする〕未来に言及している」（パース）、「プラグマティズムが論争の中で強く主張しているのは、もし、当の言明の機能作用という概念を、自らの説明に含めないとするなら、言明から帰結する何かを適切に確定することはできないということである」（ジェイムズ）。

一見すると、意味不明のように思われるかもしれないが、三者とも、同じことをいっているのである。彼らに共有されているプラグマティズムは、未来を見据えた行為帰結主義である。プラグマティストの思考場面は、困難や難題、不確定状況を前にして、今現在から未来に向かって行く場面である。極端なことをいうと、過去は「信念貯蔵庫」（パース）であり、その真理性など、プラグマティストは主題化しない。とすれば、過去の出来事を引き合いに出して、プラグマティズムを批判するラッセルの議論など（ラッセル『西洋哲学史』第三〇章参照）、プラグマティストにとっては、意味をなさないことになる。

もちろん、こうした立論に批判的な立場もあろう。当時も、そして、今日においてもなお、プラグマティズムに対する批判点の一つは、過去を説明できないというものである。これが批判になっているかどうかは、設定している主題に依存する。本書には収録していないが、今一人の古典的プラグマティスト、G・H・ミードを援用していえば、「新しい出来事は過去の意味を変える」のである（*The Philosophy of the Present*: p. 36, 73, 75）。

第15章、真理に関する提要問答（デューイ）

この論考は、一九〇九年にスミス・カレッジの哲学クラブの聴衆を前に口頭発表されたもので、後年、『哲学におけるダーウィンの影響、その他のエッセイ』（*The Influence of Darwin on Philosophy and Other Essays*, 1910）に収録された。ジェイムズの場合と同様、デューイにとっても、さしあたっての論敵は主知主義である。デューイの理解するところによれば、主知主義は、こう考える。「真理とは、いかなる検証過程にも先行する諸々の観念の特性であり」（主観的主知主義）、あるいは、「真理を、事物や出来事や対象が持つ一つ一つの特性」とみなし、「これらは、いかなる観念からも自立した真理である」（客観的主知主義）とする（Dewey 1909a, MW4: 76–77）。主観の側に立とうが、客観の側に立とうが、時空を超えて、つまりは、事柄に先立つ確固たる不変なるものを実在と考え、理知によって、そこに到達しうるとする立場である。タイトルからわかるように問答形式で書かれており、主知主義者の入門者とプラグマティストの教師との対論という形で展開されている。デューイ版プラグマティズムを理解する上で、最もわかりやすい文献の一つである。同時に、今日においても、否定的にであれ、肯定的にであれ、引用され続けている。

かつて、ジェイムズは、『プラグマティズム』において、「真理とは『満足』を与えるもの」という説〈〈真理＝満足〉説〉を、デューイの学説として紹介した（同書第六講）。デューイは、それまで、そのように主張したことはなかったのだが（Dewey 1909b, MW4: 109）、ジェイムズによって、プラグマティスト真理理論はデューイの〈真理＝満足〉説を取るという印象が拡がっていった。その点を考慮してのことであろう。デューイは、満足の意味を再構成して、自らのプラグマティズムを明確化していく。

「プラグマティストが、あれこれ述べている満足とは、生命体が自らの環境に対して、以前よりもうまく適応していることにすぎない」。「その場合の自らの環境というのは、観念を形成し適用することによって、〔かつての〕環境を変換することで、〔新たに〕生み出される」。「プラグマティズムの真理理論は、〔環境場面において〕作用するのであって〔そこにおいて〕、困難を取り除き、障害を除去し、個人個人の生活に対する関係をもって、実験的なものとして、独断的にならないようにし、独りよがりにならないものにする」。「プラグマティズムは、哲学的手法を科学的手法と調和させるのであって、認識論などという、〔哲学者が〕自分で勝手に作り上げた問題を破棄し、論理学の理論を明確化し再編する」。プラグマティストは真理理論を立論の起点にはしない。「プラグマティストは、判断と意味の理論から出発するのであって、真理理論というのは、そこから、推論される一つの系〔＝帰結〕なのである」。プラグマティストの主張は、こうである。「人間的要因が抱える困難は、環境的要因との協働関係の中で解決されなければならない」、「両者の協働的適応こそが〔実在との〕『対応』であり、かつ、『満足』である」。

　こうした考えは、パースのいう「探究」を、〈自然的社会的環境を由来としつつ、そうした環境内にある生命体による、協働的問題解決〉として再構成したものであるといってよい。後年、デューイは、パースの探究過程を、政治的・社会的領域にまで拡大し、社会科学におけるプラグマティズムを打ち出すことになる（『行動の論理学』第二四章、社会的探究）。

真理ということで、ここまで主題を広げていったことを考えると、この問答において、デューイは、ジェイムズと同様、プラグマティズムによって真理を語ってはいるが、しかし、プラグマティスト真理理論とは、従来の哲学に対して、問いの刷新、問う場面の位置移動を遂行しようとするものである。デューイの場合、問う場面の位置移動とは、発生した社会的難題の協働的解決の成否如何を主題とせよということであった。つまり、パースのいう「探究者たちのコミュニティ」の政治社会学化である（『公衆とその諸問題』）。

第16章、哲学の回復の必要（デューイ）

この論文は、デューイ編『創造的知性』（Dewey ed., *Creative Intelligence: Essays in the Pragmatic Attitude*, Henry Holt & Co., 1917）に収録されたものであり、デューイの後の著作、『哲学の改造』（一九二〇年）の理論的基盤にもなっている。「各時代は、その時代固有の災禍を経験し、その時代固有の救済策を求める」。哲学自体は、諸々の困難を直接解決するわけではないが、しかし、未来の解決像を見据えた現在の解決行為に対して、想像力を行使し、ヴィジョンを与えることはできる。「哲学が発展させるべき観念は、現実に生じた生の危機に対する適切な観念、すなわち、危機に立ち向かう際に有効な力を発揮する観念でなければならない」、これがプラグマティズム哲学の意味するところである。

だが、デューイの目からみるなら、二〇世紀初頭の哲学は、そのようなものではまったくなかった。なぜ、そうなってしまったのか、その解明をデューイは自らの課題とする。生命有機体が難題に対処する場面とは、何かに働きかけ、何かを被る場面である。このような場面を名づけるにあたり、デューイは「経験」という言葉を採用する。翻って、合理論であれ、経験論であれ、従来の哲学の経験概念は、このような場面とはまったく無縁なものとなっていた。なぜ、生命有機体が難題に対処する場面と切り離されたところで、経験が概念化されてきたのか。この問いを解く鍵を、デューイは、哲学者たちが勝手に作り上げた認識論に見て取る。デューイは、この手の議論を「認識論産業で理解されているかぎりでの認識問題」とまで言い切っている。世界＝客体と主観＝主体とを、切り離しておいて、その主観が世界を写し取ることが、これまで認識と呼ばれてきた。つまり、「認識者と対象との表象的関係」であり、認識を、「世界の外部にある傍観者」が「世界」を写すことと理解するわけである。デューイ好みの表現を用いるなら、このような理解は、「認識の傍観者的概念」「傍観者の死んだ目」でしかない。「認識論産業」にみられる、こうした理解にしたがうなら、経験という概念は、たとえば、感覚的与件といった、認識上の概念と同一視されてしまう。

しかしながら、プラグマティストとしてのデューイにとって、認識するとは、「見る」ことではなく、「使用する」ことである。すなわち、「認識とは、常に、使用の問題であって、ひとたび自然的事実が経験されたなら、その事実は〔未来のために実際に〕用いられるということなのである、つまり、所与の事実を、様々な未来の状況下で経験される事柄の予示として扱う、そういう、事実の用い方のことをいうのである」（強調は原著者）。このような理解は、未来を見据えた行為帰結主義によって可能となる。傍観者的認識者ではなく、世界を由来としつつ世界内にある生命体が、困難に対処する場面で行動を開始するとき、「既に定まった事実を、まだ定まっていない何ものかの兆し〔＝記号〕として、どの程度用いることができるのか、その能力の程度こそが、未来に対する制御能力を体系的に拡大する力量の度合いを測る尺度なのである」。困難な状況の解決を未来に見据え、現にある諸条件、既決の事実を、未決の未来へ向けて使用するということである。ここにいたって、デューイのプラグマティックな意味理論は、知的概念・操作上の概念の意味といった、パース流意味理論の範囲をはるかに超えて、いわば、事柄の社会的意味理論になっている。つまり、事柄の社会的意味の生成を、事の帰結（とコミュニケーション）において問うのである。それだけではない。この意味理論は、さらに、〈社会的問題の社会的解決〉にまで行き着く。「未来の可能性の中で、望ましいことと、望ましくないことを視野に据え、未来における善を想像し、その善のために創意工夫をもって実行計画を立てる」。これは、問題状況下における〈ニーズ充足〉と〈リスク回避〉を、「未来における善」と考え、問題を解決していくということである。デューイ流プラグマティズムは、今や、社会科学の領域に踏み込んでいる。後年、デューイは行為帰結主義を政治社会の領域にまで適用する。この試みは、デモクラシー論・公共性論（『公衆とその諸問題』）、さらには、制度再編による問題解決（『自由主義と社会的行動』）に結実することになる。

第17章、自由についての哲学上の諸学説（デューイ）

この論文の初出は、カレン編『現代世界における自由』（Horace M. Kallen ed., *Freedom in the Modern World*, Coward-McCann, 1928）である。デューイは、この論文の中で、極めて独創的な自由概念を展開している。自由意志説、ロック的自由論（古典的自由学説）、スピノザ＝ヘーゲル的自由論を検討した上で、デューイ自身、自らのプラグマティックな自由論を提示する。

デューイのプラグマティズムを、「道具主義」という言葉の通俗的意味でしか理解しない人々、要するに、「よく考えもせず、日常の語感からの連想で、『道具的』という言葉に反応して」（本書11章）デューイを理解している人々にとっては、この章の自由論がなぜプラグマティズムなのか、皆目、見当がつかないだろう。

しかし、前章までのデューイ論文の核心を把握しさえすれば、自由とプラグマティズムとの関係は容易に理解できるはずである。デューイにあって、両者をつなぐのは行為帰結主義である。事柄をして、かくあらしめる先行的原理を追い求めるのではなく、未来における行為帰結の可能性を主題とする。こうしたプラグマティズム＝行為帰結主義の立場から、デューイは自由概念を把握し直す。

「自由の帰属先を、衝動に由来することのない選択の自由にするか、あるいは、自然権や生まれ持った欲望にするか、その内容面においては、違っていても、両者の考えは、ある重要な要素において、共通している。すなわち、ともに、既にそこにあるもの、前もって与えられているものの中に、自由を見出そうとする。これに対して、我々の考えによれば、これから成るものの中に、ある種の成長の中に、自由を見出そうとする。すなわち、先行するものの中にではなく、帰結の中に自由を見出すのである」。デューイのプラグマティズムは、未来を見据えた行為帰結の可能性のうちに、自由を見て取る。「我々が自由であるのは、自分たちに備わった不動の本性ゆえにではない。これまでの自分たちと異なったものとなっていくかぎりにおいて、我々は自由なのである」。

このような自由論の背景にある思想に関して、デューイの他の著作を踏まえ、解題者の立場から、あえて、補足しておきたい。帰結主義的自由論を思想的に支えているのは、デューイがジェイムズと共有している「改良主義・改善論（meliorism）」である（デューイ『哲学の改造』第七章、ジェイムズ『プラグマティズム』第八講参照）。改良主義は、救済の〈必然性と不可能性〉の否定によって成り立っている（ジェイムズ）。改良主義は、何かを説明する理論ではない。〈未来は、今より、よりよいものになりうる〉という希求と確信である。思想的希求である以上、これに対して、たとえば、〈未来が、今より、よりよいものになりうる〉保証は、どこにもないなどといった懐疑論を突きつけようと、意味はない。改良主義は「分析的エンジン」ではないのであって、論争するのであれば、帰結主義的自由論という「分析的エンジン」に即して、この自由論が、何を分析しえて、何を分析しえないのかを議論すべきであろう。

プラグマティストとは、未来は、よりよいものに、なりうると考える人々である。だが、プラグマティストも、改良主義者も、無謬ではない。つまり、失敗しうる。では、失敗したら、一人一人は、どうすべきか。プラグマティストが想定する諸個人は、誤りからも「学習しうる個人」（本書第11章）にほかならない。

以上で、本書に訳出収録した各論文の解題を終える。どの論文も、事柄を分析する力を持っているという意味で、「分析的エンジン」の役割を果たしているといってよい。これらを用いて、現代にふさわしい「信念のネットワーク」を、どのように編み上げていくのか。古典的プラグマティズム誕生から、約百年後の今日、私たち読者の課題である。

引用文献

Baldwin, J. M. ed., 1902 *Dictionary of Philosophy and Psychology*, vol. 2, Macmillan.

Bergson, H. 1934[2013] *La Pensée et le Mouvant*, Presses Universitaies de France. 〔アンリ・ベルクソン『思考と動き』原章二訳、平凡社ライブラリー、二〇一三年〕

——2002[2012] *Correspondances*, Presses Universitaitres de France. 〔アンリ・ベルクソン『ベルクソン書簡集Ⅰ——1865–1913』合田正人監修、ボアグリオ治子訳、法政大学出版局、二〇一二年〕

Brent, J. 1993[2004] *Charles Sanders Peirce: A Life*, Bloomington.〔ジョゼフ・ブレント『パースの生涯』有馬道子訳、新書館、二〇〇四年〕

Dahl, R. 1971[1981] *Poliarchy*, Yale University Press.〔ロバート・A・ダール『ポリアーキー』前田脩・高畠通敏訳、三一書房、一九八一年〕

Dewey, J. 1909a "The Dilemma of Intellectualist Theory of Truth," *The Journal of Philosophy, Psychology and Scientific Method*, vol. 6（16）: 433–434, 1909, reprinted in MW4.

——1909b "What Pragmatism Means by Practical," MW4.

——1910 *The Influence of Darwin on Philosophy and Other Essays*, Henry Holt & Co..

——ed., 1917 *Creative Intelligence: Essays in the Pragmatic Attitude*, Henry Holt & Co..

——1920[1968] *Reconstruction in Philosophy*, Henry Holt Co., MW 12. 〔ジョン・デューウィ『哲学の改造』清水幾太郎・清水禮子訳、岩波文庫、一九六八年〕

——1927[2010] *The Public and its Problems*, Henry Holt Co., LW 2. 〔ジョン・デューイ『公衆とその諸問題』植木豊訳、ハーベスト社、二〇一〇年／『ジョン・デューイ著作集　第16巻　政治』所収、植木豊ほか訳、東京大学出版会、近刊〕

——1935[2014] *Liberalism and Social Action*, Putnam.〔ジョン・デューイ『自由主義と社会的行動』明石紀雄訳、『アメリカ古典文庫13

ジョン・デューイ』所収、研究社、一九七五年〕

——1938 *Logic: The Theory of Inquiry*, Henry Holt and Co., LW12.〔ジョン・デューイ『行動の論理学——探求の理論』河村望訳、人間の科学社、二〇一三年〕

Dykhuizen, G. 1973[1977] *The Life and Mind of John Dewey*, Illinois University Press.〔G・ダイキューゼン『ジョン・デューイの生涯と思想』三浦典郎・石田理訳、清水弘文堂、一九七七年〕

Eco, U. 1979[1993] *Lector in Fabula*, Editoriale Fabbri, Bompiani, Sonzogno, Etas S.p.A.〔ウンベルト・エーコ『物語における読者』篠原資明訳、青土社、一九九三年〕

James 1907[1958] *Pragmatism: A New Name for Some Old Ways of Thinking*, Longman.〔ウィリアム・ジェイムズ『プラグマティズム』桝田啓三郎訳、岩波文庫、一九五八年／新版、二〇一一年〕

——1911[1968] "Faith and the Right to Believe," in *Some Problems of Philosophy*, Longman.〔ウィリアム・ジェイムズ「信仰と信ずる権利」上山春平訳、『世界の名著　パース、ジェイムズ、デューイ』所収、中央公論社、一九六八年〕

Mackie, J. L. 1977[1990] *Ethics: Inventing Right and Wrong*, Penguin Books.〔J・L・マッキー『倫理学——道徳を創造する』加藤尚武監訳、高知健太郎・古賀祥二郎・桑田礼彰・三島輝夫・森村進訳、哲書房、一九九〇年〕

Mead, George Herbert 1932[2002] *The Philosophy of the Present*, ed. by A. Murphy, reprinted in 2002 by Prometheus Books.

Menand, L. 2001[2011] *The Metaphysical Club: A Story of Ideas in America*, Farrar, Straus and Giroux.〔ルイ・メナンド『メタフィジカル・クラブ——米国100年の精神史』野口良平・那須耕介・石井素子訳、みすず書房、二〇一一年〕

Peirce, Charles Sanders 1956[1982] *Chance, Love, and Logic*, ed. by R. C. Cohen, George Brazillier.〔チャールズ・S・パース『偶然・愛・論理』浅輪幸夫訳、三一書房、一九八二年〕

——1992[2001] *Reasoning and the Logic of Things: The Cambridge Conference Lectures of 1898*, ed. by K. L. Ketner, Harvard University Press.〔チャールズ・サンダース・パース『連続性の哲学』伊藤邦武編訳、岩波書店、二〇〇一年〕

Perry, R. B., 1947[1996] *The Thought and Character of William James, Briefer Version in one Volume*, reprinted by Vanderbilt University Press, 1996.

Putnam, H. 2004[2007] *Ethics without Ontology*, Harvard University Press.〔ヒラリー・パトナム『存在論抜きの倫理』関口浩喜・渡辺大地・岩沢宏和・入江さつき訳、法政大学出版局、二〇〇七年〕

——2002[2006] *The Collapse of the Fact/Value Dichotomy*, Harvard University Press.〔ヒラリー・パトナム『事実／価値二分法の崩壊』藤田晋吾・中村正利訳、法政大学出版局、二〇〇六年／新装版、二〇一一年〕

Rorty, R. 1982[1985] *Consequences of Pragmatism*, Minnesota University Press.〔リチャード・ローティ『哲学の脱構築——プラグマティズムの帰結』室井尚・吉岡洋・加藤哲弘・浜日出夫・庁茂訳、御茶の水書房、一九八五年／新装版、一九九四年〕

——1999[2002] *Philosophy and Social Hope*, Penguin Books. ［リチャード・ローティ『リベラル・ユートピアという希望』須藤訓任・渡辺啓真訳、岩波書店、二〇〇二年］

Russell 1910[1994] *Philosophical Essays*, reprinted by Routledge.

——1922[2000] "As a European Radical Sees it," *The Freeman* 4（8 March 1922）: pp. 608–610, reprinted in *Collected Papers of Bertrand Russell*, vol. 15, Routledge, 2000.

——1928[2004] *Skeptical Essays*, reprinted by Routledge.

——1946[1954–1956] *A History of Western Philosophy: And its Connection with Political and Social Circumstances from the Earliest Times to the Present day*, Simon and Schuster. ［バートランド・ラッセル『西洋哲学史——古代より現代に至る政治的・社会的諸条件との関連における哲学史　下巻』市井三郎訳、みすず書房、一九五六年］

Short 2004 "The Development of Peirce's Theory of Signs," in Misak, C. ed., *The Cambridge Companion to Peirce*, Cambridge University Press.

——2007 *Peirce's Theory of Signs*, Cambridge University Press.

Schumpeter, J.A. 1954[1955–1962] *History of Economic Analysis*, Allen & Unwin. ［ジョセフ・アロイス シュムペーター『経済分析の歴史』全七巻、東畑精一訳、岩波書店一九五五 - 六二年］

パース、ジェイムズ、デューイ略歴

チャールズ・サンダース・パース
Charles Sanders Peirce

一八三九年九月一〇日〜一九一四年四月一九日。アメリカの論理学者、数学者、科学者、哲学者。

マサチューセッツ州ケンブリッジに生まれる。父親は高名な数学者でハーヴァード大学教授、母親は上院議員を輩出するほどの名門家系出身であった。幼い頃より父親から数学や化学や哲学に関して英才教育を受ける。十七歳でハーヴァード大学に入学するが、学業成績は芳しいものではなかった。卒業後、同大学ローレンス・サイエンティフィック・スクールで化学を学び、今度は最優秀（summa cum laude）で学位（BSc）を取得する。合衆国沿岸測量部やハーヴァード大学天文台に勤務するかたわら、一八七〇年代初頭、ウィリアム・ジェイムズたちと研究会「メタフィジカル・クラブ」を結成し、「プラグマティズム」という言葉を用いて独創的な議論を行う。一八七八年に発表した論文「我々の観念を明晰にする方法」において、「プラグマティズム」という言葉を一言も用いずに、後に「プラグマティズムの格率」として知られることになる意味理論を提示したが、ほとんど注目されなかった。

一八七九年から五年間、ジョンズ・ホプキンズ大学大学院で論理学等の非常勤講師を勤める。教え子にはジョン・デューイやソースタイン・ヴェブレンがいた。哲学の教授職を求めていたが、生涯、専任職に就くことはできなかった。数学、天文学、測量学では評価されたが、哲学においては無名であった。一八八八年以降、ペンシルヴァニア州ミルフォードに隠遁し執筆活動に専念するが、極貧生活を余儀なくされ、旧友ジェイムズらの経済的支援を受ける。極貧の中、ミルフォードで没する。

没後、膨大な草稿類がハーヴァード大学哲学科に移管され、一九三一年以降、活字化され、広く知られるようになる。その哲学はプラグマティズムにとどまらず、論理学、記号論、形而上学など多岐にわたっている。自伝的エッセイでは、多大な影響を受けた哲学者として、カント、ロック、バークリー、ヒューム、スコラ哲学、とりわけ、ドゥンス・スコトゥスをあげている。

ウィリアム・ジェイムズ
William James

一八四二年一月一一日～一九一〇年八月二六日。アメリカの哲学者、心理学者。

ニューヨーク市に長男として生まれる。一歳年下の弟ヘンリーは『鳩の翼』『ねじの回転』等で著名な小説家である。祖父の代に財をなした裕福な家庭に育ち、父親の教育方針により一時期ヨーロッパで教育を受ける。十代の頃、画家を目指すが断念する。ハーヴァード大学ローレンス・サイエンティフィック・スクールで化学を学び、後、同大学医学部に進み医学博士の学位を取得する。この頃より精神的に不安定となり、自殺願望を抱くこともあった。やがて精神的に回復し、ハーヴァード大学で生理学や心理学を講じた後、哲学教授となる。

パースと異なり、順調な職業生活を送り、著作を発表するごとに多大な影響を及ぼした。一八九〇年の著作『心理学原理』で一躍名を馳せた後、一八九八年、カリフォルニア大学での講演「哲学的概念と実際的効果」において、パースの学説プラグマティズムを紹介し、さらに独自に敷衍する。この講演記録によって「プラグマティズム」という言葉がはじめて活字化される。その後、エジンバラ大学において二年間に分けて行われたギフォード講義が『宗教的経験の諸相』（一九〇二年）に結実する。一九〇六年と一九〇七年に一般聴衆に対してプラグマティズムの講演を行い、その成果を『プラグマティズム』（一九〇七年）として出版する。同書において真理を「キャッシュ・ヴァリュー」になぞらえ、また哲学上の立場の違いを哲学者の気質の違いとして特徴づけ、大いに議論を呼ぶ。以後、国内外からのプラグマティズム批判が激しくなり、自ら反批判活動に従事し、その成果を『真理の意味』（一九〇九年）にまとめる。

プラグマティズム以外では、オックスフォード大学の連続講演（ヒバート講義）に基づいて『多元的宇宙』（一九〇九年）を発表する。没後に公表された著作として、『哲学の根本問題』（一九一一年）、『根本的経験論』（一九一二年）がある。

ジョン・デューイ
John Dewey

一八五九年一〇月二〇日〜一九五二年六月一日。アメリカの哲学者、教育哲学者、社会思想家。

バーモント州バーリントン町で三男として生まれる。パースやジェイムズと異なり、その家系は名門でも裕福でもなかった。バーモント大学卒業後、高校教師等を経て、ジョンズ・ホプキンズ大学大学院で哲学を学ぶ。その間、同大学で非常勤講師を務めていたパースの論理学の講義にも参加したが、当時はパースに関心を寄せていない。学位を取得した後、ミシガン、シカゴ、コロンビア等、様々な大学で哲学を講ずる。

一八九〇年代、シカゴ大学在職中は、G・H・ミードらと、ジェーン・アダムズのセツルメント活動（ハル・ハウス）などに積極的に関わる。この頃、『学校と社会』（一八九九年）を発表し、その後、『民主主義と教育』（一九一六年）、『経験と教育』（一九三八年）等を通じて、アメリカ合衆国の教育に大きな影響を与える。哲学者としてはヘーゲルの影響から出発するが、ダーウィン『進化論』やジェイムズ『心理学原理』から多くを学び、次第にヘーゲルから離れていく。自身の言葉では、この間の過程を「ヘーゲルからの漂流」と特徴づけている。ダーウィンとジェイムズに触発されつつ、次第に自らのプラグマティズムを展開し、この過程でパースを理解し再評価するようになるが、既にパース没後のことである。その特徴は、社会的プラグマティズム、パースの探究理論の社会科学化と呼びうる。

哲学上の著作としては、『哲学の改造』（一九二〇年）、『人間性と行為』（一九二一年）、『経験と自然』（一九二五年）、『確実性の追求』（一九二九年）、『論理学――探究の理論』（一九三八年）などがある。教育学や哲学に加えて、政治思想においても大きな影響力を持ち、その主要著作には、『公衆とその諸問題』（一九二七年）や『自由主義と社会的行動』（一九三五年）などがある。著作の多くは六十歳代以降に執筆されたものであり、八十歳代になっても執筆に専念するが、九十二歳で没する。

掲載論文の出典および先行翻訳一覧

第I部　プラグマティズムという言葉の登場

第1章　パースのプラグマティズム……ジョン・デューイ

John Dewey 1916 "The Pragmatism of Peirce," [First published in *Journal of Philosophy: Psychology and Scientific Methods*, vol. 13 (1916): pp. 709–715; reprinted in MW 10].

浅輪幸夫訳「パースのプラグマティズム」（『偶然・愛・論理』所収、三一書房、一九八二年）。

第2章　哲学的概念と実際的効果……ウィリアム・ジェイムズ

William James 1898 "Philosophical Conceptions and Practical Results," [An address delivered before the Philosophical Union at Berkeley, August 26, 1898; reprinted in WJW1].

今田恵訳「哲学的概念と実際的効果」（『ウィリアム・ジェームズの心理学と哲学』所収、河出書房、一九五六年）。

第3章　プラグマティズム〔ボールドウィン編『哲学・心理学事典』項目〕……チャールズ・サンダース・パース／ウィリアム・ジェイムズ

Charles S. Peirce and William James 1902 "Pragmatism" in Baldwin ed., *Dictionary of Philosophy and Psychology*, reprinted in EW and CP5. 2–4.

伊藤邦武「プラグマティズムの源流」（『岩波講座　現代思想7　分析哲学とプラグマティズム』所収、岩波書店、一九九四年）に、事典執筆項目の翻訳。

第Ⅱ部　パースのプラグマティズム

第4章　人間に生得的に備わっているとされてきた諸能力についての問い……チャールズ・サンダース・パース

Charles S. Peirce 1868 "Questions Concerning Certain Faculties Claimed for Man," *Journal of Speculative Philosophy*, vol. 2, reprinted in CP5.213–263, EW, and EP1].

山下正男訳「直観主義の批判」（『世界の名著　パース・ジェイムズ・デューイ』所収、中央公論社、一九六八年）。

第5章　四つの能力の否定から導かれる諸々の帰結……チャールズ・サンダース・パース

Charles S. Peirce 1868 "Some Consequences of Four Incapacities," *Journal of Speculative Philosophy*, vol. 1, reprinted in CP5. 264–317, EW, and EP1.

山下正男訳「人間記号論の試み」（『世界の名著　パース・ジェイムズ・デューイ』所収、中央公論社、一九六八年）。

第6章　信念の確定の仕方……チャールズ・サンダース・パース

Charles S. Peirce 1877 "The Fixation of Belief," *Popular Science Monthly*, vol. 12, reprinted in CP. 5. 358–387, EW, and EP1.

上山春平訳「探究の方法」（『世界の名著　パース・ジェイムズ・デューイ』所収、中央公論社、一九六八年）。

第7章　我々の観念を明晰にする方法……チャールズ・サンダース・パース

Charles S. Peirce 1878 "How to Make Our Ideas Clear," *Popular Science Monthly*, vol. 12, reprinted in CP5. 388–410, EW, and EP1.

久野収訳「われわれの観念を明晰にする方法」（『世界思想教養全集14　プラグマティズム』所収、河出書房新社、一九六三年）。

上山春平訳「概念を明晰にする方法」（『世界の名著　パース・ジェイムズ・デューイ』所収、中央公論社、一九六八年）。

第8章　プラグマティズムとは何か……チャールズ・サンダース・パース

Charles S. Peirce 1905 "What Pragmatism is," *The Monist*, vol. 15, reprinted in CP5.411–437, EW, and EP2.

山下正男訳「プラグマティズムとは何か」（『世界の名著　パース・ジェイムズ・デューイ』所収、中央公論社、一九六八年）。

第9章　プラグマティシズムの帰結点……チャールズ・サンダース・パース

Charles S. Peirce 1905 "Issues of Pragmaticism," *The Monist*, vol. 15, reprinted in CP5. 438–463, EW, and EP2.

（部分訳）山下正男訳「プラグマティシズムの問題点」（『世界の名著　パース・ジェイムズ・デューイ』所収、中央公論社、一九六八年）。

（部分訳）遠藤廣訳「主観的様相と客観的様相」（『パース著作集3　形而上学』所収、勁草書房、一九八六年）。

第10章　プラグマティズム〔MS 318. 未発表草稿　序論、未定稿1、未定稿2〕……チャールズ・サンダース・パース

Charles S. Peirce 1907 "Pragmatism," [rejected manuscript by both *the Nation* and *the Atlantic Monthly*; first published in this version (Introduction, Variant 1, and Variant 2) in EP2; some parts of the article was previously published in CP5. 11–13 and 464–466; CP1. 560–562 and CP5. 467–496]

断片的な部分訳のみが、『パース著作集』（全三巻、勁草書房、一九八五 - 一九八六年）に収録されている。

第Ⅲ部　プラグマティズムの展開

第11章　アメリカにおけるプラグマティズムの展開……ジョン・デューイ

John Dewey 1925 "The Development of American Pragmatism," [First published in *Studies in the History of Ideas*, ed. Department of Philosophy, Columbia University, Columbia University Press, 1925; reprinted in LW 2].

未邦訳。

第12章　信ずる意志〔『信ずる意志』第一章〕……ウィリアム・ジェイムズ

William James 1897 "The Will to believe," [An Address to the Philosophical Clubs of Yale and Brown Universities, published in the *New World*, June, 1896.], reprinted in *The Will to Believe and Other Essays in Popular Philosophy*, Harvard University Press, 1897, and in WJW1, 1992.

福鎌達夫訳「信ずる意志」（『信ずる意志』所収、日本教文社、一九六一年）。

第13章　道徳哲学者と道徳生活〔『信ずる意志』第八章〕……ウィリアム・ジェイムズ

William James 1891 "The Moral Philosopher and the Moral Life," [An address to the Yale Philosophical Club, published in the *International Journal of Ethics*, April 1891], reprinted in *The Will to Believe and Other Essays in Popular Philosophy*, Harvard University Press, 1897, and in WJW1, 1992.

福鎌達夫訳「道徳哲学者と道徳生活」（『信ずる意志』所収、日本教文社、一九六一年）。

第14章　真理の意味……ウィリアム・ジェイムズ

William James *The Meaning of Truth: A Sequel to 'Pragmatism.'*

（一）『真理の意味』序文

1909 Preface of *The Meaning of Truth: A Sequel to 'Pragmatism,'* reprinted in WJW2, 1987.

（二）プラグマティズムの真理説と、その誤解者たち〔『真理の意味』第八章〕

1908 "Pragmatist Account of Truth and Its Misunderstanders," *Philosophical Review*, vol. 17, reprinted in *The Meaning of Truth: A Sequel to 'Pragmatism,'* and in WJW2, 1987.

（三）ジュリアス・シーザーの存在〔『真理の意味』第一〇章〕

1909 "The Existence of Julius Caesar," [originally printed under the title of "Truth versus Truthfulness," in *the Journal of Philosophy*] reprinted in *The Meaning of Truth: A Sequel to 'Pragmatism,'* and in WJW2, 1987.

岡島亀次郎訳『真理の意味』序文「実際主義者の真理観とその誤解者達」、「ジュリアス・シーザーの存在」（『世界大思想全集40　ジェイムズ、ヘーゲル、バクーニン』所収、春秋社、一九三一年）。

第15章　真理に関する提要問答……ジョン・デューイ

John Dewey 1910 "A Short Catechism concerning Truth,"[A paper read in the spring of 1909 before the Philosophical Club of Smith College and not previously published], first published in *The Influence of Darwin on Philosophy, and Other Essays*, Henry Holt & Co., 1910, reprinted in MW6.

未邦訳。

第16章　哲学の回復の必要……ジョン・デューイ

John Dewey 1917 "The Need for the Recovery of Philosophy," [First published in *Creative Intelligence: Essays in the Pragmatic*

Attitude, John Dewey ed., Henry Holt & Co., 1917; reprinted in MW10].
清水幾太郎訳「哲学復興の必要」（『創造的知性』所収、河出書房、一九四一年）。
河村望訳「哲学の回復の必要」（『デューイ＝ミード著作集2　哲学の再構成』所収、人間の科学社、一九九五年）。

第17章　自由についての哲学上の諸学説……ジョン・デューイ

John Dewey 1928 "Philosophies of Freedom," [First published in *Freedom in the Modern World*, Horace M. Kallen (ed.) (New York: Coward=McCann 1928), pp. 236–271: reprinted in LW 3.]
（部分訳）魚津郁夫「自由の哲学」（『世界の思想家20　デューイ』所収、平凡社、一九七八年）。

プラグマティズム文献案内

以下に掲げる文献は、本書読了後、収録論文の理解をさらに深める上で大いに参考になると思われる。ただし、主題は、あくまで、プラグマティズムであるため、たとえば、形而上学、教育学、政治思想に関する文献については、原則として触れていない。はじめに、翻訳を含めた邦語文献、次に、英語圏の文献をあげておく。

邦語文献・翻訳

まず、古典的プラグマティズム全般について述べる。プラグマティスト真理論という主題については、加賀裕郎ほか編（二〇〇九年）が、「真理論のプラグマティズム的転回」という主題で一つの章をさいている。そこでは、パース（新茂之執筆）、ジェイムズ（加賀裕郎執筆）、デューイ（藤井千春執筆）、それぞれの真理論が簡潔に説明されており、わかりやすい。プラグマティストたちの理論の概観を把握するためには、スミス（Smith 1963[1980]）が要を得ている。この文献は、プラグマティストに加えて、ロイス、サンタヤナの解説も含まれており、二〇世紀初頭のアメリカ哲学を知るには最適である。ミードも含めた古典的プラグマティズムについて、かつて、よく読まれた入門書は、エイムズ（Eames 1977[1983]）である。知識の整理には役立つが、ミードとデューイの主要著作を読了してからでないと、消化不良に終わる可能性がある。メナンド（Menand 2001[2011]）は、プラグマティズムの理論自体を扱っているわけではないが、その誕生の背景をアメリカ史に探り、南北戦争が果たした影響力を強調している。絶対的対立の回避という文脈でプラグマティズムを理解する今日的視角は、この文献に負うところが大きい。

次に、現代哲学が、古典的プラグマティズムから、何を継承しようとしているかを考える場合、何よりも、ローティ（Rorty 1982[1985], 1999[2002]）が参考になる。ローティ以前と以後とで、プラグマティズムの位置づけは、大きく変質した。支持されるかどうかはともかく、ローティなしには、古典的プラグマティストたちが、今日、かくも多くの読者を獲得することはなかっただろう。また、ローティとは対立するパトナム（Putnam 2002[2006], 2004[2007], 1995[2013]）も、プラグマティズムを現代の理論として再構成しようとする試みである。これらの文献によって、〈現代プラグマティズム〉の意義を把握できる。

パース、デューイの評伝としては、ブレント（Brent 1993[2004]）、ダイキューゼン（Dykhuizen 1973[1977]）が充実している。ジェイムズの評伝は、英語圏ではペリーのものが今もなお優れているが（Perry 1935, 1947[1996]）、残念ながら、邦訳はない。

個々の古典的プラグマティストについていえば、パースの場合、手引きとなる文献がないと、理解が困難である。この国のパース理解の水準を一挙に高めてくれたのは、米盛裕二（一九八一年、二〇〇七年）と伊藤邦武（一九八五年）である。両者の文献と本書とを相互に繰り返し読むことで、パース理解は相当進むはずである。とはいえ、いきなり、このレベルに当たるのも、むずかしいと思われる。その前段階として、大いに参考になる文献としては、以下のものがある。伊藤邦武（一九九八年）は、パースの最初期の文献を簡潔に説明している。伊藤邦武（一九九四年）においては、パースとジェイムズの比較対照がなされており、明解である。伊藤邦武（一九八五年）に依拠して、同じく、パースとジェイムズを比較対照しているのが金井光生（二〇〇六年）である。この文献は、メタフィジカル・クラブの一員、ホームズの研究であるが、ホームズ理解のために、パースを扱い、パースの側に立って、ジェイムズを評価している。プラグマティズムにおいて重要な役割を果たしている「習慣」概念については、稲垣良典（一九八一年）が必読であろう。以上をマスターすれば、たとえばバーンスタイン（Bernstein 1965[1978]）やデイヴィス

(Davis 1972[1990]) について、批判的に検討することもできるだろう。これ以降は、後に触れる英語文献を頼りに、各自の問題意識に即して、様々な方向で検討できるはずである。

次に、ジェイムズについて。三橋浩（一九七三年）は、主として、ジェイムズの経験概念を主題にしている。本書所収の「プラグマティズムの真理説と、その誤解者たち」の解説も含まれている。加藤茂（一九七八年）は、一九七〇年代、ジェイムズが現象学との関連で脚光を浴びた頃の解説であるが、ジェイムズ理論を概観するのに役立つ。翻訳としては、ローティ（Rorty 1992[2002]）所収のジェイムズ関連論文、そして、パトナム（Putnam 1995[2013]）が、ジェイムズの意義を明確に語っている。最後に、邦語文献の中で、最も高度なジェイムズ研究として、沖永宜司（二〇〇七年）をあげておく。『ウィリアム・ジェイムズ著作集』全七巻（日本教文社、一九六〇‐一九六二年）を読破し、なおかつ、ローティとパトナムの論争を踏まえていないと、この文献を理解するのはむずかしい。主題は形而上学なのであるが、プラグマティズムに関しても、いくつかの章を割いて検討しており、ジェイムズのプラグマティズムの核心に触れることができる。

デューイに関しては、教育学や政治思想の文献は充実しているが、プラグマティズムということになると、それほど多くの文献があるわけではない。

本書収録のデューイ論文だけでなく、その主要著作（たとえば、『民主主義と教育』、『人間性と行為』、『確実性の追求』（*The Quest for Certainty* の *Quest for* に Inquiry と同じ訳語を当てるのは完全な誤訳である）、『経験と自然』、『公衆とその諸問題』、『論理学』など）を把握した上で、なおかつ参考となる文献をあげておく。牧野宇一郎（一九六四年）は、この国のデューイ哲学の研究者によって、最も頻繁に言及される文献の一つである。デューイの真理観を中心に扱っており、邦語文献の中では最も網羅的にデューイ哲学の諸問題を論じている。谷口忠顕（一九八六年）は、デューイ理論を〈習慣の原理〉と〈探究の原理〉の統合において把握しようとしている。斎藤直子（二〇〇九年）は、デューイのプラグマティズムの根幹をなす

「未来」と「成長」に焦点を当て、これらを思想史の観点から考察している。植木豊（二〇一〇年）は、プラグマティズムを行為帰結主義として捉え返した上で、デモクラシーの政治社会学的分析枠組みを定式化している。

英語文献

プラグマティズム全般に関しては、三つの出版社が、*Companion to Pragmatism*（『プラグマティズム必携』）を出版している（Marachowski, A. ed., 2013; Pihlstrom, S. ed., 2011; Shook, J. R. and Margolis, J. eds., 2006）。これらは、パース、ジェイムズ、デューイについてはもちろんのこと、現代プラグマティズムについても論じている。このうち、本書との接続が比較的うまくいくのは、ケンブリッジ・ユニヴァーシティ・プレス（Marachowski）とブラックウェル（Shook and Margolis）のものである。それぞれ、第一線の研究者が、非専門家を読者層に据えて、論文を寄稿している。コンティニューム社版のコンパニオン（Pihlstrom）は入門レベルであり、本書読了後では物足りなく感じると思われる。パース、ジェイムズ、デューイそれぞれについても、コンパニオンが、ケンブリッジ・ユニヴァーシティ・プレスから出版されている（Misak, C. ed., 2004; Putnam, Ruth Anne ed., 1997; Cochran, M. ed., 2010）。特に、パースとジェイムズのものが、本書の理解を深めてくれる。デューイの場合、プラグマティズムの論文の他に、主要著作を読了してからでないと、理解はむずかしいかもしれない。いずれのコンパニオンも、文献欄が非常に充実しているので、自らの関心に即して、それらを頼りに、プラグマティズムの世界に進んでいける。

現在のプラグマティズム研究は、古典的プラグマティズム自体の研究に加えて、現代における継承という視点からの文献が目立っている。入門レベルから始めたい人には、Bacon (2012) と Talisse and Aikin (2008) が優れている。前者は、それぞれのプラグマティストに即して、後者は論点に即して、明解な説明がなされており、相互に補い合って、プラグマティズム理解に資するだろう。Misak (2013) は、現代哲学による批判的継承という観点から古典的プラグマティズム、さらには現代プラグマティズムを考察している。古典的プラグマティズムに関しては、パースの側に立って、ジェイムズ、デューイに対するパースの優位性を強調する。現代プラグマティズムについては十分な解説を加えられており、現在、何が問題になっているのかを知る上で、大いに参考になる。

ローティ以後のプラグマティズムのリヴァイヴァルに関しては、数多くの文献があるが、玉石混交である。その中でも、研究の質が高く、刺激的なのは、Dickstein (1998) である。ローティ、パットナム等々、第一線の研究者が寄稿している。Bernstein (2010) は、古典的プラグマティズムから現代プラグマティズムまでを扱っており、特に、カンティアン・プラグマティズム、ヘーゲリアン・プラグマティズム、さらにパットナムとローティに関する考察からは、多くを学べる。

パース、ジェイムズ、デューイのプラグマティズムを研究する場合の必須文献として、以下のものをあげておきたい。パースについては、Murphey (1961[1993])、Apel (1981)、Hookway (1985) が基本文献である。ジェイムズについてはGale (1999, 2005) が、デューイについてはHindebrand (2003) が、多くの指針を与えてくれる。

最後に、パースを原文で読む場合に注意すべき点を述べておきたい。それは、パース独特の特殊用語についてである。これを知るには、インターネット上の *The Commens Dictionary of Peirce's Terms* (http://www.helsinki.fi/science/commens/dictionary.html) が便利である。たとえば、Stoicheiology や Stechiology などという単語を目にした場合、これを通常の英語辞書を調べても、おそらく意味の把握は不可能である。これは、パースのいう「思弁的文法学（Speculative Grammar）」と同じ意味であることを、このサイトで検索できる。パース独自の特殊用語は、*OED* で調べても、理解不可能な場合がある。

邦語・翻訳文献

伊藤邦武『パースのプラグマティズム――可謬主義的知識論の展開』勁草書房、一九八五年。

――「プラグマティズムの源流」(『岩波講座　現代思想7　分析哲学とプラグマティズム』所収、岩波書店、一九九四年)。

――「デカルトとパース」(湯川佳一郎・小林道夫編『デカルト読本』所収、法政大学出版局、一九九八年)。

稲垣良典『習慣の哲学』創文社、一九八一年／一九九七年。

植木豊『プラグマティズムとデモクラシー――デューイ的公衆と「知性の社会的使用」』ハーベスト社、二〇一〇年。

沖永宜司『心の形而上学――ジェイムズ哲学とその可能性』創文社、二〇〇七年。

加賀裕郎・隈元泰弘・立山善康編『現代哲学の真理論――ポスト形而上学時代の真理問題』世界思想社、二〇〇九年。

加藤茂「甦るジェイムズ――訳者解説にかえて」(ウィリアム・ジェイムズ『根本的経験論』所収、桝田啓三郎・加藤茂訳、白水社、一九七八年)。

金井光生『裁判官ホームズとプラグマティズム――〈思想の自由市場〉論における調和の霊感』風行社、二〇〇六年。

齋藤直子『〝内なる光〟と教育――プラグマティズムの再構築』法政大学出版局、二〇〇九年。

谷口忠顕『デューイの習慣論』九州大学出版会、一九八六年。

牧野宇一郎『デューイ真理観の研究』未來社、一九六四年／一九八五年。

三橋浩『ジェイムズ経験論の諸問題』法律文化社、一九七三年／一九八三年。

米盛裕二『パースの記号学』勁草書房、一九八一年。

――『アブダクション――仮説と発見の論理』勁草書房、二〇〇七年。

Bernstein, R. ed., 1965[1978] *Perspectives on Peirce: Critical Essays on Charles Sanders Peirce*, Yale University Press.〔R・J・バーンシュタイン『パースの世界』岡田雅勝訳、木鐸社、一九七八年〕

Brent, J. 1993[2004] *Charles Sanders Peirce: A Life*, Bloomington.〔ジョゼフ・ブレント『パースの生涯』有馬道子訳、新書館、二〇〇四年〕

Davis, W. H. 1972[1990] *Peirce's Epistemology*, Martinus Nijhoff.〔ウイリアム・H・デイヴィス『パースの認識論』赤木昭夫訳、産業図書、一九九〇年〕

Dykhuizen, G. 1973 *The Life and Mind of John Dewey*, Illinois University Press.〔G・ダイキューゼン『ジョン・デューイの生涯と思想』三浦典郎・石田理訳、清水弘文堂、一九七七年〕

Eames, S. Morris 1977[1983] *Pragmatic Naturalism: An Introduction*, Southern Illinois University Press.〔S・M・エイムズ『認識と価値の哲学――パース・ジェイムズ・ミード・デューイ』峰島旭雄・小島雅春・渡辺明照・鶴間規文訳、大明堂、一九八三年〕

Menand, L. 2001[2011] *The Metaphysical Club: A Story of Ideas in America*, Farrar, Straus and Giroux.［ルイ・メナンド『メタフィジカル・クラブ――米国１００年の精神史』野口良平・那須耕介・石井素子訳、みすず書房、二〇一一年］

Putnam, H. 2004[2007] *Ethics without Ontology*, Harvard University Press.［ヒラリー・パトナム『存在論抜きの倫理』関口浩喜・渡辺大地・岩沢宏和・入江さつき訳、法政大学出版局、二〇〇七年］

――2002[2006] *The Collapse of the Fact/Value Dichotomy*, Harvard University Press.［ヒラリー・パトナム『事実／価値二分法の崩壊』藤田晋吾・中村正利訳、法政大学出版局、二〇〇六年／新装版、二〇一一年］

――1995[2013] *Pragmatism: An Open Question*, Blackwell.［ヒラリー・パトナム『プラグマティズム――限りなき探究』高頭直樹訳、晃洋書房、二〇一三年］

Rorty, R. 1982[1985] *Consequences of Pragmatism*, Minnesota University Press.［リチャード・ローティ『哲学の脱構築――プラグマティズムの帰結』室井尚・吉岡洋・加藤哲弘・浜日出夫・庁茂訳、御茶の水書房、一九八五年／新装版、一九九四年］

――1999 *Philosophy and Social Hope*, Penguin Books.［リチャード・ローティ『リベラル・ユートピアという希望』須藤訓任・渡辺啓真編訳、岩波書店、二〇〇二年］

Smith, John E. 1963[1980] *The Spirit of American Philosophy*, Oxford University Press.［ジョン・E・スミス『アメリカ哲学の精神』松延慶二・野田修訳、玉川大学出版部、一九八〇年］

英語文献

Apel, K.-O. 1981 *Charles S. Peirce: From Pragmatism to Pragmaticism*, J. M. Krois (tr.), Humanities Press.

Bacon, M. 2012 *Pragmatism: An Introduction*, Polity.

Bernstein, R. 2010 *The Pragmatic Turn*, Polity.

Cochran, M. ed., 2010 *The Cambridge Companion to Dewey*, Cambridge University Press.

Dickstein, M. ed., 1998 *The Revival of Pragmatism: New Essays on Social Thought, Law, and Culture*, Duke University Press.

Gale, Richard M. 1999 *The Divided Self of William James*, Cambridge University Press.

――2005 *The Philosophy of William James: An Introduction*, Cambridge University Press.

Hindebrand, D. L. 2003 *Beyond Realism and Antirealism: John Dewey and the Neopragmatists*, Vanderbild University Press.

Hookway, C.J. 1985 *Peirce*, Routledge.

Marachowski, A. ed., 2013 *The Cambridge Companion to Pragmatism*, Cambridge University Press.

Misak, C. ed., 2004 *The Cambridge Companion to Peirce*, Cambridge University Press.

——2013 *The American Pragmatists*, Oxford University Press.

Murphey, M. G. 1961[1993] *The Development of Peirce's Philosophy*, Hackett, originally published by Harvard University Press.

Perry, R. B., 1935 *The Thought and Character of William James as Revealed in Unpublished Correspondence and Notes and Together with His Published Writings*, vols. 2, Little Brown.

——1947[1996] *The Thought and Character of William James, Briefer Version in One Volume,* reprinted by Vanderbilt University Press.

Pihlstrom, S. ed., 2011 *The Continuum Companion to Pragmatism*, Continuum.

Putnam, R. A. (ed.) 1997 *The Cambridge Companion to William James*, Cambridge University Press.

Shook, J. R. and Margolis, J. eds., 2006 *A Companion to Pragmatism*, Blackwell.

Short, T. L. 2007 *Peirce's Theory of Sings*, Cambridge University Press.

Talisse, R. B. and Aikin, S. F. 2008 *Pragmatism: A Guide for the Perplexed*, Continuum.

編訳者あとがき

『プラグマティズム古典集成――パース、ジェイムズ、デューイ』の編訳は、まったく孤独な作業であったが、それでも、多くの方々の支えがあって可能となった。

はじめに、出典に掲げた先行翻訳業績には多くを学んでいる。これらがなければ、本書の翻訳水準はもっと低くなっていたであろう。

次に、吉原直樹先生に、お礼を申し上げたい。そもそも、社会理論の一学徒が、古典的プラグマティズムに内在するきっかけとなったのは、吉原直樹先生との出会いである。都市のありようを参照基準にして社会理論を構想する営みを、これまで続けてきているからこそ、本格的にプラグマティズムを学ぶことができた。

最後に、作品社編集長内田眞人氏にお礼を申し上げたい。内田氏のご理解がなければ、本書が世に出ることはなかった。

二〇一四年一月

植木豊

［第三刷への付記］

第三刷にあたって、第9章の表題「プラグマティシズムの問題点（Issues of Pragmaticism）」を「プラグマティシズムの帰結点」に変更した。この点につき、ジミー・エイムズ（Jimmy Aames）氏に学んだ。記して感謝したい。

二〇一六年二月一二日

［ま行］

［や行］

［ら行］

295, 298, 311, 313, 316–317, 321, 323, 343–344, 346, 348, 350, 468, 478, 486, 499, 500, 503, 527
スコットランド常識学派(the Scottish philosopher) 235–236, 238, 245
スコラ的実在論(scholastic realism) 139, 213, 246
スコラ哲学〔者の〕(scholasticism, scholastic) 93–94, 144–145, 170, 203, 312, 372, 376, 483
絶対主義〔者〕(absolutism, absolutist) 303, 309, 348, 354, 371–373, 375, 383–384, 390, 428, 464, 481
善(good) 16–17, 44, 57–58, 224, 336, 381–383, 386, 394–395, 398–402, 406, 409–419, 490–491, 511, 541
先行する概念(prior conception, antecedent notion) 507, 513, 523
先行する思考(previous thought) 114–116
先行する認識(previous cognition) 63, 73, 84. 88–89, 91, 97, 115, 121–122
→後続する
先入見(prejudice) 94, 97, 112, 396, 408
存在論(ontology) 56, 196, 212–213, 305, 493

［た行］

ダイアモンド(diamond) 182, 195, 246–247, 251–252
→硬い
多元論(pluralism) 47, 50, 341, 493, 521
→一元論
探究(inquiry) 18, 20, 22, 152–154, 162
共同的な(conjoint)―― 22–23
探究遂行方法(methodeutic) 232, 236
違い(difference) 29, 31, 42, 48, 51, 178, 180, 424–425, 474–475
→区別
力〔という概念〕(force) 184–188
知性(intelligence) 492, 498–500, 505–506, 527, 536–538, 540–542, 560–564, 569–570
抽象〔的〕(abstract) 31, 171, 239, 242–243, 249, 260, 265, 338, 403–405, 417, 444–445, 451–454
超越〔論〕的(transcendental) 52, 62, 74, 433, 461, 464, 469–470, 486, 495, 501, 504, 506, 566
直観(intuition) 61–69, 72–76, 79–85, 88–89, 97, 115, 120–121, 131–132, 398, 409, 412, 417, 444, 459, 529
デカルト主義(Cartesianism) 93–94
道具主義(instrumentalism) 333, 348–349, 353–356
道徳(moral) 13, 40–41, 347–348, 381–382, 385, 393–397, 399–404, 406, 408, 413, 415, 417–419, 422–423, 427–428, 544–545, 561–563
――上の休暇(holiday) 427–428
――的単独状態(solitude) 400, 419
――的法則(law) 399, 404
抽象的(abstract)―― 403
独我論(solipsism) 458, 460, 471
特殊(particular) 14, 16, 30, 140, 225–226, 338–339
→普遍
努力を厭わぬ心持ち(strenuous mood) 419, 420, 421

［な行］

内観(introspection) 73, 82–84, 96, 170, 257, 269, 349–350, 511
二項〔的〕(dyadic) 313, 318
認識者(knower) 376, 431, 459, 461, 503, 508, 512, 519–520, 527, 533–534, 539
認識不可能な(incognizable, non-cognizable) 86–87, 89, 97, 137, 139–140
認識論(epistemology) 23, 116, 253, 305, 310, 355, 376, 426, 433–434, 440–442, 444, 446, 450, 455, 460, 464–465, 472, 477, 503, 507, 509–510, 513–515, 517–519, 521–523, 525–528, 530, 535–536
認識論産業(industry of epistemology) 509

［は行］

働きかけ〔る〕(do, doing) 486, 489–492, 513, 516, 523, 540
→被る／経験
判明な(distinct) 168–172, 174, 302, 374
必然性(necessity) 75, 246, 248, 253, 305
必然的(necessary) 99, 253–254
→蓋然的

思弁的文法学(stechiology, stoicheiology)　238
自由〔概念〕(freedom)　543–573, 544
　意志〔としての〕――　545–547, 565
　カント〔の〕――　565–567
　帰結〔としての〕――　546–547, 549, 559–560, 565–566, 569
　原因〔としての〕――　545–545, 547, 570
　古典的自由主義〔の〕――　550–551, 552, 554–555, 557–558
　スピノザ〔の〕――　555–558
　成長〔としての〕――　558, 563, 565, 569, 572
　選好〔としての〕――　547–549, 560, 564, 567, 569
　選択〔としての〕――　544, 565
　ヘーゲル〔の〕――　558
　ロック〔の〕――　550–551, 557
自由意志(free will)　128, 183–184, 290, 367, 530
習慣(habit)　12, 15–18, 21–22, 29, 128, 149, 151, 154, 166, 174, 177–181, 209–210, 221, 227, 231–232, 260, 267, 270, 289–290, 300–302, 307, 325–330, 334, 336, 338–339, 342, 349, 352, 367, 403, 414, 454–456, 470, 497, 561, 563–564
宗教〔的〕(religion, religious)　44–46, 310, 340, 343, 358–359, 364, 369, 385–389, 391, 422, 427
主観主義(subjectivism)　355, 365, 470–471, 520, 533
主語(subject)　108–110, 117, 118, 123, 126, 128, 225–226, 239, 243–244, 268, 281, 314, 318–320, 352
主知主義(intellectualism)　339, 388, 424, 444, 452–454, 457, 459, 466, 471–473, 475–481
述語〔属性〕(predicate, predication)　83–84, 108, 110, 118, 120–124, 126, 128, 135, 225, 238, 243–244, 267–268, 287, 301, 314–316, 318–320, 327–328, 330, 352
述定(predication)　225–226, 239–240, 287, 313
純粋統覚(pure apperception)　73, 78
使用(use)　493, 515, 523, 537, 540, 557
商業主義(commercialism)　354
条件法(conditional)　256, 285–286, 289, 303
情動〔的〕(emotion, emotional)　83–84, 123–126, 135–136, 140, 284–285, 289, 292, 322
情念〔的〕(passion, passionate, passional)　370, 376, 378, 380, 386–387
進化〔論〕(evolution)　16–17, 38, 40, 58, 203, 224, 226–227, 235, 305, 317, 336, 346, 349, 356, 395, 417, 420, 496, 510–512, 558, 585
神学〔的〕(theology, theological)　42–46, 67, 145, 157, 181, 191, 312, 340, 395, 419, 483, 502, 508, 535
信ずる意志(will to believe)　22, 56, 342–343, 359
信ずる権利(right to believe)　342, 440
信ずる自由(freedom to believe)　389
心像(image)　72, 98, 113, 128–130, 132–135
信念(belief)　16, 18–19, 22–23, 28–29, 64, 81–82, 94, 150–159, 161–166, 171, 174–178, 180–181, 190–194, 196, 208–210, 213, 230, 233–238, 245, 247, 254, 256–257, 263, 306, 318, 321, 329, 338, 340–344, 349, 355–357, 359–360, 362, 364, 366–369, 370–371, 373, 380, 382–384, 386, 391, 424–425, 427, 430, 440–448, 450–451, 455–456, 458–459, 465–466, 473–475, 480–481, 501–502, 511, 523, 540, 542, 569–572
　原初的(original)――　235–236, 238
　→疑念
真理(truth)　14, 17, 19–20, 22, 27–28, 30–31, 64, 75, 87, 95, 99, 106–107, 111, 119, 145, 148–149, 161, 166, 170, 191–193, 205–208, 210–211, 213, 222–223, 226, 227, 228, 263, 265, 270, 278, 280, 288, 303–305, 309–311, 327, 338–340, 342, 344–345, 351, 363, 368–369, 370–383, 385–386, 388, 390, 393, 400–401, 403, 407–408, 424–426, 429–434, 436–439, 442, 444–448, 450–461, 463, 465–466, 467–481, 494, 504, 517, 526
　可能的(in posse)――　454
　客観的(objective)――　303, 403, 450, 480
　現実の(in act)――　454
　→満足
真理化＝検証(verification)　445, 451–454, 458
推論(reason, reasoning, inference)　19–22, 61, 65, 68, 71–72, 75, 78, 79, 80, 82–84, 88, 95–96, 98–105, 107, 108, 111–113, 122–126, 128, 133, 136, 138, 140, 144–150, 162, 164, 196, 200, 205, 230, 232, 233–234, 236, 256, 269, 272, 274, 278, 289, 293,

——認識(cognition)　91
→先行する
行動主義(behaviorism)　349, 354
被る(suffer, patient)　490–491, 513, 540
→経験／働きかける
合理論〔者〕(rationalism, rationalist)　430–432, 449, 494, 496–497, 500–503, 504
心の習慣(habit of mind)　12, 149, 209
固執の方法(the method of tenacity)　22, 156, 158, 160–161, 163, 165, 190
→ア・プリオリな方法／科学の方法／権威の方法
誤謬(error)　78, 87, 112, 138, 143, 376–378, 381, 445–446, 472, 505
→無知と誤謬
誤謬回避(avoidance of error)　376–378
個別〔的な〕(singular)　128–129
→不可分
コミュニケーション(communication)　271, 571–572
コミュニティ(community)　18, 95, 119, 138–139, 142–143, 156, 414, 511
根本的的経験論(radical empiricism)　204, 430–431, 433

［さ行］

最高善(summum bonum)　16, 224, 336
三項〔的〕(triad, triadic)　227–228, 314–318, 320–321, 324
三段論法(syllogism)　98–99, 103–104, 110, 136, 145
三分法(trichotomy)　319–320
思惟(thought)　26, 47, 227, 320, 352–353, 355, 486, 494, 498, 500–501, 504–505, 535, 539–540
自我(ego)　62, 73, 78, 80, 114, 120, 123, 211, 257, 269, 271, 443
自己(self)　73–74, 76–78, 257, 290, 321, 419
——意識(consciousness)　73–74, 76–80, 97, 170, 504
——制御(control)　15, 209–210, 217, 224, 231–234, 302, 326, 336, 488
思考‐記号(thought-sign)　114–116, 124, 128, 239
思索者(thinker)　400–403, 407–409, 414, 417, 419–420, 422
実験〔的〕(experiment, experimental)　12–13, 15, 69, 145–146, 198–201, 210, 214–218, 236, 245, 265, 268, 272, 275, 292, 300, 327–329, 333–335, 339, 345, 348, 355–356, 475–477, 486, 489–490, 495, 509, 527, 531, 533, 561
実験主義(experimentalism)　333, 355–356
実際的(practical)　17, 19, 24, 29–30, 35–36, 38, 40, 44, 47, 48–52, 56–57, 148–149, 151, 211, 281, 304–305, 307, 329, 338, 356, 411, 413, 425–426, 437, 439, 454–459, 464–466
——効果(result)　24, 56, 338, 466
→帰結、効果
実在〔的〕(reality, real)　16, 18–20, 22–23, 37, 42–43, 51, 56–57, 67, 82, 87, 92, 96, 110, 115–118, 121, 129, 137–140, 147, 162–163, 178, 189–191, 193–194, 196, 199, 213, 216, 218–219, 221–224, 227, 230, 246, 251–255, 279, 283, 285, 287, 297, 300, 302, 305, 308, 315, 318–320, 330, 342, 345–347, 349, 374, 402, 424–426, 431–432, 437–448, 450–455, 459–461, 464, 466, 472, 475, 503–505, 507–508, 510, 512–521, 525–526, 529–533, 539–540, 546, 548, 567, 569
——的対象(real object)　219, 246, 279, 283, 285, 287, 459, 512, 518–521, 525–526, 529–530
——〔との〕一致(agreement)　424–425, 442, 443, 445, 451, 466, 472
究極の(ultimate, prior)——　521, 529, 532–533
実在論〔者〕(realism, realist)　22, 139–140, 191, 213, 246, 315, 353–354, 442, 446, 460, 495, 510, 512–513, 515, 518, 521, 530, 532–533
スコラ的(scholastic)　139–140, 213, 246
実証主義(positivism)　35, 41–42, 203, 213, 309, 437, 529
実用的(practical)　337, 439
指導原理(guiding principle)　149–150, 413
事物の本性(nature of things)　399, 402
思弁的修辞学(methodeutic)　238
→探究遂行方法

285
——〔の〕表象機能(representative function) 117–118, 120–121
→解釈項
記号作用(semiosis) 287–288, 291–292
記号論(semiotic) 291
疑念(doubt) 18, 20, 94–95, 150–155, 159, 161–162, 165, 174–175, 177–178, 184, 206–209, 215–216, 234, 236, 245, 256, 329–330, 444, 471
→習慣／信念／探究
機能〔的〕(function, functional) 26, 29, 31, 38, 174, 176, 179, 181, 188, 271, 273, 280, 283, 302, 322, 324, 338, 341, 346–348, 350–353, 355, 425, 442, 446, 460, 466, 470, 474, 488, 495, 498, 503–504, 508, 519, 537, 538, 539, 541
帰納〔的〕(induction, inductive) 21, 74–75, 87, 101–104, 107–108, 111, 121, 128, 138, 160, 316, 325, 327, 528, 588
→演繹／仮説形成
客観的確実性(objective certitude) 375, 390
客観的明証〔性〕(objective evidence) 372–375, 379
キャッシュ•ヴァリュー (cash–value) 51, 425, 456
→現金化
究明対象(quaesitum) 272, 273, 277, 278–279
偶然性(accidentality) 27
偶然性(chance) 317–318
偶然性(contingence, contingency) 305, 341
具体性(concreteness) 444
具体的で理にかなっていること(concrete reasonableness) 17, 21, 57
区別(distinction) 29, 31, 36
→違い
経験〔的〕(experience) 14, 30, 35, 38, 42, 51, 56, 74–75, 86, 145, 208, 217, 252, 266, 268, 334–335, 338, 344–347, 351, 397, 425–426, 428, 430–431, 433, 457, 468–470, 485–513, 515–516, 518, 523–530, 534–538, 540, 542
経験主義〔者〕(empiricism, empiricist) 371–373, 375–376, 378, 390
経験論〔者〕(empiricism, empiricist) 137, 334, 344, 346–347, 349, 395, 486, 490, 492 – 494, 496–497, 500–504, 507, 526, 529–530, 536–537, 542
形而上学〔者〕(metaphysics, metaphysician) 17, 35–36, 41, 47, 55, 58, 87, 95, 126–127, 139, 151, 159–160, 163–164, 172, 178, 196, 200, 208, 212–214, 222, 245, 253, 260, 262–263, 265, 268, 304–306, 310, 318, 321, 346, 353, 394, 398, 406, 419, 421, 454, 460, 550, 558
決議論的(casuistic) 394, 407, 409–411, 413–414, 416, 419, 422
権威の方法(the method of authority) 18, 158–161, 163–165, 170, 191
→ア・プリオリな方法／科学の方法／固執の方法
原因(cause) 34, 36, 49, 73, 105–107, 185, 315, 322, 340, 375, 397, 513–514, 545–547, 567, 570
現金化(cash-in, cashing-in) 347, 536
→キャッシュ•ヴァリュー
現在(present) 253–255, 257
現実性(actuality) 248, 293
→様相／必然性／可能性
現実存在(existence) 220, 223, 283, 319, 406, 433
現実的(actual) 254, 431
現実的理想主義(practical idealism) 542
検証〔する〕(verification, verify) 14, 46, 51, 106, 145, 149, 164, 214, 327, 329, 338, 344–345, 348, 352, 374, 380, 440, 455, 458, 459, 461, 475–480, 534–536
→真理化＝検証
原子論〔者〕(atomism, atomist) 47, 350, 494–495
行為(act, action) 15–16, 21, 57, 81, 128, 151–152, 177. 179, 209, 215, 224, 226, 287, 326, 336–339, 341–343, 345–346, 352, 353, 395, 408–409, 438–440, 445, 455, 458, 474–475, 491–492, 498, 524, 536–538, 540, 545–547, 555–557, 559–563
効果(effect) 19–20, 22, 29, 55, 181–182, 184, 188, 190, 211–212, 225, 229, 284, 287, 290, 322, 327, 338, 464–465, 472
→帰結
後続する(subsequent) 135, 285, 321, 468
——思考(thought) 114–116, 120, 127

→必然的
改良主義(meliorism)　348
科学の方法(the method of science)　162, 167
→ア・プリオリな方法／権威の方法／固執の方法
確定的な〔確定された〕(determinate)　134, 139, 203, 221, 238–244, 248, 255, 282, 463
→曖昧な／一般的な／明確な
格率(maxim)　17, 50–51, 55–57, 94–95, 111, 216, 229, 232, 247
仮言命題(hypothetical proposition)　86, 108, 223
過 去(past)　36, 38, 85, 118–119, 253–256, 346–347, 473–475, 491–492, 547–548
仮説(hypothesis)　18–19, 34–35, 88, 95–97, 105–109, 124, 133, 146, 148, 162–163, 202, 205, 214, 223, 293, 344–345, 352, 359–360, 365, 367–368, 373, 376, 379–380, 382–383, 385–389, 391, 393, 397, 443, 450, 480, 535, 539, 549, 562
仮説形成(hypothesis)　101–105, 108, 111, 118, 124, 138
——的推論(hypothetic reasoning)　108, 113, 122–123
可塑的(plastic)　346, 417, 565
硬い〔という概念〕(hard)　182–183, 195, 246, 251, 267, 308, 319
語り手(utterer)　271–274, 276, 278–279, 282–283, 294
→解釈者
仮定法的可能作用(would-act)　267, 284
仮定法的可能存在(would-be)　267, 285
可能性(possibility)　248, 253
可能的〔な〕存在〔者〕(possibilities)　246, 248
実在的でありながら(real)——　246
可謬的(fallible)　78
神(god)　32–38, 40–47, 63, 64, 66–67, 94, 305, 340, 342–343, 358, 363–364, 374, 383, 388, 391, 398, 400, 402–403, 405–407, 409, 412, 420–421, 428–429, 443, 508, 538, 552
感覚〔作用〕(sense, sensation)　29, 51, 69–71, 74, 81–84, 90, 119, 121–122, 123, 124–125, 127–128, 132–134, 141, 145, 151, 154, 162, 176, 178–179, 181, 190, 207, 267, 307–308, 350, 389, 444, 447, 459, 470, 495
環境(environment)　342, 349, 351–354, 356, 395, 397, 468–469, 479, 486
感じ〔具合〕(feeling)　63–64, 69, 72–73, 119–122, 124–125, 127, 169, 227, 231, 253, 257, 267, 270, 283–284, 301–302, 308, 313, 319, 324, 327
——の質(quality)　120, 267, 308
観想〔的〕(contemplation, contemplative)　64, 130–131
感知可能な(sensible)　20–21, 181–182, 190, 252, 381, 592
カント主義〔者〕(Kantianism, Kantian)　203, 245–246, 265, 349, 460
観念論〔的〕(idealism, idealistic)　46, 96, 137, 160, 227, 338–339, 348, 352–354, 430, 447, 460–461, 470, 495, 502–504, 506, 510, 521, 526, 532, 536, 558, 565
帰結(consequence)　14, 19, 21–22, 29–31, 35, 38, 44, 50, 56, 97–98, 106, 109, 121, 137, 230, 305, 338–339, 342– 348, 376, 443, 455, 457–458, 471–472, 473–475, 480, 489, 498–500, 505, 510, 514–517, 524–526, 528, 531, 533–537, 539, 546–547, 549, 559–560, 565, 567, 569
事の(consequence)——　32, 346, 500, 514, 525, 528, 547, 560, 583
→効果
記号(sign)　61, 65, 84–86, 96–97, 102, 104, 111, 113–117, 122, 124, 126–128, 133, 135–137, 140–142, 146, 211, 219, 234, 239–241, 248, 267, 269–272, 276–285, 287–288, 291–292, 300–301, 313, 318–319, 321–325, 333, 498–499, 522, 525, 549, 321
——〔の〕定義　114, 284–285
——〔の〕実在的対象(real object)　279, 285
——〔の〕純粋指示用法(pure denotative application)　117, 121, 128, 140
——〔の〕素材的性質(material quality)　116–117, 121
——〔の〕対象(object)　114, 239, 278–285, 287, 322
——〔の〕直接的対象(immediate object)　279,

事項索引

［あ行］

曖昧［な］(vagueness, vague)　238–241, 243–244, 246, 248
　→一般的な／確定的な
曖昧な存在者(vagues)　246
　実在的でありながら(real)――　246
ア・プリオリ(a priori)　13, 164, 334–5, 339, 350, 374, 405, 411, 416, 496, 497, 537
　――な方法(the a priori method)　160, 161, 163, 164, 170, 192
　→科学の方法／権威の方法／固執の方法
ア・ポステリオリ(a posteriori)　496, 497
ある［という］こと(being)　126–127
安易な心持ち(easy–going mood)　419, 420
　→努力を厭わぬ心持ち
意見(opinion)　95, 155, 156, 157, 158, 159, 160, 162, 164, 165, 166, 190, 194, 222, 240, 256, 303, 362, 368, 378, 407, 416, 424, 453, 455, 468, 532
　――［の］確定(settling opinion, settlement of opinion)　153, 154, 159, 163, 165, 166, 167, 190, 193, 221, 367
　→探究
意志(will, willing)　18, 84, 128, 142, 147, 156, 183–184, 234, 257, 360, 362, 364–365, 367, 368, 369, 370, 379, 382, 389, 400, 409, 449, 530, 538, 545–547, 565, 572, 573
　→信ずる意志
一元論(monism)　46, 47, 50, 341, 342, 343, 348, 493, 518
　→多元論
一貫性(coherence, consistency)　343, 345, 444, 448, 458, 502
一般性(generality, the general)　16, 57, 220–221, 223, 226, 240, 243–244, 246, 336–337, 458
一般的な(general)　239–241, 243–244
　→曖昧な／確定的な
意味(meaning)　12, 14–15, 17, 19–20, 22, 28–29, 30, 33, 41, 51, 56–57, 82, 86, 117, 120, 124, 126, 137, 140–142, 177, 179–181, 182–184, 188, 195, 199–200, 214–219, 247, 260, 265–267, 268, 302, 304, 307–308, 322–323, 327, 335–340, 341–342, 344, 350, 352, 425, 455, 468, 478, 498, 524
意味内容(purport)　220–221, 230, 234, 247, 253, 255
　→理にかなった意味内容
意味［表示］作用(signification)　313, 322
意味表示する(signify)　219, 318, 321–322, 325, 429, 463
因果性(causality)　565–567
演繹［的］(deduction, deductive)　99, 102–103, 105, 108, 503, 507
　→帰納／仮説形成
重さ［という概念］(weight)　184

［か行］

懐疑論(skepticism)　94, 209, 370, 373, 382, 386, 394, 408, 413, 437, 449 , 477, 529
懐疑論者(skeptic)　207–8, 216, 255, 368, 371, 383, 393, 401, 407–408, 438, 449
解釈項(interpretant)　141, 283–285, 287–288, 322, 324–325
　活動的(energetic)――　284, 289, 292, 294, 304
　最終的(ultimate)――　325
　情動的(emotional)――　284, 289, 292
　知的(intellectual)――　325–326
　論理的(logical)――　260, 284–289, 291–293, 300, 302, 326
解釈者(interpreter)　239–240, 271–272, 279, 281, 283–284, 287, 292–296, 300
蓋然的(probable)　99–100, 113

ブラッドリー（Bradley, F. H.） 268, 309, 349, 478
プラトン（Plato） 67, 160, 273–274, 452
ベイン（Bain, A.） 52,） 263, 339, 395
ヘーゲル（Hegel, G. W. F.） 137, 163–164, 227–228, 320–321, 352, 374, 445, 485, 558, 565
ベーコン（Bacon, F.） 145, 160, 356, 483
ベーコン（Bacon, R.） 145
ベルクソン（Bergson, H.） 495, 527, 529
ベレンガリウス（Berengarius of Tours） 64, 66
ベンサム（Bentham, J.） 203, 263, 395
ホームズ（Holmes, Oliver Wendell） 262
ボールドウィン（Baldwin, J. M.） 16, 205

［マ行］

ミル（Mill, J.） 52
ミル（Mill, J. S.） 52, 107, 263, 339, 395

［ヤ行］

ユゴー（Hugo, V.M.） 421
〔ソールズベリーの〕ヨハネス（John of Salisbury） 67, 311, 321

［ラ行］

ライト（Wright, C.） 263, 578
ライプニッツ（Leibniz, G. W.） 105, 171–172, 269, 321, 502
ラッセル（Russell, B.） 347
リード（Reid, T.） 235, 374, 597
ロイス（Royce, J.） 47, 315, 354,423
ロック（Locke, J.） 51, 129, 131, 308, 311, 339, 350, 356, 494, 550–551, 557

［ワ行］

ワシントン（Washington, G.） 219–220

人名索引

英語表記は、パース、ジェイムズ、デューイが用いたものにしたがった

［ア行］

アウグスティヌス(Augstine, St.)　233, 311
アベラール(Abelard, P.)　67, 191, 311
アボット(Abott, F. E.)　13, 213, 263
アリストテレス(Aristotle)　67, 85, 103, 105, 127, 191, 225, 254, 261, 282, 311, 374
アンセルムス(Anselm, St.)　63
ヴォルテール(Voltaire, F–M, A)　502
オッカム(William of Ockham)　139–140, 208, 312, 321

［カ行］

ガリレオ(Galileo)　146
カント(Kant, I.)　11, 13, 17, 46, 52–53, 56, 63, 73–75, 127, 200–201, 203, 235, 243, 245–246, 261–263, 265, 311–313, 320, 334–335, 338, 339, 348–350, 374, 412, 438, 460, 485, 494–495, 565–566
クラフ(Clough, A. H.)　366
クリフォード(Clifford, W. C.)　366–8, 372, 377, 380
グリーン(Green, T. H.)　337, 350, 415
ケイラス(Carus, C. G.)　222, 435
ケプラー（Kepler, J.)　146, 160
コロンブス(Columbus, C.)　27, 256, 472, 473
コント(Comte, A.)　203, 362

［サ行］

ジェイムズ(James, W.)　11, 14, 16, 21–22, 56, 204, 263, 266, 302, 306–307, 334, 337–344, 346–351, 494, 536
シラー（Schiller, F. C. S.)　204, 206, 266, 292–293, 303–304, 426, 433–434, 439, 440–441, 456, 460–461
スティーヴン(Stephen, F. J.)　358, 390–391
スピノザ(Spinoza, B.)　47, 200, 261, 485, 517, 555–558
スペンサー(Spencer, H.)　37–38, 40, 203, 264, 351, 412, 496–497
ソクラテス(Socrates)　67, 190–191, 261, 524

［タ行］

ダーウィン(Darwin, C.R.)　147, 263, 415
チェスタートン(Chesterton, G.K.)　480
デカルト(Descartes, R.)　93–96, 105, 137, 170–171, 191, 374, 483, 508
デューイ(Dewey, J.)　426, 433–434, 456
ドゥンス・スコトゥス(Duns Scotus, J.)　63, 140, 312, 321

［ナ行］

ニュートン(Newton, I.)　106, 305, 356

［ハ行］

バークリー（Berkley, G.)　51, 68, 87, 130–131, 137, 200, 261, 269, 311, 321, 328, 339, 353
パース(Peirce, C.S.)　11–12, 14–15, 16–18, 20–23, 28, 51–52, 56, 58, 333–340, 342, 349
ハクスリー（Huxley, T. H.)　366, 368
パピーニ(Papini, G.)　260, 304–305
ハミルトン(Hamilton, W.)　63, 107, 239, 263
バルフォア(Balfour, A. J.)　39, 199, 367
パルメニデス(Parmenides)　47
ヒューム(Hume, D.)　51–52, 130–131, 137, 311, 339, 350, 363, 470, 494–495
ピュロン(Pyrrho of Elis)　368, 373
フィヒテ(Fichte, J. G.)　137,

［編訳者］
植木 豊（うえき・ゆたか）
慶應義塾大学経済学部卒。会社勤務等を経て、ランカスター大学大学院において、ボブ・ジェソップとジョン・アーリーに師事し、PhD取得。現在、『プラグマティスト社会理論』を執筆中。
主要著訳書に、『プラグマティズムとデモクラシー――デューイ的公衆と「知性の社会的使用」』（ハーベスト社、2010年）、ジョン・デューイ『公衆とその諸問題』（ハーベスト社、2010年）、『ジョン・デューイ著作集　第16巻　政治』（共訳、東京大学出版会、近刊）。

第10章　プラグマティズム（1907年、第318草稿）パース

“Pragmatism (MS318).”
The Essential Peirce Vol. 2: 398–433, edited by the Peirce Edition Project,
Indiana University Press, 1998.

プラグマティズム古典集成
パース、ジェイムズ、デューイ

2014年10月25日第1刷発行
2025年 2 月25日第6刷発行

著者　チャールズ・サンダース・パース
ウィリアム・ジェイムズ
ジョン・デューイ
編訳者　植木 豊

発行者　福田隆雄
発行所　株式会社 作品社
〒102-0072 東京都千代田区飯田橋2-7-4
Tel 03-3262-9753　Fax 03-3262-9757
振替口座 00160-3-27183
https://www.sakuhinsha.com
編集担当　内田眞人
本文組版　大友哲郎
装丁　小川惟久
印刷・製本　シナノ印刷株式会社

ISBN978-4-86182-501-9　C0010